LISTE GÉNÉRALE

DES PENSIONNAIRES

DE L'ANCIENNE LISTE CIVILE,

AVEC

L'INDICATION SOMMAIRE DES MOTIFS DE LA CONCESSION DE LA PENSION.

(Cette Liste a été dressée en exécution de la Loi du 23 décembre 1831.)

PARIS.

DE L'IMPRIMERIE ROYALE.

1833.

Les indications qui font connaître quels sont ceux des Pensionnaires qui n'ont point touché les secours accordés par les lois des 15 mars et 23 décembre 1831, résultent de la situation des payements effectués au 1er décembre 1832.

Voir les *Errata* &c. à la fin du volume.

Nos d'ordre.	NOMS ET PRÉNOMS des PENSIONNAIRES.	MOTIFS de LA CONCESSION DES PENSIONS.	MONTANT des PENSIONS.	OBSERVATIONS.
		A		
1.	ABADIE (Jean-Raymond-Policarpe)....	Émigré..........................	200f	
2.	—— (Marie-Angélique), veuve, née BOSSELET.	Veuve d'un aide à l'office de la maison du Roi.	222.	
3.	ABEGG (Jean)....................	Émigré..........................	250.	
4.	ABEILLE (Jean-Baptiste)...........	Émigré de Toulon.................	200.	
5.	ABENAS (Diane-Athénaïs, demoiselle D').	Fille d'émigré....................	200.	
6.	—— (Françoise-Suzanne-Zoé, demoiselle D').	*Idem*..........................	200.	
7.	—— (Hélène-Athalie-Marguerite, demoiselle D').	*Idem*..........................	200.	
8.	—— (Sophie-Agathe, demoiselle D').	*Idem*..........................	200.	
9.	ABLINE (François)................	Vendéen.........................	80.	
10.	ABOUT (Théodore)................	Émigré..........................	500.	
11.	ABOVILLE (Augustin-Marie, général baron D').	A rendu des services aux Bourbons en 1815.	2,000.	N'a touché aucun des deux secours.
12.	ABRIAL (Jacques).................	Services dans les armées royales de la Lozère.	120.	
13.	—— (Jean-Jacques).............	*Idem*..........................	120.	N'a pas touché le deuxième secours.
14.	ABRY (Suzanne, demoiselle).........	Émigrée.........................	500.	*Idem*.
15.	ABZAC (chevalier D')...............	Ex-écuyer de manège de Louis XVIII..	10,000.	N'a touché aucun des deux secours.
16.	Académie française, pour les descendans de CORNEILLE.	Cette somme était distribuée aux descendans de Corneille.	2,000.	
17.	ACARY DE BEAUCOROY (Henri-Charles-Louis D').	Émigré..........................	600.	*Idem*.
18.	ACHÉ (Marie-Fleury-Alexandrine, demoiselle D').	Émigrée.........................	600.	
19.	—— (Jeanne-Louise, née DE ROQUEFEUIL, vicomtesse D').	Son mari fut fusillé pendant la révolution.	500.	
20.	ACHER DE MONTGASCON (Marie-Anne, née PINET LAVAL, dame D').	Son mari a été ruiné par la révolution...	600.	
21.	ACHEUX (Marie-Madeleine-Marguerite, née DE BROSSARD DE LOMBERVAL, dame D').	Elle a porté les armes en Vendée......	800.	
22.	ACLOQUE DE SAINT-ANDRÉ..........	Gentilhomme honoraire de la chambre de Charles X.	3,000.	*Idem*.
23.	ADAM...........................	Aide à la cuisine dans la maison de Louis XVIII.	600.	
24.	—— (Christophe-Joseph).........	Pour avoir empêché la vente nationale du château de Versailles.	600.	

1*

Nos d'ordre.	NOMS ET PRÉNOMS des PENSIONNAIRES.	MOTIFS de LA CONCESSION DES PENSIONS.	MONTANT des PENSIONS.	OBSERVATIONS.
25.	ADAM (Étienne).................	Valet de pied de la Reine...........	150f 00c	
26.	—— (Gilles)................	Vendéen.........................	50. 00.	
27.	—— (Louis-François)...........	*Idem*..........................	300. 00.	N'a pas touché le deuxième secours.
28.	—— (Catherine-Félicité-Ursule, demoiselle D').	Fille d'un palefrenier de la vénerie.....	100. 00.	
29.	—— (Marie-Adélaïde, demoiselle D').	Fille d'un médecin des petites écuries...	300. 00.	*Idem.*
30.	—— (Marie-Jeanne-Émélie), veuve, née GUILLAUME dit GOSSELIN.	Fille d'un inspecteur du jardin des Tuileries.	300. 00.	
31.	—— (Rosalie, née PERRIN, dame).	Fille d'un sellier à la petite écurie de Louis XVI.	100. 00.	
32.	ADAMS (Rebecca), dame religieuse...	Émigrée.........................	693. 42.	
33.	ADE (Louise-Antoinette-Félicité, demoiselle).	Fille d'un garde à cheval à Saint-Germain	150. 00.	
34.	—— (Jeanne-Félicité), veuve, née CAUCHOIS.	Veuve d'un portier des bâtimens du Roi.	100. 00.	
35.	ADÉLAÏDE (dame, née THOMAS)......	Religieuse âgée de 80 ans...........	240. 00.	
36.	ADELINE (dame).................	Pensionnaire du 2e théâtre français. Pension à titre onéreux.	750. 00.	N'a touché aucun des deux secours.
37.	ADELINE (Marie-Anne, demoiselle)...	Émigrée.........................	700. 00.	
38.	ADELMANN.....................	Gardien du cabinet de minéralogie de la maison du Roi.	1,000. 00.	
39.	ADÈS dit D'ADESKI (François-Charles-Michel).	Émigré..........................	300. 00.	
40.	ADHÉMAR (Marie-Charlotte, dem.lle D').	Ruinée par les désastres des colonies...	300. 00.	
41.	—— (Marie-Marthe-Élisabeth, demoiselle D').	*Idem*..........................	300. 00.	
42.	ADHÉMAR DE LANTAGNAC (Antoine-Pierre-Louis, vicomte).	Émigré..........................	600. 00.	
43.	ADOUBEDEN-DEROUVILLE (Adélaïde-Rose-Henriette, vicomtesse), née DE BELLENGER DE THOUROTTE.	Parente d'officiers de marine; perte de fortune.	300. 00.	
44.	AGASSE (Louise-Suzanne-Zoé), veuve, née MILLOT, maintenant baronne DUFRICHE DE VALAZA.	Veuve d'un gentilhomme servant du Roi.	400. 00.	*Idem.*
45.	AGNÈS (François-Michel, abbé)......	Émigré..........................	1,219. 20.	
46.	AGOULT (Lucie-Philippine, comtesse D'), née DESVIEUX.	Femme d'émigré..................	1,200. 00.	N'a pas touché le deuxième secours.
47.	AGUETTA (dame).................	Costumière en chef à l'Opéra-Comique. (Pension par suite de transaction.)	137. 77.	
48.	AGUILLON (Catherine-Louise-Marie, demoiselle D'), femme DE MADRE.	Émigrée, sans fortune..............	1,000. 00.	
49.	AGUISY (Marie-Louise-Charlotte, demoiselle D').	Émigrée.........................	600. 00.	

Nos d'ordre.	NOMS ET PRÉNOMS des PENSIONNAIRES.	MOTIFS de LA CONCESSION DES PENSIONS.	MONTANT des PENSIONS.	OBSERVATIONS.
50.	AIGLUN (Louis-Antoine D')	Anciens services; ex-employé à l'intendance générale de la maison du Roi.	800f	
51.	AIGOIN (Marie-Maire, veuve), née CLERC.	Fille et petite-fille d'officiers de bouche dans la maison du Roi.	300.	
52.	——— (Élisabeth-Rose, veuve), née D'AIGOIN DU REY.	Veuve d'un directeur des domaines....	300.	
53.	AIGREAU (Françoise, veuve), née BRAUD.	Vendéenne	50.	N'a pas touché le deuxième secours.
54.	AIGREMONT (Charlotte-Anne-Léopolde-Maurice, baronne D'), née DE BÉTHISY DE MÉZIÈRES.	Veuve d'émigré....................	900.	
55.	AIGUEBELLE (Alexandre-Jean-Baptiste-Neveue D').	Émigré..........................	200.	
56.	——— (Jean-Neveue D')...........	*Idem*............................	200.	
57.	——— (Angélique-Catherine-Thérèse-Neveue, demoiselle D').	Émigrée	200.	N'a touché aucun des deux secours.
58.	——— (Charles-François-Joseph-Neveue D').	Émigré	200.	
59.	AIGUIER (Marc-Antoine)...........	Services au siége de Toulon..........	150.	*Idem.*
60.	AIGUILLON (Marie-Adélaïde, demoiselle D').	Fille d'une lectrice de Mme la comtesse d'Artois.	400.	
61.	AILHEY (Pierre-Louis-Joseph).......	Émigré	300.	
62.	AILLAUD (Aglaé-Thérèse, veuve), née DE CORRIOL.	Fille et sœur d'émigrés..............	150.	
63.	AIMARD (Jean)....................	Émigré	100.	
64.	AINESY (Jean-Paul, comte D'), DE MONTPEZAT.	*Idem*............................	400.	*Idem.*
65.	AIRAULT (René)..................	Vendéen...........................	50.	
66.	AIRE (Élisabeth-Rose, veuve D'), née CANOR.	Veuve d'émigré....................	400.	
67.	AIRIAU (Charles).................	Vendéen...........................	70.	
68.	ALAIS (Jean-François-André).........	Valet de pied du Roi................	200.	
69.	ALBERT (François).................	Vendéen...........................	60.	N'a pas touché le deuxième secours.
70.	——— (Pierre)....................	*Idem*............................	80.	
71.	——— (Marie-Thérèse, demoiselle)...	Blanchisseuse de Mme Élisabeth.......	200.	
72.	——— (Louise, veuve), née HARAND.	Veuve d'émigré....................	400.	
73.	——— (Louise-Marguerite-Augustine, dame), née IMM.	Récitante de la chapelle............	559.	*Idem.*
74.	ALBERT DE L'ESTRADE (Jean, comte DE).	Émigré	800.	

Nos d'ordre.	NOMS ET PRÉNOMS des PENSIONNAIRES.	MOTIFS de LA CONCESSION DES PENSIONS.	MONTANT des PENSIONS.	OBSERVATIONS.
75.	ALBERTIN (Joseph)	Émigré de Toulon	200f	
76.	ALBESSARD (Angélique-Joseph, comtesse DE BRIVAZAC).	Services de son mari à la cause royale	500.	
77.	ALBIER DE BELLEFOND (Jacques-Marie).	Émigré	1,000.	
78.	ALBIGNAC (Marie-Hélène, baronne DARRE, née RUELKER, veuve D').	Veuve d'émigré	400.	
79.	ALBOUSSIÈRE (Louise-Adélaïde), née MARCHERY, dame D').	Son mari a été massacré à Saint-Domingue.	600.	
80.	ALBRECK (Hélène, née VAILLANT, ve)	Veuve d'un suisse au château de Marly	100.	
81.	ALCIATOR (Marguerite, née SARTRE, dame).	A perdu sa fortune à la révolution	800.	
82.	ALÇU-CASALONG (Marie, demoiselle D').	Émigrée	200.	N'a touché aucun des deux secours.
83.	——— (Claire, demoiselle D')	*Idem*	200.	
84.	ALDEBERT (Louis)	Services dans les armées royales de la Lozère.	60.	
85.	——— (Marie, demoiselle)	Fille du précédent	80.	
86.	ALEGRE (Jean-Baptiste, chevalier D')	Émigré	600.	
87.	ALENÇON (Joseph)	Vendéen	60.	
88.	——— (Mathias-Auguste, abbé D')	Prêtre persécuté	300.	*Idem.*
89.	ALESME (Jean-Baptiste-François-Gabriel, marquis D').	Services à la cause royale en France; perte de fortune à Saint-Domingue.	250.	
90.	ALESME DE VIGE (Dominique, chevalier D').	Émigré	800.	
91.	ALEYRAC (Paul-Louis, D')	*Idem*	600.	*Idem.*
92.	ALIGRE (Nicolas-Isaïe, abbé D')	Perte de fortune	600.	
93.	ALISSAC (Jeanne-Anne-Dorothée, née DE GRUEL, comtesse D').	Émigrée	1,200.	
94.	ALISSAN DE CHAZET (Thérèse, née JEANSON, dame).	Fille d'un trésorier des finances de Champagne.	600.	
95.	ALLAIN (Jean)	Vendéen	150.	N'a pas touché le deuxième secours.
96.	ALLAIRE (Félix, fils)	*Idem*	50.	
97.	——— (Catherine-Jeanne, née DELAUNAY, veuve).	Vendéenne	50.	
98.	ALLAIRE-DUMÉE (Constant-Claude-Amédée).	Officier vendéen	150.	*Idem.*
99.	ALLARD (Augustin)	Vendéen	80.	

Nos d'ordre.	NOMS ET PRÉNOMS des PENSIONNAIRES.	MOTIFS de LA CONCESSION DES PENSIONS.	MONTANT des PENSIONS.	OBSERVATIONS.
100.	ALLARD (Henri-Marie).............	Vendéen........................	600f	
101.	——— (Jean-Pierre)...............	Services auprès de Louis XVI........	1,200.	
102.	——— (François-Philippe D').......	Prêtre émigré.....................	1,500.	
103.	——— (Louis-Michel).............	Vendéen........................	200.	N'a touché aucun des deux secours.
104.	——— (Marie-Félicité, née MEUNIER, dame).	Blanchisseuse de dentelles de M. le dauphin.	150.	
105.	——— (Perrine-Nicole, née PERRUCHOT, vicomtesse D').	Veuve d'émigré..................	500.	
106.	ALLARY (Angélique-Jeanne-Mathurine, demoiselle).	Fille d'émigré..................	150.	
107.	ALLAU (Charles-Ovide).............	Palefrenier aux écuries de la Reine....	300.	
108.	ALLORY (François)...............	Vendéen......................	50.	
109.	ALLÈGRE (Catherine-Geneviève, née TOUSAGNE, dame).	Femme d'émigré de Toulon..........	120.	
110.	ALLEGRI (Pierre-Antoine)..........	Capitaine émigré..................	600.	
111.	ALLEMAND (Rose, née LONG, dame)....	A servi dans la marine en qualité de mousse.	150.	
112.	——— (Marie-Rosalie, née QUEYRON, dame).	Son père est mort sur l'échafaud dans la révolution; mère de huit enfans.	300.	
113.	——— DE BRUNIÈRE (Alexandre-Étienne, chevalier).	Émigré.........................	300.	
114.	——— (Anne, née DELAVERME, dame).	Veuve d'un lieutenant-colonel........	400.	
115.	——— (Catherine, née HEURARD, dame).	Femme d'émigré..................	400.	
116.	ALLIOT (Jean-Louis)...............	Vendéen........................	50.	
117.	——— DE MUSSEY (Marguerite-Charlotte, dame).	Parente d'émigrés................	300.	
118.	——— (Susanne, dame)............	*Idem*.........................	300.	
119.	ALLONVILLE (Armand-Henri)........	Rétablissement d'une pension sur la cassette de Louis XVI.	300.	
120.	——— (Augustin)................	*Idem*.........................	100.	N'a pas touché le premier secours.
121.	———(Charlotte-Éléonore)..........	*Idem*.........................	100.	N'a touché aucun des deux secours.
122.	——— (Marie-Marguerite-Henriette)..	*Idem*.........................	100.	
123.	——— (Céleste-Octavie, née DE LA BOURDONNAYE, vicomtesse D').	Veuve d'émigré..................	2,000.	N'a pas touché le deuxième secours.
124.	ALLOT (Susanne, née VERRON, veuve)..	Émigrée........................	600.	

Nos d'ordre.	NOMS ET PRÉNOMS des PENSIONNAIRES.	MOTIFS de LA CONCESSION DES PENSIONS.	MONTANT des PENSIONS.	OBSERVATIONS.
125.	ALLOU (Marie-Anne-Madeleine, née BELAIRE, veuve).	Veuve d'un proviseur au collége d'Amiens.	200f	N'a touché aucun des deux secours.
126.	ALMAIN DE VALCONSEIL (Gabriel-Auguste).	Émigré	300.	
127.	ALMANT dit BREMOND (François-Jean).	Vendéen	50.	
128.	ALMIN (Julien, abbé)	Émigré, âgé de 88 ans	700.	N'a pas touché le deuxième secours.
129.	ALMONTS (née DAMERY, baronne DES)	Fille d'un ancien officier général	480.	N'a touché aucun des deux secours.
130.	ALOIGNY (Anne-Pauline, née CHASPOU DE VERNEUIL, marquise D').	En remplacement de la pension de 6000f dont elle jouissait avant la révolution.	3,000.	*Idem.*
131.	ALOUVRY (Guy-Louis-Jean-Marie)	Fils d'émigrée	150.	*Idem.*
132.	ALZIARI DE ROQUEFORT (Marie-Blanche).	Ancienne artiste de l'Opéra, âgée de 83 ans.	600.	
133.	AMADE (Jean-Baptiste-Joseph D')	Services à la cause royale, en France	300.	*Idem.*
134.	AMADIEU (Chevalier-Antoine)	Émigré	300.	
135.	AMBALE (Michelle-Catherine), veuve PIGGIANI.	Veuve d'un mouleur du Musée	800.	
136.	AMBOS (Antoinette-Joséphine-Charlotte, née BERSY, veuve).	Lingère à Versailles, et fille d'anciens serviteurs.	120.	*Idem.*
137.	AMBROISE (Jean-Nicolas)	Prix d'un parc d'artillerie donné au duc de Bordeaux. (Pension à titre onéreux.)	1,200.	
138.	AMELIN (François)	Vendéen	50.	
139.	AMELINE (Jean-Baptiste-Louis)	*Idem.*	60.	
140.	——— (Olive-Gillette, née GOUIN, veuve).	Vendéenne	200.	
141.	AMIC (Marie-Blanche-Virginie, demoiselle).	Son grand-père a été fusillé à Toulon, en 1793.	200.	
142.	——— (Marguerite-Françoise, née PICON, veuve).	Services de son mari pendant le siége de Toulon.	100.	
143.	AMIEL DE PAILHÈS (Marie-Marguerite-Henriette-Félicité, née DORNANT, ve).	Veuve d'émigré	900.	
144.	AMIELH DE MERINDOL (Jean-Baptiste-Augustin).	Créancier du dauphin père de Louis XVI; avait obtenu une pension de 12,000 francs par arrêt du conseil.	2,400.	
145.	AMIOT	Ouvreuse à l'Opéra-Comique. (Pension par suite de transaction.)	117.	
146.	——— (Anne-Antoinette-Sophie)	N'a aucun moyen d'existence	200.	
147.	AMONNIN (Jeanne-Louise, née CHENOT, veuve).	Veuve d'un valet de chambre de M. le comte d'Artois.	500.	
148.	AMOSSÉ (Joseph)	Vendéen	100.	N'a touché aucun des deux secours.
149.	AMOUR DESVERGER (D')	Pension accordée directement par le Roi. (Motifs inconnus.)	300.	

Nos d'ordre.	NOMS ET PRÉNOMS des PENSIONNAIRES.	MOTIFS de LA CONCESSION DES PENSIONS.	MONTANT des PENSIONS.	OBSERVATIONS.
150.	AMOUROUX (Jacques-Philippe).......	Services dans les armées royales de la Lozère.	80f	
151.	AMY (Marie-Reine-Théodore, veuve, née DANDELY).	Fille d'un garde de Fontainebleau.....	150.	N'a touché aucun des deux secours.
152.	AMYOT DE GAUDRAIMONT (Jean-Baptiste).	Ancien écuyer de la bouche...........	800.	
153.	AMPT (Étienne-Louis-Prosper D')......	Émigré........................	600.	
154.	AMYOT DE VAUMAGNEROUX (née DE RUMPF, dame).	Petite-fille d'un feld-maréchal de l'Empire.	180.	
155.	ANCEL (Catherine, veuve, née PAILLET).	Veuve d'un palefrenier à la petite écurie.	160.	
156.	ANCELIN (Marie, veuve, née BENOIST).	Veuve d'émigré..................	100.	
157.	ANCELOT (Jacques-Arsène-Policarpe-François).	Homme de lettres.................	2,500.	
158.	ANCIAU (Jean-Joseph).............	Émigré........................	100.	
159.	ANDELARRE (Delphine-Pierrette-Thérèse D').	N'a aucun moyen d'existence..........	400.	N'a pas touché le deuxième secours.
160.	ANDRAC (Marie-Clerc, dlle D'), ve MOULINARD, actuellement csse DE GRASSE.	Émigrée......................	600.	N'a touché aucun des deux secours.
161.	ANDRAS DE LA MÉZIÈRE (Marie-Thérèse-Geneviève, demoiselle).	Son frère était employé à la maison du Roi.	600.	
162.	ANDRAVI (Marie-Françoise, née MORIN).	Nièce et filleule du poète Ducis........	600.	*Idem.*
163.	ANDRÉ.........................	Pension payée précédemment par la direction des Beaux-Arts.	300.	
164.	——— (Bertrand-Charles-Joseph, fils)..	Fils d'un émigré, officier supérieur à l'armée de la Vendée.	300.	
165.	——— (Cadette-Émilie-Constance, demoiselle).	Fille *idem*.....................	300.	
166.	——— (Charles-Henri-Joseph).......	Fils d'émigré....................	300.	
167.	——— (Pierre-Frédéric)............	*Idem*........................	300.	*Idem.*
168.	——— (Angélique-Anastasie-Françoise, demoiselle).	Fille d'émigré...................	300.	
169.	——— (Marie-Sophie, demoiselle)....	*Idem*........................	540.	
170.	——— (Nicolas)..................	Émigré.......................	250.	
171.	——— (Jean-François).............	Persécuté pendant la révolution.......	150.	
172.	——— (Marie-Pétrenula, née INKOWSKA, femme).	Femme d'office dans la maison de Louis XVI.	400.	
173.	——— (Claudine-Rosalie, veuve, née KNECHT).	Veuve d'un frotteur au château de la Muette.	200.	
174.	ANDRÉ DE LORY (Élisabeth-Christine-Josèphe, demoiselle D').	Fille d'émigré..................	400.	

Nos d'ordre.	NOMS ET PRÉNOMS des PENSIONNAIRES.	MOTIFS de LA CONCESSION DES PENSIONS.	MONTANT des PENSIONS.	OBSERVATIONS.
175.	ANDRÉE DE RENOARD (Anne-Marie-Joséphine-Pauline D').	N'a aucun moyen d'existence..........	400f	
176.	ANDRIEU DE LA LINE (Catherine-Marthe-Anne, demoiselle).	Persécutée pendant la révolution......	100.	
177.	——— (Marie-Angèle-Charlotte, demoiselle D').	*Idem*..............................	100.	
178.	ANDROUIN (François).............	Vendéen.........................	150.	
179.	——— (Louis-Joseph)............	*Idem*..............................	200.	
180.	ANDROVANDI (Anne-Marie, veuve, née SERAFINO).	Veuve d'émigré....................	300.	
181.	ANEY (Anne, veuve, née GALLARD)...	Ruinée par la révolution de S.-Domingue.	500.	
182.	ANFOSSY (Balthasard, chevalier D')....	Émigré de Toulon.................	600.	
183.	ANFRAY (Mélitine-Marie-Anne-Bonne, demoiselle).	Vendéenne.......................	300.	
184.	——— (Théophile-Jacquette-Gabrielle-Victoire, demoiselle).	*Idem*..............................	300.	
185.	ANFRYE (Marie-Madeleine, demoiselle).	*Idem*..............................	300.	
186.	ANGÈLE (Eugénie, demoiselle).......	Fille d'émigré....................	400.	
187.	ANGELL (Marie-Reine-Justine, dame D'), née DANEVEL DE PONTCHEVRON.	Émigrée..........................	600.	
188.	ANGER DE KERNISAN (Louis-Jean-Marie-Marc).	Émigré...........................	600.	N'a touché aucun des deux secours.
189.	ANGLADE (Louise-Charlotte-Virginie, demoiselle D').	Fille d'un officier des armées françaises..	400.	
190.	——— (Hélène-Madeleine, veuve D'), née DELOZIER BOUVET).	Veuve d'un émigré tué à l'armée de Condé.	600.	
191.	ANGLARD (Jean-Alexandre-Robert, comte D').	Émigré...........................	300.	
192.	ANGLARS (Marie-Thérèse, demoiselle D').	Sœur d'émigrés..................	400.	
193.	——— (Louise-Françoise, vicomtesse D'), née DE BOUCHÈRE.	Veuve d'émigré....................	500.	
194.	ANGLEBERMES (Louis-Pyrrhus).......	Volontaire au 12 mars.............	400.	
195.	ANGUILLE (Hippolyte, née BAISSAS)...	Fille d'émigré; femme d'un militaire des armées françaises.	120.	*Idem.*
196.	ANJOU DE BOISNANTIER (Philibert-François, abbé D').	Émigré...........................	400.	
197.	ANNERY (dame D')................	Services de son mari dans la maison du Roi.	4,000.	
198.	ANSIAU (Angélique, dame)..........	Religieuse émigrée................	762.	*Idem.*
199.	ANSQUER (Hervé).................	Émigré blessé à Quiberon..........	150.	N'a pas touché le deuxième secours.

Nos d'ordre.	NOMS ET PRÉNOMS des PENSIONNAIRES.	MOTIFS de LA CONCESSION DES PENSIONS.	MONTANT des PENSIONS.	OBSERVATIONS.
200.	ANSQUER DE KERNILIS (Louis-François-René).	Vendéen	200f	N'a pas touché le deuxième secours.
201.	ANSTELL (Notburge-Thérèse, veuve, née WAGNER).	Veuve d'émigré	120.	N'a touché aucun des deux secours.
202.	ANTERROCHES (Thérèse, dame D')	Religieuse infirme	400.	
203.	——— (Marie-Judith, née D'ANTERROCHES, dame D').	Émigrée	300.	
204.	ANTHONAY (Pierrette, veuve, née FROIDEVAL).	En remplacement d'une pension dont elle jouissait avant la révolution.	300.	
205.	ANTHOUARD (Louise-Ernestine, demoiselle D').	Fille d'émigré, petite-fille d'un aide-de-camp de Charles XII.	500.	
206.	ANTIER (Jean)	Vendéen	50.	
207.	——— (Pierre)	*Idem*	80.	*Idem.*
208.	ANTIL (Caroline-Catherine, demoiselle D').	Fille d'émigré	200.	
209.	——— (Marguerite-Victoire, demoiselle D').	*Idem*	200.	
210.	ANTOINE (François-Louis)	En remplacement de la pension de 1980 fr. dont il jouissait avant la révolution.	1,200.	
211.	——— (Adélaïde)	Fille d'un porte-arquebuse de Louis XVI.	300.	*Idem.*
212.	——— (Émélie, demoiselle)	Orpheline, sans moyens d'existence.	160.	*Idem.*
213.	ANTOIR (Joseph-Polycarpe-Cyprien)	Émigré	700.	
214.	——— (Noël-Auguste)	*Idem*	700.	
215.	ANTRESSANGLE (Joseph-Vincent)	*Idem*	600.	
216.	APPREDERIS (Anne-Marie-Louise, née LANG, dame).	Veuve d'un greffier notaire de bailliage.	300.	
217.	ARAGONÈS D'ORCET (née LEJEUNE, dame),	Veuve d'émigré	300.	
218.	ARAGONÈS (Clotilde-Antoinette-Françoise-Xavier, née LIGONDÈS-ROCHEFORT), vicomtesse DORCET, dame.	Veuve d'un capitaine de vaisseau émigré.	300.	N'a pas touché le deuxième secours.
219.	ARAIGNON DE VILLENEUVE (Emmanuel-Amable-Félix-Thérèse, D').	Colonel émigré	800.	N'a touché aucun des deux secours.
220.	——— (Marie-Louise-Henriette-Aglaé-Étiennette-Gabrielle, née DE CAYLUS), veuve de.	Émigrée; son mari est mort dans l'émigration.	1,200.	*Idem.*
221.	ARAILH (Gabrielle-Sophie-Jeanne, née D'AUBERT, dame, veuve D').	Fille d'émigré	400.	
222.	ARANCY (Victor-Augustin, D')	Émigré	1,000.	N'a pas touché le deuxième secours.
223.	ARANDEL (Jacques-Marie-Joseph-René).	Vendéen	50.	
224.	——— (Marie-Anne-Julie, demoiselle D').	Émigrée	400.	N'a touché aucun des deux secours.

Nos d'ordre.	NOMS ET PRÉNOMS des PENSIONNAIRES.	MOTIFS de LA CONCESSION DES PENSIONS.	MONTANT des PENSIONS.	OBSERVATIONS.
225.	ARAQUI DE LABORIE (Marie-Félicité, demoiselle D')	Fille d'émigré..................	400f	N'a touché aucun des deux secours.
226.	ARBONNEAU (François-Antoine-Léonard, D').	Fils d'émigré....................	300.	
227.	——— (Henri-Marie-Joseph, D').....	Fils d'émigré....................	300.	
228.	——— (Marie-Élisabeth, demoiselle D').	Fille d'émigré..................	300.	
229.	——— (Marie, née REIMPRECHT, veuve D')	N'a aucun moyen d'existence.........	200.	
230.	ARBOUSSIÉ (Joseph-Marie, D')........	Émigré..........................	600.	
231.	ARCAMBAL (Thérèse-Rosalie-Pélagie, née DESHAYES, dame).	Ancienne femme de la Reine.........	1,000.	*Idem.*
232.	ARCHAMBAULT DE VENÇAY (Auguste-Gabriel.	Émigré..........................	600.	
233.	——— (Clotilde-Hortense, demoiselle).	Fille d'émigré..................	500.	
234.	ARÇON (Louis-François, D').........	Émigré..........................	600.	
235.	ARDIN DELTEIL (Benoite, née CHANAS, veuve).	Veuve d'émigré..................	500.	
236.	ARDIT (Jeanne-Marie, née POMÉ, veuve).	Services de son mari à la cause royale, en France.	150.	
237.	AREAU (Louis)....................	Vendéen.........................	80.	
238.	ARENE (Honoré-Antoine-Bernard)....	Son père fut fusillé à Toulon.........	100.	
239.	AREXY (Jean-Marie-Antoine)........	Émigré. Affecté de surdité..........	600.	*Idem.*
240.	ARGELLIER (Léonard)..............	Persécuté pendant la révolution.......	150.	
241.	ARGENCE (Antoinette-Louise-Marie, veuve D', née VIEL).	Veuve d'émigré..................	600.	
242.	ARGY (Louis-Stanislas-Eugène, D')....	Fils d'émigré....................	150.	
243.	——— (Pierre-Nicolas-Joseph-Hubert, D').	Fils d'émigré....................	200.	
244.	——— (Anne-Marthe-Adrienne, née NÉGRIER, dame).	Femme d'émigré..................	600.	
245.	ARIAL (René)......................	Vendéen.........................	80.	
246.	ARMAGNAC DE CASTANET DE CAMBAYRAC (Louis-Victor, comte D').	Capitaine émigré................	800.	
247.	ARMAND (Christine-Marie-Éveline, demoiselle).	Fille d'émigré..................	150.	
248.	——— (Constance-Victoire, demoiselle D').	Émigrée, fille d'émigré............	200.	
249.	——— (Marie-Amable, demoiselle)...	Cantatrice à la chapelle............	507.	

Nos d'ordre.	NOMS ET PRÉNOMS des PENSIONNAIRES.	MOTIFS de LA CONCESSION DES PENSIONS.	MONTANT des PENSIONS.	OBSERVATIONS.
250.	ARMAND DE ROCGEMONT (Victoire-Antoinette-Augustine-Guislaine, dame, née DELALEU).	Sœur d'émigré; son beau-frère mort sur l'échafaud.	200f	
251.	ARMENGAUD (Jean-Bernard-Félix)....	Prêtre émigré....................	900.	
252.	ARMINOT DUCHÂTELET (Claude)......	Lieutenant de vaisseau émigré........	500.	
253.	ARMYNOT (François, chevalier D').....	Émigré..........................	300.	
254.	ARNAL (Marianne, veuve, née DOMEIZEL).	Services de son mari dans les armées royales de la Lozère.............	80.	
255.	ARNAUD.........................	Ex-employé à l'intendance des dépenses de la maison du Roi..............	1,000.	
256.	——— (Antoine-Athanase).........	Émigré..........................	300.	N'a touché aucun des deux secours.
257.	——— (Henri-François)...........	*Idem*...........................	300.	
258.	——— (Jacques).................	*Idem*...........................	500.	
259.	——— (Jacques).................	Vendéen.........................	120.	
260.	——— (Jacquet-Antoine)..........	Émigré..........................	200.	
261.	——— (Jean)....................	Vendéen.........................	50.	
262.	——— (Victor-Marc-Xavier, dit DRAPARNAUD).	Homme de lettres.................	1,000.	
263.	——— (François-Bernard-Jean-Baptiste, dit BERNARD).	Alto à la chapelle................	131.	N'a pas touché le deuxième secours.
264.	——— (Louise-Olive, veuve, née ARNAUD).	Vendéenne.......................	50.	
265.	ARNAUD DE FABRE (Baptistine-Camille-Sylvie, demoiselle).	Émigrée.........................	200.	
266.	——— (Odon-Louis-Ignace-Marie, comte de Saint-Sauveur).	Lieutenant des gardes du corps de Louis XVIII.	2,400.	N'a touché aucun des deux secours.
267.	ARNAUDIN (Jeanne-Maurice-Pulchérie, veuve D', née SIMON).	Veuve d'un architecte du château de Versailles......................	400.	
268.	ARNOULT (Louise-Henriette, veuve, née DE FLORIN).	Veuve d'un contrôleur dans la maison de Louis XVI.	1,000.	N'a pas touché le deuxième secours.
269.	ARQUINVILLIERS (Louise-Françoise-Jeanne-Duchantel, née ESMANGARD).	Filleule de Louis XVI et de la Reine, avait une pension de 2,400 francs sur la cassette du Roi, avant la révolution.	800.	N'a touché aucun des deux secours.
270.	ARRIVEAULT dit GEORGES (Georges)...	Postillon de la vénerie de Louis XVI....	300.	N'a pas touché le deuxième secours.
271.	ARROS (Marie-Anne, veuve, baronne D', née BOULET).	Veuve d'un lieutenant-colonel........	400.	N'a touché aucun des deux secours.
272.	ARSENT (Marie-Marguerite, veuve, née POTIVIER).	Veuve d'un garçon d'attelage des écuries de Louis XVI.	240.	
273.	ARTAUD (Louis-Jean-Pierre-Antoine)..	Émigré..........................	200.	
274.	——— (Marie-Félicité-Cléophile)....	Sans fortune; sa mère âgée et infirme est à sa charge.	600.	

Nos d'ordre.	NOMS ET PRÉNOMS des PENSIONNAIRES.	MOTIFS de LA CONCESSION DES PENSIONS.	MONTANT des PENSIONS.	OBSERVATIONS.
275.	ARTENSEC (François-Bernard, D').....	Services rendus à la cause royale....	600f 00c	
276.	——— (Léonard-Louis, D').........	Émigré..........................	1,000. 00.	N'a touché aucun des deux secours.
277.	ARTIGUES D'OSSAUX (Laurence-Isabeau, demoiselle D').	Fille d'émigré.....................	200. 00.	*Idem.*
278.	——— (Sébastienne-Alexandrine-Monique, demoiselle D').	*Idem*...........................	200. 00.	*Idem.*
279.	ARTOIS (Louis-Armand-Théodore, D').	Fils et petit-fils d'émigrés...........	200. 00.	
280.	ASFELD (née DE MAILLY, marquise D').	Émigrée, veuve d'officier général......	2,400. 00.	
281.	ASNIÈRES (Jacques, vicomte D')......	Émigré..........................	600. 00.	*Idem.*
282.	——— (Armande-Catherine, née DE MONTMORIN, marquise D').	En remplacement de la pension de 2,800f dont elle jouissait avant la révolution.	1,500. 00.	*Idem.*
283.	ASPELLY dit EXPELLY (Pierre-Charles-Benoist).	Émigré..........................	800. 00.	
284.	ASSAILLIT (Denis-Louis)............	*Idem*...........................	100. 00.	
285	ASSELIN (Marie-Marguerite, demoiselle).	Vendéenne.......................	50. 00.	
286.	——— (Véronique-Louise, demoiselle).	*Idem*...........................	50. 00.	
287.	ASSERÉ (Jacques-René)............	Vendéen.........................	50. 00.	*Idem.*
288.	ASSEZAT (Jeanne-Marie-Anne-Thérèse, demoiselle).	Son père a perdu sa fortune par suite de son dévouement à la cause royale.	100. 00.	
289.	——— (Anne-Baptiste, demoiselle)...	*Idem*...........................	100. 00.	
290.	——— (Marie-Thérèse-Louise-Euphrosine, demoiselle).	*Idem*...........................	100. 00.	
291.	——— (Gabrielle-Françoise-Justine, demoiselle).	*Idem*...........................	100. 00.	
292.	——— (Anne-Françoise-Pauline, demoiselle).	*Idem*...........................	100. 00.	N'a pas touché le deuxième secours.
293.	ASTIER (Jean)..................	Émigré..........................	150. 00.	
294.	ASTOIN (Charles-Xavier)...........	*Idem*...........................	250. 00.	*Idem.*
295.	ASTOUX (Marie-Justine, née GARIBOU, veuve).	Son père fut massacré à Toulon, en 1793.	150. 00.	
296.	ASTRIÉ (Marianne, née RABOU, veuve).	Veuve d'émigré....................	200. 00.	*Idem.*
297.	ASTRUC (Antoine-Vincent)..........	Services de son père dans les armées royales de la Lozère.	100. 00.	
298.	——— (Antoinette, demoiselle)......	*Idem*...........................	200. 00.	
299.	ATHANIANT.....................	Garçon de caisse à l'Opéra-Comique. (Pension par suite de transaction.)	108. 33.	

Nos d'ordre.	NOMS ET PRÉNOMS des PENSIONNAIRES.	MOTIFS de LA CONCESSION DES PENSIONS.	MONTANT des PENSIONS.	OBSERVATIONS.
300.	ATHÉNAS (Anne-Sophie, née BOCSOREL DE MONGONTHIER, dame D').	Avait une pension sur la cassette de Louis XVI.	240f	
301.	AUBERGE (Cher-Jacques-Louis-Éloi)....	Émigré........................	300.	N'a touché aucun des deux secours.
302.	AUBERT........................	Valet de toilette de Louis XVIII......	2,000.	
303.	——— (François)................	Vendéen........................	100.	
304.	——— (Jacques-Denis)............	Gardien au château de Brunoy........	200.	
305.	——— (Jean-Louis)..............	Garçon de sellerie à la vénerie........	200.	
306.	——— (Jean-Pierre)..............	Garde à la varenne du Louvre.........	150.	
307.	——— (Laurent)................	Émigré........................	400.	
308.	——— (Louis-Jean-Simon)........	17 ans de service à la vénerie.........	240.	
309.	——— (Pierre-Joseph)............	Palefrenier aux écuries de Mesdames...	100.	
310.	——— (Agathe - Louise - Constance, veuve, née FOSSARD).	Veuve d'un palefrenier...............	300.	
311.	——— (Madeleine, veuve, née GALLOT)	Veuve d'un postillon d'attelage des écuries de Louis XVI.	200.	
312.	——— (veuve, née MORLET)........	Veuve d'un fermier des bâtimens de la couronne.	180.	
313.	AUBERTIN (Marie-Élisabeth-Germaine-Catherine, née d'ANDRIEU DE LA LINE).	Persécutée pendant la révolution......	100.	
314.	AUBERTIN (Catherine-Victoire, née GOBERT, dame).	Veuve d'un émigré.................	400.	N'a pas touché le deuxième secours.
315.	AUBIER (Emmanuel, baron D').......	Ex-gentilhomme ordinaire de la chambre de Louis XVIII.	2,000.	
316.	AUBIN (François-Gilles)...........	Cocher de la Reine.................	300.	
317.	——— (Jacques)................	Émigré........................	400.	
318.	——— (Jeanne-Sainte, née BOUREL, dame).	Émigrée........................	200.	
319.	——— (Thérèse-Rosalie, veuve, née DUCHIER).	Veuve d'émigré de Toulon...........	80.	
320.	——— (Marie-Marguerite, née GOUJON, dame).	Son père a été condamné à 24 ans de fers, par suite de son dévouement à la cause royale.	490	
321.	——— (AUBINEAU (François).......	Vendéen........................	100.	
322.	AUBION (Marie-Anne, demoiselle)....	Émigrée........................	800.	
323.	AUBOURG........................	Ex-ouvrier à la manufacture de Beauvais.	502.	*Idem.*
324.	AUBREVILLE (Anne-Louise, veuve, née DORCHEMER).	Avait 300 francs de pension sur la cassette de Louis XVI.	200.	N'a touché aucun des deux secours.

Nos d'ordre.	NOMS ET PRÉNOMS des PENSIONNAIRES.	MOTIFS de LA CONCESSION DES PENSIONS.	MONTANT des PENSIONS.	OBSERVATIONS.
325.	AUBRY (Marie-Louise, dame)........	Religieuse persécutée...............	150f	
326.	AUBRIOU (Joseph-Charles, chevalier)..	Chef d'escadron de gendarmerie.......	300.	N'a pas touché le deuxième secours.
327.	AUBRON (François)................	Vendéen.........................	80.	
328.	——— (Jacques)................	*Idem*.........................	80.	
329.	——— (Joseph)................	*Idem*.........................	50.	*Idem.*
330.	——— (Pierre)................	*Idem*.........................	80.	N'a touché aucun des deux secours.
331.	AUBRY (André-Lambert, abbé).......	Émigré.........................	400.	
332.	——— (Jean-Baptiste, chevalier).....	Ancien officier des armées françaises....	400.	
333.	——— (Jean-Baptiste-Maximilien)....	Émigré.........................	200.	*Idem.*
334.	——— (Jean-Étienne).............	*Idem*.........................	200.	
335.	——— (Zénor)...................	Valet de pied du Roi...............	600.	
336.	——— (Julienne - Marguerite, veuve, née BELLANGER).	Veuve d'un concierge du Louvre......	300.	
337.	———(Anne-Charlotte-Victorine, dame née DE SAINT-DENIS, dite BARS).	Fille d'un écuyer du duc de Bourbon...	150.	
338.	——— DE GOUGES (Anacharsis)......	Son aïeul est mort sur l'échafaud. Fils du général de Gouges attaché au général Pichegru.	200.	
339.	——— (Jean-Hélie-Hippolyte)......	*Idem*.........................	200.	
340.	——— DE LALANDE (Olivier-Laurent-Augustin).	Émigré; père de sept enfans..........	600.	*Idem.*
341.	——— DE LA NOË (Marie-Anne-Angélique, dame, née DUPREY).	Femme d'un colonel vendéen.........	400.	
342.	AUBUSSON DE LA FERRIÈRE (Jeanne, demoiselle D').	Perte de fortune; persécutée pendant la révolution.	300.	
343.	——— DUPIAT (Joseph, abbé).......	Émigré.........................	1,200.	
344.	AUCAPITAINE (Louis-Charles-Marie)...	Fils d'émigré, né en émigration.......	600.	
345.	——— (Alexandrine-Louise-Élisabeth, demoiselle).	Fille d'émigré....................	600.	
346.	AUDÉ (Mathurin).................	Officier vendéen..................	800.	
347.	AUDET (Martin-Marie-Thérèse, demoiselle).	Émigrée de Toulon.................	300.	
348.	AUDIBERT (Raymond-François).......	Charpentier - constructeur, ayant fait des plans utiles à la marine.	180.	*Idem.*
349.	——— (Justine-Louise, demoiselle)...	Veuve d'émigré....................	300.	

Nos d'ordre.	NOMS ET PRÉNOMS des PENSIONNAIRES.	MOTIFS de LA CONCESSION DES PENSIONS.	MONTANT des PENSIONS.	OBSERVATIONS.
350.	AUDIBERT (Marie-Grace, veuve, née DEVESE).	Émigrée	600f	
351.	AUDIFFRET (Joseph-François-Xavier, D').	Services de son mari dans les armées royales de l'intérieur.	200.	
352.	——— (Jeanne-Françoise, née PAYAN, D').	Persécution, perte de fortune	300.	
353.	AUDIGIER (Alexandre-André, D')	Services à la cause royale en France	250.	
354.	AUDIN (Jean)	Émigré	300.	
355.	AUDOIRE (Jean)	Vendéen	80.	N'a pas touché le deuxième secours.
356.	AUDOUERE (Marie-Catherine, veuve, née BIMONT).	Veuve d'un cocher du Roi	200.	
357.	AUDOUIN (René)	Vendéen	80.	
358.	——— (Anne-Thérèse, veuve, née LAURENT).	Veuve d'un premier graveur du Roi	300.	
359.	AUDOUIT (Pierre)	Vendéen	100.	
360.	AUDRAN (Jacques)	Officier supérieur vendéen	300.	
361.	AUDRY DE MONTLAURENT (Pierre-Nicolas).	Maréchal-des-logis de Louis XVI	1,800.	
362.	AUDUCE (Jean-Pierre)	Vendéen	50.	
363.	AUDIGAND (Louis-Augustin)	*Idem*	50.	
364.	AUERWECK STRILLENFELS (Françoise-Rosalie-Louise-Sophie, baronne, née DE GELB).	Fille d'émigré	1,200.	
365.	AUGÉ (Marie-Françoise, veuve, née DALESME).	Veuve d'émigré	200.	
366.	AUGEARD dit BLANC D'AMOUR (Jean-Charles).	Vendéen	200.	
367.	AUGEARD (Luce-Toussaint, dame D', née CHARDEBŒUF DE PRADEL).	Émigrée	3,000.	
368.	AUGER (François)	Vendéen	80.	
369.	——— (Jeanne-Françoise-Madeleine, demoiselle).	Sœur de Vendéen	300.	
370.	——— veuve, née BAUR	Veuve d'un académicien	600.	
371.	AUGER DE BEAULIEU (Suzanne-Victoire, dame, née MATHIEU DE BEAULIEU).	Femme d'émigré	600.	
372.	AUGEREAU (Pierre)	Vendéen	50.	
373.	AUGERON (Mathurin)	*Idem*	50.	N'a pas touché le premier secours.
374.	AUGIAS (Appollonie-Jéronime-Clotilde-Marie, demoiselle).	Fille d'émigré	400.	

Nos d'ordre.	NOMS ET PRÉNOMS des PENSIONNAIRES.	MOTIFS de LA CONCESSION DES PENSIONS.	MONTANT. des PENSIONS.	OBSERVATIONS.
375.	AUGIÉS (Anne), veuve, née TOUCHARD.	Son mari a été fusillé à Toulon, en 1793.	150. 00.	
376.	AUGUIN (Pierre).................	Vendéen........................	72. 00.	N'a touché aucun des deux secours.
377.	AUGUSTIN (Anne), dame religieuse....	Émigrée.........................	693. 42.	
378.	AUMAÎTRE (Marie-Anne), veuve, née JOLY.	Veuve d'un portefaix de la chambre de madame Victoire.	300. 00.	
379.	AUMANN (Adam)..................	Services en émigration.............	80. 00.	*Idem.*
380.	AUMONT (Louise-Joséphine, demoiselle D').	Fille d'émigré.....................	500. 00.	
381.	AUMONT (Marie-Élisabeth-Joséphine), veuve, née BELHOMME.	Veuve d'un inspecteur des bâtimens....	333. 00.	
382.	——— (Françoise-Joséphine-Barbe, née PAQUIN DE VAUZELM, dame D').	Veuve d'émigré....................	1,600. 00.	
383.	AUNEAU (Françoise), veuve, née DURASSIER.	Vendéenne........................	50. 00.	*Idem.*
384.	AUREILHAN (Marie-Marguerite-Pauline-Caroline, née DE NATTES D').	N'a aucun moyen d'existence.........	150. 00.	*Idem.*
385.	AUREILLE DE PALADINES (Marie-Jeanne, dame D').	Perte de fortune..................	150. 00.	
386.	———(Marie-Jeanne, religieuse, dame D').	*Idem*...........................	150. 00.	
387.	AURELLE (Jean-Simond-Narcisse, vicomte D').	Capitaine émigré..................	1,000. 00.	*Idem.*
388.	——— (Hélène-Claudine-Émilie, demoiselle D').	Fille d'émigré.....................	400. 00.	
389.	——— (Marie-Henriette-Louise-Françoise, demoiselle D').	*Idem*...........................	400. 00.	
390.	AURIOL (Jean-François-Joseph D').....	Émigré..........................	500. 00.	*Idem.*
391.	AURIOL DE RIBES (Marie-Josèphe-Françoise-Jeanne, née PALLARÈS D'ARMANGAU, dame DE).	Émigrée, femme d'émigré...........	600. 00.	
392.	AUROUSSE (Marie-Geneviève, veuve, née PREVOST).	Veuve d'un officier du gobelet de madame comtesse d'Artois.	400. 00.	*Idem.*
393.	AUSSY (Jean-Louis, baron D')........	Écuyer de main de M. le comte de Provence.	1,200. 00.	
394.	AUSTRY DE SAINTE-COLOMBE (Françoise-Alexandrine-Henriette, née D'ÉTIENNE DE SAINT-JEAN DE PRUNIÈRES, dame D').	Son mari lieutenant-colonel a perdu un bras au siége de Pampelune en 1823.	600. 00.	*Idem.*
395.	AUTANE (René-Marie-Madeleine-Antoinette-Adélaïde, demoiselle D').	Fille d'émigré.....................	500. 00.	
396.	——— (Marie-Louise-Élisabeth-Antoinette, née DE LA BRUYÈRE, comtesse D').	Veuve d'un colonel assassiné par un sous-officier.	1,000. 00.	
397.	AUTICHAMP (vicomtesse D').........	Reversion de la pension de 3,000 francs dont jouissait son mari.	2,000. 00.	*Idem.*
398.	AUTHIÉ (Michel-Hiéronyme-Joseph-Jacques).	Émigré, père de sept enfans.........	300. 00.	*Idem.*
399.	AUTRECOURT (Barbe-Victoire, née LEFEBVRE DE LA FOREST, veuve D').	Veuve d'un chef d'escadron...........	300. 00.	

Nos d'ordre.	NOMS ET PRÉNOMS des PENSIONNAIRES.	MOTIFS de LA CONCESSION DES PENSIONS.	MONTANT des PENSIONS.	OBSERVATIONS.
400.	AUVERGNE (Clément-Marie-Louise, demoiselle D').	En remplacement de la pension de 800 fr. dont elle jouissait avant la révolution.	600f	N'a pas touché le deuxième secours.
401.	——— (Julie-Suzanne et Marie-Prudence D').	N'ont aucun moyen d'existence........	300.	N'ont pas touché le premier secours.
402.	AUVRAY (Joseph)................	Vendéen.........................	50.	
403.	AUVRÉ (Baptiste)................	*Idem*..........................	50.	N'a pas touché le premier secours.
404.	AVAUGOUR (comte DE)............	Ex-chef des fourrières de la maison du roi.	1,500.	
405.	AVED (François-Simon, chevalier DE LOIZEROLE).	Fils d'émigré......................	300.	
406.	AVELINE (Thomas)...............	Vendéen.........................	200.	
407.	AVENEAUX LANEUVILLE (Bernard-Théophile).	Chef de bureau au ministère de la maison de Louis XVI.	500.	
408.	AVERTON (Charles-Bon-Catherine-Victor D').	Émigré..........................	800.	
409.	AVESNE (Claudine, née STORHAY, dame D').	Émigrée, femme d'émigré...........	500.	
410.	———(Marie-Claudine, née STORHAY, dame D').	*Idem*..........................	500.	
411.	AVOYNES DE LA JAILLE (Rose-Catherine-Susanne, demoiselle).	Vendéenne.......................	500.	N'a touché aucun des deux secours.
412.	AVRIL (Jacques-Pierre)...........	Vendéen.........................	50.	
413.	——— dit SAINT-FIRMIN (Clément-Théodore).	Parent d'émigré..................	300.	
414.	AXELOFER (Ursule-Louise, née WILDERMETH).	Pension accordée directement par le Roi (motifs inconnus).	1,000.	
415.	AYEAU (Pierre-Jean)..............	Vendéen.........................	150.	
416.	AYGALLIER (Louis-François-Olivier D').	Émigré..........................	400.	
417.	AYMAR (Marie-Gabrielle, née FOUCHER, veuve D').	Son mari avait 400 francs de pension sur la cassette de Louis XVI.	200.	
418.	AYMERY (Anne-Louise-Félicité, née DE GOUJON DE GASVILLE, comtesse D').	Veuve d'un maître d'hôtel de Louis XVI..	2,900.	
419.	——— (Rose, veuve, née GUERIN, comtesse D').	*Idem* de Louis XVIII..............	4,600.	
420.	AYMEX DE NOYANT-DESROCHES (François-Marie, comte).	Services de son père à la cause royale en France.	300.	
421.	AYMONET DE CONTRÉGLISE (Charles-Françoise, demoiselle).	Émigrée.........................	600.	
422.	AYMONIN (Jean-François)..........	Émigré..........................	120.	
423.	AYRAULT (Jacques)................	Vendéen.........................	100.	
424.	——— (Marie-Françoise-Adélaïde, demoiselle).	Vendéenne.......................	200.	

Nos d'ordre.	NOMS ET PRÉNOMS des PENSIONNAIRES.	MOTIFS de LA CONCESSION DES PENSIONS.	MONTANT des PENSIONS.	OBSERVATIONS.
425.	AYRES (Joseph-Philémon D')........	N'a aucun moyen d'existence..........	300f	N'a touché aucun des deux secours.
426.	AZÉMA (Joseph)..................	Émigré..........................	400.	
427.	——— (Marie-Antoine-Colombe, veuve, née CORTASECA).	Services à la cause royale en France...	150.	
428.	AZEMAR LABAUME (Julie, née MARIN, veuve D').	Veuve d'un otage de Louis XVI.......	600.	
429.	AZILLE (Anne, née JEANNIN, veuve)..	Veuve d'un portier aux Tuileries......	150.	
430.	AZIRE (Marguerite-Élise, demoiselle)..	Émigrée..........................	500.	

Nos d'ordre.	NOMS ET PRÉNOMS des PENSIONNAIRES.	MOTIFS de LA CONCESSION DES PENSIONS.	MONTANT des PENSIONS.	OBSERVATIONS.
		B		
431.	BAB (Anne-Hyacinthe-Dieudonnée-Marie, née DE RANSE, dame).	Fille d'émigré........................	250f.	
432.	BABELLE DE BONNILLE (Marie-Angélique-Caroline, née GEORGE, veuve)	Persécutée pendant la révolution; perte de fortune.	300.	N'a pas touché le deuxième secours.
433.	BABINOT (Jean-François)...........	Vendéen........................	200.	
434.	BABONNEAU (Michel)...............	*Idem*........................	50.	*Idem.*
435.	BABOZ (Jeanne-Marie, née ROUSSEL, veuve).	Veuve d'émigré........................	80.	*Idem.*
436.	BACHELERIE (Marie-Adélaïde, née GRÉEN DE SAINT-MARSAULT, DE LA).	Fille d'un lieutenant-général, filleule de Louis XVI et de madame Adélaïde.	400.	
437.	BACHELIER (Gabriel)...............	Vendéen........................	80.	*Idem.*
438.	——— (Louis)..................	*Idem*........................	60.	N'a touché aucun des deux secours.
439.	——— (Cephora, demoiselle).......	En remplacement d'une pension dont jouissait son père avant la révolution.	200.	
440.	——— (Louise-Adélaïde, demoiselle).	*Idem*........................	200.	
441.	BACHELIER D'AGÈS (Françoise-Eulalie, née LOTHON, veuve DE).	Son mari jouissait d'une pension de 7,000 francs avant la révolution.	1,200.	
442.	BACHELOT (Perrine-Marie, née SEBILLOT, veuve).	Veuve d'un émigré................	150.	*Idem.*
443.	BACHSTEIN (Charles DE)............	Émigré........................	400.	
444.	BACIOCCHI ADORNO (Jean-André-Louis DE).	*Idem*........................	1,000.	
445.	BACONNAIS (Constance-Agathe, née ASSAILLY DE LABAUSSIÈRE, veuve DE).	Parente d'émigré................	800.	
446.	BACOUILLARD (Pierre).............	Valet de chambre de Louis XVI......	200.	
447.	BACQUET (Amélie-Joseph, née LADANT, DE).	Fille d'un serviteur dans la Maison de Louis XVI.	100.	
448.	BADENS (Louise-Éléonore-Perrette DUPAC, chanoinesse, comtesse DE).	Émigrée........................	1,000.	
449.	BADIFFE DE VAUJOMPE (Louise-Sophie-Constance, née DE TURPIN DE LA VERGNE, veuve).	*Idem*........................	200.	
450.	BADONVILLE (Frédéric).............	Fils d'un colonel................	120.	N'a pas touché le deuxième secours.
451.	BADUEL (Marie-Ursule, née GILLET DE BRONS, veuve).	Fille d'émigré................	150.	
452.	BAERT (Antoinette-Philippine-Léonille, née MONTBOISIER BEAUFORT CANILLAC, baronne DE).	Petite-fille de Malesherbes..........	2,000.	N'a touché aucun des deux secours.
453.	BAGET (Marie-Marcelle, née LICHIGARAY, dame DE).	Fille et femme d'émigrés...........	300.	
454.	BAGUE (Jean)......................	Émigré........................	200.	

Nos d'ordre.	NOMS ET PRÉNOMS des PENSIONNAIRES.	MOTIFS de LA CONCESSION DES PENSIONS.	MONTANT des PENSIONS.	OBSERVATIONS.
455.	BAGUE (Pierre)	Émigré	200f	
456.	BAILLE (Marie-Marguerite, née CORDOUAN, veuve).	Son père a été fusillé à Toulon, après le siége.	300.	N'a touché aucun des deux secours.
457.	BAILLET (Anne-Françoise-Rosalie, née LECOINTE).	Veuve d'un postillon des écuries du Roi.	150.	
458.	BAILLER DE FLORANSAC (Charles DE).	Juge de paix; perte de fortune	300.	*Idem.*
459.	BAILLET DE VAUGRENANT (Adélaïde-Marie-Geneviève-Jeanne, demoiselle).	Fille d'émigré	600.	
460.	BAILLETET (Edme)	Émigré	200.	
461.	BAILLIF (Jean-Baptiste, chevalier)	*Idem*	200.	
462.	BAILLIVY (Charles-Joachim, DE)	*Idem*	900.	
463.	BAILLON (Jean-Baptiste, chevalier DE).	Ex-officier de la garde royale	200.	*Idem.*
464.	BAILLOT (Étienne)	Pour avoir tué une louve atteinte d'hydrophobie.	100.	*Idem.*
465.	——— (Edme)	*Idem*	100.	*Idem.*
466.	BAILLY DE MOIZEMONT (Reine, née RAYMOND, dame).	Fille d'émigré	200.	
467.	BAIN (André-Michel-François)	Fils d'un concierge du château de Marly.	200.	*Idem.*
468.	——— (Alexandrine-Élisabeth)	Fille *idem*	400.	*Idem.*
469.	——— (Alexandrine-Louise-Adélaïde).	*Idem*	200.	*Idem.*
470.	——— (Marie-Madeleine-Pauline, née DE VILLENEUVE-BARGEMONT, dame).	Femme d'un ancien sous-préfet	600.	
471.	BAINVILLE (Claude, baron DE)	Capitaine émigré	1,000.	
472.	BAIZEAU (Jeanne-Céleste, née THIBAUD, veuve).	Vendéenne	36.	
473.	BAJET (Françoise, née DUMAS, veuve).	Femme d'émigré	400.	
474.	BAJUT (Joseph)	Émigré	400.	N'a pas touché le deuxième secours.
475.	BALAS (Augustin)	Services dans les armées royales, en France.	120.	N'a touché aucun des deux secours.
476.	BALATHIER-LANTAGE (Joseph-Phal-Charles, abbé DE).	Émigré	400.	
477.	BALAVOINE (Louis)	Lieutenant émigré	400.	
478.	BALAY (Jean-Antoine-François-Louis, DE).	Émigré	500.	
479.	——— (Joséphine, dame DE, née DUPAC DE MARSOLIES).	Femme d'émigré	500.	

Nos d'ordre.	NOMS ET PRÉNOMS des PENSIONNAIRES.	MOTIFS de LA CONCESSION DES PENSIONS.	MONTANT des PENSIONS.	OBSERVATIONS.
480.	BALBI (Anne-Jacob, comtesse DE, née BERTRAND DE CAUMONT).	Dame d'atours de MADAME, comtesse de Provence.	12,000f	
481.	BALBY DE MONTFAUCON (Clotilde, née DE VERNON.)	Sœur d'un écuyer commandant les écuries de Louis XVIII.	600.	
482.	——— (Joséphine-Rosine-Clarice)....	Nièce d'un écuyer commandant les écuries de Louis XVIII.	300.	
483.	BALÈS (Jean-Baptiste).............	A servi dans les armées royales de la Lozère.	200.	
484.	BALESDENTS DE PRÉFONTAINE (Victor-Louis-Ferdinand, abbé).	Émigré, ancien aumônier des pages....	900.	
485.	BALICQ (Rose-Justine-Emmerance, demoiselle).	Fille d'un chef de bataillon émigré.....	200.	
486.	BALLAND (Marie-Louise-Élisabeth, ve DE, née CLAUSIN).	Émigrée.........................	800.	
487.	BALLET (Jeanne, veuve, née BOURTINET).	Vendéenne......................	50.	
488.	BALLEY (Marie-Anne-Denise, veuve, née BERNIER).	Veuve d'un portier à Versailles.......	83.	
489.	BALLOT (Louise-Joséphine-Rose, veuve, née VINCENT).	Son père a rendu des services à la cause royale, en France.	250.	N'a touché aucun des deux secours.
490.	BALLU (Armande-Félicité, veuve, née BRUNET).	Veuve d'un commissaire à la Martinique.	60.	
491.	BALLY (Mathias).................	Émigré.........................	200.	
492.	BALQUET (Jean-Baptiste)..........	Vendéen........................	80.	
493.	BALSA VIALATELLE (Marie-Antoinette-Louise-Joséphine, demoiselle).	Son père, commandant à la Bastille, a été tué à la prise de cette forteresse, en 1789.	500.	
494.	BALTHASAR (Placide-Joseph-Antoine DE).	Officier suisse au service de France, invalide par suite de la campagne de Russie.	300.	*Idem.*
495.	——— (Casimire-Charlotte-Louise, demoiselle DE).	Sœur d'un émigré et d'un officier dans l'armée républicaine.	400.	*Idem.*
496.	BALZAC (Madeleine-Françoise-Aglaé, dame DE, née LEDOULCET).	Émigrée.........................	600.	
497.	BANCAUD (veuve, née BARBIER).....	Veuve d'un garçon d'attelage..........	150.	
498.	BANCENEL (Marie-Josèphe, ancienne chanoinesse, comtesse DE).	Perte de fortune..................	250.	
499.	——— (Marie-Marguerite-Bernarde, veuve DE, née DUDRESSIER).	Veuve d'émigré..................	350.	
500.	BANCS GARDONNES (Léonard DE).....	Émigré.........................	900.	
501.	BANON (Marie-Marguerite-Sophie, dame, née HUGUES).	Son père fut fusillé à Toulon.........	150.	
502.	BANSE (Louis-Barthélemy)..........	Émigré.........................	400.	
503.	BAR (Antoine)..................	*Idem*..........................	500.	
504.	BAR MURAT (Antoine-Constant-Jacques-César-Aimé DE).	Fils d'émigré....................	200.	N'a touché aucun des deux secours.

Nos d'ordre.	NOMS ET PRÉNOMS des PENSIONNAIRES.	MOTIFS de LA CONCESSION DES PENSIONS.	MONTANT des PENSIONS.	OBSERVATIONS.
505.	BAR MURAT (Louise-Marguerite-Alexandrine, demoiselle DE).	Fille d'émigré	200f 00c	
506.	BAR DE MURAT (Marie, comtesse DE, née DE BAR DE LAGARDE).	Veuve d'émigré	300. 00.	
507.	BARADA dit LATOUR (Joseph)	Émigré	100. 00.	
508.	BARAISE (Pierre)	Vendéen	80. 00.	
509.	BARAILLIER (Pierre)	Émigrée	500. 00.	
510.	BARANCE DE BOISMORIN (Marguerite), née GRIGNET DE SAINT-LOUP.	Son mari a été massacré à St.-Domingue.	500. 00.	
511.	BARANTIN DE MONTCHAL (Jeanne-Marie-Antoinette-Victoire, comtesse DE, née LA TOISON ROCHEBLANCHE).	Émigrée	1,200. 00.	
512.	BARATIER (Marie-Geneviève-Eulalie, comtesse DE SAINT-AUBAN).	Ruinée par la révolution; mère de treize enfans.	500. 00.	
513.	BARAUD (Pierre)	Vendéen	80. 00.	
514.	BARAUD (Marie-Jeanne-Françoise, ve née MARTIN).	Vendéenne	30. 00.	N'a touché aucun des deux secours.
515.	BARBARIT (Pierre)	Vendéen	80. 00.	
516.	BARBARIN DE PUYFRAGNOUX (Louis).	Émigré	1,100. 00.	Idem.
517.	BARBAUD (François-Joseph)	Capitaine émigré	1,000. 00.	
518.	BARBÉ (Charles)	Services rendus à la cause royale	150. 00.	Idem.
519.	——— (Marguerite-Sophie, demoiselle DE).	Perte de fortune	300. 00.	
520.	——— (Marie-Madeleine-Étienne), veuve, née DEVAURE.	Son père a rendu des services à la cause royale.	200. 00.	Idem.
521.	BARBE (Louise-Marguerite, veuve, née PICARD).	Veuve d'un sous-conducteur de la machine de Marly.	150. 00.	
522.	BARBEDIENNE (François-Julien, abbé).	Émigré	1,219. 20.	
523.	BARBEL (Julie-Antoinette-Armande, dame, née VINCENT).	Mère de seize enfans	300. 00.	
524.	BARBEREAU (Paul-François)	Employé dans la Maison de Louis XVI.	240. 00.	
525.	BARBEROT D'AUTEL (Anne-Marie-Madeleine-Reine, demoiselle).	Fille d'un brigadier des armées du Roi; perte de fortune.	200. 00.	Idem.
526.	BARBET (Félix-Joseph)	Émigré	150. 00.	
527.	——— (Marie-Claudine, veuve, née POUGNY).	Veuve d'un palefrenier des écuries du Roi.	100. 00.	
528.	BARBEYRAC DE SAINT-MAURICE (vicomtesse, née GEFFRIER DE NEUVY).	Veuve d'émigré	400. 00.	
529.	BARBIER	Choriste à l'Opéra-Comique. (Pension par suite de transaction.)	309. 37.	

Nos d'ordre.	NOMS ET PRÉNOMS des PENSIONNAIRES.	MOTIFS de LA CONCESSION DES PENSIONS.	MONTANT des PENSIONS.	OBSERVATIONS.
530.	BARBIER (Alexandre).............	Pension payée précédemment par le département des Beaux-arts.	200f	
531.	——— (Julien-Jean).............	Vendéen....................	50.	N'a touché aucun des deux secours.
532.	——— (Louis)..................	Garçon servant du Dauphin..........	240.	
533.	——— (Louis-Charles-Félix).......	Fils d'un écuyer de bouche de MADAME, émigré.	250.	
534.	——— (Agathe-Marie, demoiselle)...	Son père a été massacré à Saint-Domingue.	300.	
535.	——— (Anne-Félicité-Marie, demoiselle).	*Idem*..........................	300.	
536.	——— (Marie-Claudine-Françoise, demoiselle).	*Idem*..........................	400.	
537.	——— (Justine, née CONDO, veuve)..	Veuve d'un chef de bataillon.........	600.	
538.	BARBIXIER (Jacquette, née CORREGE, veuve DE).	Veuve d'émigré..................	200.	
539.	BARBOLIN (François-Mathurin).......	Vendéen.........................	80.	N'a pas touché le deuxième secours.
540.	BARBOT DE LA PRINCERIE (Geneviève-Louise-Jeanne, née BLONDEAU, veuve)	Veuve d'un huissier du cabinet de MADAME, comtesse de Provence.	800.	
541.	BARBUAT DE BOISGÉRARD (Adélaïde-Françoise, demoiselle DE).	Fille d'un maréchal-de-camp..........	200.	
542.	———(Angélique-Victoire, demoiselle).	*Idem*..........................	200.	
543.	BARBUT (Marguerite, née GERVAIS, dame).	Services de sa famille dans les armées royales de la Lozère.	80.	
544.	BARCELLON (Louise-Eulalie, demoiselle).	Fille d'un paumier du Roi..........	300.	
545.	——— (Ursule-Joséphine, demoiselle).	*Idem*..........................	300.	
546.	BARD (Pierre-François)...........	Vendéen.........................	50.	
547.	BARDEL (Henriette-Justine-Catherine-Jeanne, née DE BRAGARD).	Veuve d'un lieutenant de vaisseau, mère de cinq enfans.	600.	
548.	BARDET (Marie-Louise, demoiselle)....	Fille d'un contrôleur de la cuisine bouche.	600.	
549.	BARDIN DE HENRY (Hippolyte)......	Fils d'émigré; Vendéen.............	400.	N'a touché aucun des deux secours.
550.	——— (Marie-Anne, née DE VEXAULT DE SAINT-LOUIS, veuve).	Issue de la famille de Jeanne-d'Arc....	300.	
551.	BARDIN DE LA SALLE (Charlotte-Françoise, née DE MENOU, dame DE).	Veuve d'émigré..................	500.	*Idem*.
552.	BARDONENCHE (Alexandrine-Charlotte-Adélaïde, née DE VILLENEUVE-VENCE, comtesse DE).	Femme d'émigré..................	600.	*Idem*.
553.	BARDOU (Marie-Françoise, née LEFEBVRE, veuve).	Veuve d'un garçon de cuisine, chez MADAME, tante du Roi.	240.	
554.	BARENNE (Anne-Marie, née ARNOLD, veuve DE).	Veuve d'émigré..................	400.	

Nos d'ordre.	NOMS ET PRÉNOMS des PENSIONNAIRES.	MOTIFS de LA CONCESSION DES PENSIONS.	MONTANT des PENSIONS.	OBSERVATIONS.
555.	BARENTIN (Antoinette-Marie-Louise-Joséphine-Baptistine , demoiselle DE).	Fille d'un capitaine de vaisseau émigré. .	400f 00c	
556.	BARETEAU (Louis)	Vendéen.	60. 00.	N'a pas touché le deuxième secours.
557.	BARGEDÉE (Françoise-Victoire), veuve, née LEBRUN.	Veuve d'un Vendéen.	400. 00.	
558.	BARGETON-DURFORT (Louis-André), veuve, née D'ANDRÉ DE SAINT-VICTOR.	Veuve d'émigré.	200. 00.	N'a touché aucun des deux secours.
559.	BARILLOT (Reine), veuve, née MARION DES ESSARTS.	*Idem*.	400. 00.	N'a pas touché le deuxième secours.
560.	BARITAULT (Louis-Hippolyte DE)	A rendu des services à la cause royale en France.	400. 00.	
561.	——— (Marie-Jeanne, demoiselle DE).	Sœur d'émigré.	800. 00.	
562.	BARJAC (Benoit-Joseph DE).	Fils d'un maître d'hôtel de Louis XVI. .	2,000. 00.	
563.	BARJON (Françoise-Élisabeth), veuve, née PÉCAULD DE CHANGIN.	Femme d'émigré.	600. 00.	*Idem*.
564.	BARKER, veuve, née KERUS-BRIDGET . .	Veuve d'un officier	450. 00.	*Idem*.
565.	BARNEWAL (Marie-Jeanne, demoiselle DE).	Vendéenne.	150. 00.	
566.	———(Laurence-Marie, demoiselle DE).	*Idem*.	150. 00.	N'a touché aucun des deux secours.
567.	BARNEVALT, dame religieuse	Émigrée.	746. 76.	
568.	BARNIER (Michelle), veuve, née CAILLE-DESMARES.	Veuve d'un portier à la surintendance des bâtimens.	200. 00.	
569.	BAROLET (Marie-Ézéchiel)	Émigré	200. 00.	
570.	——— (Claudine), veuve, née DENIZOT.	Veuve d'un directeur du dépôt de mendicité d'Auxerre.	500. 00.	N'a pas touché le deuxième secours.
571.	BARON (Pierre).	Émigré.	150. 00.	N'a touché aucun des deux secours.
572.	BARON-BEAUDOUINAIS (Georges-Pierre).	Services dans les armées royales.	100. 00.	
573.	BARON DE VERNON (Alexandre-Zoé). .	Émigré.	300. 00.	
574.	BAROUD (Marie-Claudine-Françoise-Josèphe-Emmanuelle), ve, née DURAND.	Créancière de M. le comte de Provence. .	400. 00.	
575.	BARQUIN (André-Honoré).	Émigré de Toulon.	160. 00.	
576.	BARRAL-D'ARENES (Esther-Jeanne-Romaine, née MANSORD DE FERRAUDIÈRES, marquise DE).	Veuve d'un écuyer de Mme Sophie.	250. 00.	N'a pas touché le deuxième secours.
577.	BARRANDON-DUFRAISSE (Jean-Pierre-Augustin).	Émigré.	600. 00.	
578.	BARRAS (Jean-Louis DE).	Prêtre émigré.	900. 00.	
579.	——— (Pierre).	Parent de Barras.	300. 00.	

Nos d'ordre.	NOMS ET PRÉNOMS des PENSIONNAIRES.	MOTIFS de LA CONCESSION DES PENSIONS.	MONTANT des PENSIONS.	OBSERVATIONS.
580.	BARRAS DE LAPENNE (Étienne DE).....	Perte de fortune; appartient à la famille de Barras, membre du Directoire.	600f 00c	
581.	BARRAU (François)...............	Émigré.........................	300. 00.	
582.	——— (Jeanne-Louise, veuve), née SALOMON.	Veuve d'un piqueur des écuries........	150. 00.	N'a pas touché le deuxième secours.
583.	——— (Marie-Éléonore, demoiselle)..	Fille d'un premier commis des finances du Roi.	400. 00.	
584.	BARRE (Ferdinand-Joseph-Charles-Auguste, comte DE).	Émigré.........................	800. 00.	
585.	BARRÉ (Henri-François)...........	*Idem*..........................	350. 00.	N'a touché aucun des deux secours.
586.	——— (Jean-Joseph-Gabriel)........	Vendéen........................	100. 00.	
587.	——— (Catherine-Julie), veuve, née COURTOIS.	Veuve d'un piqueur chez MONSIEUR, Cte de Provence.	400. 00.	
588.	———DE SAINL-LEU (Alice, dame), née RICHARDS D'ALGRAS.	Femme d'un contre-amiral............	600. 00.	
589.	BARREAU (Pierre-François-Joseph DE)..	Émigré.........................	500. 00.	
590.	BARREIRON CAILLÈRE DE VILLAMONT (Jeanne-Catherine-Antoinette, dame DE), née DE MARQUEYSSAC.	Femme d'émigré..................	300. 00.	N'a pas touché le deuxième secours.
591.	BARRÊME DE CREMILLE (Antoine-Joseph, chevalier).	Capitaine émigré.................	1,000. 00.	
592.	——— (Marie-Françoise-Armande, dame), née DE KÉARNEY.	Fille d'un capitaine de vaisseau........	300. 00.	
593.	BARRERA (Bonaventure-Pierre-Antoine).	Émigré.........................	200. 00.	
594.	BARRES DU MOLARD (Marie-Rosalie, demoiselle).	Fille d'émigré...................	500. 00.	
595.	———(Louise-Caroline-Jacqueline-Rosalie, vicomtesse DE), née DE ROCHEFORT.	Veuve d'émigré..................	800. 00.	N'a touché aucun des deux secours.
596.	BARRET (René)...................	Vendéen........................	210. 00.	
597.	———(Élisabeth-Caroline, demoiselle).	Fille d'émigré...................	250. 00.	
598.	——— (Louise-Marie, demoiselle)....	*Idem*..........................	250. 00.	
599.	———(Anne-Marie, dame), née BONNET.	Femme d'émigré..................	1,000. 00.	
600.	BARRETEAU (Mathurin).............	Vendéen........................	100. 00.	
601.	BARRIER (Véronique, veuve), née ZACON.	Veuve d'un postillon aux écuries de la Reine.	200. 00.	
602.	BARRIGUE DE MONTVALLON (Joseph-André).	Émigré.........................	600. 00.	*Idem.*
603.	BARRIN LE LA GALISSONNIÈRE (Marie-Aimée-Clotilde, demoiselle).	Fille d'un chef de division des armées navales.	400. 00.	*Idem.*
604.	BARRIER (Marguerite-Théophile, veuve), née YVON.	Veuve d'un postillon pensionné.......	200. 00.	

Nos d'ordre.	NOMS ET PRÉNOMS des PENSIONNAIRES.	MOTIFS de LA CONCESSION DES PENSIONS.	MONTANT des PENSIONS.	OBSERVATIONS.
605.	BARROIS (Nicolas-Xavier)	Prêtre émigré	900f 00c	
606.	——— (Marie-Geneviève-Élisabeth, veuve), née HUARD.	Veuve d'un palefrenier pensionné	200. 00.	N'a touché aucun des deux secours.
607.	——— (Anne-Antoine, veuve, née VINCENT).	Veuve d'émigré	200. 00.	N'a pas touché le deuxième secours.
608.	——— D'ORGEVAL	Ex-gentilhomme servant de Louis XVIII.	1,500. 00.	*Idem.*
609.	BARRON (René)	Vendéen	50. 00.	
610.	BARRUEL (Joseph-Camille DE)	Neveu de l'abbé Barruel; perte de fortune.	300. 00.	N'a touché aucun des deux secours.
611.	———BEAUVERT (Antoinette-Élisabeth-Eugénie, demoiselle DE).	Son père a rendu des services à Louis XVIII, en France.	600. 00.	
612.	BARRY (Honoré-Louis)	Émigré	600. 00.	
613.	——— (Jean-Baptiste)	Fils d'émigré	50. 00.	
614.	——— (Catherine-Virginie, demoiselle).	Fille d'émigré	50. 00.	
615.	——— (Claude-Olive, demoiselle)	*Idem*	50. 00.	
616.	BARSSE (Blaise-Alexandre)	Prêtre émigré	1,000. 00.	
617.	BART (Geneviève-Madeleine-Alexandrine, née DE PRADINES).	Ruinée par la révolution de St-Domingue.	400. 00.	
618.	BARTHE (DE LA)	Ex-secrétaire de la chambre de Louis XVIII.	1,200. 00.	
619.	BARTHÉLEMY (Bernard-Marie DE)	A servi la cause royale, en France	200. 00.	
620.	——— (François-Hector-Charles-Auguste Rose DE).	Fils d'émigré	100. 00.	
621.	——— (Hector-Louis-Marie DE)	*Idem*	100. 00.	
622.	——— (Henri-Auguste-Charles DE)	*Idem*	100. 00.	
623.	——— (Jean-Baptiste-Charles-Marie DE).	*Idem*	200. 00.	
624.	——— (Louis-Paul DE)	*Idem*	100. 00.	N'a touché aucun des deux secours.
625.	——— (Antoinette-Élisabeth, demoiselle DE).	Fille d'émigré	100. 00.	
626.	——— (Marie-Louise, demoiselle DE)	*Idem*	100. 00.	
627.	——— (Victoire-Marie, demoiselle DE).	*Idem*	100. 00.	
628.	——— (Jacques Joseph)	Émigré de Toulon	200. 00.	N'a pas touché le deuxième secours.
629.	——— (Philibert-Henri)	Garçon de bureau au contrôle général de la maison du Roi.	150. 00.	

Nos d'ordre.	NOMS ET PRÉNOMS des PENSIONNAIRES.	MOTIFS de LA CONCESSION DES PENSIONS.	MONTANT des PENSIONS.	OBSERVATIONS.
630.	BARTHÉLEMY (Rose-Pétronille-Élisabeth, veuve DE), née DUPUY.	Veuve d'émigré..................	400f	
631.	——— DE LA CHADENÈDE (Jean-François-Auguste).	A servi au siége de Lyon............	200.	N'a touché aucun des deux secours.
632.	BARTHELOT DE BELLEFOND (Nicolas)...	Huissier de la chambre de Louis XVI...	1,200.	
633.	BARTOUILH DE COULOUMÉ (Adélaïde, née GANDOLPHE, veuve).	Émigrée.........................	800.	
634.	——— (Marie-Alexandrine-Élisabeth, née FOSSI, dame).	Nièce d'un commandant du Louvre sous Louis XVI.	800.	
635.	BASCHER DE BOISGELY (Françoise-Victoire, demoiselle).	Fille d'émigré....................	2,400.	
636.	BASINET (Charles-Ambroise).........	Ancien valet de garde-robe de MONSIEUR, comte de Provence.	1,000.	
637.	BASIRE (François)................	Ancien serviteur dans la maison de Louis XVI.	600.	
638.	——— (Jean-François-Baptiste-Eustache).	Vendéen.........................	60.	
639.	BASLEAU (Joseph-Mathurin)..........	Commissaire des guerres dans les armées vendéennes.	300.	
640.	BASSABAT (Jeanne, née DE BOUTIER, veuve DE).	Veuve d'émigré..................	200.	N'a touché aucun des deux secours.
641.	BASSET (François)................	Marinier; a sauvé la vie à plusieurs personnes.	100.	N'a pas touché le deuxième secours.
642.	——— (Jean)....................	Vendéen.........................	50.	
643.	BASSOMPIERRE (Marie-Marguerite-Perpétue, née GAULTIER, comtesse DE).	Veuve d'émigré..................	1,500.	
644.	BASTARD (Marie-Catherine, dame)....	Directrice d'une maison royale d'éducation.	1,200.	
645.	BASTIDE (Joseph-Sauveur-Jean)......	Émigré..........................	120.	
646.	BASTIEN (Marie-Angélique, née FERET, dame).	Fille d'un serviteur de madame la comtesse d'Artois.	200.	
647.	——— DE BEAUPRÉ (Françoise-Sébastienne, demoiselle).	Perte de fortune..................	200.	
648.	——— (Julie-Marie-Françoise, demoiselle).	*Idem*...........................	200.	
649.	BASTIER (Marie-Louise, née COTEREAU, veuve).	Veuve d'un piqueur aux écuries de Louis XVI.	110.	
650.	BASTIN dit BASTIEN (Toussaint-Joseph).	Palefrenier aux écuries du Roi........	200.	
651.	BATARDY (Marie-Catherine, née GUERRY, veuve).	Veuve d'un palefrenier à la grande écurie de Louis XVI.	200.	
652.	BATIGUE (Marie-Félicité, demoiselle)...	Fille d'émigré....................	150.	
653.	——— (Agathe, demoiselle).........	*Idem*...........................	150.	
654.	——— (Julie, demoiselle..........	*Idem*...........................	150.	

Nos d'ordre.	NOMS ET PRÉNOMS des PENSIONNAIRES.	MOTIFS de LA CONCESSION DES PENSIONS.	MONTANT des PENSIONS.	OBSERVATIONS.
655.	BATIGUE (Marie-Anne-Victoire-Émélie, demoiselle).	Fille d'émigré	15f	
656.	BASTIGUE (Henriette-Élisabeth-Antoinette, demoiselle).	*Idem*	150.	
657.	BATON (Marie-Angélique-Sigrade, née ROUGET, veuve).	Émigré	800.	
658.	BATTINCOURT (Stanislas-Charles, baron DE).	Frère d'émigrés	300.	
659.	BATZ (Jean-Pierre DE)	Fils d'un officier supérieur mort sur l'échafaud pendant la révolution.	300.	N'a touché aucun des deux secours.
660.	—— (Marianne, demoiselle DE)	A rendu des services aux Bourbons, en France; âgée de 89 ans.	180.	*Idem.*
661.	—— (Michelle-Augustine, née THILORIER, baronne DE).	Créancière de Louis XVI	6,000.	
662.	BATZ DE TRENQUELLÉON (Joseph)	Ancien capitaine de vaisseau; perte de fortune.	300.	*Idem.*
663.	BAUCHER (Pierre-Alain)	Ancien serviteur de la maison de MESDAMES.	200.	
664.	BAUCHERON dit RIVIÈRE (Jacques)	Émigré	200.	
665.	BAUCHET (Pierre)	Vendéen	80.	
666.	BAUDEL DE VAUDRECOURT (Marie-Anne-Sophie, née ERRARD DE LANDRIAN D'OUTREMECOURT, dame DE).	Son mari servait au 10 août; perte de fortune.	400.	N'a touché aucun des deux secours.
667.	BAUDELOCHE (Julien)	Vendéen	100.	*Idem.*
668.	BAUDEQUIN DE LA BOISSELLE (Jean-Baptiste).	En remplacement de la pension de 2,733 f. dont il jouissait avant la révolution.	2,000.	
669.	BAUDEUF (Marguerite-Thérèse-Françoise, demoiselle).	Émigrée	300.	
670.	—— (Angèle-Thérèse-Donata, née MAJULLI, veuve).	Veuve d'un émigré de Toulon	100.	
671.	BAUDIN (Marie-Louise, née ROUET, dame).	Vendéenne	600.	
672.	BAUDIOT (François)	Émigré	300.	
673.	BAUDOT (Condé-Jeanne-Marie-Rosalie, demoiselle DE).	Émigrée	300.	
674.	BAUDOUIN (Jean)	Vendéen	100.	
675.	—— DESMARATTES (Marie-Marguerite-Félicité, née MARTIN, veuve).	Veuve d'un militaire mort à Saint-Domingue.	200.	N'a touché aucun des deux secours.
676.	BAUDOUN (Charles-Ernest)	Petit-fils d'émigré	150.	
677.	—— (Anne-Marie-Amélie, demoiselle).	Petite-fille d'émigré	150.	
678.	BAUDOY (Jean-Claude-Marie)	Émigré	400.	
679.	BAUDRON DE LAMOTTE (Gabrielle-Charlotte-Madeleine, née DEMASENS D'ARGUIAN, ve DE).	Veuve d'un pensionnaire de l'État, sans fortune.	400.	

Nos d'ordre.	NOMS ET PRÉNOMS des PENSIONNAIRES.	MOTIFS de LA CONCESSION DES PENSIONS.	MONTANT des PENSIONS.	OBSERVATIONS.
680.	BAUDRY (Thérèse-Mélanie, veuve), née LOUVEL.	Veuve d'un officier vendéen..........	200f	
681.	BAUDSON (Ursule-Constance-Julie, veuve), née FACHE.	Veuve d'un cocher des écuries du Roi..	135.	
682.	BAUDU (Pierre)..................	Vendéen.........................	80.	
683.	BAUER (Sophie-Élisabeth, veuve), née MEYER.	Veuve d'émigré..................	120.	N'a touché aucun des deux secours.
684.	BAUFFREMONT (Marie-Antoinette-Rosalie-Pauline, née DE QUELEN DE LAVAUGUYON, duchesse DE).	Fille d'une dame d'honneur de MADAME, comtesse de Provence.	6,000.	*Idem.*
685.	BAUGÉ (Amélie)..................	Petite-fille d'un concierge du château de Choisy.	200.	*Idem.*
686.	——— (Louise)..................	*Idem*..........................	200.	*Idem.*
687	BAUJARD (Jeanne, demoiselle).......	Vendéenne.......................	200.	
688.	BAULAND (Anne-Françoise, veuve), née SÉJOURNÉ.	*Idem*..........................	68.	N'a pas touché le deuxième secours.
689	BAULAND DE FEURG (Joseph)........	Sous-lieutenant des gardes du corps....	2,400.	
690.	BAULT (Catherine, veuve DE), née NICQUE.	Veuve d'un garde du corps qui servait au 10 août.	400.	
691.	BAUMANN (Thibault)..............	Émigré..........................	120.	N'a touché aucun des deux secours.
692.	BAUNDU (Jean-Jacques)............	Vendéen.........................	80.	
693.	BAUPTE (Marie-Anne-Victoire, veuve DE), née DE BAUDRE DE BAVENT.	Émigrée.........................	300.	N'a pas touché le deuxième secours.
694.	BAUQUET DE GRANVAL (Pauline, demoiselle.)	Fille d'émigré..................	700.	
695.	———(Agnès-Louise-Françoise, dame), née SAMSON.	Femme d'émigré..................	1,000.	
696.	BANZY (Jean-Pierre-Nicolas).........	Ancien officier des armées françaises, invalide par suite de la campagne de Russie	400.	
697.	BAVIÈRE (Anne-Marguerite-Gertrude).	N'a aucuns moyens d'existence........	300.	
698.	——— (Anne-Marguerite-Gertrude-Charlotte-Élisabeth, demoiselle DE)..	Sœur d'émigrés..................	250.	
699.	——— (Marie, demoiselle DE)......	*Idem*..........................	250.	N'a touché aucun des deux secours.
700.	——— (Anne-Gertrude, veuve DE), née VERLANIE.	Veuve d'un émigré massacré à Quiberon.	120.	
701.	BAWR (Alexandrine-Sophie, veuve), née GOURY DE CHAMGRAND.	Auteur..........................	600.	
702.	BAYARD (Claude-Louis).............	A rendu des services à la cause royale...	1,500.	
703.	——— (Jeanne, veuve), née THOMAS.	Vendéenne.......................	200.	
704.	BAYARD DE PLAINVILLE (Louise-Jeanne-Françoise, veuve), née DUROT.	Veuve d'un député en 1815..........	500.	

Nos d'ordre.	NOMS ET PRÉNOMS des PENSIONNAIRES.	MOTIFS de LA CONCESSION DES PENSIONS.	MONTANT des PENSIONS.	OBSERVATIONS.
705.	BAYEL (Marie-Catherine, veuve), née BARBAY.	Veuve d'un palefrenier aux écuries du Roi.	200f 00c	
706.	BAYOL (Marie-Philippine-Yolande, comtesse DE), née de BRUE.	Rétablissement d'une pension sur la cassette de Louis XVI.	200. 00.	N'a pas touché le premier secours.
707.	——— (Jean-Baptiste-César, DE).....	Émigré..........................	400. 00.	
708.	BAZILE (Marie-Élisabeth, veuve), née CHRÉTIEN.	Veuve d'un garçon des pages de Louis XVI.	240. 00.	
709.	BAZIN DE BEZON (François).........	Émigré..........................	900. 00.	
710.	BAZIN-LINKESTER (Pierre-Ambroise)..	*Idem*..........................	400. 00.	
711.	BAZIRE (Amable, demoiselle)........	Vendéenne.......................	80. 00.	
712.	——— (Antoinette-Nicolle-Mélanie, demoiselle).	Fille d'un huissier de la chambre du Roi.	300. 00.	
713.	BEAUCHAMP (Jean-Henri)...........	Capitaine vendéen................	150. 00.	N'a touché aucun des deux secours.
714.	——— (Anne-Memmia, demoiselle DE).	Nièce d'une lectrice de la Reine.......	300. 00.	
715.	——— (Rose-Clotilde, demoiselle)...	Fille d'un major de place de Monaco....	300. 00.	
716.	BEAUDEAN (Joseph-Mathurin-François-Étienne, baron DE).	Émigré..........................	600. 00.	
717.	BEAUDUSSON DE RICHEBOURG (Armand-Charles-Adolphe).	Fils d'un économe de l'école de La Flèche.	300. 00.	N'a pas touché le deuxième secours.
718.	BEAUDOUIN (Simon)...............	Émigré..........................	200. 00.	*Idem.*
719.	BEAUFILS-DENIAN-LAMARE (Catherine-Périne-Thérèse).	N'a aucuns moyens d'existence........	200. 00.	*Idem.*
720.	BEAUFOL DE BEAUFORT (Marie-Madeleine, veuve, née DAVID.	Veuve d'émigré..................	250. 00.	
721.	BEAUFORT (Alphonse, chevalier DE)...	Fils d'émigré....................	600. 00	
722.	BEAUFORT DE LESPARRE (Marianne-Claude, comtesse DE).	Chanoinesse ruinée par la révolution...	400. 00.	
723.	——— (Marie-Paule, demoiselle DE).	N'a aucuns moyens d'existence........	300. 00.	
724.	BEAUGARD (demoiselle)............	*Idem*..........................	300. 00.	*Idem.*
725.	BEAUGEARD (Marie-Jeanne-Catherine, dame), née d'HUGUES DE CASSELÈS.	Veuve d'un officier de la maison de la Reine.	2,500. 00.	*Idem.*
726.	BEAUMONT (Joseph, abbé)..........	Émigré..........................	1,219. 20.	*Idem.*
727.	——— (Céleste-Marie-Antoinette-Emmanuelle, demoiselle DE).	Fille d'émigré...................	1,000. 00.	*Idem.*
728.	——— (Marie-Anne-Louise, dame DE), religieuse.	Persécutée pendant la révolution......	200. 00.	
729.	——— (Marie-Claudine, comtesse DE), née BERTRAND.	Chanoinesse émigrée...............	400. 00.	*Idem.*

Nos d'ordre.	NOMS ET PRÉNOMS des PENSIONNAIRES.	MOTIFS de LA CONCESSION DES PENSIONS.	MONTANT des PENSIONS.	OBSERVATIONS.
730.	BEAUMONT (Émée-Félicité, née BEAUPOIL DE S.-AULAIRE, vicomtesse DE).	Sœur d'un capitaine de vaisseau......	800f	
731.	——— (Sophie, née CAUVET, baronne DE).	Émigrée........................	3,000.	
732	——— (Julie-Aimée, née DE FOULOGNE, comtesse DE).	Veuve d'émigré..................	1,000.	
733.	——— (Marie-Jeanne-Denise, née HAMELIN, veuve).	Veuve d'un employé à l'intendance des bâtimens du Roi.	500.	
734.	BEAUMONT DE S.-QUENTIN (Augustine-Marie-Madeleine, demoiselle DE).	Sœur d'émigré....................	400.	
735.	——— (Marie-Louise, dame DE)....	Fille d'émigré....................	200.	N'a pas touché le deuxième secours.
736.	BEAUNAY (Anne-Victoire, née CARREFOURT DE LA PELOUZE, comtesse DE).	*Idem*.............................	200.	N'a touché aucun des deux secours.
737.	BEAUPOIL DE S.-AULAIRE (Marie-Élisabeth-Antoinette, demoiselle DE).	Émigrée........................	390.	
738.	——— (Marthe-Michelle-Alexandrine, demoiselle DE).	*Idem*.............................	300.	*Idem.*
739.	BEAUPOIL (Marie-Madeleine, née DE SAINT-JANVIER, veuve DE), marquise DE SAINT-AULAIRE.	Veuve d'un lieutenant général........	2,000.	
740.	BEAUREGARD (Louise-Marie-Antoinette, née VIDAL DE VALLABRÈGUE), vicomtesse DE.	Fille d'émigré....................	800.	
741.	BEAUREPAIRE (Anne-Pauline, demoiselle DE).	Émigrée........................	300.	
742.	——— (Jeanne-Marie, née CALTAUT, comtesse DE).	Veuve d'un écuyer du Roi..........	800.	
743.	——— (Madeleine-Angélique, née DE FAVARD, veuve).	Veuve d'émigré..................	300.	
744.	BEAURY (Marin)..................	Vendéen.........................	60.	N'a pas touché le deuxième secours.
745.	BEAUSACQ (Marie-Louise-Françoise, née DUPONT, dame DE).	A perdu sa fortune par suite de la révolution.	400.	N'a touché aucun des deux secours.
746.	BEAUSIRE (Marie-Rose-Nicolas, née SEYSSEL D'ARTEMARD, veuve).	Veuve d'émigré..................	300.	*Idem.*
747.	BEAUTERNE (Robert-Antoine), les deux frères.	Fils d'un porte-arquebuse de Louis XVI.	400.	N'ont pas touché le deuxième secours
748.	BEAUVAIS (Marie-Françoise-Élisabeth, née CAPPLER, veuve).	A servi la cause royale en France......	150.	
749.	BEAUVILAIN (Pierre-Hilarion).......	Fils d'un secrétaire du premier maître-d'hôtel de la Reine.	800.	
750.	BECANE (Jean-Baptiste)...........	Services dans les armées royales, en France.	200.	
751.	BECCART (Pierre-François-Joseph)...	A fait acte d'humanité et de courage en diverses occasions.	400.	
752.	BECHILLON DE PRESSEC (Charles-Silvain).	Émigré...........................	400.	N'a touché aucun des deux secours.
753.	BECHON DE CAUSSADE (Jean-François).	Officier des dragons de la Reine; avait une pension sur la cassette de Louis XVI.	360.	*Idem.*
754.	BECK (Jean-Henri).................	Émigré...........................	80.	*Idem.*

Nos d'ordre.	NOMS ET PRÉNOMS des PENSIONNAIRES.	MOTIFS de LA CONCESSION DES PENSIONS.	MONTANT des PENSIONS.	OBSERVATIONS.
755.	BECK (Jean-Henri-Antoine).........	Émigré.........................	160f 00c	N'a touché aucun des deux secours.
756.	BECKER (abbé)..................	*Idem*..........................	300. 00.	
757.	——— (Marie-Barbe-Louise, demoiselle).	Fille d'émigré..................	500. 00.	
758.	BECOURT (Adrien-Louis-Joseph)......	Émigré.........................	300. 00.	
759.	BEDÉE (Marie-Catherine-Renée, née DUFOSSÉ, veuve DE).	Vendéenne......................	200. 00.	*Idem.*
760.	——— (Agathe, née DE LARCHANTEL, comtesse DE).	Émigrée........................	1,020. 00.	
761.	BEDEAU DE LÉCOCHÈRE (Marie-Louise-Adélaïde, demoiselle).	*Idem*..........................	400. 00.	*Idem.*
762.	BEDEL (Jacques, abbé)............	Émigré.........................	1,219. 20.	*Idem.*
763.	BEDOUT (Jeanne-Adélaïde-Angelle, née DAUBAS, veuve).	Sœur d'émigré..................	200. 00.	
764.	BEGON DE LA ROUZIÈRE (Antoine)....	Fils d'un capitaine de vaisseau........	100. 00.	
765.	——— (Charles-Ernest-Jules).......	*Idem*..........................	100. 00.	
766.	——— (François-Charles-Alexandre).	*Idem*..........................	100. 00.	
767.	——— (Jean-Louis-Charlotte)......	*Idem*..........................	100. 00.	*Idem.*
768.	——— (Marie-Françoise-Josèphe, demoiselle).	Fille *idem*.....................	100. 00.	
769.	——— (Emmanuel-Pierre).........	Émigré.........................	450. 00.	
770.	——— (Jean-Jacques, marquis).....	*Idem*..........................	3,200. 00.	
771.	BEGUIN (Victoire-Louise, née GAUTRAY, veuve).	Veuve d'un contrôleur des postes.....	200. 00.	N'a pas touché le deuxième secours.
772.	BEGUINOT (Marguerite-Julie, née MARTIN DE MARIVAUX, veuve).	Son père est mort sur l'échafaud, en 1793.	250. 00.	
773.	BEHAGUE (Alexandre-Ignace-Joseph)..	Émigré.........................	1,000. 00.	
774.	BEISSER (Joseph-Mathias-Frédéric)....	Fils d'émigré..................	150. 00.	N'a touché aucun des deux secours.
775.	BEKE (Mélanie-Romaine-Josèphe, née CRÉPY, veuve).	Veuve d'émigré, mère de deux enfans militaires.	200. 00.	*Idem.*
776.	BÉLAMY (Marie-Catherine-Sophie, née MAMBRÉ, veuve).	Veuve d'un directeur des hôpitaux militaires.	200. 00.	
777.	BELANGER (Jean-Pierre)...........	Garçon d'attelage des écuries de Louis XVI	600. 00.	
778.	BELARGENT (Marie-Madeleine-Octavie, née VALENTIN, veuve).	Veuve d'un vérificateur à la machine de Marly.	600. 00.	
779.	BELÇA D'ÉLIÇABELAR (Catherine, demoiselle DE).	Émigrée........................	500. 00.	

N^os d'ordre.	NOMS ET PRÉNOMS des PENSIONNAIRES.	MOTIFS de LA CONCESSION DES PENSIONS.	MONTANT des PENSIONS.	OBSERVATIONS.
780.	BELCHAMPS (Charles-Alexandre DE)...	Ancien page de Louis XV...........	800f 00c	
781.	BELESTA (Louise-Gabrielle-Samuelle), née DE LA COLOMBIÈRE.	Sa mère avait 400 francs de pension sur la cassette de Louis XVI et celle de Madame Adélaïde.	600. 00.	
782.	——— (Marie-Marguerite-Rose-Amélie), née DE VERNON.	Sœur d'un écuyer commandant les écuries de Louis XVIII.	600. 00.	
783.	BELETRE (Jean-Charles-Augustin).....	Prêtre émigré.....................	900. 00.	
784.	BELGARRIC D'ENGENEST (Joseph-Maurice-Casimir)..................	Émigré.........................	400. 00.	
785.	BELIARD (Julien)................	Vendéen.........................	50. 00.	N'a pas touché le deuxième secours.
786.	BÉLIARD DE BAUPRÉ (Marie-Anne, ve née HÉRARD.	Fille et femme d'émigrés............	400. 00.	
787.	BELIN (Michel-Marie).............	Officier vendéen..................	400. 00.	
788.	——— (Marie-Anne, ve), née LEBRUN.	Vendéenne......................	200. 00.	
789.	BELISSENT (François), abbé........	Émigré..........................	914. 40.	
790.	BELISY (Félicien-Thomas)..........	A perdu sa fortune par suite de la révolution.	300. 00.	N'a touché aucun des deux secours.
791.	BELLAND (Louise-Thérèse, veuve), née LESSEPS.	Fille de serviteur et filleule du Roi.....	1,000. 00.	
792.	BELLANGER DE REBOURSAUX (Marie-Louise, dame DE), née DE FATHAIRE.	Veuve d'émigré....................	600. 00.	*Idem.*
793.	BELLAUDEAU (Pierre)..............	Vendéen........................	80. 00.	*Idem.*
794.	BELLE (Victorine, dame)...........	Dévouement à la cause royale.........	200. 00.	
795.	BELLEBEAUX (Jean-Baptiste)........	Palefrenier à la vénerie de Louis XVI...	240. 00.	
796.	BELLECOMBE (Pétronille-Gertrude, ve), née LEMANNIER.	Dans l'indigence, âgée de quatre-vingt-trois ans.	200. 00.	
797.	BELLECROIX (Anne-Françoise-Catherine-Pierrette-Louise), née DE FOLIGNY-DAMAS.	N'a aucun moyen d'existence.........	1,500. 00.	
798.	BELLEFONDS (Hortense-Louise-Marie, dame), née DE KERMEL.	Vendéenne......................	300. 00.	
799.	BELLEGARDE (Marie-Françoise, veuve), née DEMAS.	Âgée de quatre-vingt-deux ans; son mari a été guillotiné dans la révolution.	200. 00.	
800.	BELLE-ISLE (Marie-Anne-Françoise-Henriette, comtesse DE), née D'ANTHÈS.	Veuve d'un gouverneur des pages.....	5,000. 00.	
801.	BELLEVILLE (Jeanne-Émilie, demoiselle)	Femme de chambre de MADAME, comtesse de Provence.	800. 00.	
802.	——— (Louise-Jeanne, demoiselle)....	*Idem*...........................	800. 00.	
803	——— (Marie-Louise, veuve), née PICARD.	Veuve d'un jardinier à Saint-Cloud sous Louis XVIII.	350. 00.	N'a touché aucun des deux secours.
804.	——— (Isabelle-Joséphine, veuve DE), née VANDER VREKEN.	Sœur d'émigré....................	300. 00.	

Nos d'ordre.	NOMS ET PRÉNOMS des PENSIONNAIRES.	MOTIFS de LA CONCESSION DES PENSIONS.	MONTANT des PENSIONS.	OBSERVATIONS.
805.	BELLEVUE-CAUSSADE (Claude-François-Gaspar, GUYON).	Émigré	800f	
806.	BELLIARD-VAUBICOURT (Amélie-Sophie-Victoire, demoiselle).	Petite-fille d'une femme de chambre du Dauphin fils de Louis XVI.	400.	
807.	BELLIN (Joseph)	Avait une pension sur l'Opéra-Comique..	144.	N'a touché aucun des deux secours.
808.	BELLOIR (Jean)	Vendéen	50.	
809.	——— (Julien-Pierre)	*Idem*	80.	
810.	BELLOIRE (Louis-Jacques)	*Idem*	100.	
811.	BELLOSTE (Jean-Baptiste-Joseph)	Fille d'un médecin du Roi	300.	N'a pas touché le deuxième secours.
812.	BELLOT	Employé à l'office du Roi	1,800.	
813.	——— (Charles-Joseph, DE)	Canadien émigré	400.	
814.	——— (Marie-Geneviève, ve FAVART).	Femme de Favart, auteur dramatique	300.	
815.	BELLOUIN (François)	Vendéen	120.	
816.	BELMAS (Timothée-Joseph-Gabriel-Victor).	Émigrée	800.	
817.	BELNIE	Ex-sociétaire de l'Opéra-Comique. (Pension par suite de transaction.)	1,000.	
818.	BELOND (Maurille)	Vendéen	100.	
819.	BELOT (Louise-Françoise-Gillette, demoiselle).	Émigrée	200.	N'a touché aucun des deux secours.
820.	BELSUNCE (née DE VERGÈS, marquise DE).	Veuve d'un menin de Louis XVI	4,000.	
821.	BELTZ (François-Thiébaud)	A eu le bras emporté en tirant le canon le 4 novembre 1825.	150.	N'a pas touché le premier secours.
822.	BELURGEY-GRANVILLE (Jean-Baptiste-Marie-Hippolyte).	Fils d'un capitaine de l'équipage des mules.	1,000.	
823.	——— (Joseph-Félix-Amédée)	*Idem*	1,000.	
824.	——— (Louis-Antoine-Victorin)	*Idem*	1,000.	
825.	BÉLY (Louis)	Vendéen	50.	
826.	BELZ (Anne, née JULIEN, dame)	Émigrée	800.	N'a touché aucun des deux secours.
827.	BENABEN (Louis-Guillaume-Jacques-Marie).	Homme de lettres	1,000.	
828.	BENAC DE LA FREMIÈRE (Marie-Barbe-Sophie-Josèphe, née LEFEBVRE, veuve).	Veuve d'émigré	300.	
829.	BÉNARD (Marie-Rosalie-Francoise, née HOULAY, veuve).	Veuve d'un pilote du Havre	150.	

Nos d'ordre.	NOMS ET PRÉNOMS des PENSIONNAIRES.	MOTIFS de LA CONCESSION DES PENSIONS.	MONTANT des PENSIONS.	OBSERVATIONS.
830.	BENAT (Marie-Catherine-Augustine, veuve), née VIAL.	Veuve d'un officier des armées françaises.	300f 00c	
831.	BENCE (Jacques-Martin-Silvestre).....	Fils d'une femme de chambre de Madame Élisabeth.	300. 00.	N'a touché aucun des deux secours.
832.	BEND (Agnès), dame religieuse......	Émigrée	457. 20.	
833.	BENET (Joseph-Marius)............	Son père a rendu des services aux personnes persécutées pendant la révolution. Perte de fortune; presque aveugle.	200. 00.	
834.	BENETEAU (Catherine, veuve), née BARAUD.	Vendéenne; presque aveugle.........	60. 00.	*Idem.*
835.	BENEZET (Nicolas-Vincent)........	Garde des forêts de la couronne......	100. 00.	
836.	BENOIST (Marie-Victoire, veuve), née COIGNET.	Pension précédemment payée par le département des beaux-arts.	400. 00.	
837.	——— (Marie-Thérèse, dame), née MENU.	Femme de chambre de Mme Clotilde.....	400. 00.	
838.	BENOIST-D'ÉTIVEAUD-D'AURIÉRAS (Marguerite, veuve), née DELHORT.	Veuve d'émigré....................	800. 00.	
839.	BENOÎT DE LAUBRESSET (Pierre-Cyprien).	Émigré..........................	900. 00.	
840.	BENON (François)................	Vendéen.........................	100. 00.	
841.	BENUREAU (Jean-François)..........	*Idem*...........................	100. 00.	N'a pas touché le deuxième secours.
842.	BEQUET (Philippe, abbé)...........	Émigré..........................	1,219. 20.	
843.	BÉRAIL (Jeanne-Marie-Rose-Claudine, dame), née DE DARSSES DE LAPEYRE.	A perdu sa fortune................	300. 00.	
844.	BERAIN (Marie, veuve), née HUGUET..	Veuve d'un chef de bataillon.........	200. 00.	
845.	BERANGER (Antoine-Joseph, abbé)...	Émigré..........................	300. 00.	
846.	——— (Églée-Marie-Joséphine, veuve, née), actuellement femme FOUCHER.	Veuve d'un ouvrier tué en travaillant à l'hôtel des gardes, à Saint-Cloud.	100. 00.	
847.	BÉRARD (Jean-Baptiste)...........	Émigré..........................	900. 00.	
848.	——— (Françoise, demoiselle)......	Fille d'émigré....................	300. 00.	
849.	——— (Marguerite-Victoire, dame), née COSTER.	Sœur de Coster-Saint-Victor, condamné à mort en 1804.	800. 00.	
850.	BERARD DE MONTALET (Marie-Thérèse-Victoire, dame DE).	Sa mère a été persécutée dans la révolution par suite d'une erreur de nom.	300. 00.	N'a pas touché le deuxième secours.
851.	BERAUD (Pierre, abbé)............	Émigré..........................	500. 00.	
852.	BERAUD DE CICCATY (Marie-Barbe-Louise, veuve), née CORHUMEL.	Émigrée	200. 00.	
853.	BÉRAUD DE COURVILLE (Charles-Marie, baron DE).	Fils d'un écuyer du Roi; il touchait une pension de 600 fr. avant la révolution.	600. 00.	
854.	BERCHENY (Prudence-Thérèse-Adélaïde-Santo-Domingo, comtesse DE).	Veuve du colonel propriétaire du régiment de Berchiny.	2,400. 00.	

Nos d'ordre.	NOMS ET PRÉNOMS des PENSIONNAIRES.	MOTIFS de LA CONCESSION DES PENSIONS.	MONTANT des PENSIONS.	OBSERVATIONS.
855.	BERENGER (Louis-Joseph-François)...	Sous-lieutenant des gardes du corps....	2,400f	
856.	BERENGER CALADON (Louis-Augustin, comte DE).	Émigré..........................	800.	
857.	BERENGUIER (Marie-Thérèse, née CAVALIER, veuve).	Veuve d'émigré....................	200.	N'a touché aucun des deux secours.
858.	BERGER (Jean-François-Xavier)......	Émigré..........................	800.	
859.	——— (Vital)....................	Frotteur au garde-meuble de la couronne.	200.	*Idem.*
860.	——— (Marguerite-Élisabeth, demoiselle).	Fille d'émigré.....................	800.	
861.	——— (Marie-Anne, née DESHAYES, veuve).	Veuve d'émigré....................	800.	
862.	——— (Marie-Edmée, née QUATREVAUX, veuve).	Son mari a été persécuté dans la révolution.	600.	
863.	——— (Catherine-Charlotte-Marie, née VIANOTTI, veuve).	Veuve d'un soldat assassiné en Corse en 1815.	200.	
864.	BERGER DU BOUCHAT (George-Jean-Pierre).	Garde constitutionnel de Louis XVI, servait au 10 août.	300.	
865.	BERGERET DE FROUVILLE (Adélaïde-Marie-Jeanne, demoiselle).	A perdu sa fortune par suite de la révolution.	200.	N'a pas touché le premier secours.
866.	——— (Edmée-Charlotte, demoiselle).	*Idem*..........................	200.	
867.	——— (Marie, demoiselle).........	*Idem*..........................	200.	
868.	BERGEYRON MADIER (Jeanne-Étienne, née BOUQUET, dame).	Émigrée.........................	300.	N'a touché aucun des deux secours.
869.	BERGERON (Charlotte-Thérèse, née CAPET, veuve).	Fille d'une femme de chambre de Madame la comtesse d'Artois.	200.	
870.	BERGON (Pierre, abbé)............	Services de sa famille dans les armées royales de la Lozère.	200.	
871.	BERGONHE dit DELROC (Jean-Antoine).	*Idem*..........................	100.	
872.	BERGUES CAUMONT DESCALUP (César-Maurice, DE).	Pension accordée directement par le Roi.	500.	
873.	BERLAYMONT (Anne-Bibianne, née BRISSARD, vicomtesse DE).	Veuve d'un officier général..........	400.	
874.	——— (Caroline, demoiselle, dame QUILLIÉ).	Fille d'un maréchal-de-camp.........	180.	N'a touché aucun des deux secours.
875.	BERLIER DE VAUPLANE (Marie-Désirée, née DE CHIEUSES DE COMBEAU, dame).	Sœur d'émigré....................	400.	
876.	BERMOND (Philippe)..............	Officier amputé...................	240.	
877.	BERNARD (Antoine-Mathieu)........	Émigré..........................	250.	
878.	——— (François-Julien)..........	Vendéen.........................	60.	
879.	——— (Honoré-Thomas-Philippe)...	Émigré..........................	600.	

Nos d'ordre.	NOMS ET PRÉNOMS des PENSIONNAIRES.	MOTIFS de LA CONCESSION DES PENSIONS.	MONTANT des PENSIONS.	OBSERVATIONS.
880.	BERNARD (Jean)................	Vendéen......................	50f 00.	N'a touché aucun des deux secours.
881.	—— (Jean-Joseph).............	Ancien sellier aux écuries du Roi.....	800. 00.	
882.	—— (Léonard)................	Machiniste à l'Opéra-Comique. Pension par suite de transaction.	170. 11.	
883.	—— (Pierre)................	Vendéen......................	100. 00.	N'a pas touché le premier secours.
884.	—— (René)..................	*Idem*.........................	50. 00.	*Idem.*
885.	—— (Jeanne-Françoise)........	Fille d'un chirurgien au château de Saint-Hubert.	80. 00.	N'a touché aucun des deux secours.
886.	—— (Marie-Geneviève-Ursule, demoiselle DE).	A perdu sa fortune par suite de la révolution.	300. 00.	
887.	—— (Adélaïde-Prudentienne, née COUDER, veuve).	Veuve d'un officier................	300. 00.	
888.	—— (Catherine-Victoire, née COUSIN, veuve).	Veuve d'un valet de pied de Louis XVIII.	125. 00.	
889.	—— (Marie-Anne-Céleste, née LE-DOYEN DE CLENNE, veuve).	Vendéenne......................	900. 00.	
890.	—— (Marie-Catherine-Euphrosine, née LÉON, dame).	Émigrée de Toulon................	600. 00.	
891.	—— (Henriette-Marie, femme PERROT, demoiselle).	Émigrée.......................	300. 00.	
892.	—— (Marguerite, née ROBERT, dame)	*Idem*.........................	500. 00.	
893.	—— BERNAVILLE (Charles-Nicolas-Thomas-François, DE).	Émigré.......................	400. 00.	
894.	—— DE COURVILLE (Claire-Claude-Marie, demoiselle).	Fille d'émigré..................	300. 00.	
895.	—— (Émilie-Anne-Marie, demoiselle).	*Idem*.........................	300. 00.	
896.	—— DE MAUBELLE (Charles-Régis).	Émigré.......................	800. 00.	
897.	BERNARDIN (Marie-Catherine, née PROHASKA, veuve).	Veuve d'émigré..................	150. 00.	
898.	BERNARDIN DE SAINT-PIERRE (Marguerite-Charlotte-Désirée, femme de M. AIMÉ MARTIN, ve).	Veuve de Bernardin de Saint-Pierre....	600. 00.	
899.	BERNE (Joseph-François-Henri)......	Garçon d'attelage des écuries de MONSIEUR, comte de Provence.	300. 00.	
900.	BERNES (comtesse DE)............	Pension accordée directement par le Roi. Motifs inconnus.	1,000. 00.	
901.	—— (Louise-Françoise-Claudine, née DE HAUSSAY, dame).	Émigrée.......................	1,000. 00.	
902.	—— DE LA HAYE (Antonie-Victorique-Henriette, demoiselle DE).	Rétablissement d'une pension accordée par Mme Élisabeth.	150. 00.	N'a touché aucun des deux secours.
903.	BERNHARD (Joseph-Étienne)........	Parent de Suisses morts au 10 août.....	100. 00.	*Idem.*
904.	—— (Louise-Françoise, née GRANDMAIRE, dame).	Veuve d'émigré..................	100. 00.	*Idem.*

Nos d'ordre.	NOMS ET PRÉNOMS des PENSIONNAIRES.	MOTIFS de LA CONCESSION DES PENSIONS.	MONTANT des PENSIONS.	OBSERVATIONS.
905.	BERNHOLD (Marie-Salomé, née ÉHALT, veuve).	Veuve d'un aide-major mort en Espagne.	400f 00c	
906.	BERNIER (Pierre)................	Vendéen........................	50. 00.	
907.	BERNOT DE CONGY...............	Ex-gentilhomme servant de Louis XVIII.	1,500. 00.	N'a touché aucun des deux secours.
908.	BERODE (Marguerite-Alexandrine, née LORÉE, veuve).	Veuve d'un palefrenier des écuries de Louis XVIII.	150. 00.	
909.	BERQUIN DU PARC (Marie, née GEORGE, dame).	Émigrée.........................	600. 00.	
910.	BERRARD (Philippe)...............	Cocher aux écuries du Roi..........	100. 00.	
911.	BERREST (François-Yves-Pierre-Guillaume).	Vendéen.........................	100. 00.	
912.	BERRIAU (Jean)..................	*Idem*...........................	100. 00.	N'a pas touché le deuxième secours.
913.	BERRY (Henri-Ambroise, abbé)......	Émigré..........................	1,219. 20.	
914.	BERSET (Jacques)................	Fils d'un Suisse de la garde de MONSIEUR, comte de Provence.	150. 00.	
915.	——— (Louise-Josèphe-Émélie).....	Nièce d'un Suisse tué au 10 août.......	200. 00.	
916.	BERSON (Renée, née DUBILLEAU, veuve)	Vendéenne.......................	80. 00.	N'a touché aucun des deux secours.
917.	BERSY (Jean-Michel)..............	Suisse au Petit-Trianon............	180. 00.	
918.	——— (Jean-Théodore)...........	Suisse; a servi au 10 août...........	300. 00.	
919.	——— (Jeanne-Théodore)..........	Valet de pied de la Reine............	600. 00.	
920.	——— (Marie-Madeleine, née LUTZ, dame).	Femme d'un heiduque de la Reine.....	300. 00.	
921.	BERTEAU (Charles)................	Emigré..........................	400. 00.	
922.	——— (Jeanne, née GAUTIER, dame)..	Émigrée.........................	400. 00.	
923.	BERTAUD-DUCOIN (Aimée-Pierrette, demoiselle).	Son père a servi la cause royale dans l'intérieur.	800. 00.	N'a touché aucun des deux secours.
924.	BERTE (Antoine-Pierre-Irénée).......	Fils d'émigré de Toulon............	200. 00.	
925.	BERTHE (Marie-Jeanne-Antoinette, née CREPELLE, dame).	Émigrée.........................	600. 00.	
926.	——— DE GIZANCOURT DE POMMERY (Charlotte-Zoé, dame).	Fille d'émigré....................	400. 00.	
927.	——— (Marie-François-Bonaventure, chevalier DE POMMERY).	Émigré..........................	600. 00.	
928.	BERTHEAU (Louis-Charles-Antoine)....	Palefrenier aux petites écuries du Roi...	300. 00.	
929.	BERTHELIN DE NEUVILLE (Marie-Madeleine, née LÉCHEVIN DE BILLY, dame).	Première femme de chambre de deux dauphins.	3,500. 00.	

Nos d'ordre.	NOMS ET PRÉNOMS des PENSIONNAIRES.	MOTIFS de LA CONCESSION DES PENSIONS.	MONTANT des PENSIONS.	OBSERVATIONS.
930.	BERTHELOT (Pierre-Nicolas, abbé)...	A rendu des services à la cause royale, en France.	300f	N'a pas touché le deuxième secours.
931.	——— (Marie-Charlotte, née LONGUE-ÉPÉE, veuve).	Veuve d'un employé de la vénerie du Roi.	160.	*Idem.*
932.	BERTHELOT DE LA VILLÉSION (Pierre-Joseph-Jean).	Émigré........................	300.	
933.	——— (Claire-Euphrasie, née LEGENDRE DE FOUGAINVILLE, veuve).	Veuve de trois officiers des armées françaises.	200.	
934.	BERTHELOT DU GAGE (Edmée-Élisabeth-Jeanne, femme VAUVERT).	Avait 300 francs de pension sur la cassette de MESDAMES.	300.	*Idem.*
935.	——— (Fortunée-Louise-Hippolyte, demoiselle).	Vendéenne......................	800.	
936.	BERTHET (Félix).................	Premier valet de pied de la Reine......	900.	N'a touché aucun des deux secours.
937.	——— (Jeanne-Rosalie, née MARTIN, dame).	Femme des atours de la Reine........	500.	*Idem.*
938.	BERTHIER (Henri)...............	Parent d'un premier valet de chambre de Louis XVIII.	300.	
939.	——— (Claudine-Théophile).......	Nièce d'un premier valet de chambre de Louis XVIII.	300.	
940.	——— (Marie-Thérèse; — Élisabeth-Adélaïde, deux sœurs).	Parentes d'un premier valet de chambre de Louis XVIII.	600.	
941.	——— (Louise-Thérèse-Augustine, née D'AIGUILLON, comtesse DE).	Fille d'une lectrice de Madame la comtesse d'Artois.	600.	
942.	——— (Catherine, née DE CANTEVEL).	Ancienne élève de Saint-Cyr.........	300.	
943.	BERTHOIS (Jacques)...............	Vendéen........................	50.	N'a pas touché le deuxième secours.
944.	BERTHOLET (Marie del Carmen Maurice-Antoinette, née BIEDMA, veuve).	Veuve d'un capitaine mort dans la campagne d'Espagne.	300.	N'a touché aucun des deux secours.
945.	BERTHOMEAU (François)...........	Vendéen........................	50.	
946.	BERTHOT (Marie-Louise-Reine, née BOUSQUET, dame).	Émigrée.........................	600.	
947.	BERTHOULY (Marie-Anne, née MINEUR, veuve).	Veuve d'un garçon maréchal à la petite écurie.	100.	*Idem.*
948.	BERTHOUT (Pierre-Louis-Ferdinand)..	Fils de Vendéen..................	150.	
949.	BERTIE (demoiselle)...............	Pension accordée directement par le Roi. (Motifs inconnus.)	1,000.	*Idem.*
950.	BERTIER (Albert-Anne-Jules, DE)....	Petit-fils de Bertier, intendant de Paris.	300.	*Idem.*
951.	——— (Henriette-Louise-Albertine, demoiselle DE).	Petite-fille *idem*.................	300.	*Idem.*
952.	——— (Marie-Louise, née DE BONNAIRE DE FORGES, dame DE).	Services dans la maison de Louis XVI...	1,800.	
953.	BERTIN (Étienne-Luce)............	Émigré.........................	600.	*Idem.*
954.	——— (François-Marie)..........	Sous-lieutenant vendéen............	600.	*Idem.*

Nos d'ordre.	NOMS ET PRÉNOMS des PENSIONNAIRES.	MOTIFS de LA CONCESSION DES PENSIONS.	MONTANT des PENSIONS.	OBSERVATIONS.
955.	BERTIN (Léonard-Alexis, chevalier DE).	Émigré	500f 00c	N'a touché aucun des deux secours.
956.	——— (Marie-Anne, dame DE)	Fille et sœur de gardes du corps de Louis XVI.	200. 00.	
957.	——— (Marie-Louise)	Artiste de l'Opéra	420. 00.	
958.	——— (Marie, dame), née DE GAUDIN.	Émigrée	800. 00.	
959.	BERTIN-DUCHÂTEAU (Marie-Catherine-Thomasse, veuve), née MOUSELER.	Vendéenne	200. 00.	
960.	BERTINAZZI (Barbe-Susanne), femme GUÉDON.	Fille de Carlin, ancien artiste de la comédie italienne; âgée de 71 ans.	600. 00.	
961.	BERTON (François, fils)	Fils du compositeur	300. 00.	
962.	BERTRAN (René)	Vendéen	50. 00.	
963.	BERTRAND (Étienne-Mathieu-Vidal)	Émigré	300. 00.	
964.	——— (Jacques)	*Idem.*	250. 00.	
965.	——— (Jean)	Ancien militaire	100. 00.	N'a pas touché le deuxième secours.
966.	——— (Jean-Louis-Hippolyte)	A sauvé, à l'âge de dix ans, une femme qui se noyait.	60. 00.	*Idem.*
967.	——— (Sébastien)	Élève garde-chasse dans les forêts de la couronne.	100. 00.	
968.	——— (Veuve)	Veuve d'émigré	300. 00.	
969.	——— (Clotilde)	N'a aucun moyen d'existence	400. 00.	
970.	——— (Marie, demoiselle)	Émigrée	508. 00.	*Idem.*
971.	——— (Dame, veuve)	Buraliste à l'Opéra-Comique. (Pension par suite de transaction.)	124. 06.	
972.	——— (Françoise-Victoire, dame), née DE FAGES.	Service de ses parens dans les armées royales de la Lozère.	200. 00.	
973.	——— (Amable-Rose, veuve), née MUSIN.	Veuve d'un chef frotteur au château des Tuileries.	250. 00.	
974.	——— (Adélaïde-Victoire, veuve), née TROTTER.	Son père a été massacré à St-Domingue.	200. 00.	
975.	BERTRAND DE BEAUMONT (Silvain-Henri, abbé).	Frère d'émigré; perte de fortune	300. 00.	*Idem.*
976.	BERTRAND DE BEAUVOIR (Marie Élisabeth, veuve), née DECHAMPEAUX.	Sœur d'émigré	300. 00.	
977.	BERTRAND-BOUCHEPORN (Marie-Honoré)	Émigré	600. 00.	
978.	BERTRAND DE LA DOUYS (Marie-Edme-Thérèse-Victoire, veuve), née RUFFIER.	Veuve d'émigré	800. 00.	
979.	BERTRAND-DESMINIÈRES (Marie-Charles-Henriette, demoiselle).	A été persécutée pendant la révolution.	150. 00.	

Nos d'ordre.	NOMS ET PRÉNOMS des PENSIONNAIRES.	MOTIFS de LA CONCESSION DES PENSIONS.	MONTANT des PENSIONS.	OBSERVATIONS.
980.	BERTRANDY (Marie-Charlotte-Hubertine, demoiselle).	Fille d'émigré....................	150f	
981.	——— (Thérèse-Louise-Hubertine, demoiselle DE).	*Idem*...........................	150.	
982.	BERTUN (Jean-Pierre).............	Émigré...........................	200.	
983.	BERVICK (Joseph).................	*Idem*...........................	200.	
984.	BERVILLE (Louise, dame DE), née D'HARANGUIER DE QUINCEROT.	Fille d'un écuyer commandant les écuries de M. le comte d'Artois.	1,800.	N'a touché aucun des deux secours.
985.	BÈS (François-Thomas-Gaudérique)...	Émigrée..........................	200.	
986.	BÈS DE SAINT-JUST (Laurent, abbé)...	*Idem*...........................	200.	
987.	BESACIER (Jean-Pierre)...........	A rendu des services à la cause royale.	200.	N'a pas touché le deuxième secours.
588.	BESANCENOT (Xavier-Joséphine-Thérèse, dame), née ROSÉ DE MULTEMBERG.	Femme d'émigré...................	1,000.	
989.	BESANÇON (Anne-Marguerite, veuve), née TROISVALET.	Veuve d'un garde-portier à Versailles..	64.	
990.	BESCHARD DE COLBAC (Madeleine-Antoinette), née DE VILLETTE.	Son mari a servi 37 ans, tant dans les armées qu'aux affaires étrangères.	200.	
991.	BESCHEPOIX (Marie-Marguerite-demoiselle).	Fille du doyen des huissiers de la chambre de Louis XVI et Louis XVIII.	400.	N'a touché aucun des deux secours.
992.	——— (Françoise-Madeleine), née AUGER.	Veuve d'un huissier de la Chambre de Louis XVIII.	500.	
993.	BESIN (Charles-Nicole-Ferdinande, demoiselle).	Sœur d'un émigré tué à l'armée de Condé.	300.	
994.	BESNARD (Vincent-Jacques).........	Vendéen..........................	50.	N'a pas touché le deuxième secours.
995.	——— (Marie-Anne-Jacquine-Renée-Ambroise, veuve), née HOUDAYER.	Vendéenne........................	50.	
996.	———(Julienne-Jacqueline, veuve), née NICOLLE.	*Idem*...........................	70.	
997.	BESNIER (André-Jacques-François)....	Dévouement à la cause royale........	80.	N'a touché aucun des deux secours.
998.	BESNIER DE BLIGNY (Louise-Andrée-Aimée, demoiselle).	Perte de fortune..................	200.	
999.	BEZOZZI (Denis-Pierre-Jean).........	Première flûte à la chapelle..........	80.	N'a pas touché le deuxième secours.
1,000.	——— (Anne, veuve), née GUYOT...	Veuve d'un musicien de la chapelle.....	400.	
1,001.	BESSAT..........................	Pension accordée directement par le Roi. (Motifs inconnus.)	900.	
1,002.	BESSIÈRE (Marguerite, veuve), née RESSOUCHE.	Persécutée; perte de fortune.........	60.	
1,103.	BESSON (Marie-Madeleine, veuve), femme ANDRÉ.	Ruinée par suite de la révolution......	300.	
1,004.	BESTAS (François-Joseph)...........	Émigré...........................	200.	N'a touché aucun des deux secours.

Nos d'ordre.	NOMS ET PRÉNOMS des PENSIONNAIRES.	MOTIFS de LA CONCESSION DES PENSIONS.	MONTANT des PENSIONS.	OBSERVATIONS.
1,005.	BESTEL (Benoît)	Sa mère a été victime de la révolution; père de plusieurs enfans.	100f	
1,006.	BESUCHET (David)	Émigré	300.	
1,007.	BETANCOURT, née NOURRY (Marie-Françoise)	Veuve d'un palefrenier à la vénerie	150.	
1,008.	BETEMPS, veuve, née AUBBIL (Françoise-Brigide.)	Veuve d'un garçon servant de Louis XVI.	300.	
1,009.	BÉTHISY (Adélaïde-Mathilde-Emmanuelle, née DE GOERNOVAL D'ESQUELBECQ, marquise DE).	Veuve d'un gouverneur des Tuileries	4,000.	N'a touché aucun des deux secours.
1,010.	BÉTHUNE (Anne-Josèphe-Claude, née DE CARDON DE VIDAMPIERRE DE VAUDÉLEVILLE, vicomtesse DE).	A perdu sa fortune par suite de la révolution.	150.	
1,011.	BETHUS (Marie), née FAUNET, veuve.	Vendéenne	30.	*Idem.*
1,012.	BETHUIS (Louis-François)	Émigré	200.	
1,013.	BETHIN (Anne-Sophie), dame	Ancienne religieuse, aveugle	400.	
1,014.	BETREMA (Jean-Baptiste)	Émigrée	150.	
1,015.	BETRY (Reine-Barbe, née MONTCHAUVAU, veuve).	Son mari et deux de ses enfans sont morts des blessures d'une louve.	200.	
1,016.	BEUDANT	Sous-directeur du cabinet de minéralogie de la maison du Roi.	2,000.	*Idem.*
1,017.	BEUNAT (Joseph-Thomas)	Émigré	400.	N'a pas touché le deuxième secours.
1,018.	——— (Joséphine, née KRAEMER)	Femme d'un capitaine émigré	400.	
1,019.	BEURET (Claude-Victoire, née DE VIENTAIX, veuve).	Veuve d'un officier des armées françaises.	300.	
1,020.	BEURLIER dit D'ASIS (Anne-Charlotte, née COUBLADOZ, veuve).	Veuve d'un sous-gouverneur des pages de MONSIEUR.	300.	
1,021.	BEVY (Charles-Joseph), l'abbé	Ancien historiogr. de France; jouissait d'une pension de 1,800f avant la révol.	300.	
1,022.	BEYER (Jean-Joseph)	Émigré	60.	N'a touché aucun des deux secours.
1,023.	BEZAL (Jacques)	Maréchal ferrant à la grande écurie	200.	
1,024.	BEZY (Marie-Charlotte-Désirée, née ROGER, veuve).	Veuve d'un brigadier de la gendarmerie, tué dans l'exercice de ses fonctions.	200.	
1,025.	BEZIAU (Lucrèce-Aimée, née THOMAS DE SAINT-MARS, dame).	Veuve de Vendéen	600.	
1,026.	BIAGIOLI	Compositeur italien	900.	*Idem.*
1,027.	BIBAUT DE MISERY (Charles-Louis), baron DE BIACHE.	Émigré, fils d'une 1re femme de chambre de la Reine.	900.	N'a pas touché le premier secours.
1,028.	BICHET (Remi-Marie)	Inspecteur des théâtres de la Cour, sous Napoléon.	300.	
1,029.	BICHOT (Augustin-Louis)	Émigré	150.	

Nos d'ordre.	NOMS ET PRÉNOMS des PENSIONNAIRES.	MOTIFS de LA CONCESSION DES PENSIONS.	MONTANT des PENSIONS.	OBSERVATIONS.
1,030.	BICKEL (Nicolas)	Émigré	80f	N'a touché aucun des deux secours.
1,031.	BIDEREN (Émélie-Jeanne DE)	Élève de Saint-Cyr avant la révolution.	150.	
1,032.	BIEHLMANN (Grégoire-Gaspard)	Émigré	80.	*Idem.*
1,033.	BIEN dit SAINT-JULIEN (Marie-Françoise), née LORIOT.	Veuve d'un garçon d'office dans la maison de la Reine.	150.	
1,034.	BIENCOURT (Alexandre-Joseph)	Sous-lieutenant émigré	600.	
1,035.	BIENVENU (Joseph-Marie-Honoré)	Vendéen	100.	N'a pas touché le deuxième secours.
1,036.	——— (Pierre)	*Idem*	50.	*Idem.*
1,037.	BIERRY	Émigré	150.	
1,038.	BIETH (Antoine)	*Idem*	80.	N'a touché aucun des deux secours.
1,039.	BIÉTRE (Émilie, demoiselle)	Fille d'un chef surveillant à l'office	200.	
1,040.	BIETTRE (Antoinette-Anne, veuve), née ROCHE.	Veuve d'un palefrenier à la grande écurie.	200.	
1,041.	BIGAUDT (Jeanne-Françoise-Marie-Thérèse-Félicité, demoiselle DE).	Émigrée	200.	
1,042.	BIGAULT-D'ARSCOT (Nicolas-Joseph DE).	Fils d'émigré et infirme	200.	
1,043.	BIGAULT D'AUBREVILLE (Bazile-Joséphine-Louise, demoiselle DE).	Fille d'émigré.	300.	
1,044.	——— (Nicolas-François DE)	Frère de cinq émigrés	400.	
1,045.	BIGAULT D'AVOCOURT (Claude-Joseph).	Sous-lieutenant émigré	1,000.	
1,046.	——— (Jean-Baptiste DE)	Émigré	400.	
1,047.	BIGAULT DE BOUREUILLE (François-Nicolas DE).	*Idem*	400.	
1,048.	BIGAULT DE BOUREUL (Nicolas-Remi).	*Idem*	400.	N'a pas touché le deuxième secours.
1,049.	BIGAULT DE CASANOVE (Marguerite-Laurence, veuve DE), née CARRÉ.	Fille d'émigré	300.	
1,050.	BIGAULT DES FOUCHÈRES (André-Louis-Charles).	Émigré, et invalide	1,000.	
1,051.	BIGAULT DU GRANDRUT (Charles-Louis).	Émigré	300.	
1,052.	BIGAULT DE PRÉFONTAINE (Marie-Louise, veuve), née DE BIGAULT DE BOUREUILLE.	Veuve d'émigré	600.	
1,053	BIGAULT DE TROIS-FONTAINES (Louis-Anne DE).	Émigré et invalide	1,000.	
1,054.	BIGLIONE (Marie-Claire-Pauline, dame), née DURAND.	Émigrée	400.	

Nos d'ordre.	NOMS ET PRÉNOMS des PENSIONNAIRES.	MOTIFS de LA CONCESSION DES PENSIONS.	MONTANT des PENSIONS.	OBSERVATIONS.
1,055.	BIGEARD (Julien).................	Vendéen.........................	50f 00c	
1,056.	BIGET (Jacques-Joseph)...........	Neveu de la sœur Marthe qui a rendu de grands service dans les hôpitaux.	400. 00.	
1,057.	——— (Catherine-Bernardine)......	Nièce de la sœur précitée...........	400. 00.	
1,058.	BIGORRE (François)...............	Services à la cause royale, en France..	80. 00.	
1,059.	BIGOT (Marie-Anne, veuve, née SCAPRE).	Veuve d'un employé aux écuries......	200. 00.	
1,060.	——— (Marie-Rose-Josèphe, née DUPUIDS).	Avait une pension sur la cassette de Louis XVI.	240. 00.	N'a touché aucun des deux secours.
1,061.	——— DUMAINE (Jeanne-Dorothée-Frédérique, dame, née FRANCK).	Émigré..........................	400. 00.	
1,062.	BIGOTTINI DE LA VALLETINE (Marie-Jeanne-Marie-Antoinette).	Artiste de l'Opéra................	327. 34.	
1,063.	BIGU DE CHÉRY (Françoise-Caroline, demoiselle).	Fille d'émigré.....................	400. 00.	N'a pas touché le deuxième secours.
1,064.	BILDACOYS DE BOISMONT (Jean-Auguste-Alexandre-Thibault).	Ancien conseiller à la cour royale de Douai.	400. 00.	*Idem.*
1,065.	BILLARD DE VEAUX (Henriette-Thérèse-Marie, demoiselle).	Fille d'un lieutenant-colonel vendéen...	150. 00.	
1,066.	——— (Alexandre-Charles-Gérard)...	Fils *idem*........................	150. 00.	
1,067.	——— (Jules-Arthur-Marie).........	*Idem*..........................	150. 00.	
1,068.	——— (Robert-Julien).............	Vendéen.........................	200. 00.	
1,069.	——— (Marie-Alexandre-Marceline-Richard).	Fille du précédent.................	150. 00.	
1,070.	——— (Marie-Léopoldine-Félicie)....	Fille d'un colonel vendéen..........	390. 00.	
1,071.	——— (Robert-Julien-Richard, fils)..	Fils d'un colonel vendéen...........	300. 00.	
1,072.	BILLAT (Marie-Rose, née QUESNOT, veuve).	Veuve d'un frotteur au château de Saint-Cloud.	200. 00.	
1,073.	BILLECART (Hubert)...............	Persécuté pendant la révolution; perte de fortune.	200. 00.	
1,074.	BILLECOQ (Angélique-Dorothée, née HERSEMULE DE LA ROCHE, veuve)..	Veuve d'un jurisconsulte de ce nom...	2,000. 00.	
1,075.	BILLEHEUST (Jean-Richard, DE)......	Vendéen.........................	300. 00.	
1,076.	BILLET (dame)....................	Ouvreuse à l'Opéra-comique. (Pension par suite de transaction.)	50. 00.	
1,077.	BILLIARD (Nicolas)................	Garçon d'attelage à la petite écurie.....	200. 00.	
1,078.	BILLIART Jeanne-Marguerite, demoiselle	Femme d'atours de Madame Adélaïde...	500. 00.	
1,079.	BILLION (Léon)....................	Vendéen.........................	500. 00.	N'a pas touché le deuxième secours.

Nos d'ordre.	NOMS ET PRÉNOMS des PENSIONNAIRES.	MOTIFS de LA CONCESSION DES PENSIONS.	MONTANT des PENSIONS.	OBSERVATIONS.
1,080.	BILLET (Théophile-Dominique-Marie).	Vendéen	100f 00c	N'a pas touché le deuxième secours.
1,081.	BILLOT (Jean-Baptiste-Augustin-Victor).	Émigré	300. 00.	
1,082.	BILLY (Antoine-Pierre)	Vendéen	100. 00.	
1,083.	—— (Jean-Baptiste)	*Idem*	120. 00.	
1,084.	—— (Joseph)	*Idem*	80. 00.	*Idem.*
1,085.	—— (Jean-Morille)	*Idem*	80. 00.	
1,086.	BININGER (Jean-Jacques DE)	Émigré	600. 00.	
1,087.	—— (Thérèse, née HOGLE), dame.	Émigrée	300. 00.	
1,088.	—— (François-Joseph)	Émigré	300. 00.	
1,089.	—— (Marie-Thérèse), demoiselle DE.	Sœur d'émigrés	300. 00.	
1,090.	BINET DE Ste-PREUVE (Charlotte-Zoé), demoiselle.	Fille d'émigré	500. 00.	
1,091.	—— (Louise-Marie, née DUFOUR DE MONTLOUIS), dame.	*Idem*	100. 00.	
1,092.	BINOS DE POMBARAT (Jean-Bernard-Joseph), baron.	Émigré	300. 00.	
1,093.	BIONNEAU, marquise D'EVRAGUES (Marie-Claudine-Victoire, née GUYON DE MONTIGNY).	Belle-fille d'un maréchal-de-camp émigré; son mari a été tué dans la campagne d'Espagne.	800. 00.	
1,094.	BIOT (Anne-Louise)	Avait 200 fr. de pension sur la cassette de Louis XVI.	140. 00.	
1,095.	—— (Demoiselle)	Costumière à l'Opéra-Comique. (Pension par suite de transaction.)	138. 32.	
1,096.	BIOT	Machiniste à l'Opéra-Comique. (Pension par suite de transaction.)	170. 11.	
1,097.	BIOTEAU (Joseph)	Vendéen	50. 00.	N'a touché aucun des deux secours.
1,098.	BIRÉ (Marie-Alexandrine-Sébastienne-Hélène), DE FONTAINE.	N'a aucun moyen d'existence	400. 00.	*Idem.*
1,099.	—— (Marie-Julie-Cécile DE)	*Idem*	400. 00.	N'a pas touché le premier secours.
1,100.	—— (Alexandrine-Joséphine, née LATTAIGNANT DE BAINVILLE), veuve.	Belle-fille d'un trésorier de la guerre	800. 00.	N'a touché aucun des deux secours.
1,101.	BIRGI (Martin)	Émigré	150. 00.	*Idem.*
1,102.	BIROTTEAU (Jean-François-Carloman)	*Idem*	1,000. 00.	
1,103.	BIRY (Guillaume-René)	Vendéen	100. 00.	N'a pas touché le deuxième secours.
1,104.	BISSY (Louise-Marie-Jacqueline DE)	Sa sœur avait une pension sur la cassette de Louis XVI.	300. 00.	

Nos d'ordre.	NOMS ET PRÉNOMS des PENSIONNAIRES.	MOTIFS de LA CONCESSION DES PENSIONS.	MONTANT des PENSIONS.	OBSERVATIONS.
1,105.	BISSON (Marie-Marguerite, née DELAROCHE, dame).	Fille d'émigré ; belle-mère de l'enseigne de vaisseau.	300f 00c	N'a pas touché le deuxième secours.
1,106.	BITAUT (Marie-Anne), née BÉQUET, veuve.	Vendéenne........................	60. 00.	
1,107.	BIZARD (François-Romain-Joseph)....	Services à la cause royale, en France...	150. 00.	
1,108.	BLAIN (Marie-Henriette-Eugénie-Honorine, née GAVOTY, veuve).	Émigrée de Toulon................	400. 00.	
1,109.	BLAIN DE SAINT-SILVESTRE (Charles)..	Fils d'émigré......................	400. 00.	N'a touché aucun des deux secours.
1,110.	BLAIR (Jean-Armand-Louis-Isidore-Marie-Suzanne, baron de).	Émigré...........................	400. 00.	
1,111.	——— (Marie-Julie-Bernardine, née HERWIN, veuve).	Veuve d'émigré....................	200. 00.	N'a pas touché le deuxième secours.
1,112.	BLAMONT (Marguerite, née FROTIER DE MESSELIÈRE, dame de).	Sœur d'émigré.....................	600. 00.	
1,113.	BLAMPIGNON (Jacques-Nicolas-Ambroise).	Émigré...........................	300. 00.	
1,114.	BLANC..........................	Ex-garçon de bureau à l'intendance du garde-meuble.	500. 00.	
1,115.	——— (Jean-Charles)............	A rendu des services à la cause royale; son père est mort sur l'échafaud.	400. 00.	
1,116.	——— (Catherine, née D'HECTOR DE MONSENOT, dame).	Fille d'un ancien officier émigré......	200. 00.	
1,117.	BLANC DE MOLINES (Jean-Henri)...	Émigré...........................	500. 00.	N'a touché aucun des deux secours.
1,118.	BLANCHARD (Claude)..............	Cocher aux écuries du Roi...........	150. 00.	*Idem.*
1,119.	——— (Louis-Nicolas-Antoine).....	Fourrier des logis du Roi............	500. 00.	
1,120.	——— (Pierre-Louis, abbé).......	Émigré...........................	1,219. 20.	
1,121.	——— (Marie-Louise, née JOUANNE).	Veuve d'un employé de la Maison de Louis XVI.	500. 00.	*Idem.*
1,122.	———(Élisabeth, née BECCARD, veuve).	Rétablissement de la pension dont son père jouissait sur la cassette de Louis XV.	200. 00.	N'a pas touché le deuxième secours.
1,123.	——— (Madeleine, née DE SAINT-JACQUES, dame).	Nièce d'émigré.....................	120. 00.	
1,124.	BLANCHE (Louis)................	Vendéen..........................	100. 00.	N'a touché aucun des deux secours.
1,125.	BLANCHET (François).............	*Idem*............................	50. 00.	
1,126.	——— (Geneviève, demoiselle).....	Vendéenne........................	100. 00.	N'a pas touché le deuxième secours.
1,127.	——— (Louise-Françoise-Marc, demoiselle).	*Idem*............................	200. 00.	*Idem.*
1,128.	——— (Louise-Victoire, née DELERO, veuve).	Veuve d'un serviteur dans la Maison de Louis XVI.	600. 00.	
1,129.	BLANCHETON....................	Ex-médecin consultant de Louis XVIII.	300. 00.	N'a touché aucun des deux secours.

Nos d'ordre.	NOMS ET PRÉNOMS des PENSIONNAIRES.	MOTIFS de LA CONCESSION DES PENSIONS.	MONTANT des PENSIONS.	OBSERVATIONS.
1,130.	BLANCK (Jean)...................	Son père a rendu des services aux émigrés, à Bleinheim.	120f	
1,131.	BLANCHOD (François-Joseph-Appollonie).	Émigré........................	400.	
1,132.	BLANDIN (Charles-Louis DE)........	Fils d'émigré....................	300.	
1,133.	——— (Jean-Népomucène)..........	*Idem*..........................	300.	
1,134.	——— (Femme FABRÉ, Marie-Thérèse, demoiselle).	Émigrée........................	300.	
1,135.	——— (Catherine, veuve DE), née SCHNEIDNER.	*Idem*..........................	1,200.	
1,136.	BLANGINI (Joseph-Marc-Marie-Félix)...	Compositeur....................	800.	
1,137.	BLANGONNET (Germaine, veuve), née POSCHER.	Veuve d'un frotteur au château de Fontainebleau.	100.	
1,138.	BLANQUET (Madeleine-Euphrosine, ve), née CALVET.	Émigrée de Toulon................	150.	
1,139.	BLANQUET DU CHAYLA (Armand)......	Fils d'un vice-amiral..............	100.	N'a touché aucun des deux secours.
1,140.	——— (Étienne-Henri)............	*Idem*..........................	100.	
1,141.	———(Achille-Dominique-Marie)....	*Idem*..........................	100.	*Idem.*
1,142.	——— (Joseph-Jacques-Marie).......	*Idem*..........................	100.	*Idem.*
1,143.	——— (Claire-Marie)..............	Fille d'un vice-amiral.............	100.	N'a pas touché le deuxième secours.
1,144.	——— (Marie-Louise)............	*Idem*..........................	100.	*Idem.*
1,145.	——— (Marie-Rose-Félicité)........	*Idem*..........................	100.	*Idem.*
1,146.	——— (Mélanie)................	*Idem*..........................	100.	*Idem.*
1,147.	——— (Armand-Dominique-Marie)....	Petit-fils d'un vice-amiral..........	50.	N'a pas touché le premier secours.
1,148.	———(Rosalie-Irène, demoiselle).....	Petite-fille d'un vice-amiral.........	50.	*Idem.*
1,149.	BLANQUIÉ (Marguerite-Françoise, veuve), née FOULLON.	Veuve d'un premier chirurgien des Enfans de France.	500.	
1,150.	——— (Marguerite-Josèphe, veuve), née GODENIER.	Veuve d'émigré..................	150.	
1,151.	BLASS (Marguerite, dame), née WEISS.	Son mari est mort sur l'échafaud pendant la révolution.	200.	
1,152.	BLAYE (Marie-Catherine, veuve DE), née PARMENTIER.	Veuve d'émigré..................	200.	N'a pas touché le deuxième secours.
1,153.	BLÉGIER (Marie-Charlotte-Alexandrine-Julie, demoiselle).	Sœur d'émigré..................	200.	
1,154.	BLÉHÉE (Marie-Victorine, dame), née VITALIS.	Femme d'un chef de bataillon des armées françaises.	600.	

Nos d'ordre.	NOMS ET PRÉNOMS des PENSIONNAIRES.	MOTIFS de LA CONCESSION DES PENSIONS.	MONTANT des PENSIONS.	OBSERVATIONS.
1,155.	BLERVAQUE (Pierre-Joseph).........	Émigré...........................	300f	N'a touché aucun des deux secours.
1,156.	BLIN (Jacques).....................	Vendéen........................	100.	
1,157.	——— (Louis)....................	*Idem*...........................	80.	N'a pas touché le deuxième secours.
1,158.	——— (Michel-Xavier)............	Émigré..........................	400.	N'a touché aucun des deux secours.
1,159.	——— (Geneviève, veuve), née TOQUET.	Veuve d'un homme tué par des soldats suisses, en 1824.	300.	
1,160.	——— DE SAINMORD (Adrien-Marie)...	Fils d'un historiographe de l'Ordre du Saint-Esprit.	1,000.	*Idem.*
1,161.	BLOËME (Marie-Cécile, veuve), née LASTRU.	Veuve d'un palefrenier aux écuries du Roi.	300.	*Idem.*
1,162.	BLONDEL (Germain-Laurent).........	Frotteur chez madame la comtesse d'Artois.	200.	*Idem.*
1,163.	———(Marie-Jeanne-Joséphine, veuve), née DUPONT.	Veuve d'un consul................	600.	
1,164.	BLOSSIER (Sébastien)..............	Vendéen........................	50.	
1,165.	——— (Susanne-Mathurine, femme), née DUMOUTIER.	Fille et femme d'huissiers de la Chambre de Louis XVIII.	900.	
1,166.	BLOT (Jean-Julien)................	Vendéen.........................	50.	N'a pas touché e deuxième secours
1,167.	——— (Marie-Marthe, veuve), née COLOMBAIN.	Veuve d'un employé à la vénerie de Louis XVI.	200.	
1,168.	BLOTEAU (Félix-Fidel-Amant, chevalier DE).	Vendéen........................	200.	*Idem.*
1,169.	BLOTTEFIÈRE (Julie-Joséphine, demoiselle DE).	Services de son père à la cause royale, en France.	150.	
1,170.	BLOUIN (René)......................	Vendéen.........................	50.	
1,171.	——— (Anne-Thérèse, demoiselle)...	Vendéenne......................	150.	
1,172.	——— DUVAL (Anne, veuve), née BEVAN.	Veuve d'un Vendéen...............	500.	
1,173.	BLUM (Jean, chevalier)............	Émigré..........................	400.	
1,174.	BOBAN (Stéphanie-Caroline, dame), née DE RANDWICK.	Veuve d'un capitaine des armées françaises.	400.	N'a touché aucun des deux secours.
1,175.	——— (Stéphanie-Caroline, veuve), née comtesse DE RANDWICK.	N'a aucun moyen d'existence..........	200.	
1,176.	BOBÉ (Philippe-Adrien)............	A été persécuté pendant la révolution..	500.	*Idem.*
1,177.	BOBY (Marie-Madeleine, veuve), née BARBEAU.	Veuve d'un serviteur de la maison du Roi, et femme de garde-robe.	100.	
1,178.	BOCEY - LACHENAIS (Angela-Jubini, veuve), née DI ANDREA.	Veuve d'un capitaine de vaisseau, mort en Espagne en 1823.	300.	N'a pas touché le deuxième secours.
1,179.	BOCHE (veuve)......................	Veuve d'un Vendéen..............	60.	

Nos d'ordre.	NOMS ET PRÉNOMS des PENSIONNAIRES.	MOTIFS de LA CONCESSION DES PENSIONS.	MONTANT des PENSIONS.	OBSERVATIONS.
1,180.	BÖCKEL DE BÖCKLINS-AU (Marie-Louise-Benoîte, baronne de).	Chanoinesse émigrée	800f 00c	
1,181.	BOCQUET DE CHANTEREINE fils (Hilaire-Louis).	Son père était attaché à la maison de Louis XVI.	3,000. 00.	
1,182.	BOCQUILLON (Auguste-Pierre-Fidel-Amand).	Émigré	800. 00.	
1,183.	BODARD (Thérèse-Victoire, demoiselle).	Vendéenne	200. 00.	
1,184.	BODARD DE LA JACOPIÈRE (Thérèse-Joséphine, veuve, née LECLERC).	Veuve d'émigré	200. 00.	N'a pas touché le premier secours.
1,185.	BODÉ (François-Thomas-Alexandre)	Prêtre émigré	900. 00.	
1,186.	BODETSCHWINGH (Marie-Louise-Françoise, demoiselle).	Service de son père à la cause royale, dans l'indigence.	120. 00.	N'a touché aucun des deux secours.
1,187.	BODET (Jacques)	Vendéen	80. 00.	
1,188.	BODISCO (Amélie-Caroline, née DE WISTINGSHAUSEN, veuve D').	Veuve de l'amiral russe, sur le vaisseau duquel le comte d'Artois passa en Angleterre en 1793.	2,000. 00.	
1,189.	BODOSQUIER (Marie-Jeanne, veuve, née ISSALA).	Veuve d'émigré	250. 00.	N'a pas touché le deuxième secours.
1,190.	BOËT (Nicolas)	Garçon de bureau à l'intendance générale.	245. 00.	
1,191.	BOITS dit FLAMAND (Bénigne-Louis-Jean).	Vendéen	500. 00.	*Idem.*
1,192.	BOHN (Sébastien)	Émigré	150. 00.	
1,193.	BOIELDIEU (François-Adrien)	Compositeur (Sur cette somme de 3,125f 42c, celle de 1,200f lui est accordée par suite de transaction, et en remplacement de la pension qu'il touchait sur la caisse de l'Opéra-Comique.)	3,125. 42.	N'a touché aucun des deux secours.
1,194.	*Néant.*			
1,195.	BOIFFRÉ	Valet de garde-robe de Louis XVIII	5,000. 00.	
1,196.	BOISGELIN DE BAUDE (Céleste-Félicité, née DE SAINT-PÈRE).	Veuve d'émigré	300. 00.	
1,197.	BOILEUX (Henriette-Julie-Florimonde, demoiselle).	Émigrée	300. 00.	
1,198.	BOILLEAU	Sous-chef travailleur à l'office du Roi	1,800. 00.	
1,199.	BOIRAL (Marie-Rose, née BROUÉS, demoiselle).	Services de son père dans les armées de la Lozère.	80. 00.	
1,200	BOIREAUX	Trompette à l'Opéra-Comique. (Pension par suite de transaction.)	200. 00.	
1,201.	BOISADAM (Alexandrine-Agathe, veuve, née DE COLLARDIN BORDE).	Vendéenne persécutée	120. 00.	
1,202.	BOISCOMMUN (Jacques)	Employé à la sellerie du roi	95. 00.	N'a touché aucun des deux secours.
1,203.	——— (Marie, Françoise, demoiselle).	Fille d'un palefrenier des écuries de Louis XVIII.	100. 00.	
1,204.	BOISDAVID (Anne-Sophie-Louise), née MOSNIER, veuve DE.	Émigrée	600. 00.	

Nos d'ordre.	NOMS ET PRÉNOMS des PENSIONNAIRES.	MOTIFS de LA CONCESSION DES PENSIONS.	MONTANT des PENSIONS.	OBSERVATIONS.
1,205.	BOISDEFFRE (Étienne-Marie-Henri-Alfred-Lemouton), DE.	Fils d'émigré	300f	N'a touché aucun des deux secours.
1,206.	—— (François-Charles-Édouard-Lemouton).	*Idem*	300.	
1,207.	—— (Marie-Louise-Henriette-Catherine-Lemouton), demoiselle DE.	Fille d'émigré	500.	
1,208.	—— (Jeanne-Henriette-Lemouton, née SOHIER), dame DE.	Émigrée	1,000.	
1,209.	—— (François), abbé	Émigré	300.	*Idem.*
1,210.	BOISDOFRÉ (Louis-Jean)	Valet de pied de la Reine	1,524.	
1,211.	BOISDULIER (Sainte-Marie-Élisabeth, née DU BOISPÉAN), dame DE.	Émigrée	1,500.	
1,212.	BOISFIN (Renée, née GAZEAU), veuve.	Vendéenne	50.	*Idem.*
1,213.	BOISGUÉRIN DE BERNECOUR (Dame)	Ancienne carmélite; aveugle	300.	*Idem.*
1,214.	BOISLINARD (Anne-Suzanne-Henriette, née DE LA BALME).	Veuve d'un brigadier des chevau-légers de la garde.	300.	*Idem.*
1,215.	BOISLUCY DE HAVOIT (Henriette-Mélanie-Josèphe, née MONCHUER), veuve.	Veuve d'un gendarme de France	200.	
1,216.	BOISPÉAN (Reine-Marie-Charlotte), demoiselle DU.	Émigrée	400.	*Idem.*
1,217.	BOISSET	Ex-gentilhomme servant de Louis XVIII.	1,500.	N'a pas touché le deuxième secours.
1,218.	—— (Paul-Marie Charles DE)	Fils du directeur de l'école des arts et métiers de Châlons.	300.	N'a touché aucun des deux secours.
1,219.	BOISSIER (Antoine-François-Jacques-Pierre-Isaac-Silvain).	Capitaine émigré (père de cinq enfans).	1,000.	N'a pas touché le deuxième secours.
1,220.	BOISSIÈRE (Louis)	Officier vendéen	200.	
1,221.	BOISSONNIÈRE DE MORNAY (Louise-Aimable, née DE CARADOUX), veuve.	Émigrée	1,200.	
1,222.	BOISTAULT (Narcisse-Alexandre)	Vendéen	50.	N'a touché aucun des deux secours.
1,223.	BOISTEAU (Anne-Marie, née MENIER), veuve.	Vendéenne	50.	N'a pas touché le deuxième secours.
1,224.	BOISTON (Agnès-Éléonore-Françoise-Cécile, née FENEUILLE), veuve.	Émigrée	1,200.	
1,225.	BOITAULT (Jeanne-Perrine, née BÉRANGER), dame.	Vendéenne	70.	
1,226.	BOITEAU (Marie, née MARCHAND), veuve.	*Idem*	60.	
1,227.	BOITEUX (Jean-François)	Émigré	120.	*Idem.*
1,228.	BOITIVEAU (Pierre)	Vendéen	100.	*Idem.*
1,229.	BOITON (Marie-Anne-Louise-Jeanne, née HONEYWELL), veuve.	Veuve d'un colonel vendéen	300.	N'a pas touché le deuxième secours.

Nos d'ordre.	NOMS ET PRÉNOMS des PENSIONNAIRES.	MOTIFS de LA CONCESSION DES PENSIONS.	MONTANT des PENSIONS.	OBSERVATIONS.
1,230.	BOIXO (Jean-Pierre-Jacques)........	Émigré..........................	200f 00c	
1,231.	——— (Marie-Madeleine-Marguerite-Anne, demoiselle DE).	Émigrée..........................	600. 00.	N'a touché aucun des deux secours.
1,232.	BOLANGIER DE FOUGEROLLES (Françoise-Louise-Suzanne, demoiselle).	Services à la cause royale en France; persécutée.	200. 00.	
1,233.	BOLECHVEILER (Marie-Anne-Caroline-Odille, baronne DE), née D'ANDLAU.	Chanoinesse d'un chapitre noble d'Alsace	500. 00.	
1,234.	BOLLE..........................	N'a aucun moyen d'existence..........	400. 00.	
1,235.	——— (Henri-Frédéric)...........	A servi pendant le siége de Toulon....	500. 00.	
1,236.	BOLLOGNE-CAPISUCHY (Charles-Louis-Alexandre, DE).	Son père est mort sur l'échafaud en 1793.	300. 00.	
1,237.	BOLLY (Marie-Anne DE), née BAILLARD.	Auteur..........................	600. 00.	
1,238.	BOLONDE (Madeleine-Antoinette, demoiselle DE).	Émigrée..........................	1,500. 00.	
1,239.	BOMARD (René)..................	Vendéen..........................	100. 00.	
1,240.	BON (Jean-Marie)................	Services dans les armées royales, en France.	100. 00.	
1,241.	BONAFONT (dame DE), née DUBOIS.....	Femme d'émigré, âgée de 81 ans......	360. 00.	
1,242.	BONBAR dit PAUL..................	Machiniste à l'Opéra-Comique. (Pension par suite de transaction.)	224. 15.	
1,243.	BOMBART (Marie-Louise-Victoire, veuve), née PULLEUX.	Veuve d'un garde à pied à Compiègne..	120. 00.	N'a touché aucun des deux secours.
1,244.	BOMBELLES (Caroline-Marie-Antoinette, demoiselle DE), maintenant dame BIODOS, vicomtesse DE CASTÉJA.	Fille d'un lieutenant général émigré, mort évêque d'Amiens.	4,000. 00.	*Idem.*
1,245.	BOMBES-NOQUER (Marie-Thérèse-Jeanne-Claire-Hippolyte, ve), née MALÈGUE.	Veuve d'émigré......................	200. 00.	*Idem.*
1,246.	BOMBLED (Marie-Antoinette-Sophie, veuve), née CARBON.	Veuve d'un chirurgien émigré........	400. 00.	*Idem.*
1,247.	BON (Madeleine-Élisabeth, veuve DE), née FRANCE DE SAINT-QUENTIN.	Fille d'un fermier général...........	600. 00.	
1,248.	BONAVENTURE (Jeanne-Pélagie, dame), née BUTLER.	Fille d'émigré......................	1,000. 00.	
1,249.	BOUCARUT (Pierre-Louis)...........	Ancien employé des administrations militaires. Services rendus à la cause royale en 1815.	150. 00.	
1,250.	BONCENNE (Robert)................	Procureur au présidial de Poitiers. Père de 13 enfans.	600. 00.	
1,251.	BONCHAMP (Marie-Renée-Marguerite, marquise DE), née DE SCEPEAUX-DUBOIS-GUIGNOT.	Veuve du général vendéen..........	4,000. 00.	*Idem.*
1,252.	BONDI-DUPONT (Angélique-Rosalie), dame BRETIN.	Ancienne actrice de la comédie française.	500. 00.	
1,253.	BONDU (Pierre)..................	Vendéen..........................	50. 00.	
1,254.	BONENFANT DE BANLAY (Rose-Effrida, demoiselle).	En remplacement de la pension de 900f dont elle jouissait avant la révolution.	800. 00.	

Nos d'ordre.	NOMS ET PRÉNOMS des PENSIONNAIRES.	MOTIFS de LA CONCESSION DES PENSIONS.	MONTANT des PENSIONS.	OBSERVATIONS.
1,255.	BONENFANT DE BANLEY	Ex-employé à l'intendance des dépenses de la maison du Roi.	1,200f	
1,256.	BONET (Jeanne, née BOSSARE, dame)...	Vendéenne........................	50.	
1,257.	BONFILS (Joseph-François-Marie DE)..	Son père est mort sur l'échafaud, en 1793.	400.	
1,258.	BONGARS (comte DE).............	Pension accordée directement par le Roi. (Motifs inconnus.)	4,000.	N'a point été compris dans les états de secours.
1,259.	——— (Jean-François-Marie, marquis DE).	Avait 600 fr. de pension sur la cassette de Louis XVI.	600.	N'a pas touché le deuxième secours.
1,260.	——— (Louise-Bénédicte, née BONGARS DE VAUDELEAU).	Fille d'un commandant de la vénerie de Louis XV et filleule de ce prince, avait 400 fr. de pension sur la cassette du Roi, avant la révolution.	1,000.	
1,261.	——— (Marie-Louise, née OZANNE)...	Son mari avait une pension sur la cassette de Louis XVI.	600.	
1,262.	——— DE VAUDELEAU (Antoine-Martin)	Fils d'un écuyer commandant de la vénerie de Louis XVI, filleul de ce prince et de la Reine.	600.	
1,263.	BONGIS DE COURTEILLE (Jean-François, chevalier DE).	A rendu des services à la cause royale..	800.	
1,264.	BONGOURS (Anne-Olive-Alix, née NAVIGANT, dame).	Émigrée........................,	300.	
1,265.	BONHOMME (Marie-Françoise, née LANDRY, veuve).	En remplacement d'une pension de 1,200 fr. dont elle jouissait avant la révolution, comme mère de vingt-un enfans.	300.	
1,266.	BONIFACE (Antoinette, demoiselle)....	Fille d'un officier d'artillerie, sœur d'un capitaine de vaisseau.	240.	N'a pas touché le premier secours.
1,267.	——— (Lazarine, née DE CHALON)..	Rétablissement d'une pension dont elle jouissait sur la cassette de la Reine.	300.	
1,268.	——— (Bénigne, née FLEUROT, veuve).	Son mari est mort déporté...........	300.	
1,269.	BONIFAY (Marie-Marguerite, née FOURNIER, veuve).	Veuve d'émigré de Toulon..........	150.	
1,270.	BONIN (Antoinette-Catherine, demoiselle)	Fille d'un valet de Louis XVI.........	200.	
1,271.	BONIVERT (Marguerite-Claire, née VINCENT, veuve).	Veuve d'un Vendéen................	800.	
1,272.	BONJOUAN DE LA VARENNE (Henriette-Aldegonde-Françoise, née BONJOUAN DE LA VARENNE, veuve).	Sa famille a servi la cause royale, en France.	200.	
1,273.	BONJOUR (Louise-Marie-Florence, demoiselle).	Fille d'un premier valet de garde-robe..	300.	
1,274.	——— (née BULTÉ DE CHÉRY, veuve).	Femme de chambre de MESDAMES.....	1,000.	
1,275.	BONNAFONT (Joseph-Annet DE)......	Officier émigré, âgé de 78 ans, sans moyen d'existence.	1,000.	
1,276.	BONNAFOS (Philippe-Balthasard DE)...	Émigré..........................	300.	N'a touché aucun des deux secours.
1,277.	BONNAL (Jean-Pierre).............	Services de son père dans les armées royales de la Lozère.	50.	N'a pas touché le deuxième secours.
1,278	——— (Élisabeth, née JAUSSAN, veuve).	Services de son mari *idem*...........	40.	
1,279.	BONNARD (Anne-Marie, née CHÈVRE, veuve).	Son père servait au 10 août...........	100.	N'a touché aucun des deux secours.

Nos d'ordre.	NOMS ET PRÉNOMS des PENSIONNAIRES.	MOTIFS de LA CONCESSION DES PENSIONS.	MONTANT des PENSIONS.	OBSERVATIONS.
1,280.	BONNAY (Alexandre DE)...........	Émigré............................	600f 00c	
1,281.	——— (Barbe-Louise-Victoire, née BIGAULT-BOUREULLES, veuve DE).	Veuve d'émigré....................	200. 00.	
1,282.	——— (Félicité, née CONDÉ, femme DE).	Fille d'émigré....................	300. 00.	
1,283.	——— (Anne-Michelle-Gabrielle, née DE FINANCE, veuve DE).	Veuve d'émigré....................	800. 00.	
1,284.	——— (Catherine, née ONEIL, marquise DE).	Pour tenir lieu du douaire que le Roi avait promis à son mari, ancien gouverneur de Fontainebleau.	10,000. 00.	N'a touché aucun des deux secours.
1,285.	BONNAY DE BELLEVAUX (Charles-Nicolas DE).	Frère d'émigré....................	200. 00.	
1,286.	BONNAY DE GRANDCOURT (François-Louis-Élie DE).	Capitaine émigré..................	1,200. 00.	
1,287.	BONNAY DE MALBERK (François-Nicolas, chevalier).	*Idem*............................	1,200. 00.	
1,288.	BONNAY MALBERCK (Louis-Joseph-Ulric)	Fils d'émigré infirme.............	400. 00.	
1,289.	——— (Charlotte-Madeleine, née ROUGEAUX, veuve DE).	Veuve d'émigré....................	900. 00.	
1,290.	BONNE DE LESDIGUIÈRES (Guillaume-Félix).	Rétablissement d'une pension sur la cassette de Louis XVI.	150. 00.	*Idem.*
1,291.	BONNEAU (Claude)................	A rendu des services aux Bourbons...	500. 00.	
1,292.	——— (Bernarde Marie-Justine, demoiselle).	Services de sa famille dans les armées royales, en France.	300. 00.	
1,293.	——— (Catherine-Joséphine, demoiselle).	Fille d'émigré....................	200. 00.	
1,294.	——— (Léonarde, née DESVAULX, veuve).	Veuve d'émigré....................	200. 00.	
1,295.	BONNEAU DESBRUÈRES (Jeanne-Victoire, née GUINTON, dame).	Créole de Saint-Domingue..........	400. 00.	
1,296.	BONNECHOSE (Sara-Maria, née SCHAS, veuve DE).	Veuve d'un secrétaire général du département de Seine-et-Oise.	500. 00.	
1,297.	BONNECUELLE (Anne, née PETIT-PRÊTRE, veuve).	Veuve d'un garde des forêts à Fontainebleau.	240. 00.	
1,298.	BONNEFOI (Marie-Anne-Fortunée, née CALLON, veuve).	Veuve d'émigré de Toulon..........	150. 00.	
1,299.	BONNEFOND (Jean, chevalier DE).....	Émigré............................	500. 00.	
1,300.	BONNEFOUX (Laurent DE)..........	*Idem*............................	300. 00.	N'a touché aucun des deux secours.
1,301.	BONNEGENS (Charles-François).......	*Idem*............................	800. 00.	
1,302.	——— (Thérèse, demoiselle).......	Émigrée...........................	200. 00.	N'a pas touché le deuxième secours.
1,303.	BONNEMAIRE (François)..........	A servi dans les armées royales de la Lozère.	80. 00.	
1,304.	BONNET (François-Louis)...........	Émigré............................	150. 00.	

Nos d'ordre.	NOMS ET PRÉNOMS des PENSIONNAIRES.	MOTIFS de LA CONCESSION DES PENSIONS.	MONTANT des PENSIONS.	OBSERVATIONS.
1,305.	BONNET (Jean-Baptiste)...........	Services à la cause royale, en France...	150f 00c	
1,306.	——— (Louis-Charles DE).........	Capitaine; émigré.................	1,000. 00.	
1,307.	——— (Louis-Ferdinand, chevalier DE)	Émigré........................	900. 00.	
1,308.	——— (Élisabeth-Dorothée, religieuse, dame).	Vendéenne......................	200. 00.	
1,309.	——— (Louise-Aurore, demoiselle DE).	*Idem*........................	300. 00.	N'a pas touché le deuxième secours.
1,310.	——— (Louise-Julie, demoiselle DE)..	*Idem*........................	300. 00.	
1,311.	——— (Marie-Alexandrine, demoiselle).	Émigrée.......................	304. 80.	N'a touché aucun des deux secours.
1,312.	——— (Agathe-Françoise-Rosalie, née BOURBAL DE COMBRET, veuve).	Services de son père à la cause royale..	150. 00.	N'a pas touché le deuxième secours.
1,313.	——— (Madeleine-Marguerite, née FLEURY, veuve.).	Veuve d'émigré de Toulon...........	200. 00.	
1,314.	——— (Catherine, née MONZIOLS, ve).	Services de son mari dans les armées royales de la Lozère.	80. 00.	
1,315.	——— (Jeanne, née ROBERT, veuve).	Émigrée.......................	500. 00.	
1,316.	——— (Anne, née TAM, veuve)...	Négresse; émigrée................	300. 00.	
1,317.	——— DU CHATELLIER (Marie-Henriette, demoiselle DE).	Vendéenne......................	300. 00.	*Idem.*
1,318.	——— DE MAUREILHAN POLHES (Marie-Claire-Françoise-Adelaide, née DE BADERON DE SAINT-GENIES, comtesse DE NEFFIÈS, dame.)	Femme d'émigré..................	600. 00.	
1,319.	——— SAULNIER (Marie-Jeanne-Agnès-Amable-Pierrette, née AYMER DESROCHES DE NOVANT, dame.)	Services de son père en France.......	300. 00.	
1,320.	BONNEVAL (Louis-César-François, marquis DE).	Émigré.......	1,000. 00.	
1,321.	——— (Anne-Joséphine-Amélie, dame DE).	Religieuse ruinée par la révolution.....	200. 00.	
1,322.	BONNICEL (Jean).................	A servi dans les armées royales de la Lozère.	100. 00.	
1,323.	BONNIEUX (Marie-Ursule-Thérèse, dame religieuse.	Émigrée.......................	150. 00.	
1,324.	BONNIN (Pierre-François).........	Vendéen........................	50. 00.	
1,325.	BONNIOL DUTREMONT (Marie-Claudine-Étiennette, dame).	Sœur d'émigré; perte de fortune......	200. 00.	
1,326.	BONOMÉ (Pierre).................	Émigré.........................	200. 00.	
1,327.	BONTEMPS (Jean-Augustin).........	*Idem*..........................	500. 00.	
1,328.	——— (Jean-Pierre).............	Fils d'émigré....................	150. 00.	N'a pas touché le deuxième secours.
1,329.	——— (Marie-Agathe, demoiselle)...	Fille d'émigré...................	150. 20.	*Idem.*

Nos d'ordre.	NOMS ET PRÉNOMS des PENSIONNAIRES.	MOTIFS de LA CONCESSION DES PENSIONS.	MONTANT des PENSIONS.	OBSERVATIONS.
1,330.	BONTEMPS (Marie-Anne-Barbara, demoiselle), dame LÉVÊQUE.	Fille d'émigré.....................	150f	
1,331.	BOQUET (Joseph-Philippe-François-Xavier DE).	Émigré, âgé de 86 ans.............	600.	N'a touché aucun des deux secours.
1,332.	——— (Louis-Gérard)............	Émigré........................	800.	
1,333.	BORDAGE DE LATOUR (Françoise, veuve), née DUROUSIER.	Veuve d'un garde du corps..........	200.	
1,334.	BORDE (Sophie, demoiselle)..........	Fille d'un consul général; sans fortune; elle soutient sa mère, qui est infirme.	400.	
1,335.	BORDE DUCHÂTELET (Louis-François DE).	Émigré, infirme..................	800.	N'a pas touché le deuxième secours.
1,336.	BORDET (Thérèse, dame), née HÉLÉSINE.	Femme d'émigré..................	400.	*Idem.*
1,337.	BORDIÉ (Marie-Geneviève, veuve), née BRUDIEU DE BAUGIRARD.	Son père est mort sur l'échafaud dans la révolution.	200.	
1,338.	BORDIER (Claude)..................	Maçon estropié par suite d'une chute qu'il a faite du haut du clocher de S.-Denis.	150.	
1,339.	BORÉ (René)....................	Vendéen........................	100.	N'a touché aucun des deux secours.
1,340.	BOREL (Catherine-Gabrielle).........	Fille d'un premier garçon des appartemens de la Reine, tué le 10 août.	300.	
1,341.	BOREL-ATGER (Marie-Marguerite-Jeanne-Antoinette-Jaquette DE).	Fille d'un capitaine...............	500.	
1,342.	——— (Marie-Victoire)...........	*Idem*........................	500.	
1,343.	BORG (Adélaïde-Alexandrine, demoiselle).	Fille d'un musicien de la chapelle de Louis XVI.	100.	
1,344.	——— (Marie-Constance-Victoire, demoiselle).	*Idem*........................	100.	
1,345.	——— (Marie-Françoise, demoiselle)...	*Idem*........................	100.	
1,346.	BORGUIS DESBORDES (veuve)........	Pension accordée directement par le Roi. (Motifs inconnus.)	500.	
1,347.	BORGNY dit DESBORDES (Pierre-Marie)..	Étranger ayant servi à l'armée de Condé.	100.	
1,348.	BORIES (Jean-Baptiste)............	Émigré........................	500.	
1,349.	BORME (veuve)..................	Émigrée........................	900.	N'a touché aucun des deux secours.
1,350.	BORNE DE SAINT-SERNIN (Françoise-Julie).	Avait 300 fr. de pension sur la loterie avant la révolution.	300.	
1,351.	———(Marie-Isabeau-Louise-Henriette).	*Idem*........................	300.	
1,352.	BORTHON (Anne DE), née BRUNOT.....	Veuve d'un mousquetaire...........	300.	
1,353.	BOS (Marie-Louise-Fortunée, veuve), née FLORENTIN.	Fille d'un palefrenier aux écuries de madame la comtesse de Provence.	60.	
1,354.	BOSCAL DE RÉALS (Adélaïde, demoiselle DE), dame BRIDAULT.	Fille d'émigré....................	400.	*Idem.*

Nos d'ordre.	NOMS ET PRÉNOMS des PENSIONNAIRES.	MOTIFS de LA CONCESSION DES PENSIONS.	MONTANT des PENSIONS.	OBSERVATIONS.
1,355.	BOSCAL DE RÉALS (Félicité-Aglaé, demoiselle DE).	Fille d'émigré	400f	N'a touché aucun des deux secours.
1,356.	BOSCAL DE RÉALS-MORNAC (Louis)	Émigré	1,000.	*Idem.*
1,357.	——— (Michel)	*Idem*	400.	*Idem.*
1,358.	BOSCHERON-DESPORTES (Charles-Édouard).	A rendu des services à la cause royale dans l'intérieur; âgé de 80 ans.	1,500.	N'a pas touché le deuxième secours.
1,359.	BOSCHIER (Julien)	Émigré	300.	
1,360.	BOSQUAT (François-Gaspar-Victor-Marie DE).	*Idem*	300.	
1,361.	BOSQUETTE (Claude)	Officier blessé d'un coup de feu dans une manœuvre.	167.	
1,362.	BOSREDONT (Anne-Françoise, comtesse DE).	Chanoinesse ; a perdu sa fortune	600.	
1,363.	——— (Sidoine)	Octogénaire ; sans fortune	300.	
1,364.	——— (Antoinette-Louise-Nicole, née DE BOUILLÉ, dame DE).	Émigrée	800.	
1,365.	BOSSE DE BONRECEUIL (Joseph-Jean-Baptiste-Hilarion).	Émigrée	300.	
1,366.	BOSSON (Jacques)	N'a aucun moyen d'existence	200.	
1,367.	BOSSON	Vacher à la laiterie de madame Élisabeth.	300.	
1,368.	BOSSU (Jeanne-Pierrette, née PICHEGRU, dame).	Parente du général Pichegru	300.	
1,369.	BOSSY (veuve)	Vendéenne	150.	
1,370.	BOTTE (Marie-Renée, née MARCHAND, veuve).	Veuve d'un huissier du Roi au présidial d'Alençon.	200.	
1,371.	BOTHEREL (Alexis-Henri, vicomte DE).	Émigré	1,000.	N'a touché aucun des deux secours.
1,372.	——— (Amant-Fidèle-Constant, comte DE).	*Idem*	1,000.	
1,373.	——— (Emmanuel-Marie-Louis DE)	Fils d'émigré	300.	
1,374.	——— (Marie-Jean-Baptiste-Charles-Constant DE).	*Idem*	300.	
1,375.	———(Victor-Charles-Jean, comte DE).	Émigré	1,000.	*Idem.*
1,376.	——— (Jeanne-Françoise-Aglaé-Marie-Louise).	Fille d'émigré	300.	
1,377.	——— (Mathilde-Marie-Victorine, chanoinesse, comtesse DE).	*Idem*	300.	
1,378.	BOTTÉE (Charlotte-Louise-Henriette, née LUUYT, veuve).	Perte de fortune	200.	
1,379.	BOUAN (Anne-Geneviève, née BOYLÉ, veuve).	Veuve d'un palefrenier aux petites écuries.	200.	

N^os d'ordre.	NOMS ET PRÉNOMS des PENSIONNAIRES.	MOTIFS de LA CONCESSION DES PENSIONS.	MONTANT des PENSIONS.	OBSERVATIONS.
1,380.	BOUAT (Marie-Thérèse-Victoire, née MAINONI, dame).	Veuve d'émigré..................	500f	
1,381.	BOUBÉE (chevalier DE)............	Émigré.........................	1,200.	
1,382.	——— (Audes)..................	Avait une pension de 100 francs sur la cassette de la Reine.	100.	N'a pas touché le premier secours.
1,383.	——— (Mathias, le chevalier)......	Émigré.........................	300.	
1,384.	BOUCARD (Marie, veuve, née BUGEON)..	Vendéenne......................	36.	N'a touché aucun des deux secours.
1,385.	——— (Marie-Catherine, veuve, née PINEAU).	*Idem*.........................	36.	*Idem.*
1,386.	BOUCHÉ (Marie-Catherine, veuve, née DESAINTE).	Fille d'un arquebusier des Rois Louis XV et Louis XVI.	400.	*Idem.*
1,387.	BOUCHELIER (Charlotte-Gabrielle-Rosalie, demoiselle).	Persécutée pendant la révolution......	200.	
1,388.	BOUCHEPORN (Anne-Félicité-Caroline, demoiselle DE).	Sa famille a été persécutée pendant la révolution.	400.	*Idem.*
1,389.	BOUCHER.........................	Pension payée précédemment par le département des Beaux-Arts.	600.	*Idem.*
1,390.	——— (Jean-François)...........	Capitaine vendéen................	800.	
1,391.	——— (Philippe)................	Garde-route des forêts de la Couronne..	100.	
1,392.	——— (Élisabeth-Françoise, veuve, née HERSEMULE DE LA ROCHE).	Sœur d'un contrôleur des dépenses de la maison du Roi Louis XVI.	400.	
1,393.	——— DEGREMONDE (Louise-Françoise, veuve, née METTANGER).	Veuve d'un conservateur des eaux et forêts du Roi.	800.	
1,394.	——— DE MORLINCOURT (Gabrielle-Jeanne-Euphémie, demoiselle).	Petite-fille d'un lieutenant-général.....	300.	
1,395.	BOUCHEREAU (Marie-Jeanne, veuve, née DELUMEAU).	Vendéen.........................	100.	N'a touché aucun des deux secours.
1,396.	BOUCHEROLLE (Marie-Josèphe-Jacquette-Thérèse, née LE ROUGE DE RUSUNAN, veuve DE).	Veuve d'émigré..................	300.	*Idem.*
1,397.	BOUCHET (Victor)................	Services à la cause royale, en France...	300.	
1,398.	——— DUPUY (Catherine-Françoise, veuve, née DE CHAUMONT).	Fille d'émigré, veuve d'un officier français.	300.	
1,399.	BOUCHEUL (Élie).................	Ruiné par la révolution.............	300.	
1,400.	BOUCLÉ (René-François)...........	Émigré.........................	600.	
1,401.	——— (Marie-Louise-Élisabeth, demoiselle).	Émigrée........................	400.	
1,402.	——— (dame)...................	Fille d'émigré, infirme............	400.	
1,403.	BOUDARD (Louis-Martin, chevalier DE).	Émigré.........................	500.	
1,404.	BOUDENS-VANDERBOURG (Thérèse-Alexandrine, née COMPAGNON-THEZAC, dame DE).	Veuve d'émigré..................	300.	

Nos d'ordre.	NOMS ET PRÉNOMS des PENSIONNAIRES.	MOTIFS de LA CONCESSION DES PENSIONS.	MONTANT des PENSIONS.	OBSERVATIONS.
1,405.	BOUDOT (abbé)	Grand-vicaire de Paris : substitution de la pension accordée d'abord à M. l'abbé Bordier nommé évêque.	3,000f	N'a point été compris dans les états de secours.
1,406.	BOUDOU (Jean)	Émigré, âgé de 85 ans	500.	
1,407.	BOUÉ (Jean)	Vendéen	800.	N'a point touché le deuxième secours
1,408.	——— BOISLONG (Jacques-Silvère-Joseph).	Son frère est mort sur l'échafaud en 1793.	300.	
1,409.	BOUET (Marie-Françoise, veuve, née FRIANT).	Veuve d'un feutier de la maison du Roi.	200.	
1,410.	——— (Émélie-Gabrielle-Victoire, dame, née DE BERRY D'ESSERTAUD, comtesse DE MARTANGE).	Veuve d'un ancien secrétaire des Suisses.	250.	
1,411.	BOUFFET (Jean-Baptiste)	Musicien de la Chapelle	92.	
1,412.	BOUFFIER (Adélaïde-Victoire, demoiselle).	Son grand-père fut fusillé à Toulon en 1793.	50.	
1,413.	——— (Louis-François)	*Idem*	50.	
1,414.	BOUG D'ORSCHWILLER (Marie-Germain-François-Henri DE).	Ex-payeur de la liste civile à Strasbourg.	300.	
1,415.	BOUGIS (Julien-César)	Vendéen	80.	
1,416.	BOUGLEUX (dame, née POTTGEISSER).	Fille d'un banquier qui a donné des preuves de dévouement aux Bourbons.	400.	N'a pas touché le premier secours.
1,417.	BOUHELIER (Ignace-Gabriel)	Avait 200 fr. de pension sur la cassette de MONSIEUR, comte de Provence.	200.	N'a touché aucun des deux secours.
1,418.	BOUHIER (Louise-Périne, femme, née CATHELINEAU).	Fille du général Cathelineau	600.	N'a pas touché le deuxième secours.
1,419.	BOUHYÉ (Jean-Baptiste)	Vendéen	50.	N'a touché aucun des deux secours.
1,420.	BOUI (Jean-Claude)	Employé de la maison de Louis XVIII.	230.	
1,421.	BOUILLÉ (François-Gabriel, baron DE).	Rétablissement d'une pension accordée par Louis XVI.	400.	*Idem.*
1,422.	——— (Madeleine-Félicité-Alicia, demoiselle DE).	Sa famille a rendu des services aux Bourbons.	600.	*Idem.*
1,423.	——— (Élisabeth, née JAY DE BEAUFORT, baronne DE).	Veuve d'émigré	800.	*Idem.*
1,424.	——— (Marie-Françoise, née LE CHAT, marquise DE).	Veuve d'un brigadier général d'infanterie.	600.	*Idem.*
1,425.	BOUILLEROT DES TABOUREAUX (Marie-Jeanne, née DÉLOGÉ, veuve).	Veuve d'émigré	800.	
1,426.	BOUILLY (Jean)	Vendéen	60.	
1,427.	BOÜIS (Marie-Adélaïde, femme MORIN, demoiselle).	Émigrée de Toulon	100.	*Idem.*
1,428.	BOUJARD (Jean-François-Marie)	Vendéen	50.	*Idem.*
1,429.	BOUJET dit VALENCIENNES (Jacques-Nicolas).	*Idem*	50.	*Idem.*

Nos d'ordre.	NOMS ET PRÉNOMS des PENSIONNAIRES.	MOTIFS de LA CONCESSION DES PENSIONS.	MONTANT des PENSIONS.	OBSERVATIONS.
1,430.	BOULAGE (Catherine-Élisabeth, née ROCARD, dame).	Persécution; perte de fortune.........	300f	
1,431.	BOULAIN (Gilles-Marie)............	Vendéen.........................	50.	
1,432.	BOULAINVILLIERS DE CROY (Louise-Sylvie, dame DE FLOTTE, DE).	Fille d'émigré, mort à Quiberon.......	300.	
1,433.	BOULAIS (Madeleine-Alexis, née MICAULT, veuve).	Son mari a servi dans la maison du Roi..	400.	
1,434.	BOULANGER......................	Émigré.........................	150.	
1,435.	——— (Claude-François).........	Attaché à la maison de Louis XVIII en émigration.	1,000.	N'a pas touché le deuxième secours.
1,436.	——— (Jacques).................	Palefrenier aux écuries de Louis XVI...	100.	
1,437.	——— (Geneviève-Sophie, née BELLEVILLE, femme).	Femme d'atours de madame la comtesse d'Artois.	600.	
1,438.	——— (Anne-Marie, née DAUBANCOURT, veuve).	Veuve d'un garçon servant de la bouche.	300.	
1,439.	——— (Marie-Marguerite, née MARTIN, veuve).	Veuve d'un palefrenier à la grande écurie.	200.	
1,440.	BOULARD (Adrien-Joseph)...........	Blessé en servant une pièce de canon en 1814.	150.	
1,441.	BOULENGER DE MONTCAVREL (Nicolas-Silvain-FrançoiseMarie-Joseph).	Persécuté pendant la révolution; a perdu sa fortune.	800.	
1,442.	BOULIAUD (Pierre-René)...........	Vendéen.........................	80.	
1,443.	BOULIGNY (Jean-Baptiste)..........	Garçon servant chez Louis XVIII.....	300.	N'a pas touché le deuxième secours.
1,444.	BOULLAND (Jeanne-Marie-Étienne, née JACOB, dame).	Veuve d'un inspecteur des contributions directes.	1,000.	
1,445.	——— (Adélaïde-Marguerite-Élisabeth, née MARGUET, dame).	Dévouement à la famille des Bourbons..	300.	
1,446.	BOULLAY (Marie-Angélique, née LE CONTE, veuve).	Veuve d'un Vendéen................	100.	
1,447.	BOULLÉ (Louis-Joseph).............	Sa famille a été persécutée pendant la révolution.	180.	N'a touché aucun des deux secours.
1,448.	——— (Louis-Emmanuel)..........	Capitaine vendéen,................	300.	
1,449.	——— (Pierre)..................	Vendéen.........................	80.	
1,450.	BOULLET (Joseph-Mathieu).........	Émigré.........................	300.	
1,451.	BOULLEY (André-Louis-François DE)...	*Idem.*.........................	800.	
1,452.	——— (Élisabeth-Françoise)........	Sœur d'émigré..................	300.	
1,453.	BOULLEY DE BESBOURG (Jean-Marie, vicomte).	Sous-lieutenant des gardes du corps....	2,400.	
1,454.	BOUILLANT DE MONTAIGU (Charles-Marie).	Émigré.........................	300.	

Nos d'ordre.	NOMS ET PRÉNOMS des PENSIONNAIRES.	MOTIFS de LA CONCESSION DES PENSIONS.	MONTANT des PENSIONS.	OBSERVATIONS.
1,455.	BOUILLIERS (Marie-Françoise, née JACRENS, dame DE).	Émigré	900f	
1,456.	BOULOGNE DE NOGENT (Paul-Esprit-Charles).	Magistrat émigré	2,400.	N'a touché aucun des deux secours.
1,457.	BOUMIER (Jacques)	Vendéen	80.	
1,458.	BOUQUET (François-Pierre)	Palefrenier des écuries du Roi	370.	N'a pas touché le deuxième secours.
1,459.	——— (Pierre)	Services dans les armées royales de la Lozère.	200.	
1,460.	BOUQUIER (Marie-Anne-Vite-Gabrielle, demoiselle).	Fille d'un émigré	250.	
1,461.	——— (Marie-Josèphe-Thérèse, demoiselle).	Son frère a émigré	200.	
1,462.	BOUQUIN DU ROULAY (Marie-Flore Émilie, née BREANT, dame).	Veuve d'un audiencier du conseil du Roi.	300.	
1,463.	BOURASSEAU (Jean)	Vendéen	50.	N'a touché aucun des deux secours.
1,464.	BOURAYNE (Marie-Louise-Laurence, née LEBESCOND DE CHEFDUBOIS, baronne DE)	Veuve d'un capitaine de vaisseau	800.	
1,465.	BOURBEL-MONTPINÇON (héritiers)	Créanciers de Louis XVIII	2,200.	
1,466.	BOURBON (Jean-Baptiste)	Émigré	100.	N'a pas touché le deuxième secours.
1,467.	——— (BUSSET, née BOURGEOIS DE BOYNES, comtesse DE).	Veuve d'un menin du Dauphin, fils de Charles X.	2,000.	
1,468.	——— L'ARCHAMBAULT (les sœurs de charité de la ville DE).	Rétablissement d'une pension accordée par Louis XVI.	500.	
1,469.	BOURBONNE (Jeanne-Madeleine-Thérèse, demoiselle).	Religieuse persécutée pendant la révolution.	200.	*Idem.*
1,470.	BOURBOULON (Geneviève-Jeanne-Marguerite-Françoise, née LEDUC, femme).	Femme-de-chambre de madame Victoire.	1,000.	
1,471.	BOURCET (Marie, demoiselle DE)	Fille d'un ancien premier valet-de-chambre du Dauphin.	1,200.	
1,472.	——— (Claude-Augustine-Anne, née REYNIER, comtesse DE).	Sa famille a servi la cause royale dans l'intérieur.	1,000.	*Idem.*
1,473.	BOURCIER (Jacques)	Vendéen	50.	
1,474.	——— (Élisabeth-Scolastique, née DU BUGET, comtesse DE).	Belle-fille d'un émigré	800.	
1,475.	BOURDAIS (Pierre)	Vendéen	120.	N'a touché aucun des deux secours.
1,476.	BOURDÉ DE LAVILLE-HUET (Jacques-Louis).	Émigré	200.	N'a pas touché le deuxième secours.
1,477.	BOURDEILLES (Maurice-François, abbé DE).	Aumônier de la Reine	600.	N'a touché aucun des deux secours.
1,478.	——— (Marie-Louise, dame DE)	Chanoinesse ruinée par la révolution	400.	
1,479.	BOURDEN (demoiselle)	Son père et son oncle furent fusillés à Toulon en 1793.	120.	

Nos d'ordre.	NOMS ET PRÉNOMS des PENSIONNAIRES.	MOTIFS de LA CONCESSION DES PENSIONS.	MONTANT des PENSIONS.	OBSERVATIONS.
1,480.	BOURDENET (Justin), chevalier.......	Émigré........................	300f 00c	N'a touché aucun des deux secours.
1,481.	BOURDILLARD (Sarah, née BRUCKMASTER, femme).	Veuve d'émigré..................	400. 00.	
1,482.	BOURDILH (Françoise-Rosalie-Antoinette, née DE LOMBARD, dame DE).	*Idem*........................	1,000. 00.	
1,483.	BOURDIN (Michel).................	Vendéen......................	450. 00.	
1,484.	——— (Pierre)..................	*Idem*........................	50. 00.	*Idem.*
1,485.	——— (Louise-Victoire)...........	Rétablissement d'une pension accordée par MONSIEUR, comte de Provence.	200. 00.	
1,486.	——— (Marie-Catherine, religieuse), dame.	Émigrée......................	609. 60.	
1,487.	BOURDOIS (Marie-Françoise-Élisabeth), née POLALLIER BEAUREGARD, dame,.	Petite-fille d'un sous-gouverneur des pages de Louis XV.	200. 00.	
1,488.	BOURDOISEAU (Françoise, née TERRIER), veuve.	Vendéenne....................	100. 00.	
1,489.	BOURDON (Jean-Baptiste)...........	Père de trois enfans; aveugle........	150. 00.	
1,490.	——— (Marie-Jeanne, née DAGNEAUX), veuve.	Veuve d'un cocher de la Reine........	250. 00.	
1,491.	——— (Jeanne-Henriette, née DUSART), dame.	Fille d'émigré..................	300. 00.	
1,492.	BOURGADE (chevalier DE)...........	Émigré........................	160. 00.	
1,493.	——— (Antoine), chevalier.........	*Idem*........................	400. 00.	
1,494.	——— (Madeleine-Alexandrine, née RAT), veuve.	Veuve d'un huissier de la chambre du Roi.	300. 00.	
1,495.	BOURGAULT (Pierre)..............	Émigré........................	500. 00,	
1,496.	BOURGAUX (Nicole-Hélène, demoiselle).	Fille d'un ancien serviteur de la maison du Roi.	80. 00.	
1,497.	BOURGÉ (Marie-Antoinette, née LE COSTE), dame.	Émigrée......	1,200. 00.	
1,498	BOURGEOIS (Catherine-Jeanne, née CRÉMILLE), veuve.	Veuve d'un muletier des écuries de la Reine.	200. 00.	
1,499.	——— (Charlotte-Marie, née WILLEMENOT), veuve.	Femme d'un valet de chambre de Madame la comtesse d'Artois.	500. 00.	
1,500.	BOURGEOIS DE RICHEMONT (Anne-Élisabeth, née D'HOUDOUART), dame.	Fille d'émigré..................	200. 00.	
1,501.	BOURGEOIS DE GARANCIÈRE (Alexandrine-Juliette-Narcisse), demoiselle.	Fille de Vendéen................	300. 00.	
1,502.	BOURGES (Marie-Élisabeth), demoiselle.	Fille d'un garçon de toilette de Madame Adélaïde.	100. 00.	
1,503	BOURGET (Jean)..................	Vendéen......................	50. 00.	N'a pas touché le deuxième secours.
1,504.	BOURGEVIN VIALART S.-MORYS (Marie-Anne-Charlotte, née DE VALICOURT), comtesse DE.	Veuve d'un officier supérieur des gardes. Créancière de Louis XVI.	600. 00.	

N^os d'ordre.	NOMS ET PRÉNOMS des PENSIONNAIRES.	MOTIFS de LA CONCESSION DES PENSIONS.	MONTANT des PENSIONS.	OBSERVATIONS.
1,505.	BOURGOGNE (Joseph-Marie)..........	Vendéen........................	300f	N'a pas touché le deuxième secours.
1,506.	BOURGOIN (François-Marie, demoiselle).	Vendéenne.......................	300.	
1,507.	BOURGOUIN (François)............	Vendéen.........................	50.	*Idem.*
1,508.	BOURGNARD DE FRONTVILLE (Élisabeth-Henriette, demoiselle).	Fille d'émigré.....................	300.	
1,509.	BOURGUIGNON (Marie-Françoise-Véronique, demoiselle).	Fille d'émigré de Toulon...........	100.	
1,510.	——— (Thérèse-Éléonore, demoiselle).	*Idem*.........................	100.	
1,511.	——— (Marie-Anne-Louise-Élisabeth, née GAUTIER, dame).	Veuve d'un capitaine invalide.........	150.	
1,512.	BOURIOT (Jean-Claude).............	Émigré.........................	150.	*Idem.*
1,513.	BOURJADE (demoiselle)............	Nièce d'émigré....................	300.	
1,514.	——— (Julie - Jacquette - Marianne, demoiselle).	*Idem*.........................	300.	
1,515.	BOURKE (Marie-Anne-Jacquette, demoiselle).	Fille d'émigré.....................	300.	
1,516.	BOURLIER (Marie-Anne-Josèphe, demoiselle).	Émigrée........................	900.	
1,517.	BOURMONT (Joséphine-Sophie, née DE COUTANCE, comtesse DE GHAISNE).	Mère d'un maréchal de France........	1,800.	N'a touché aucun des deux secours.
1,518.	BOURNAR (Joseph-Joachime, comte DE).	Fils d'émigré.....................	300.	
1,519.	——— (Anne, demoiselle DE)......	*Idem*.........................	300.	
1,520.	——— (Élisabeth - Silvain, demoiselle DE).	Émigrée........................	600.	
1,521.	BOURNET.......................	Serviteur de la maison de Louis XVIII.	311.	N'a touché aucun des deux secours.
1,522.	——— (Philippe)................	Avait une pension sur la cassette de Louis XVI.	100.	*Idem.*
1,523.	BOURNISIEN DE REPAINVILLE (Geneviève-Justine, née BERNAGE, dame DE).	Veuve d'émigré....................	400.	
1,524.	BOURNOT (Marie-Jeanne, demoiselle)..	Fille d'un colonel vendéen..........	400.	
1,525.	BOUROTTE (Nicolle, née TILLIER, veuve).	Veuve d'un palefrenier au service de MADAME, comtesse de Provence.	100.	
1,526.	BOURDAN (Gabrielle DE)...........	Émigrée........................	400.	
1,527.	BOURRÉE (femme CORBONNIER)......	Avait une pension sur l'Opéra-Comique.	300.	N'a touché aucun des deux secours.
1,528.	BOURRÉE DE CORBERON (Théodore-Anne, baron).	Conseiller au parlement, émigré......	800.	
1,529.	BOURSAULT (Jean)...............	Vendéen.........................	300.	

Nos d'ordre.	NOMS ET PRÉNOMS des PENSIONNAIRES.	MOTIFS de LA CONCESSION DES PENSIONS.	MONTANT des PENSIONS.	OBSERVATIONS.
1,530.	BOURSIER (Mathurin-Joseph-Marie)...	Victime de l'écroulement d'une maison à Rouen.	150f	
1,531.	——— (Marie-Jeanne, née LEROY), veuve.	Veuve d'un cocher de MADAME, comtesse de Provence.	160.	N'a touché aucun des deux secours.
1,532.	BOURSONNE (Aglaé-Marie, née HENNEQUIN D'ECQUEVILLY), comtesse DE.	En remplacement de la pension de 8000 fr. dont elle jouissait avant la révolution.	4,000.	
1,533.	BOURST (Marie-Justine), née DESCHAMPS), veuve DE.	Veuve d'un officier tué en Espagne en 1823.	200.	
1,534.	BOURSTE (Wilhelmina-Julie-Josèphe, née NEUBECK), dame.	Veuve d'émigré..................	800.	
1,535.	BOUSIÉS (Marie-Anne-Joséphine), demoiselle DE.	Émigrée..................	600.	
1,536.	BOUSQUET (Antoine-Nicolas)........	Chirurgien-dentiste de MESDAMES.....	1,200.	*Idem.*
1,537.	——— (Maurice-Pierre-Raphaël)....	Émigré..................	100.	
1,538.	BOUSSAC DE LA COMMÈRE (Jean DE)..	*Idem*..................	400.	
1,539.	BOUSSAINGAULT (Hilaire)..........	Aide de cuisine à la maison de la Reine.	200.	
1,540.	BOUSSAY (Louis)..................	Services chez le Roi..............	1,000.	
1,541.	BOUSSEAU (Pierre)................	Capitaine vendéen................	250.	
1,542.	——— (Marguerite-Françoise-Jeanne, née THOMAS), veuve.	Fille de Vendéen..................	150.	N'a touché aucun des deux secours.
1,543.	BOUSSIARD (Louise-Pierrette, née CHANTEAU), veuve.	Veuve d'un 2e garçon servant de l'argenterie.	200.	
1,544.	BOUSSIÈRE DE LAFAYE (Jean-Baptiste).	Avait une pension de 300 fr. sur la cassette de Louis XVI.	300.	
1,545	——— (Marthe, née BOYSSEULH)....	*Idem*..................	200.	
1,546.	BOUSSIERS DE LACIPIÈRE (Charles-Godefroy).	Émigré..................	400.	
1,547.	BOUSSIGNY (Marie-Élisabeth), née DE JARRIER DEROCHE, veuve.	Avait 600 fr. de pension sur la cassette de Louis XVI.	600.	
1,548.	BOUSSIN (Mathurin-Jean-François)....	Émigré..................	400.	
1,549.	BOUSSION (Sébastien)..............	Vendéen..................	100.	
1,550.	——— (Arsène-Euphrosine), demoiselle.	Vendéenne..................	120.	
1,551.	——— (Olympe-Eugénie), demoiselle.	*Idem*..................	120.	
1,552.	BOUT DEMARNHAC (François-Sylvestre).	Ancien mousquetaire; perte de fortune.	300.	
1,553.	BOUTANG DE PEYRAC (Élisabeth-Suzanne, veuve PONCHET), demoiselle.	Fille d'émigré..................	200.	
1,554.	——— (Marguerite-Rosalie), demoiselle.	*Idem*..................	150.	

Nos d'ordre.	NOMS et PRÉNOMS des PENSIONNAIRES.	MOTIFS de LA CONCESSION DES PENSIONS.	MONTANT des PENSIONS.	OBSERVATIONS.
1,555.	BOUTANG DE PEYRAC (Suzanne, demoiselle).	Fille d'émigré	150f 00c	
1,556.	BOUTARD (Henri-Théodore)	Fils d'un valet de garde-robe	150. 00.	
1,557.	——— (Marquis-Jean-Baptiste-Bon).	Homme de lettres	2,000. 00.	
1,558.	——— (Thérèse-Henriette-Joséphine, demoiselle).	Fille d'un valet de garde-robe	150. 00.	
1,559.	BOUTAULT DE RUSSY (Armande-Honorine-Charlotte, demoiselle).	Fille d'émigré	600. 00.	
1,560.	——— (Marie-Marguerite, demoiselle).	Sœur d'émigré	150. 00.	
1,561.	BOUTAUX (Jean-Baptiste)	Palefrenier	100. 00.	N'a touché aucun des deux secours.
1,562.	BOUTELET (Thomas-Joseph-Xavier, abbé).	Émigré	1,219. 20.	N'a pas touché le deuxième secours.
1,563.	BOUTET (Ours-Jacques)	N'a aucun moyen d'existence	1,500. 00.	
1,564.	BOUTHILLIER (marquise DE)	Veuve d'un ancien préfet	5,000. 00.	N'a point été comprise dans les états de secours.
1,565.	BOUTILLIER (Marie-Élisabeth, veuve, née BASTIN).	Veuve d'émigré	120. 00.	
1,566.	BOUTIN	Valet de chambre barbier de Louis XVIII.	600. 00.	N'a pas touché le deuxième secours.
1,567.	——— (Jean-Baptiste)	Émigré	150. 00.	
1,568.	——— (Louis)	Dévouement de son père à la cause royale.	150. 00.	N'a touché aucun des deux secours.
1,569.	——— (Marie-Madeleine-Suzanne, née GAUTIER, dame).	Son père fut fusillé à Toulon en 1793	150. 00.	
1,570.	——— (Antoinette-Marguerite-Françoise, née SOLDINI, veuve).	Rétablissement d'une pension sur la cassette de Louis XVI.	100. 00.	N'a pas touché le deuxième secours.
1,571.	BOUTINY (Marie-Rose-Joséphine, demoiselle DE).	Émigrée	500. 00.	
1,572.	——— (Marie-Rose, née ARMAND, dame DE).	*Idem*	900. 00.	
1,573.	BOUTON (Marie-Josèphe, demoiselle)	Fille d'émigré	300. 00.	
1,574.	——— (Marie-Rose-Wilhelmine-Louise, demoiselle).	*Idem*	300. 00.	
1,575.	BOUTOUILLIC DE LAVILLE GONAN (Armande-Clémence-Caroline, dlle DE).	*Idem*	400. 00.	
1,576.	——— (Henriette-Isabelle-Pauline, demoiselle DE), dame DUFRESCHE DE LA VILLORION.	*Idem*	400. 00.	
1,577.	BOUTRON (Étienne)	Machiniste en chef à l'Opéra	600. 00.	
1,578.	BOUVENOT	N'a aucun moyen d'existence	200. 00.	
1,579.	BOUVENOT	A perdu sa fortune par suite de la révolution.	200. 00.	N'a touché aucun des deux secours.

Nos d'ordre.	NOMS ET PRÉNOMS des PENSIONNAIRES.	MOTIFS de LA CONCESSION DES PENSIONS.	MONTANT des PENSIONS.	OBSERVATIONS.
1,580.	BOUVENS (DE)	Ancien grand-vicaire	6,000f	
1,581.	BOUVEROT (François-Louis DE)	Émigré	500.	N'a touché aucun des deux secours.
1,582.	——— (Agathe-Marie), demoiselle DE.	Fille d'émigré	500.	
1,583.	——— (Élisabeth-Marie-Françoise), demoiselle DE.	Émigrée	500.	
1,584.	BOUVET (Pierre-Mathurin)	Émigré	400.	
1,585.	——— (René-Luc)	Vendéen	60.	
1,586.	——— (Geneviève, née BOULARD), veuve.	Veuve d'un palefrenier de la vénerie	100.	
1,587.	BOUVIER (Augustin-Hippolyte)	Aide de cuisine dans la maison de la Reine.	300.	
1,588.	BOUVIN (Joseph)	Commis aux recettes de la pourvoirie chez Louis XVI.	600.	
1,589.	——— (Paule-Élisabeth), demoiselle	Fille d'un valet de pied de Louis XV	200.	
1,590.	BOUVYER (Charles-Octave)	Otage de Louis XVI, émigré	800.	
1,591.	BOUYER (Marie-Anne-Jeanne-Thérèse, née BELLAUDEAU), veuve.	Vendéenne	50.	N'a pas touché le deuxième secours.
1,592.	BOUYN (Marie-Xavier, née DE LAVALIÈRE DE LA POTERIE), dame.	Fille d'un gouverneur des pages de Louis XVI.	1,000.	
1,593.	BOUYON (Joseph)	Émigré de Toulon	600.	
1,594.	BOUYONNET DE LA VILLATTE (Jeanne-Étiennette, née PELLISSIER), veuve.	A rendu des services à la cause royale en France.	1,000.	
1,595.	BOUZENOT (Jeanne, née VIAULT), veuve.	Veuve d'un palefrenier en charge	250.	
1,596.	BOUZET DE CAUSSIN (Marie-Antoinette-Charlotte), demoiselle DE.	Perte de fortune; âgée de 81 ans	200.	
1,597.	BOVÉE (Alexis-Louis-Auguste DE)	Fils d'émigré	300.	
1,598.	——— (Georges-Charles-Louis DE)	*Idem*	300.	
1,599.	——— (Marie-Augustine), demoiselle DE.	Fille d'émigré	300.	
1,600.	——— (Augustine, née BRIAND), dame DE.	Femme d'émigré	1,000.	
1,601.	BOVET (DE)	Ancien archevêque de Toulouse	2,700.	
1,602.	BOYER (André-Valentin)	Émigré de Toulon	150.	
1,603.	——— (François)	A servi dans les armées royales de la Lozère.	100.	
1,604.	——— (Jean-Jacques)	Émigré de Toulon	200.	

Nos d'ordre.	NOMS ET PRÉNOMS des PENSIONNAIRES.	MOTIFS de LA CONCESSION DES PENSIONS.	MONTANT des PENSIONS.	OBSERVATIONS.
1,605.	BOYER (Jean-Marc)	Émigré	120f	
1,606.	——— (Pierre)	*Idem*	80.	
1,607.	——— (Madeleine-Rose-Victoire), demoiselle.	Son père fut fusillé à Toulon en 1793	150.	
1,608.	——— (Marguerite, femme GUET), demoiselle DE.	Fille d'émigré	300.	
1,609.	——— (Marie-Jeanne, femme MAURICE), demoiselle DE.	*Idem*	300.	
1,610.	——— (Marie-Madeleine, née GUÉRIN), veuve.	Veuve d'émigré de Toulon	100.	
1,611.	——— (Antoine, née JOURDAN), dame.	Femme d'émigré	400.	
1,612.	BOYER D'ÉGUILLES (Alexandre-Jean-Luc, chevalier DE).	Services de son père auprès de Louis XVI.	600.	N'a touché aucun des deux secours.
1,613.	——— (Marie-Thérèse-Barbe), demoiselle DE.	*Idem*	600.	
1,614.	BOYLEAU (Madeleine-Alexandrine, née RAT), veuve.	Veuve d'un valet-de-chambre par quartier.	300.	*Idem.*
1,615.	BOYSSEULH (Charles-Théophile DE)	Fils d'un écuyer de Louis XVI	1,800.	N'a pas touché le deuxième secours.
1,616.	——— (Frédéric-Alphonse DE)	*Idem*	1,800.	*Idem.*
1,617.	——— (Marie-Victoire, née DE LESTRADE, actuellement dame DE BERTIN), comtesse DE.	Veuve d'un écuyer du Roi, mort en émigration	400.	
1,618.	——— (Louise-Salomé, née ROUX), comtesse DE.	Veuve d'émigré	900.	
1,619.	BOYVENT DE LA JORAMIÈRE (Julie-Rose-Jeanne-Françoise), demoiselle.	Vendéenne	200.	
1,620.	BOZE (Madeleine-Françoise, née CLETIER), veuve.	Veuve d'un peintre du Roi	1,000.	
1,621.	BOZONNIER DE LESPINACE (Françoise-Julie, née DEBELLE), veuve.	Femme d'émigré	200.	
1,622.	BRABANT (Amand-Joseph DE)	Attaché au service de MADAME, comtesse de Provence, en émigration.	400.	
1,623.	BRAC DE S.-LOUP (Athénaïs-Joséphine), demoiselle.	Son père a servi au siége de Lyon	300.	
1,624.	BRACCHI (Claire), demoiselle	Émigrée	800.	
1,625.	BRACHET (Michelle-Françoise), comtesse DE.	Sœur d'émigré; veuve d'un conseiller à la cour de Saint-Domingue.	1,000.	
1,626.	——— (Marie, née TRIGANT), veuve DE.	Veuve d'un officier des armées françaises, mort sur le champ de bataille en 1795.	1,200.	
1,627.	BRACKMANN (Henriette-Joséphine, née BERSEVILLE), veuve.	Veuve d'un suisse d'appartement à Versailles.	333.	
1,628.	BRAGOUSE S.-SAUVEUR	Inspecteur du service des écuries de Louis XVIII.	2,083.	
1,629.	BRAILLE (Pierre)	Tapissier à l'intendance des menus-plaisirs	500.	

Nos d'ordre.	NOMS ET PRÉNOMS des PENSIONNAIRES.	MOTIFS de LA CONCESSION DES PENSIONS.	MONTANT des PENSIONS.	OBSERVATIONS.
1,630.	BRAIS (Aimée-Hyacinthe, demoiselle DE).	Émigrée	400f	
1,631.	BRAJON (Marianne, née ROUSTAN, veuve).	Son mari a servi dans les armées royales de la Lozère.	100.	
1,632.	——— (Marie-Anne, née SAUMADE, veuve).	*Idem*	100.	N'a pas touché le deuxième secours.
1,633.	BRANCAS (Marie-Louise, née LOWENDAL, comtesse DE).	Fille du maréchal de Lowendal; remplacement d'une pension de 11,200 francs qu'elle touchait avant la révolution.	1,200.	*Idem.*
1,634.	BRANCHARD (Nicolas)	Persécuté pendant la révolution	200.	
1,635.	BRANCHU (Jean)	Vendéen	60.	
1,636.	——— (Marie-Rose, née CHEVALIER).	Artiste dramatique	1,600.	
1,637.	BRANDOUIN DE BALAGUIER DE BEAUFORT (Anne-Antoine, chevalier DE).	Émigré	300.	N'a touché aucun des deux secours.
1,638.	BRANGES (Zoé-Aspasie-Caroline-Marie-Louise, demoiselle DE).	Fille d'émigré	800.	*Idem.*
1,639.	BRAS DE FER (Charles-François-Stanislas, chevalier).	Émigré	1,800.	*Idem.*
1,640.	——— (Louis-Aignan)	Lieutenant-colonel, invalide	400.	
1,641.	BRASSEUR (Catherine, née SCHWICK, veuve).	A été persécutée pendant la terreur	150.	
1,642.	BRAUD (Henriette, née OBERT, veuve)	Veuve d'un contrôleur de la sellerie	1,200.	
1,643.	BRAULT (Pierre)	Vendéen	80.	*Idem.*
1,644.	——— (Pierre-Henri)	*Idem*	120.	
1,645.	——— (Perrine-Françoise, née HUMEAU, veuve).	Vendéenne	80.	
1,646.	BRAUN (François-Antoine)	Émigré	300.	
1,647.	———(Georges)	*Idem*	80.	N'a touché aucun des deux secours.
1,648.	——— (Anne-Marie, née HOFFMANN, veuve).	Son mari est mort sur l'échafaud pendant la révolution.	200.	*Idem.*
1,649.	BRAUX (Jean-Baptiste-Nicolas DE)	Émigré	600.	*Idem.*
1,650.	BRAXMEYER (François-Ignace)	*Idem*	80.	*Idem.*
1,651.	BRAYÉ	N'a aucun moyen d'existence	100.	*Idem.*
1,652.	BRAYER (Marie-Louise-Florence, née DESHUMBLOT, veuve).	Veuve d'un adjudant général	200.	
1,653.	BRAZEAU (Marie, née RINGEARD, veuve).	Vendéenne	50.	N'a pas touché le deuxième secours.
1,654.	BRAZIER (Nicolas)	Ex-bibliothécaire du Roi	800.	*Idem.*

N^os d'ordre.	NOMS ET PRÉNOMS des PENSIONNAIRES.	MOTIFS de LA CONCESSION DES PENSIONS.	MONTANT des PENSIONS.	OBSERVATIONS.
1,655.	BREA (Augustin-Maurice)	Petit-fils d'émigré	250f	N'a touché aucun des deux secours.
1,656.	——— (Augustin-Honoré)	*Idem*	250.	
1,657.	——— (Marianne-Thérèse-Louise, demoiselle).	Petite-fille d'émigré	250.	
1,658.	——— (Vincence, demoiselle)	*Idem*	250.	*Idem.*
1,659.	BRÉARD (Joseph, abbé)	A été persécuté pendant la révolution	200.	*Idem.*
1,660.	BRÉBAN (Marie-Guillemette), née DUFOSSEY, dame).	Vendéenne	200.	N'a pas touché le deuxième secours.
1,661.	BREJON (Louis)	Vendéen	50.	
1,662.	——— (René)	*Idem*	50.	
1,663.	BREMARD (Marguerite-Victoire, demoiselle).	Fille d'un portier du château de Compiègne.	100.	
1,664.	BREMAUD (Marie, née BLUTEAU, veuve).	Vendéenne	60.	
1,665.	BREMOND (Pierre)	Vendéen	50.	N'a touché aucun des deux secours.
1,666.	BREMOND D'ARS (Pierre-René-Auguste, comte DE).	Émigré	300.	
1,667.	——— (Marie-Suzanne-Françoise-Mélanie-Sophie, comtesse DE).	Émigrée	400.	
1,668.	BRÉMONT (Christine, née KOTSMANN, veuve).	Veuve d'émigré	200.	
1,669.	BREMOY (Ferdinand-Joseph-Gabriel, chevalier DE).	Fils d'émigré	300.	*Idem.*
1,670.	BRESLÉ (Marie-Louise, demoiselle)	Fille d'émigré	100.	
1,671.	——— (Marie-Louise-Antoinette, demoiselle).	*Idem*	100.	
1,672.	——— (Marie-Thérèse-Justine, demoiselle).	*Idem*	100.	
1,673.	BRESSAN (Françoise, née BERGERIOUX, veuve).	Veuve d'un garçon de magasin des menus-plaisirs.	200.	N'a pas touché le deuxième secours.
1,674.	BRESSY (Marie-Élisabeth, née NOBLET, veuve DE).	Veuve d'un officier mort sur l'échafaud en 1793.	300.	*Idem.*
1,675.	BRETAU (Jacques-François)	Vendéen	80.	
1,676.	BRETAUT (Marie-Renée, née HERVÉ, veuve).	Vendéenne	50.	*Idem.*
1,677.	BRETHÉ DE LA GUIGNARDIÈRE (Gabriel-Victor).	Émigré	300.	
1,678.	BRETHELOT (Jacques)	Vendéen	80.	
1,679.	BRETIN (François)	*Idem*	100.	*Idem.*

Nos d'ordre.	NOMS ET PRÉNOMS des PENSIONNAIRES.	MOTIFS de LA CONCESSION DES PENSIONS.	MONTANT des PENSIONS.	OBSERVATIONS.
1,680.	BRETIN (François)................	Vendéen........................	80f	
1,681.	BRETON (André-Frédéric)...........	*Émigré*........................	600.	
1,682.	——— (Yves).................	*Idem*..........................	150.	N'a pas touché le deuxième secours.
1,683.	——— (Agnès, demoiselle)........	Fille d'un cocher du Roi.............	100.	
1,684.	——— (Anne-Marguerite, demoiselle).	*Idem*..........................	100.	
1,685.	——— (Marie-Joséphine-Victoire)....	A rendu des services à la cause royale, en France.	200.	
1,686.	BRETTE (Martin)..................	A perdu sa fortune par suite de la révolution.	200.	
1,687.	BREUILLY (Pierre-Jacques-André DE)..	Vendéen........................	300.	
1,688.	BREULLOT (Pierre-Sébastien)........	*Émigré*........................	100.	
1,689	BREVET (Julien)..................	Vendéen........................	80.	N'a pas touché le deuxième secours.
1,690.	BRÉVILLE (François-Anne).........	*Émigré*........................	300.	N'a touché aucun des deux secours.
1,691.	BREWER dit DE FURTH (Charles-Félix-Damien, baron DE).	*Idem*..........................	300.	
1,692.	BRIAN (Marie-Hélène, née MARTIN, veuve).	Veuve d'un serviteur dans la maison du Roi.	400.	
1,693.	BRIAUD (Jean)....................	Vendéen........................	150.	*Idem.*
1,694.	BRIAND (Michel-Julien)............	*Idem*..........................	50.	
1,695.	——— (Anne-Renée-Julienne, demoiselle).	Vendéenne......................	300.	
1,696.	——— (Marie-Modeste, née PRINEAU, veuve).	*Idem*..........................	60.	
1,697.	———(Marie-Louise, née RAGUIDEAU, veuve).	*Idem*..........................	40.	
1,698.	——— (Anne-Périne).............	Fille d'un capitaine vendéen..........	280.	
1,699.	——— (Périne-Jacquette)..........	*Idem*..........................	280.	
1,700.	——— (Renée-Françoise)..........	*Idem*..........................	280.	
1,701.	———(Jeanne-Rosalie)............	N'a aucun moyen d'existence.........	300.	
1,702.	BRIANSIAUX DE MILLEVILLE (Anne-Louise, née BOULLYE).	Veuve d'un négociant armateur, dont les bâtimens ont été capturés par les Anglais	400.	
1,703.	BRICHE (vicomtesse DE)............	Veuve d'un lieutenant-général........	1,500.	
1,704.	——— (Elvire, demoiselle)........	Fille d'un lieutenant-général.........	1,000.	

Nos d'ordre.	NOMS ET PRÉNOMS des PENSIONNAIRES.	MOTIFS de LA CONCESSION DES PENSIONS.	MONTANT des PENSIONS.	OBSERVATIONS.
1,705.	BRICUE (Louise-Françoise-Eulalie-Philippine, née FACQUE DE JONQUIÈRES, avant veuve DE BONADONA, dame DE).	Veuve d'émigré	600f	
1,706.	BRIDIER (Marie, née DE LANGLE, veuve).	Veuve d'un capitaine vendéen	100.	
1,707.	BRIDONNEAU (René)	Vendéen	70.	
1,708.	BRIDOU (Jeanne-Pétronille, née LAFOSSE, veuve).	Émigrée	400.	
1,709.	BRIE (Georges-Zénobie-Félicité-Marthe, demoiselle DE).	Fille d'émigré	300.	
1,710.	BRIENNE (Barbe, demoiselle)	Fille d'un maréchal de camp	300.	
1,711.	——— (Marie-Louise, demoiselle)	*Idem*	300.	
1,712.	BRIÈRE DUCOUDRAY (Laure-Eulalie, demoiselle).	Fille d'émigré	400.	
1,713.	——— (Marguerite-Antoinette, née HERCOUET DE LA VIGNE, veuve)	Veuve d'émigré	400.	
1,714.	BRIFFAUT (Marie-Mathurine, née BLAIZEAU, veuve).	Vendéenne	40.	
1,715.	BRIFOTEAU dit GIBERT (André-Louis)	Palefrenier du manége	200.	
1,716.	BRIGEOT (Françoise-André-Alexandre-Antoine-Thomas, comte DE).	Émigré	500.	
1,717.	BRIGNON (Anne-Louise-Emmanuelle, née MARCOTTE).	Fille d'un conseiller contrôleur de la vaisselle de Louis XVI.	400.	
1,718.	BRIGVILLE (Anne, née PARIS, dame)	A rendu des services à la cause royale, en France.	300.	
1,719.	BRILHAC (Élisabeth, née DE ROQUEFEUIL, comtesse DE).	Émigrée	900.	N'a pas touché le deuxième secours.
1,720.	BRILHAUT (Renée-Perrine, née LOISELEUX, dame).	Vendéenne	180.	
1,721.	BRILLET (Jeanne-Julienne, demoiselle).	*Idem*	200.	
1,722.	BRILLIER (Jean-Charles)	Garçon de garde-meuble à la grande écurie.	300.	
1,723.	BRINGOL (dame)	N'a aucun moyen d'existence	200.	N'a touché aucun des deux secours.
1,724.	BRIOLLET (demoiselle)	*Idem*	200.	*Idem.*
1,725.	BRION (Jean)	Grand-oncle d'un premier valet de chambre de Louis XVIII, âgé de 97 ans.	500.	N'a pas touché le deuxième secours.
1,726.	——— (Jean-Ponce)	Émigré	400.	
1,727.	——— (Marie-Marguerite, née MONIER, veuve).	Veuve d'un garçon au petit commun	200.	
1,728.	BRISOU (Émilie-Caroline-Lucile, demoiselle.)	En remplacement d'une bourse dans une maison d'éducation.	300.	N'a touché aucun des deux secours.
1,729.	BRISOULT (DE)	Inspecteur du service des écuries de Louis XVIII.	5,000.	*Idem.*

Nos d'ordre.	NOMS ET PRÉNOMS des PENSIONNAIRES.	MOTIFS de LA CONCESSION DES PENSIONS.	MONTANT des PENSIONS.	OBSERVATIONS.
1,730.	BRISSET (Bon-Théophile-Joseph).....	Émigré........................	300f	
1,731.	——— (Louise-Émilie, dame),......	Services à la cause royale, en France; perte de fortune.	200.	
1,732.	BRISSON (Sébastien-François)........	Ruiné par les invasions étrangères, en 1814 et 1815.	300.	
1,733.	BRISSOND DE S.-AMAND (Aimée-Rosalie, dame), née CRETEIL.	Veuve d'un ancien émigré..........	400.	
1,734.	BRITSCH (François-Xavier)..........	Émigré........................	600.	
1,735.	BRIZOLLIER (Louis-Henri-Marie).....	Officier émigré................	200.	
1,736.	BROBECQUE (Marie-Claire-Louise, demoiselle DE).	Fille d'émigré.................	300.	
1,737.	——— (François-Antoine-Louis DE)..	Fils d'émigré..................	300.	
1,738.	———(Marie-Joséphine, femme GUYOT, demoiselle DE).	Fille d'émigré.................	300.	
1,739.	———(Sophie-Dorothée, demoiselle DE).	*Idem*.........................	300.	
1,740.	——— (Marie-Josèphe, dame DE), née WOLFFSGRUBER.	Veuve d'émigré.................	400.	
1,741.	BROCARD (aînée, demoiselle)........	Artiste de l'Opéra.............	60.	
1,742.	——— (Bénigne)..................	Prêtre émigré..................	900.	
1,743.	BROCHANT D'ANTHILLY (Françoise-Nicole, dame), née DE VILLIERS.	Veuve d'émigré.................	1,200.	N'a touché aucun des deux secours.
1,744.	BROCHARD (Jean-François)...........	Vendéen........................	80.	*Idem.*
1,745.	——— (Louis)....................	*Idem*.........................	80.	
1,746.	———(Pierre)....................	*Idem*.........................	60.	N'a pas touché le deuxième secours.
1,747.	——— (Pierre)...................	*Idem*.........................	50.	
1,748.	BROCHAY (François-Clair)..........	Émigré.........................	200.	
1,749.	BROCQ (Pierrette-Charlotte, veuve), née DELAIE.	Veuve d'un maréchal-des-logis de la maison de la Reine.	400.	
1,750.	BROGLIE (Elséar-Ferdinand-François, comte DE).	Émigré.........................	1,000.	N'a touché aucun des deux secours.
1,751.	BROIN (Marie, veuve) née GRÉGORY..	Émigrée	500.	
1,752	BRONGNIART (Marie-Marguerite, veuve) née MENEDRIEUX.	Veuve d'un premier apothicaire de Louis XVI.	1,000.	
1,753.	BRONNIER (Jean-Jacques)...........	Canonnier amputé par suite de blessures dans une manœuvre.	150.	
1,754.	BROQUIER (Marguerite-Victoire-Joséphine, dame), née CICÉRON.	Fille d'émigré de Toulon, aveugle......	200.	

Nos d'ordre.	NOMS ET PRÉNOMS des PENSIONNAIRES.	MOTIFS de LA CONCESSION DES PENSIONS.	MONTANT des PENSIONS.	OBSERVATIONS.
1,755.	BROQUIN (François-Jean)...........	Vendéen........................	50f	
1,756.	——— (Louise-Hélène, née DESCORAILLES), dame.	Alliée en 1548 à la famille des Bourbons.	500.	
1,757.	BROS dit VALOIS (Jacques)..........	Postillon aux écuries...............	160.	
1,758.	BROSSARD (François-Marie DE).......	Émigré.........................	400.	
1,759.	——— (Jacques-Hilaire)...........	Vendéen........................	50.	
1,760.	——— (Jean-Baptiste)............	*Idem*...........................	80.	
1,761.	——— (Marie-Joseph-Auguste), chevalier.	N'a aucun moyen d'existence........	300.	
1,762.	——— (Apolline-Blanche), demoiselle DE.	Fille d'émigré....................	150.	
1,763.	——— (Jeanne-Charlotte-Prudente), demoiselle DE).	*Idem*..........................	300.	
1,764.	——— (Louise-Prudence), demoiselle.	Vendéenne......................	50.	
1,765.	——— (Marie-Thérèse-Pétronille), demoiselle DE.	Émigrée........................	150.	N'a pas touché le deuxième secours.
1,766.	——— (Françoise-Marie), demoiselle DE.	*Idem*..........................	150.	*Idem.*
1,767.	——— (Perrine-Jacquette), demoiselle.	Vendéenne......................	50.	
1,768.	——— (Marie-Jeanne), demoiselle....	*Idem*..........................	50.	
1,769.	——— (Charlotte-Madeleine, née DE FINANCE), veuve DE.	Veuve d'émigré..................	800.	
1,770.	——— (Élisabeth-Blanche, née FINANCE DE VALCOURT), veuve DE.	Veuve et fille d'émigrés...........	250.	
1,771.	——— (Marie-Françoise, née FOLENFANT), dame.	Vendéenne......................	100.	
1,772.	——— (Jeanne-Charlotte, née POMIER), veuve DE.	Veuve d'un émigré...............	300.	
1,773.	BROSSARD DE BEAULIEU (Marie-Renée-Geneviève).	Peintre, âgée de 78 ans............	800.	
1,774.	BROSSARD DE BÉLAIR (Jean-Joseph DE).	Perte de fortune à la révolution......	200.	
1,775.	BROSSARD DE SAINT-HILAIRE (Marie-Anne-Catherine, née DE BROSSARD DE RUVILLE), veuve DE.	Veuve d'émigré..................	400.	
1,776.	BROSSAN DE MILLICOURT (Marie-Anne-Thérèse-Catherine), demoiselle DE.	Émigrée........................	300.	
1,777.	BROSSAUD (Jean)................	Vendéen........................	50.	N'a touché aucun des deux secours.
1,778.	BROSSES (Charles-Joseph-Louis-Marie DE), vicomte DE BEAUMONT.	Émigré.........................	800.	
1,779.	BROSSET (Mathurin)..............	Vendéen........................	80.	

Nos d'ordre.	NOMS ET PRÉNOMS des PENSIONNAIRES.	MOTIFS de LA CONCESSION DES PENSIONS.	MONTANT des PENSIONS.	OBSERVATIONS.
1,780.	BROSSETTE (Lucrèce, veuve, née ÉNAY).	Son mari est mort au siége de Lyon....	200f	
1,781.	BROSSIN DE MÉRÉ (Agathe-Louise-Geneviève, demoiselle).	En remplacement d'une pension de 200 fr. dont elle jouissait avant la révolution.	150.	
1,782.	BROU (Adélaïde-Jeanne-Marie, veuve, née GALOT).	Veuve d'un maréchal des logis des gardes du corps.	400.	
1,783.	BROUARD (Françoise, née CATHELINEAU, femme).	Nièce du général Cathelineau.........	300.	
1,784.	——— (Perrinne-Françoise, veuve, née COCHARD).	Vendéenne......................	50.	
1,785.	BROUILHAC (Louis-Charles, chevalier DE)	Émigré..........................	500.	
1,786.	BROUINSARD (Pierre-Clément)........	Vendéen.........................	100.	
1,787.	BROUX (Jemme-Joseph)............	Sous-lieutenant des gardes du corps....	2,400.	N'a touché aucun des deux secours.
1,788.	BROWN (Louis-Casimir)...........	Avait une pension sur la cassette de Louis XV et Louis XVI.	300.	*Idem.*
1,789.	BROWNE (née GLASCOE, baronne DE)..	Veuve d'un Irlandais, capitaine au régiment de Dillon.	300.	
1,790.	BRUCHARD (Marie-Madeleine-Louise, née DUROY DE CHAUMAREIX, veuve DE).	Veuve d'émigré..................	500.	
1,791.	BRUC-SIGNY (Rosalie-Augustine, dame DE COSSÉ, duchesse DE BRISSAC).	Fille d'émigré..................	800.	
1,792.	BRUCKER..........................	Ex-secrétaire comptable de la maison des pages.	600.	
1,793.	BRUE (Anne-Georgette, née PELLISSIER, dame).	Émigrée.........................	1,000.	
1,794.	BRUE DE SAINT-BAUZILLE (Marie-Claude-Françoise-Ombeline, DE LA).	Fille d'un garde du corps............	300.	
1,795.	BRUEL (Françoise-Élisabeth, DE).....	Religieuse émigrée, aliénée.........	500.	*Idem.*
1,796.	BRUGEAU (Jean-Michel)............	Capitaine émigré................	1,000.	
1,797.	BRUGIER DANDELAT (Marie-Madeleine, dame DE), chanoinesse.	Fille d'émigré..................	150.	
1,798.	——— (Marie-Marguerite, dame DE), chanoinesse.	*Idem*........................	150.	
1,799.	BRUGNON (Louise-Françoise-Élisabeth, demoiselle),	Fille d'un cocher aux écuries de la Reine.	150.	
1,800.	BRUGNOT (Marie-Catherine, née DUBOIS, veuve).	Veuve d'un jardinier de MADAME, comtesse de Provence.	200.	
1,801.	BRUILHAC (Marie-Yvonne-Félicité, née CORMIER DU MÉDIC, dame DE).	Fille d'émigré..................	600.	
1,802.	BRULLOT (Claude-Agnès, demoiselle DE).	Émigrée.........................	500.	
1,803.	BRUN (Jean)......................	Adjudant-major des armées françaises...	300.	
1,804.	——— (Jean-Xavier)............	Émigré..........................	150.	N'a pas touché le premier secours.

Nos d'ordre.	NOMS ET PRÉNOMS des PENSIONNAIRES.	MOTIFS de LA CONCESSION DES PENSIONS.	MONTANT des PENSIONS.	OBSERVATIONS.
1,805.	BRUN (Michel)......................	Services dans les armées royales de la Lozère.	50f	
1,806.	BRUN dit PERBOSC (Claude).........	Services dans les armées royales, en France.	150.	
1,807.	BRUN (Marie-Anne-Rose, veuve, née BARRALLIER).	Son mari a été fusillé à Toulon.......	200.	
1,808.	BRUN DE FILIÈRE (Laurent-André-Eugénie-Jaquin, dame MATHIEU).	Émigrée.........................	800.	
1,809.	BRUN DE ROSTAING (Antoine-Louise-Victoire).	Fille d'un général en chef vendéen.....	1,200.	
1,810.	BRUNEAU (René)..................	Vendéen.........................	80.	N'a pas touché le deuxième secours.
1,811.	——— (Louis).....................	*Idem*...........................	200.	
1,812.	BRUNEL DE LAROQUETTE (Pierre-Charles).	Émigré..........................	400.	
1,813.	BRUNEL (Marie-Victoire-Angèle, veuve, née AZAN).	Veuve d'émigré..................	300.	
1,814.	BRUNET (Antoine)................	Émigré..........................	900.	
1,815.	——— (Claude-Charles)...........	Vendéen.........................	100.	
1,816.	——— (Charles-Isaac)............	*Idem*...........................	80.	
1,817.	——— (Pierre-Félicité)..........	*Idem*...........................	200.	
1,818.	——— (Jean-Louis)...............	Émigré..........................	300.	
1,819.	——— (Marguerite, demoiselle).....	Émigrée, âgée de 98 ans............	360.	*Idem.*
1,820.	——— (Françoise-Rosalie, née DE LA GARDE DE FAGE, comtesse DE).	Veuve d'un maréchal de camp, lieutenant commandant la compagnie de Noailles.	2,000.	
1,821.	BRUNETTE (Jacques-Joseph).........	Ruiné par l'invasion des alliés.........	300.	N'a touché aucun des deux secours.
1,822.	BRUNO DE FORESTA (Marie-Élisabeth-Thérèse).	Ruinée par la révolution............	400.	
1,823.	BRUNY (Joséphine-Pierrette-Adélaïde, dame BOERIS).	Fille du général Bruny.............	500.	
1,824.	——— (Marguerite-Amélie, dame LASELVE).	*Idem*...........................	500.	
1,825.	BRUSLARD (comte DE).............	Cousin d'un général en chef vendéen...	1,200.	
1,826.	BRUSLON (Marie-Élisabeth, née DUBOIS, dame).	Fille d'un ancien valet de chambre du Roi.	300.	
1,827.	BRUXELLES (Marie, née MAILLET, DE).	Ve d'un concierge de prison qui rendit des serv. aux détenus, pendant la révolution.	200.	
1,828.	BRUYAS (Louis-François)..........	Émigré..........................	150.	
1,829.	BRUYÈRE (Charles-Joseph).........	Fils d'émigré....................	200.	N'a touché aucun des deux secours.
1,830.	——— (Jean-Henri)...............	*Idem*...........................	200.	

Nos d'ordre.	NOMS ET PRÉNOMS des PENSIONNAIRES.	MOTIFS de LA CONCESSION DES PENSIONS.	MONTANT des PENSIONS.	OBSERVATIONS.
1,831.	BRUYÈRE (Lambert-Antoine, DE)....	Émigré........................	400f 00c	
1,832.	BRUYS D'OUILLY (Émilien)........	En remplacement de la pension de 1,200f dont il jouissait avant la révolution.	1,000. 00.	N'a touché aucun des deux secours.
1,833.	BRYON (Jean)....................	Vendéen........................	400. 00.	
1,834.	BUCCIARELLI dit JOSEPHINI (Joseph-Pascal-Pierre-Antoine).	Musicien de la chapelle du Roi.......	250. 00.	
1,835.	BUCHEPOT (Marie-Armande-Aurélie, demoiselle DE).	Fille d'émigré..................	600. 00.	*Idem.*
1,836.	BUCHOT (Anne-Justine, demoiselle)...	*Idem*..........................	200. 00.	
1,837.	BUFBRUN (François)..............	Vendéen........................	50. 00.	N'a pas touché le deuxième secours.
1,838.	BUFFARD (Jean-Baptiste)..........	A rendu des services à la cause royale, en France.	200. 00.	
1,839.	BUFFAT..........................	Ex-huissier de salle dans la maison de Louis XVIII.	1,200. 00.	
1,840.	BUFFET (Jean)....................	Vendéen........................	50. 00.	
1,841.	——— (Louis)...................	En remplacement de la pension de 550f dont il jouissait avant la révolution.	300. 00.	
1,842.	BUGAULT (François-Jean-Jacques)...	Vendéen........................	50. 00.	N'a pas touché le premier secours.
1,843.	BUGEON (Françoise-Suzanne, née BARAUD, veuve).	Vendéenne......................	24. 00.	N'a touché aucun des deux secours.
1,844.	BUGNOZE DE FARÉMONT (Marie, née PERNET, dame).	Veuve d'émigré..................	250. 00.	N'a pas touché le deuxième secours.
1,845.	BUHL...........................	Trompette à l'Opéra..............	605. 00.	
1,846.	BUHLER (Joseph-Abraham).........	Services à l'armée de Condé.........	150. 00.	N'a touché aucun des deux secours.
1,847.	BUICHI (Marie-Françoise, née BOURNONVILLE, veuve).	Veuve d'un serviteur de la maison de M. le comte d'Artois.	200. 00.	
1,848.	BUILLIARD (Jean-François)........	Vendéen........................	300. 00.	
1,849.	BUIRETTES DE VERRIÈRES...........	Ex-maréchal des logis du Roi.........	400. 00.	*Idem.*
1,850.	BUIRETTES DE VERRIÈRES (Joséphine-Caroline, demoiselle).	Fille du précédent...............	400. 00.	
1,851.	BUISSON (Claude).................	Émigré.........................	300. 00.	
1,852.	BUISSY (Françoise-Louise-Eugénie, demoiselle DE).	Fille d'émigré..................	250. 00.	*Idem.*
1,853.	BULLE (Jean-Jacques).............	Émigré.........................	100. 00.	
1,854.	BULLET (Guillaume)...............	Émigré, âgé de 84 ans.............	1,200. 00.	
1,855.	BULLIARD (Marie-Jeanne-Louise, née LEROY, veuve).	Services de son père et de son mari aux écuries du Roi.	240. 00.	

Nos d'ordre.	NOMS ET PRÉNOMS des PENSIONNAIRES.	MOTIFS de LA CONCESSION DES PENSIONS.	MONTANT des PENSIONS.	OBSERVATIONS.
1,856.	BULLIOD DE LA CORÉE (Melchior-François, chevalier DE).	Émigré, âgé de 82 ans...........	600f	N'a touché aucun des deux secours.
1,857.	BULLION (Claude-Edme-Henri, marquis DE).	Émigré..........................	200.	*Idem.*
1,858.	BUMAN (Marie-Marguerite-Françoise, née DE BUMAN, veuve DE).	Veuve d'un capitaine suisse..........	600.	
1,859.	BUNEL D'YVRY (Fanny-Philiberte, demoiselle DE).	Fille d'émigré.....................	300.	
1,860.	———(Anne-Marie, née PARISOT, veuve DE).	Veuve d'un brigadier des gardes du corps de M. le comte d'Artois.	200.	
1,861.	BUO (Victoire-Agathe, née BRINISHOLTZ veuve).	Veuve d'un suisse du château de Versailles.	300.	
1,862.	BUOR (Louis-Gilles, chevalier DE)....	Rétablissement d'une pension accordée par Louis XVI.	240.	
1,863.	——— (Marie-Anne-Sophie, DE)....	Fille d'un capitaine de vaisseau.......	400.	*Idem.*
1,864.	——— (née DE SAPINAUD, DE)......	Reversion du tiers de la pension dont jouissait son père.	1,000.	*Idem.*
1,865.	BUQUET (Marie-Madeleine, née LUXER, dame).	Sœur d'émigré.....................	300.	
1,866.	BURCKEL (Marie-Hélène-Thérèse, née STURBER, veuve).	Émigrée........................	200.	
1,867.	BURDIN (François-Noël)...........	Chef de bureau au ministère de la maison du Roi.	1,300.	
1,868.	BUREAU (Marie-Françoise, née LEMASNE, veuve).	Vendéenne......................	250.	N'a pas touché le deuxième secours.
1,869.	BURELL (Louis).................	Fils d'émigré.....................	600.	
1,870.	BURGAUD (Jacques)..............	Vendéen........................	50.	
1,871.	BURGUES MISSIESSY (Adèle-Victoire-Madeleine-Emilie, demoiselle DE).	Émigrée, fille d'un chef de division des armées navales.	600.	*Idem.*
1,872.	——— (Anne-Julie, née GINESTE, dame).	Femme d'un contre-amiral...........	600.	
1,873.	BURLAND (Jean-Louis)............	Émigré.........................	300.	
1,874.	BURUS (Étienne)................	*Idem*..........................	120.	N'a touché aucun des deux secours.
1,875.	BURY (Marie-Françoise-Thérèse, née OBRY, veuve).	Veuve d'un officier des armées françaises.	1,000.	
1,876.	———(Marie-Antoinette, née HENRERT, veuve).	Son mari servait au 10 août..........	150.	
1,877.	BUSIGNE (Peterinck-Séraphin-Alard, DE).	Émigré.........................	600.	*Idem.*
1,878.	BUSNEY (Hippolyte-Paul-Émile).....	*Idem*..........................	400.	
1,879.	———(Mathilde-Ursule, demoiselle DE)	Émigrée........................	600.	
1,880.	———(Marie-Hélène-Étiennette, née DE BUTLER, dame DE).	Vendéenne......................	300.	N'a pas touché le deuxième secours.

Nos d'ordre.	NOMS ET PRÉNOMS des PENSIONNAIRES.	MOTIFS de LA CONCESSION DES PENSIONS.	MONTANT des PENSIONS.	OBSERVATIONS.
1,881.	BUSNEL DE MONTORAY (Françoise-Ursule-Anne-Marie-Modeste).	Vendéenne	300f 00c	
1,882.	——— DE MONTOREL (Henri-Marie-Joseph-Annibal).	Officier supérieur vendéen	400. 00.	
1,883.	BUSNOU (Pierre-Simon)	Vendéen	50. 00.	
1,884.	BUSQUET (vicomtesse DE), née SÉGUIER DE SAINT-BRISSON.	Perte de fortune à la révolution	300. 00.	
1,885.	——— DE BEAULIEU (Claude-Louis-Georges Charles, vicomte DE).	Fils d'un gentilhomme ordinaire de M. le comte de Provence.	800. 00.	
1,886.	BUSSARD (Nicolas-Vallier-Louis)	Fils d'un serviteur de la maison de la Reine.	200. 00.	N'a touché aucun des deux secours.
1,887.	BUSSCHEHUNNEFELD (Clémentine-Thérèse-Émélie-Victorine, née DE CAROUDELET-POTELLES, comtesse DE).	Fille d'émigré; petite-fille du maréchal de Lowendal.	1,000. 00.	
1,888.	BUSSELOT D'AUDILLY (Collette-Pétronille-Louise-Thérèse, demoiselle DE), dame BAUZIL.	Fille d'émigré	500. 00.	
1,889.	BUSSEUIL (Joseph-Élie, comtesse DE)	Mère de sept enfans; sans aucun moyen d'existence.	400. 00.	
1,890.	BUSSEUL (Marie-Thérèse, née MOHIMONT, veuve DE).	Veuve d'émigré	200. 00.	
1,891.	BUSSIÈRE (Françoise-Jean-Baptiste, chevalier).	Colonel des armées françaises	1,200. 00.	
1,892.	BUSSOD (Marie-Sophie, demoiselle)	A perdu sa fortune pendant la révolution.	300. 00.	
1,893.	BUSSON (Louise, demoiselle)	Fille d'émigré	200. 00.	
1,894.	BUSSONNIÈRE (Jeanne), dame religieuse.	Vendéenne	200. 00.	
1,895.	BUTAND	Garçon servant de la maison de Louis XVIII.	283. 00.	
1,896.	——— (Julien)	Ancien palefrenier aux écuries de Louis XVI.	267. 00.	
1,897.	BUTANT (Jean-François)	Ancien balayeur au château de Versailles.	200. 00.	
1,898.	——— (Marie-Madeleine, née VAVASSEUR, veuve).	Veuve d'un garçon d'attelage aux Écuries.	150. 00.	
1,899.	BUTEL (Marie-Marguerite, demoiselle).	Émigré	500. 00.	
1,900.	BUTEY (Jeanne-Alexandrine-Cécile-Olympe, demoiselle DE).	Fille d'un consul de France en Égypte	200. 00.	
1,901.	——— (Adélaïde-Marie-Aimée, demoiselle DE).	*Idem*	200. 00.	
1,902.	BUTLER (Édouard-Alexandre)	Fils d'émigré	600. 00.	N'a touché aucun des deux secours.
1,903.	——— (Claire, demoiselle)	Fille d'émigré, née en émigration	900. 00.	
1,904.	——— (Marie-Joséphine, demoiselle).	*Idem*	900. 00.	N'a pas touché le deuxième secours.
1,905.	——— (Rosalie-Honorine, demoiselle).	*Idem*	900. 00.	
1,906.	——— (Louise, demoiselle DE)	Émigrée	914. 40.	

Nos d'ordre.	NOMS ET PRÉNOMS des PENSIONNAIRES.	MOTIFS de LA CONCESSION DES PENSIONS.	MONTANT des PENSIONS.	OBSERVATIONS.
		C		
1,907.	CABAILLOT (Henriette-Cécile, veuve, née VOISIN).	Émigrée	120f 00c	
1,908.	CABANE (Pierre-Louis)	Émigré	500. 00.	
1,909.	CABANES-DE-LAPRADE-DE-LAVALETTE (Marie-Hyacinthe-Josèphe, demoiselle).	Fille d'un émigré fusillé	200. 00.	N'a touché aucun des deux secours.
1,910.	CABART-DE-PREVALON (Aubin-Victor-Léonard-Luc, abbé).	Émigré	1,000. 00.	
1,911.	CABIROL (Nicolas)	Service dans les armées royales, en France.	300. 00.	
1,912.	CACQUERAY (Abraham-François-Louis, DE).	Écuyer de main de Louis XVI	2,000. 00.	
1,913.	——— (Delphine, dame DE, née DE METHERÈNE-DE-SAINT-PIERRE).	Femme d'émigré	600. 00.	
1,914.	CACQUERAY DE BAUMONT (Aimable-Anne-Françoise-Jean-Baptiste, veuve, née VIVIENS-GAUDERT).	Femme de vendéen	200. 00.	
1,915.	CADART (Xavier-Joseph)	Émigré	150. 00.	
1,916.	CADEVILLE (Jean-Marie, veuve DE, née DE LANTIVY).	Veuve d'émigré	800. 00.	
1,917.	CADENET (Jeanne-Yvonne, demoiselle DE).	Fille d'émigrée de Toulon	200. 00.	
1,918.	CADILHAC (Marie, veuve), née HORTHOLAN).	Veuve d'un militaire	300. 00.	
1,919.	CADILAC (Henriette, dame religieuse).	Émigrée	693. 42.	
1,920.	CADIOT DE SAINT-PAUL (Marie-Madeleine, veuve, née DE GRATEREAU-DES-GRANGES).	*Idem*	900. 00.	
1,921.	CADU (Jean)	Vendéen	80. 00.	
1,922.	CADUDAL (Joseph)	Frère d'un général en chef vendéen	3,000. 00.	N'a touché aucun des deux secours.
1,923.	——— (Louis-Marie, DE)	*Idem*	3,000. 00.	*Idem.*
1,924.	——— (Louis)	Vendéen	100. 00.	
1,925.	CAGIN (Jean-Baptiste-Théodore)	Concierge au château de Neuilly	400. 00.	
1,926.	CAGNY (Marie-Anne, veuve), née DUTILLIET).	Fille d'un piqueur du Vautrai	300. 00.	
1,927.	CAHOUET-DUFOURNEAU (Amélie-Marie-Rose-Fortunée, dame née DE LYS).	Femme d'un officier des armées françaises, issue de la famille de Jeanne d'Arc.	600. 00.	
1,928.	CAIGNOU (François-Louis-Jean-Jacques), vicomte DE).	Émigré	800. 00.	
1,929.	CAILHOL (Jacques-Antoine)	*Idem*	500. 00.	
1,930.	CAILLABEU (Mathieu-Célestin)	*Idem*	200. 00.	

N^os d'ordre.	NOMS ET PRÉNOMS des PENSIONNAIRES.	MOTIFS de LA CONCESSION DES PENSIONS.	MONTANT des PENSIONS.	OBSERVATIONS.
1,931.	CAILLARD (Périne-Louise-Anne, née AILLIOT, veuve).	Vendéenne	100f 00c	N'a touché aucun des deux secours.
1,932.	CAILLE (Jacques)	Vendéen	50. 00.	
1,933.	CAILLOT (Maximilien-Charles-Marie)	Émigré, âgé de quatre-vingts ans	400. 00.	
1,934.	CAILHOUX DE VALMONT (Jean-Louis-Gustave-Charles, chevalier DE).	Émigré	400. 00.	
1,935.	CALLY (veuve)	N'a aucun moyen d'existence	120. 00.	*Idem.*
1,936.	CAINIART DE SAULCY (Françoise-Marguerite, née BOCON DE LA MERLIÈRE, ve).	Mère d'émigré	400. 00.	
1,937.	CAIRE (Jeanne-Joséphine, née PINATEL, veuve).	Émigrée de Toulon	500. 00.	
1,938.	CAJANI (veuve)	Veuve d'un chef des chœurs au théâtre Italien.	500. 00.	
1,939.	CALEMARD (Claudine, née DESSALLE, veuve).	Veuve d'émigré	400. 00.	
1,940.	CALEMARD DE LA FAYETTE (Gabrielle-Léonie, demoiselle).	Fille d'un député assassiné en 1829	500. 00.	N'a pas touché le deuxième secours.
1,941.	——— (Marie-Alexandrine)	*Idem*	500. 00.	*Idem.*
1,942.	——— (Louis)	Fils *idem*	500. 00.	
1,943.	CALIGNY (Jacques-François-Martin)	Émigré	100. 00.	N'a touché aucun des deux secours.
1,944.	CALLET (Marie-Henriette, dame), veuve SALLANTIN.	Veuve d'un peintre de Louis XVI	300. 00.	
1,945.	CALLOU (Marie, dame, religieuse)	Émigrée	685. 80.	
1,946.	CALLY (Marie-Anne-Marguerite, demoiselle).	Fille d'émigré	200. 00.	
1,947.	——— (Marie-Antoinette-Catherine, demoiselle).	*Idem*	200. 00.	
1,948.	——— (Marie-Barbara-Françoise-Népomucène, dame).	*Idem*	200. 00.	
1,949.	CALONNE (Camille-Augustine-Bernard DE), dame DE DALY.	Émigrée	600. 00.	
1,950.	——— (Marie-Madeleine DE), chanoinesse.	Sœur d'émigrés	300. 00.	
1,951.	——— (Marie-Louise-Charlotte-Adélaïde DE RAULIN, comtesse DE).	Émigrée	2,000. 00.	N'a touché aucun des deux secours.
1,952.	——— (Charlotte-Adélaïde, née DUMONCHAU, comtesse DE).	Fille d'un émigré, doyen des maréchaux des logis du Roi.	550. 00.	
1,953.	COLORBE (Pierre)	Palefrenier à la grande écurie	200. 00.	
1,954.	——— (Marie-Anne, née MARSANT, veuve).	Veuve d'un palefrenier	160. 00.	N'a pas touché le deuxième secours.
1,955.	CALOUIN COMBALZONNE DE TREVILLE (Pierre-Charles-Marguerite, baron DE).	Capitaine émigré	1,000. 00.	

Nos d'ordre.	NOMS ET PRÉNOMS des PENSIONNAIRES.	MOTIFS de LA CONCESSION DES PENSIONS.	MONTANT des PENSIONS.	OBSERVATIONS.
1,956.	CALTAN (Charles-Joseph)...........	Émigré........................	240f 00c	
1,957.	CAMBOULAS ESCAILLON (veuve).......	Nièce de l'évêque de Thermes, précepteur de Charles X.	240. 00.	
1,958.	CAMELIN (Marie-Anne-Victoire-Joséphine, demoiselle DE).	En remplacement de la pension de 3,200f dont sa mère jouissait avant la révolution.	500. 00.	
1,959.	——— (Éléonore-Charlotte, née DE FONTANGES D'HAUTEROCHE, veuve DE).	Sœur d'émigré, veuve d'un officier de marine.	400. 00.	
1,960.	CAMES (Jeanne-Claire, née LAVIGNE, veuve).	Sœur d'émigré....................	200. 00.	
1,961.	CAMGUILHEM DE CARMENTRAN (Jean)...	Descend d'un fils naturel de Henri IV..	200. 00.	
1,962.	CAMILLE (demoiselle)..............	N'a aucun moyen d'existence.........	400. 00.	
1,963.	CAMPAGNE (Jean).................	Services dans les armées royales, en France.	150. 00.	N'a touché aucun des deux secours.
1,964.	CAMPANYO (Françoise-Baudile-Catherine-Félicité, demoiselle).	Fille d'émigré....................	150. 00.	
1,965.	CAMPER (Anne-Marie, née OLIVO, veuve).	Vendéenne......................	150. 00.	
1,966.	CAMPET DE SAUJON PRINSAY (Anne-Julie, demoiselle DE).	Fille d'émigré....................	400. 00.	
1,967.	CAMPIGNY (Marie-Anne, née LEGAY, veuve).	Veuve d'un pilote du Havre.........	150. 00.	
1,968.	CAMPION......................	Choriste à l'Opéra-Comique. (Pension par suite de transaction.)	189. 58.	
1,969.	——— (Pierre).................	Garde dans la capitainerie de Compiègne.	300. 00.	
1,970.	CAMPISTRON DE MANIBAN (Adèle, demoiselle DE).	Fille d'un président au parlement de Toulouse.	800. 00.	
1,971.	——— (Marie-Thérèse-Laure, demoiselle DE).	*Idem*..........................	800. 00.	
1,972.	CAMPNIAC (Jacques-Philippe, chevalier DE).	Émigré........................	400. 00.	
1,973.	——— (Pierre, abbé DE)...........	Prêtre persécuté..................	600. 00.	
1,974.	CAMUS........................	N'a aucun moyen d'existence.........	200. 00.	
1,975.	——— (Jean-Toussaint)...........	Services rendus à la cause royale, en France.	500. 00.	N'a touché aucun des deux secours.
1,976.	——— (Anne-Madeleine, née CHITRY, dame).	Son mari a été blessé par l'explosion d'une boîte à la fête du sacre de Charles X.	150. 00.	
1,977.	——— dit MERVILLE (Pierre-François).	Homme de lettres..................	1,000. 00.	
1,978.	——— (Marie-Paul, née DE VIENNE, comtesse DE PONTCARRÉ, dame).	Veuve d'émigré..................	1,000. 00.	
1,979.	CAMUSAT DE RIANCEY (Sophie-Léonarde, née GEORGETTE DUBUISSON DE LA BOULAYE, veuve).	En remplacement de la pension de 1500 f, dont elle jouissait avant la révolution.	1,200. 00.	
1,980.	CAMUSAT (Raymond)...............	Services à la cause royale, en France..	200. 00.	

Nos d'ordre.	NOMS ET PRÉNOMS des PENSIONNAIRES.	MOTIFS de LA CONCESSION DES PENSIONS.	MONTANT des PENSIONS.	OBSERVATIONS.
1,981.	CANAL (Antoine)..................	Émigré..........................	400f	
1,982.	CANDEILLE (Amélie-Julie, actuellement femme PERIÉ.)	Auteur..........................	1,200.	
1,983.	CANDELEY (Jacques-Louis-Remi)......	Ramasseur de gibier à la vénerie de Louis XVI.	500.	
1,984.	CANDÈZE (Jean-René).............	Maître sellier de la vénerie de Louis XVI.	500.	
1,985.	CANDOLIVE (Jeanne-Jacquette-Perrette, demoiselle).	Fille d'émigré....................	200.	
1,986.	——— (Louis-Pierre).............	Fils d'émigré.....................	150.	N'a pas touché le deuxième secours.
1,987.	*Néant.*			
1,988.	CANGE (Marie-Thérèse, née MATTENET, veuve).	Veuve d'un commissionnaire de la prison de Saint-Lazare, qui a rendu des services aux détenus, dans la révolution.	300.	
1,989.	CANILLAC (Anne-Dorothée, née DE RONCHEROLLES, comtesse DE).	Dame de madame Élisabeth..........	3,000.	N'a touché aucun des deux secours.
1,990.	CANIVET (Marie-Geneviève-Julie, née GAILLARD, veuve).	Sœur d'émigré.....................	600.	*Idem.*
1,991.	CANONE (Pierre-Joseph)............	Services en émigration.............	1,200.	
1,992.	CANQUETEAU (Gabriel)............	Vendéen..........................	100.	
1,993.	CANTHILLON DE LA COUTURE (Charles)	Émigré invalide...................	800.	N'a pas touché le deuxième secours.
1,994.	——— (Thérèse, née CHANTHILLON-LAVAUD, dame).	Émigrée..........................	400.	
1,995.	CANTIN (Jean-François)............	Vendéen..........................	60.	*Idem.*
1,996.	——— (Pierre)....................	*Idem*............................	80.	*Idem.*
1,997.	——— (Marie, née BOSSY, dame)....	Femme de Vendéen.................	60.	*Idem.*
1,998.	CANTINEAU (Adélaïde, demoiselle DE)..	Fille d'émigré....................	300.	
1,999.	——— (Angélique, demoiselle DE)...	*Idem*............................	300.	*Idem.*
2,000.	——— (Louise-Catherine, née DE SAINT-OURS, dame).	Émigrée..........................	400.	
2,001.	CANTINEAU DE LA CHATAIGNERAYE (Françoise, comtesse DE).	*Idem*............................	1,000.	
2,002.	CANTWELL (Louise-Suzanne)........	Fille d'un page de Louis XVI........	300.	
2,003.	CANTWELL DE MOKARKI (Thérèse, demoiselle DE).	Fille d'un chef de bataillon des Invalides.	400.	*Idem.*
2,004.	CAPDEVILLE (Jean)................	Émigré...........................	80.	N'a touché aucun des deux secours.
2,005.	CAPELLI (Charles-Mathieu)..........	Médecin de la Reine en émigration....	300.	*Idem.*

Nos d'ordre.	NOMS ET PRÉNOMS des PENSIONNAIRES.	MOTIFS de LA CONCESSION DES PENSIONS.	MONTANT des PENSIONS.	OBSERVATIONS.
2,006.	CAPET (Stanislas-Joseph)	Fils d'une femme de chambre de Madame la comtesse d'Artois.	200f	
2,007.	——— (Marie-Victoire)	Services de sa famille dans la maison du Roi.	300.	N'a pas touché le deuxième secours.
2,008.	CAPIET (Barbe, née DE LACOVEILLE, dame DE).	Émigrée	600.	
2,009.	CAPIN (André-François)	Valet de chambre tapissier	800.	N'a touché aucun des deux secours.
2,010.	——— (Antoine)	Blessé par l'explosion d'un canon à la Saint-Louis, en 1824.	150.	
2,011.	CAPISUCHI DE BOLOGNE (Anne-Charlotte, née BOQUET, veuve).	Son mari est mort sur l'échafaud pendant la terreur.	300.	
2,012.	CAPLAT (Marie-Thècle, née PERSEGOL, veuve).	Son mari a servi dans les armées royales de la Lozère.	100.	
2,013.	CAPMAS (Charles)	Émigré	500.	
2,014.	——— (Anne-Rose, née TRONCHET, veuve).	Veuve d'un médecin de Madame la comtesse d'Artois.	600.	*Idem.*
2,015.	CAPOT DE QUISSAC (Jean)	Émigré	1,000.	
2,016.	CAPPE (Barbe-Ursule-Caroline, née ZAIGUELIURS, dame DE).	Veuve d'émigré	300.	
2,017.	CAPPES (Frédéric)	Émigré	240.	
2,018.	CAPPOT (Germain-François-Jean DE).	Ancien capitaine	200.	
2,019.	——— (Jean-Baptiste-Joseph-Alexandre DE).	Émigré	300.	
2,020.	——— (Louis DE)	Sans moyens d'existence	300.	*Idem.*
2,021.	CAPPY (Charlotte-Françoise-Louise, née DE SAILLY, dame DE).	Son mari a sauvé la vie au comte d'Artois, à Gibraltar.	250.	*Idem.*
2,022.	CAPRON (Antoine-Joseph)	Émigré	100.	
2,023.	——— (Hubert-Ghislain)	*Idem*	120.	*Idem.*
2,024.	——— (Séraphin-Joseph)	*Idem*	240.	
2,025.	——— (Marie-Françoise, née DORIOL, veuve).	Émigrée	160.	
2,026.	CAQUÉ (Louis-Joseph)	Ex-contrôleur général des fermes du Roi.	800.	
2,027.	CAQUERAY (Ferdinand-Philippe-Antoine-Alexandre DE).	Fils d'émigré	400.	
2,028.	——— (Robert-Joseph-Louis-Émar DE).	*Idem*	400.	
2,029.	——— (Louise-Marie-Joséphine DE)	Fille d'émigré	400.	
2,030.	——— DE GAILLONNET (Louise-Angélique, née DE CAQUERAY, veuve DE).	Parente d'émigrés	200.	N'a pas touché le deuxième secours.

Nos d'ordre.	NOMS ET PRÉNOMS des PENSIONNAIRES.	MOTIFS de LA CONCESSION DES PENSIONS.	MONTANT des PENSIONS.	OBSERVATIONS.
2,031.	CAQUERAY DE GRANDVAL (Jean-François).	Sa mère avait une pension sur la cassette de Louis XVI.	200f 00c	
2,032.	CAR (Jean-Baptiste, abbé)...........	Prêtre déporté......................	300. 00.	N'a touché aucun des deux secours.
2,033.	CARAYON (David-Jean-Antoine-Marie)..	Émigré..............................	200. 00.	
2,034.	CARBONNELLE (Rose-Thérèse, veuve, née VENTIN).	Veuve d'un postillon tué dans l'exercice de ses fonctions.	200. 00.	
2,035.	CARBONNIER (veuve)...............	Veuve d'un ouvrier à la manufacture de Beauvais.	365. 00.	N'a pas touché le deuxième secours.
2,036.	CARBONNIÈRES (Henri-René-Adolphe, DE).	Émigré..............................	300. 00.	N'a touché aucun des deux secours.
2,037.	——— (Anne-Marie-Louis-Ernest, DE)	*Idem*..............................	300. 00.	
2,038.	CARDAILLAC.......................	Fils d'émigré.......................	400. 00.	
2,039.	——— (Léandre-Gratien-Amédée, de).	Vendéen.............................	400. 00.	
2,040.	——— (Jeanne-Françoise, demoiselle DE).	Sœur d'émigré.......................	150. 00.	
2,041.	——— (Marie-Hélène, demoiselle DE).	*Idem*..............................	150. 00.	
2,042.	——— (Marie-Joséphine-Suzanne, demoiselle DE).	Vendéenne...........................	400. 00.	*Idem.*
2,043.	CARDON............................	Ex-buraliste à l'Opéra-Comique. (Pension par suite de transaction.)	130. 84.	
2,044.	——— (François)...................	Musicien de la chapelle du Roi.......	337. 00.	*Idem.*
2,045.	——— (Jacques-Louis-Joseph, abbé)...	Émigré..............................	1,219. 20.	*Idem.*
2,046.	——— (Jean-Baptiste)...............	*Idem*..............................	100. 00.	
2,047.	CARDONNE (Geneviève, née RICHARD, dame).	Fille d'un officier de bouche dans la maison du Roi.	300. 00.	
2,048.	CARELLI DE BASSI (Joseph-Victor-Prosper, chevalier).	Émigré..............................	900. 00.	
2,049.	CARETTE (Adélaïde-Joseph, demoiselle).	Fille d'un garde-magasin aux écuries du Roi.	200. 00.	
2,050.	——— (Marguerite-Josèphe, veuve, née LEMAIRE).	Veuve d'un garçon de magasin aux écuries du Roi.	250. 00.	
2,051.	CARIÈS DE SENILHES (Fortunée-Raimonde-Mélanie, née DE SAINTE-BRICE, femme).	Services de sa mère dans la maison de Louis XVI.	600. 00.	
2,052.	CARIGNAT (Jean-Cécile)............	Dévouement à la cause royale.........	80. 00.	
2,0[illegible]	[illegible]RILLON (Claude-Louis)...........	Officier de bouche dans la maison de Louis XVI.	300. 00.	
2,054.	CARISSANT (Julien)................	Émigré..............................	900. 00.	N'a touché aucun des deux secours.
2,055.	CARLEVAN (Marthe, née PILLIER-CARLET, dame).	Veuve d'un émigré de Toulon.........	300. 00.	

Nos d'ordre.	NOMS ET PRÉNOMS des PENSIONNAIRES.	MOTIFS de LA CONCESSION DES PENSIONS.	MONTANT des PENSIONS.	OBSERVATIONS.
2,056.	CARILLET (Olivier-Amateur).........	Vendéen........................	50f 00c	
2,057.	CARLO (Louis-Jean-Julien)..........	*Idem*..........................	50. 00.	
2,058.	CARLUER DE RUMÉDON (Joseph-Olivier).	*Idem*..........................	300. 00.	
2,059.	CARNELLI (François-Charles-Martin)...	Son père est mort sur l'échafaud, en 1793.	300. 00.	
2,060.	——— (Rose-Pauline, demoiselle)....	*Idem*..........................	150. 00.	N'a touché aucun des deux secours.
2,061.	CARNET (Pierre)........	Vendéen........................	50. 00.	
2,062.	——— (Périne, née FEILLET, veuve)..	Services de son mari dans les armées royales; mère de cinq enfants.	80. 00.	*Idem.*
2,063.	CARNIAUX (Albert)...............	Émigré.........................	200. 00.	
2,064.	CARON (Léontine-Ursule-Louise, demoiselle).	Petite-nièce de l'abbé Caron qui avait fondé des établissements de charité pour les émigrés, en Angleterre et en France.	300. 00.	N'a pas touché le deuxième secours.
2,065.	——— (Marie Marguerite, née POTIER, demoiselle).	Émigrée.........................	200. 00.	
2,066.	CAROUL (Joël-Joseph).............	A rendu des services à la cause royale..	300. 00.	
2,067.	CARQUET (Étienne-François-Clément, DE)	Persécuté pendant la révolution.......	500. 00.	
2,068.	CARRAGEAT.......................	Pension payée précédemment par le département des Beaux Arts.	300. 00.	*Idem.*
2,069.	CARRÉ...........................	Chef machiniste à l'Opéra-Comique. (Pension par suite de transaction.)	681. 25.	
2,070.	——— (Jean-Charles)..............	Officier de la maison de la Reine......	600. 00.	
2,071.	——— (Mathurin, abbé)............	Émigré.........................	1,219. 20.	
2,072.	——— (Jeanne, demoiselle).........	Émigrée.........................	400. 00.	*Idem.*
2,073.	CARRÉ DE LA REYNIÈRE (Nicolas-André-Marie, chevalier).	Émigré.........................	1,000. 00.	*Idem.*
2,074.	CARRÈGA (Antoine-Louis)...........	Vendéen, prisonnier d'état sous l'Empire.	600. 00.	*Idem.*
2,075.	CARREL (Jean-Baptiste, DE).........	Beau-frère d'émigré, a été persécuté pendant la révolution.	600. 00.	
2,076.	——— (Catherine, dame)...........	Religieuse émigrée................	457. 20.	
2,077.	CARRELET (Félicité, actuellement dame RIQUEUR dit LAINÉ, demoiselle).	Fille d'émigré....................	250. 00.	
2,078.	——— (Marie, née DE CHEVREUSE, dame).	*Idem*..........................	300. 00.	*Idem.*
2,079.	CARRIER (Françoise, demoiselle)......	A rendu des services à la cause royale..	150. 00.	
2,080.	CARRIÈRE (Jean)..................	Services à la cause royale, en France..	150. 00.	

Nos d'ordre.	NOMS ET PRÉNOMS des PENSIONNAIRES.	MOTIFS de LA CONCESSION DES PENSIONS.	MONTANT des PENSIONS.	OBSERVATIONS.
2,081.	CARRIÈRE (Joseph-Antoine-Élisabeth-Pr é)	Magistrat émigré..................	1,500f	
2,082.	—— (veuve, née MATHIEU, Marguerite).	Son fils a été tué au Trocadéro, en 1823.	150.	N'a touché aucun des deux secours.
2,083.	CARRIÈRE DE MONTVERT (Marie, dame), née GUÉRIN DE LACHAISE.	Fille d'émigré.....................	250.	
2,084.	CARRON (Agathe-Marie-Julie, dame)..	Fille d'un magistrat émigré..........	300.	
2,085.	CARRON DE LA MORINAIS (Jean-Marie).	Émigré........................	300.	
2,086.	CARROSSE (Jacques)...............	Services à la cause royale, en France; perte de fortune.	200.	
2,087.	CARROUGE-MARIGNY (Pierre)........	Ancien sous-préfet................	400.	
2,088.	CARTAULT DE LAVERRIÈRE (Pauline-Vérité-Joséphine, femme), née BONJOUR.	Fille d'un premier valet de garde-robe..	300.	
2,089.	CARTIER (Jean-Pierre).............	Services avant la révolution; infirme et pauvre.	300.	
2,090.	—— (Jeanne, veuve), née JOBBE...	Vendéenne......................	40.	
2,091.	—— (Louis, vicomte D'AURE DE SAINT-OURENS).	Perte de fortune à Saint-Domingue....	500.	
2,092.	CARTON (Jean-Baptiste-Julien)......	Vendéen........................	70.	
2,093.	CARTON DE GRAMMONT (Marie-Thérèse-Élisabeth, demoiselle).	Fille d'émigré.....................	200.	
2,094.	—— (Charles-Étienne-Alfred-Chevalier).	Fils d'émigré......................	200.	
2,095.	—— (Armand-Emmanuel-Xavier)..	*Idem*..........................	200.	
2,096.	CARTOUZIÈRE (Antoinette-Hémeric DE).	Fille d'une femme de chambre de la Reine.	200.	
2,097.	—— (Henriette-Hémeric, DE).....	*Idem*..........................	200.	
6,098.	CARUEL (Marie-Adélaïde, veuve), née LAMBIN.	Veuve d'émigré..................	600.	
2,099.	CARVOISIN (Agathe-Marguerite, vicomtesse DE), née KOUALLAN.	*Idem*..........................	400.	
2,100.	CASABIANCA (Pierre-Paul DE)........	Fils d'émigré.....................	400.	N'a pas touché le deuxième secours.
2,101.	CASALE (Paul-François)............	Services dans les armées royales, en France.	300.	N'a touché aucun des deux secours.
2,102.	CASANOVA (Toussainte, dame), née RISTORI.	Veuve d'un colonel................	300.	
2,103.	CASIDIANUS (Nicolas).............	Vendéen........................	400.	N'a pas touché le deuxième secours.
2,104.	CASIMIR BONJOUR................	Homme de lettres.................	1,200.	
2,105.	CASSAGNE DU PEYRONNENQ (Henri, abbé DE).	Persécuté pendant la révolution.......	400.	N'a touché aucun des deux secours.

Nos d'ordre.	NOMS ET PRÉNOMS des PENSIONNAIRES.	MOTIFS de LA CONCESSION DES PENSIONS.	MONTANT des PENSIONS.	OBSERVATIONS.
2,106.	CASSANE DE PEYRONNENQ (Guillaume-Henri-Alexandre-Jean-Charles).	Fils d'émigré	100f 00c	N'a pas touché le deuxième secours.
2,107.	——— (Marc-Antoine-Joseph-François-Philippe-Amédée).	*Idem*	100. 00.	*Idem.*
2,108.	——— (Marie-Jeanne-Armande-Françoise-Gualiotte, veuve), née DE GARRIGUES DE SEYNAC DE FLAUGRAC.	Veuve d'émigré	200. 00.	N'a touché aucun des deux secours.
2,109.	CASSAGNEAU (Jacques-François, abbé)	Émigré	1,219. 20.	
2,110.	CASSAGNES (Jeanne, veuve), née FOUSAGRÈVES.	Services de son mari dans les armées royales de la Lozère.	100. 00.	
2,111.	CASSANET (Pierre-Vincent)	Émigré	1,066. 80.	
2,112.	CASSARD (Claudine-Thérèse, veuve), née CHIFFLIER.	Son mari a été dévoré par une louve....	150. 00.	
2,113.	CASSÉ DE SAINT-PROSPÈRE (Antoine-Jean).	Homme de lettres	600. 00.	
2,114.	CASSIGNOL (Marie, veuve), née FAGES.	Services de son mari dans les armées royales, en France.	80. 00.	
2,115.	CASSIUS (François-Marcellin, chevalier DE).	Émigré	600. 00.	
2,116.	——— (Jean-Baptiste, comte DE)	Émigré aveugle	500. 00.	
2,117.	CASTAING DE LALANDE (demoiselle)	Parente de chevalier de Saint-Louis, infirme.	240. 00.	
2,118.	CASTAN (Marie-Augustine-Amélie, demoiselle).	Sa famille a perdu sa fortune par suite de la révolution.	300. 00.	N'a touché aucun des deux secours.
2,119.	CASTAN DE BAGES (Marie-Louise-Amélie, dame), née DE MOLY DES ONDES DE MALLEVILLE.	Services rendus à la cause royale	800. 00.	
2,120.	CASTANIÉ (Rose-Marie-Gabrielle, dame), née COURTIN-DUPLESSIS.	Veuve d'un colonel des armées françaises.	200. 00.	
2,121.	——— (Anne-Renette, dame), née DORÉ DE NION.	A perdu sa fortune à Saint-Domingue...	400. 00.	
2,122.	CASTANIER (Françoise, veuve), née BASTIDE.	Veuve d'émigré	80. 00.	
2,123.	CASTEL (Louis, abbé DE)	Dévouement à la cause royale	500. 00.	
2,124.	——— (Élisabeth-Joséphine-Philippine, demoiselle DE).	Parente d'un ancien préfet, sans fortune.	200. 00.	
2,125.	——— dit POLIVET (Toussaint)	Émigré	150. 00.	*Idem.*
2,126.	CASTELBERT dit CASTELVERD (Françoise-Anne, veuve), née DE RUYTER.	Veuve d'un officier des armées françaises.	300. 00.	
2,127.	CASTELLAN (Jean)	Émigré de Toulon; son père est mort sur l'échafaud, pendant la révolution.	150. 00.	N'a pas touché le deuxième secours.
2,128.	CASTELLANE (Esprit-Boniface, vicomte DE).	Gentilhomme d'honneur de Louis XVIII.	3,000. 00.	
2,129.	CASTELLANE-MAZAUGUE (Boniface-Alphonse-Louis, baron DE).	Services de son père à la cause royale, à l'étranger.	1,000. 00.	
2,130.	CASTELLAS (Isabeau, demoiselle DE)	Sœur d'émigré; perte de fortune	200. 00.	

Nos d'ordre.	NOMS ET PRÉNOMS des PENSIONNAIRES.	MOTIFS de LA CONCESSION DES PENSIONS.	MONTANT des PENSIONS.	OBSERVATIONS.
2,131.	CASTELLAS (Anne, demoiselle DE)....	Sœur d'émigré, perte de fortune......	200f	
2,132.	CASTELLET (Marie-Thérèse-Julie-Jéronyme, née BERNIER PIERREVERT, marquise DU).	Veuve d'un chef d'escadre émigré.....	800.	
2,133.	CASTELNAU CAZEBONNE (Françoise, née D'ORGUEIL, veuve DE).	Veuve d'émigré..................	500.	
2,134.	CASTENMILLER (Étienne-Clément)....	Fils d'un valet de chambre de Madame, comtesse de Provence.	400.	
2,135.	CASTERAS (Jacques-Louis-Auguste, DE).	Fils d'émigré..........	300.	
2,136.	——— (François, DE)............	*Idem*.........................	150.	
2,137.	——— (Marie, demoiselle DE)......	Fille d'émigré.....................	150.	N'a touché aucun des deux secours.
2,138.	——— (Catherine-Françoise-Mathilde, demoiselle DE).	*Idem*.........................	500.	*Idem.*
2,139.	——— (Françoise-Élisabeth, demoiselle DE).	*Idem*.........................	500.	
2,140.	——— (Marie Ursule-Clara-Suzanne, demoiselle DE).	*Idem*.........................	500.	*Idem.*
2,141.	——— SEGURE (Marie-Émélie-Jean-Baptiste-Félicité, née BONNET DE SALELLES, veuve DE).	Veuve d'émigré..................	200.	
2,142.	CASTILLON (François-Sébastien, vicomte DE).	Émigré..........................	400.	*Idem.*
2,143.	——— (Colette, née BECLAERT, comtesse DE).	Veuve d'émigré..................	400.	
2,144.	——— (Marguerite-Françoise-Judith, née ICARD, veuve DE).	Veuve d'un officier de marine.........	600.	N'a pas touché le premier secours.
2,145.	——— MOUCHAN DE MAUVESIN (Marie-Anne, née DUDON, comtesse DE).	Veuve d'émigré..................	300.	
2,146.	CASTIN (Madeleine-Victoire, née VALLÉE, veuve DE).	Veuve d'un serviteur de Mesdames.....	100.	
2,147.	CASTOR (Dame).................	Négresse de Saint-Domingue, émigrée..	400.	
2,148.	CASTRE (Jean-François, DE)........	Émigré..........................	400.	
2,149.	CASTRO (Antoine-Oronce-Phidèle-Nicolas, DE).	Son oncle a rendu des services à la famille royale.	250.	
2,150.	CATALAN (Auguste-André-Joachim)...	Son grand-père avait prêté 400,000 fr. au Roi.	400.	
2,151.	CATELAN (Joachim)..............	Émigré..........................	150.	N'a touché aucun des deux secours.
2,152.	CATELIN (Marie-Claude-Henriette-Victorine, demoiselle DE).	Fille d'émigré.....................	400.	N'a pas touché le deuxième secours.
2,153.	CATEY (Félicité, née D'AUREVILLE, femme PIANNELLI, veuve DE).	En remplacement de la pension de 3,000 francs dont elle jouissait avant la révolution.	1,200.	N'a touché aucun des deux secours.
2,154.	CATHELINEAU (Jacques-Joseph).....	Fils du général de ce nom...........	3,000.	*Idem.*
2,155.	——— (Pierre-Jacques)..........	Petit-neveu *idem*..................	500.	

N^{os} d'ordre.	NOMS ET PRÉNOMS des PENSIONNAIRES.	MOTIFS de LA CONCESSION DES PENSIONS.	MONTANT des PENSIONS.	OBSERVATIONS.
2,156.	CATHELINEAU (Marie, demoiselle)...	Fille d'un général de ce nom..........	500f 00c	
2,157.	——— (Julie, demoiselle).........	Nièce *idem*........................	300. 00.	
2,158.	——— (Victoire-Jacqueline-Mathurine, demoiselle).	*Idem*..............................	300. 00.	
2,159.	——— (Renée, née JOÏER, veuve)...	Belle-mère du général de ce nom......	500. 00.	N'a pas touché le deuxième secours.
2,160.	CATOIRE (Marie-Louise-Reine, née VIGNON, veuve).	Petite-fille d'un portier des écuries de la Reine.	200. 00.	
2,161.	CATON (Jean-Bernard).............	Son père a été massacré pendant la terreur.	100. 00.	
2,162.	CATELOTTE (Pierre-Joseph).........	A rendu des services à la cause royale, en France.	500. 00.	
2,163.	CATU...........................	Ex-employé de la maison de Louis XVIII.	1,200. 00.	
2,164.	CAUBIOS D'ANDIRAN (Jean-Barthélemi-Gaston, baron DE).	Services à la cause royale, en France....	250. 00.	
2,165.	CAUCHOIX.......................	Choriste à l'Opéra-comique. (Pension par suite de transaction).	266. 11.	
2,166.	CAUMELS (Aimée-Marie-Zoé, chanoinesse DE).	Émigrée, ses biens ont été vendus dans la révolution.	1,500. 00.	
2,167.	CAUMONT LAFORCE (Auguste-Luc, DE).	Perte de fortune.................	1,000. 00.	N'a touché aucun des deux secours.
2,168.	——— (François-Edmond, comte DE).	*Idem*..............................	1,000. 00.	*Idem*.
2,169.	——— (Constance-Madeleine-Louise, comtesse DE CLERMONT-LODÈVE, actuellement comtesse DE LA GRANGE, demoiselle DE).	*Idem*..............................	1,000. 00.	
2,170.	CAUMEILLE (François-Pierre).......	Émigré.............................	200. 00.	
2,171.	CAUPENNE D'APREMONT (Léonard, DE).	*Idem*..............................	900. 00.	N'a pas touché le deuxième secours.
2,172.	——— D'ÉCHAUX (Dorothée, demoiselle DE).	Sœur d'émigré. Perte de fortune à la révolution.	200. 00.	
2,173.	CAUSSE (Jean-Baptiste)...........	Services dans les armées royales de la Lozère.	150. 00.	
2,174.	——— (Jean-Louis)...............	*Idem*..............................	100. 00.	
2,175.	CAUSSIGNAC (Jean-Baptiste).........	Son père est mort sur l'échafaud pendant la révolution.	40. 00.	
2,176.	——— (Marie-Jeanne, demoiselle)...	*Idem*..............................	40. 00.	
2,177.	——— (Marianne, demoiselle)......	*Idem*..............................	40. 00.	
2,178.	——— (Marie-Rose, née CARTAILLAC, veuve).	Services de son mari dans les armées royales de la Lozère.	40. 00.	*Idem*.
2,179.	——— (Anne, née LACHAUMETTE, veuve).	*Idem*..............................	80. 00.	
2,180.	CAUVIN (Grégoire-Jean-Philippe, abbé).	Émigré.............................	400. 00.	

Nos d'ordre.	NOMS ET PRÉNOMS des PENSIONNAIRES.	MOTIFS de LA CONCESSION DES PENSIONS.	MONTANT des PENSIONS.	OBSERVATIONS.
2,181.	CAUVIN (Pierre-Michel, abbé)........	Prêtre déporté.....................	800f.	N'a touché aucun des deux secours.
2,182.	CAVAL (Joseph-Marie).............	Emigré de Toulon.................	80.	
2,183.	CAVALEAU (Pierre)..................	Vendéen...........................	80.	N'a pas touché le deuxième secours.
2,184.	CAVALIER (Joseph).................	Emigré............................	400.	
2,185.	——— (Thérèse-Marguerite, Dlle)....	Sœur d'émigré; perte de fortune.......	100.	
2,186.	CAVALLER (Joseph-Théodore-Catherine-Madeleine, demoiselle DE).	Fille d'émigré......................	500.	*Idem.*
2,187.	CAVAPÈDRES (Jean-François).........	Emigré............................	150.	
2,188.	CAVELLIER (Virginie, femme), née BONJOUR.	Fille d'un premier valet de garde-robe..	300.	
2,189.	CAVET (Marie-Catherine, veuve), née PIERRE-JEAN.	Veuve d'un fontainier à la machine de Marly.	160.	N'a pas touché le deuxième secours.
2,190.	CAVILLON (Aimable-Rose, veuve), née MAROUTEAU.	Veuve d'un garde à cheval des forêts de la Courone.	250.	*Idem.*
2,191.	CAVROIS (Jeanne-Françoise-André, baronne de), née GUYOT.	Veuve d'un maréchal-de-camp.........	1,000.	
2,192.	CAYENARD (Marie-Anne, veuve), née GINAT.	Veuve d'un Cent-Suisse de la garde....	150.	
2,193.	CAYEUX (Jacques-Simphorien)........	Ancien palefrenier aux écuries du Roi..	200.	
2,194.	——— (Marie-Étiennette-Clotilde, demoiselle).	Fille d'émigré......................	200.	
2,195.	——— dit PICARD (Adélaïde-Sophie, veuve), née CAMPIGNY.	Veuve d'un pilote du Havre..........	150.	
2,196.	CAYLA (Comtesse DE)...............	Pension accordée directement par le Roi (motifs inconnus).	40,000.	
2,197.	CAYRAC (Françoise-Marguerite, demoiselle DE).	A perdu sa fortune par suite de la révolution.	200.	
2,198.	CAYROL (Henriette-Sophie, Bnne DE), née ESMANGART DE BOURNONVILLE.	Veuve d'un intendant-militaire; sans fortune.	500.	
2,199.	CAZABOU (François)................	Services à la cause royale, en France....	200.	
2,200.	CAZALÈS (Edmond de)...............	Fils du député de ce nom aux états-généraux.	1,200.	
2,201.	——— (Noble-Marie-Jeanne, dame), née de ROQUEFEUIL.	Émigrée; parente du député précité....	3,000.	N'a pas touché le deuxième secours.
2,202.	CAZAUX-LARAN (Bénédictine-Gabrielle-Marie-Joséphine-Rosalie, Dlle DE).	Émigrée............................	900.	N'a touché aucun des deux secours.
2,203.	CAZE (Anne-Sophie, Dlle), actuellement dame MASSON DE SAINT-AMAND.	Fille d'émigré......................	500.	
2,204.	CAZE DE MEIRY (Joséphine-Marguerite, demoiselle DE).	Nièce d'émigré.....................	800.	N'a pas touché le premier secours.
2,205.	CAZEIN (Joseph-Vincent)............	Émigré de Toulon..................	150.	

Nos d'ordre.	NOMS ET PRÉNOMS des PENSIONNAIRES.	MOTIFS de LA CONCESSION DES PENSIONS.	MONTANT des PENSIONS.	OBSERVATIONS.
2,206.	CAZENEUVE (Jean-Pierre)...........	Fils d'émigré.....................	200f.	
2,207.	———(Jeanne-Marie, veuve), née ROUIX	Son mari a été tué dans les armées royales, en France.	100.	
2,208.	CAZOTTE (Jacques-Scevole)..........	Services à la cause royale, en France...	1,200.	
2,209.	——— (Marie-Sophie-Anonyme, veuve de), née LAFONT.	*Idem*..........................	600.	
2,210.	CÈBE (Marie-Jeanne, demoiselle)......	Son père est mort sur l'échafaud.......	80.	N'a touché aucun des deux secours.
2,211.	CEBERT (Anne-Henriette, veuve), née de BELLABRE.	N'a aucun moyen d'existence.........	400.	*Idem.*
2,212.	CELARIER DAMIGUET DE VERNON (Aimée-Marie-Clémence, demoiselle DE).	Sans fortune......................	200.	
2,213.	CELIER DE BOUVILLE (Mary, veuve), née GETHIN.	Veuve d'émigré....................	200.	
2,214.	CELLÈS (Hélène-Geneviève-Martiale, dame DE), née de MONTREDON.	Émigrée.........................	800.	
2,215.	CELLIER (Pierrette-Françoise, veuve de), née BROCHOT.	Services auprès de Mesdames.........	600.	
2,216.	——— (Marie-Madeleine, veuve), née LAVESSIÈRE.	Veuve d'un contrôleur du gobelet......	600.	*Idem.*
2,217.	CENAT DE L'HERM (Jean)..........	Capitaine émigré..................	1,000.	
2,218.	CENDRECOURT (Anne, dame de), née CASTROT.	Émigrée.........................	600.	
2,219.	CERCELET (Marguerite-Caroline, dame), née COUTURIER.	Dévouement de sa famille à la cause royale.	500.	
2,220.	CERÉ (Joseph, abbé)...............	Émigré..........................	600.	*Idem.*
2,221.	CÉRES (Pierre-Alexandre-César-Désiré, DE).	Capitaine émigré..................	500.	
2,222.	CÉRIOUX (Anne, veuve), née ROY.....	Ve d'un libraire qui s'est tué en aidant au transport de la statue de Henri IV.	600.	
2,223.	CERTAIN (Françoise-Félicité, femme), née MOUTARD.	Fille d'un portier aux écuries de Marconnay.	80.	
2,224.	CERTAIN DE CANROBERT (Jeanne-Marie-Julie-Angélique, ve), née DE NIOCEL.	Veuve d'émigré....................	250.	
2,225.	CERTAIN DE LA COSTE LA MESCHAUSSÉE (Gaspard-Pierre, chevalier).	Émigré..........................	300.	
2,226.	CÉRY (veuve).....................	N'a aucun moyen d'existence.........	240.	*Idem.*
2,227.	CERZÉ (Antoinette, de)...........	*Idem*..........................	1,200.	
2,228.	——— (Marie-Crescente-Euphrasie, demoiselle DE).	Fille d'émigré....................	500.	
2,229.	CÉSAR (Louis-Auguste)............	Émigré, âgé de 81 ans.............	400.	*Idem.*
2,230.	CESSAC (Pierre-Vincent, de).........	Persécuté pendant la révolution......	300.	

Nos d'ordre.	NOMS ET PRÉNOMS des PENSIONNAIRES.	MOTIFS de LA CONCESSION DES PENSIONS.	MONTANT des PENSIONS.	OBSERVATIONS.
2,231.	CÉZAC (Charles-François DE)	Émigré	600f 00c	
2,232.	CÉZAN (Honoré)	Émigré de Toulon	600. 00.	
2,233.	CÉZAR (Marie-Madeleine, veuve), née LAFONTAINE.	A perdu sa fortune par suite de la révolution; aliénée.	200. 00.	
2,234.	CHABALIER (Joseph-Marie)	Services à la cause royale	200. 00.	N'a pas touché le deuxième secours.
2,235.	CHABANNES (dame), religieuse	Émigrée	746. 76.	
2,236.	CHABANNES DE LA PALISSE (Annette, marquise DE), née VAN LENNEP.	Veuve d'un maréchal-de-camp	6,000. 00.	N'a touché aucun des deux secours.
2,237.	CHABANS (Philippe-Paul, comte DE)	Émigré	300. 00.	
2,238.	——— (Angélique-Michel, demoiselle DE).	Émigrée	200. 00.	*Idem.*
2,239.	——— (Gabrielle-Marie-Françoise, demoiselle DE).	Fille d'émigré	300. 00.	
2,240.	——— (Marie-Marguerite, demoiselle DE).	Sœur d'émigré	200. 00.	*Idem.*
2,241.	CHABANS DE RICHEMONT (Marie-Françoise-Élisabeth, marquise DE), née DE CHABANS.	Veuve d'émigré	800. 00.	*Idem.*
2,242.	CHABÁT DUCHILLON (Jacques-Étienne, chevalier DE).	Commissaire ordonnateur des armées vendéennes.	300. 00.	
2,243.	CHABBERT (Simon)	Émigré	900. 00.	
2,244.	CHABEAU (Nicolas)	*Idem*	300. 00.	
2,245.	CHABERT (Anne-Rose, demoiselle)	Son père a été fusillé au siége de Toulon.	150. 00.	
2,246.	——— (Marie-Fortunée, demoiselle).	*Idem*	150. 00.	
2,247.	CHABOCEAU DE LA SAUZAY (Joseph)	Émigré	600. 00.	
2,248.	CHABOSSEAU (Jeanne, ve), née DAVID	Vendéenne	100. 00.	
2,249.	CHABOT (Claude-Sébastien, abbé)	Émigré	914. 40.	
2,250.	——— (Jean)	Vendéen	50. 00.	N'a touché aucun des deux secours.
2,251.	——— (Louis-Guy-Charles-Guillaume, vicomte DE).	Émigré	8,000. 00.	*Idem.*
2,252.	CHABRIDON DUSAILLANT DE SERVIÈRES (Jacques-Marie).	Émigré	900. 00.	
2,253.	CHABRIER (Jean-Joseph, abbé)	Émigré	200. 00.	
2,254.	CHABRILLAN (Antoinette-Françoise-Marie, marquise DE), née NOMPAR DE CAUMONT LA FORCE.	Dame de MADAME, comtesse de Provence.	3,000. 00.	*Idem.*
2,255.	CHABRILLANT (DE)	Pension accordée directement par le Roi (motifs inconnus).	6,000. 00.	

Nos d'ordre.	NOMS ET PRÉNOMS des PENSIONNAIRES.	MOTIFS de LA CONCESSION DES PENSIONS.	MONTANT des PENSIONS.	OBSERVATIONS.
2,256.	CHABRINIAC (Jean)................	Ancien juge de paix...............	150f	N'a touché aucun des deux secours.
2,257.	CHABRON (Marie-Louise-Françoise-Marcelline-Félicité, dame), née DE CHARBONNEL DE JUSSAC.	Fille d'émigré....................	300.	
2,258.	CHADOUTAUD (Pierre).............	Capitaine de gendarmerie...........	200.	
2,259.	CHAFFOY (Rose-Jeanne-Marie, veuve, baronne DE), née STEIGNER.	Veuve d'un lieutenant des gardes de la porte.	300.	
2,260.	CHAGOT (Pierre)..................	Émigré...........................	300.	
2,261.	CHAIGNEAU (Pierre-Louis)..........	Émigré...........................	150.	
2,262.	CHAIGNON (François-Louis)..........	*Idem*...........................	300.	
2,263.	CHAILAN DE MORIÈS (Émilie-Baptistine, demoiselle DE).	Fille d'émigré....................	500.	
2,264.	CHAILAN (Marie-Dauphine-Philippine-Fortunée, marquise de MORIÈS, dame DE), née DE RIPERT ARTAUD MONTAUBAN.	Émigrée	1,000.	
2,265.	CHAILLOT (Jeanne-Thérèse-Artémine, demoiselle DE).	*Idem*...........................	500.	N'a pas touché le deuxième secours.
2,266.	CHAILLOU (Joseph)................	Vendéen..........................	80.	*Idem*.
2,267.	CHAIX (veuve), née RICARD	Veuve d'un général de brigade des armées françaises.	200.	
2,268.	CHALANT (Jean-Baptiste)...........	Émigré...........................	600.	
2,269.	CHALDAURELLE (Marguerite-Catherine, veuve), née CAIROCHE.	Son mari est mort sur l'échafaud pendant la révolution.	100.	
2,270.	CHALGRIN (Marie-Félix-Hyacinthe, veuve DE), née FORNARA.	Veuve d'un agent diplomatique émigré.	600.	
2,271.	CHALIBA (André).................	Services dans les armées royales, en France	300.	
2,272.	CHALMÉ (Françoise-Adélaïde-Eulalie, dame), née DUCHESNE DE RUVILLE.	Fille et petite-fille d'émigré, ruinée par l'entrée des Français à Moscou.	1,000.	
2,273.	CHALMEL (Julien-François)..........	Vendéen..........................	100.	N'a touché aucun des deux secours.
2,274.	CHALUS (Jean-Louis, chevalier DE)....	Adjudant-général émigré............	1,000.	N'a pas touché le deuxième secours.
2,275.	——— (Marie-Gabrielle, dame DE), née LE MINTIER.	Vendéenne........................	600.	*Idem*.
2,276.	CHALVET DE SOUVILLE (Marie, dame DE), née BROUTIN.	Veuve d'un capitaine de vaisseau; perte de fortune.	1,000.	
2,277.	CHAMBARLHAC-MONTREGARD (Perrette-Josèphe, veuve, baronne DE), née DESOLNES DE VERAC.	Veuve d'émigré....................	400.	N'a touché aucun des deux secours.
2,278.	CHAMBÉ (Étienne-Charles)..........	A rendu des services à la cause royale, en France.	300.	
2,279.	CHAMBEL (Marie-Angadrem DE)......	D'une famille écossaise venue en France avec Jacques II.	200.	N'a pas touché le deuxième secours.
2,280.	CHAMBELLAN (Joséphine-Olympiade, dame), née DE GASPERINI.	Fille d'un officier des gardes-du-corps..	360.	

Nos d'ordre.	NOMS ET PRÉNOMS des PENSIONNAIRES.	MOTIFS de LA CONCESSION DES PENSIONS.	MONTANT des PENSIONS.	OBSERVATIONS.
2,281.	CHAMBON (Marie-Louis-Mélanie, Dlle).	En remplacement de la pension de 100 f. dont elle jouissait avant la révolution.	80f	
2,282.	CHAMBON DE MONTAUX (Augustine-Barbe-Épiphane, dame), née BATESTE.	A perdu sa fortune pendant la révolution.	600.	N'a pas touché le deuxième secours.
2,283.	CHAMBON DE TROUSSEAUVILLE (Rosina-Barbara, dame), née WEINMANN, actuellement dame MERKER.	Veuve d'émigré	600.	N'a touché aucun des deux secours.
2,284.	CHAMBORANT (Françoise, dame DE), religieuse.	Supérieure d'un couvent	200.	
2,285.	CHAMBRANT (Philibert)	Portier à la direction du mobilier	200.	
2,286.	CHAMISSO (Alexis-Gabriel-Marie, chevalier DE).	Capitaine émigré	1,000.	*Idem.*
2,287.	CHAMON (Adolphe)	Fils d'un capitaine laissant dix enfans sans fortune.	400.	N'a pas touché le deuxième secours.
2,288.	—— (Dominique)	*Idem*	400.	*Idem.*
2,289.	—— (Marie-Germaine, dame DE), née DE BAUGY.	Veuve d'un colonel émigré	800.	
2,290.	CHAMONIN (Jacques)	Cocher à la vénerie du Roi	140.	
2,291.	CHAMOUROUX (Antoinette-Françoise-Gabrielle-Victoire, demoiselle).	Émigrée	300.	
2,292.	CHAMPAGNAC (Élisabeth-Marie, demoiselle DE), actuellement dame BRINGOL.	Petite-fille d'un garçon de garde-robe	300.	
2,293.	CHAMPEVILLE (Jean)	Émigré	300.	
2,294.	—— (Marie-Rosalie, dame DE), née DE FLEURY.	Veuve d'un brigadier des gardes-du-corps.	500.	
2,295.	CHAMPEVILLE DE BOISJOLLY (Pierre-Jean-Hélie, DE).	Vendéen	120.	
2,296.	CHAMPFEU (Constance-Julienne, comtesse DE), née RODIER.	Veuve d'un inspecteur-général de la maison de Louis XVIII.	1,500.	N'a touché aucun des deux secours.
2,297.	CHAMPIGNY (Julie-Marguerite, veuve), née DESSOSSAY DE LA ROLLANDIÈRE.	Fille d'émigré	300.	
2,298.	CHAMPION (Pierre)	Garçon d'attelage aux écuries	240.	
2,299.	—— (Jeanne-Marguerite), veuve VAN-LOO.	Veuve d'un peintre	400.	
2,300.	CHAMPION DE NANSOUTY (Jeanne-Françoise-Adélaïde, comtesse), née GRAVIER DE VERGENNES.	Ve du commandant de la 1re compagnie des mousquetaires de Louis XVIII.	4,000.	*Idem.*
2,301.	CHAMPLOST (Victoire-Apolline, comtesse DE), née DE GISLAIN DE LA BROSSE DE BONTIN.	En remplacement de la pension de 5,000 f. dont elle jouissait avant la révolution.	2,000.	*Idem.*
2,302.	CHAMPNEUF (Jeanne, demoiselle)	Fille d'un officier de l'armée française	600.	
2,303.	CHAMPRIGAUD (Henri d'Angely DE)	Émigré	900.	
2,304.	CHANA-DUCOIN (Anne-Marie-Jean-Jacques).	*Idem*	900.	
2,305.	CHANAL (Antoine-Félicité-Sophie)	Fille d'un employé à l'intendance générale de la maison de l'Empereur.	200.	

Nos d'ordre.	NOMS ET PRÉNOMS des PENSIONNAIRES.	MOTIFS de LA CONCESSION DES PENSIONS.	MONTANT des PENSIONS.	OBSERVATIONS.
2,306.	CHANAL (François-Victor-Adolphe)...	Fils d'un employé à l'intendance de la maison de l'Empereur.	200f 00c	
2,307.	CHANALEILLES DE LA SAUMÈS (Madeleine, comtesse DE), née GERBIER.	Fille d'un intendant des finances de Louis XVIII.	600. 00.	
2,308.	CHANDELIER (Élisabeth-Angélique, veuve), née AUBRUN.	Veuve d'un palefrenier aux écuries du Roi.	250. 00.	
2,309.	——— (Marie-Geneviève, veuve), née LANGLOIS.	Veuve d'un palefrenier à la vénerie du Roi.	120. 00.	
2,310.	CHANDIEU (Claudine-Françoise, veuve DE), née DUTIL DELATOUR.	Son mari est mort sur l'échafaud après le siége de Lyon; âgée de 81 ans.	300. 00.	
2,311.	CHANEZ (Pierre-François)...........	Emigré...........................	150. 00.	
2,312.	CHANTEAU (Françoise, veuve), née DIEU.	Veuve d'un serviteur dans la maison de la Reine.	150. 00.	
2,313.	CHANTELOUP (Pierre, abbé)..........	Émigré...........................	914. 40.	
2,314.	CHANTEPIE (Jean-Baptiste).........	Persécuté pendant la révolution.......	200. 00.	N'a pas touché le deuxième secours.
2,315.	CHANTEREAUX (Adèle, demoiselle), actuellement dame NICQUET.	Emigrée..........................	609. 60.	
2,316.	CHANTERET (Pierre)...............	Valet de pied chez MADAME, comtesse de Provence.	400. 00.	
2,317.	CHANTREAU DE LA JOUBERDRIE (Marguerite-Claude, demoiselle).	Vendéenne........................	300. 00.	
2,318.	——— (Marguerite-Julie-Agathe)....	*Idem*............................	300. 00.	
2,319.	CHANTEROT (veuve)................	Émigrée..........................	300. 00.	
2,320.	CHAOURSES (Marie-Josèphe, vicomtesse DE), née DESPREZ DE MONTPERTUIS.	Veuve d'un chevalier de Saint-Louis qui jouissait d'une pension de 2,000 fr., avant la révolution.	300. 00.	
2,321.	CHAPEAU (Michelle-Renée, veuve), née LESASSIER.	Veuve d'émigré....................	300. 00.	*Idem.*
2,322	CHAPELLE (Louise-Françoise, dame), née D'ARGY.	Fille d'émigré.....................	150. 00.	
2,323.	CHAPELLE DE FONTAINE (François-Henri-Marie-Hilaire, abbé).	Émigré...........................	400. 00.	
2,324.	CHAPELLE DE JUMILHAC (Henri-Louis).	Fils d'un officier des armées françaises.	100. 00.	
2,325.	——— (Françoise-Joséphine, demoiselle).	Fille *idem*.......................	200. 00.	
2,326.	——— (Marie-Louise-Azéma, Dlle)...	Fille *idem*.......................	100. 00.	*Idem.*
2,327.	——— (Aimée-Éléonore-Claire-Fine, demoiselle).	*Idem*............................	200. 00.	
2,328.	———(Marie-Françoise-Joséphine, Dlle).	*Idem*............................	200. 00.	
2,329.	——— (Marie-Louise-Laurence, Dlle).	*Idem*............................	200. 00.	
2,330.	——— (Marie-Françoise-Radégonde, chanoinesse, comtesse DE).	*Idem*............................	1,800. 00.	

Nos d'ordre.	NOMS ET PRÉNOMS des PENSIONNAIRES.	MOTIFS de LA CONCESSION DES PENSIONS.	MONTANT des PENSIONS.	OBSERVATIONS.
2,331.	CHAPELLE (Simplicie-Gabrielle-Armande, marquise DE JUMILHAC, dame), née DUPLESSIS DE RICHELIEU.	Sœur du dernier duc de Richelieu......	5,000. 00.	N'a touché aucun des deux secours.
2,332.	CHAPERON (Marie-Jeanne, veuve), née COLADAN.	Veuve d'un cultivateur mort victime de son dévouement dans un incendie.	200. 00.	N'a pas touché le deuxième secours.
2,333.	CHAPILLON (Jacques)..............	Émigré........................	150. 00.	
2,334.	CHAPON (Élisabeth, veuve), née LAFORGE.	Son mari est mort sur l'échafaud.......	150. 00.	
2,335.	CHAPONNET (Charles-Constant).......	Palefrenier chez Madame la comtesse d'Artois.	200. 00.	*Idem.*
2,336.	CHAPPEL (Anne-Philippine, veuve), née WIRTZ.	Veuve d'un capitaine suisse..........	500. 00.	N'a touché aucun des deux secours.
2,337.	CHAPPERON (Victor)...............	Fille d'un garçon de château..........	200. 00.	
2,338.	CHAPTAL (Françoise, veuve), née BARBOT.	Services de son mari dans les armées royales de la Lozère.	100. 00.	
2,339.	CHARAIX (Joseph)................	Émigré........................	300. 00.	
2,340.	CHARBONNEL (Anne-Françoise-Philippine-Pauline, demoiselle DE).	Sœur d'émigré..................	300. 00.	*Idem.*
2,341.	CHARBONNEAUX (Anne-Pauline-Abeille, veuve), née DE LA CALLE.	Ruinée par suite de la révolution......	240. 00.	
2,342.	CHARBONNEL DU BETS (Amélie-Marie, demoiselle DE).	Fille d'émigré...................	300. 00.	*Idem.*
2,343.	CHARDEBŒUF DE PRADEL (Adélaïde-Élisabeth-Marie, demoiselle), dame GALLARD DE ZALEU.	Sœur de l'ancien directeur général de la Maison de Louis XVIII.	2,000. 00.	*Idem.*
2,344.	——— (Luce-Adélaïde, demoiselle DE).	*Idem*..........................	2,000. 00.	*Idem.*
2,345.	CHARDON (Mathieu, abbé)..........	Émigré........................	1,219. 20.	
2,346.	——— (Angélique-Eugénie, dame), née GILLES-DELALONDE.	Femme d'un garde-du-corps de Louis XVI.	300. 00.	
2,347.	CHARDONNAY (Constant-Flore-Marie-Robert, DE).	Fils d'émigré..................	400. 00.	
2,348.	——— (Marie-Jean-Baptiste-Benoît, marquis DE).	Émigré.......................	1,500. 00.	
2,349.	——— (Robert-Joseph, chevalier DE).	*Idem*.........................	1,200. 00.	
2,350.	——— (Angélique-Marie-Charlotte-Olive-Élisabeth, demoiselle DE).	Fille d'émigré..................	400. 00.	
2,351.	——— (Jeanne-Marie, demoiselle DE).	*Idem*.........................	400. 00.	
2,352.	——— (Marie-Célestine, demoiselle DE).	Émigrée.......................	200. 00.	
2,353.	CHARDONNEAU (Jean)..............	Vendéen.......................	150. 00.	N'a pas touché le premier secours.
2,354.	——— (Jeanne-Victoire-Anne, veuve), née DÉDÉ.	Veuve d'un naufragé de la Méduse.....	300. 00.	
2,355.	CHARETTE (vicomte DE)............	Pension accordée directement par le Roi.	2,000. 00.	

Nos d'ordre.	NOMS ET PRÉNOMS des PENSIONNAIRES.	MOTIFS de LA CONCESSION DES PENSIONS.	MONTANT des PENSIONS.	OBSERVATIONS.
2,356.	CHARGÈRE (Eustache DE)..........	Émigré....	600. 00.	N'a pas touché le deuxième secours.
2,357.	——— (Marguerite-Édouarde DE), née DUCREST.	Ses trois fils servaient dans les gardes-du-corps.	600. 00.	
2,358.	——— (Gabrielle-Claire, dame DE), née DE FRAMERY.	Veuve d'émigré....................	400. 00.	
2,359.	CHARLES (Marie-Catherine, veuve), née VIMEUX.	Veuve d'un garçon à la pourvoirie....	120. 00.	
2,360.	CHARLET (Henriette-Josèphe, veuve), née DEFONTAINES.	A perdu sa fortune par suite de la révolution.	200. 00.	
2,361.	CHARLIER (Jeanne-Thérèse, veuve), née BOURGAREL.	Veuve d'un membre du conseil supérieur de la Corse.	400. 00.	
2,362.	CHARLIER (Emmanuelle-Camille, demoiselle).	Fille *idem*......................	400. 00.	
2,363.	——— (Marie-Françoise, dame), née AUBERTIN.	Petite fille d'un commis à la pourvoirie de la grande écurie.	400. 00.	
2,364.	——— (Marie-Marguerite-Clotilde, veuve), née MONEL DE LAMARQUE.	Fille d'un page de Louis XV, veuve d'un officier d'état-major des armées franç.	200. 00.	
2,365.	CHARMASSON.....................	Services à la cause royale, en France...	250. 00.	
2,366.	CHARNACÉ (François-Louis).........	Vendéen.........................	60. 00.	
2,367.	CHARNAIL (Jeanne, veuve DE), née LAMOTHE DE MONTFORT.	Veuve d'un lieutenant de vaisseau......	100. 00.	N'a touché aucun des deux secours.
2,368.	CHARNOCK (Anne, dame religieuse)...	Émigrée..........................	457. 20.	
2,369.	CHARON (Pierre)..................	Vendéen.........................	100. 00.	
2,370.	——— (Marie-Élisabeth-Josèphe, veuve), née HENRY.	Veuve d'un sellier des écuries du Roi...	200. 00.	
2,371.	CHARPANTIER (Catherine-Rosine, veuve), née FOESCHE.	Son mari fut condamné à mort au siége de Lyon.	200. 00.	
2,372.	CHARPENTIER (Jean)..............	Vendéen.........................	50. 00.	*Idem.*
2,373.	——— (demoiselles).............	Indemnité pour la suppression d'un logement qu'elles occupaient aux-Gobelins.	1,000. 00.	
2,374.	——— (Marie-Anne-Victorine, veuve), née FONTAINNE.	Son fils, brigadier des hussards de la garde royale, a eu la jambe fracassée.	200. 00.	
2,375.	——— (Julienne-Michelle, veuve), née GAVARD.	Vendéenne........................	60. 00.	*Idem.*
2,376.	CHARRIER (Marie Anne, demoiselle)...	Émigrée..........................	400. 00.	
2,377.	——— (Marie-Élisabeth, veuve), née BARNEOND.	Veuve d'un paumier de MONSIEUR, comte d'Artois.	300. 00.	*Idem.*
2,378.	——— (Marie-Victoire, veuve), née VALETTE-D'ESCUDIÈRES.	Veuve d'un député aux États-Généraux, mort sur l'échafaud.	1,000. 00.	N'a pas touché le deuxième secours.
2,379.	CHARRIOT.......................	Machiniste à l'Opéra-Comique. (Pension par suite de transaction.)	230. 69.	
2,380.	CHARRY DE LURCY (Louis-Angélique, comtesse DE), née DE LAROCHE DE LUPY.	Ses père et mère sont morts sur l'échafaud.	300. 00.	

Nos d'ordre.	NOMS ET PRÉNOMS. des PENSIONNAIRES.	MOTIFS de LA CONCESSION DES PENSIONS.	MONTANT des PENSIONS.	OBSERVATIONS.
2,381.	CHARTIER dit SAMSON (Jean-Baptiste-Emmanuel)......................	En remplacement de la pension dont il jouissait avant la révolution.	400f	
2,382.	——— (Lucie, veuve, née GETHIN)..	N'a aucun moyen d'existence..........	150.	
2,383.	CHARTON (Marie-Christine, veuve, née GRIETENS).	Veuve d'un garçon d'attelage aux écuries.	150.	
2,384.	CHARTONGNE (Robert DE)...........	Garde à cheval des forêts, à Versailles.	130.	N'a touché aucun des deux secours.
2,385.	CHARTREZ (François-Joseph).........	Garde champêtre, victime d'un incendie.	200.	
2,386.	CHARVEYS (Antoinette-Marie-Ferdinande, née DE FERRARI).	A donné ses soins à l'Infant don Ferdinand jusqu'à sa mort.	800.	
2,387.	CHAS..............................	Homme de lettres, âgé de 88 ans......	300.	*Idem.*
2,388.	CHASLE (Marie-Louise-Charlotte, ve, née CORNIÈRE, actuellt femme VILETTE).	Veuve d'un Vendéen................	400.	N'a pas touché le deuxième secours.
2,389.	CHASNET (Marie-Madeleine-Victoire, veuve, née FACQUET).	Fille d'un garde général des bois de M. le comte d'Artois.	120.	
2,390.	CHASSAREL (Joseph DE).............	Émigré...........................	200.	
2,391.	CHASSIN (Louise-Reine) dame, née ROBINAULT-DE-SAINT-REJEAN).	Vendéenne.........................	200.	N'a touché aucun des deux secours.
2,392.	CHASTEIGNER (Michel)..............	Vendéen...........................	50.	
2,393.	——— (Anne-Virginie, demoiselle DE)	Émigrée...........................	1,000.	
2,394.	——— (Marie-Charlotte, demoiselle DE)	*Idem*............................	300.	
2,395.	——— (Antoinette-Jeanne, née GULLMANN, veuve DE).	*Idem*............................	1,200.	
2,396.	CHASTELAT (Étienne), abbé.........	Prêtre, émigré....................	800.	
2,397.	CASTENAY (Louise-Françoise-Thérèze-Charlote, comtesse DE).	Avait une pension de 200 fr sur la cassette de MONSIEUR, Comte de Provence.	150.	*Idem.*
2,398.	——— (Marie-Charlotte-Louise-Gabrielle), veuve MALARTIC.	*Idem*............................	150.	*Idem.*
2,399.	———(Edmé-Marie-Zéphyrine-Léonille, née DESTIENNOT DE VASSY. vsse DE).	Veuve d'un lieutenant de Roi.........	300.	*Idem.*
2,400.	——— veuve, née DE PREFORS DE SIRDEY).	N'a aucun moyen d'existence..........	300.	
2,401.	CHATEAU (Louis-Charles)...........	Émigré............................	500.	
2,402.	CHÂTEAUBRIAND (Frédéric, comte DE)..	Fils d'émigré, né en émigration.......	500.	*Idem.*
2,403.	CHÂTEAUNEUF DE RANDON DU TOURNEL DE JOYEUSE, (Catherine-Marguerite-Jeanne, née TRENNERT, vicomtesse DE).	Femme d'émigré....................	400.	
2,404.	CHÂTEAU-THIERRY (Marie-Françoise-Marguerite, née LASONE, marquise DE).	En remplacement de la pension de 3,000f dont elle jouissait avant la révolution.	1,200.	*Idem.*
2,405.	CHÂTEAUVIEUX (Gabrielle, veuve, née DE BOURDEIL).	Fille d'un receveur général des finances, en Picardie; mère de 8 enfans.	200.	*Idem.*

Nos d'ordre.	NOMS ET PRÉNOMS des PENSIONNAIRES.	MOTIFS de LA CONCESSION DES PENSIONS.	MONTANT des PENSIONS.	OBSERVATIONS.
2,406.	CHATEGNER (Pierre)...............	Vendéen........................	50f 00c	
2,407.	CHATEIGNIER (Marie-Anne-Perrine, demoiselle).	Fille d'un commissaire de marine......	150. 00.	
2,408.	CHATEL (Jean)...................	Vendéen........................	80. 00.	N'a pas touché le deuxième secours.
2,409.	CHÂTEL, veuve..................	Pension accordée directement par le Roi (motifs inconnus).	300. 00.	
2,410.	CHATEL (Jeanne, veuve, née CHEVROLIER).	Vendéenne......................	50. 00.	*Idem.*
2,411.	CHÂTEL, née PERROUD.............	Pensionnaire du deuxième théâtre Français. Pension à titre onéreux.	708. 00.	
2,412.	CHATELAIN, abbé................	Émigré.........................	1,219. 20.	N'a touché aucun des deux secours.
2,413.	——— (Aglaé-Edme, demoiselle)..	Fille d'un ancien serviteur de Louis XVIII.	100. 00.	
2,414.	——— (Anne-Françoise-Hippolyte, ve, née PICAULT).	Fille d'un concierge de la maison du Roi.	120. 00.	
2,415.	CHATELLIER (Thérèse-Marie-Françoise, veuve, née SALLARD).	Veuve d'un vendéen...............	250. 00.	N'a pas touché le deuxième secours.
2,416.	CHATELUX (DE)..................	Émigré.........................	1,358. 90.	
2,417.	CHATIRON (Marie-Françoise, veuve, née MEUNIER).	Ses aïeux ont été dans la maison du Roi depuis Louis XIV.	260. 00.	
2,418.	CHATON DES MORANDAIS (Charles-Marie, vicomte DE).	Émigré.........................	1,200. 00.	
2,419.	——— (Charles-Eugène-Marie DE)...	Fils d'émigré....................	200. 00.	
1,420.	——— (Pierre-Eugène-Jean DE).....	*Idem*..........................	200. 00.	
2,421.	——— (Marie-Anne, demoiselle DE).	Fille d'émigré...................	200. 00.	
2,422.	——— (Marie-Céleste-Annibal, demoiselle DE).	*Idem*..........................	200. 00.	
2,423.	CHAUDET (Louise-Marie-Urbaine, née CHAUDET, veuve).	Vendéenne......................	200. 00.	
2,424.	CHAUDRON (Jean-François).........	Palefrenier aux écuries de la Reine....	240. 00.	
2,425.	CHAUMEIL (Jean-Baptiste)..........	Émigré.........................	800. 00.	
2,426.	CHAUMONT (Pierre-François)........	Dévouement à la cause royale; père de 6 enfans.	200. 00.	
2,427.	CHAUNAIL (Marie-Catherine-Honorée, née CLAUZOLES, veuve).	Son mari et son fils sont morts des suites de leurs blessures, aux armées royales.	150. 00.	
2,428.	CHAUTAN DE VERCLI (Simon-François-Antoine DE).	Émigré.........................	800. 00.	
2,429.	——— (Anne-Françoise, demoiselle).	Fille d'un major du fort Louis; perte de fortune.	500. 00.	
2,430.	——— (Élisabeth-Charlotte, demoiselle)	*Idem*..........................	500. 00.	

Nos d'ordre.	NOMS ET PRENOMS des PENSIONNAIRES.	MOTIFS de LA CONCESSION DES PENSIONS.	MONTANT des PENSIONS.	OBSERVATIONS.
2,431.	CHAUTARD (Jacques-Joseph).........	Émigré de Toulon.................	300f	
2,432.	CHAUVEAU (Charles)................	Vendéen........................	120.	
2,433.	—— (François)................	*Idem*...........................	50.	
2,434.	—— (Jean)....................	*Idem*...........................	80.	
2,435.	—— (Joseph)..................	Émigré.........................	300.	
2,436.	——(René).....................	Vendéen........................	50.	
2,437.	CHAUVEAUX DE BOSREDON (Etienne-Charles-Chrysostôme)	Fils d'émigré....................	300.	
2,438.	CHAUVEL (Michel-Louis-Marie).......	Naufragé.........................	120.	N'a pas touché le premier secours.
2,439.	CHAUVELLIER (Mathieu)............	Vendéen........................	80.	
2,440.	CHAUVET (Jean)..................	*Idem*...........................	50.	N'a pas touché le deuxième secours.
2,441.	—— (Jean)....................	Sergent d'artillerie, pointeur de la pièce qui a tiré le premier coup de canon au passage de la Bidassoa.	150.	*Idem.*
2,442.	CHAUVET-DESPOISSONNOIS (Joseph-Louis-Ange).	Vendéen........................	400.	N'a touché aucun des deux secours.
2,443.	CHAUVIER (Marianne, veuve, née CARCAGNE).	Émigrée........................	200.	
2,444.	CHAUVIGNY DE BLOT (Joseph comte DE).	Services à la cause royale, en France; perte de fortune.	300.	N'a pas touché le deuxième secours.
2,445.	—— (Louise-Antoinette-Adélaïde, née GEOFFROY DE VILLEBLANCHE, csse DE).	Émigrée........................	900.	
2,446.	—— Marie-Gabrielle, née GUILLEBON, veuve DE).	Son père avait une pension sur la cassette de Louis XVI.	900.	
2,447.	—— Anne-Hélène-Charlotte, née DE SAYN et WITTGENSTEIN, comtesse DE).	Fille d'un lieutenant général massacré à Saint-Domingue.	600.	
2,448.	CHAUVIN (Jean-François), abbé.......	Émigré.........................	600.	N'a touché aucun des deux secours.
2,449.	—— (Pierre)..................	Vendéen........................	50.	
2,450.	CHAUVINEAU (Jean)...............	*Idem*...........................	50.	N'a pas touché le deuxième secours.
2,451.	CHAUVIRÉ (Jean).................	*Idem*...........................	50.	*Idem.*
2,452.	CHAUVREAU (Marie-Anne-Barbe, veuve, née CORBELET).	Veuve d'un condamné dans la révolution.	500.	
2,453.	CHAVAGNAC (Marie-Madeleine-Josèphe-Angélique, demoiselle DE).	Fille d'émigré....................	600.	
2,454.	CHAVANAT (Alexandre), abbé DE.....	Persécuté dans la révolution.........	300.	
2,455.	CHAVANNES DE LA GIRAUDIÈRE (Claude-Alexis, DE).	Pour suppléer à la modicité de son traitement de juge de paix, à Paris.	600.	N'a touché aucun des deux secours.

Nos d'ordre.	NOMS ET PRÉNOMS des PENSIONNAIRES.	MOTIFS de LA CONCESSION DES PENSIONS.	MONTANT des PENSIONS.	OBSERVATIONS.
2,456.	CHAVIGNY DE COURBOIS (Jeanne-Claudine, comtesse).	A été pillée par les armées alliées, en 1814.	900f 00c	
2,457.	CHEVIGNY DU MONTILS (Louis-Antoine-Juvénal, DE).	Émigré	800. 00.	
2,458.	CHAY (dame)	Émigrée	600. 00.	
2,459.	CHAZAL (Jean-Joseph)	Condamné à mort pendant la terreur	400. 00.	
2,460.	CHAZELLE (Jacques-Fortuné)	Ex-employé au trésor de la couronne	1,200. 00.	
2,461.	——— (Marie-Françoise, demoiselle DE).	Nièce d'émigré	200. 00.	
2,462.	CHEDEL (Catherine-Marguerite, née ÆGERDEN DE GUZZELEN, dame).	Femme d'émigré	600. 00.	
2,463.	CHEF DU BOIS (Aimée-Marie-Josèphe, née DECOTTAREL DE KERMODEST, veuve).	Vendéenne	300. 00.	N'a pas touché le deuxième secours.
2,464.	CHEFFONTAINES (Madeleine-Clotilde, née DE MONIER DU CASTELET, comtesse DE).	Sa famille a servi la cause royale, en France.	800. 00.	N'a touché aucun des deux secours.
2,465.	CHEMELAT (Marguerite, née BERTRAND, veuve).	Veuve d'émigré	150. 00.	
2,466.	CHEMINAIS (Florimonde, demoiselle).	N'a aucun moyen d'existence	200. 00.	
2,467.	CHEMINÉE (Hugues-Benigne)	Services à la cause royale, en France; perte de fortune.	150. 00.	
2,468.	CHENARD (Simon)	Musicien de la chapelle du Roi	157. 00.	*Idem.*
2,469.	CHENÉ (Jean-Baptiste), abbé	Émigré	1,066. 80.	
2,470.	——— (Renée, demoiselle)	Vendéenne	80. 00.	
2,471.	CHENEL (Antoine)	Indemnité d'une charge qu'avait son père avant la révolution.	300. 00.	
2,472.	CHERBONNEL (Marie-Élisabeth, née BORIN, veuve).	Vendéenne	400. 00.	*Idem.*
2,473.	CHEREL (Jean)	Vendéen	50. 00.	
2,474.	CHERISEY (Marie-Aglaé, née LASÉNESCHAL, marquise DE).	Veuve d'un émigré lieutenant-général	1,200. 00.	*Idem.*
2,475.	CHÉRON (Gilles)	En remplacement de la pension de 300 fr., dont il jouissait avant la révolution.	150. 00.	
2,476.	CHERON (Jules-César)	Délivreur à la petite écurie	240. 00.	
2,477.	CHERPANTIER (Jean)	Vendéen	200. 00.	
2,478.	CHERTEMPS (Alexandre-François)	Fils d'un porte-manteau de Louis XVI et Louis XVIII.	500. 00.	
2,479.	——— (Julie-Fortunée, née DE CHALAYE, veuve)	Veuve d'un porte-manteau de Louis XVI.	1,000. 00.	
2,480.	CHÉRUBINI (Louis-Charles-Zénobie-Salvador).	Compositeur	2,600. 00.	

Nos d'ordre.	NOMS ET PRÉNOMS des PENSIONNAIRES.	MOTIFS de LA CONCESSION DES PENSIONS.	MONTANT des PENSIONS.	OBSERVATIONS.
2,481.	CHESNAY (Pierre-Germain).........	Vendéen..........................	400f	
2,482.	CHESNÉ (Jean)..................	Palefrenier à la petite écurie du Roi....	200.	
2,483.	——— (Jean).....................	Vendéen..........................	80.	N'a touché aucun des deux secours.
2,484.	——— (Jean-François)............	*Idem*..........................	50.	
2,485.	CHESNEL (Jean-Allain)............	Émigré..........................	200.	
2,486.	——— (Charlotte-Angélique vicsse DE), née SAINT-HILAIRE DE LA ROCHETTE.	Veuve d'émigré, perte de fortune......	1,000.	
2,487.	CHESNIER-DUCHESNE (Marie-Léonide), demoiselle.	Fille d'un aide-de-camp de Charette....	200.	N'a pas touché le deuxième secours.
2,488.	——— (Ambroise-Alexandre).......	Fils *idem*..........................	200.	
2,489.	——— (Romain-Alexandre).........	*Idem*..........................	200.	
2,490.	CHEUVEUSE-LÉGREVILLE (Catherine-Charlotte-Jeanne, demoiselle DU).	Son père a rendu des services à la cause royale, en France.	200.	
2,491.	——— (Rose-Josèphe-Marie).......	*Idem*..........................	200.	
2,492.	CHEVEUSE (Louis-Frédéric-Alexis DE).	Émigré..........................	100.	
2,493.	CHEVALIER (André)...............	A servi dans les armées royales de la Lozère.	100.	
2,494.	——— (Christophe-Marie).........	Ex-garde à pied des forêts à Versailles.	120.	
2,495.	——— (Jacques)..................	Vendéen..........................	50.	*Idem.*
2,496.	——— (Jean).....................	*Idem*..........................	50.	*Idem.*
2,497.	——— (Louis)....................	*Idem*..........................	50.	
2,498.	——— (Louis)....................	*Idem*..........................	100.	
2,499.	——— (Mathurin).................	*Idem*..........................	50.	
2,500.	——— *dit* NAVOIGILLE (Joseph-Julien)	Alto à la chapelle du Roi..........	41.	N'a pas touché le deuxième secours.
2,501.	——— (Béatrix-Bonne-Clotilde, demoiselle).	Sans fortune..........................	300.	
2,502.	——— (Flore, demoiselle).........	Services pendant la révolution........	400.	
2,503.	——— (Marie-Henriette, dame), née CRONIER.	Fille d'un jardinier de l'Hermitage.....	100.	
2,504.	——— (Marie-Sophie, veuve), née DESEUTRE.	Veuve d'un ancien valet de chambre de la Reine.	240.	N'a touché aucun des deux secours.
2,505.	——— (Marie-Françoise, veuve) née DUCLOS.	Mère de famille sans fortune.........	400.	

Nos d'ordre.	NOMS ET PRÉNOMS des PENSIONNAIRES.	MOTIFS de LA CONCESSION DES PENSIONS.	MOTANT des PENSIONS.	OBSERVATIONS.
2,506.	CHEVALIER (Marie-Julienne, veuve), née JOSSE.	Veuve d'un garde-chasse qui avait 150 fr. de pension sur la cassette de Louis XVI.	50f 00c	N'a pas touché le premier secours.
2,507.	CHEVALLIER	Ex-coiffeur, valet de chambre de la princesse de Lamballe, âgé de 96 ans.	240. 00.	N'a touché aucun des deux secours.
2,508.	—— (Jean)	Vendéen	60. 00.	N'a pas touché le deuxième secours.
2,509.	—— (Julien)	Émigré	900. 00.	*Idem.*
2,510.	—— (Juste-Laurent), abbé	*Idem*	1,219. 20.	
2,511.	—— (Marie-Marguerite, veuve, née SOHIÉ).	Veuve d'un garde de la varenne du Louvre.	100. 00.	*Idem.*
2,512.	CHEVAUCHAUD DE LATOUR DES CATILIÈRES (Pierre).	Émigré	250. 00.	
2,513.	CHEVESAILLES DE LA LEVRIE	A rendu des services aux Bourbons	200. 00.	
2,514.	CHEVESSAILLES (Louis-Julien)	Émigré	600. 00.	*Idem.*
2,515.	CHEVIGNÉ (Marie-François-Auguste de Salles DE).	Parent d'émigré	400. 00.	N'a touché aucun des deux secours.
2,516.	—— (Marie-Ozethe-Françoise DE)	Sœur d'un officier de la garde royale	300. 00.	
2,517.	CHEVREUSE (Amélie-Marie-Françoise, demoiselle DE).	Émigrée	100. 00.	
2,518.	—— (Anne)	Sœur d'émigré	500. 00.	
2,519.	—— (Louise-Eugénie)	Émigrée	100. 00.	
2,520.	CHEVREUSE DE TOURTERON (Louis-Marc-Antoine, chevalier DE).	A perdu sa fortune par suite de la révolution.	200. 00.	
2,521.	CHEVRY (Geneviève-Élisabeth, demoiselle DE).	Émigrée	600. 00.	*Idem.*
2,522.	CHIFFOLEAU (Mathurin)	Vendéen	80. 00.	N'a pas touché le deuxième secours.
2,523.	CHODOT (Louis)	Émigré, ancien piqueur des gardes du corps.	200. 00.	
2,524.	CHOISEUIL (Comtesse DE)	Auteur de plusieurs ouvrages	400. 00.	N'a touché aucun des deux secours.
2,525.	CHOISEUL-ANGELO (Marie-Louise-Madeleine-Pauline, dame DE).	Émigrée	2,400. 00.	
2,526.	CHOISEUL-MEUSE (Adrienne-Béatrix-Françoise-Chantal, comtesse DE).	Sa mère avait une pension sur la cassette de Louis XVI.	400. 00.	N'a pas touché le deuxième secours.
2,527.	—— (Anne-Félicité-Antoinette-Joséphine, comtesse DE).	*Idem*	500. 00.	
2,528.	—— (Élisabeth-Joséphine-Amable, comtesse DE).	Ancienne chanoinesse	400. 00.	
2,529.	CHOLET (Marie-Victoire-Ursule, baronne DE), née MARTIN).	Émigrée	1,200. 00.	
2,530.	CHOLLET	Ex-sociétaire de l'Opéra-Comique. (Pension par suite de transaction.)	465. 00.	N'a touché aucun des deux secours.

Nos d'ordre.	NOMS ET PRÉNOMS des PENSIONNAIRES.	MOTIFS de LA CONCESSION DES PENSIONS.	MONTANT des PENSIONS.	OBSERVATIONS.
2,531.	CHOLLET (Vicomte DE)	Ex-inspecteur général des services de la maison du Roi.	4,000f	
2,532.	CHOLLOT, née CUYX (Veuve)........	Émigrée ; son mari a été fusillé.......	1,200.	
2,533.	CHOPINE dit LAUNOY (Flore-Honorine, demoiselle).	Services de sa famille auprès de Louis XVI, au Temple.	250.	
2,534.	——— (Antoinette-Marie-Charlotte, demoiselle), actuellement dame GARCIN.	*Idem*...........................	250.	
2,555.	CHOQUET (Anne-Véronique, née CARMAGNOLE, veuve).	Veuve d'émigré.....................	200.	
2,536.	CHOSON-LACOMBE (Alexandre-Jean-Bapt.-Joseph-François DE).	Émigré..........................	800.	
2,537.	CHOULET (Jean-Louis)............	*Idem*...........................	150.	
2,538.	CHOUIN DE MONGAI (Pierre-Marie)...	Maréchal-des-logis des gardes-du-corps; avait 200f sur la cassette de Louis XVI.	200.	N'a touché aucun des deux secours.
2,539.	CHOVOT (Françoise-Bonaventure, née FOULLUT, veuve).	Veuve d'un employé au ministère de la maison du Roi.	200.	
2,540.	CHRÉTIEN........................	Concierge du Garde-Meuble de la Couronne.	368.	N'a pas touché le deuxième secours.
2,541.	*Néant.*			
2,542.	CHRÉTIEN (Marin)................	Vendéen..........................	50.	N'a touché aucun des deux secours.
2,543.	——— (Pierre-Marie)............	Ancien concierge du ministère de la maison du Roi.	448.	
2,544.	——— (Agathe-Louise, née PELOUX DE GLAIR-FONTAINE, veuve).	Veuve d'un musicien de la Chapelle....	500.	
2,545.	CHRÉTIEN-LALANNE (Aurore-Marie-Damarice, née LANGLOIS, veuve).	Créancière de Louis XVIII, pour fournitures faites en émigration.	1,000.	
2,546.	CHRISTINAT (Victoire-Adélaïde, née ENOUF dit MARAIS, veuve).	Veuve d'un député................	400.	
2,547.	CHRISTOPHE (Jacques)............	Émigré..........................	300.	
2,548.	——— (Jean-Joseph).............	*Idem*...........................	160.	
1,549.	CHUARD (Jean-Baptiste)...........	*Idem*...........................	150.	*Idem.*
2,550.	CHUFFART (Marie-Jeanne, née POTHÉ, veuve).	Veuve d'émigré...................	80.	*Idem.*
2,551.	CHUPIN (Louis)..................	Vendéen..........................	50.	
2,552.	CHUQUET (Anne, demoiselle)........	Fille d'émigré, née en émigration.....	150.	
2,553.	——— (Betsy-Anne, demoiselle).....	*Idem*...........................	150.	
2,554.	——— (Marguerite, demoiselle).....	*Idem*...........................	150.	
2,555.	——— (Marie, demoiselle).........	*Idem*...........................	150.	

Nos d'ordre.	NOMS ET PRÉNOMS des PENSIONNAIRES.	MOTIFS de LA CONCESSION DES PENSIONS.	MONTANT des PENSIONS.	OBSERVATIONS.
2,556.	CHYRADE (Françoise, née DUBREUIL, dame).	Femme de vendéen	300f 00c	
2,557.	CILLART DE SUVILLE (Dreuse-Marie-Louise-Silvie, demoiselle DE).	Fille d'émigré	400. 00.	
2,558.	—— (Marie-Josèphe, demoiselle DE).	*Idem*	400. 00.	
2,559.	—— (Innocente-Louise-Marie-Armande, demoiselle DE).	*Idem.*	400. 00.	
2,560.	CILLART DE KERMAINGUY (Angelique-Joséphine-Constance-Clémentine, née DE GOUERLEN DE LOCMARIA, dame).	Vendéenne	200. 00.	N'a touché aucun des deux secours.
2,561.	CINGAL DE MARVILLE (Marie-Élisabeth, née LESENECAL, dame).	Émigrée	300. 00.	
2,562.	CINQ-MARS (Eugénie, dame), religieuse.	*Idem*	1,066. 80.	*Idem.*
2,563.	CIOLLY (Denise-Marie-Élisabeth, demoiselle).	Femme de chambre de mad. Victoire	600. 00.	
2,564.	CIROT (Albert)	Fils d'un officier supérieur	150. 00.	N'a pas touché le deuxième secours.
2,565.	—— (Pétronille-Rose, née DE LAVILLE, veuve).	Veuve d'émigré	200. 00.	
2,566.	CIVADIER (Jeanne-Louise-Françoise-Thérèse, demoiselle).	Dévouement de son aïeul à la cause royale.	120. 00.	
2,567.	—— (Marie-Théodore, demoiselle)	*Idem*	120. 00.	
2,568.	CIVOET (Anselme-César DE)	Émigré	600. 00.	
2,569.	CIVRÉ (Pierre-René)	Vendéen	50. 00.	
2,570.	CLACY (Léopold DE)	Fils d'émigré	360. 00.	N'a touché aucun des deux secours.
2,571.	CLAIRAMBAULT (Sébastien-Marie-Auguste DE).	Frère d'émigré	200. 00.	
2,572.	—— (Céleste-Françoise-Marie-Josèphe, demoiselle DE).	Sœur d'émigré	600. 00.	
2,573.	CLAIRVILLE (Émerance-Gabrielle, demoiselle DE).	Fille d'émigré	200. 00.	
2,574.	CLAPIERS (Thérèse-Gabrielle, demoiselle DE).	Perte de fortune	150. 00.	N'a pas touché le deuxième secours.
2,575.	—— (Marie-Élisabeth-Nymphe-Olbie, demoiselle DE).	*Idem.*	150. 00.	
2,576.	CLARAC (Louis-Antoine, baron)	Intendant militaire; à titre d'ancienneté de services et en remplacement d'une pension acquise sur la caisse de vétérance.	5,000. 00.	*Idem.*
2,577.	CLARET (Anne, née CAMAIL, veuve)	Émigrée	900. 00.	N'a touché aucun des deux secours.
2,578.	CLARISSES DE GRAVELINES (Les Dames)	Rétablissement d'une pension dont leur communauté jouissait, depuis plus d'un siècle, sur la cassette du Roi.	280. 00.	
2,579.	CLASTRIER (Alexandre)	Fils d'émigré	150. 00.	
2,580.	—— (Antoine-Mathieu-Xavier)	*Idem*	250. 00.	

N^os d'ordre.	NOMS ET PRÉNOMS des PENSIONNAIRES.	MOTIFS de LA CONCESSION DES PENSIONS.	MONTANT des PENSIONS.	OBSERVATIONS.
2,581.	CLAUDA (Jean-Pierre).............	Émigré.........................	200f	
2,582.	CLAUDE (Catherine-Rosalie, veuve), née PAPILLION.	Veuve d'un tapissier des Gobelins.....	200.	
2,583.	CLAUDEL (Jean-Pierre)............	Blessé par l'explosion d'une boîte d'artifice.	200.	
2,584.	CLAUDOT (Marie-Jeanne-Claude, veuve), née DE BILLAUT.	Sœur d'émigré....................	400.	
2,585.	CLAUS (Jacques)..................	Émigré.........................	100.	N'a touché aucun des deux secours.
2,586.	CLOSOLLES (Alain)...............	Services dans les armées royales, en France.	100.	*Idem.*
2,587.	CLAVERIC (Marguerite-Geneviève, v^e), née PICHAUD.	Vendéenne......................	80.	N'a pas touché le deuxième secours.
2,588.	CLAVERIC DE MONTAUT (Dame SOLANGE), née DU POEY.	Émigrée.........................	1,200.	N'a touché aucun des deux secours.
2,589.	CLAVIE (Pierre)..................	Services dans les armées royales, en France.	150.	
2,590.	CLAVIER (Jacques-Jean)...........	Vendéen.........................	60.	*Idem.*
2,591.	CLAVIÈRES (André)...............	Cocher des voitures de la Cour........	200.	
2,592.	CLAVIN (Charles-Jacques)..........	Employé à l'intendance des bâtimens; aveugle.	498.	
2,593.	CLEAZ (Geneviève-Cécile, demoiselle)..	Fille d'un receveur principal, contrôleur, des caisses domaniales.	200.	
2,594.	CLÉDAT (Jeanne-Paule-Augustine, dame DE), née MOREAU.	En remplacement de la pension de 3000f. dont elle jouissait avant la révolution.	1,800.	
2,595.	CLEMAN (Joseph)..................	Émigré.........................	1,000.	
2,596.	CLEMANDOT (Pierre-Étienne)........	Commis au contrôle de la Maison du Roi pendant 17 ans.	1,000.	*Idem.*
2,597.	CLÉMENT (André).................	Vendéen.........................	100.	N'a pas touché le deuxième secours.
2,598.	——— (Louis-Emmanuel)..........	Garçon d'attelage aux écuries de MONSIEUR, Comte de Provence.	300.	
2,599.	——— (Céleste, demoiselle), actuellement dame LECLERC.	Vendéenne......................	300.	
2,600.	——— (Marguerite, demoiselle).....	Lingère à Brunoy.................	200.	
2,601.	——— (Marie-Anne-Félix), née MOTRON.	Veuve d'un surveillant à Rambouillet...	103.	
2,602.	CLÉMENT DE LA RONCIÈRE (Nicolas-Élisabeth, abbé).	Chapelain de la grande chapelle de Louis XVI.	300.	
2,603.	CLEMOT (Joseph-Marie)............	Vendéen.........................	50.	
2,604.	CLERC (Marcellin)................	Ancien officier, infirme.............	400.	
2,605.	——— (Claude-Françoise), née PAYEN.	Veuve d'émigré...................	1,000.	

Nos d'ordre.	NOMS ET PRÉNOMS des PENSIONNAIRES.	MOTIFS de LA CONCESSION DES PENSIONS.	MONTANT des PENSIONS.	OBSERVATIONS.
2,606.	CLEREMENTAULT (Marie-Adélaïde, dame), avant veuve BELLAVOINE, née LENEZ de COTTY DE BRECOURT.	Émigrée	600f	
2,607.	CLERGEAU (Louis-François)	Émigré et Vendéen	600.	N'a pas touché le deuxième secours.
2,608.	CLERGET (Jean-Baptiste)	N'a aucun moyen d'existence	200.	N'a touché aucun des deux secours.
2,609.	CLERICO (Louis-François-Dominique)	Ancien garde-du-corps	450.	*Idem.*
2,610.	CLERMONT-CRÈVECŒUR (Angélique-Françoise, c^sse^ DE), née DUFRESNE DE RENAC.	Émigrée	1,200.	
2,611.	CLERMONT-MONT-SAINT-JEAN (Gaspard-Marie, abbé de).	Émigré	300.	
2,612.	CLERMONT-TONNERRE (Comtesse DE)	Pension accordée directement par le Roi. (Motifs inconnus).	1,000.	
2,613.	CLERMONT-TONNERRE DE TOURY (Marie-Françoise, comt^sse^ DE), née DE FROGER.	Veuve d'un lieutenant général	1,000.	*Idem.*
2,614.	CLERVAULX (Marie-Adélaïde, dame DE), née BROUARD.	Veuve d'un officier	300.	N'a pas touché le premier secours.
2,615.	CLERVAUX (François-Antoine DE)	Émigré vendéen	400.	
2,616.	CLÉRY (Veuve), née FONTAINE	Compromise dans l'affaire de Georges Cadoudai.	400.	
2,617.	CLINCHAMP (Charles-François-René, marquis DE).	Émigré	300.	
2,618.	——— (Éléonor-Maximilien-François, comte DE).	Vendéen	500.	
2,619.	CLINCHAMP-D'ANISY (Louis-Pierre)	Émigré, âgé de 91 ans	800.	
2,620.	CLINCHAMP-D'AUBIGNY (Paul-Louis-Antoine, comte).	Fils d'un maréchal-de-camp qui avait une pension sur la cassette de Louis XVI.	300.	N'a touché aucun des deux secours.
2,621.	CLOCHARD (Rose, veuve), née BOUSSEAU.	Vendéenne	60.	
2,622.	CLOÉREC (Mathurin)	Vendéen	75.	
2,623.	CLOPET (Madeleine-Hélène, veuve), née GUILBERT.	Veuve d'un garde-chasse à Brunoy	200.	
2,624.	CLOPIN DE BESSEY (Nubert)	Émigré	800.	
2,625.	——— (Marie-Geneviève, veuve), née DUPUGET.	Veuve d'un conseiller au parlcment de Dijon.	250.	
2,626.	CLOTOU (Joseph)	Vendéen	50.	
2,627.	CLOUET (Marie-Thérèse, veuve), née BRIET.	Veuve d'un garde des forêts, à Saint-Germain.	150.	
2,628.	———(Marie-Henriette-Louise, dame), née DE LA BUSSIÈRE.	Son beau-père est mort sur l'échafaud	150.	
2,629.	CLOZEL	Pensionnaire du deuxième théâtre français. Pension à titre onéreux.	1,000.	
2,630.	CLOZIER (François-Jean, chevalier DE).	Émigré	300.	

Nos d'ordre.	NOMS ET PRÉNOMS des PENSIONNAIRES.	MOTIFS de LA CONCESSION DES PENSIONS.	MONTANT des PENSIONS.	OBSERVATIONS.
2,631.	CLUGNY (Marie-Catherine-Hersilie, née DE DESSEY DE LEYRIS DE BONNAUD, marquise DE).	Belle-fille d'émigré	400f 00c	
2,632.	COAISLIER (Jean)	Vendéen	80. 00.	N'a pas touché le deuxième secours.
2,633.	COCAULT (François)	*Idem*	50. 00.	
2,634.	COCHELIN (Françoise-Catherine, née CROZET, veuve).	Veuve d'un porte-manteau de Mme la comtesse d'Artois.	600. 00.	*Idem.*
2,635.	COCHENET (Marie-Élisabeth, née DARRAS, veuve).	Veuve d'un garde à pied des forêts, à Compiègne.	120. 00.	
2,636.	COCHERY (Marie-Louise, née BONNEAU, veuve).	Veuve d'un postillon aux écuries de la Reine.	160. 00.	
2,637.	COCHET (Alexandre-Louis, abbé)	Prêtre déporté	500. 00.	N'a touché aucun des deux secours.
2,638.	COCHET DE LA MOTTE (Denis)	Garde-du-corps	300. 00.	
2,639.	COCHIN (Jacques-Christophe, abbé)	Émigré	1,219. 20.	N'a pas touché le deuxième secours.
2,640.	COCQ (Nicolas, DE)	Prêtre émigré, aveugle, âgé de 89 ans.	1,000. 00.	N'a touché aucun des deux secours.
2,641.	COCU (Jacques)	Fils d'un chef de bataillon vendéen	100. 00.	
2,642.	——— (Jeanne, demoiselle)	Fille *idem*	100. 00.	
2,643.	——— (Marie, demoiselle)	*Idem*	100. 00.	
2,644.	——— (Louise-Thérèse, demoiselle)	*Idem*	100. 00.	
2,645.	COCURAL (Jean-Louis)	Mari d'une femme de chambre du Dauphin.	400. 00.	
2,646.	COEFFARD (Mathurin)	Vendéen	80. 00.	*Idem.*
2,647.	COEHORN (Marie-Marguerite-Sophie, née DE BEYER, baronne DE).	Veuve d'un maréchal-de-camp mort des suites d'une amputation qui lui fut faite après la bataille de Leipsick.	1,000. 00.	
2,648.	COËTLOGON (Alain, marquis DE)	Émigré, père de 10 enfans	2,000. 00.	N'a pas touché le premier secours.
2,649.	——— (Marie-Anne-Constance-Charlotte, née DE CLUGNY, comtesse DE).	Fille d'une dame de Madame la Comtesse d'Artois.	1,200. 00.	
2,650.	——— (Marie-Jacquette, née DE KÉNOR, dame DE).	Vendéenne	200. 00.	N'a touché aucun des deux secours.
2,651.	COËTNEMPREN (Marie-Françoise-Anselme, dame).	Fille d'un capitaine de vaisseau	400. 00.	*Idem.*
2,652.	——— (Marie-Antoinette-Élisabeth, demoiselle).	*Idem*	400. 00.	
2,653.	——— (Marie-Virginie, demoiselle)	*Idem*	400. 00.	*Idem.*
2,654.	——— (Marie-Élisabeth, née DUFILHOL DE KERDOURNAN, dame).	Veuve d'un capitaine de vaisseau mort sur l'échafaud, dans la révolution.	400. 00.	*Idem.*
2,655.	CŒUR (Marie-Anne, demoiselle)	Son père fut fusillé à Toulon, en 1793.	100. 00.	

Nos d'ordre.	NOMS ET PRÉNOMS des PENSIONNAIRES.	MOTIFS de LA CONCESSION DES PENSIONS.	MONTANT des PENSIONS.	OBSERVATIONS.
2,656.	CŒUR (Marie-Madeleine-Julie, demoiselle).	Son père fut fusillé à Toulon, en 1793.	100f 00.	
2,657.	CŒUR DE ROY, née DE GRANDY, veuve DE).	Ancienne élève de Saint-Cyr.........	200. 00.	N'a touché aucun des deux secours.
2,658.	CŒURET SECQUEVILLE (Augustine-Élisabeth-Catherine-Charlotte, delle DE).	Fille d'un contre-amiral............	400. 00.	
2,659.	——— (Eugénie-Catherine-Marie-Charlotte, demoiselle DE).	*Idem*...........................	400. 00.	
2,660.	COFFIN (Noilette-Aimée-Pauline, née BOUQUET, dame).	Vendéenne.......................	800. 00.	
2,661.	COGHLAN (Élisabeth, dame religieuse).	Émigrée.........................	437. 20.	
2,662.	COYNARD (Adélaïde-Joseph, née MALAIZÉ, veuve).	Veuve d'un charron de M. le Comte d'Artois.	150. 00.	
2,663.	COGNIASSE DU QUEYRAUD DE LAVAUD, Jean-Baptiste-Michel, chevalier).	Émigré..........................	400. 00.	
2,664.	COGNET (Madeleine-Denise-Sophie, demoiselle).	Attachée à la musique de Louis XVI...	100. 00.	
2,665.	COHENDET (Nicolas)..............	Émigré..........................	250. 00.	
2,666.	COHIC (Julien)..................	Vendéen.........................	100. 00.	
2,667.	COIFFARD (Louis)................	*Idem*...........................	300. 00.	
2,668.	——— (Jeanne, née BOMPAS, veuve).	Vendéenne.......................	80. 00.	
2,669.	BOIFFIER DE MORET (Charlotte-Marguerite-Madeleine, veuve), née DE BENARD DE SAUVETERRE.	Veuve d'émigré..................	300. 00.	N'a pas touché le deuxième secours.
2,670.	COIFFIER DE VERFEUX (Marie-Anne, demoiselle).	Fille d'émigré..................	200. 00.	
2,671.	COIGNARD (François).............	Vendéen.........................	50. 00.	
2,672.	COIGNARD DE SAINT-ÉTIENNE (Rosalie-Sophie).	Sœur d'émigré...................	400. 00.	N'a pas touché le premier secours.
2,673.	COINCY DE LA RIVIÈRE DE MONTREUIL (Marie-Victoire-Rosalie, dem.lle DE).	Fille d'un lieutenant-général.........	1,000. 00.	
2,674.	COINDÉ (Jean-Baptiste)...........	Émigré, âgé de 91 ans.............	360. 00.	
2,675.	——— (Marie-Marguerite, demoiselle).	Émigrée.........................	500. 00.	
2,676.	COINDRE (Jean)..................	Émigré..........................	200. 00.	
2,677.	COJAN (Rose, née ROGON DU BOISMORIN, veuve).	Sœur de Vendéens................	200. 00.	
2,678.	COLAS *dit* VERDUN (François).......	Délivreur à la fourrière de la maison du Roi.	300. 00.	N'a touché aucun des deux secours.
2,679.	——— (Joseph-Michel)...........	Vendéen.........................	50. 00.	
2,680.	——— (Madeleine-Thérèse, née PETIT, veuve).	Veuve d'un portier aux Tuileries......	150. 00.	

Nos d'ordre.	NOMS ET PRÉNOMS des PENSIONNAIRES.	MOTIFS de LA CONCESSION DES PENSIONS.	MONTANT des PENSIONS.	OBSERVATIONS.
2,681.	COLÁS DE MALMUSSE (Thimothée)....	Infirme et sans aucun moyen d'existence.	300f	N'a pas touché le deuxième secours.
2,682.	COLASSEAU (Pierre-Jean-Jacques).....	Vendéen.	100.	
2,683.	COLAVIER (François-Jean-Baptiste)....	Émigré de Toulon.	300.	N'a touché aucun des deux secours.
2,684.	COLBERT (Charlotte-Pauline-Christine, comtesse DE, née DE MONTBOISSIER BEAUFORT CANILLAC DE MAULEVRIER).	Veuve d'un contre-amiral émigré; petite-fille de Malesherbes.	6,000.	*Idem.*
2,685.	COLBERT DE MONLEVRIER (Agathe-Félicité, demoiselle DE).	Émigrée.	700.	
2,686.	COLIN (François-Antoine).	Émigré.	400.	
2,687.	——— (Jacques-Joseph).	Cavalier de la maréchaussée des Pays-Bas, blessé en conduisant Louis XVIII à Bruges, en 1815.	150.	*Idem.*
2,688.	——— (Jean-Jacques).	Vendéen.	200.	
2,689.	——— (Thomas).	Émigré.	360.	
2,690.	——— (Marie-Élisabeth, veuve, née FLAJOLLOT).	Veuve d'un officier vendéen.	300.	
2,691.	——— (Jeannette, dame, née HOLTON.	Femme d'émigré.	200.	
2,692.	COLIN DE LABASTIDE (Élisabeth, veuve DE, née VINCENT).	Veuve d'un garde-du-corps de Louis XVI.	120.	
2,693.	COLIN DE LA BRUNERIE (Thomas-Marie-Jacques).	Receveur-payeur du trésor de la Couronne, à Compiègne.	500.	*Idem.*
2,694.	COLLARD (Jean-Pierre).	Émigré.	400.	
2,695.	COLLARDEAU DE LA FOREST (Catherine-Thérèse-Machre-Dieudonnée, demoiselle).	Émigrée.	1,100.	
2,696.	COLLAS DE LA BARONNAIS (Mauritle-François).	Émigré.	600.	
2,697.	COLLE (Faustine-Catherine-Marguerite, demoiselle).	Fille d'un général.	200.	
2,698.	COLLERY (Sophie-Scholastique-Joseph, demoiselle).	Fille d'émigré.	200.	
2,699.	COLLET (Julien-Louis).	Vendéen.	100.	
2,700.	——— (Catherine, demoiselle).	Émigrée.	600.	
2,701.	——— (Marie-Clémentine-Fortunée, veuve, née DAMIELLE).	Services auprès de Madame Victoire, en émigration.	600.	
2,702.	——— (Louise-Thérèse, née LE BRUN, veuve).	Veuve d'un contre-amiral.	500.	N'a pas touché le deuxième secours.
2,703.	——— (veuve, née PICHON).	Veuve d'un officier vendéen.	300.	N'a touché aucun des deux secours.
2,704.	——— (Marie-Catherine, veuve, née TELLIÉ).	Veuve d'un valet de pied.	150.	
2,705.	COLLETIER (Marguerite, demoiselle).	Fille d'un officier des armées françaises tué sur le champ de bataille.	400.	

Nos d'ordre.	NOMS ET PRÉNOMS des PENSIONNAIRES.	MOTIFS de LA CONCESSION DES PENSIONS.	MONTANT des PENSIONS.	OBSERVATIONS.
2,706.	COLLETIER (Marie-Catherine, demoiselle).	Fille d'un officier des armées françaises tué sur le champ de bataille.	400f	
2,707.	COLLEVILLE (Auguste-Nicolas-François, DE).	Fils d'émigré	300.	
2,708.	——— (Clémentine-Félicité-Josèphe-Marie, demoiselle DE).	Fille *idem*	300.	
2,709.	——— (Augustine, dame DE, née MICHEL).	Émigrée	800.	
2,710.	COLLIER (Angélique, veuve, née KUNY).	Veuve d'un employé aux fêtes et cérémonies.	147.	
2,711.	COLLIEX (Marie-Victoire, veuve, née DE BIDEREN).	Veuve d'un officier	300.	
2,712.	COLLIEZ (Louis-Joseph)	Émigré	150.	
2,713.	COLLIGNAN (Étienne-Alexandre)	Fils d'émigré	200.	
2,714.	——— (Étienne-Hyacinthe-Auguste-Alexandre, DE).	*Idem*	200.	
2,715.	——— (Gabriel-Léon-de-Virey, DE).	*Idem*	100.	
2,716.	——— (Marie-Angélique, demoiselle DE).	Fille d'émigré	200.	
2,717.	——— (Pauline-Caroline, demoiselle DE).	*Idem*	100.	
2,718.	COLLIGNON (Albert)	Fourrier des logis de Louis XVI	1,000.	
2,719.	——— (André-François-Ignace, DE).	Frère d'une femme de chambre de la Reine, émigré.	200.	
2,720.	——— (Marie-Élisabeth, dame religieuse).	En remplacement d'une pension de 300f accordée par Napoléon.	150.	N'a pas touché le deuxième secours.
2,721.	——— (Anne, veuve, née BASIRE).	Veuve d'un premier médecin de MADAME, Comtesse de Provence.	1,000.	
2,722.	——— (Marie-Thérèse, veuve, née GRANNER).	Veuve d'un fourrier des logis de la maison du Roi.	400.	
2,723.	COLLIN (Pierre-François)	Premier cor à la chapelle du Roi	268.	
2,724.	——— (Guyonne, dame, née BERTIN).	Émigrée	1,000.	
2,725.	COLLIN DE LA FERTÉ (Marie, demoiselle).	*Idem*	500.	
2,726.	COLLIN DELAMINIÈRE (Silvain-Félix).	Émigré	300.	
2,727.	COLLIN DE LAUCOURT (Marie-Euphrasie, veuve, née GAULTIER).	Veuve d'un magistrat; fille d'un officier de la maison du Roi.	150.	
2,728.	COLLINET DESLYS (Agathe-Émilienne-Irène-Marie, veuve, née MEISSONNIER DE VALCROISSANT).	N'a aucun moyen d'existence	260.	
2,729.	COLLINET DE ROUGEBOURSE	*Idem*	200.	N'a touché aucun des deux secours.
2,730.	COLLORGUES (Charlotte-Marie, veuve, née JAMAIN).	Veuve d'un capitaine	300.	

Nos d'ordre.	NOMS ET PRÉNOMS des PENSIONNAIRES.	MOTIFS de LA CONCESSION DES PENSIONS.	MONTANT des PENSIONS.	OBSERVATIONS.
2,731.	COLLOT (Claude-Brice).............	Perte de fortune..................	200f	
2,732.	——— (Éloy)....................	Émigré.........................	500.	
2,733.	COLMART (Marie-Pauline, dame MERLHIOT, demoiselle).	Fille d'un piqueur aux écuries du Roi...	200.	
2,734.	COLNET-DURAVET (Charles-Joseph-Maximilien-Auguste).	Homme de Lettres.................	1,200.	
2,735.	COLOMBE (Marie-Thérèse-Théodore)..	Ancienne actrice de la comédie italienne, âgée de soixante-et-dix ans.	400.	
2,736.	COLOMBET (Jean-Baptiste DE)........	Émigré.........................	800.	
2,737.	——— (Geneviève, née MARLET, veuve DE).	Veuve d'émigré....................	600.	
2,738.	COLOMBET DE LANDOS (dame DE).....	Veuve d'un agent diplomatique, mort au Brésil.	300.	
2,739.	COLOMIÈS DE CHABANETTE (Marie-Anne-Reine, née DESPREZ, veuve).......	Veuve d'un lieutenant-colonel émigré..	1,000.	
2,740.	COLONNA-LECA (Nonce-Marie, née RECCO, veuve).	Veuve d'émigré....................	300.	N'a pas touché le deuxième secours.
2,741.	COLONOZET (Jean-Baptiste)..........	Capitaine vendéen	800.	
2,742.	COLSON (Hélène-Suzanne, née POUSSIELQUE, veuve).	Veuve d'un contrôleur et caissier des mines d'Attlémont.	500.	
2,743.	COMA (Joseph-Ignace-Antoine).......	Émigré.........................	600.	
2,744.	——— (Gabrielle-Rose-Josèphe, demoiselle DE).	Emigrée........................	400.	
2,745.	——— (Marie-Thérèse-Charlotte, demoiselle DE).	*Idem*...........................	400.	
2,746.	——— (Françoise-Angélique-Josèphe, demoiselle DE).	*Idem*...........................	400.	
2,747.	COMA-PONT (Michel-Ganderique-Joseph-Antoine).	Émigré.........................	300.	N'a touché aucun des deux secours.
2,748.	——— (Joseph-Antoine-Françoise-Ignace, demoiselle DE).	Émigrée........................	400.	
2,749.	COMARGUE (Étienne-Marie dit ANDRÉ DE)	Fils d'émigré.....................	600.	
2,750.	COMARGUE-CANTET (Paul-Ambroise DE).	Émigré.........................	400.	*Idem.*
2,751.	COMBAREL DE VERNEGE (Marie-Madeleine-Louise, née BOUTIN, comtesse DE).	Veuve d'un officier supérieur de la Maison du Roi.	600.	
2,752.	COMBE-RAVELLI (Marie-Gabrielle, née DE BRUNEL, dame DE).	Femme d'émigré...................	500.	
2,753.	COMBEAU (Antoine-Sébastien)........	Émigré.........................	300.	
2,754.	——— (Pardoux).................	*Idem*...........................	150.	
2,755.	COMBELLE (Jeanne-Paule, née CATALA, dame).	Service de son fils en France, en 1815.	100.	

Nos d'ordre.	NOMS ET PRÉNOMS des PENSIONNAIRES.	MOTIFS de LA CONCESSION DES PENSIONS.	MONTANT des PENSIONS.	OBSERVATIONS.
2,756.	COMBES (Jean-François-Brigitte-Gabriel, DE).	Ex-chef de division au ministère de la maison du Roi.	826f	N'a touché aucun des deux secours.
2,757.	——— (Catherine-Sophie, née BLONDEAU, veuve).	Sans fortune. Son mari avait recueilli un enfant abandonné, qui est encore à sa charge.	150.	
2,758.	COMBETTES-DESLANDES (Marie-Éléonore, demoiselle DE).	Sœur d'émigré........	600.	
2,759.	COMBLES DE LA TOUR (Caroline-Louise-Marie, demoiselle DE).	Émigrée........	200.	N'a pas touché le deuxième secours.
2,760.	COMBRALIER (Pierre)........	Vendéen........	50.	N'a pas touché le premier secours.
2,761.	COMEAU (Marie-Anne-Barbe, née LORAIN, veuve DE).	Veuve d'émigré........	250.	N'a touché aucun des deux secours.
2,762.	COMÈRE (Dominique, baron DE).....	Écuyer de MADAME, comtesse de Provence	1,200.	
2,763.	COMBESCOT-DUREPAIRE (Henriette, demoiselle).	Émigrée........	500.	
2,764.	COMMARD (Catherine-Judith, née FOUASSON, veuve).	Vendéenne........	30.	*Idem.*
2,765.	COMMART (Barbe-Eugénie-Pétronille)..	Son père a été persécuté pendant la révolution........	200.	
2,766.	——— (Marguerite-Joséphine, dame).	Sœur de la précédente........	200.	
2,767.	——— (Eugénie-Sophie-Alexandrine, demoiselle).	*Idem*........	200.	
2,768.	COMMELIN (Pierre-Toussaint)........	Ancien palefrenier, âgé de 77 ans; infirme.	80.	*Idem.*
2,769.	COMMERIE-LAFERRIÈRE (Pierre)......	A perdu sa fortune par suite de la révolution.	200.	
2,770.	COMNÈNE (George, Prince DE)......	Dernier descendant mâle des Empereurs chrétiens d'Orient.	2,000.	N'a pas touché le deuxième secours.
2,771.	——— (Laure-Marie, demoiselle DE)..	Issue de la famille des derniers Empereurs d'Orient.	800.	
2,772.	——— (princesse DE)........	Veuve du prince Démétrius, descendant des Empereurs chrétiens d'Orient.	2,000.	N'a touché aucun des deux secours.
2,773.	COMONT (Jacques)........	Émigré........	100.	
2,774.	COMPAGNOT (Anne-Charlotte, demoiselle DE).	Fille d'émigré........	300.	*Idem.*
2,775.	COMPAIN (Anne-Marie-Désirée, née DAIX, veuve).	Vendéenne, sœur d'un général.......	200.	
2,776.	COMPIÈGNE (Aglaé-Dupont, DE)......	Fille d'un colonel........	300.	
2,777.	——— (Rose-Dupont, DE)........	*Idem*........	300.	
2,778.	COMPÈRE (Jeanne-Françoise, née PRIEUR, veuve).	Veuve d'un palefrenier à la petite écurie.	160.	
2,779.	CONAN (Alexis, DE)........	Émigré........	300.	
2,780.	——— (Louise-Adélaïde DE)........	Orpheline, sans fortune........	300.	

Nos d'ordre.	NOMS ET PRÉNOMS des PENSIONNAIRES.	MOTIFS de LA CONCESSION DES PENSIONS.	MONTANT des PENSIONS.	OBSERVATIONS.
2,781.	CONAN DE FONTENILLE (Paule-Victoire-Céleste, née DE LIVÈNE, marquise DE).	Veuve d'émigré....................	300f	
2,782.	CONCHEY (Marie-Pauline, demoiselle DE), femme FAULDER.	Fille d'émigré....................	600.	
2,783.	CONDÉ (Albert-Ferdinand DE)........	Dévouement de son père et de sa famille à la cause royale; père de six enfans.	200.	
2,784.	——— (Dominique-Alexandre, chevalier DE).	Capitaine; émigré................	1,200.	
2,785.	——— (Gabriel-Ferdinand DE)......	Emigré...........................	600.	N'a touché aucun des deux secours.
2,786.	——— (Antoinette-Henriette, dlle DE), actuellement dame DU LISCOET).	Fille d'émigré....................	400.	
2,787.	——— (Marguerite-Euphrasie), demoiselle DE).	*Idem*............................	300.	*Idem.*
2,788.	——— (Suzette-Frédérique, dlle DE)...	*Idem*............................	400.	
2,789.	——— (Marie-Louise, demoiselle DE).	Sœur d'émigré.....................	200.	
2,790.	———(Anne-Marie-Justine, née DE BONNAY DE LA ROUVRELLE, veuve DE).	Veuve d'émigré....................	200.	
2,791.	——— (Marie-Madeleine, née CHEDEVILLE, baronne DE).	Femme d'un colonel émigré.........	1,000.	
2,792.	———(Caroline-Amélie-Auguste, née DE FREUND DE STERNFELD, barne DE).	Veuve d'émigré....................	400.	
2,793.	CONGNIASSE DESJARDINS (Marie-Armande, demoiselle).	Rente par suite de l'acquisition d'un terrain.	300.	
2,794.	CONRARD DE MAHÉ DE LA RICHERIE (Charles-Honoré-Alexis, chevalier).	Vendéen...........................	500.	*Idem.*
2,795.	——— (Pierre-Honoré-Victor).......	Gendre d'un capitaine des gardes de la porte.	500.	
2,796.	CONSTANT (Marie-Françoise-Catherine, demoiselle).	Fille d'une nourrice de Louis XVIII....	600.	*Idem.*
2,797.	———(Charlotte-Josèphe, née DE COURTEVILLE D'HODICQ, dame DE).	Émigrée...........................	600.	
2,798.	——— (Suzanne-Céline-Zoé, née DE LAMBERTYE, baronne DE),	*Idem*............................	1,200.	
2,799.	CONSTANTIN (Louis Barthélémi-Joseph).	Émigré............................	200.	N'a pas touché le deuxième secours.
2,800.	——— DE LANGÉ (Victoire, née TRODOUX, baronne DE).	Veuve d'un Vendéen................	300.	
2,801.	CONSTAMINE (Isabelle-Hubertine, demoiselle DE).	Émigrée...........................	800.	
2,802.	CONSTANT DE LA MOTTE (Louise-Madeleine, demoiselle).	Fille d'un officier de la maison du Roi..	600.	
2,803.	CONTENCIN (Anne-Sylvine-Héleine, demoiselle, femme REBOUD.	Fille d'émigré....................	400.	
2,804.	———(Anne-Marie, née PEYRE, veuve).	Veuve d'émigré....................	1,200.	
2,805.	CONTY (Pierre-Louis-Charles, chevalier DE),	Émigré............................	300.	

Nos d'ordre.	NOMS ET PRÉNOMS des PENSIONNAIRES.	MOTIFS de LA CONCESSION DES PENSIONS.	MONTANT des PENSIONS.	OBSERVATIONS.
2,806.	CONTY (Frédérique-Sophie, demoiselle DE).	Émigrée	150f 00c	
2,807.	——— (Renée-Charlotte, demoiselle DE).	*Idem*	150. 00.	
2,808.	——— (Léopoldine-Sophie-Antoinette-Marie, née DURAND DE PRÉMORE, veuve DE).	Fille d'émigré	400. 00.	
2,809.	CONWAY DE COTTE (Charles-Paul)	Indemnité pour la cession de la monnaie des médailles : cette pension est à titre onéreux.	3,000. 00.	N'a touché aucun des deux secours.
2,810.	——— (Jules-Charles)	*Idem*	3,000. 00.	*Idem.*
2,811.	——— (Louis-Jules-Albert)	*Idem*	3,000. 00.	*Idem*
2,812.	CONYÉS (dame religieuse)	Émigrée	457. 20.	
2,813.	COPPENS (Marie-Geneviève, née PIGIS, veuve).	Veuve d'un fauconnier des oiseaux du cabinet du Roi.	100. 00.	N'a pas touché le deuxième secours.
2,814.	COQUEREL (Françoise-Marie, née COSTARD, veuve DE).	Veuve d'un capitaine	500. 00.	N'a touché aucun des deux secours.
2,815.	COQUERILLE (Marie-Barbe, demoiselle).	Fille d'un magistrat qui avait une pension de 300 fr. avant la révolution.	200. 00.	
2,816.	COQUET (Anne-Marguerite, née LUCE, veuve).	Son mari a sauvé la vie à plusieurs Suisses au 10 août.	300. 00.	
2,817.	COR (Adélaïde-Jeanne-Élisabeth, née PERRUCHOT DE LONGEVILLE, veuve).	Veuve d'un receveur des finances, mère de huit enfans.	400. 00.	
2,818.	CORAUD (Pierre)	Vendéen	80. 00.	N'a pas touché le deuxième secours.
2,819.	CORBILLY (Paul-Jules-Guillaume, abbé).	Prêtre émigré	800. 00.	N'a touché aucun des deux secours.
2,820.	CORBIN (François-Pierre)	Émigré	80. 00.	N'a pas touché le deuxième secours.
2,821.	——— (Marin-Pierre)	*Idem*	600. 00.	
2,822.	——— DE BELLECOUR (Henriette-Sara).	Émigrée	200. 00.	
2,823.	——— (Jeanne-Anne, demoiselle)	*Idem*	200. 00.	
2,824.	——— DE LA BAUSSONNIÈRE (Jacques-Marie DE).	Vendéen	300. 00.	
2,825.	CORBRION DE CHEVANNES (Marie-Marguerite).	N'a aucun moyen d'existence	300. 00.	
2,826.	CORBY (Louis-Remi)	Émigré	300. 00.	
2,827.	CORDEIL (Jean-Joseph)	Chirurgien émigré	400. 00.	
2,828.	CORDIER (Marie-Antoinette)	Fille d'un employé à la garde-robe de MONSIEUR.	200. 00.	
2,829.	——— DE SAINT-ELNE (Jacques-Philippe).	Vendéen ; ancien hérault-d'armes	300. 00.	
2,830.	CORDOUE (Camille-Eugénie-Charlotte-Ringarde, née de MONTBOISSIER-BEAUFORT-CANILLAC, comtesse DE).	Petite-fille de Malesherbes	2,000. 00.	N'a touché aucun des deux secours.
2,831.	CORFMAT (Vincente, née LEROHELLEC, veuve).	Vendéenne	100. 00.	

Nos d'ordre.	NOMS ET PRÉNOMS des PENSIONNAIRES.	MOTIFS de LA CONCESSION DES PENSIONS.	MONTANT des PENSIONS.	OBSERVATIONS.
2,032.	CORIOLIS (Marie, née DE MAILLET veuve DE).	Veuve d'un garde constitutionnel de Louis XVI.	600f 00c	
2,033.	CORMERAIS (Étienne)............	Vendéen..........................	50. 00.	N'a pas touché le deuxième secours.
2,034.	——— (Jacques)............	*Idem*..........................	50. 00.	N'a touché aucun des deux secours.
2,035.	——— (Pierre).............	*Idem*..........................	50. 00.	N'a pas touché le deuxième secours.
2,036.	CORNIER DU MÉDIC (Marie-Hippolyte-Zoé, demoiselle).	Fille d'émigré.....................	360. 00.	
2,037.	——— (Marie-Sainte-Paule, demoiselle).	*Idem*..........................	360. 00.	
2,038.	——— (Rose-Paule, demoiselle).....	*Idem*..........................	360. 00.	
2,039.	CORN (Louis DE)...............	Perte de fortune..................	150. 00.	
2,040.	——— (Jeanne-Marie-Catherine-Caritte, demoiselle DE).	Fille d'émigré....................	150. 00.	
2,041.	——— (Marie-Élisabeth-Isménie), demoiselle DE).	*Idem*..........................	150. 00.	
2,042.	——— (Marie-Suzanne, demoiselle DE)	*Idem*..........................	600. 00.	
2,043.	CORNART (Pierre-François-Joseph)....	Émigré........................	100. 00.	
2,044.	CORNEILLE (Jeanne-Marie, demoiselle)	Petite-fille, à la 4e génération, de Corneille.	200. 00.	
2,045.	CORNET (Marie, née HÉRICONCAVEZ, veuve).	Veuve d'émigré..................	320. 00.	
2,840.	CORNETEAU (Alexis)............	Vendéen........................	50. 00.	
2,047.	——— (Yves-François)..........	*Idem*..........................	50. 00.	
2,048.	CORNEZAC (Marie-Magdeleine-Pélagie, femme GRABEUIL), dlle FAURE DE)..	Émigrée........................	600. 00.	
2,049.	CORNILLEAU (Joséphine, née GUILLOT, dame).	Fille de chef vendéen..............	300. 00.	
2,050.	CORNILLON (Jacques-Marie)........	Avait une pension sur l'Opéra-comique.	184. 00.	N'a touché aucun des deux secours.
2,051.	——— (Pierre)................	*Idem*..........................	139. 40.	*Idem*.
2,052.	——— (Marie-Louise-Colombe, née PUJOL, veuve)............	Veuve d'un officier de bouche chez M. le comte d'Artois.	400. 00.	
2,053.	CORNIQUET (Marie-Jeanne-Pierre, née ROBIN, veuve).	Veuve d'un valet de garde-robe chez madame la comtesse d'Artois.	300. 00.	
2,054.	CORNOUAILLE (Rose-Marie-Josèphe, née DE QUÉLEN, comtesse, veuve DE)	Fille d'émigré, née en émigration.....	100. 00.	
2,055.	CORNOUAILLES (Louise-Véronique, née DU BOISGUEHENNEUC, comtesse DE).	Mère de Vendéen..................	500. 00.	*Idem*.
2,056.	CORNU (Catherine-Aimée, née JUHEL, veuve).	Veuve d'un balayeur au château de Versailles.	200. 00.	N'a pas touché le deuxième secours.

Nos d'ordre.	NOMS ET PRÉNOMS des PENSIONNAIRES.	MOTIFS de LA CONCESSION DES PENSIONS.	MONTANT des PENSIONS.	OBSERVATIONS.
2,857.	CORNULIER LUCINIÈRE (Anne-Charlotte-Marie, demoiselle DE).	Émigrée	1,200.	
2,858.	COROLLER (Augélique-Mathurine-Marie, demoiselle)	Services de son père à la cause royale, en France.	200.	
2,859.	CORRE DESGOUTTES (Charles-Desiré, DE)	Émigré	1,000.	
2,860.	CORRON (Marianne-Philippine, née FAVRÉ, veuve DE).	Veuve d'émigré	600.	
2,861.	CORSON (Pauline-Jeanne, née DUBUAT, dame).	Fille d'émigré	300.	N'a touché aucun des deux secours.
2,862.	CORTEY (Louise-Marguerite-Élisabeth, demoiselle).	Son frère est mort sur l'échafaud, pendant la révolution.	200.	
2,863.	CORTIE (Marianne-Angélique-Thérèse, née COMELLAS, veuve).	Veuve d'émigré	200.	
2,864.	CORTIER (André-Romain)	Vieillard aveugle	150.	N'a pas touché le deuxième secours.
2,865.	CORVASIER (Jean-Michel)	*Idem*	80.	
2,866.	CORVERS (Marguerite-Victoire, née HENRY, veuve).	Émigrée de Toulon	200.	
2,867.	COSNAC (Ernestine-Pauline-Sophie, née DE GUILLAUMANCHES DU BOSCAGE, dame DE).	Services de son père dans la Maison du Roi.	3,000.	
2,868.	COSOMEL (Alexandrine-Marie-Félicité, dame).	A perdu sa fortune pendant la révolution.	200.	
2,869.	COSSARD (Zenon)	Artiste dramatique	225.	
2,870.	COSSET (dame)	N'a aucun moyen d'existence	80.	N'a touché aucun des deux secours.
2,871.	COSTA (Marie-Thérèse-Ursule, demoiselle).	Sœur d'émigré	600.	*Idem.*
2,872.	——— (Marthe, née CROS, veuve).	Veuve d'émigré	800.	
2,873.	COSTA-BOXADER (Jean-Charles-François, DE).	Capitaine émigré	1,000.	
2,874.	COSTARD (Jacques-Gaspard)	Palefrenier à la petite écurie	200.	*Idem.*
2,875.	——— (Jean)	Émigré	400.	
2,876.	COSTE (Jacques-Joseph-Antoine, chevalier).	Émigré	600.	
2,877.	——— (Simon)	Émigré de Toulon	150.	
2,878.	——— (Élisabeth-Louise, née PIC, dame).	Veuve d'un premier médecin des armées.	800.	
2,879.	COSTE DE CHAMPERON (Victoire-Camille-Hippolyte, née MAISSE, dame).	Émigrée	800.	
2,880.	COSTER (Catherine-Scholastique, demoiselle).	Nièce d'un membre de l'assemblée constituante.	600.	
2,881.	——— (Élisabeth-Béatrix-Ursule, demoiselle).	Religieuse; âgée de 88 ans	150.	

Nos d'ordre.	NOMS ET PRÉNOMS des PENSIONNAIRES.	MOTIFS de LA CONCESSION DES PENSIONS.	MONTANT des PENSIONS.	OBSERVATIONS.
2,882.	COSTER (Jeanne-Béatrix, demoiselle)..	Religieuse, âgée de 87 ans...........	150f	N'a touché aucun des deux secours.
2,883.	COTELLE (Étienne)................	Huissier de la chapelle aux Tuileries...	200.	
2,884.	COTTEREAU (Jean-Baptiste).........	Capitaine vendéen.................	400.	
2,885.	——— (Joseph).................	Vendéen........................	80.	
2,886.	——— (René)..................	*Idem*..........................	250.	N'a pas touché le deuxième secours.
2,887.	COTTIN........................	Aide à la cuisine dans la maison de Louis XVIII.	1,000.	
2,888.	——— (Marguerite-Victoire, née BECCARD, veuve).	Veuve d'un aide à la cuisine..........	200.	
2,889.	COTTREL (Pierre-Anne)...........	Vendéen........................	66.	
2,890.	COTTRET (Antoine)...............	A rendu des services à la cause royale, en France; frère de l'évêque de Caryste.	250.	*Idem.*
2,891.	COTTUREZ PAGNIER (demoiselle).....	N'a aucun moyen d'existence..........	300.	N'a touché aucun des deux secours.
2,892.	COTTY (Charles-Amédé)...........	Fils de la nourrice du duc de Bordeaux.	500.	
2,893.	——— (Héloïse-Virginie, demoiselle).	Fille de la nourrice du duc de Bordeaux et sœur de lait du Prince.	1,000.	
2,894.	——— (Marguerite-Charlotte, demoiselle).	Sœur de la précédente.............	500.	
2,895.	COUADOU (Antoine)...............	Émigré de Toulon.................	200.	
2,896.	COUBLADOZ (François-Joseph).......	Ancien inspecteur des forges de l'artillerie.	390.	N'a touché aucun des deux secours.
2,897.	COUCHE DE LUSIGNAN (Françoise-Angélique, née LUSIGNAN, dame).	Sœur d'émigré..................	300.	
2,898.	COUCHERY.....................	Ex-lecteur honoraire de Louis XVIII...	2,000.	*Idem.*
2,899.	COUCHET (Jeanne-Denise, née BEAUPRÉ, veuve).	Veuve d'un capitaine..............	300.	
2,900.	COUCY (Angélique-Aimée, comtesse DE).	Émigrée........................	1,500.	
9,901.	COUDENHOVE (Charles-Louis, baron DE)	Émigré.........................	800.	
2,902.	COUDRAY (Jean)..................	Vendéen........................	50.	
2,903.	COUDRIAU (Laurent)...............	*Idem*..........................	80.	
2,904.	COUÉ (Jean-Baptiste-René-Marie).....	Capitaine vendéen................	400.	
2,905.	COUESSIN DU BOISRIOU (Georges-Maurice-Pierre, DE).	Émigré.........................	700.	N'a pas touché le premier secours.
2,906.	——— (Julie-Augustine, demoiselle DE).	Émigrée........................	700.	

Nos d'ordre.	NOMS ET PRÉNOMS des PENSIONNAIRES.	MOTIFS de LA CONCESSION DES PENSIONS.	MONTANT des PENSIONS.	OBSERVATIONS.
2,907.	COUESSIN DE BOISRIOU (Josèphe-Hyacinthe, demoiselle DE).	Vendéenne	700f 00c	
2,908.	—— DE KERHAUDE (Joseph-Marie-Julien, chevalier DE).	Émigré	500. 00.	
2,909.	COUFFIN DU VALÈS (Françoise-Élisabeth-Sophie, demoiselle DE).	Sa famille a servi la cause royale, en France.	250. 00.	
2,910.	—— (Marie-Eulalie, demoiselle DE).	*Idem*	250. 00.	
2,911.	—— (Marguerite-Claire-Renée, demoiselle DE).	*Idem*	250. 00.	
2,912.	—— (Maurice-Émilie-Alexandrine, demoiselle DE).	*Idem*	250. 00.	
2,913.	COUFFON (Claude-Marie, abbé DE)	Émigré	1,219. 20.	
2,914.	COUGNACQ (Louis-Charles)	*Idem*	300. 00.	
2,915.	—— (Anne-Jeanne-Élisabeth, dite NANINE, demoiselle DE).	Émigrée	600. 00.	
2,916.	—— (Anne-Marie, née GUY MENARD, dame DE).	*Idem*	1,200. 00.	
2,917.	—— (Jeanne-Aimée-Louise, dame THORNTON, demoiselle DE).	*Idem*	450. 00.	
2,918.	COUGNAUD (Céleste-Louise, née PONDEVIE, veuve).	Vendéenne	100. 00.	N'a touché aucun des deux secours.
2,919.	COUILBAUX (Pierre)	Garçon d'attelage aux écuries du Roi	240. 00.	*Idem.*
2,920.	COULLEMONT (Englebertine-Thérèse-Josèphe, demoiselle DE).	A perdu sa fortune pendant la révolution	500. 00.	
2,921.	COULLEMONT (Rosalie-Agnès-Josèphe, demoiselle DE).	Émigrée	400. 00	
2,922.	COULLIBŒUF (Louis-Pierre, chevalier DE).	Émigré	1,200. 00.	
2,923.	—— (Francina, née KARKENROTH, dame DE).	Émigrée	600. 00.	
2,924.	COULMONT (Louis-Casimir)	Émigré	350. 00.	
2,925.	COULOMB (Pierre-Joseph-Marie)	Émigré de Toulon	150. 00.	
2,926.	—— (Marie-Claire, demoiselle)	Émigrée *idem*	150. 00.	
2,927.	COUPADE (Adelaïde-Antoinette, née BOURDEAU, veuve).	Veuve d'un garçon des petits appartemens	150. 00.	
2,928.	COUPÉ (Madeleine-Françoise-Cécile).	Fille d'un palefrenier des écuries de Louis XVI.	300. 00.	
2,929.	COUPEL (Jeanne-Marie)	N'a aucun moyen d'existence	200. 00.	
2,930.	COUPEL DE NOYAL (demoiselle)	Onze personnes de sa famille sont mortes sur l'échafaud, pendant la terreur.	300. 00.	N'a touché aucun des deux secours.
2,931.	COUPERY (Rosalie), née PASQUIER, veuve).	Veuve d'un capitaine de frégate	300. 00.	

Nos d'ordre.	NOMS ET PRÉNOMS des PENSIONNAIRES.	MOTIFS de LA CONCESSION DES PENSIONS.	MONTANT des PENSIONS.	OBSERVATIONS.
2,932.	COURAUD (Françoise - Victoire - Joseph, née VANDERSKEN), veuve.	Veuve d'un médecin de Louis XVI....	300.	
2,933.	——— (Jean-Mathurin)..........	Vendéen.......................	50.	
2,934.	——— (Jean)...................	*Idem*.........................	50.	N'a touché aucun des deux secours.
2,935.	COURBARON (Marie-Jeanne-Victoire, née LOUIS, veuve).	Veuve d'un gagiste de la direction des fêtes et cérémonies.	111.	*Idem.*
2,936.	COURBIN (Raimond)..............	Officier à la lingerie de M. le comte de Provence.	150.	N'a pas touché le deuxième secours.
2,937.	COURCENON (DE).................	Pension accordée directement par le Roi. (Motifs inconnus.)	500.	
2,938.	COURCILLON (Adèle - Constance - Rosalie, née HEURTHAULT DE LAMMERVILLE, vicomtesse DE).	Sa mère avait un logement dans le château de Saint-Germain.	500.	
2,939.	COURCOUX (Pierre-Jean)...........	Vendéen.......................	100.	
2,940.	COURDOUAN (Marie-Thérèse-Élisabeth, demoiselle).	Fille d'un capitaine de frégate, émigrée.	301.	
2.941.	COURGIBET (Marie-Jeanne, née TARDU, veuve).	Veuve d'un garde de la capitainerie du Louvre.	100.	
2,942.	COURRIER (Nicolas)................	Ex-garçon de château aux Tuileries....	100.	
2,943.	COURROUX-DESPRÈS (Marie-Claudine, née RAPPIN, veuve).	Veuve d'un président de première instance.	200.	
2,944.	COURS (Catherine, demoiselle DE).	Fille d'émigré...................	500.	
2,945.	COURS DE PAULHIAC (Antoinette - Adélaïde, née MARCASSUS DE PUYMAURIN, veuve DE).	Veuve d'un émigré................	500.	
2,946.	COURSON DE LA VILLEHÉLIO (Marie-Françoise, demoiselle DE).	Émigrée.......................	400.	
2,947.	——— (Marie-Jeanne, comtesse DE)..	Dame de madame la comtesse de Conti; émigrée.	800.	
2,948.	COURTAUREL DE MONTCLARD (François-Gilbert, DE).	Émigré.......................	400.	N'a pas touché le deuxième secours.
2,949.	COURTÉ (Marie-Louise, née LEVEQUE, veuve).	Ve d'un palefrenier aux écuries du Roi.	150.	
2,950.	COURTEILLE (Élisabeth - Sophie, née CÉBÉ, dame DE).	Émigrée.......................	600.	
2,951.	COURTEIN (Marie - Josèphe - Honorine, née BOUTARD, veuve).	Veuve d'un postillon à la vénerie......	80.	
2,952.	COURTEL (Pierre).................	Vendéen.......................	50.	
2,953.	COURTENAY (Grace, née STEPHENS, comtesse DE).	D'une famille illustre d'Angleterre; perte de fortune en France.	300.	
2,954.	COURTIAL (Marie-Anne, née ROUAUD, veuve).	Fille d'émigré, persécutée pendant la révolution.	500.	
2,595.	COURTIN (Thérèse, née JACQUIN, veuve DE).	Émigrée.......................	800.	
2,596.	——— DU SAULNOY (Marie-Françoise, née CAUNOIS, veuve).	Veuve d'un ancien officier; perte de fortune.	250.	

Nos d'ordre.	NOMS ET PRÉNOMS. des PENSIONNAIRES.	MOTIFS des LA CONCESSION DES PENSIONS.	MONTANT des PENSIONS.	OBSERVATIONS.
2,957.	COURTOIS (Claude-Félicité, demoiselle).	Services de son père à la cause royale, en France.	200f	
2,958.	COURTOT DE CISSEY (Marie-Anne-Célinie, chanoinesse honoraire, comtesse).	Fille d'émigré	300.	
2,959.	COURTOY (Marie-Jeanne-Élisabeth-Françoise, née DEMAZERAY, dame).	Son père est mort sur l'échafaud	150.	
2,960.	COURVOISIER (Charlotte-Gabrielle, demoiselle).	Fille d'émigré	500.	
2,961.	COUSANDIER (Anne, née JEURSANT, veuve).	Veuve d'un capitaine des armées françaises.	300.	
2,962.	COUSEN DE COURCHAMPS (Jean-Marie).	Homme de lettres	1,000.	
2,963.	COUSIN (Antoine)	Vendéen	50.	
2,964.	——— (Éloi)	Compromis dans l'affaire de Georges Cadoudal.	200.	
2,965.	——— (François)	Émigré de Toulon	300.	
2,966.	——— DE MONTAUDAN (Adélaïde-Diane-Hortense, née DELAUNAY, veuve).	Indigente et paralytique	200.	
2,967.	COUSSAYE (Louis)	Vendéen	150.	N'a pas touché le deuxième secours.
2,968.	COUSSEAU (Amable-Étienne)	*Idem*	25.	N'a touché aucun des deux secours.
2,969.	——— (Aimée-Desirée, demoiselle)	Vendéenne	25.	
2,970.	——— (Arsène-Hortense, demoiselle)	*Idem*	25.	
2,971.	——— (Émélie-Sophie, demoiselle)	*Idem*	25.	N'a pas touché le deuxième secours.
2,972.	——— (Hélène-Zoé, demoiselle)	*Idem*	25.	
2,973.	——— (Julie-Françoise, demoiselle)	*Idem*	25.	
2,974.	——— (Marie-Thérèse, demoiselle)	*Idem*	25.	
2,975.	——— (Pélagie-Aimée, demoiselle)	*Idem*	25.	
2,976	COUSTANS (Pierre)	Émigré	600.	
2,977.	COUSTON (Cunégonde, née DETTINGER, veuve).	Veuve d'un émigré	400.	
2,978.	COUTELAIT-DUROCHÉ (Marie-Antoinette-Marcelle).	Fille d'émigré	200.	
2,979.	——— (Marie-Madeleine, née LEMONNIER, dame).	Septuagénaire, a eu trois fils dans les gardes-du-corps.	300.	
2,980.	COUTELIER (Sébastienne-Marie-Henriette, née GOMES, dame DE).	Femme d'émigré	900.	
2,981.	COUTEM	Valet de chambre de Louis XVIII	4,200.	

Nos d'ordre.	NOMS ET PRÉNOMS des PENSIONNAIRES.	MOTIFS de LA CONCESSION DES PENSIONS.	MONTANT des PENSIONS.	OBSERVATIONS.
2,982.	COUTEUX (Anne-Marie-Nicole, née TAILLANDIER, veuve).	Veuve d'émigré	200f	N'a touché aucun des deux secours.
2,983.	COUTRAY (Louis-Martin)...........	Émigré.........................	200.	
2,984.	COUTURE (Marie-Catherine-Françoise, née OUY, veuve).	Veuve d'un cocher de la Reine......	200.	
2,985.	COUTURIER (Marie, née MAILLOT, ve).	Dans l'indigence..................	200.	
2,986.	——— DE FOURNOÜE (Charles)......	Lieutenant déporté................	800.	*Idem.*
2,987.	COUVERCHEL (Louis-Auguste)........	Garçon de service chez la Reine.......	500.	
2,988.	——— (Joséphine, née ALLARD, dame).	Indemnité de la perte de la charge qu'avait son père avant la révolution.	300.	
2,989.	COUVRET DE BEAUREGARD...........	Pension accordée directement par le Roi. (Motifs inconnus).	1,500.	
2,990.	——— (Auguste-François-Claude)...	Écrivain..........................	1,000.	
2,991.	COUX (Edmond-Étienne, DE)........	Fils d'émigré.....................	150.	
2,992.	——— Michel-Alfred, DE).........	Fils d'émigré	150.	N'a touché aucun des deux secours.
2,993.	——— (Charlotte-Euphrasie, demoiselle DE).	Fille d'émigré....................	600.	
2,994.	——— (Jeanne Marie-Pauline, demoiselle de).	*Idem.*	400.	
2,995.	——— (Madeleine-Claire, demoiselle DE).	*Idem*	400.	
2,996.	——— (Louis, DE)...............	Émigré..........................	500.	N'a pas touché le premier secours.
2 997.	——— (Marie-Anne-Josèphe-Adélaïde, née BARTOUILH DE COULOUMÉ, vsse DE).	Femme d'émigré	300.	
2,998.	COVILLE (Denis)..................	Palefrenier aux écuries de Louis XVI ..	150.	N'a touché aucun des deux secours.
2,999.	COYNART (Étienne-Vilain, DE).......	Émigré..........................	300.	N'a pas touché le deuxième secours.
3,000.	COZETTE (Françoise-Laurentie, demoiselle).	Fille d'un peintre aux Gobelins........	50.	
3,001.	——— (Louise-Michelle, demoiselle).	*Idem*..........................	50.	
3,002.	——— (Louise-Sophie)...........	*Idem*..........................	50.	
3,003.	——— (Marguerite-Louise, demoiselle).	*Idem*..........................	50.	
3,004.	CRAROT (Pierre)..................	Capitaine vendéen.................	200.	
3,005.	CRAON (princesse de).............	Pension accordée par le Roi directement. (Motifs inconnus.)	3,000.	
3,006.	CRAFTON (Marie-Bonne-Pélagie, demoiselle).	Fille d'un lieutenant de vaisseau......	300.	

Nos d'ordre.	NOMS ET PRÉNOMS des PENSIONNAIRES.	MOTIFS de LA CONCESSION DES PENSIONS.	MONTANT des PENSIONS.	OBSERVATIONS.
3,007.	CRAMAIL	Ex-gentilhomme servant de Louis XVIII.	1,200f	N'a touché aucun des deux secours.
3,008.	CRASSIER (Marie-Caroline-Josèphe, dame).	Religieuse émigrée	600.	
3,009.	CRAVERY (Henriette-Émilie-Félicité-Aimée, née VENTRE, dame).	Fille d'émigré	200.	
3,010.	CRÉACH (Isabelle, née CORRE, veuve).	Veuve de naufragé	100.	
3,011.	CRÉCY (Emmanuelle-Henriette, comtesse DE).	Ancienne abbesse	500.	
3,012.	——— Ferdinande-Emmanuelle-Renée, demoiselle DE).	Sœur d'un officier supérieur; perte de fortune.	300.	
3,013.	——— (Louise-Victoire, demoiselle DE).	Persécutée pendant la révolution	300.	
2,014.	CREPELLIÈRE (Joseph-René)	Vendéen	130.	*Idem.*
3,015.	CREPINET (Henri-Eustache)	Palefrenier à la petite écurie	200.	
3,016.	——— (Marie-Antoinette, née HELENNE, veuve).	Son mari a été trouvé mort dans le bois de Vincennes.	150.	
3,017.	CRESOLDES (Armande-Charlotte-Victoire-Alexandrine, née BERNARD DE MARIGNY, comtesse DE).	Son père a servi la cause royale, en France.	800.	*Idem.*
3,018.	CRESPEL (Frédéric-Marie)	*Idem*	25.	
3,019.	——— (Marie-Louise, demoiselle)	*Idem*	25.	N'a pas touché le premier secours.
3,020.	——— (Élisabeth-Perrine, demoiselle).	*Idem*	25.	
3,021.	——— (Louis-Émile)	*Idem*	25.	
3,022.	——— (Émilie-Anne, demoiselle)	*Idem*	25.	
3,023.	——— (Pierre-Anne-Marie-Joseph)	*Idem*	25.	
3,024.	——— (Anne-Françoise, demoiselle)	Émigrée	25.	
3,025.	CRESPIN (Marie-Anne-Catherine, née CALLOT, dame).	Fille d'émigré	800.	
6,026.	CRESPON (Jean-Pierre-Joseph, DE)	Services à la cause royale, en France	200.	
3,027.	——— (Jean-Gervais-Augustin, DE)	Émigré	1,000.	
3,028.	——— (Jeanne, née LECORSIER, veuve).	Vendéenne	80.	N'a pas touché le deuxième secours.
3,029.	——— SAINT-SERNIN (Paul-Auguste, DE)	A été persécuté pendant la terreur	200.	
3,030.	CREST (Marie-Rosalie, demoiselle)	Émigrée	800.	N'a touché aucun des deux secours.
3,031.	CRESTIN (Marie-Thérèse-Théophile-Émilie, née PECAULD).	Veuve d'émigré	300.	*Idem.*

Nos d'ordre.	NOMS ET PRÉNOMS des PENSIONNAIRES.	MOTIFS de LA CONCESSION DES PENSIONS.	MONTANT des PENSIONS.	OBSERVATIONS.
3,032.	CREUZÉ DES CHATELIERS (Augustine-Élisabeth-Claire, demoiselle).	Créole de Saint-Domingue..........	300f	
3,033.	CREVEL (Julien-Joseph-Charles)......	Émigré..........................	400.	
3,034.	——— (Marie-Reine-Joseph, née POTIEZ, dame).	Veuve d'émigré..................	400.	
3,035.	CRIGNON (Sophie-Marguerite, née BOURDON, veuve).	Veuve d'un officier de la bouche.......	300.	
3,036.	——— (Victoire-Catherine, née FINOT, veuve).	Belle-fille d'un jardinier de la maison de la Reine.	100.	
3,037.	CRIMINEL (Caroline-Frédérique, née DE SCHIMMELMANN, comtesse DE).	Veuve d'un écuyer de la reine........	1,200.	
3,038.	CRIQUET (Marthe-Louise-Henriette, née TEISSIER, dame).	Son mari a été détenu au bagne, victime de son dévouement pour la cause royale.	150.	
3,039.	CROISET (Marie-Geneviève, née VITRY, veuve).	Veuve d'un secrétaire de la chambre de madame la comtesse d'Artois.	600.	
3,040.	CROISMARE (Charles-Louis, comte DE).	A titre de reversibilité de la pension dont jouissait son grand-père.	1,800.	N'a touché aucun des deux secours.
3,041.	——— (Adèle DE), baronne D'ESTAMPES.	Fille d'un lieutenant des gardes-du-corps.	300.	
3,042.	——— (Louise-Charlotte-Émilie, née DE CROISMARE, marquise DE).	Services de sa famille aux écuries du Roi.	1,500.	
3,043.	CROISŒUIL (Ferdinand DE)..........	Fils d'un gentilhomme d'ordonnance de Louis XVI.	800.	*Idem.*
3,044.	——— (Christine, demoiselle DE)....	Fille d'un gentilhomme ordinaire de la chambre de Louis XVI.	500.	
3,045.	——— (Eugénie-Simplicie, demoiselle DE).	*Idem*..............................	500.	
3,046.	CROIX (Victoire, née GODREUIL, veuve)	Veuve d'un marin naufragé..........	150.	
3,047.	CROIZIER (Antoine-Louis)...........	A rendu des services à Louis XVIII, en France.	300.	*Idem.*
3,048.	——— (Jean)....................	*Idem*..............................	300.	
3,049.	——— (Jeanne-Marie, née BERGER, veuve).	Veuve de Vendéen.................	250.	
3,050.	CRONIER (Jacques, abbé)...........	Émigré..........................	800.	
3,051.	CROQUET DE BEAUBOIS (Amélie-Antoinette-Frédérique-Caroline, née DE ZOBEL, vicomtesse DE).	Veuve d'émigré..................	200.	
3,052.	CROS (Antoine-Martin)............	Professeur de langue française à l'école royale de musique.	500.	
3,053.	CROSEY (Angélique-Marceline, demoiselle DE).	Émigrée..........................	500.	
3,054.	——— (Félix-Dorothée, demoiselle DE).	*Idem*..............................	500.	
3,055.	CROSSARD (Marie-Thérèse, demoiselle).	Fille d'un officier général..........	300.	N'a touché aucun des deux secours.
3,056.	——— (Rose-Marguerite, demoiselle).	*Idem*..............................	300.	

Nos d'ordre.	NOMS ET PRÉNOMS des PENSIONNAIRES.	MOTIFS de LA CONCESSION DES PENSIONS.	MONTANT des PENSIONS.	OBSERVATIONS.
3,057.	CROUTEL (Marie-Élisabeth, demoiselle).	Fille d'émigré.	200f 00c	
3,058.	—— (Sainte-Marie-François-Alexandre).	Fils d'émigré.	200. 00.	
3,059.	CROUY (Marie-Victoire, née LEDREUX, dame DE).	Fille d'un contrôleur des bâtimens du Roi.	800. 00.	N'a touché aucun des deux secours.
3,060.	CROUZET (Marie-Séraphine, demoiselle).	Fille d'émigré.	160. 00.	
3,061.	—— (Jeanne-Thècle-Marie-Antoinette, née DUVAL).	Veuve d'un concierge du château de Compiègne.	200. 00.	
3,062.	CROZAT DELHOM (Catherine-Thérèse-Paule, née FABRA, veuve).	Femme d'émigré.	600. 00.	
3,063.	CROZE (Martin-Stanislas, abbé).	Persécuté dans la révolution; perte de fortune.	200. 00.	
3,064.	—— (Pauline-Marie-Christine-Élisabeth, née DE VERNAY, veuve).	Veuve d'émigré.	150. 00.	
3,065.	—— (Gabriel, comte DE).	Émigré.	900. 00.	
3,066.	—— (Marie-Madeleine, née CHAVANON, veuve).	Son mari a fait le tour du monde avec le capitaine Cook.	200. 00.	
3,067.	CRUBIÈRES ou COURBIÈRES (Marc).	Blessé en arrêtant un forçat qui s'évadait.	60. 00.	
3,068.	CRUICE (Jeanne, née DILLON, veuve).	Veuve d'émigré.	250. 00.	
3,069.	CRUNERT (Marie-Claude, demoiselle).	Émigrée.	800. 00.	
3,070.	CRUX (Geneviève-Jeanne, née VIOT, veuve DE).	Ancienne lectrice de MADAME.	2,000. 00.	N'a pas touché le deuxième secours.
3,071.	CUBIÈRES (Simon-Louis-Amédée, marquis DE).	Fils d'un écuyer cavalcadour du Roi.	1,500. 00.	N'a touché aucun des deux secours.
3,072.	—— (Marie-Françoise, née MARCHAL, marquise DE).	Veuve *idem*.	3,000. 00.	
3,073.	CUDEL DE MONCOLON (Gilbert-Claude).	Capitaine émigré.	600. 00.	N'a pas touché le deuxième secours.
3,074.	CUDOT.	Deuxième contrôleur à l'Opéra-Comique. (Pension par suite de transaction.)	133. 33.	
3,075.	CUEULLET (Louis-René-Édouard, baron DE).	Capitaine émigré.	1,000. 00.	
3,076.	CUERS (Marie-Antoinette, demoiselle DE).	Fille d'émigré.	600. 00.	
3,077.	—— (Marie-Madeleine-Ursule, née CATELIN, dame DE).	Émigrée.	1,200. 00.	
3,078.	—— (Élisabeth, née VASSIEU, dame DE).	*Idem*.	500. 00.	
3,079.	CUGNAC (Pierre, vicomte DE).	Émigré.	600. 00.	N'a touché aucun des deux secours.
3,080.	CUINÉ (Jean).	Vendéen.	100. 00.	N'a pas touché le deuxième secours.
3,081.	CULSHAW (Anne, dame religieuse).	Émigrée.	457. 20.	

Nos d'ordre.	NOMS ET PRÉNOMS des PENSIONNAIRES.	MOTIFS de LA CONCESSION DES PENSIONS.	MONTANT des PENSIONS.	OBSERVATIONS.
3,082.	CUNCHY (Alphonse - Guislain, comte DE).	Fils d'émigrée	500f	N'a pas touché le deuxième secours.
3,083.	——— (Pulchérie-Félicité-Guislain, demoiselle DE).	Fille *idem*	500.	
3,084.	——— (Flore-Euphrosine-Guislain, demoiselle DE).	*Idem*	500.	
3,085.	CUPILLARD (Madeleine - Nicole, née TOUCHARD, veuve).	Veuve d'un Suisse tué au 10 août	100.	
3,086.	CUREAU (Pierre-Louis)	Vendéen	80.	
3,087.	CURIAL (Marie-Clémentine-Amélie, née BEUGNOT, comtesse).	Veuve d'un premier chambellan, maître de la garde-robe de Louis XVIII.	6,000.	N'a touché aucun des deux secours.
3,088.	CURRAT (Dominique)	Servait au siége de Lyon	300.	
3,089.	CURRIÈRES (Aimé-Jules, DE)	Fils d'émigré	300.	N'a pas touché le deuxième secours.
3,090.	CURTA DE BEAUPRÉ (Antoine, dit COURTIN.)	Ancien administrateur de l'Opéra	1,360.	
3,091.	CURTON (Blanche-Sophie-Jeanne, demoiselle).	Son frère a été blessé en émigration	200.	
3,092.	——— (Jeanne - Françoise, née JOLY, veuve).	Veuve d'émigré	200.	*Idem.*
3,093.	CURTY (Françoise, demoiselle)	Son père a été fusillé pendant la terreur.	200.	
3,094.	CURY (Adélaïde-Charlotte, née MÉRAT, veuve).	Veuve d'émigré	240.	
3,095.	CUSENIER (Ambroise)	Émigré	200.	
3,096.	——— (Jean-Chrysostome-Joseph)	*Idem*	150.	
3,097.	CUSEZ (Claude)	A perdu sa fortune par suite de la révolution.	300.	
3,098.	CUSSAC (Étienne-Bernard)	Émigré	400.	
3,099.	CUSTINE (Gaspard, comte DE)	Fils d'émigré ; parent du général de ce nom.	500.	N'a touché aucun des deux secours.
3,100.	——— (Marie-Thérèse, née NICOLAS, comtesse DE).	Femme d'émigré	400.	
3,101.	CUVIER DE LA BUSSIÈRE (Charlotte-Félicité, démoiselle).	Sœur d'émigrés	250.	
3,102.	CYRESME-BANVILLE (Charles-François, DE).	Chef de bataillon émigré	800.	*Idem.*
3,103.	CYRET (Étienne)	Vendéen	50.	*Idem.*
3,104.	CYMON DE BEAUVAL (Eymare-Thérèse-Mathilde, demoiselle).	Fille d'émigré	300.	*Idem.*

Nos d'ordre.	NOMS ET PRÉNOMS des PENSIONNAIRES.	MOTIFS de LA CONCESSION DES PENSIONS.	MONTANT des PENSIONS.	OBSERVATIONS.
		D		
3,105.	DABADIE FONTROUBADE (Élie)......	Ex-garçon de bureau à l'intendance générale.	176f 00c	
3,106.	DABRY (Geneviève, née GUILLARD, dame).	A rendu des services à la cause royale, en France.	500. 00.	
3,107.	DACHEUX (Louis-Victor)...........	Inspecteur des boîtes de secours aux noyés et asphyxiés.	200. 00.	
3,108.	——— (Pierre-Louis, abbé)........	Émigré...........................	1,219. 20.	
3,109.	DACOSTA (Bonne-Marie-Françoise, demoiselle).	Émigrée..........................	400. 00.	
3,110.	——— (Céleste-Marie, demoiselle)..	*Idem*...........................	400. 00.	
3,111.	———(Françoise ÉtiennetteThomasse, demoiselle).	*Idem*...........................	400. 00.	
3,112.	DAGAS-PAGÈS (Jean-Jacques-André)..	Émigré...........................	250. 00.	N'a touché aucun des deux secours.
3,113.	DAGNEAU (Marie-Jeanne, née MONIER, veuve).	Veuve d'un palefrenier aux écuries du Roi.	200. 00.	
3,114.	DAGON DE LACONTRIE (Antoinette, demoiselle).	Fille d'émigré....................	300. 00.	
3,115.	——— (Marie-Thérèse-Joséphine, demoiselle).	*Idem*...........................	300. 00.	
3,116.	DANGUIN (Pierre-Gabriel-Jean-Marie-Joseph-Auguste).	A rendu des services à la cause royale, en France.	600. 00.	
3,117.	DAIGREMONT (Marie-Françoise, demoiselle).	Ses père et mère étaient auprès de la Reine.	400. 00.	
3,118.	DAILLIEZ (François-Joseph).........	Chirurgien de Louis XVI...........	800. 00.	*Idem.*
3,119.	——— (Félicité-Antoinette-Louise, née GASTELLIER, veuve).	Veuve d'un médecin du Roi, perte de fortune.	200. 00.	
3,120.	DAITZ DE MESMY (Anne-Charlotte, née MACÉ, vicomtesse LA VILLEDIEU, marquise DE).	Émigrée.........................	600. 00.	
3,121.	DAIX (Jean-Louis)................	Fils d'émigré....................	200. 00.	*Idem.*
3,122.	——— (Pierre).................	*Idem*...........................	200. 00.	
3,123.	——— (Pierre-Guillaume).........	*Idem*...........................	200. 00.	*Idem.*
3,124.	——— (Joseph-Arnaud)...........	Sous-lieutenant, émigré............	1,200. 00.	
3,125.	——— (Jeanne-Adèle, demoiselle)..	Fille d'émigré....................	200. 00.	
3,126.	DAJOT (Charlotte-Louise, demoiselle)..	Émigrée..........................	150. 00.	
3,127.	——— (Honorine, demoiselle)......	*Idem*...........................	150. 00.	
3,128.	DALBARET (Emma-Césarine-Julie, dame).	Fille d'émigré....................	500. 00.	

Nos d'ordre.	NOMS ET PRÉNOMS des PENSIONNAIRES.	MOTIFS de LA CONCESSION DES PENSIONS.	MONTANT des PENSIONS.	OBSERVATIONS.
3,129.	DALBERTENSON (Guislain-Joseph).....	Émigré..........................	300f	
3,130.	DALCHÉ-D'ESPLANELS (Édouard).....	Sa famille a rendu des services aux Bourbons.	200.	N'a pas touché le premier secours.
3,131.	——— (Germain)...............	Services militaires de sa famille ; père de neuf enfans.	200.	
3,132.	DALIBON (Pierre-Jean-Baptiste)......	Vendéen..........................	120.	N'a pas touché le deuxième secours.
3,133.	DALLE (Louis, abbé)...............	Émigré..........................	200.	
3,134.	DALLERAC (Hyacinthe-Marie-Louise, demoiselle).	Fille d'émigré....................	600.	N'a touché aucun des deux secours.
3,135.	DALLERY (Marie-Agathe-Joséphine, née PAYART, femme).	Femme d'un facteur d'orgues de la cour.	200.	
3,136.	DALLOYAU......................	Pension accordée directement par le Roi. (Motifs inconnus.)	3,000.	
3,137.	DALMAIS (Catherine, née DE ROCHEFORT, veuve).	Fille d'émigré....................	300,	
3,138.	DALMAS (Héloïse-Aimée, née BOUCHERON, veuve).	Dévouement à la cause royale; son mari a été persécuté.	300.	
3,139.	——— (Jeanne-Françoise, demoiselle).	Fille de la précédente..............	300.	*Idem.*
3,140.	DALMONT (Marie-Cécile, demoiselle)..	Fille d'un ancien commis de la pourvoirie.	300.	
3,141.	DAMAS (Alexandre, comte DE).......	Pension accordée directement par le Roi. (Motifs inconnus.)	3,000.	
3,142.	——— (Olivier-Félix-Jean)..........	Vendéen..........................	80.	
3,143.	——— (René-Adolphe, comte de)..	Canadien ruiné....................	1,200.	*Idem.*
3,144.	——— (Catherine-Antoinette-Arthémise, demoiselle DE).	Fille d'un officier supérieur de marine..	1,200.	
3,145.	——— (Marie-Colette-Blondine, née LAWERIÈRE, dame).	Veuve d'un lieutenant général.......	1,000.	
3,146.	DAMAS-CRUX (Marie-Jeanne-Gabrielle, née DE BRACHET, vicomtesse DE).	Veuve d'émigré....................	1,800.	
3,147.	DAMBREVILLE (Jean-Baptiste-Anne-Adrien).	Palefrenier de la grande écurie......	200.	
3,148.	DAMBROR (Pierre-Honoré)...........	Capitaine de gendarmerie retraité......	300.	
3,149.	DAMBROUWSKA (Rose, demoiselle)....	Polonaise venue en France avec le roi Stanislas, âgée de 83 ans.	300.	
3,150.	DAME (Jeanne-Thérèse, née MICHEL, veuve).	Son mari a été dévoré par une louve....	150.	
3,151.	DAMEDORMOLANS (Jean-Charles-François, comte DE).	Émigré..........................	600.	
3,152.	DAMELIN (Geneviève, née FERELLE)..	Veuve d'émigré....................	600.	
3,153.	DAMEROT DE VILLENEUVE (Jean-Marie).	Émigré..........................	400.	

Nos d'ordre.	NOMS ET PRÉNOMS des PENSIONNAIRES.	MOTIFS de LA CONCESSION DES PENSIONS.	MONTANT des PENSIONS.	OBSERVATIONS.
3,154.	DAMESME	Créancier de Monsieur, comte de Provence	900f	N'a touché aucun des deux secours.
3,155.	——— (née HEMERIC DE CARTOUZIÈRE, dame).	Fille d'émigré	500.	
3,156.	DAMIAN (Adélaïde-Antoinette-Thérèse-Marcelline, née MEGY, marquise DE).	Veuve d'émigré	400.	*Idem.*
3,157.	DAMINGUE dit HERCULE (Mira, née MORRÉRA, veuve).	Veuve d'un chef de bataillon des armées françaises.	800.	
3,158.	DAMOISEAU (Julie-Alexandrine, dame).	Religieuse	150.	
3,159.	——— (Marie-Charles-Théodore, baron DE).	Mathématicien distingué, émigré	600.	*Idem.*
3,160.	DAMOISIN (Jeanne, née BRÉE, veuve).	Émigrée	200.	*Idem.*
3,161.	DAMON (Joseph-Marc-François)	Émigré	300.	
3,162.	DAMONVILLE (Marie-Jeanne, née FAUTOUT, veuve).	Son mari, compromis dans l'affaire de Georges Cadoudal, est mort dans les prisons du Temple.	600.	*Idem.*
3,163.	DANCEL DE BREUILLY (Gaspard)	Officier vendéen	800.	*Idem.*
3,164.	DANDÉ (François)	Vendéen	50.	
3,165.	DANDELBERC (demoiselle)	N'a aucun moyen d'existence	480.	
3,166.	DANDIEU (Marie-Anne, baronne DE CAZALÈS, veuve).	Fille d'un officier au régiment de la Reine; veuve d'un mousquetaire émigré.	300.	*Idem.*
3,167.	D'ANDRÉ (Thérèse-Émilie-Fortunée, née MIGNARD, veuve).	Veuve d'un Intendant des domaines du Roi.	1,000.	
3,168.	DANEL (Alphonse-Augustin-Delphin)	Émigré	600.	
3,169.	——— (Louis-Clément)	*Idem*	400.	
3,170.	DANFERNET (Hélène-Marie-Geneviève, née PECOU DE CHERVILLE, dame).	Veuve d'un colonel	800.	
3,171.	DANGEAC DE MERVILLE (Geneviève-Antoinette).	Rétablissement d'une pension réduite au tiers par suite de la révolution.	100.	
3,172.	——— (Marie-Marguerite)	*Idem*	100.	
3,173.	DANGLARS-BASSIGNAC (Eugénie-Estelle-Éléonore, demoiselle).	A perdu sa fortune dans la révolution	300.	N'a pas touché le deuxième secours.
3,174.	DANIEL	N'a aucun moyen d'existence	800.	
3,175.	——— (Jean-Balthasard-Ambroise-Marie).	Émigré	300.	N'a touché aucun des deux secours.
3,176.	——— (Jules-Mathurin)	Balayeur au château de Bellevue	200.	
3,177.	——— (veuve)	Vendéenne	60.	
3,178.	——— (Marie-Joséphine, demoiselle).	Émigrée de Toulon	300.	

Nos d'ordre.	NOMS ET PRÉNOMS des PENSIONNAIRES.	MOTIFS de LA CONCESSION DES PENSIONS.	MONTANT des PENSIONS.	OBSERVATIONS.
3,179.	DANIEL (Catherine-Marthe, veuve), née TORTEL.	Son mari, capitaine de vaisseau marchand, a servi au siége de Toulon.	150f 00c	
3,180.	DANJOU (Charles-Pierre)...........	Petit-fils de M. Descloseaux, qui a conservé les restes de Louis XVI.	1,000. 00.	
3,181.	——— (Marie-Emmanuelle-Céline), demoiselle, comtesse D'ARGENCE.	Petite-fille du précédent............	1,000. 00.	
3,182.	DANLOUX......................	Ancien employé de la maison de MONSIEUR.	2,300. 00.	N'a touché aucun des deux secours.
3,183.	——— (Marie-Pierrette-Antoinette, veuve, dame COCHET DE CORBEAUMONT, comtesse DE BUSNES), née DE S.-REDAN.	Veuve en premières noces d'un peintre d'histoire, émigrée.	600. 00.	*Idem.*
3,184.	DANNON (Gilbert)................	Capitaine émigré..................	900. 00.	
3,185.	——— (demoiselle)...............	Fille d'émigré.....................	300. 00.	
3,186.	DANO (Christophe)................	Vendéen..........................	100. 00.	
3,187.	DANQUECHIN DORVAL (Pierre).......	Garçon d'attelage aux écuries de Louis XVIII.	43. 00.	N'a pas touché le deuxième secours.
3,188.	DANTIBES (Marie-Alexandrine-Angélique, demoiselle).	Fille d'émigré.....................	300. 00.	
3,189.	DANTIGNY........................	Serviteur dans la maison de Louis XVIII.	349. 00.	*Idem.*
3,190.	——— (Antoine-Maurice)..........	*Idem* de Louis XVI..............	400. 00.	
3,191.	DANTU (Adélaïde-Jeanne, veuve), née BOUGARDIER.	Vendéenne.......................	100. 00.	
3,192.	DAPOIGNY (Benoît)...............	Blessé au pont de la Drôme en 1815...	150. 00.	N'a touché aucun des deux secours.
3,193.	DARAIGNON DE VILLENEUFVE (Antoinette-Humbeline-Thérèse, demlle).	Émigrée..........................	500. 00.	
3,194.	DARASSUS DELISLE (Claudée, veuve), née MEALLET.	Veuve d'un garde-du-corps du Roi.....	200. 00.	
3,195.	DARAYNES-VAUDRICOURT (Charles-Armand).	Sous-inspecteur aux revues, émigré....	2,400. 00.	
3,196.	DARCHE (Christine-Geneviève, veuve), née BONNIER DE S.-COSME.	Veuve d'émigré..................	500. 00.	
3,197.	DARCY (Marie, dame religieuse)....	Émigrée..........................	457. 20.	
3,198.	DARGENST (Aimée-Prudence, demoiselle).	Fille d'un chef vendéen............	200. 00.	N'a pas touché le deuxième secours.
3,199.	——— (Louise-Julienne)..........	*Idem*...........................	200. 00.	*Idem.*
3,200.	——— (Marie-Anne-Marguerite, demoiselle).	*Idem*...........................	200. 00.	*Idem.*
3,201.	D'ARGENT (dame)................	Émigrée..........................	1,358. 90.	
3,202.	DARGIER (Anne, baronne DE S.-VAULRY, actuellement dame CHABRIDON DUSAILLANT), née DE S.-MAUR.	Veuve d'émigré..................	500. 00.	
3,203.	D'ARGY (Josèphe-Rosine, veuve), née SCHMIDT.	*Idem*...........................	800. 00.	

Nos d'ordre.	NOMS ET PRÉNOMS des PENSIONNAIRES.	MOTIFS de LA CONCESSION DES PENSIONS.	MONTANT des PENSIONS.	OBSERVATIONS.
3,204.	DARIET (Jean-André).............	Vendéen........................	50f	N'a pas touché le deuxième secours.
3,205.	DARLY (Marie-Frédéric-Antoine).....	Émigré.........................	200.	
3,206.	DARNAY (Louis-Marie, abbé)........	Prêtre émigré....................	600.	
3,207.	DARNET (Françoise-Noël, veuve), née DE LATOUR.	Veuve d'un chirurgien des armées françaises.	180.	
3,208.	DARODES DE PEYRIAGUE (Pierre-Jean-César, chevalier).	Émigré.........................	500.	
3,209.	——— (Raymond-Alexis)..........	Fils d'émigré.....................	150.	
3,210.	DARRAGON (Daniel-Martin)..........	Émigré.........................	200.	
3,211.	DARRAS (Françoise-Hortense, veuve), née ROUSSEL.	Veuve d'un brigadier des chasses......	45.	
3,212.	DARTU (née LECOMTE)...	Fille d'un écuyer de Mme Adélaïde.....	200.	
3,213.	———(Amable-Françoise, dame), née LECOMTE DE BEAUMONT.	*Idem*........................	200.	
3,214.	DARY (Auguste-César), vicomte DE SÉNARPONT.	Maître-d'hôtel honoraire de Louis XVIII.	3,000.	
3,215.	DASSE (Marie-Madeleine, veuve), née BOTELIN.	Veuve d'un piqueur des écuries.......	200.	
4,216.	DASTENAT (Aimée-Marie Jeanne-Angélique, dame), née DELAUNAY CONVENANT.	Émigrée.......................	800.	
3,217.	DASTRUC (Anne-Marie-Françoise-Josèphe-Madeleine-Melchiore-Rite-Bonaventure-Géromette-Michelle, dame), née D'ALEMANY.	Veuve d'émigré..................	120.	N'a touché aucun des deux secours.
3,218.	DÂTIN (Louis-Julien).............	Vendéen.......................	50.	
3,219.	DATTIER (Pierre-Marguerite)........	Émigré........................	200.	
3,220.	DAUBENTON (Victoire-Pauline-Françoise, veuve), née DOUAT.	Émigrée.......................	1,200.	
3,221.	DAUBER (Jean-Baptiste, marquis DE PEYRELONGUE).	Écuyer de main de Louis XVIII.......	3,000.	
3,222.	DAUBÈZE (Anne, veuve), née RENAUD.	Services de son mari dans les armées royales, en France.	100.	
3,223.	DAUBISSON (Gabrielle-Jeanne, demoiselle).	Fille d'un palefrenier à l'équipage du Vautrai.	100.	
3,224.	DAUBRE (Marguerite-Zoé-Jacqueline, demoiselle).	Services de son père à la cause royale, en France.	300.	
3,225.	DAUBUISSON dite LÉPINE (Marie-Agathe, veuve, femme LANGLOIS), née LESIEUR.	En remplacement de la pension de 300 fr., dont elle jouissait avant la révolution.	200.	
3,226.	DAUCHAMPS (Constance-Augustine, dame), née BUTTE.	A été attachée au service de Mme la princesse de Condé.	400.	
3,227.	DAUDER (François-Julien-Joseph).....	Émigré........................	200.	
3,228.	DAUDIN (Antoine)......	Prêtre déporté...................	600.	

Nos d'ordre.	NOMS ET PRÉNOMS des PENSIONNAIRES.	MOTIFS de LA CONCESSION DES PENSIONS.	MONTANT des PENSIONS.	OBSERVATIONS.
3,229.	DAUDIN (Mathurin)	Vendéen	150f	N'a pas touché le deuxième secours.
3,230.	DAUDIN DE BRESSE (Angélique-Geneviève-Marguerite-Anne, née CHOSON DE LA COMBE, baronne DE).	Femme d'émigré	300.	
3,231.	DAUDIN DE LOSSY (Françoise-Adélaïde, née DE COLLARDIN DE BORDE, dame).	Fille d'un émigré fusillé à Quiberon	120.	
3,232.	DAUDOIR (Joseph-François-Victor)	Émigré de Toulon	300.	
3,233.	DAULLÉ (Marie-Antoinette-Charlotte, dame).	Religieuse émigrée	450.	
3,234.	DAUMAS (Pierre)	Garçon maréchal de la petite écurie de Louis XVI.	300	
3,235.	DAUMONT (Marie-Marguerite, née BILLOT, veuve).	Veuve d'un garde à pied des forêts, à Compiègne.	100.	
3,236.	DAUPHIN-DUBREUIL (Jean)	Son père, son mari, et son frère, sont morts victimes de la révolution.	200.	N'a touché aucun des deux secours.
3,237.	DAURE DE MONTESTRUC (Gabrielle-Marguerite-Marie, née DE VIELLA, baronne)	Femme d'émigré	900.	
3,238.	DAUTRÉE (Joseph-Michel)	Émigré	200.	
3,239.	DAUTREMONT (Marie-Jeanne-Nicole, née JOLY).	Ve d'un fourrier de la prévôté de l'Hôtel.	400.	N'a pas touché le deuxième secours.
3,240.	DAUVERT (Marie-Louise, née BEAUMANN, dame).	Fille d'un cocher de la Reine	150.	
3,241.	D'AUX (Anne-Antoinette, née DE WORMESELLE, comtesse).	Femme d'émigré	900.	
3,242.	DAVENNE (Euphémie-Éléonore-Perrine-Brigitte, née LANGLOIS, veuve).	Vendéenne	150.	*Idem.*
3,243.	DAVESNE (Anne-Élisabeth-Marguerite, née PARDON, dame).	Fille d'un pourvoyeur à la petite écurie de Louis XVI.	300.	
3,244.	DAVIAIRE (Joseph-Jean-François)	Vendéen	80.	
3,245.	DAVID (Jacques)	Garde des forêts de la Couronne	200.	N'a touché aucun des deux secours.
3,246.	——— (Marie-Pierrette, demoiselle)	Fille d'un jardinier du château de la Marche.	100.	
3,247.	——— (Virginie-Marguerite-Euphrosine, née GACHE, veuve).	Son mari fut fusillé à Toulon, après le siége	150.	
3,248.	——— (Claire-Adélaïde, née MEGE ve).	Veuve d'émigré de Toulon	200.	
3,249.	——— (Antoinette, née DEZIGAUX, f.e).	Veuve d'un serviteur de la maison de Louis XVI.	150.	
3,250.	——— (Marie, née TRIGAND, dame).	Sans aucun moyen d'existence	1,200.	
3,251.	——— (Charles, baron DES ÉTANGS, DE)	Émigré	1,200.	N'a pas touché le premier secours.
3,252.	DAVID-LISER (Marie-Thomas, née DESSART, veuve).	Veuve d'un garçon du château de Trianon	150.	
3,253.	DAVID-SERÈNE DE VALLONGUE (Marie-Adélaïde, née PECHINÉE-DESPERRIÈRES, dame).	Son père a été assassiné à Pierre-en-Cize.	300.	

N.os d'ordre.	NOMS ET PRÉNOMS des PENSIONNAIRES.	MOTIFS de LA CONCESSION DES PENSIONS.	MONTANT des PENSIONS.	OBSERVATIONS.
3,254.	DAVID DE SAINT-GEORGES (Marie-Françoise-Joséphine, née CRESTIN D'OUSSIÈRES, veuve).	Émigrée	900f 00c	
3,255.	DAVID DE VANTEAUX (Pierre, DE)	Capitaine émigré	1,000. 00.	
3,256.	DAVIET (Jean)	Vendéen	50. 00.	N'a pas touché le deuxième secours.
3,257.	DAVIGOT (Josèphe, née SAUZERET, ve).	Veuve d'émigré	160. 00.	
3,258.	DAVIN (Joseph-Hippolyte)	Émigré de Toulon	200. 00.	
3,259.	DAVOINE (Adélaïde-Reine, née LEFEBVRE, veuve).	Veuve d'un garde-portier au château de Versailles.	200. 00.	
3,260.	DAVORAN (Marie)	Fille et nièce d'officiers irlandais au service de France.	200. 00.	N'a touché aucun des deux secours.
3,161.	DAVORIN (Jean)	Vendéen	50. 00.	
3,262.	DAVORTON dit SAINT-MARTIN (Joseph-Claude).	Ancien palefrenier à la grande écurie	300. 00.	
3,263.	DAVOUS (Anne-Dominique, née DUBOIS veuve).	Veuve d'un gentilhomme servant du Roi.	600. 00.	
3,264.	DAVOUST (Marie-Félicité-Françoise, née LEMÉNAGER, veuve).	Vendéenne	100. 00.	N'a pas touché le deuxième secours.
3,265.	DAVRANGE D'HAUGERANVILLE (Alexandre-Charles-Félix-Adrien)	Fils d'un général des armées françaises.	1,500. 00.	N'a touché aucun des deux secours.
3,266.	——— (Charles-François-Melchior-Léopold.)	*Idem*	1,500. 00.	*Idem.*
3,267.	DAVY DE VIRVILLE (François-Jean-Baptiste-Joseph).	Émigré	600. 00.	
3,268.	DEBAISSIEUX (Pierre-François-Joseph).	*Idem*	400. 00.	
3,269.	DEBARD (Arthémise-Henriette, demoiselle).	Fille d'émigré	200. 00.	*Idem.*
3,270.	DEBAX (Bernard)	Services dans les armées royales, en France	200. 00.	
3,271.	DE BAYOL (comtesse)	A perdu sa fortune dans la révolution	300. 00.	
3,272.	DE BERSY	Ancien militaire	400. 00.	
3,273.	DEBETS-LAPEYRÈRE (Marie-Anne-Françoise).	A perdu sa fortune par suite de la révolution.	200. 00.	*Idem.*
3,274.	DEBIÈVRE	Choriste à l'Opéra-Comique. (Pension par suite de transaction.)	161. 87.	
3,275.	DEBIL (Charles-Louis)	Émigré	300. 00.	
3,276.	DEBIL-INGELBERT (Eugène)	*Idem*	300. 00.	
3,277.	DEBIONNEAU D'EYRAGUES (Lucile, demoiselle).	Sa famille a servi la cause royale, en France.	800. 00.	
3,278.	DEBOISSY (Marie-Joseph-Adélaïde-Julie, née LELEU, veuve).	Veuve d'un portier à l'Élysée-Bourbon.	200. 00.	

Nos d'ordre.	NOMS ET PRÉNOMS des PENSIONNAIRES.	MOTIFS de LA CONCESSION DES PENSIONS.	MONTANT des PENSIONS.	OBSERVATIONS.
3,279.	DEBORDES-DESBENOUS (Raymond)....	Émigré..........................	500f	
3,280.	DEBORDES (Jean)..................	Vendéen..........................	100.	
3,281.	DEBRÉVILLE-DUPART (Éléonore-Agathe-Émélie, demoiselle).	Fille d'émigré....................	200.	
3,282.	DEBRUGES (Jeanne-Victoire, veuve), née LAJOTTE.	Veuve d'un palefrenier aux écuries.....	300.	
3,283.	DÉCAGEUX (André-Barthélemi).......	En remplacement de la pension de 300 f., dont il jouissait avant la révolution.	200.	
3,284.	——— (Catherine-Thérèse, veuve), née MAUNY.	Son mari jouissait d'une pension de 400 francs, avant la révolution.	150.	N'a pas touché le deuxième secours.
3,385.	DECAISNE (Charles-Joseph)..........	Émigré..........................	900.	
3,286.	DECAMP (François, abbé)...........	Prêtre déporté....................	150.	
3,287.	DECAN (Victoire-Rose, demoiselle)....	Fille d'émigré; admise à l'hôpital de Senlis.	300.	
3,288.	DE CANTINEAU (demoiselle).........	N'a aucun moyen d'existence.........	240.	
3,289.	DE CAQUERAY (Jean-Philippe, chevalier)	Émigré..........................	240.	
3,290.	DE CASTERON (demoiselle)...........	D'une famille distinguée et ruinée.....	240.	
3,291.	DE CATEY (Clémentine, demoiselle), femme de WENDEL.	Rétablissement d'une pension accordée par Louis XVI.	600.	
3,292.	DECHAMP DE SAINT-LÉGER (Louis-Jacques).	Émigré, âgé de 92 ans.............	300.	N'a touché aucun des deux secours.
3,293.	DECHAMPS DE LAMOTTE-MONTFORT (Marie, demoiselle).	Fille de Vendéen..................	400.	
3,294.	DECHAUSSEGROS DE LIOUX D'ÉTIENNE (Louise-Marie-Amédée).	Fille d'émigré....................	200.	
3,295.	DE CHEFFONTAINES (demoiselle).....	A perdu sa fortune................	600.	
3,296.	DECORS (Marie, veuve), née EGGER...	Veuve d'un employé à l'intendance générale de la maison du Roi.	100.	
3,297.	DE COSSON (Alexandre-Antoine).....	Émigré..........................	508.	
3,298.	DECOMBLES (Jean, chevalier)........	*Idem*..........................	500.	
3,299.	DECUGIS (Anne-Delphine, veuve, née MILANY.	Veuve d'émigré de Toulon...........	200.	
3,300.	DEFAY (Just-Charles-César, comte DE LATOUR-MAUBOURG).	Lieutenant des gardes-du-corps.......	4,000.	*Idem.*
3,301.	DEFIENNES (Marie-Eugénie, demoiselle).	Petite-fille d'un colonel mort en activité de service.	150.	
3,302.	——— (Marie-Henriette, demoiselle)..	*Idem*..........................	150.	
3,303.	——— (Françoise-Hyacinthe-Constance, demoiselle).	*Idem*..........................	150.	

Nos d'ordre.	NOMS ET PRÉNOMS des PENSIONNAIRES.	MOTIFS de LA CONCESSION DES PENSIONS.	MONTANT des PENSIONS.	OBSERVATIONS.
3,304.	DEFIENNES (Amazilie-Louise, demoiselle).	Petite-fille d'un colonel mort en activité de service.	150f 00c	
3,305.	DEFIEUX DE MONTAUNET (Jean).....	Émigré..........................	800. 00.	
3,306.	DE FLOTTE (Adélaïde-Chloé, dame), née DE CASTELLANE.	Fille d'un chef d'escadre............	800. 00.	
3,307.	DEFONTENEUILLE..................	Ex-employé des bibliothèques sous Louis XVIII.	600. 00.	N'a touché aucun des deux secours.
3,308.	DEFOS (Charlotte-Émélie, dame), née NAZO.	Son grand-père est mort sur l'échafaud..	300. 00.	
3,309.	DE FRANCE (Bertine-Françoise-Josèphe, comtesse D'HESECQUE, dame), née DE HARCHIES.	Mère d'émigré....................	600. 00.	
3,310.	DEFRENNE (Étienne-Albert-Joseph)...	Emigré invalide..................	600. 00.	
3,311.	DE GIROD (baronne).............	A perdu sa fortune................	300. 00.	
3,312.	DEGEORGES (Louise-Antoinette-Joséphine, demoiselle).	Fille d'un huissier de l'anti-chambre de Louis XVI.	400. 00.	
3,313.	——— (Marie-Alexandrine, demoiselle.	*Idem*..........................	400. 00.	
3,314.	——— (Adélaïde-Françoise-Louise, ve), née DESHAYES DE LA VARENNE.	En remplacement de la pension de 600 f., dont elle jouissait avant la révolution.	600. 00.	
3,315.	DEGRELLE (Nicolas-André)........	Chef-servant au gobelet.............	941. 00.	N'a pas touché le deuxième secours.
3,316.	———(Jeanne-Charlotte-Antoinette, ve), née DE VEXAULT DE S.-LOUIS.	Issue de la famille de Jeanne-d'Arc....	300. 00.	
3,317.	DEGRENTHE (Richard-César, abbé)...	Émigré.........................	1,219. 20.	
3,318.	DEGUERRY (Claude-Thomas-Félix, abbé).	*Idem*..........................	1,524. 00.	N'a touché aucun des deux secours.
3,319.	DE GUIRODET (veuve)............	A perdu sa fortune................	320. 00.	
3,320.	DEHAMEL-BELLENGLISE (Antoine-Constant, marquis DE).	Émigré.........................	500. 00.	
3,321.	DEHAULT DE MALAVILLER) Marie-Adélaïde, chanoinesse).	Émigrée.........................	800. 00.	
3,322.	DEHERMES (Marie-Catherine, veuve), née LELIÉ.	Veuve d'un garçon d'attelage aux écuries de la Reine.	200. 00.	
3,323.	DEIS (dame), née TAUBIN..........	Fille d'un colonel des armées françaises.	400. 00.	
3,324.	DEJARDIN (Marie-Barbe, veuve), née RENARD.	Fille de serviteur.................	300. 00.	*Idem.*
3,325.	DEJARDIN-DEHARBET DE GLATIGNY (Angélique-Françoise, dame), née LEVAILLANT.	Fille d'émigré....................	300. 00.	
3,326.	DEJEAN (Antoine)................	Services dans les armées royales, en France.	100. 00.	
3,327.	——— (Charles-Marie)...........	Capitaine émigré.................	900. 00.	
3,328.	——— (Émilie-Antoinette-Louise, dame), née BUIRETTE DE VERRIÈRES.	Fille d'un émigré maréchal-des-logis du Roi.	400. 00.	*Idem.*

N^os d'ordre.	NOMS ET PRÉNOMS des PENSIONNAIRES.	MOTIFS de LA CONCESSION DES PENSIONS.	MONTANT des PENSIONS.	OBSERVATIONS.
3,329.	DEJEAN-JOVELLE (Françoise-Henriette, demoiselle).	Services de sa famille à la cause royale, en France.	250f 00c	
3,330.	DEJEAN-LEROY-COLON (demoiselle),...	Ex-sociétaire de l'Opéra-Comique. (Pension par suite de transaction.)	1,265. 00.	
3,331.	DEJEAN-MASSIA (Henriette-Julie, veuve), née VATTIER.	Veuve d'un frotteur du château de Compiègne.	100. 00.	
3,332.	DELAAGE DE LA BRETOLLIÈRE (Jeanne-Marguerite-Sophie, dame), née DECHEZEAU.	Émigrée........................	600. 00.	
3,333.	DELABERQUERIE (Charles-César)......	Officier de marine.................	200. 00.	N'a pas touché le premier secours.
3,334.	DE LA BLARDIÈRE (Pierre-Louis-Guy-Méard), abbé.	Émigré........................	1,066. 80.	
3,335.	DELABROUE (Louis-Félix-Jean-François-Antoine), baron DE VAREILLES-SOMMIÈRES.	Commissaire des guerres, émigré......	400. 00.	N'a pas touché le deuxième secours.
3,336.	DE LA BUNODIÈRE (Laurent-Denis, baron).	Émigré........................	300. 00.	
3,337.	DE LACOSTE (Jean-Baptiste-François-Godefroy-Casimir).	Services rendus aux émigrés..........	250. 00.	
3,338.	DE LA COSTE (Pierre-Louis-Jean)....	A rendu des services à la cause royale..	600. 00.	
3,339.	DE LA COUR (Joseph-Pierre, abbé)...	Émigré........................	1,066. 80.	
3,340.	——— (Veuve), née JUBIN........	Veuve d'un chef travailleur à la cuisine de la maison de Louis XVI.	600. 00.	
3,341.	DELACOUSSAYE (René-Auguste)......	Fils d'émigré.....................	300. 00.	N'a touché aucun des deux secours.
3,342.	DELACROIX (Marie-Antoinette-Sara, dame), née BIANCHI-BRIVIA.	Sœur du général Statini-Bianchi.......	800. 00.	
3,343.	——— (dame), née D'ESPARBÈS DE LUSSAN.	Ruinée par suite de la révolution......	4,000. 00.	
3,344.	——— (Marie, dame), née RISAT DE PYDELHOME.	Veuve d'émigré....................	500. 00.	
3,345.	DELADERIÈRE (Marie-Romain).......	Fils d'émigré.....................	300. 00.	
3,346.	DELAFERRIÈRE (Julienne-Marie, D^lle)..	Issue d'une ancienne famille de Normandie; pensionnée par le duc de Penthièvre.	150. 00.	
3,347.	DELAFONT (Adèle-Pierrette-Louise)...	Fille d'un garde-du-corps de Louis XVI, mort sur l'échafaud en 1793.	300. 00.	
3,348.	DELAGARDE (Guillaume-Nicolas-François)	Émigré........................	300. 00.	
3,349.	DELAGE DE VOLUDE (veuve), née DE FUCHAMBERG.	Services dans la maison de Louis XVI..	4,000. 00.	
3,350.	DELAGOUBLAYE (François-Louis-Marie).	Vendéen.......................	200. 00.	N'a pas touché le premier secours.
3,351.	DELAHAYE (Ambroise, abbé).........	Émigré........................	762. 00.	
3,352.	——— (François-Léonard).........	Palefrenier aux écuries du Roi........	400. 00.	
3,353.	——— (Jacques)..................	Vendéen.......................	70. 00.	

Nos d'ordre.	NOMS ET PRÉNOMS des PENSIONNAIRES.	MOTIFS de LA CONCESSION DES PENSIONS.	MONTANT des PENSIONS.	OBSERVATIONS.
3,354.	DELAHAYE (Jean-Marie)...........	Vendéen........................	800.	
3,355.	——— (Anne-Marie-Françoise, veuve), née LEMIÈRE.	Veuve d'un palefrenier aux écuries....	200.	N'a pas touché le deuxième secours.
3,356.	DELAHAYE DE BERNES (Louise-Jeanne-Jossine, veuve), née WEINS.	Veuve d'un maréchal-de-camp........	400.	
3,357.	DELAHOUSSIÈRE-BÉNARD (Marie-Geneviève), née HAVET.	Veuve d'un commis de marine; elle avait 400f de pension sur la caisse de Louis XVI	400.	
3,358.	DELAIRE (François-Joseph).........	Émigré........................	100.	
3,359.	DELAMARE (Rose-Jeanne-Thérèse, dame), née PERAULT.	Émigrée........................	700.	
3,360.	DELAMOTTE (Pierre-François)........	Garde à pied de la varenne du Louvre..	300.	
3,361.	DE LANDINE DE SAINT-ESPRIT.......	Ex-secrétaire du gouvernement de Rambouillet.	2,400.	
3,362.	DELANGE (Marie-Anastasie, veuve), née LAVENU.	Veuve d'un portier à la vénerie de Versailles.	160.	
3,363.	DELANGE-SAVALETTE...............	Pension accordée par le Roi directement; motif inconnus.	500.	
3,364.	DELANGELERYE (Angélique-Josèphe, demoiselle).	Fille et petite-fille d'auditeurs des comptes, persécutée pendant la révolution.	200.	
3,365.	——— (Marguerite, demoiselle).....	*Idem*..........................	200.	N'a touché aucun des deux secours.
3,366.	DE LANGLE (dame)...............	N'a aucun moyen d'existence.........	300.	
3,367.	DELANNEAU (Alexis-Antoinette-Marie, dame), née BOUTY.	Fille d'un pourvoyeur de la maison des comtes de Provence et d'Artois.	500.	*Idem.*
3,368.	DELANOË (Marie-Jeanne-Émilie, veuve), née DEFRESNE.	Ve d'un commis du cabinet de Louis XVI.	400.	
3,369.	——— (Jeanne-Angélique-Perrine, veuve), née GAUTIER.	Vendéenne......................	80.	N'a pas touché le premier secours.
3,370.	DELANOUE.......................	Valet de garde-robe de Louis XVIII....	3,500.	N'a touché aucun des deux secours.
3,371.	DELANY (Jean-Abraham)...........	Émigré........................	250.	
3,372.	DELAPIERRE (Jean-Baptiste-Hubert-Xavier).	Indemnité de la perte de son emploi au ministère de la maison du Roi......	600.	
3,373.	——— (Eucharise-Olympe, dame)...	*Idem*..........................	300.	
3,374.	DELAPORTE (Aglaé-Mélanie, demoiselle).	Fille d'un jurisconsulte............	300.	
3,375.	DELARIS-CAMBELL (Marguerite-Marie-Thérèse, dame), née SARLÉ.	Fille d'émigré....................	120.	
3,376.	DELARUE (Charles-Antoine).........	Infirme; sans aucun moyen d'existence..	200.	*Idem.*
3,377.	——— (Françoise-Madeleine, dame), née DARBY.	Émigrée........................	700.	
3,378.	DELASALLE (Alexandrine-Eugénie, demoiselle).	Pension accordée directement par le Roi; (motifs inconnus.)	500.	

Nos d'ordre.	NOMS ET PRÉNOMS des PENSIONNAIRES.	MOTIFS de LA CONCESSION DES PENSIONS.	MONTANT des PENSIONS.	OBSERVATIONS.
3,379.	DELASALLE (Charlotte-Athénaïs-Meynier, demoiselle).	Pension accordée directement par le Roi. (Motifs inconnus.)	500f	
3,380.	DELATOUR (Anne-Félicité, née DULAC).	N'a aucun moyen d'existence........	300.	
3,381.	DELATTRE (Marie-Éléonore, née POTIER, dame).	Émigrée........................	508.	
3,382.	——— (Marie-Antoinette-Pétronille, née ROBE, veuve).	Fille d'émigré....................	150.	
3,383.	——— (Charlotte-Estelle, née DE SAINT-VINCENT, dame).	Fille d'émigré....................	300.	
3,384.	——— D'AUBIGNY (Georges-Firmin).	Émigré.........................	400.	
3,385.	DELAUNAY (Louis-Charles)..........	Premier piqueur à la vénerie.........	227.	
3,386.	——— (Françoise-Joséphine).......	Parente du dernier gouverneur de la Bastille; fille d'un officier tué sur le champ de bataille.	300.	N'a touché aucun des deux secours.
3,387.	——— DESFONTAINES (Jeanne-Julie-Françoise, veuve), née LEMONNIER.	Veuve d'émigré..................	150.	
3,388.	DELAUNAY (Louis-Augustin)........	Garçon d'attelage des écuries de Louis XVI.	240.	
3,389.	——— (Jeanne-Louise-Joséphine, demoiselle).	Fille d'émigré, sourde-muette.........	300.	N'a pas touché le deuxième secours.
3,390.	——— (Marie-Julienne, née LEROY, veuve).	Veuve d'un garçon d'attelage.........	120.	*Idem.*
3,391.	DELAURIER (Pierre)...............	Ex-garçon de bureau des Archives de la couronne.	150.	
3,392.	DELAVARDE (Marie-Catherine, née RIMBERT, veuve).	Veuve d'un concierge du jeu de paume..	200.	N'a pas touché le premier secours.
3,393.	DELAVAU (Constance-Victoire-Sophie, née LELOIRE, dame).	Femme d'émigré..................	500.	
3,394.	DELAVAUR (Marie-Caroline-Alix, née DE MONCRAC, dame).	Fille d'émigré, veuve d'un officier français mort à Moscow.	200.	
3,395.	DE LAVAUX (veuve)...............	A perdu sa fortune................	400.	
3,396.	DELAVENNE (François)............	Officier avant la révolution..........	300.	
3,397.	DE LAVERNÉA (Louis-Augustin-Marie).	Israélite converti au catholicisme, dans l'indigence.	200.	
3,398.	DELAVIGNE (Jean-Nicolas)..........	Garçon de la bouche chez MADAME, comtesse de Provence.	200.	N'a pas touché le deuxième secours.
3,399.	DELAVILLE (Catherine, née BLARD, veuve).	Veuve d'un garde-général du comté de Senonches.	400.	
3,400.	DELBÉE (Marie-Françoise, dame)....	Ancienne religieuse, pensionnée du duc de Penthièvre.	300.	
3,401.	DELBOSC (Marie-Claire, née BERINQUIER, veuve).	Son mari a servi dans les armées royales et a été massacré.	100.	
3,402.	DELBOY (André).................	Émigré.........................	150.	
3,403	DELCAMBE......................	Par suite de transaction et en remplacement de la pension qu'il touchait sur la caisse de l'Opéra-Comique.	800.	

Nos d'ordre.	NOMS ET PRÉNOMS des PENSIONNAIRES.	MOTIFS de LA CONCESSION DES PENSIONS.	MONTANT des PENSIONS.	OBSERVATIONS.
3,404.	DELCAMBRE (Pierre-François-Joseph)...	Musicien de la chapelle du Roi........	215f	
3,405.	——— (Catherine-Marie-Henri.tte, née RAIFFER, veuve).	Veuve d'un premier basson à la chapelle.	136.	
3,406.	DELECHARD (Marie-Anne, née D'AUDOUARD).	Avait une pension de 500 fr. sur la liste civile de Louis XVI.	333.	
3,407.	DELELÉE (Marie, née DESSIVIER veuve).	Veuve d'un aide-de-camp du général Moreau.	400.	
3,408.	DELEPINE (Jean-Symphorien)........	Vendéen........................	50.	N'a touché aucun des deux secours.
3,409.	DELESPINE (Éléonore-Guillemette-Marie, demoiselle).	Fille d'un huissier du cabinet de la Reine.	300.	
3,410.	——— (Julie-Élisa, demoiselle).....	*Idem*........................	300.	
3,411.	DELEUIL (François-Joseph).........	Services pendant le siège de Toulon....	200.	
2,412.	DELEVILLE (Étienne-Guislain).......	Émigré........................	120.	
3,413.	DELHERM DE NOVITAL (Jean-Louis-Marie-Prudent, comte).	*Idem*........................	300.	
3,414.	DELHORME (Marie-Rosalie-Geneviève, née MATHIEU DE SAINT-ARCONS, dame).	Sa mère a rendu des services aux Bourbons.	300.	N'a pas touché le deuxième secours.
3,415.	DELIA (dame)....................	Pensionnaire du second théâtre français. (Pension à titre onéreux.)	1,750.	
3,416.	DELION (Marie-Euphrasie, demoiselle)..	A perdu sa fortune à la révolution.....	300.	N'a touché aucun des deux secours.
3,417.	——— (Rosalie-Angélique-Nicole, née RICHEZ, dame).	Veuve d'émigré.................	300.	
3,418.	——— (Marie-Louise, née TOULIER, veuve).	Veuve de Vendéen...............	100.	
3,419.	DELISLE (Gabriel-Julien)..........	Vendéen........................	200.	
3,420.	——— (dame)....................	Pensionnaire du second théâtre français. (Pension à titre onéreux.)	1,000.	
3,421.	DE L'ISLE (Marie-Marguerite-Rose, née DE CONDÉ, dame).	Émigré........................	300.	
3,422.	DELMAS (Jean-Donat)..............	Services auprès de Louis XVI.........	800.	
3,423.	——— (Jean-Baptiste)............	Son père a été blessé sous les drapeaux et persécuté.	80.	
3,424.	——— (Pierre)..................	Services à la cause royale dans les 100 jours.	100.	
3,425.	DELNE (Marie-Louise, née JOUANAIS, veuve).	Veuve d'un employé à la vénerie......	120.	
3,426.	DELOFFRE (Ève-Dorothée, née SCHULZ, veuve).	Veuve d'émigré................	300.	
3,427.	DELON (Louis)..................	*Idem*........................	150.	
3,428.	DELOR (Jean)...................	Émigré........................	300.	*Idem.*

Nos d'ordre.	NOMS ET PRÉNOMS des PENSIONNAIRES.	MOTIFS de LA CONCESSION DES PENSIONS.	MONTANT des PENSIONS.	OBSERVATIONS.
3,429.	DELORME (Charles)...............	Brigadier des gardes-du-corps........	200f	
3,430.	——— (Marie-Louise)............	Ancienne fille de garde-robe du Roi...»	250.	
3,431.	DELORNE D'ALINCOURT (Eulalie, demoiselle).	Son père est mort sur l'échafaud pendant la révolution.	250.	N'a touché aucun des deux secours.
3,432.	DELORT (Jean-Pierre-Paul-Marie)....	Émigré de Toulon................	250.	
3,433.	——— (Élisabeth, ve), née D'HEILLES.	Son mari a servi dans les armées royales de la Lozère.	200.	
3,434.	DELOT (François-Jean)............	Vendéen.........................	250.	
3,435.	DELOUCHE (Jean-Félix-Victor)......	Persécuté pendant la révolution.......	150.	
3,436.	——— (Jean-Léon)...............	Services à la cause royale en France....	200.	
3,437.	DE LOYAUTÉ (demoiselle).........	A perdu sa fortune................	400.	
3,438.	DELOYNES (Augustin-Jean).........	Émigré.........................	1,000.	
3,439.	DELPIEDSANTE (Marie-Joseph-Ferdinande-Louise, demoiselle)	Fille d'émigré....................	500.	*Idem.*
3,440.	DELPIERRE (Louis)...............	Vendéen.........................	200.	
3,441.	——— (Marie-Jacqueline, née FOURNY, veuve).	Veuve de Vendéen................	200.	
3,442.	DELPOUX DE NAFINES (François-Marie-Joseph).	Émigré.........................	250.	
3,443.	DELPY DE LA ROCHE (Marie-Françoise-Augustine).	Fille d'émigré....................	500.	
3,444.	——— DE LAROCHE (Anne-Marie, née RASKINE, veuve).	Veuve d'émigré...................	250.	
3,445.	DELRIEU (Étienne-Joseph-Bernard)...	Homme de lettres.................	1,000.	
3,446.	DELUYNES (Angélique-Augustine, demoiselle).	Nièce d'émigré...................	400.	*Idem.*
3,447.	DELZEUZES (Catherine-Thérèse, née IMBERT, veuve).	Veuve d'un contrôleur de la bouche dans la maison de MADAME, comtesse de Provence.	1,200.	
3,448.	DELZONS (Jean-Joseph, abbé).......	Émigré.........................	300.	
3,449.	DEMADRE (Henri-Joseph)...........	*Idem*..........................	300.	N'a pas touché le deuxième secours.
3,450.	DEMAILLY (Pierre-Célestin).........	*Idem*..........................	150.	
3,451.	DEMALITOURNE (Pierre-Jacques).....	Ex-chef de bureau au ministère de la maison du Roi.	611.	N'a touché aucun des deux secours.
3,452.	DEMANGE (Jean-François)...........	Émigré.........................	700.	*Idem.*
3,453.	DEMARANDE (Marie-Marguerite, née MULLER, veuve).	Émigrée, a reçu la médaille des journées de juillet 1830.	800.	

Nos d'ordre.	NOMS ET PRÉNOMS des PENSIONNAIRES.	MOTIFS de LA CONCESSION DES PENSIONS.	MONTANT des PENSIONS.	OBSERVATIONS.
3,454.	DEMARS (Marie-Dorothée-Victoire, DE VIMPFFEN, veuve)	Veuve d'un maréchal-de-camp........	240f 00c	
3,455.	DEMARTRES (Jean-Baptiste).........	Émigré...........................	200. 00.	
3,456.	DEMASSON D'AUTUME (Louise-Artémise, demoiselle).	Fille d'émigré.....................	300. 00.	
3,457.	DEMAY (Pierre)..................	Émigré...........................	150. 00.	
3,458.	——— (née CHENU, veuve)........	Veuve d'émigré....................	300. 00.	
3,459.	——— DE JONTAFRET (Marie-Anne-Rosalie, née PELATE, veuve).	Veuve d'un officier................	250. 00.	N'a pas touché le deuxième secours.
3,460.	——— DE KERGENETAL (Renée-Nicole, née LE BLONSART DU BOIS DE LA ROCHE, veuve).	Vendéenne.........................	150. 00.	
3,461.	——— UBALDIN (Louis-Joseph-Pierre-François).	Fils de Vendéen..................	250. 00.	
3,462.	DEMAZIÈRE (Charlotte-Renée, Dlle)..	Fille d'un ancien maréchal-de-camp.....	400. 00.	
3,463.	DEMEAUX (Michelle-Victoire, née TEXIER, dame, veuve).	Veuve de Vendéen.................	800. 00.	
3,464.	DE MENOU (demoiselle).....	A perdu sa fortune................	200. 00.	
3,465.	DEMEREST (Veuve)................	*Idem*............................	200. 00.	
3,466.	DEMESMAY (Marie-Thérèse, née SÉBASTIEN, veuve).	Veuve d'émigré....................	200. 00.	
3,467.	DEMEURÉ THIEBAUT (Joseph-Clément).	Émigré...........................	300. 00.	N'a touché aucun des deux secours.
3,468.	DE MOLETTE DE MORANGIER (Louis-Clément).	Services dans les armées royales en France.	200. 00.	
3,469.	——— (Jean-Antoine)............	*Idem*............................	300. 00.	
3,470.	DE MONTBLANC (Antoine-Paulin, chevalier).	Émigré...........................	500. 00.	
3,471.	——— (Anne-Élisabeth, demoiselle)..	Émigrée..........................	500. 00.	
3,472.	——— (Ursule-Julie, veuve BOETY, demoiselle).	*Idem*.......................	500. 00.	
3,473.	DEMORE (Marie-Reine-Louise, née PROVENÇAL, dame).	Ses père et mère furent fusillés à Toulon en 1793.	150. 00.	
3,474.	DEMOULIN (Louise-Françoise, née PRETTEL, veuve).	En remplacement de la pension de 300 fr. dont il jouissait avant la révolution.	100. 00.	
3,475.	DEMOUY...........................	2e violon à l'Opéra-Comique (pension par suite de transaction).	259. 37.	
3,476.	——— (Marie-Bertrande-Anne-Appolonie, née LAPORTE, veuve).	Veuve d'un sous-intendant militaire; sans aucun moyen d'existence.	800. 00.	
3,477.	DEMOY (Louis-Joseph)............	Trésorier de la Sainte-Chapelle à Paris..	500. 00.	*Idem.*
3,478.	DENASSE (Marie-Catherine, née BARROIS, veuve).	Veuve d'un officier du gobelet dans la maison de MESDAMES.	300. 00.	

Nos d'ordre.	NOMS ET PRÉNOMS des PENSIONNAIRES.	MOTIFS de LA CONCESSION DES PENSIONS.	MONTANT des PENSIONS.	OBSERVATIONS.
3,479.	DENAYER (Catherine-Henriette-Joseph), dame), née COLLÉ.	Veuve d'un gendarme de France.......	250f	
3,480.	DENEUVILLERS (Melchior-Joseph).....	Émigré........................	300.	
3,481.	DENIAU (Georges)................	Vendéen........................	300.	
3,482.	DENIAU-LAMARE (Catherine-Perrine-Thérèse, dame), née BEAUFILS.	A rendu des services en France à Louis XVIII.	200.	N'a touché aucun des deux secours.
3,483.	DENIAUX (Jean-Étienne)............	Vendéen........................	200.	
3,484.	DENIS (Bonaventure)..............	Commissaire des guerres, émigré......	200.	N'a pas touché le premier secours.
3,485.	——— (Cécile-Jeanne), veuve D'AUBŒUF.	A été persécutée pendant la révolution.	300.	
3,486.	——— (Louise-Henriette, dame), née DESVALLÉE.	Vendéenne......................	150.	
3,487.	——— (Marie-Françoise, veuve), née DUPUY.	Son mari est mort sur l'échafaud.......	100.	
3,488.	DENIS DE BONAVENTURE (Marie-Louise, demoiselle).	Émigrée........................	500.	
3,489.	DENIS-FLEUR dit S.-DENIS (Louise-Victoire-Pélagie-Bénédicte, dame).	Fille d'un ancien officier............	300.	
3,490.	DENISET (Rose-Adélaïde-Félicité, veuve), née LEVALLOIS.	Veuve d'un ancien fonctionnaire.......	500.	
3,491.	DENISOT (Catherine-Adélaïde, veuve), née MOREL.	Veuve d'un ramasseur de gibier à la vénerie.	150.	
3,492.	DENJEAN-MASSIA (Gaspard).........	Fils d'un frotteur du château de Compiègne.	100.	*Idem.*
3,493.	DENNE-BARON.....................	Pension payée précédemment par le département des beaux-arts.	400.	N'a touché aucun des deux secours.
3,494.	DENNIÉE (Éléonore-Fortunée, baronne veuve), née LANOE.	Veuve d'un ancien intendant-militaire de la maison du Roi.	3,000.	
2,495.	DENOGENT (Jeanne, veuve), née GEUDDEN.	Son mari a émigré; mère de six enfans.	200.	
3,496.	DENOIS (Lucile, demoiselle).......	Ex-lingère des dentelles de la chapelle du Roi.	153.	
3,497.	DENOIS DE FONTCHEVREUIL (Justine-Lucie, veuve), née DULION.	Veuve d'un conseiller au Châtelet; mère de trois enfans; n'a aucun moyen d'existence.	500.	
3,498.	DENOUILLE......................	Ex-commis à l'intendance du garde-meuble.	800.	
3,499.	DENOYELLE (Alexis-Antoine-Adrien)..	Garçon de chirurgie à l'hôpital militaire de la maison du Roi.	150.	
3,500.	——— (Marie-Anne-Constance).....	Fille d'un ancien militaire...........	300.	
3,501.	——— (Marie-Geneviève, veuve), née FIQUET.	Veuve d'un cocher de Mme la comtesse d'Artois.	200.	
3,502.	DENTINGER (Antoine).............	Émigré........................	100.	*Idem.*
3,503.	DENVREZ (Marie-Louise, veuve), née VALTISBOUG.	Fille d'un suisse des appartemens du château de Marly.	250.	

Nos d'ordre.	NOMS ET PRÉNOMS des PENSIONNAIRES.	MOTIFS de LA CONCESSION DES PENSIONS.	MONTANT des PENSIONS.	OBSERVATIONS.
3,504.	DE PARIS (Alexis-Louis-Pierre).......	Neveu du garde-du-corps de ce nom..	800f 00c	
3,505.	DEPÉRAIS (Virginie-Antoinette-Louise, femme), née MAC-SHEEHY.	Fille d'un médecin du Roi Louis XVI...	250. 00.	
3,506.	DE PLEUC (Marie-Joseph)...........	Services à la cause royale en France; perte de fortune.	200. 00.	
3,507.	DEPOIX (Pierre)....................	Blessé par la voiture d'un prince......	200. 00.	
3,508.	DEPRAS-CARROS (Marie-Victre-Caroline-Alexandre, demlle DE), femme AUBAN.	Émigrée..........................	600. 00.	
3,509.	DÉPRATS DE CARROS (Marie-Victoire, demoiselle).	Petite-fille d'émigré...............	500. 00.	N'a touché aucun des deux secours.
3,510.	DEPREZ (Guillaume-Chrétien).......	Émigré..........................	500. 00.	
3,511.	DEPUIS-DELCOURT...................	Employé à la comptabilité de l'Opéra-Comique; pension par suite de transaction.	266. 66.	
3,512.	DEQUEN (Anne-Antoinette-Caroline, veuve), née PORQUET.	Veuve d'émigré..................	300. 00.	
3,513.	DEQUERSONNIÈRE (Gérard-Étienne-Joseph, chevalier).	Émigré..........................	400. 00.	
3,514.	DERAMBURE (Marie-Élisabeth-Sophie, dame), née DUPONCHEL.	Dévouement à la cause royale........	50. 00.	*Idem.*
3,515.	DERANGUEIL (Marie-Anne, veuve), née BÉRARD.	Perte de fortune..................	150. 00.	*Idem.*
3,516.	DERAZES (Louise-Henriette, dame), née DE LA LANDE.	Émigrée..........................	500. 00.	
3,517.	DERISBOURG (Hélène-Rebecca, femme), née KLINGLER.	Employée à la garde-robe du roi Louis XVI.	800. 00.	
3,518.	DE RIVIÈRE (Antoine).............	Émigré..........................	200. 00.	
3,519.	DEROUET (Pierre).................	Vendéen..........................	80. 00.	*Idem.*
3,520.	DEROUX (Élisabeth-Desirée, demoiselle).	Fille d'un chevalier de S.-Louis........	150. 00.	
3,521.	DEROY (Edme).....................	Planteur de la forêt de Fontainebleau..	1,800. 00.	
3,522.	DEROY D'AUFFREMONT DE MAUROY (Gabriel-Jean-Antoine).	Fils d'un lieutenant de la grande fauconnerie de France sous Louis XV.	400. 00.	N'a pas touché le premier secours.
3,523.	DEROZIERS (Jean-Louis)............	Palefrenier au manége..............	155. 00.	
3,524.	DERRIENNIC (Jean)................	Émigré..........................	200. 00.	
3,525.	DESAIFRES DE PELLEGRIN (Augustin).	Descendant de Jacques II...........	400. 00.	
3,526.	DE SAINT (Pierre)................	Garçon de la cuisine-bouche dans la maison de la Reine.	250. 00.	N'a touché aucun des deux secours.
3,527.	DE SAIX (Gilbert-Antoine).........	Servait au 10 août................	300. 00.	
3,528.	——— (Louis-Amable, baron)......	Émigré; frère du général de ce nom....	1,500. 00.	

Nos d'ordre.	NOMS ET PRÉNOMS des PENSIONNAIRES.	MOTIFS de LA CONCESSION DES PENSIONS.	MONTANT des PENSIONS.	OBSERVATIONS.
3,529.	DESARGUS (Jacquine-Hyacinthe-Charlotte, née LEMESNAGER, veuve)....	Veuve d'un capitaine aux gardes françaises; avait 600 fr. de pension sur la cassette de Louis XVI.	600f	
3,530.	DESARS-DODRIMONT (Pierre-Joseph)...	Émigré........................	400.	N'a touché aucun des deux secours.
3,531.	DESAUGES (Appoline-Victoire-Pierrette, demoiselle).	Fille d'un garçon maréchal des écuries de MONSIEUR.	150.	
3,532.	DESAUGIERS (Marie-Jeanne-Sophie, née ROI, veuve).	Veuve du chansonnier............	1,500.	
3,533.	DÉSAUTELS (Catherine, demoiselle)...	Persécutée pendant la révolution......	150.	
3,534.	DESBIÈS (Jean-Pierre-Amont)........	Pour avoir arrêté l'assassin du duc de Berry.	250.	
3,535.	DESBORDES (Thérèse, née BIGNON, veuve)	Veuve d'un maréchal-de-camp des armées françaises.	500.	
3,536.	——— (Marie, née DE BRIE, dame)...	Fille d'émigré..................	600.	
3,537.	——— (Charlotte-Honorine, née VIGNETTE, dame).	Émigrée........................	600.	*Idem.*
3,538.	DESBORIE DE SAINT-ASTIER (Anne-Marguerite, demoiselle).	Sœur d'émigrés..................	400.	*Idem.*
3,539.	DESBROCHERS-DESLOGES (Henriette-Nicole, née DE SAINT-AUBIN).	Veuve d'émigré..................	1,200.	
3,540.	DESBRULAIS (Félix-Marie).........	Capitaine vendéen..............	300.	N'a pas touché le deuxième secours.
3,541.	DESCAHAUX (Madeleine-Émilie).......	N'a aucun moyen d'existence..........	1,200.	
3,542.	DESCARTES (Joseph-Alexandre).......	Il appartient à la famille de Descartes...	500.	
3,543.	DESCAYRAC (François, chevalier).....	Émigré........................	500.	
3,544.	DESCHAMPS (Charles-Louis).........	Élève cocher aux écuries du Roi......	162.	
3,545.	——— (Pierre)..................	Émigré, parent de Cléry, valet-de-chambre de Louis XVI.	200.	
3,546.	——— (Pierre)..................	Lieutenant émigré................	800.	
3,547.	——— (Pierre-Joseph).............	Vendéen........................	50.	N'a pas touché le premier secours.
3,548.	——— (Louise-Mélanie-Chevalier veuve), née, MANCIAUX.	Peintre sur porcelaine............	300.	
3,549.	——— (Anne-Jeanne-Bertrande, née PITON DE LA ROUSSELIÈRE, dame).	Vendéenne......................	100.	
3,550.	DESCHÊNE (Jacques-Laurent)........	Palefrenier des écuries du Roi........	162.	
3,551.	DESCHÊNES (Marie-Madeleine, née CHARLES, veuve).	Veuve d'un employé des écuries du Roi.	150.	
3,552.	DESCHERES (François-René).........	Vendéen........................	80.	N'a pas touché le deuxième secours.
3,553.	DESCLAUX (Laurent-Agathe).........	Garde-magasin à l'intendance des menus-plaisirs.	600.	

Nos d'ordre.	NOMS ET PRÉNOMS des PENSIONNAIRES.	MOTIFS de LA CONCESSION DES PENSIONS.	MONTANT des PENSIONS.	OBSERVATIONS.
3,554.	DESCLOUX (Marie-Élisabeth, née POMEL, veuve).	Veuve d'un sergent des gardes suisses blessé au 10 août.	200f 00c	
3,555.	DESCORCHES (Louis-Clémentine-Éléonore, demoiselle).	Fille d'émigré....................	200. 00.	
3,556.	——— (Marie-Madeleine-Angélique-demoiselle).	*Idem*........................	200. 00.	
3,557.	DESCOURTILS (Louis-Jean-Clair, marquis DE SAINT-LÉGER, chevalier).	Maréchal-de-camp, émigré..........	900. 00.	
3,558.	DESCRAVAYAT DE BELAC (Auguste-Frédéric).	Émigré........................	400. 00.	
3,559.	DESCRAVAYAT (Charles, marquis DE LA BARRIÈRE).	*Idem*........................	300. 00.	N'a touché aucn des dexuu secours.
3,560.	DESCRIVAN (Pierre-Jean-Victor).......	Émigré de Toulon.................	400. 00.	
3,561.	DESCUDET (Bernard)...............	Émigré........................	100. 00.	
3,562.	DESCUDIER DE BEAULIEU (Joseph-Louis)	*Idem*........................	600. 00.	
3,563.	DÉSÉGAULX (Charlotte-Élisabeth, née DE CHAPUY, dame).	Veuve d'un commissaire des guerres des armées françaises.	200. 00.	
3,564.	DES ÉGAULX DE NOLET (Paul-Charles-Élie-François).	Fils d'émigré....................	1,000. 00.	
3,565.	DESELLE (Émilie-Joséphine, née DESELLE baronne DE BEAUCHAMP, dame).	Veuve d'émigré...................	200. 00.	
3,566.	DES ENTELLES (demoiselle)..........	Fille d'un intendant des théâtres et menus-plaisirs du Roi.	300. 00.	*Idem.*
3,567.	DESESTRE (Catherine, née Charles, ve).	Veuve d'un militaire...............	300. 00.	
3,568.	DESFONTAINES-MILLOT (veuve)......	De la famille de l'historien de ce nom...	300. 00.	
3,569.	DESFORGES (Pierre-Alexandre-Hervieux, abbé).	Émigré........................	1,066. 80.	
3,570.	——— (Pierrette-Eugénie), née GODARD, femme).	Fille d'un gentilhomme servant de la maison du Roi.	300. 00.	
3,571.	DESFOSSEZ (Henri-Charles-Antoine)...	Émigré........................	200. 00.	
3,572.	DESFRANCS (Louise-Julie, née CHANTREAU, veuve).	Vendéenne......................	800. 00.	
3,573.	DESGARDIES (Alexandrine-Constance-Antoinette), née DE THILORIER, vtesse).	Émigrée........................	900. 00.	
3,574.	DESGRAIS (Marie-Jeanne), née BOUCHER, veuve).	Veuve d'un officier de la chambre de Louis XVI.	300. 00.	
3,575.	DESGRIPPES (Mathurin).............	Vendéen........................	300. 00.	
3,576.	DESGUILHOTS (Louis-Auguste-Marie)..	Émigré........................	300. 00.	
3,577.	DESGUIOT-LABRUYÈRE (Catherine), née FLEURENTIN, dame).	Veuve d'émigré...................	250. 00.	
3,578.	DESGUYOT (Marie-Françoise-Prudente, demoiselle).	Parente d'émigré..................	120. 00.	

Nos d'ordre.	NOMS ET PRÉNOMS des PENSIONNAIRES.	MOTIFS de LA CONCESSION DES PENSIONS.	MONTANT des PENSIONS.	OBSERVATIONS.
3,579.	DESCUYOT DE LA BRUYÈRE (Claude-François).	Capitaine émigré..................	900f	N'a touché aucun des deux secours.
3,580.	DESHAYES (Jacques-François-Pierre)...	Vendéen..........................	50.	
3,581.	——— (Julien).................	Vendéen..........................	80.	
3,582.	——— (Simon-Martin)............	Garçon de Chambre de madame Adélaïde.	200.	
3,583.	——— Marie-Honorine, née PINARD, veuve).	Veuve d'un serviteur de Mesdames.....	120.	
3,584.	——— (Isabelle-Rose, née VANWNSBERGHE, veuve).	Son mari fut blessé par une voiture de la maison du Roi.	120.	
3,585.	DESHAYES DE BONNEVAL (Jacques-François).	Émigré..........................	600.	N'a pas touché le deuxième secours.
3,586.	DESHOMS DE FAVOLS (Jean-François, comte).	*Idem*..........................	300.	
3,587.	DESIR (Benjamin)................	Soldat; deux de ses frères sont morts en Espagne.	100.	
3,588	DESJACQUES (Jeanne-Alexandrine-Émilie-Zoé, demoiselle).	Persécutée pendant la révolution, a perdu sa fortune.	300.	
3,589.	DESJARDINS (abbé)..............	Ancien grand-vicaire..............	6,000.	
3,590.	——— (dame)..................	Ouvreuse de loges à l'Opéra-comique. (Pension par suite de transaction.)	50.	
3,591.	DESLANDES (Charles-François).......	Vendéen..........................	400.	
3,592.	DESLANDES BEAUPREY (Françoise-Jeanne-Marie, veuve, née GOPÈTRE).	Vendéenne.......................	200.	
3,593.	DESLANDES DE LANCELOT (Louis-Xavier-Pierre-Marie).	Fille d'un gentilhomme de la Reine Marie de Savoie.	1,000.	N'a touché aucun des deux secours.
3,594.	DESLIX (Anne-Théophile, veuve, née BEGORRAT).	Veuve d'un avocat à la cour de cassation.	500.	
3,595.	DESLOGEAIS (René)...............	Vendéen..........................	50.	N'a pas touché le deuxième secours.
3,596.	DESMARAIST (Jean-Pierre)..........	Émigré..........................	150.	
3,597.	DESMARES.......................	Officier général sans fortune..........	1,000.	
3,598.	——— (Joséphine, demoiselle)......	Fille d'un émigré, maréchal de camp..	200.	
3,599.	——— (Marie, demoiselle).........	*Idem*..........................	200.	
3,600.	——— (Marie-Joséphine, née DU FRAISNE, dame).	Fille d'un maréchal de camp.........	890.	
3,601.	DESMARETZ (Élisabeth-Joséphine, demoiselle).	Fille d'émigré....................	200.	
3,602.	DESMASIÈRES (Constant-Xavier-Marie).	Émigré..........................	200.	
3,603.	DESMAZIÈRES DÉSÉCHELLES (Armand-Bruno-Joseph).	*Idem*..........................	1,000.	

Nos d'ordre.	NOMS ET PRÉNOMS des PENSIONNAIRES.	MOTIFS de LA CONCESSION DES PENSIONS.	MONTANT des PENSIONS.	OBSERVATIONS.
3,604.	DESMAZURES (abbé)................	Émigré................................	914f 40c	N'a touché aucun des deux secours.
3,605.	DESMIER (Marie-Gertrude-Josèphe, baronne D'OLBREUSE, née BOURGUIGNON, dame).	Veuve d'émigré.....................	200. 00.	
3,606.	DESMORIEUX DE BEAUMONT (Thérèse-Adélaïde, dame veuve, née LÉCORNEY).	Perte de fortune...................	300. 00.	
3,607.	DESNEUX (Pierre).................	Ouvrier mordu par une vipère, infirme.	180. 00.	*Idem.*
3,608.	DESNOS (Jean-François)...........	Vendéen..........................	60. 00.	N'a pas touché le deuxième secours.
3,609.	DESOL DE GRISOLLES (général).......	Pension payée primitivement sur les fonds du ministère de l'intérieur.	6,000. 00.	
3,610.	DESONGNIS (Jean-Baptiste-Alexandre-Louis).	Services à la cause royale, en 1815...	300. 00.	
3,611.	DESOYE (Françoise, veuve, née SEURAT).	Veuve d'un palefrenier aux écuries....	300. 00.	
3,612.	D'ESPARBÈS (demoiselle)............	Ruinée par suite de la révolution......	2,000. 00.	
3,613.	DESPEISSES DE LAPLANE (Jacques-Xavier-Frédéric).	Chef de bataillon émigré, invalide.....	400. 00.	
3,614.	DESPERIERS DE LAPELOUZE (Jacques).	Sous-lieutenant des gardes du corps....	2,400. 00.	N'a touché aucun des deux secours.
3,615.	DESPÉROIS (Louis-François, abbé)....	Émigré..........................	1,210. 20.	
3,616.	DESPETIT DE LA SALLE (Augustine-Catherine).	Émigrée.........................	300. 00.	*Idem.*
3,617.	DESPLAS (Justine, dame)...........	Religieuse persécutée...............	200. 00.	
3,618.	——— (Marianne, dame)..........	*Idem*............................	200. 00.	
3,619.	——— (Jeanne-Marie-Françoise, veuve, née DE LAGARDE).	Veuve d'émigré.....................	500. 00.	*Idem.*
3,620.	DESPORTES (Jean-Jacques, abbé)......	Prêtre déporté.....................	800. 00.	
3,621.	DESPOUY (Michel)..................	Services à la cause royale, en France...	200. 00.	N'a pas touché le premier secours.
3,622.	DESPRÉAUX D'ALLANCOURT (Marie-Marguerite-Jeanne-Louise, demoiselle).	Sœur d'un émigré mort sur l'échafaud.	200. 00.	
3,623.	DESPREZ DE LAUNAY (Alexandrine-Josèphe, demoiselle).	Vendéenne.........................	300. 00.	
3,624.	——— Louise-Marie-Anne, demoiselle).	*Idem*............................	300. 00.	
3,625.	DESPREZ DE MONLAIS (Élisabeth-Augustine, veuve, née FABLET DE LA MOTTE).	Émigrée.........................	300. 00.	
3,726.	DESPUECH (Sophie-Anne-Françoise-Alix, née DELPUECH DE COMEIRAS, dame).	Fille d'un lieuten.-général des armées du Roi. Son frère a été tué en Espagne.	200. 00.	N'a touché aucun des deux secours.
3,627.	DESROLINES DE LAMOTTE (Marie-Gilberte, veuve, née CATHOL DE DEFFAN).	Veuve d'un porte-manteau du Roi.....	800. 00.	*Idem.*
3,628.	DESROTOURS (Charles-Bernard).......	Émigré..........................	1,000. 00.	

Nos d'ordre.	NOMS ET PRÉNOMS des PENSIONNAIRES.	MOTIFS de LA CONCESSION DES PENSIONS.	MONTANT des PENSIONS.	OBSERVATIONS.
3,629.	DESROY (Pierre)	Palefrenier des écuries de Louis XVI	600f 00c	
3,630.	DESSALLE (Marie-Louise-Sophie, demoiselle).	Aide-lingère à la vénerie	400. 00.	N'a touché aucun des deux secours.
3,631.	——— (Marie-Geneviève-Sylvie, ve), née BIGET.	Veuve d'un vérificateur des bâtimens chez MONSIEUR.	600. 00.	
3,632.	DESSAUX (abbé)	Émigré	1,066. 80.	
3,633.	DESSECTENNE (Louise-Marguerite, dame), née CLOITRE.	Son mari fut massacré en 1793	150. 00.	*Idem.*
3,634.	DESSIGNÉ-MEILLIARD (Étienne-Alexis).	Vérificateur des bâtimens du Roi, sous Louis XVI.	500. 00.	N'a pas touché le deuxième secours.
3,635.	DESSINGY (Victoire-Sophie, demoiselle).	Fille d'un Suisse des appartemens de Louis XVI.	100. 00.	
3,636.	DESSOFFY DE CZERNECK (Louis-César-Hyacinthe, comte).	Émigré	500. 00.	
3,637.	DESTAGNIOL (Nicolas-Louis, chevalier).	*Idem*	500. 00.	
3,638.	DESTAILLEUR (Henri, chevalier DE)	*Idem*	900. 00.	
3,639.	——— (Marie, femme), née PICKARD.	Fille d'un valet de pied chez le Roi	160. 00.	
3,640.	DESTIENNOT DE VASSY (Charles-Gaspard, chevalier).	Ancien officier, sans fortune	300. 00.	
3,641.	——— (Marie-Zéphirine-Pierrette-Louise-Charlotte, demoiselle).	Perte de fortune	300. 00.	
3,642.	DESTOUCHES (Ange-Françoise, demoiselle).	Vendéenne	300. 00.	
3,643.	——— (Marie-Françoise, demoiselle).	*Idem*	300. 00.	
3,644.	——— (Jacques)	Émigré	800. 00.	*Idem.*
3,645.	DESULMES (Amable-Étienne)	*Idem*	300. 00.	
3,646.	DESUTTES (Joseph-Jacques-Antoine, chevalier).	Sous-aide-major de la compagnie écossaise des gardes du corps.	800. 00.	
3,647.	DESVAULX (Jacques-Charles)	Fils d'un membre du conseil supérieur de Pondichéry.	300. 00.	
3,648.	DESVERGEZ (Catherine-Marguerite, ve), née BALLEY.	Vendéenne	200. 00.	
3,649.	DESVERGNES (Catherine-Françoise, ve), née CRESPIN.	Fils du premier médecin de MONSIEUR, comte de Provence.	300. 00.	
3,650.	DESVIEUX (Louise-Gabrielle, demoiselle).	Fille d'un général de brigade	400. 00.	
3,651.	DESVIGNES (Marie-Marguerite, veuve), née MONNEAU.	Fille d'un employé de la capitainerie du Louvre.	200. 00.	
3,652.	DÉTAPE (Amélie)	N'a aucun moyen d'existence	300. 00.	N'a touché aucun des deux secours.
3,653.	DETERVÈS (Auguste-Floride, dame née DUCHILLEAU.)	Fille d'un officier général émigré, mort sur le champ de bataille.	500. 00.	*Idem.*

Nos d'ordre.	NOMS ET PRÉNOMS des PENSIONNAIRES.	MOTIFS de LA CONCESSION DES PENSIONS.	MONTANT des PENSIONS.	OBSERVATIONS.
3,654.	DETERVILLE (Thomas-Denis, abbé)...	Émigré...	1,219f 20c	
3,655.	DETRIEUX (Jeanne, veuve), née GRANGIER.	Son mari a été écrasé sous une meule...	150. 00.	
3,656.	DÉTRIMONT (Pierre-Nicolas).........	Compromis dans l'affaire de Georges Cadoudal.	300. 00.	
3,657.	D'ÉTRIMONT (Rose-Célestine, demoiselle).	Son père a rendu des services aux Bourbons.	120. 00.	
3,658.	——— (Marie-Josèphe, demoiselle)...	*Idem*...	120. 00.	
3,659.	——— (Aimée, demoiselle), dame DE POILLY.	*Idem*...	120. 00.	
3,660.	——— (Marguerite-Rose, veuve), née LOISEL.	A rendu des services à la cause royale, en France.	300. 00.	
3,661.	DETTLIGEN (baronne DE), née RUTZHAUB.	Émigrée...	1,500. 00.	
3,662.	D'EU-DUMENIL DE MONTIGNY (Marie-Julie, dame), née BINOT-DEVILLIERS.	Femme d'émigré, ruinée par les invasions des alliés.	300. 00.	
3,663.	DEULIN (Henri-Félix-Philippe Joseph).	Fils d'un officier de la maison de Louis XVI.	50. 00.	N'a touché aucun des deux secours.
3,664.	——— (Adélaïde-Benoîte-Josèphe, demoiselle).	Fille *idem*...	50. 00.	
3,665.	——— (Amélie-Josèphe-Marie, demoiselle).	*Idem*...	50. 00.	
3,666.	——— (Marie-Catherine-Henriette-Alexandrine-Josèphe, demoiselle).	*Idem*...	50. 00.	
3,667.	——— (Marie-Geneviève-Hélène-Josèphe, demoiselle).	*Idem*...	50. 00.	N'a pas touché le deuxième secours.
3,668.	——— (Marie-Geneviève-Josèphe, demoiselle).	*Idem*...	50. 00.	
3,669.	——— (Marie-Louise-Antoinette, demoiselle).	*Idem*...	50. 00.	
3,670.	DEUZY (Louis-François)...	Services à la cause royale...	100. 00.	
3,671.	DEVAISSE-ROQUEBRUNE (Sophie-Frédérique-Madeleine, dame), née BRANCKMANN.	Femme d'émigré...	900. 00.	
3,672.	DEVARIN (Jean-François-Alexandre)...	Émigré...	300. 00.	N'a touché aucun des deux secours
3,673.	DEVAULX D'ACHY (François-Joseph)...	*Idem*...	600. 00.	
3,674.	DEVAUX (Augustin)...	Palefrenier à la petite écurie...	200. 00.	
3,675.	——— (Charles)...	Émigré...	1,200. 00.	
3,676.	——— (Angélique-Élisabeth, veuve), née DREUX.	Son mari est mort sur l'échafaud pendant la révolution.	500. 00.	N'a pas touché le deuxième secours
3,677.	DEVERNON (Anne-Catherine, femme), née JOLIVET dit LABROUSSAILLE.	Fille d'un employé à la vénerie...	150. 00.	
3,678.	DEVÈZE (Marianne, veuve), née NÈGRE.	Perte de fortune...	300. 00.	

Nos d'ordre.	NOMS ET PRÉNOMS des PENSIONNAIRES.	MOTIFS de LA CONCESSION DES PENSIONS.	MONTANT des PENSIONS.	OBSERVATIONS.
3,679.	DEVILENEUVE (Marie Élisa, demoiselle).	Nièce d'émigré............	200f	
3,680.	DEVILLE.........................	Pension payée autrefois par le département des Beaux-Arts.	300.	
3,681.	——— (François)................	Ancien artiste du chant à l'Opéra......	200.	
3,682.	——— (Louis)....................	Émigré............................	200.	N'a touché aucun des deux secours.
3,683.	DEVILLERS........................	Ex-ouvrier à la manufacture de Beauvais.	428.	N'a pas touché le deuxième secours.
3,684.	DEVILLIERS (Jacques).............	Émigré, âgé de 91 ans.............	1,100.	
3,685.	DEVINS (Julie-Louise-Pierrette, femme), née HARAND.	Lingère de Mme la comtesse d'Artois...	500.	*Idem.*
3,686.	DEVOUGNY (Anne-Claude-René)......	Émigré............................	300.	
3,687.	DEVROYE (Hélène-René-Josèphe, veuve), née LETHEUR.	A perdu sa fortune par suite de la révolution.	200.	
3,688.	DE WARLET (veuve)...............	N'a aucun moyen d'existence.........	360.	
3,689.	DEYBACH (François-Ignace-Urbain)...	Émigré............................	250.	
3,690.	DEZOS DE LA ROQUETTE (Gabriel-Antoine-Vénérande).	Capitaine émigré, âgé de 80 ans......	600.	N'a touché aucun des deux secours.
3,691.	D'HARGOUS (dame)................	N'a aucun moyen d'existence.........	480.	
3,692.	DHARLINGUE (Jean-Baptiste)........	Palefrenier à la grande écurie........	240.	
3,693.	——— (Pierre)..................	Ex-portier au château de S.-Cloud.....	120.	
3,694.	D'HASTREL (Louise-Sophie-Stéphanie, demoiselle).	Petite-fille d'un chef d'escadron.......	200.	
3,695.	DIARD (Pierre Stanislas)...........	Victime de l'accident arrivé à Angers lors de la fête du baptême du duc de Bordeaux.	100.	
3,696.	DIBARRART (Marguerite-Cécile, veuve), née DE BOISLINARD.	Veuve d'émigré....................	200.	
3,697.	DIBART (Louise-Joachim, demoiselle)..	A été persécutée pendant la révolution.	300.	
3,698.	DIDELET (Madeleine-Michelle, veuve), née CHARTIER.	Veuve d'un palefrenier à la petite écurie.	160.	
3,699.	DIDIER (Philippe-Marie)...........	Filleul de Monseigneur et de Mme la comtesse d'Artois.	200.	
3,700.	——— (Thérèse, veuve), née WOLF.	Veuve d'émigré....................	600.	
3,701.	DIÉ (dame)......................	N'a aucun moyen d'existence.......	240.	
3,702.	DIEDRICH (Gilles)................	Émigré............................	140.	*Idem.*
3,703.	DIENNE (Marie-Marguerite, dame DE), chanoinesse.	Ruinée par la révolution............	500.	

Nos d'ordre.	NOMS ET PRÉNOMS des PENSIONNAIRES.	MOTIFS de LA CONCESSION DES PENSIONS.	MONTANT des PENSIONS.	OBSERVATIONS.
3,704.	DIENNE (Marie-Thérèse, dame DE), chanoinesse.	Ruinée par la révolution	400f	
3,705.	DIENNE DUPUY DE CHAILADE (Angélique-Françoise, demoiselle DE).	Fille d'un officier	250.	
3,706.	—— (Marie-Hugue, demoiselle DE).	*Idem*	250.	N'a pas touché le deuxième secours.
3,707.	DIEPLE (Marguerite, veuve), née FONTAINE.	Veuve d'un serviteur de MADAME, comtesse de Provence.	150.	*Idem.*
3,708.	DIEPPOIS (Marie-Catherine-Angélique, veuve), née LEGRIS.	Dévouement de son mari à la cause royale.	200.	
3,709.	—— (Jean-Louis)	Dévouement de son père à la cause royale.	50.	
3,710.	—— (François)	*Idem*	100.	
3,711.	DIETRICH (Jean)	Émigré	120.	
3,712.	—— (Jean-Jacques)	*Idem*	240.	
3,713.	—— (Joseph)	Émigré, père de six enfans	400.	
3,714.	DIEU DE BELLEFONTAINE (Pierre-Auguste).	Émigré	1,200.	
3,715.	DIEUDONNÉ DE LACHESNAYE (Jean-Baptiste-Amable).	*Idem*	600.	
3,716.	DIEULEVEUT (Nicolas-Pantaléon)	Valet de pied chez la Reine	300.	
3,717.	DIGNERON (Marie-Louise, veuve), née LEDOUX.	Émigrée	1,200.	
3,718.	DIGOINE (Ferdinand-Alphonse-Honoré, marquis DE).	Émigré	1,000.	*Idem.*
3,719.	DIGONNET (Catherine, veuve), née GUERILLOT.	Veuve d'un garde à cheval des forêts de la couronne.	200.	*Idem.*
3,720.	DIGUET (Jean)	Vendéen	100.	
3,721.	DIJOU (dame), née DAVENNE	Femme de Vendéen	180.	
3,722.	DILLON (Roger-Henri, abbé)	Émigré; ancien conservateur de la bibliothèque Mazarine; auteur de l'histoire universelle.	1,500.	N'a touché aucun des deux secours.
3,723.	DINEUR (Amélie-Joséphine, veuve DE), née BEAUGRAND.	Émigrée	1,200.	
3,724.	—— (Marie-Catherine-Josèphe, dame DE), née BOURGEOIS.	Femme d'émigré	800.	
3,725.	DION (François-Jules-Augustin DE)	Fils d'émigré	300.	*Idem.*
3,726.	—— (Joseph-Louis-Adolphe DE)	*Idem*	300.	*Idem.*
3,727.	—— (Louis-Charles DE)	*Idem*	300.	
3,728.	—— (Jean)	Vendéen	50.	*Idem.*

Nos d'ordre.	NOMS ET PRÉNOMS des PENSIONNAIRES.	MOTIFS de LA CONCESSION DES PENSIONS.	MONTANT des PENSIONS.	OBSERVATIONS.
3,729.	DION (Marie-Élisabeth-Louise, demoiselle DE).	Fille d'émigré	300f	N'a touché aucun des deux secours.
3,730.	—— (Marie-Caroline-Félicité, demoiselle DE).	*Idem*	300.	*Idem.*
3,731.	—— (Marie-Louise-Stéphanie, demoiselle DE).	*Idem*	300.	*Idem.*
3,732.	—— (Élisabeth-Josèphe) née LEVAILLANT DU CHASTELET, comtesse DE.	Femme d'émigré	1,000.	*Idem.*
3,733.	DIONSIDON (Antoine, abbé)	Émigré	600.	
3,734.	DIRIÉ *dit* BLUMENGARTEN (Jean-Gaspard).	Sous-lieutenant, émigré	600.	
3,735.	DISBERGER (Marie-Adélaïde-Ignace, demoiselle).	Fille d'émigré	200.	
3,736.	DISS (Marie-Véronique) née SCHMIDT, veuve.	Veuve d'émigré	120.	N'a pas touché le deuxième secours.
3,737.	DIXNEUF (Pierre)	Vendéen	50.	
3,738.	DIZARN DE VILLEFORT (Charles-Auguste-Parfait, abbé).	Services auprès de Louis XVI, et prêts faits aux Princes dans l'émigration.	1,800.	
3,739.	DOAZAN (Bathilde-Judiana) veuve, née DESÈZE.	Fille d'émigré	1,200.	N'a touché aucun des deux secours.
3,740.	DODIN (Marie-Anne, demoiselle)	Fille de Vendéen	100.	
3,741.	—— (Jeanne, veuve), née CHABRY.	Veuve d'un employé de la manufacture de Sèvres.	200.	
3,742.	DOIGNIES (Nicolas-Joseph)	A rendu des services aux émigrés, en pays étranger.	300.	N'a pas touché le deuxième secours.
3,743.	DOISTEAU (Marie, dame religieuse)	Émigrée	150.	
3,744.	DOISNEL (Jacques-Jean)	Émigré	600.	*Idem.*
3,745.	DOLADILLE (Marie-Anne, veuve), née BARBUT.	Dévouement de son mari dans une épidémie.	80.	
3,746.	DOLBEC (Jean-François)	Émigré	100.	N'a touché aucun des deux secours.
3,747.	DOLLY (Marie-Rosalie, demoiselle)	Fille d'un postillon d'attelage aux écuries du Roi.	150.	
3,748.	DOMENECH DIÉGO (Geneviève-Marie-Raymonde-Antoinette, demoiselle).	Fille d'émigré	200.	N'a pas touché le deuxième secours.
3,749.	DOMER (Pierre-François)	Postillon aux écuries de la maison de Louis XVI.	150.	
3,750.	DOMERGUE DE SAINT-FLORENT (Thomas-Thérèse), née DE STADER, dame.	Sœur d'émigré, veuve d'un colonel émigré.	300.	
3,751.	DOMERGUE DU PERRIER (Antoine-Joseph).	Capitaine émigré	600.	*Idem.*
3,752.	DOMERGUE DU ROZET (Barbe-Charlotte, demoiselle).	Persécutée dans la révolution, perte de sa fortune.	300.	
3,753.	—— (Louisa-Charlotte-Élisabeth, demoiselle).	*Idem*	300.	

Nos d'ordre.	NOMS ET PRÉNOMS des PENSIONNAIRES.	MOTIFS de LA CONCESSION DES PENSIONS.	MONTANT des PENSIONS.	OBSERVATIONS.
3,754.	DOMERS (François)	Prêtre émigré	1,000f 00c	
3,755.	DOMEUS (Bonaventure)	Émigré	80. 00.	
3,756.	DOMEYRES (Jean-Louis)	Son père a servi dans les armées royales de la Lozère.	100. 00.	N'a pas touché le deuxième secours.
3,757.	DOMINÉ (Pierre-Charles, chevalier)	Vendéen	500. 00.	*Idem.*
3,758.	DOMINICH (Henri)	Musicien de l'Opéra	790. 30.	
3,759.	DOMMEY (François-Charles-Bernard, chevalier DE).	Émigré	800. 00.	
3,760.	DONADIEU (Jean)	Services de ses parens dans les armées royales de la Lozère.	50. 00.	
3,761.	DONAT (Agathe), née MARCHAIS DE LA GUITTONNIÈRE, dame.	Son père, huissier à la chambre du Roi, a été tué au 10 août.	300. 00.	
3,762.	DONE (Sophie, dame religieuse)	Émigrée	762. 00.	
3,763.	DONGUY (Louis-Antoine-Emmanuel)	Émigré	300. 00.	N'a touché aucun des deux secours.
3,764.	DONZELLE (Françse-Charlotte-Guyonne), née BERTIN, dame.	Émigrée	400. 00.	
3,765.	DONISSAN (marquise DE), née DE DURFORT-CIVRAC.	Services à la Cour, puis en Vendée	8,000. 00.	*Idem.*
3,766.	DONJSAN (Marie-Rosalie, veuve), née LEROY.	Veuve d'émigré	300. 00.	
3,767.	DONJON (Blanche), veuve VERNAY	Veuve d'un marinier, mort victime de son dévouement.	200. 00.	N'a pas touché le deuxième secours.
3,768.	DONLEVY (Claude-Rose-Marie-Louise), née DE TAILLEVIN DE LERIGNY, dame.	Femme d'émigré	1,200. 00.	N'a touché aucun des deux secours.
3,769.	DONVAL	Ex-employé à la maison militaire du Roi.	200. 00.	
3,770.	DONVILLE (Marie-Catherine-Guillaine), née CARRÉ, veuve.	Veuve d'un garçon de cuisine	150. 00.	
3,771.	DONZELLE (Charles-Jacques-Étienne-Théophile).	Vendéen	150. 00.	
3,772.	DOPFFER (Madeleine, veuve), née HAAR.	Veuve d'émigré	400. 00.	N'a pas touché le deuxième secours.
3,773.	DOQUIN DE SAINT-PREUX (Marie-Émélie, veuve), née FAYRNAL.	*Idem*	600. 00.	
3,774.	DOR DE TOLOCHENAZ (Jeanne-Marianne-Caroline, demoiselle).	A servi comme soldat dans les régimens suisses au service de France	400. 00.	
3,775.	DORAT (Barbe, demoiselle)	Fille d'émigré	400. 00.	
3,776.	——— (Catherine-Henriette, demoiselle).	*Idem*	400. 00.	
3,777.	——— (Thérèse, demoiselle)	*Idem*	400. 00.	
3,778.	DORCHEMER DELATOUR (Charles-Louis).	Sa famille a servi la Famille royale depuis Henri IV. Avait 3,000 francs de pension sur une Abbaye.	400. 00.	N'a touché aucun des deux secours.

N^os d'ordre.	NOMS ET PRÉNOMS des PENSIONNAIRES.	MOTIFS de LA CONCESSION DES PENSIONS.	MONTANT des PENSIONS.	OBSERVATIONS.
3,779.	DORDÉ DE LA JOUR DE S.-BEAUZEIL (Marie, dame), née DESCAYRAC.	Veuve d'émigré	800f	N'a pas touché le deuxième secours.
3,780.	DORÉ (Louise-Geneviève, veuve), née CHOPINOT.	Veuve d'un garçon jardinier de madame Élisabeth.	100.	
3,781.	DORET DE NION (Antoinette-Louise-Françoise, veuve), née DESNEUX.	Créole de Saint-Domingue, émigrée	500.	
3,782.	D'ORICOURT (Marie-Françoise-Élisabeth, dame), née MALCHAR.	Émigrée	800.	
3,783.	DORION (Aimée-Louise, veuve), née COULLIEAUX.	Veuve d'un garçon d'attelage aux écuries.	250.	
3,784.	DORIVAL (veuve)	Créancière de MONSIEUR, Comte de Provence.	1,000.	
3,785.	——— (Marguerite, veuve), née ROYTEL.	Émigrée	500.	
3,786.	DORLAN DE POLIGNAC (Jeanne-Marie-Madeleine, v^e), née de FERMAT.	Veuve d'émigré	600.	
3,787.	DORLÉ	N'a aucun moyen d'existence	300.	
3,788.	DORLET (Catherine, demoiselle)	Fille d'un batteur de gibier, tué par un cerf.	50.	
3,789.	——— (Marie, demoiselle)	*Idem*	50.	
3,790.	——— (Scholastique, demoiselle)	*Idem*	50.	
3,791.	DORLODOT (Charles-François)	Parent d'émigré	200.	
3,792.	DORLODOT-DES-ESSARTS (Claude-Stanislas).	Émigré	1,000.	*Idem.*
3,793.	——— (Amélie-Marie-Charlotte, demoiselle).	Fille et sœur d'émigrés	150.	
3,794.	——— (Anne, dame), née HÉDOUIN-DE-BELLOIS.	Veuve d'émigré	600.	*Idem.*
3,795.	——— (Anne-Charlotte, dame), née VAUTHIER.	Femme d'émigré	400.	*Idem.*
3,796.	DORLODOT-DESSARD (Louis-Charles-Marc.	Em	1,000.	
3,797.	DORMÉ dit le RICHE (Laurent-Romain)	*Idem*	150.	
3,798.	DORN (Léonce-Benoît-Christian)	Descendant de la famille de Jeanne-d'Arc	400.	
3,799.	DOROZ (Alexandrine-Émilie-Joséphine, demoiselle).	Émigrée	500.	N'a touché aucun des deux secours.
3,800	——— (Claudine-Pierrette-Joséphine-Dorothée, demoiselle).	*Idem*	500.	*Idem.*
3,801.	———(Marie-Gabrielle-Josèphe, demoiselle).	*Idem*	500.	N'a pas touché le deuxième secours.
3,802.	DORSE (Alexandre-Sébastien)	Émigré	400.	N'a touché aucun des deux secours.
3,803.	DORSIN (Marie-Catherine-Françoise, v^e), née BONNAUD.	Belle-sœur d'émigré	300.	

Nos d'ordre.	NOMS ET PRÉNOMS des PENSIONNAIRES.	MOTIFS de LA CONCESSION DES PENSIONS.	MONTANT des PENSIONS.	OBSERVATIONS.
3,804.	DORTAN (Célestine-Françoise-Joséphine, comtesse de).	Dame-d'honneur de la princesse de Condé	2,400f 00c	N'a pas touché le deuxième secours.
3,805.	——— (Charlotte-Marie-Joséphine)...	Fille d'émigré......................	600. 00.	*Idem.*
3,806.	DORTU (demoiselle)................	Ouvreuse de loges à l'Opéra-Comique. (Pension par suite de transaction.)	50. 00.	
3,807.	DORVO (Hyacinthe-Madeleine)........	Homme de lettres..................	600. 00.	
3,808.	DOUAIZY (Pierre)..................	Vendéen..........................	50. 00.	*Idem.*
3,809.	DOUBLET (Jean-Joseph)............	*Idem*............................	100. 00.	
3,810.	DOUCET (François)................	*Idem*............................	100. 00.	*Idem.*
3,811.	DOUCIN (veuve)...................	Son mari est mort sur l'échafaud, dans la révolution.	150. 00.	
3,812.	DOUDEMENT (Nicolas-Henry-Abraham).	A rendu des services au général Pichegru.	400. 00.	
3,813.	DOUDINOT DE LA BOISSIÈRE (Marie-Henriette-Éléonore, demoiselle).	Fille d'émigré.....................	300. 00.	
3,814.	DOUDOU-PHILIBAUCOURT (Flore-Émilie-Constance, ve), née GALTAT-DORBIS.	Veuve d'émigré....................	200. 00.	N'a touché aucun des deux secours.
2,815.	DOUET (Jean-Antoine).............	Émigré...........................	600. 00.	*Idem.*
3,816.	DOUEZY (Nicolas-Nicaise)..........	Vendéen..........................	80. 00.	*Idem.*
3,817.	DOUGÉ (Marie-Madeleine-Chavray, ve).	Émigrée..........................	4,000. 00.	
3,818.	DOUHET (François, comte de)........	Vendéen, s'est trouvé à l'affaire de Quiberon.	500. 00.	
3,819.	DOUHEL DE FONTETTE (dame).......	Veuve d'émigré....................	240. 00.	N'a pas touché le deuxième secours.
3,820.	DOUHET DE MARLAT (Charles-François-André, comte de).	Fils d'émigré.....................	500. 00.	
3,821.	DOUHET DE VAUCHAUSSADE (demoiselle).	A perdu sa fortune................	300. 00.	N'a touché aucun des deux secours.
3,822.	DOUIN (Dorcas, comtesse), née RANDALL	Avait une pension avant la révolution..	400. 00.	
3,823.	DOURDON (Bernardin-Philibert, DE)...	Émigré...........................	1,000. 00.	*Idem.*
3,824.	DOURLEN (Louis, abbé)............	*Idem*............................	1,219. 20.	
3,825.	DOURLENS (Louis).................	Services à la cause royale, en France.	250. 00.	
3,826.	DOUSSAN (Antoine, DE)............	Capitaine émigré..................	1,200. 00.	
3,827.	DOUSSET (Angela-Magdalena, veuve), née CAFFESI.	Émigrée, veuve d'émigré...........	1,000. 00.	
3,828.	DOUSSIÈRE (Marguerite, dame), née PRADEILLES.	Son mari a servi dans les armées royales de la Lozère.	80. 00.	

Nos d'ordre.	NOMS ET PRÉNOMS des PENSIONNAIRES.	MOTIFS de LA CONCESSION DES PENSIONS.	MONTANT des PENSIONS.	OBSERVATIONS.
3,829.	DOUSSON (Barthélemy - Hilarion - Magloire).	Sa femme est créancière du Roi......	1,500f	
3,830.	——— (Jeanne-Marie-Dorothée, dame), née MAGLON DE LABALUE.	Femme du précédent...............	1,500.	
3,831.	DOUTRELEAU (Marie-Anne, dame), née MOINE.	Veuve d'un condamné dans la révolution.	150.	
3,832.	DOUTREMONT (Anselme-Louis, baron)..	Colonel, fils d'un conseiller d'état......	2,000.	N'a touché aucun des deux secours.
3,833.	——— (Marie-Albertine, baronne), née DE LAROCHE DE LA RIBELLERIE.	Veuve d'un intendant général de la guerre.	1,000.	*Idem.*
3,834.	DOUVENELLE (Marie-Catherine-Josèphe, veuve), née HOUHEZ.	Veuve d'un brigadier des gardes du corps de Louis XVIII.	400.	
3,835.	DOUVILLÉ (François-Marcel)........	Attaché à la musique de Louis XVI....	800.	
3,836.	DOUVILLE (Geneviève-Victoire, veuve), née HERBIN.	Veuve d'un musicien de la chapelle de Louis XVI.	400.	
3,837.	D'OVERGNE (Marie-Françoise-Victoire-Emmanuelle, dame), née CARPENTIER.	Émigrée........................	800.	
3,838.	DOVILEZ (Marie-Adélaïde, veuve), née CAIGNET.	Fille d'un lieutenant civil au bailliage d'Alençon.	400.	
3,839.	DRANO (Jean-François)............	Blessé en tirant le canon le jour du sacre de Charles X.	150.	
3,840.	DRAPEAU (André-François).........	Vendéen.......................	100.	
3,841.	DRAPEYRON DE DAVID (Pierre, abbé).	Émigré........................	500.	
3,842	DREAN (Mathurine, veuve), née LE BRAS.	Vendéenne.....................	50.	
3,843.	DREUX (François)................	Vendéen.......................	80.	
3,844.	DRIEU (Blanche-Claude-Reine, dame)..	Émigrée.......................	500.	
3,845.	DRILLET (Marie-Catherine, dame), née LE BOUBENCE.	Vendéenne.................. ...	50.	
3,846.	DROGLAND (Pierre)...............	Garde-portier à Vincennes..........	70.	
3,847.	DROUARD DE LA CROISETTE (Joséphine, demoiselle DE).	Petite-fille d'émigré...............	300.	
3,848.	——— (Marie-Françoise, veuve, baronne), née MORAND DE LA GENEVRAYE.	A été ruinée par suite de la révolution..	600.	
3,849.	DROUART (Louis-François-Auguste, abbé).	A rendu des services à la cause royale, en France.	300.	*Idem.*
3,850.	DROUAULT (Charlotte-Agnès, dame), née CONNELLY.	Veuve d'un capitaine de vaisseau......	800.	*Idem.*
3,851.	DROUETS (Jean-Baptiste)...........	Valet de pied.....................	363.	
3,852.	——— (Joséphine, demoiselle).......	Jeune personne élevée aux frais du Roi; pension pour la mettre à même de prendre un état.	240.	*Idem.*
3,853.	DROUHOT (Marie-Louise-Nicole), née DE LAVAL.	Veuve d'un officier aux hussards de Lauzun; mère de six enfans.	400.	

Nos d'ordre.	NOMS ET PRÉNOMS des PENSIONNAIRES.	MOTIFS de LA CONCESSION DES PENSIONS.	MONTANT des PENSIONS.	OBSERVATIONS.
3,854.	DROUIN (Louise-Josèphe, veuve), née LEFORT.	Fille d'émigré	120f	
3,855.	DROUITEAU	Fille de Vendéen	250.	N'a pas touché le premier secours.
3,856.	DROULLIN DE SAY (Adrienne-Louise-Françoise, veuve DE), née RIOULT DE BOIS RIOULT.	Émigrée	200.	
3,857.	DROUOT (Jean-François)	Émigré	500.	N'a pas touché le deuxième secours.
3,858.	DROUX (Jean-Louis)	Faisait partie de l'expédition de Lapeyrouse.	100.	*Idem.*
3,859.	DROZ (Caroline, dame)	Fille d'un armurier de Bernes qui a fourni des armes à l'armée de Condé.	75.	
3,860.	—— (Marguerite, demoiselle)	*Idem*	75.	
3,861.	—— (Suzanne-Marguerite, Dlle)	*Idem*	75.	
3,862.	—— (Rose, demoiselle)	*Idem*	75.	
3,863.	DRU (Marguerite-Josèphe, veuve), née RIMBERT.	Vendéenne	300.	
3,864.	DRUEZ (Henri-Louis-Charles DE), fils	Fils d'émigré	300.	
3,865.	—— (Veuve DE)	Veuve d'émigré	360.	N'a touché aucun des deux secours.
3,866.	—— (Caroline-Félicité, dame DE), née BAILLET.	Femme d'émigré	300.	
3,867.	DRULHE (Anne-Rose, veuve), né BOURJADE.	Nièce d'émigrés; perte de fortune	200.	
3,868.	DRUMMOND (Charles-Édouard), duc DE MELFORT.	Grand-vicaire, émigré	1,500.	
3,869.	—— (Luce-Clémentine, demoiselle)	Perte de fortune	600.	*Idem.*
3,870.	DUAUTHIER (Antoine-Clément)	Petit-fils d'émigré	100.	
3,871.	—— (Jean-Baptiste)	*Idem*	100.	N'a pas touché le deuxième secours.
3,872.	DUAUTHIER	*Idem*	100.	
3,873.	—— (Jean-Jacques-Victor-Amédée)	*Idem*	100.	
3,874.	—— (Jean-Jacques-Victor-Sébastien).	*Idem*	100.	
3,875.	—— (Léonard)	*Idem*	100.	
3,876.	—— (Léonard-Ely-Jean-Jacques-Victor).	*Idem*	100.	
3,877.	—— (Pierre-Paul-Célestin)	*Idem*	100.	
3,878.	—— (Marie-Anne, demoiselle)	Fille et petite-fille d'émigrés	100.	*Idem.*

Nos d'ordre.	NOMS ET PRÉNOMS des PENSIONNAIRES.	MOTIFS de LA CONCESSION DES PENSIONS.	MONTANT des PENSIONS.	OBSERVATIONS.
3,879.	DUAUTHIER (Anne-Antoinette, demoiselle).	Fille et petite-fille d'émigrés..........	100f 00c	
3,880.	—— (Christine)...............	*Idem*.........................	100. 00.	
3,881.	—— (Marie-Rose-Catherine, demoiselle).	*Idem*.........................	100. 00.	
3,882.	DUBACHET......................	Émigré de Toulon.................	120. 00.	
3,883.	DUBANTON (dame)................	A perdu sa fortune...............	200. 00.	
3,884.	DUBARAIL (Marie-Françoise-Amélie, comtesse), née DE CHALEUDAR.	Fille d'émigré.....................	400. 00.	
3,885.	DUBECH (Catherine, veuve), née DARRACQ.	Veuve d'émigré...................	150. 00.	N'a touché aucun des deux secours.
3,886.	DU BERGIER (Élisabeth-Edme, ve), née VARENNE DE FENILLE.	Veuve d'un sous-préfet.............	400. 00.	
3,887.	DUBIN DE GRANDMAISON (Daniel-Thimothé), abbé.	Aumônier des armées vendéennes......	400. 00.	
3,888.	DU BLAISEL (Charles-François-Aimé)..	Fils d'émigré......................	800. 00.	*Idem.*
3,889.	—— (Henri-Louis-Philippe).......	*Idem*.........................	1,500. 00.	*Idem.*
3,890.	—— (Antoinette-Charlotte-Henriette, demoiselle), dame DONJON.	Fille d'émigré.....................	800. 00.	
3,891.	—— (Louise-Marie-Caroline, demoiselle).	*Idem*.........................	800. 00.	*Idem.*
3,892.	—— (Louise-Marie-Henriette, demoiselle).	*Idem*.........................	200. 00.	*Idem.*
3,893.	DUBLAISEL-D'ENQUIN (Michelle-Emilie, dame), née DE LA VILLENEUVE.	En remplacement d'une pension dont elle jouissait avant la révolution.	300. 00.	*Idem.*
3,894.	DUBOIS, abbé.....................	Pension accordée directement par le Roi. (Motifs inconnus.)	600. 00.	*Idem.*
3,895.	—— (Antoine).................	Postillon aux écuries de la Reine......	300. 00.	*Idem.*
3,896.	—— (Charles-Augustin), abbé.....	Émigré...........................	1,066. 80.	
3,897.	—— (Jacques).................	Vendéen..........................	50. 00.	*Idem.*
3,898.	—— (Jean-Étienne)............	Employé à la vénerie du Roi.........	300. 00.	*Idem.*
3,899.	—— (Jean-Jacques)............	Rétablissement d'une pension accordée par Louis XVI.	250. 00.	
3,900.	—— (Louis-Joseph)............	Émigré...........................	200. 00.	
3,901.	—— (Mathurin-Jean)...........	*Idem*.........................	100. 00.	
3,902.	—— (Nicolas-Laurent)..........	Émigré, maréchal-des-logis-chef des gardes-du-corps.	800. 00.	

Nos d'ordre.	NOMS ET PRÉNOMS des PENSIONNAIRES.	MOTIFS de LA CONCESSION DES PENSIONS.	MONTANT des PENSIONS.	OBSERVATIONS.
3,903.	DUBOIS (Philippe)	Émigré	200f	
3,904.	——— (Pierre)	Vendéen	150.	N'a pas touché le deuxième secours.
3,905.	——— (Pierre)	Services à l'armée royale	100.	N'a touché aucun des deux secours.
3,906.	——— (Julien)	*Idem*	60.	*Idem.*
3,907.	——— (Thomas-Joseph)	Émigré	100.	
3,908.	——— (Delphine-Pierre, demoiselle).	Fille d'un piqueur de la vénerie du Roi.	100.	
3,909.	——— (Madeleine-Anastasie, demoiselle).	*Idem*	100.	
3,910.	——— (Eustachienne-Lydie), née DELATRE.	Veuve d'émigré	150.	
3,911.	——— (Rose-Félicité, dame), née GUÉRIN.	Femme de Vendéen	200.	
3,912.	——— (Claudette-Marie-Antoinette), née LEQUEUX.	Fille d'émigré	300.	*Idem.*
3,913.	DUBOIS DE BEAUREGARD (Aimé-Gabriel-Fidel).	Émigré	300.	*Idem.*
3,914.	DUBOIS DE LA PATELLIÈRE (Louis Félix)	Vendéen	600.	N'a pas touché le deuxième secours.
3,915.	DUBOIS DE MONTULÉ (Eugène-Charles-Honorat).	Fils d'émigré	300.	N'a touché aucun des deux secours.
3,916.	DUBOIS DE SAINT-HILAIRE (Jean-Baptiste-François, chevalier).	Émigré	800.	N'a pas touché le premier secours.
3,917.	DUBOIS DE SAINT-MANDÉ (Marie-François-Charles, vicomte)	Perte de fortune	400.	
3,918.	DUBOIS-TESSELIN (Charles-Henri)	Émigré	300.	N'a pas touché le deuxième secours.
3,919.	——— (François-Frédéric)	*Idem*	300.	*Idem.*
3,920.	——— (Charlotte-Louise), demoiselle.	Émigrée	300.	*Idem.*
3,921.	——— (Madeleine-Charlotte-Sara)	*Idem*	300.	*Idem.*
3,922.	——— (Charlotte), née ANDERSON	*Idem*	400.	N'a touché aucun des deux secours.
3,923.	DU BOISPÉAN (Olive-Julienne, demoiselle).	*Idem*	1,200.	
3,924.	DUBOSC DE PEYRAN (Jean-Baptiste)	Émigré	800.	
3,925.	DU BOSCAGE (Gabriel-Pierre-Isidore) DE GUILLAUMANCHE, marquis.	Maréchal-de-camp	2,000.	
3,926.	DUBOSCAGE (Élisabeth-Victoire-Armande, marquise).	En remplacement de la pension de 4000f dont elle jouissait avant la révolution.	1,800.	
3,927.	DUBOSCQ (Julien-Antoine)	Émigré	400.	N'a pas touché le deuxième secours.

Nos d'ordre.	NOMS ET PRÉNOMS des PENSIONNAIRES.	MOTIFS de LA CONCESSION DES PENSIONS.	MONTANT des PENSIONS.	OBSERVATIONS.
3,928.	DUBOSQUET (Germain-Henri-Louis)...	Fils d'émigré........................	100f	
3,929.	——— (Charles-Arthur-Ernest)......	*Idem*............................	100.	
3,930.	——— (Marie-Thérèse-Alix, demoiselle).	Fille d'émigré......................	100.	
3,931.	——— (Anne-Clémence, demoiselle)..	*Idem*............................	100.	
3,932.	DUBOT DE TALHOUET (Alexandre-Marc).	Vendéen...........................	600.	
3,933.	DUBOUCHERON DE VALLON, née SAINT-GEORGES (Élisabeth-Gilberte, veuve).	Son père a perdu sa fortune par suite de la révolution.	300.	N'a touché aucun des deux secours.
3,934.	DUBOUCHET (Nathalie-Jeanne, née DE BOISGELIN, veuve).	Fille d'émigré......................	400.	
3,935.	——— (Marie-Susanne, née DE CARTOUZIÈRE, veuve).	Avait 324 fr. de pension sur la cassette de Louis XVI.	350.	
3,936.	DUBOUCHOT (Marie-Susanne, née HEMERIE DE CARTOUZIÈRE, veuve).	Émigrée...........................	900.	
3,937.	DU BOURBLANC (François-Maude-Yves, comte).	Émigré............................	600.	*Idem.*
3,938.	——— (Antoinette-Catherine-Benjamine, demoiselle).	Émigrée...........................	500.	
3,939.	———(Alexandrine-Joséphine-Caroline, demoiselle).	*Idem*............................	500.	
3,940.	DU BOURG (Jeanne-Sophie-Barbe, née BARRAL, dame).	En remplacement d'une pension de 3000 f. dont elle jouissait avant la révolution.	1,200.	
3,941.	——— MIRONDET DE GENAY (Claude-François-Victor).	Maréchal-des-logis des gardes-du-corps; avait une pension de 150 francs sur la cassette de Louis XIV.	150.	*Idem.*
3,942.	DU BOUZET (Marie-Louise-Charlotte, née DE BARBEYRAC SAINT-MAURICE, veuve).	Veuve d'émigré.....................	300.	
3,943.	——— (Henriette, née DE PUNIET, vicomtesse).	*Idem*............................	200.	*Idem.*
3,944.	DUBOY (Thérèse-Augustine, demoiselle).	Sœur d'émigré......................	150.	
3,945.	———DE LAVERNE (Adélaïde, née TRUDON DES ARMES, dame).	Belle-fille d'un écuyer de la Reine......	400.	
3,946.	DUBREIL DE PONT-BRIAND DE LA LAUNELAYE (Louis-Marie-Victor).	Émigré............................	400.	*Idem.*
3,947.	DUBREUIL..........................	Pension accordée directement par le Roi. (Motifs inconnus.)	300.	
3,948.	——— (Jean-Jacques)..............	Victime de l'écroulement d'une maison à Rouen.	100.	
3,949.	——— (Louis)....................	Garçon de toilette..................	1,800.	*Idem.*
3,950.	——— (Bernardine-Honorine, demoiselle).	Émigrée...........................	66.	
3,951.	——— (Idalie-Marie-Anne, demoiselle)	*Idem*............................	66.	
3,952.	———(Marie-Anne-Aimaïde)........	*Idem*............................	66.	

Nos d'ordre.	NOMS ET PRÉNOMS des PENSIONNAIRES.	MOTIFS de LA CONCESSION DES PENSIONS.	MONTANT des PENSIONS.	OBSERVATIONS.
3,953.	DUBREUIL DE SOUVALLE (Gabriel-François).	Garde-du-corps, émigré............	400f	
3,954.	DUBRIEUX (Aude-David-René-Louis, comte DE)	Émigré.........................	1,000.	N'a touché aucun des deux secours.
3,955.	DUBRIEUX (Charlotte, née DRIFFIETS, dame).	Émigrée	600.	
3,956.	DU BRUN (Augustin-Hippolyte)........	Émigré, père de trois enfans; perte de fortune.	250.	
3,957.	DUBUAT (Eugénie-Anne-Marie-Henriette, demoiselle), femme PILLAS DE KERDELLEAU.	Fille de Vendéen..................	300.	
3,958.	——— (Thérèse-Anne, demoiselle)...	*Idem*............................	300.	
3,959.	———(Louise-Françoise-Angélique, née DE CHAMPAGNE, baronne).	Veuve d'émigré....................	600.	
3,960.	DUBUISSON..........................	Pension accordée directement par le Roi. (Motifs inconnus.)	900.	
3,961.	——— (Adrien-Ferdinand)	Ancien officier de l'armée française....	200.	
3,962.	——— (Jean).....................	Émigré	240.	
3,963.	———(Jeanne, née DAIX, veuve)....	Sœur d'émigré.	200.	
3,964.	——— (Françoise-Henriette-Augustine, née FAULT DE LÉTANG, veuve).	Veuve d'un intendant militaire des armées françaises.	300.	
3,965.	———(Madeleine-Sophie, née LAMBOT, dame).	A rendu des services à Louis XVIII, en France.	500.	
3,966.	——— DE LA BOULLAYE (Marguerite, née DU TILLET, veuve).	En remplacement de la pension dont elle jouissait avant la révolution.	1,257.	
3,967.	DUBUSSON (François)...............	Émigré...........................	500.	
3,968.	DUBUY (Marie-Thérèse, née KAH, veuve)	Veuve d'émigré....................	600.	
3,969.	DUC-SURVILLE, née MAILLARD, comtesse).	*Idem*............................	600.	N'a pas touché le premier secours.
3,970.	DUCASSE (dame)....................	N'a aucun moyen d'existence.........	240.	N'a touché aucun des deux secours.
3,971.	DUCAU (Marie-Marguerite-Delphine, née DUVAL, dame).	Veuve d'émigré....................	400.	
3,972.	DUCAURROY (Apoline-Madeleine-Éléonore, demoiselle).	Fille d'un homme de lettres..........	435.	*Idem.*
3,973.	———(Anne-Catherine-Laure, dlle)...	*Idem*............................	435.	N'a pas touché le premier secours.
3,974.	DUCHAINAY (Pierrette-René-Jean, abbé).	Aumônier de l'armée vendéenne, en 1815.	500.	
3,975.	DUCHOLLIER (Gilbert, chevalier).....	Émigré...........................	300.	
3,976.	DUCHAMBRE (Marie-Catherine-Lambertine, née SAINT-PAUL DE MORLIÈRE, dame NOYELLES, baronne DE).	Femme d'émigré...................	600.	
3,977.	DUCHAMP (Rose-Clémence, demoiselle), actuellement dame DERAZES.	Fille d'émigré....................	300.	

Nos d'ordre.	NOMS ET PRÉNOMS des PENSIONNAIRES.	MOTIFS de LA CONCESSION DES PENSIONS.	MONTANT des PENSIONS.	OBSERVATIONS.
3,978.	DUCHANIN DESPALAIS (Jean-Pierre)...	Émigré............................	600f	
3,979.	DUCHAPELET (Alexandre-Rodolphe)..	*Idem*............................	200.	N'a touché aucun des deux secours.
3,980.	DUCHATEAU (Étienne-Antoine).......	*Idem*............................	600.	
3,981.	DUCHAYLARD LAFLEURY (Élie).......	*Idem*............................	400.	
3,982.	DUCHEMIN (Léonard-Augustin)......	*Idem*............................	400.	
3,983.	DUCHERRAY........................	A perdu sa fortune................	200.	*Idem.*
3,984.	DUCHESNE (Jacques)...............	Frotteur des appartemens de Mesdames..	300.	
3,985.	DUCHESNE (Jean)..................	Fils d'un prévôt des bâtimens du Roi...	500.	N'a pas touché le deuxième secours.
3,986.	DUCHESNE (Jean-Barthélemi).........	Garçon d'attelage aux écuries de Louis XVIII.	215.	
3,987.	DUCHESNE (Jean-Nicolas)...........	Avait une pension sur l'Opéra-Comique.	156.	N'a touché aucun des deux secours.
3,988.	——— (Pierre)....................	Vendéen...........................	200.	N'a pas touché le deuxième secours.
3,989.	——— (Françoise, dame)...........	Sœur de charité ayant exercé plus de 50 ans, âgée de 85 ans.	240.	N'a touché aucun des deux secours.
3,990.	——— (Geneviève-Marie-Angélique, dame ENCLIN, demoiselle).	Émigrée...........................	400.	
3,991.	——— (Jeanne-Alexandrine, demoiselle).	*Idem*............................	300.	N'a pas touché le premier secours.
3,992.	——— (Marie-Gabrielle-Charlotte, née PINCEMAILLE, veuve).	Avait 1,000 fr. de pension sur la cassette du Roi et de madame Adélaïde.	400.	*Idem.*
3,993.	——— (Madeleine-Marguerite, née ROMBAULT, veuve).	Veuve d'un frotteur au château de Versailles.	200.	
3,994.	——— DE LA SICOTIÈRE (Marie-Joseph, née MANJAUD, veuve).	Veuve d'émigré....................	900.	N'a pas touché le deuxième secours.
3,995.	DUCHAROISELLE (veuve)............	Mère d'un employé à l'intendance générale de la maison du Roi; presque aveugle.	340.	
2,996.	DUCIS (Jean-Louis)...............	Fils adoptif d'un secrétaire du Roi.....	1,200.	
3,997.	——— (Paul-Auguste)...............	Neveu du poëte Ducis..............	1,200.	
3,998.	——— (Marie-Amélie)...............	Nièce *idem*......................	750.	N'a touché aucun des deux secours.
3,999.	——— (Marie-Adélaïde-Louise)......	*Idem*............................	750.	*Idem.*
4,000.	DUCLAUX (Marie-Ange-Sophie, née DEYMAR, dame).	Fille et femme d'émigrés...........	400.	*Idem.*
4,001.	——— DE BÉSIGNAN (François-Marie-Joseph-Hector, chevalier).	Émigré............................	400.	
4,002.	——— (Marie-Théleine-Esprit, demoiselle).	A été persécutée pendant la révolution..	400.	

Nos d'ordre.	NOMS ET PRÉNOMS des PENSIONNAIRES.	MOTIFS de LA CONCESSION DES PENSIONS.	MONTANT des PENSIONS.	OBSERVATIONS.
4,003.	DUCLOS........................	Caissier du théâtre de l'Opéra-Comique; pension par suite de transaction.	2,000f	
4,004.	——— (Antoinette-Victoire-Alexandrine, demoiselle).	Fille d'émigré de Toulon...........	200.	
4,005.	DUCLOT (Thérèse-Catherine-Claire-Gabrielle-Desirée, née JAQUET-DE-VILLENEUVE, dame).	Émigrée de Toulon................	600.	
4,006.	DUCORNET (Antoine-Louis)........	Attaché à la musique de Louis XVI...	1,000.	N'a touché aucun des deux secours.
4,007.	——— (Marie-Anne, née DABBADIE, dame veuve).	Femme et sœur d'émigrés...........	200.	
4,008.	DUCORPS (Noël-Guillaume)..........	Garde à cheval des forêts de la couronne.	660.	
4,009.	DUCOS LAHITTE GASPARD (Jean-François).	Persécuté pendant la révolution......	300.	*Idem.*
4,010.	DUCOUDRAY (François-Marie-Perier, abbé).	Émigré........................	1,919.	*Idem.*
4,011.	——— (Louise-Caroline, née THOMAS, dame).	Fille d'émigré....................	600.	
4,012.	DUCOUËDIC DE KERGOUALER (Amand, marquis).	Deux membres de sa famille ont pris part au combat de la Surveillante et du Québec.	1,200.	
4,013.	DUCOURET (Jean-Joseph)...........	Fils d'un capitaine de cavalerie.......	200.	*Idem.*
4,014.	DUCQ (Jean-François).............	Émigré........................	150.	
4,015.	DUCROCQ (Antoinette-Marie, demoiselle).	Fille d'un musicien de la Chapelle......	400.	
4,016.	DUCROCQ.........................	Souffleur de musique à l'Opéra-Comique. (Pension par suite de transaction.)	311.	
4,017.	DUCROCQ (Gaspard-Joseph-Hubert)...	Émigré........................	500.	
4,018.	——— (Marie-Louise-Josèphe, née DESBARBIEUX, veuve).	Fille et petite-fille d'émigrés.........	300.	
4,019.	DUCROS (Eugénie, née VALDÈS, dame).	A rendu des services à la cause royale, en France.	600.	
4,020.	DUCROZET (Jeanne-Marie, dame)......	Émigrée........................	300.	
4,021.	——— (Jeanne-Marie, née JAVANGNES).	Nièce d'un gentilhomme ordinaire de Louis XVIII.	300.	N'a touché aucun des deux secours.
4,022.	DUCROZET DE LYAT (Geneviève-Claudine, née JOURDON-DU-MESNIL DE SAINT-CYR, comtesse).	Veuve d'émigré..................	400.	
4,023.	DUCUP DE SAINT-PAUL (Hyacinthe-Jacques-Raymond).	Fils d'émigré....................	200.	
4,024.	DUDEVANT DE VILLENEUFVE (Fanny-Lucrétie, demoiselle).	A rendu des services à la cause royale..	600.	
4,025.	DUDOIT (François)................	Vendéen........................	100.	*Idem.*
4,026.	DUDOUIT (Pierre-Anne)............	Ancien marin, prisonnier d'état sous Napoléon.	200.	N'a pas touché le deuxième secours.
4,027.	DU DRESNAY (Amice-Marie-Jacquette, marquise du Dreneuc, actuellement dame LEDONG, demoiselle).	Émigrée, petite-fille d'un colonel commandant à Quiberon.	600.	

Nos d'ordre.	NOMS ET PRÉNOMS des PENSIONNAIRES.	MOTIFS de LA CONCESSION DES PENSIONS.	MONTANT des PENSIONS.	OBSERVATIONS.
4,028.	DUDRESNAY (Cécile-Marie-Jeanne, demoiselle).	Émigrée, petite-fille d'un colonel commandant à Quiberon.	300f 00c	
4,029.	—— (Émilie-Marie-Louise, demoiselle).	*Idem*..........................	300. 00.	
4,030.	—— (Marie-Anne-Renée, demoiselle).	*Idem*..........................	300. 00.	N'a pas touché le deuxième secours.
4,031.	—— (Marie-Josèphe-Louise, demoiselle).	*Idem*..........................	300. 00.	*Idem*.
4,032.	—— (Jacquette-Rose, née DE QUÉLEN, marquise).	Émigrée, belle-fille d'un colonel commandant à Quiberon.	1,200. 00.	
4,033.	DUEIL (Mathieu-Claude),..........	Émigré, presque aveugle...........	300. 00.	
4,034.	DUFAU (Jean-Louis, baron de SAINT-SAUTIN).	Émigré..........................	300. 00.	
4,035.	DUFAUR D'ENEUNS (née DE LAPEYRIE, veuve).	Veuve d'émigré....................	300. 00.	
4,036.	—— DE LOUBOEY (Jean-Louis)...	Émigré infirme, père de cinq enfans....	1,000. 00.	
4,037.	DUFAY (Raimond)................	Émigré..........................	300. 00.	N'a touché aucun des deux secours.
4,038.	DUFAY CASANOVA (Alexandrine-Achille-Auguste).	Émigrée.........................	600. 00.	
4,039.	DUFEY (Marie-Marguerite-Rose, née LEMAIRE, veuve).	Veuve d'un garçon jardinier à Versailles.	170. 00.	
4,040.	DUFFAUD DE SAINT-ÉTIENNE (Sophie-Félicité, née DE GAZEAU, veuve).	Veuve d'un fonctionnaire public ruiné par la révolution.	800. 00.	
4,041.	DUFFIELD (Anne, dame religieuse)....	Émigrée.........................	609. 60.	
4,042.	DUFOSSEY (Marie-Marguerite, née CLAUDOT, veuve).	Émigrée.........................	600. 00.	
4,043.	DUFOU DE KERDANIEL (Alexandre-Paul-Joseph).	Vendéen.........................	200. 00.	
4,044.	—— (François-Marie-Jérôme).....	*Idem*..........................	200. 00.	N'a pas touché le deuxième secours.
4,045.	—— (Demoiselle)............	Pension accordée directement par le Roi. (Motifs inconnus.)	200. 00.	
4,046.	—— (Caroline-Françoise, demoiselle)	Vendéenne.......................	200. 00.	
4,047.	—— (Félicité, demoiselle).......	*Idem*..........................	200. 00.	
4,048.	—— (Françoise-Claude-Adélaide, demoiselle).	Fille d'émigré....................	500. 00.	
4,049.	—— (Marie-Josèphe-Antoinette, demoiselle DE).	Vendéenne.......................	700. 00.	
4,050.	—— (Marie-Anne, née LEVAVASSEUR dit DURELL, veuve).	*Idem*..........................	300. 00.	
4,051.	DUFOUR (Honoré)................	Émigré..........................	600. 00.	
4,052.	—— (Marguerite, née DUGORNAY, veuve).	Fille d'un régisseur de la pourvoirie du Roi.	160. 00.	

Nos d'ordre.	NOMS ET PRÉNOMS des PENSIONNAIRES.	MOTIFS de LA CONCESSION DES PENSIONS.	MONTANT des PENSIONS.	OBSERVATIONS.
4,053.	DUFOUR DE LA MOTTE (Pierre-Aimé-Joseph).	Magistrat émigré	1,500f	
4,054.	——— DE MONT-LOUIS (Charles-Louis-Eugène).	Fils d'émigré	100.	N'a touché aucun des deux secours.
4,055.	——— (Charles-Louis-Hippolyte)	*Idem*	100.	*Idem.*
4,056.	——— (Louis-Alfred)	*Idem*	100.	*Idem.*
4,057.	——— (Louis-Ernest)	*Idem*	100.	*Idem.*
4,058.	——— (Louis-Félix)	*Idem*	100.	*Idem.*
4,059.	——— (Louis-Léon-Théodore)	*Idem*	100.	*Idem.*
4,060.	——— (Louis-Théodore)	*Idem*	100.	*Idem.*
4,061.	——— (Marie-Thérèse-Charlotte, demoiselle).	Fille d'émigré	100.	*Idem.*
4,062.	——— (Louise-Esther, demoiselle)	*Idem*	100.	
4,063.	——— DE QUETTEVILLE (Thérèse-Joséphine, née LE MERCIER DESALLEUX, dame).	Émigrée	500.	N'a touché aucun des deux secours.
4,064.	DUFOURG (Madeleine-Jacobine-Léopoldine, née PALLY, veuve).	Veuve d'un chirurgien-major des armées françaises.	300.	
4,065.	DUFRAINE DE VALOIS (Nicolas-Jacques-Main).	Lieutenant-colonel émigré; aliéné	800.	N'a pas touché le deuxième secours.
4,066.	DUFRENOY (Jeanne-Anne, née JOUENE DESGRIGNY, marquise DE MAZANCOURT).	Émigrée	2,400.	
4,067.	DUFRESNE (Hippolyte-Nicolas-Josèphe, chevalier).	Émigré	400.	
4,068.	——— (Marie-Denise, née L'HOMME, veuve).	Veuve d'un domestique des officiers de la chambre de Mesdames.	120.	
4,069.	DUGARD (Charles-Marie, chevalier)	Fils d'un écuyer de Louis XVI	300.	
4,070.	DUGARIC DUZECH (Louis-Clotilde-Clodomir-Hector).	Fils d'émigré	300.	
4,071.	DUGARIN (Élisabeth-Henriette-Josèphe, demoiselle).	Émigrée; âgée de quatre-vingts ans	300.	
4,072.	DUGARREAU BEAUPOIL DE SAINT-AULAIRE (Catherine-Louise-Adelaïde, née BEAUPOIL DE SAINT-AULAIRE).	Veuve d'émigré	800.	
4,073.	DUGARREAU DE LA SEINIE (Claire)	Avait 1,200 fr. de pension sur la cassette de Monsieur, comte de Provence.	1,000.	
4,074.	DUGAST (Louis)	Vendéen	100.	N'a touché aucun des deux secours.
4,075.	DUGIED (Hugues, abbé)	Émigré	600.	N'a pas touché le deuxième secours.
4,076.	DUGUEN (Perrine-Pauline, née VARIN, veuve).	Veuve d'un conseiller à la Cour de Rennes	500.	
4,077.	DUGUET (Edmée-Rosalie, née DE GENTIL, dame).	Fille d'émigré	200.	N'a touché aucun des deux secours.

Nos d'ordre.	NOMS ET PRÉNOMS des PENSIONNAIRES.	MOTIFS de LA CONCESSION DES PENSIONS.	MONTANT des PENSIONS.	OBSERVATIONS.
4,078.	DU GREY (Jean-Étienne)...........	Vendéen........................	60f	
4,079.	DUBALLAY-COETQUEN (Thérèse-Élisabeth-Émilie, née DANDRÉE DESPILLE, marquise).	Veuve d'un premier veneur de Monsieur le comte d'Artois.	5,000.	
4,080.	DUHAMEL DE BRAZAIS (Yvone-Eustache, née MELLINY, marquise).	Veuve d'émigré..................	800.	
4,081.	DUHAUTIER (Marianne, dame).......	Ancienne religieuse persécutée........	200.	
4,082.	DUHAUTOIRE, (Amélie)............	Fille d'un gentilhomme servant de la reine et d'une femme de chambre de Madame la comtesse d'Artois.	300.	
4,083.	——— (Éléonore-Hiéronyme-Amélie, demoiselle).	Fille d'un officier de la maison de Louis XVI.	300.	
4,084.	——— (veuve)..................	Veuve d'un gentilhomme servant de Louis XVIII.	600.	
4,085.	——— (Félicité-Françoise-Josèphe, née PIERRART).	Femme de chambre de Madame la comtesse d'Artois.	800.	
4,086.	DUHENNOIS (Adolphe-Napoléon).....	Fils d'un sous-officier d'artillerie des armées françaises.	200.	N'a pas touché le deuxième secours.
4,087.	DUHEQUET DE RANVILLE, (René-Hervé).	Émigré........................	500.	
4,088.	DUHIL DE LA JOUARDAIS (Ursule-Françoise, née PREINGENT, veuve).	Vendéenne......................	200.	
4,089.	DUHORNAY (Étienne)............	Ancien marin compromis dans l'affaire de Georges Cadoudal.	300.	N'a touché aucun des deux secours.
4,090.	DUHOUX (Claude)................	Capitaine émigré................	900.	
4,091.	——— (Jean-Baptiste)............	*Idem*.........................	900.	
4,092.	——— (Jean-Louis)...............	Émigré........................	1,200.	
4,093.	——— (Jean-Louis)...............	Gentilhomme verrier.............	800.	
4,094.	——— (Louis-Benoit, chevalier)....	Capitaine émigré................	1,000.	*Idem.*
4,095.	——— (Louis-Élie)..............	*Idem*.........................	600.	
4,096.	——— (Marie-Anne-Louise-Victoire, demoiselle).	Fille et nièce d'émigrés............	200.	N'a pas touché le deuxième secours.
4,097.	——— (Marthe, demoiselle)........	Perte de fortune; parente du maréchal de Viomesnil.	120.	N'a touché aucun des deux secours.
4,098.	——— (Jeanne-Félicité, demoiselle).	*Idem*.........................	120.	*Idem.*
4,099.	——— (Marie-Anne-Christianne-Joséphine, demoiselle).	*Idem*.........................	120.	*Idem.*
4,100.	——— (Louise-Claudette, née GELLET, veuve).	Veuve d'émigré.................	800.	
4,101.	——— DE CHATILLON (Nicolas-Alexis).	Émigré........................	600.	
4,102.	——— DE CREFCŒUR (Anne-Catherine, née DE RUNE, veuve).	Veuve d'émigré.................	200.	

Nos d'ordre.	NOMS ET PRÉNOMS des PENSIONNAIRES.	MOTIFS de LA CONCESSION DES PENSIONS.	MONTANT des PENSIONS.	OBSERVATIONS.
4,103.	DUJARDIN (Félix-Civille-Joseph)......	Colonel vendéen..................	600f 00.	
4,104.	——— BEAUMETZ (Victorine-Rosalie, née LEVAILLANT, dame).	Fille d'émigré....................	300. 00.	
4,105.	——— DE LA COUR (Landry-Frédéric).	Fils d'émigré.....................	300. 00.	
4,106.	——— (Marguerite-Agadrème, demoiselle).	Fille d'émigré....................	200. 00.	
4,107.	——— (Marie-Louise-Adélaïde, demoiselle).	*Idem*..........................	200. 00.	
4,108.	——— (Walburga-Félicité-Henriette, actuellement dame VILLEMSENS, Dlle).	*Idem*..........................	300. 00.	
4,109.	DUJON (Élisabeth, née DE MENOU, dame).	Mère d'un maréchal de camp employé dans l'ex-garde royale.	1,000. 00.	
4,110.	——— (Marie-Louise-Gabrielle, comtesse).	Chanoinesse, sœur du maréchal de camp précité.	1,000. 00.	
4,111.	DULAC DE CAZEFORT (Antoine-Jean-Louis-François).	Rétablissement d'une pension accordée sur la cassette de Louis XVI.	200. 00.	N'a touché aucun des deux secours.
4,112.	——— DE FUGÈRES (Anne-Françoise, née FAYARD DE BOURDEILLE, dame).	Perte de fortune..................	250. 00.	
4,113.	DULAC (Jeanne, née DE MIRAMBET, dame).	Fille d'émigré....................	200. 00.	
4,114.	DULAURENT DE MONTBRUN (Jean-Baptiste).	Émigré..........................	1,000. 00.	*Idem.*
4,115.	DULERY (Louise, née MICHELLET, veuve).	Femme d'un lieutenant émigré........	300. 00.	
4,116.	——— DE PAYRAMONT (Jeanne, née MARVAUD DU BRANDAU, veuve).	Son mari est mort sur l'échafaud en 1792.	300. 00.	
4,117.	——— DE PEYRAMOND (Louise, née MICHELET, veuve).	Veuve d'émigré....................	300. 00.	
4,118.	DULONG DE ROSNAY (Charlotte-Joséphine-Esther, née DE SAGEY, comtesse).	Femme d'un lieutenant général.......	2,000. 00.	*Idem.*
4,119.	DULYS (Marie-Joseph, née JUBÉOT, veuve)	Veuve d'un militaire descendant de la famille de Jeanne d'Arc.	300. 00.	N'a pas touché le deuxième secours.
4,120.	DUMAINE DE SAINT-LANNE (Jean-Hubert)	Capitaine émigré..................	1,000. 00.	
4,121.	DUMAHEL, dite RICHARD (dame)......	Choriste à l'Opéra Comique. (Pension par suite de transaction.)	244. 44.	
4,122.	DUMANIANT (Marie-Adèle-Sophie, née LIGER, veuve).	Veuve du doyen des auteurs comiques..	740. 00.	
4,123.	DUMAS (André-Pierre).............	Attaché à la musique de Louis XVI.....	400. 00.	
4,124.	——— (Claude)..................	Émigré..........................	200. 00.	
4,125.	——— (Marie-Thérèse, née ALEXIS, veuve).	Émigrée.........................	800. 00.	N'a touché aucun des deux secours.
4,126.	——— (Louise-Nicolas, née DUMAS DE LAROQUE, dame).	Son père est mort sur l'échafaud en 1793.	800. 00.	
4,127.	——— (Marie-Jeanne-Nicolas, née DE VENCE, dame).	Fille d'un contre-amiral; veuve d'un capitaine de vaisseau.	800. 00.	

Nos d'ordre.	NOMS ET PRÉNOMS des PENSIONNAIRES.	MOTIFS de LA CONCESSION DES PENSIONS.	MONTANT des PENSIONS.	OBSERVATIONS.
4,128.	DUMAS S.-MARCEL (Marie-Thérèse-Joseph, veuve).	Veuve d'un maréchal de camp émigré.	300f	
4,129.	DUMAT DE LIGNÉ (Pierre).........	Émigré..........................	600.	
4,130.	DUMAUGOÜER DE TROMERET (Jean-Félix-Joseph).	Émigré, aveugle..................	800.	
4,131.	DUMÉE (Alexis-Marie-Adélaïde).......	Militaire fait prisonnier en Russie; a rendu des services à ses compagnons d'infortune	600.	N'a touché aucun des deux secours.
4,132.	DOMENIL (Marie-Nicolle, demoiselle).	Émigrée.........................	600.	
4,133.	——— (Catherine-Thérèse, veuve), née DEMÉNIL.	A perdu sa fortune par suite de la révolution.	300.	
4,134.	DUMERDY DE QUILLIEN (Joséphine).	Son père était capitaine des dragons de la Reine.	200.	*Idem.*
4,135.	DUMESNIL (Louis-Pierre)..........	Maître d'écriture des enfans de France..	600.	
4,136.	——— (Anne-Maurice, demoiselle)..	Vendéenne......................	200.	
4,137.	——— (Hyacinthe-Françoise-Éléonore, dame), née CATOIRE.	Son mari a rendu des services à la cause royale.	200.	
4,138.	DUMINY (Étienne-Aimé)..........	Sous-lieutenant, invalide..........	200.	
4,139.	DUMONT........................	A été 34 ans esclave en Afrique.......	400.	
4,140.	——— (Denis-Nicolas-René).......	Garçon d'attelage aux écuries de la Reine	240.	
4,141.	——— (Henri-Cécile-Louis-Marie)....	Fils d'émigré......................	300.	
4,142.	——— (Louis-Hubert)............	Chef de bataillon émigré...........	1,200.	N'a pas touché le deuxième secours.
4,143.	——— (Pierre).................	Émigré..........................	200.	
4,144.	——— dit LE LIÈVRE (Simon)......	Vendéen.........................	50.	N'a touché aucun des deux secours.
4,145.	——— (Anne-Rosalie, demoiselle)...	Fille d'un ex-adjoint du maire d'Arsennes (Creuse).	400.	*Idem.*
4,146.	——— (Louise-Alexandrine-Rosalie, demoiselle).	Fille d'émigré.....................	300.	N'a pas touché le deuxième secours.
4,147.	——— DE LA FRANCONIE (Marie, veuve), née CHÉRIÈRE.	Veuve d'émigré....................	250.	
4,148.	DUMONTET (Marie-Henriette-Radegonde-Alexandrine, baronne DE), née PREVOST DE LA BOUTETIÈRE.	Émigrée.........................	1,000.	
4,149.	DUMOULIN (Jean-Georges).........	Émigré..........................	100.	N'a touché aucun des deux secours.
4,150.	——— (Éloire, demoiselle)........	Fille d'émigré.....................	150.	N'a pas touché le deuxième secours.
4,151.	——— (Élisabeth-Denise-Marie-Fortunée DE), née MALESCOT DE KERANGOUÉ.	Émigrée.........................	400.	
4,152.	——— MOUTLEZUN DE LABARTHETE, (Barthélemi-Antoine, chevalier).	Émigré..........................	800.	

Nos d'ordre.	NOMS ET PRÉNOMS des PENSIONNAIRES.	MOTIFS de LA CONCESSION DES PENSIONS.	MONTANT des PENSIONS.	OBSERVATIONS.
4,153.	DUMOULINET (Jeanne-Françoise, demoiselle).	Fille d'un chevalier de Saint-Louis; perte de fortune.	150f	
4,154.	——— DES ÉTRICHETS (Renée, veuve), née GRAI.	Son mari servait au 10 août, et est mort ensuite en prison.	200.	
4,155.	DUMOUTIER (Jean-François).........	Huissier de la chambre du Roi, avait 300f de pension sur la cassette de Louis XVI.	140.	
4,156.	——— (Louise-Adélaïde, dame), née DWALZ.	Fille d'un valet de chambre barbier de Louis XVI.	600.	
4,157.	DUNAND (Antoinette-Marie, demoiselle).	Son père servait au 10 août..........	100.	
4,158.	DUNI (Marie-Geneviève, veuve), née LIEDET.	Veuve d'un postillon de chaise aux écuries	150.	
4,159.	DUNODAY (Hippolyte-Charles-Rolland, abbé).	Vendéen.........................	1,500.	N'a pas touché le premier secours.
4,160.	DUPAC DE BADENS (Marie-Anne, marqse), née DE BRUYÈRES DE CHALABRE.	Émigrée.........................	1,000.	N'a touché aucun des deux secours.
4,161.	DUPALIS (Marie-Jeanne-Sophie, demoiselle DE MAYER).	*Idem*.........................	800.	N'a pas touché le premier secours.
4,162.	DU PARC (Jean-Arnaud-Charles-René).	Son père a été fusillé dans la révolution.	250.	
4,163.	——— (Françoise-Isaure-Isabelle, demoiselle).	Petite-fille du secrétaire de la chambre de madame comtesse de Provence.	400.	
4,164.	——— (Marie-Gabrielle, vicomtesse), née LEROUGE DE GUERDAVID.	Femme d'émigré...................	1,200.	
4,165.	DU PARC DE KARELIN (Gabrielle-Hyacinthe-Émélie, demoiselle).	Fille d'émigré......................	500.	N'a touché aucun des deux secours.
4,166.	DUPARD-LOCMARIA (Anne-Françoise, dame).	Religieuse persécutée..............	300.	
4,167.	DUPAS (Sophie, veuve), née THIBAULT, femme *Martin*.	Vendéenne.......................	150.	
4,168.	DUPATY (Annette-Paméla, veuve), née CABANIS.	Veuve d'un sculpteur................	1,200.	
4,169.	DUPERAY (Geneviève-Victoire, veuve), née HUET-BLANSTIERRE.	Veuve d'un postillon d'attelage aux écuries	120.	*Idem.*
4,170.	DUPÉRIER DE LISLEFORT (Guillaume-Raymond-Pierre).	A rendu des services en France à Louis XVIII.	500.	
4,171.	DU PERRIER (Pierre-Charles-Amédée).	Émigré........................	300.	
4,172.	DUPEYRAT (Agathe, baronne DE THOURON), née DAUDEBARD.	Veuve d'émigré..................	600.	
4,173.	DUPIGNON (Louis-Joseph)...........	Vendéen.........................	60.	N'a touché aucun des deux secours.
4,174.	DU PILLE (chevalier)...............	Gentilhomme honoraire de la chambre de Charles X.	2,000.	
4,175.	DUPIN (Jean)......................	Lieutenant émigré.................	1,000.	
4,176.	——— (Jean-Henri)..............	A été ruiné par suite de la révolution...	400.	*Idem.*
4,177.	DUPIN DE LA GERINIÈRE (Marie-Anne, veuve), née MEUNIER.	Veuve d'émigré..................	300.	

Nos d'ordre.	NOMS ET PRÉNOMS des PENSIONNAIRES.	MOTIFS de LA CONCESSION DES PENSIONS.	MONTANT des PENSIONS.	OBSERVATIONS.
4,178.	DUPLAICIS (Aimée-Modeste).........	Sa famille a fait passer de l'argent aux princes en émigration.	500f	
4,179.	DUPLANTIER (Joseph-Pierre-Barbe)....	Teneur de livres au trésor de la couronne.	313.	
4,180.	DUPLANTY (Lucie-Georgine, dame), née FLOYD.	Émigrée.........................	1,000.	
4,181.	DUPLEIX DE CADIGNAN (Jean-Chrysostôme, abbé.	Aumônier de MADAME la comtesse d'Artois.	1,200.	
4,182.	DUPLESSIS D'ANDRÉE (Thérèse-Claire-Malachie-Alphonse).	Belle-mère d'un premier veneur de MONSIEUR, comte d'Artois.	300.	
4,183.	DUPLESSIS (Camille-Caroline-Clara-Émilie) et (Zoé-Marguerite).	Filles d'un capitaine de marine mort à Pondichéry.	300.	
4,184.	DU PLESSIX PARSCAU (Jeanne-Charlotte-Angélique, comtesse), née LE LAY DE KERMABAIN.	Femme d'émigré..................	600.	N'a touché aucun des deux secours.
4,185.	DUPONCEAU (Louise-Geneviève, demoiselle).	En remplacement d'une pension de 200l dont elle jouissait avant la révolution.	200.	*Idem.*
4,186.	DUPONCHEL (André).............	Ancien lancier des armées françaises; a suivi le Roi à Gand.	200.	
4,187.	——— (Claude-Hyacinthe)..........	Dévouement à la cause royale........	50.	*Idem.*
4,188.	DUPOND (Alexandre-Michel).........	Services à la cause royale, en France...	80.	
4,189.	DUPONT (Charles-Louis-Bernard).....	Fils d'émigré......................	600.	
4,190.	——— (Anne-Marie-Emma, demlle, comtesse DE BURGUES DE MISSIESSY).	Fille d'un intendant-général de la marine à Toulon.	1,500.	
4,191.	——— (Marie-Joséphine-Elvine, demoiselle).	*Idem*............................	1,500.	N'a pas touché le deuxième secours.
4,192.	——— (Marie-Anne, demoiselle)....	Portière aux écuries du manége.......	300.	
4,193.	———(Marie-Victoire-Charlotte, demlle), actuellement dame DUPONT.	Fille d'émigré.....................	600.	
4,194.	——— (Juliette-Élisabeth, veuve), née DADURE.	Vendéenne.........................	100.	*Idem.*
4,195.	——— (Henriette-Jeanne, veuve), née MARÉ.	Belle-fille d'un balayeur au château de Versailles.	100.	
4,196.	——— (Martine-Josèphe, veuve), née MILOILLE.	Veuve d'émigré....................	150.	
4,197.	——— D'AUBEVOIS DE LA ROUSSIÈRE (Claude-François).	Émigré...........................	1,000.	
4,198.	——— DE BOUSIES (Pierre-François-Maurice).	Fils d'émigré......................	300.	
4,199.	——— DE CHAMBON DE MEZILLAC (Anne-Éléonore-Charlotte).	Rétablissement de la pension dont elle jouissait avant la révolution.	100.	
4,200.	——————— (Marie-Adélaïde-Sophie, demoiselle).	*Idem*............................	100.	
4,201.	——————— (Marguerite-Félicité-Honorine).	*Idem*............................	100.	
4,202.	——— DE COMPIÈGNE (Henri-André).	Émigré...........................	400.	

Nos d'ordre.	NOMS ET PRÉNOMS des PENSIONNAIRES.	MOTIFS de LA CONCESSION DES PENSIONS.	MONTANT des PENSIONS.	OBSERVATIONS.
4,203.	DUPONT DE COMPIÈGNE (Rose, demoiselle).	Services de sa famille à la cause royale.	300f 00c	N'a touché aucun des deux secours.
4,204.	——— (Aglaé, demoiselle)........	Sœur de la précédente..............	300. 00.	*Idem.*
4,205.	DUPORT PONCHARRA (Adrienne-Charlotte, demoiselle).	Fille d'émigré....................	400. 00.	
4,206.	DUPORTAL (Jeanne, veuve), née GAULE.	Veuve d'un employé des bâtimens de la couronne.	60. 00.	N'a pas touché le deuxième secours.
4,207.	DU PORTAL (Marie-Catherine, baronne DE), née JANSEN.	Veuve d'un chef de brigade; en remplacement d'une ancienne pension.	400. 00.	
4,208.	DUPOUGET (Marie-Henriette-Madeleine, comtesse), née DE CANOLE.	Veuve d'émigré....................	600. 00.	
4,209.	DU PRAËL (Marie-Appoline, dame), née SYMON DE FRANVAL.	A été persécutée pendant la révolution; âgée de 91 ans.	600. 00.	
4,210.	DUPRAT (Pétronille-Jeanne-Marie-Thérèse-Cannière-Fortunée-Geneviève, comtesse), née DUCLAUX DELÉTOILLE.	Veuve d'émigré....................	600. 00.	
4,211.	DU-PRAT-TAXIS (Sophie-Rose-Jeanne, veuve), née TAXIS DE BLAIREAU.	Veuve d'un agent général de l'ordre de Saint-Lazare.	600. 00.	
4,312.	DUPRAY (Jeanne-Marie), née VIDAL..	Veuve d'émigré....................	200. 00.	
4,213.	DUPRÉ........................	Émigré........................	1,371. 60.	N'a pas touché le premier sscours.
4,214.	——— (Anthelme)..............	Perte de fortune..................	150. 00.	
4,215.	——— (Étienne)................	Émigré........................	300. 00.	
4,216.	——— DE LISLE (Anne, veuve), née ROSSIGNOL.	Veuve d'un médecin de Louis XVI....	400. 00.	
4,217.	——— DE S.-MAUR (Jean-Pierre)....	Homme de lettres................	1,200. 00.	
4,218.	DUPREY DESISLES (Marie-Agathe-Félicité, demoiselle).	Emigrée........................	100. 00.	
4,219.	——— (Jeanne-Jacqueline-Adélaïde, demoiselle).	*Idem*........................	100. 00.	
4,220.	——— (Sophie-Adélaïde-Henriette, demoiselle).	*Idem*........................	100. 00.	
4,221.	DUPREY DE MESNILLET (Louise Adélaïde, demoiselle), actuellement dame AUBRY DE LA NOË.	Fille d'émigré....................	500. 00.	
4,222.	——— DE PREVAL (Jacques-Pierre-Hippolyte).	A servi la cause des Bourbons dans l'intérieur.	200. 00.	
4,223.	DUPREZ (François-Xavier-Joseph)....	Émigré........................	100. 00.	N'a touché aucun des deux secours.
4,224.	DUPUGET (Charles-Pie-Thomas-d'Aquin-François-de-Paule-Saturnin).	*Idem*........................	500, 00.	
4,225.	——— (Marie-Louise-Stanislas, demoiselle).	Fille d'émigré....................	300. 00.	*Idem.*
4,226.	DUPUICTS......................	N'a aucun moyen d'existence.........	360. 00.	*Idem.*
4,227.	DUPUIDS (Antoine-Joseph)..........	Garçon au garde-meuble............	240. 00.	

Nos d'ordre.	NOMS ET PRÉNOMS des PENSIONNAIRES.	MOTIFS de LA CONCESSION DES PENSIONS.	MONTANT des PENSIONS.	OBSERVATIONS
4,228.	DUPUIS (François).................	Neveu de la nourrice de Charles X.....	200f	
4,229.	——— (Pierre-Marie-Joseph).......	Garçon servant chez Louis XVI.......	600.	N'a touché aucun des deux secours.
4,230.	——— (Françoise-Robertine-Josèphe, demoiselle).	Sœur d'un écuyer contrôleur de la maison de MONSIEUR, comte de Provence.	500.	
4,231.	——— (Julie, demoiselle)..........	Émigrée.........................	1,200.	*Idem.*
4,232.	——— (Marie-Joséphine, demoiselle).	*Idem*............................	1,200.	*Idem.*
4,233.	——— (Sophie-Adélaïde-Josèphe, demoiselle).	Fille d'émigré......................	200.	
4,234.	——— (Marie-Anne), née BERURIER.	Veuve d'un employé à la laiterie de Rambouillet.	300.	
4,235.	——— (Claire-Aimée) née GUILLAME-GOSSELIN.	Veuve d'un jardinier du château des Tuileries.	700.	
4,236.	——— DE NEUVOY (Philippe-François-Albert-Constant).	Contrôleur de la maison de la Reine....	800.	
4,237.	DUPUIT (Bertrand-François-Eugène)..	Vendéen..........................	50.	
4,238.	DUPUY (Guillaume-Jacques).........	Services à la cause royale; dans l'indigence.	200.	
4,239.	——— (Pierre-Jean-René-Barthélemi).	Capitaine émigré..................	1,000.	*Idem.*
4,240.	——— (Anne-Henriette), née JACQUET.	Veuve d'un colonel émigré..........	250.	
4,241.	——— (Marie), née PALLU DE SOURDE.	Perte de fortune...................	250.	
4,242.	——— DES ISLETS (Louise-Pauline-Alexandrine, demoiselle), actuellement dame RIES..	Fille d'émigré.....................	200.	
4,243.	——— LAMARNE (Joséphine-Rose)...	*Idem*............................	200.	
4,244.	——— MELGUEIL (Jean-Paul-Hector-Auguste).	Lieutenant de cavalerie réformé.......	100.	
4,245.	——— (Victoire-Marie, demoiselle)...	A été persécutée et a perdu sa fortune dans la révolution.	300.	
4,246.	DUPUY MONTBRUN (Jean-Charles-Marie-Bertrand, le vicomte).	Émigré...........................	600.	
4,247.	——— (Marie, vicomtesse), née WINDHAM D'ASHADE.	Femme d'émigré..................	1,200.	
4,248.	DU QUENGO (Marie-Louise-Laurence, comtesse), née MÉNARD.	Émigrée; ancienne surintendante de la maison de Saint-Denis.	2,400.	
4,249.	DUQUERERON DE CHAUNY (Joseph-Marie-François).	Vendéen..........................	600.	
4,250.	DUQUESNE (Ambroise-Joseph)........	Émigré...........................	80.	
4,251.	——— (Pierre-Joseph).............	*Idem*............................	150.	
4,252.	DUQUESNOY-DESCŒULLE (Aglaé Jeanne-Josèphe).	Émigrée..........................	500.	*Idem.*

Nos d'ordre.	NOMS ET PRÉNOMS des PENSIONNAIRES.	MOTIFS de LA CONCESSION DES PENSIONS.	MONTANT des PENSIONS.	OBSERVATIONS.
4,253.	DUQUESNOY D'ESCŒUILLE (Marie-Adélaïde-Sophie-Josèphe, marquise), née DENATRE.	Émigrée	200f	N'a touché aucun des deux secours.
4,254.	DUBAIS (Madeleine-Élisabeth, veuve), née HUON.	Veuve d'un récitant de la musique de Louis XVI.	550.	
4,255.	DURANC (Martial)	Persécuté, âgé de 85 ans	200.	*Idem.*
4,256.	DURANCEL (Marie-Louis), marquis DE CASTELNAU.	Émigré	400.	
4,257.	DURAND (Jacques)	Services en émigration	300.	
4,258.	——— (Jacques-Amédée)	Émigré	800.	
4,259.	——— (Jean)	Vendéen	80.	
4,260.	——— (Urbain)	Émigré	100.	
4,261.	——— (Victor)	*Idem*	300.	
4,262.	——— (Augustine-Charlotte-Gabrielle-Valentine, demoiselle).	Fille d'un consul	200.	
4,263.	——— (Charlotte, demoiselle)	Fille d'émigré de Toulon	150.	
4,264.	——— (Marie-Emmanuel-Eulalie, demoiselle).	Fille d'un général émigré	600.	
4,265.	——— (veuve)	Pension accordée directement par le Roi. (Motifs inconnus.)	1,000.	*Idem.*
4,266.	——— (Marie-Gabrielle, veuve), née ANDRÉ.	Vendéenne	36.	*Idem.*
4,267.	——— (Marie-Madeleine, veuve), née BASTIDE.	Émigrée	800.	N'a pas touché le premier secours.
4,268.	——— (veuve), née CORDIER	A sauvé des prêtres et des proscrits pendant la révolution.	400.	N'a touché aucun des deux secours.
4,269.	——— (Catherine, veuve), née LANGLOIS.	Vendéenne	200.	
4,270.	——— (Marie-Anne, dame), née LEHIDEUX.	*Idem*	200.	
4,271.	——— (Élisabeth, veuve), née SABATIER.	Émigrée	800.	
4,272.	——— (Madeleine-Eugénie, veuve), née SIMONY DE BROUTIÈRE.	*Idem*	600.	
4,273.	DURAND LAGRANGÈRE (Catherine, demoiselle).	Fille d'un contrôleur des droits réunis	1,200.	*Idem.*
4,274.	DURAND-LAPENNE (Marie-Agnès, vicomtesse), née DE BURGUES DE MISSIESSY.	Veuve d'un officier supérieur de marine émigré.	300.	N'a pas touché le premier secours.
4,275.	DURAND DE NETREVILLE (Philidor-Anne), née DANICAN.	Veuve d'un capitaine émigré	300.	N'a touché aucun des deux secours.
4,276.	——— (Anne, dame), née PHILIDOR.	Veuve d'émigré, âgée de 90 ans	600.	*Idem.*
4,277.	DURAND DE PISIEUX (Alexandrine-Héloïse-Lorette, comtesse), née DE MONTBOISSIER-BEAUFORT-CANILLAC.	Petite-fille de Malesherbes	2,000.	*Idem.*

Nos d'ordre.	NOMS ET PRÉNOMS des PENSIONNAIRES.	MOTIFS de LA CONCESSION DES PENSIONS.	MONTANT des PENSIONS.	OBSERVATIONS.
4,278.	DURAND DE PRÉMOREL (Guillaume-François).	Émigré	800f	
4,279.	DURAND-SAINT-RAPHAEL DE LA PENNE (Marie-Thérèse-Victoire, veuve), née CRESTA.	Veuve d'émigré	300.	N'a touché aucun des deux secours.
4,280.	DURANSON (Antoine)	Émigré	200.	
4,281.	DURANTI DE COLONGUE (Jean-Baptiste-Auguste-Désiré).	*Idem*	300.	
4,282.	DURANTI DE LA CALADE (Marie-Louise-Thérèse-veuve DE), née GONSAGUE DE DURANTI-COLONGUE.	Veuve d'émigré	300.	
4,283.	DURAS (duc DE)	Pension accordée directement par le Roi. (Motifs inconnus.)	3,000.	
4,284.	——— (demoiselle DE), pour les hôpitaux.	Secours à distribuer aux pauvres dans les hôpitaux.	1,200.	
4,285.	DUREAU (Germain)	Ancien militaire	400.	N'a pas touché le deuxième secours.
4,286.	DURET (Jean-Louis)	Vendéen	50.	N'a touché aucun des deux secours.
4,287.	——— (Mathurin)	*Idem*	50.	*Idem.*
4,288.	DUREY DE NOINVILLE (Anne-Perrine-Joséphine, demoiselle).	Fille d'un lieutenant général émigré	800.	
4,289.	——— (Caroline-Marie-Élisabeth, dlle), actuellement dame BARDET DE BURC.	*Idem*	800.	
4,290.	——— (Ambroisine-Jeanne-Pauline, demoiselle).	*Idem*	800.	
4,291.	DURFORT DE DURAS (Louise-Charlotte-Philippe-Henriette, duchesse, douairière DE), née DE NOAILLES.	Dame du palais de la Reine	6,000.	*Idem.*
4,292.	DURIEU (Jean-Bruno)	Émigré	300.	
4,293.	——— (Louis-Joseph)	Émigré	200.	
4,294.	DURIEU DE MAISONNEUVE (Étienne)	*Idem*	1,000.	
4,295.	DURIEZ (Jeanne-Thérèse-Josèphe, ve), née DELETTRÉE.	Son père est mort sur l'échafaud	150.	
4,296.	DUROCHER-BOISBOUSSAIS (Anne-Élisabeth, dame), née ROBINAULT DE LA LANDE.	Vendéenne	600.	
4,297.	DU ROCHER DE QUENGO (Léontine-Louise, demoiselle).	Sa mère avait été surintendante de la maison de Saint-Denis.	900.	
4,298.	——— (Marie-Christine, demoiselle), dame DUMÉNY.	*Idem*	1,000.	
4,299.	DUROCHER-PARGAT (Rose-Françoise, dame), née PIGEON DE LA MARRE.	Émigrée	800.	N'a pas touché le deuxième secours.
4,300.	DUROSIER	Pension accordée directement par le Roi. (Motifs inconnus.)	360.	
4,301.	DUROSSET (Julien-Martin)	Vendéen	80.	
4,302.	DUROUCHOUX (Toussaint)	*Idem*	1,000.	

Nos d'ordre.	NOMS ET PRÉNOMS des PENSIONNAIRES.	MOTIFS de LA CONCESSION DES PENSIONS.	MONTANT des PENSIONS.	OBSERVATIONS.
4,303.	DU ROURE (comtesse), née DE BEAUVOIR DE GRIMOARD DU ROURE.	Dame pour accompagner Madame la comtesse d'Artois.	3,000f 00c	N'a touché aucun des deux secours.
4,304.	DUROUSIER (Marie-Anne, veuve), née TORIN.	Son mari a été assassiné en 1814.......	400. 00.	
4,305.	DURU (Étienne)..................	Émigré........................	650. 00.	
4,306.	——— (Louis, abbé).............	*Idem*.........................	1,219. 20.	
4,307.	DUSAERT (Éléonore-Henriette, dame), née OMORAN.	Fille d'un lieutenant général, mort sur l'échafaud en 1793; son mari est aveugle.	300. 00.	
4,308.	DUSAULCHOY (Marie-Emmanuel-Félicité, dame), née MICAULT-DUMONDAR.	Fille d'un valet de chambre du Roi.....	200. 00.	
4,309.	DUSAUSSEY........................	Émigré........................	700. 00.	
4,310.	——— (Adèle-Françoise, demoiselle).	Fille d'émigré..................	300. 00.	
4,311.	——— (Anne-Hermine, demoiselle)..	*Idem*.........................	300. 00.	
4,312.	DUSOULIER (Anne-Charlotte, marquise), née DEXMIER DE CHENON.	Veuve d'un émigré, maréchal-de-camp, aide-de-camp du duc d'Enghien.	600. 00.	
4,313.	DUSSARGUE DE VERNON (Adèle-Christine, veuve), née VANEL DE LISLEROY.	Veuve d'émigré..................	400. 00.	
4,314.	DUSSIEUX (Marie, veuve), née MONNIN.	*Idem*.........................	300. 00.	
4,315.	DUSSOL (Françoise-Libérale, demlle)...	Perte de fortune................	200. 00.	
4,316.	DUTARTRE-BOISSOLI (Jeanne-Agathe, DE), née PASQUET DE LA REVENCHÈRE.	Fille d'émigré..................	800. 00.	
5,317.	DUTATE (Catherine-Josèphe, veuve), née WAILLE.	Son mari est mort sur l'échafaud en 1794.	100. 00.	
4,318.	DUTAU (Pierre)...................	Services dans les armées royales de l'intérieur.	400. 00.	
4,319.	DUTEIL (Marie-Anne, veuve), née JOLLIVET.	Veuve d'un ancien militaire..........	100. 00.	*Idem.*
4,320.	DUTENBACH (Jean-Bernard)..........	Émigré........................	80. 00.	*Idem.*
4,321.	DUTERTRE (Louise-Henriette-Justine, demoiselle).	Fille d'émigré..................	300. 00.	*Idem.*
4,322.	DUTERTRE DE LA COUDRE (Anne-Herminie, demoiselle).	Son père a été ruiné par les fournitures qu'il a faites aux armées vendéennes.	200. 00.	
4,323.	——— (Élisabeth-Julie, demoiselle)..	*Idem*.........................	200. 00.	
4,324.	DUTHEIL (Edmée-Euphémie, veuve), née BONNEVILLE DE SAINTE-ANNE.	Veuve d'émigré..................	600. 00.	
4,325.	DUTHEIL-CHAPELLET (Anne-Françoise, veuve), née CLAVEAU.	A été persécutée dans la révolution....	600. 00.	
4,326.	DUTHEILLET DE LAMOTHE (Gabrielle-Agathe, dame), née BONHOMME DE LACOSTE.	Nièce d'émigré..................	600. 00.	
4,327.	DUTILIEUL (Damaze-Joseph).........	Émigré........................	500. 00.	

Nos d'ordre.	NOMS ET PRÉNOMS des PENSIONNAIRES.	MOTIFS de LA CONCESSION DES PENSIONS.	MONTANT des PENSIONS.	OBSERVATIONS.
4,328.	Du Tillet (Charles-Louis-Alphonse, marquis).	Lieutenant des gardes-du-corps.......	4,000f 00c	N'a pas touché le deuxième secours.
4,329.	Dutillet dit Mousquetaire (Pierre-François).	Fils d'un veneur de l'équipage du Vautrai.	150. 00.	
4,330.	——— (Marie-Louise, née Contour, veuve).	En remplacement d'une pension de 1000 francs dont son mari jouissait avant la révolution.	300. 00.	
4,331.	Du Tillet de Villars (Joseph-Henri).	Petit-fils d'un gouverneur des pages....	2,400. 00.	
4,332.	Dutort (Henri-Joseph)............	Services à la cause royale, en France...	250. 00.	
4,333.	Du Toit (Marie-Éléonore, dame).....	Émigrée........................	1,371. 60.	
4,334.	Dutouchet de Benrauville (François-Aimé).	Vendéen........................	400. 00.	N'a touché aucun des deux secours.
4,335.	Du Tour (Éléonore-Marie-Pierre-Aimée, née Sauvage, comtesse).	Émigrée........................	1,200. 00.	
4,336.	——— (Marie-Josèphe-Aimée, née Sauvage, vicomtesse).	*Idem*........................	500. 00.	
4,337.	Dutrévou (Charles-Marie-Joseph)....	Ruiné par suite de la révolution.......	300. 00.	
4,338.	Dutrey (Dominique)..............	Garçon de bureau à l'intendance du mobilier.	150. 00.	*Idem.*
4,339.	Dutroues (Marie-Julie-Jeanne, demoiselle).	Fille d'émigré....................	200. 00.	
4,340.	Duval (François-Joseph)...........	Émigré........................	200. 00.	
4,341.	——— (Jean-Baptiste)............	*Idem*........................	120. 00.	
4,342.	——— (Jacques-René)............	*Idem*........................	100. 00.	
4,343.	——— (Louis)..................	Ancien garde des capitaineries du Roi..	200. 00.	
4,344.	——— (Philippe-François-Joseph)....	Émigré........................	120. 00.	
4,345.	——— (Pierre), abbé.............	*Idem*........................	768. 00.	*Idem.*
4,346.	——— (Agathe-Cécile-Sainte, née Bossinot, veuve).	Veuve d'un contrôleur de la marine; perte de fortune.	300. 00.	
4,347.	——— (Anne-Clotilde-Euphémie, née Lalonde, veuve).	Vendéenne......................	300. 00.	
4,348.	Duvau (Auguste)................	Ex-chef de bureau à l'intendance des bâtimens.	1,000. 00.	*Idem.*
4,349.	Duvaux.......................	Ex-garçon du chantier des marbres, quai de Billy.	900. 00.	*Idem.*
4,350.	Duveau (René).................	Vendéen........................	50. 00.	*Idem.*
4,351.	Duvelle (Marie-Louise, née Lefèvre, veuve).	Veuve d'un garçon de cuisine.........	200. 00.	
4,352.	Duvercourt la Curatrie (Jean-Pierre-François-Xavier-Faure, chevalier de).	Émigré........................	400. 00.	

Nos d'ordre.	NOMS ET PRÉNOMS des PENSIONNAIRES.	MOTIFS de LA CONCESSION DES PENSIONS.	MONTANT des PENSIONS.	OBSERVATIONS.
4,353.	DUVERGÈS (Jean-Baptiste-Adolphe)....	Émigré........................	150f 00c	
4,354.	——— (Jean-Baptiste-Alexandre).....	*Idem*........................	150. 00.	
4,355.	DUVERNAY-DUPLESSIS (Pierre-Louis)..	*Idem*........................	600. 00.	
4,356.	DUVERNE DE PRAILE (Marie-Anne)...	Ancienne chanoinesse ruinée par la révolution.	260. 00.	
4,357.	DUVERNET........................	Premier valet de garde-robe de Louis XVIII.	6,000. 00.	
4,358.	DUVERNET DE MONTLUC (Anne-Amélie), née DE ROLLAND.	Nièce de quatre officiers............	400. 00.	
4,359.	DUVERNOY (demoiselle).............	Choriste à l'Opéra-Comique. (Pension par suite de transaction.)	154. 37.	
4,360.	DUVICQUET (Antoine-Marie-Guislain, vicomte D'ORDRE).	Services rendus à la cause royale......	800. 00.	N'a touché aucun des deux secours.
4,361.	DUVIGNEAU (Noel-Paul)............	Vendéen........................	50. 00.	*Idem.*
4,362.	DUVIVIER (Ange-Pierre-Nicolas)......	Administrateur de la manufacture de la Savonnerie.	2,083. 00.	
4,363.	——— (Pierre)..................	Postillon aux écuries de MONSIEUR.....	240. 00.	
4,364.	——— (Pierre-Hubert-Nicolas)......	Ex-chirurgien-major de l'hôpital militaire de la maison du Roi.	600. 00.	
4,365.	——— (Marie-Françoise-Geneviève, veuve), née THOMAS.	Veuve d'un administrateur de la manufacture de la Savonnerie.	500. 00.	
4,366.	DUVOID DE REPY (Étienne-Fidel).....	Émigré........................	600. 00.	
4,367.	DUVOID DE REPY (Marie-Anne, dame), née TISSERAND.	Veuve d'émigré..................	600. 00.	*Idem.*
4,368.	DUWALK DE DAMPIERRE (Aglaé-Rosalie, veuve du comte DE), née DE SÉGUR.	Son mari a été tué à Varennes, auprès de la voiture du Roi.	1,800. 00.	

Nos d'ordre.	NOMS ET PRÉNOMS des PENSIONNAIRES.	MOTIFS de LA CONCESSION DES PENSIONS.	MONTANT des PENSIONS.	OBSERVATIONS.
	E			
4,369.	EBERSTEIN (Marie-Anne, baronne DE), née SCHUELLER.	Veuve d'émigré	900f 00c	
4,370.	ECKLOFF (Élisabeth, dame), née MACKEKERELL.	Au service de Louis XVIII, à Hartwel.	200. 00.	
4,371.	ECOFFET (Marie-Anne, veuve), née AUDRAN.	Sœur et belle-sœur d'émigrés	250. 00.	
4,372.	École gratuite de dessin	Pour subvenir aux dépenses de l'école.	180. 00.	
4,373.	ECQUEVILLY (Armand-François, Mis D').	En remplacement de la pension dont il jouissait avant la révolution.	3,000. 00	N'a touché aucun des deux secours.
4,374.	EDERT (Philiberte-Thérèse, demoiselle).	Son grand-père, fabricant à Arras, est mort sur l'échafaud en 1793.	240. 00.	N'a pas touché le deuxième secours.
4,375.	EDIAT (Marie-Gertrude-Joachine-Françoise, veuve), née ESTUPAN.	Veuve d'un valet-de-pied chez Mme la comtesse d'Artois.	200. 00.	
4,376.	EDMERY (Nicolas)	Blessé par l'explosion d'une boîte d'artifice.	50. 00	
4,377.	EDMOND (Jacques)	Pour acte d'humanité et de courage.	150. 00.	
4,378.	EDRRARD (Élisabeth, dame), religieuse.	Émigrée	609. 60.	
4,379.	EGASSE (Louise-Marie-Adélaïde-Doctrovée, veuve), née LAFFILLÉ.	Filleule du Roi et fille d'un commis du guet des gardes suisses.	300. 00.	
4,380.	EGLISE DE FELIX (Casimir-Scipion-Marie, chevalier D').	Capitaine émigré	1,000. 00.	
4,381.	EHRBUGER (Anne-Marie-Thérèse, veuve), née NEHR.	Veuve d'émigré	200. 00.	
4,382.	EHRHART (Jean-Baptiste)	Émigré	400. 00.	
4,383.	——— (Marie-Marguerite, veuve), née RIEDER.	Veuve d'un médecin du Roi, émigré.	600. 00.	
4,384.	EIGENSCHENCK (Philippe-Antoine)	Attaché à la musique de Louis XVI.	1,000. 00.	
4,385.	——— (Sophie-Antoine)	Fils d'un serviteur émigré	400. 00.	
4,386.	——— (Anne-Gertrude, veuve), née MERCREN.	Attachée à la musique de Louis XVI.	400. 00.	
4,387.	EISENACH (Anne-Marie, veuve), née DIDIER.	Veuve d'émigré	300. 00.	
4,388.	EISSAUTIER (Thérèse, Dlle), religieuse.	Émigrée	600. 00.	
4,389.	ELAMBERT (Marie-Joséphine, veuve), née GARANGER.	Veuve d'émigré	300. 00.	
4,390.	ELBAUVE (Marie-Caroline-Josèphe-Jacquette, veuve), née LUDWIG.	*Idem*	300. 00.	
4,391.	ELER	Veuve d'un serviteur de la maison du Roi.	300. 00.	
4,392.	ELIÇAGARAY (Marie-Victoire, dame D'), née MAYNIEL.	Services de son mari à la cause royale, en France.	300. 00.	N'a pas touché le deuxième secours.

Nos d'ordre.	NOMS ET PRÉNOMS des PENSIONNAIRES.	MOTIFS de LA CONCESSION DES PENSIONS.	MONTANT des PENSIONS.	OBSERVATIONS.
4,393.	ELINEAU (Jacques)................	Vendéen..........................	50f	N'a pas touché le deuxième secours.
4,394.	ELLEAU (Augustine-Marie, demoiselle).	Fille de Vendéen.................	400.	
4,395.	——— (Thérèse-Antoinette, demoiselle).	Fille d'émigré.....................	200.	
4,396.	ELOIR (Angélique-Joachime-Joseph, veuve), née LEFEBVRE.	Nièce d'un valet de chambre de MONSIEUR, comte d'Artois.	400.	
4,397.	EMANGARD (Jean-Baptiste)..........	Capitaine émigré..................	600.	
4,398.	EMÉBON (Adélaïde, demoiselle)......	Nièce d'émigré de Toulon............	150.	
4,399.	——— (Julie, demoiselle)..........	Fille d'émigré de Toulon............	150.	
4,400.	EMÉRIAU (Louis)..................	Vendeen..........................	50.	N'a touché aucun des deux secours.
4,401.	EMERIC-DAVID (Toussaint-Besnard)...	Membre de l'Académie des inscriptions et belles-lettres.	1,500.	
4,402.	EMERSON (Thomas, chevalier D').....	Émigré...........................	200.	
4,403.	——— (Marie-Rose, dame), née DE CONDÉ.	Femme d'émigré....................	300.	
4,404.	ENAULT (Marguerite, veuve), née CHESNEAU.	Services de son mari à la cause royale, en France.	80.	
4,405.	ENCAUSSE DE LABATUT (Nicolas-Bernard-Marie, chevalier D').	Émigré...........................	600.	
4,406.	ENFRIN (Pierre)..................	Vendéen..........................	25.	N'a pas touché le deuxième secours.
4,407.	ENGLET (Pauline, demoiselle).......	Sa famille a rendu des services aux personnes persécutées pendant la révolution.	150.	N'a pas touché le premier secours.
4,408.	ENNEVAL (Pierre, D').............	Émigré...........................	400.	
4,409.	ENTRAIGUES (Alexandrine-Philippine-Sophie, baronne D'), née DENESDE.	Veuve d'émigré....................	800.	
4,410.	EON (Marie-Jeanne, veuve), née HEILY.	Vendéenne.........................	150.	
4,411.	——— (Hélène-Marie, veuve), née LE BRETON DE BLESSIN.	*Idem*............................	300.	
4,412.	EONIC (Perrine-Thomasse, veuve), née BOZEC.	Veuve de naufragé..................	100.	
4,413.	EPINASSE DE LANGEAC (Auguste-Louis-Joseph-Fidèle-Amand, comte DE L').	Maréchal de camp, émigré..........	2,400.	
4,414.	EPINAY (Louis-Alexandre D').........	Émigré...........................	500.	
4,415.	EQUEVILLEY (Marie-Urbane, baronne DE), née DE OLIVIER BARRETO.	Veuve d'émigré....................	600.	N'a pas touché le deuxième secours.
4,416.	ERARD (Anne-Marie-Thérèse, Dlle)...	Fille d'émigré.....................	200.	
4,417.	——— (Thérèse-Walburge, veuve), née FLEURY.	Veuve d'émigré....................	300.	

Nos d'ordre.	NOMS ET PRÉNOMS des PENSIONNAIRES.	MOTIFS de LA CONCESSION DES PENSIONS.	MONTANT des PENSIONS.	OBSERVATIONS.
4,418.	ERHARD (Henry-Aubin)............	Fils d'un soldat des gardes suisses blessé au 10 août.	200f	
4,419.	ERIAU (François)..................	Vendéen..........................	80.	N'a pas touché le deuxième secours.
4,420.	——— (Jeanne-Louise, dame), née PIARD.	Vendéenne........................	50.	*Idem.*
4,421.	ERLACH (Abraham-Frédéric), comte D'.	Maréchal de camp, émigré..........	600.	
4,422.	ERMENIER (Jean), abbé............	Prêtre émigré.....................	800.	*Idem.*
4,423.	ERNAUX (Marguerite, veuve), née JEANDIN.	Veuve d'émigré....................	200.	
4,424.	ERNAUD DE ROUGEMONT (Thérèse-Marie-Joseph, dame), née DUFRESNOIS.	Fille de Vendéen..................	800.	
4,425.	ERNOUS (Jeanne, veuve), née BASTIEN.	Veuve d'un officier mort en activité de service.	200.	
4,426.	ESCARS (Rosalie-Marquette-Marie-Thérèse, duchesse D'), née DE RANCHER DE LA FERRIÈRE.	Veuve du premier maître de l'hôtel de Louis XVIII.	12,000.	N'a touché aucun des deux secours.
4,427.	ESCATRAC DE LAUTURE (Stanislas-Louise, marquise D'), née DE CHAUMONT DE LA GALAISIÈRE.	Veuve d'un député aux États généraux massacré pendant la révolution.	2,000.	
4,428.	ESCAZAUX (Élisabeth, dame D'), née D'ESTAVILLE.	Son mari a été tué au 10 août........	400.	
4,429.	ESCHALLARD DE BOURGUINIÈRE (Élisabeth-Claudine), demoiselle DE.	Fille d'un major d'artillerie, émigrée...	200.	*Idem.*
4,430	——— (Sophie-Hippolyte-Eugénie), demoiselle DE.	*Idem*............................	200.	*Idem.*
4,431.	——— (Veuve DE), née DEVILLIERS.	Émigrée...........................	400.	N'a touché aucun des deux secours.
4,432.	ESCLIGNAC (Georgine-Louise-Victoire, duchesse D'), née BOZON DE TALLEYRAND-PÉRIGORD.	Fille du gouverneur du château de Saint-Germain.	2,000.	
4,433.	ESCOTAIS (Marie-Louise-Françoise, comtesse DES), née DEPLAS.	Dame de Mme Adélaïde.............	3,000.	*Idem.*
4,434.	ESCRIVIEUX (François), chevalier D'..	Émigré............................	1,000.	
4,435.	ESLEBEN dit ASSELER (Rosalie-Josèphe, veuve), née LECTOR.	Veuve d'un soldat des armées françaises.	200.	
4,436.	ESNEAU (Jean)....................	Vendéen...........................	50.	
4,437.	ESNEAULT (René)..................	*Idem*............................	120.	N'a pas touché le deuxième secours.
4,438.	ESPAGNE (Jeanne-Louise), demoiselle D'.	Fille d'émigré....................	600.	N'a touché aucun des deux secours.
4,439.	——— (Octavie-Françoise-Henriette-Charlotte), demoiselle D'.	Fille d'un maréchal de camp, perte de fortune.	400.	*Idem.*
4,440.	ESPEYRON (Joséphine-Catherine-Charlotte-Pierrette), demoiselle D'.	Fille d'un lieutenant général ruiné à la révolution.	1,200.	
4,441.	ESPIARD (Élisabeth), demoiselle.....	Services de son père à la cause royale, en France.	150.	
4,442.	——— (Rosalie), demoiselle.........	*Idem*............................	150.	

Nos d'ordre.	NOMS ET PRÉNOMS des PENSIONNAIRES.	MOTIFS de LA CONCESSION DES PENSIONS.	MONTANT des PENSIONS.	OBSERVATIONS.
4,443.	ESPIARD (Joséphine), demoiselle.....	Services de son père à la cause royale, en France.	150f	
4,444.	—— (Anne), demoiselle.........	*Idem*..........................	150.	
4,445.	ESPIARD DE COLONGE (Henriette-Thérèse, veuve), née DE GAIL.	Veuve d'émigré...................	600.	
4,446.	ESPRONZEDA (Marie-Bernarde-Thérèse-Anna-Telisfore, ve), née D'ACHER.	Veuve d'un officier espagnol, dans l'indigence.	200.	N'a touché aucun des deux secours.
4,447.	ESQUIRON DE DUYÉ (Jean-Joseph-Élisabeth).	Émigré.........................	400.	N'a pas touché le deuxième secours.
4,448.	ESNARD (Étienne)................	*Idem*..........................	900.	N'a touché aucun des deux secours.
4,449.	ESÖFFY DE CSERNEK (Charles-François-Thomas), abbé.	*Idem*..........................	600.	
4,450.	ESPEYRON (Vincent-Louis), D'.......	Capitaine émigré.................	900.	
4,451.	ESPRER DE BOAÇA (Joseph-Marie-Thècle, D').	Émigré, infirme..................	600.	
4,452.	ESSEUL (Pierre-Jérôme)...........	Vendéen.........................	60.	
4,453.	—— (Rose-Marie, femme), née CATHELINEAU.	Fille du général Cathelineau.........	600.	
4,454.	ESSIRARD (François-Julien).........	Vendéen.........................	50.	
4,455.	EST (Charles-Édouard, D').........	Ex-secrétaire général de la direction des fêtes et cérémonies.	2,605.	N'a pas touché le deuxième secours.
4,456.	ESTIENNE DE FRESNAY (Aglaé-Joseph-Thérèse-Désirée, ve), née RIMBAUD.	Veuve d'un officier de marine; son père fut fusillé à Toulon, en 1813.	150.	N'a touché aucun des deux secours.
4,457.	ESTIGNARD (Marie-Euphrasie, veuve), née VIEILLE.	Veuve d'émigré...................	150.	
4,458.	ESTIVALET (Antoine)..............	Émigré.........................	150.	*Idem.*
4,459.	ESTOUL (Anne-Cécile, veuve), née VERGOUNIÉ.	Services à la cause royale...........	160.	*Idem.*
4,460.	ESTOUP DE BRUNCAN (Bertrand-Cyrille-Victoire-Marie), demoiselle D'.	Fille d'émigré....................	200.	N'a pas touché le deuxième secours.
4,461.	—— (Agnès-Françoise-Henriette-Marie), demoiselle D'.	*Idem*..........................	200.	*Idem.*
4,462.	—— (Josèphe-Antoinette-Victoire-Adélaïde-Marie), demoiselle D'.	*Idem*..........................	200.	*Idem.*
4,463.	ESTOURNEAU DE TERSANNES (André-Aurélien).	Émigré.........................	300.	
4,464.	ETABLE DE LABRIÈRE (Jacques).....	Ancien huissier de la chambre du Roi..	800.	
4,465.	ETARD (demoiselle)...............	Émigrée.........................	600.	
4,466.	—— (Anne-Amélie), demoiselle...	Fille d'émigré, née en émigration......	150.	
4,467.	—— (Françoise-Éléonore), demoiselle.	*Idem*..........................	150.	
4,468.	—— (Louise-Henriette), demoiselle.	*Idem*..........................	150.	

Nos d'ordre.	NOMS ET PRÉNOMS des PENSIONNAIRES.	MOTIFS de LA CONCESSION DES PENSIONS.	MONTANT des PENSIONS.	OBSERVATIONS.
4,469.	ÉTIEMVRE (Ambroise)............	Vendéen..........................	120f 00c	
4,470.	ÉTIENNE (Luc)....................	Infirmier-major à l'hospice de la maison militaire du Roi.	250. 00.	
4,471.	ÉTOC (Marie-Jeanne, veuve), dite BLONDAIN, née GOURICHON.	Vendéenne........................	100. 00.	
4,472.	ÉTOURMI (Pierre)..................	Vendéen..........................	60. 00.	
4,473.	ÉTREPAGNY DE MARTIGNY (Charles-François-Jacques, D').	Capitaine émigré................	900. 00.	
4,474.	EUDELINE (Antoine)...............	Garçon de bureau de la Chambre du Roi.	175. 00.	
4,475.	EUDO (Pierre, abbé)...............	Émigré...........................	1,219. 20.	
4,476.	EUVRARD (Jean-Marie-Victoire, demoiselle).	Services de son père à la cause royale, en France.	100. 00.	
4,477.	——— (Anne, demoiselle)..........	*Idem*.............................	100. 00.	
4,478.	——— (Jeanne-Josèphe-Claire, demoiselle).	*Idem*.............................	100. 00.	N'a touché aucun des deux secours.
4,479.	——— (Jeanne-Baptiste, demoiselle)..	*Idem*.............................	100. 00.	
4,480.	——— (Jeanne-Françoise, demoiselle).	*Idem*.............................	100. 00.	
4,481.	ÉVANT (François-Amant, D').........	Commissaire de marine, âgé de 84 ans..	1,000. 00.	
4,482.	ÉVEN (Louise-Marthe-Françoise, veuve), née GUERNO.	Vendéenne........................	150. 00.	*Idem.*
4,483.	ÉVENO (Suzanne, dame), née BERTRANT.	Veuve d'émigré..................	500. 00.	
4,484.	——— (Perrine-Françoise, veuve), née KERNEUR.	Vendéenne........................	100. 00.	
4,485.	ÉVERARD DE VAULX (Adélaïde-Marie-Barbe, demoiselle).	Fille d'émigré...................	150. 00.	
4,486.	ÉVERAT (veuve)...................	N'a aucun moyen d'existence.........	600. 00.	*Idem.*
4,487.	ÉVERAT DE QUINCY (Susanne, dame), née FRAZE.	Veuve d'un garçon de toilette de MONSIEUR, comte de Provence.	400. 00.	
4,488.	ÉVIN DE PRINCÉ (Étienne-Nicolas)...	Son père, capitaine de gendarmerie, s'est trouvé au 10 août; sans fortune.	600. 00.	
4,489.	ÉVIN (Cécile, demoiselle)...........	Petite-fille d'un garde-du-corps de Louis XV.	200. 00.	N'a touché aucun des deux secours.
4,490.	EXEVIN (Louise-Marie-Jeanne).......	Musicien dans les gardes suisses.......	250. 00.	
4,491.	EYRAUD (Jean).....................	Émigré...........................	400. 00.	N'a pas touché le deuxième secours.
4,492.	EYMERIC (Antoine-Joseph, D').......	Capitaine émigré................	600. 00.	
4,493.	EYRE (dame)......................	Émigrée..........................	152. 40.	
4,494.	EYSSAUTIER (Anne-Batilde-Joséphine, dame D'), née DE CYMON DE SOUVILLE.	Fille d'un créancier du Roi Louis XVI..	1,200. 00.	

Nos d'ordre.	MOTIFS de LA CONCESSION DES PENSIONS.	NOMS ET PRÉNOMS des PENSIONNAIRES.	MONTANT des PENSIONS.	OBSERVATIONS.
		F		
4,495.	FABLET (Guillaume)...............	Vendéen........................	75f	
4,496.	FABRE (Antoine-Augustin)...........	Émigré..........................	900.	
4,497.	FABRE (Geneviève-Anne-Claudine, ve), née MEYFREDY.	Veuve d'émigré....................	750.	
4,498.	FABRE DE PARREL (Françoise-Louise, veuve), née LAUDY.	Veuve d'un chevalier de Saint-Louis...	200.	
4,499.	FABRICIUS (Caroline-Aglaé-Ursule, dame), née GRAEL.	Sa famille était dans la maison de Louis XVI.	300.	N'a touché aucun des deux secours.
4,500.	FABRY (Raymond, abbé)............	Ancien député aux états-généraux; émigré.	400.	
4,501.	FABRY (dame).....................	Pension accordée directement par le Roi. (Motifs inconnus.)	300.	
4,502.	FACIOT (Marie-Anne-Albertine, veuve), née CLAIN.	Belle-fille d'un président du tribunal de Châlons.	400.	
4,503.	FADIER (Catherine-Frédérique, veuve), née HOUTEMANN.	Veuve d'émigré	120.	
4,504.	FAGES (Luc)......................	Services dans les armées royales de la Lozère.	80.	
4,505.	——— (Marie-Jeanne, veuve), née DELMAS.	*Idem*..........................	75.	
4,506.	——— (Marianne, demoiselle).......	Fille de la précédente..............	80.	
4,507.	FAGET DE BAURE (Sophie, dame), née DARU.	Veuve d'un rapporteur du comité contentieux de la liste civile.	2,000.	N'a pas touché le deuxième secours.
4,508.	FAGUET (Fanny-Coralie-Hyacinthe, demoiselle).	A perdu sa fortune par suite de la révolution.	300.	
4,509.	FAILLY (Marie-Joséphine, dame DE), née D'AGUISY.	Émigrée..........................	600.	
4,510.	FAIVRE (Anne-Jean-Gabriel, chevalier).	Émigré..........................	300.	
4,511.	——— (Claude-Denis)............	Frère d'un premier médecin du Roi....	200.	N'a touché aucun des deux secours.
4,512.	——— (Claude-François).........	*Idem*..........................	200.	
4,513.	——— (François)................	Sommelier à Hartwel..............	1,000.	
4,514.	——— (Claude-Françoise, demoiselle).	Sœur d'un premier médecin du Roi....	200.	
4,515.	——— (Jeanne-Françoise, veuve), née JEAN.	Petite-fille d'une nourrice de deux princesses du sang.	150.	
4,516.	FAJAC (Josèphe-Madeleine-Thérèse, dame MARQUIER DE), née DE NOGUER.	Émigrée..........................	800.	
4,517.	FALAMPIN (Marie-Anne-Josèphe, dame), née HENRY.	Fille d'un feutier chez la Reine........	300.	
4,518.	FALETANS (Charlotte-Christine-Henriette, Mse DE), née ANDRAULT DE LANGERON.	Veuve d'émigré....................	1,000.	*Idem.*

Nos d'ordre.	NOMS ET PRÉNOMS des PENSIONNAIRES.	MOTIFS de LA CONCESSION DES PENSIONS.	MONTANT des PENSIONS.	OBSERVATIONS.
4,519.	FALCONNIER (Jeanne-Françoise, demoiselle).	A perdu sa fortune par suite de la révolution.	200f	
4,520.	FALIGOT dit LAROSE (Julien).........	Vendéen........................	50.	
4,521.	FALLECKER (Joseph-Wendelin).......	Fils d'émigré......................	600.	
4,522.	——— (Catherine-Odile, demoiselle)..	Fille d'émigré......................	500.	
4,523.	FALLOIS (Alexandrine-Marie-Louise, née DE SURIREY DE SAINT-REMY, dame veuve DE).	Fille d'un lieutenant colonel des grenadiers de France.	160.	
4,524.	FALLOT (Anne-Ursule, née DARNAULT, veuve).	Veuve d'un garde-chasse du château de Chambord.	100.	
4,525.	FALVÉ dit JOLLY (Louis-Denis)......	En remplacement d'une pension de 1200f dont il jouissait avant la révolution.	800.	
4,526.	FAMIN (Marguerite-Joséphine, née LE-PRINCE, veuve).	Veuve d'un huissier de la chambre de Louis XVIII.	800.	
4,527.	FANGET (Antoine-Charles DE)........	Colonel émigré......................	600.	
4,528.	FANNETEAU (Louise, née RICHARD)....	Vendéenne..........................	200.	
4,529.	FANONNEL (Thérèse-Jeanne, née LE-MONNIER, dame).	Émigrée...........................	400.	
4,530.	FANOUILLIÈRE (François)...........	Fils d'émigré......................	300.	
4,531.	FANTON........................	Veuve d'émigré.....................	200.	
4,532.	FARAL DE MONTFAUCON (Dominique)...	Émigré...........................	600.	
4,533.	FARAMOND DE MONTELS (François-Silvestre).	*Idem*............................	150.	
4,534.	FARCY (Louis-Françoise-Souveraine, née BROCHIER, veuve).	Femme-de-chambre de madame la comtesse de Provence.	1,200.	
4,535.	——— DE MONTAVALLON (Marie-Victoire-Louise, née DU BOISJOURDAN, veuve).	Émigrée...........................	250.	
4,536.	——— DU ROSERAY (Ambroise-Balthazard DE).	Émigré; père de sept enfans..........	900.	
4,537.	FARGÈS (Marie-Élisabeth, née ROULIN, dame DE).	Son mari a rendu des services en France à Louis XVIII.	800.	
4,538.	FARGUES (Angélique-Françoise-Alexandrine, née DE MOUSTIER, dame).	Fille d'émigré......................	400.	N'a touché aucun des deux secours.
4,539.	FARINOLE (Marthe-Marie, née SCATELLI, veuve).	Veuve d'un officier.................	300.	
4,540.	FASILLAU (Marie-Jeanne, née GOUBÉ, veuve).	Vendéenne.........................	72.	
4,541.	FASNACHT (Marie-Catherine, née JACQUEMIN, veuve).	Son mari servait au 10 août..........	200.	*Idem.*
4,542.	FASQUEL (Alexandrine-Madeleine-Edme, née POMMERET, veuve).	Veuve d'un tenor à la chapelle du Roi...	16.	*Idem.*
4,543.	FASSER (Jean).....................	Émigré...........................	80.	*Idem.*

Nos d'ordre.	NOMS ET PRÉNOMS des PENSIONNAIRES.	MOTIFS de LA CONCESSION DES PENSIONS.	MONTANT des PENSIONS.	OBSERVATIONS.
4,544.	FATON DE FAVERNAY (Marie-Geneviève-Angélique-Charlotte, née ANTHAUME, dame DE).	Veuve d'émigré....................	800f	
4,545.	FAUCHER DE LALIGERIE (Étienne-Marie).	Émigré..........................	300.	N'a touché aucun des deux secours.
4,546.	FAUCHEUX (Julien-Marie-Alexis).....	Vendéen.........................	50.	N'a pas touché le deuxième secours.
4,547.	FAUCHIER (Honoré-Joseph-François)...	Émigré..........................	600.	
4,548.	——— (Paule-Élisabeth, née BONNE-GRACE, veuve).	Veuve d'émigré de Toulon...........	200.	*Idem.*
4,549.	FAUCHON (Louis)..................	Vendéen.........................	120.	
3,550.	FAUCON DE LA VERGNE (François-Marie-Guillaume).	Ancien receveur des domaines du Roi, à Versailles.	1,800.	
4,551.	FAUCONNET DE FONTANNOIS (Georgine, demoiselle).	Fille d'un maréchal de camp émigré....	600.	
4,552.	FAUQUE DE JONQUIÈRES (Frédéric-Auguste).	Sous-chef de bureau à l'intendance générale.	1,069.	
4,553.	——— (Hortense-Françoise, née BRUSLÉ, dame DE).	Sa mère avait une pension de 1500 fr. avant la révolution.	1,000.	
4,554.	FAURE (Jacques-Philippe-Anne DE)....	Fils d'émigré......................	150.	
4,555.	——— (Marie, dame).............	Religieuse émigrée..................	1,200.	
4,556.	——— (Jeanne-Marie, née DUPESQUE, veuve).	Veuve d'émigré de Toulon...........	100.	
4,557.	——— (Jeanne-Catherine-Susanne, née DUSOULIER, dame).	Fille d'émigré.....................	300.	
4,558.	——— (Jeanne-Françoise, née POUZEINS, veuve).	Veuve d'émigré....................	600.	
4,559.	——— DE ROCHEFORT (Marie-Gabrielle, née DE LAVIE).	Veuve d'un intendant de Bretagne et vice-conseiller d'État.	3,000.	N'a touché aucun des deux secours.
4,560.	FAURET DE LASFOND (Jacques-Calmine-François).	Émigré..........................	300.	
4,561.	FAUTREL (Jeanne-Perrine, née JOUANNE, veuve).	Vendéenne.......................	80.	
4,562.	FAUVEAU (Félicie, dame DE)........	D'une famille de gens de lettres......	600.	*Idem.*
4,563.	FAUVELLE (Joseph-Alexis)..........	Émigré, père de cinq enfans; sa femme est en démence.	120.	*Idem.*
4,564.	FAUVELLE (Pierrette-Victoire-Denise, née GIFFEY, veuve).	Veuve d'un garçon sellier aux écuries du Roi.	200.	
4,565.	FAVANCOUT (Anne-Marie, née CUEULLET-DARÉ, vicomtesse DE).	Femme d'émigré....................	600.	
4,566.	FAVÉ (Ambroise)..................	Palefrenier aux écuries.............	200.	
4,567.	FAVRE (Jean-Thomas)..............	A rendu des services à Louis XVIII, en France.	200.	
4,568.	FAVEREAU (René)...	Sergent-major vendéen..............	80.	N'a pas touché le deuxième secours

Nos d'ordre.	NOMS ET PRÉNOMS des PENSIONNAIRES.	MOTIFS de LA CONCESSION DES PENSIONS.	MONTANT des PENSIONS.	OBSERVATIONS.
4,569.	FAVIER (Jean-Michel DE)............	Émigré........................	300f 00c	
4,570.	FAVRAS (Guillaume-Benjamin-Charles, marquis DE).	Fils du marquis de Favras, victime de la révolution.	1,500. 00.	
4,571.	——— (marquise DE), née princesse D'ANHALT.	Veuve du marquis de Favras précité...	6,000. 00.	
4,572.	FAVRAUD (abbé)..................	Chapelain du Roi, âgé de 78 ans.....	3,000. 00.	
4,573.	FAVRE (François)..................	Services rendus à la cause royale......	300. 00.	N'a pas touché le deuxième secours.
4,574.	FAVREAU (Jean-Martin)............	Vendéen........................	60. 00.	
4,575.	FAVRIT dit MÉZIÈRES (Étienne-Antoine).	Attaché à la musique de Louis XVI....	300. 00.	
4,576.	FAY DE LAGRANGE (Marie, demoiselle).	Ex-directrice de poste.............	150. 00.	
4,577.	——— DE VILLIERS (Anne-Jeanne-Françoise DE), dame SIVORI.	Son père est mort au siége de Toulon...	800. 00.	
4,578.	——— (Marie-Victoire, née CIACCALDI, veuve DE).	Émigrée........................	300. 00.	
4,579.	FAYARD (François)................	Ex-garçon de bureau au ministère.....	150. 00.	
4,580.	FAYOLLE (Augustin DE)............	Ancien officier de marine...........	600. 00.	
4,581.	FAYOLLES (Marie-Élisabeth, demoiselle DE).	Services de son grand-père, aux Indes..	200. 00.	
4,582.	FÉAU (dame).....................	Ancienne religieuse dominicaine......	180. 00.	N'a touché aucun des deux secours.
4,583.	FEBVRE (Félicité-Germanie, née MASSON, veuve).	Veuve d'un surveillant au château de Meudon.	200. 00.	
4,584.	FEART (Bernard-Amand)............	Garçon du gobelet chez la Reine......	240. 00.	
v,585.	FECON (Joseph)...................	Postillon d'attelage aux écuries du Roi..	200. 00.	
4,586.	FELETZ (Anne, née DE LATOUR, veuve DE).	Veuve d'émigré..................	400. 00.	
4,587.	FELGEIROLLES (Anne, née MAURIN, veuve).	Son mari a servi dans les armées royales de la Lozère.	150. 00.	
4.588.	FÉLIX (Jean)......................	Émigré........................	150. 00.	
4,589.	FELLONNEAU (Marie, née LACROIX, veuve).	Veuve d'un juge de paix de Bordeaux...	300. 00.	
4,590.	FENARD (Marie-Anne, née HOUCHARD, veuve).	Son mari est mort sur l'échafaud, en 1793.	300. 00.	
4,591.	FÉNÉLON (Marie-Catherine, née MOULIN, marquise DE).	Émigrée........................	1,500. 00.	
4,592.	FENIN (Ferdinand-Henri-Xavier DE)...	Vendéen........................	200. 00.	
4,593.	——— (Léon-Charles-Pierre DE).....	*Idem*..........................	200. 00.	

Nos d'ordre.	NOMS ET PRÉNOMS des PENSIONNAIRES.	MOTIFS de LA CONCESSION DES PENSIONS.	MONTANT des PENSIONS.	OBSERVATIONS.
4,594.	FENIN (Gaspérine-Louise-Rosalie, demoiselle DE).	Fille d'émigré	600f	
4,595.	FÉRAUD (Marie-Marguerite, née ARTAUD, dame).	Émigrée; femme d'émigré	400.	
4,596.	——— (Mélanie-Josèphe, née GRANIER, dame).	Femme de berceau de M. le duc d'Angoulême.	600.	N'a touché aucun des deux secours.
4,597.	FERAY (Louis-Joseph)	Émigré	300.	
4,598.	FERET (Catherine-Delphine-Wuibert, demoiselle DE).	Fille d'émigré	500.	
4,599.	——— (Marie-Julie-Georgette, demoiselle).	Fille d'un officier de bouche de la maison de madame Élisabeth.	150.	
4,600.	FERIET (Marie-Renée-Marguerite, née DE VAUGIRAUD, baronne DE).	Émigrée	500.	*Idem.*
4,601.	FERINO (Marie-Louise-Augustine, née BARRAU, dame).	Lectrice de la Reine	1,200.	
4,602.	FERMINEZ (Philippe)	Émigré	600.	
4,603.	FÉRON (Marie-Geneviève, née MONIER, veuve).	Veuve d'un garçon d'attelage aux écuries.	120.	
4,604.	FERRABOUG (Jean-Joseph DE)	A perdu sa fortune par suite de la révolution.	400.	
4,605.	FERRAND (Charlotte, née CANET, veuve).	Veuve d'un lieutenant de vaisseau	300.	
4,606.	——— (Marie-Désirée, née PAUL, ve).	Émigrée	200.	
4,607.	FERRANDY (Jean-Nicolas)	Émigré	200.	*Idem.*
4,608.	FERRARI (Jean-Marie-Jacques-Esprit)	Fils d'émigré	150.	
4,609.	———(Joseph-Silvestre-Coutardo-Constantin).	Services dans les armées royales, en France.	300.	*Idem.*
4,610.	——— (Honorine-Charlotte-Jean-Jacques-Henri, dame MIARD).	Fille d'émigré	300.	
4,611.	FÉROUX (Alphonse)	Fils d'émigré	300.	*Idem.*
4,612.	FERQUE (Jeanne-Marie-Josèphe, née GASTUCHE, veuve DE), actuellement dame HIBON.	Veuve d'émigré	300.	
4,613.	FERQUEL DE CHEVIGNY (Jean-Marie-Catherine).	Émigré	1,200.	
4,614.	FERRÉ (Jacques-Guillaume)	Vendéen	80.	
4,615.	FERRET (Guillaume)	Prêtre émigré, âgé de 81 ans	900.	
4,616.	FERRIER (Marie-Rosalie), dame religieuse.	Persécutée; infirme	200.	*Idem.*
4,617.	FERRIÈRE (Marie-Catherine-Éléonore, née CELLIER, dame).	A rendu des services à la cause royale, en France.	200.	
4,618.	FERRON (Perrine-Renée, née FAUGIRARD, dame).	Ses père et mère ont été condamnés pendant la révolution.	100.	

Nos d'ordre.	NOMS ET PRÉNOMS des PENSIONNAIRES.	MOTIFS de LA CONCESSION DES PENSIONS.	MONTANT des PENSIONS.	OBSERVATIONS.
4,619.	FERRON DE LA FERRONNAYS (Louise-Marie-Adelaïde-Gabrielle, demoiselle).	Filleule du Roi	1,500f	N'a pas touché le deuxième secours.
5,620.	FERRU (veuve), née BARDETTI LILIS	Veuve d'un colonel vendéen	600.	*Idem.*
4,621.	FERRY (Joseph-Antoine DE)	Émigré	300.	
4,622.	FERRY DE BELLEMARE (Gabriel-Denis DE).	Capitaine émigré	1,500.	
4,623.	FERY (Éloy)	Balayeur aux Tuileries	200.	
4,624.	FESSENET (Charles-André)	Émigré	200.	
4,625.	FETICK (Alexandrine, demoiselle)	Fille d'un valet de pied de la Reine	300.	
4,626.	FETU (Pierre-Jean)	Services à la cause royale, en France	150.	N'a touché aucun des deux secours.
4,627.	FEUARDENT (Élisabeth, dame, née LE-FORT).	Émigrée	600.	
4,628.	FEUILLADE (Pierrette-Pauline)	Nièce d'un contrôleur de la bouche dans la maison du prince de Condé.	300.	*Idem.*
4,629.	FEUILLANT (Étienne-Antoine)	A perdu sa fortune dans la révolution	2,000.	*Idem.*
4,630.	FEUILLARD (Marie-Madeleine-Susanne, veuve, née BRIARD).	Veuve d'un palefrenier des écuries de Louis XVI.	200.	
4,631.	FEUILLET (Antoine-François)	3,000 fr. comme sous-intendant militaire; à titre d'ancienneté de services et en remplacement d'une pension acquise sur la caisse de vétérance. Et 2,000 fr. pour services dans la maison du Roi.	5,000.	*Idem.*
4,632.	FEUVEILLE (Louise-Marguerite, dame), née RIGAL.	N'a aucun moyen d'existence	200.	
4,633.	FÉVAL (Charles)	Émigré	150.	
4,634.	FEVAL (Nathalie-Louise)	Émigrée	150.	
4,635.	——— (Jeanne-Marie-Hélène, demoiselle).	Fille d'un magistrat persécuté	150.	
4,636.	FEYBESSE (Gabriel)	Services dans les armées royales de la Lozère.	200.	
4,637	FICHU (Charles-François)	Garçon de la chambre de Louis XVI	400.	
4,638.	FICQUELMONT (Henriette-Victoire, demoiselle DE).	Fille d'émigré	600.	
4,639.	FIDIÈRE (Jacques-Charles DE)	Émigré	600.	
4,640.	FIERVILLE (Louise-Charlotte-Scholastique, dame FOLLIOT DE).	Émigrée	600.	
4,641.	FIEVET (Charles-Joseph)	Services à la cause royale, en France	300.	
4,642.	FILIPPI (Hippolyte-Jean-Pascal)	Dévouement à la cause royale	600.	
4,643.	FILLATRE (Pierre)	Vendéen	50.	

Nos d'ordre.	NOMS ET PRÉNOMS des PENSIONNAIRES.	MOTIFS de LA CONCESSION DES PENSIONS.	MONTANT des PENSIONS.	OBSERVATIONS.
4,644.	FILLAUDEAU (René)...............	Vendéen.	50f	N'a touché aucun des deux secours.
4,645.	FILLEUL (Alexandre-Martin)........	Filleul de M. le duc d'Angoulême.....	1,000.	
4,646.	——— (Armand-Charles)..........	Fils d'un garçon de la chambre de Louis XVI.	400.	
4,647.	——— (Louis-Auguste)...........	*Idem*...........................	400.	
4,648.	——— (Marie-Adélaïde, veuve, née DE FERRERS).	Mère de trois émigrés...............	300.	
4,649.	FILLON (François)................	Vendéen..........................	80.	
4,650.	FILLONNEAU (François)............	Émigré...........................	300.	
4,651.	FIMARCON (Charles-Philippe-Cécile-Claire-Henri-Emeric-Sanches-Othon-Xavier-Auguste, d'ESLIGNAC-PREISSAC-FEZENSAC-D'AQUITAINE-ARAGON DE MARESTANG-D'ORMEZAN, duc DE).	Parent du Roi.....................	10,000.	*Idem.*
4,652.	FINANCE (Nicolas-Joseph, chevalier DE).	Émigré...........................	600.	
4,653.	——— (Léopold-Stanislas, DE)......	*Idem*...........................	800.	
4,654.	——— (Jeanne-Élisabeth-Adélaïde, demoiselle DE).	Fille d'émigré....................	300.	
4,655.	——— (François DE)..............	Petit-fils d'émigré.................	100.	
4,656.	——— (Gabriel-Louis, DE).........	*Idem*...........................	100.	
4,657.	——— (Jacques-Louis-Gabriel DE)....	*Idem*...........................	100.	
4,658.	FINANCE DE CLERBOIS (Louis DE)...	Émigré...........................	300.	*Idem.*
4,659.	FINANCE (Madeleine-Françoise-Émélie DE), actuellement dame DE BIGAULT DE MAISONNEUVE.	Fille d'émigré....................	300.	
4,660.	——— (Hyacinthe-Marie-Joseph, née DE CONDÉ, dame DE).	Femme d'émigré...................	300.	
4,661.	——— (Catherine, née DENIS, veuve DE).	Veuve d'émigré....................	300.	
4,662.	——— (Anne-Paul, née DUHOUX, dame DE).	Services de sa famille à la cause royale, en France.	100.	
4,663.	——— (Élisabeth-Glossainte, née BROSSARD, dame DE).	*Idem*...........................	100.	
4,664.	——— (Marie-Émélie, née VEBER, veuve DE).	Veuve d'émigré....................	100.	
4,665.	——— (Victor DE)...............	Fils d'émigré.....................	80.	
4,666.	——— (Zéphirine, demoiselle DE)..	Fille d'émigré.....................	80.	
4,667.	——— Émélie, demoiselle DE)......	*Idem*...........................	80.	

Nos d'ordre.	NOMS ET PRÉNOMS des PENSIONNAIRES.	MOTIFS de LA CONCESSION DES PENSIONS.	MONTANT des PENSIONS.	OBSERVATIONS.
4,668.	FINEL (Pierre)......................	Lieutenant-colonel vendéen..........	600f.	
4,669.	FIORELLA (Amélie-Catherine-Josèphe, veuve), née GORLIER.	Veuve d'un général de division des armées françaises.	400.	
4,670.	FIORY (Marie-Joséphine, veuve), née FAIVRE.	Nièce d'un médecin du Roi..........	400.	
4,671.	FIQUET (Jeanne-Françoise, veuve), née OLIVIER.	Vendéenne........................	80.	N'a touché aucun des deux secours.
4,672.	FISCHER (François-Antoine).........	Émigré..........................	150.	
4,673.	——— (Nicolas)..................	A rendu des services à la cause royale, en France.	600.	
4,674.	——— (veuve), née KIRSCHN........	Veuve d'émigré, âgée de 82 ans.......	480.	*Idem.*
4,675.	——— (Catherine, veuve), née PHILIPPS.	Veuve d'émigré.....................	120.	
4,676.	FISICAT (Pierre-Thomas, abbé DE).....	Vicaire-général émigré.............	1,500.	
4,677.	FITTE DE SOUCY (Angélique-Élisabèthe-Louise, demoiselle).	Fille de l'ex-gouvernante des enfans de France.	1,000.	
4,678.	FIZANNE (Nicolas).................	Palefrenier des écuries de Louis XVI...	460.	
4,679.	FLACHSLANDEN (Marie-Anne-Antoinette-Eusèbe, baronne DE), née BREITEIN-LANDENBERG.	Émigrée; veuve d'un ministre des affaires étrangères.	4,000.	*Idem.*
4,680.	FLAGONTIER (Marie-Madeleine, veuve), née GUILBERT.	Veuve d'un palefrenier des écuries de Louis XVI.	250.	
4,681.	FLAIR (Jean)......................	Vendéen..........................	80.	N'a pas touché le deuxième secours.
4,682.	FLAMBARD (Adrien, abbé)...........	Émigré..........................	762.	
4,683.	FLAMEN-D'ASSIGNY (Adèle, demoiselle).	Fille d'un ancien ministre de France, en Bavière.	600.	
4,684.	FLAMENT (Élisabeth-Louise, demoiselle).	Fille d'un officier de la chambre de MONSIEUR, comte d'Artois.	500.	
4,685.	FLANDROIS (Samuel), dit LA PLANTE...	Vendéen..........................	50.	
4,686.	FLANDROIS (Marie-Françoise, demoiselle).	Vendéenne........................	100.	
4,687.	FLANET (Armand-Romain-Augustin, DE).	A perdu sa fortune à Saint-Domingue..	600.	
4,688.	——— (Marie-Olympe, DE).........	Fille d'un capitaine................	700.	
4,689.	FLAVIER (Marianne, demoiselle)......	Services de sa famille dans les armées royales de la Lozère.	25.	N'a pas touché le deuxième secours.
4,690.	——— (Marie-Rose, demoiselle).....	*Idem.*............................	25.	*Idem.*
4,691.	FLAVIGNY (Aglaé-Marie-Joséphine, marquise DE), née DE LAVAULX.	N'a aucun moyen d'existence.........	400.	*Idem.*
4,692.	FLÉCHIER (Marie-Anne, demoiselle DE).	Fille d'émigré, de la famille de Fléchier.	400.	*Idem.*

Nos d'ordre.	NOMS ET PRÉNOMS des PENSIONNAIRES.	MOTIFS de LA CONCESSION DES PENSIONS.	MONTANT des PENSIONS.	OBSERVATIONS.
4,693.	Fleuret (Catherine-Angélique, dame), née Chalopin.	Veuve d'un garde des forêts de la Couronne.	100f	N'a touché aucun des deux secours.
4,694.	Fleuri (Pierre)	Vendéen	100.	
4,695.	Fleurial (Jean)	Services à la cause royale, en France	150.	
4,696.	Fleuriéau de Villegombelain (Aurore-Françoise-Julienne, veuve), née de Mauvillain.	Persécutée pendant la révolution	300.	
4,697.	Fleuriel (Flore-Caroline-Antoinette, demoiselle).	Ouvrière en linge à la garde-robe du Roi.	600.	
4,698.	Fleury (Antoine)	Employé à la cuisine dans la maison de la Reine.	400.	
4,699.	——— (Denis-Nicolas)	Palefrenier à la vénerie	160.	
4,700.	——— (Jean-Baptiste, chevalier de)	Émigré	1,000.	
4,701.	——— (Pierre-Mathieu-Jean-Baptiste de)	*Idem*	500.	
4,702.	——— (dame)	Pensionnaire du deuxième théâtre français. (Pension à titre onéreux.)	1,500.	
4,703.	——— (Marie-Anne, demoiselle de)	Fille d'émigré	300.	
4,704.	——— (Julienne, veuve), née Chambellant.	Vendéenne	60.	N'a touché aucun des deux secours.
4,705.	——— (Jeanne-Victoire-Adélaïde, duchesse de), née Herbert.	Veuve d'un premier gentilhomme de Louis XVIII.	6,000.	*Idem.*
4,706.	——— de Blanzac (Louise-Rosalie, veuve de), née d'Angély.	Veuve d'émigré	200.	N'a pas touché le deuxième secours.
4,707.	Fleyres (Marie-Cécile-Félicité, dame de), née de Falquière.	Émigrée	600.	N'a touché aucun des deux secours.
4,708.	Flipo (Pierre-François-Joseph)	Vendéen	600.	
4,709.	Floch (Marie-Guillemette-Joseph, dame), née Fercoq.	Dévouement de sa famille à la cause royale.	300.	
4,710.	Florat (Susanne, veuve), née Bonnin.	Veuve d'un marin qui s'est noyé en portant secours à des naufragés.	200.	N'a pas touché le deuxième secours.
4,711.	Florent (Paul-Louis)	Aveugle	150.	
4,712.	Florentin (Jean-Honoré)	Fils d'émigré	500.	
4,713.	Flosse (Marie-Élisabeth-Catherine, demoiselle).	Services de son père à la cause royale, en France.	150.	N'a touché aucun des deux secours.
4,714.	——— (Marie-Véronique-Gertrude, demoiselle).	*Idem*	150.	*Idem.*
4,715.	——— (Marie-Madeleine, veuve), née Hurtaut.	Son mari est mort sur l'échafaud pendant la terreur.	300.	
4,716.	Flot (Françoise, veuve), née Cheruisse.	Ve d'un pâtissier de la maison des Pages.	150.	
4,717.	Flottes (Jacques-Germain)	Émigré	300.	

Nos d'ordre	NOMS ET PRÉNOMS des PENSIONNAIRES.	MOTIFS de LA CONCESSION DES PENSIONS.	MONTANT des PENSIONS.	OBSERVATIONS.
4,718.	FLOTTE (Pierre-Jean-Joseph, chevalier DE).	Son beau-père, contre-amiral, a été massacré à Toulon en 1793.	400. 00.	
4,719.	——— (Marie-Thérèse-Félicité, demoiselle DE).	Émigrée	600. 00.	
4,720.	FLOURON (Gabriel)................	Services dans les armées royales de la Lozère.	50. 00.	
4,721.	——— (Jean-Baptiste)...........	*Idem*...........................	50. 00.	
4,722.	——— (Marguerite, dame, née PERSEGOL).	Services de son père dans les armées royales de la Lozère.	50. 00.	
4,723.	FLOYD (Hubertine-Josèphe-Sophie, demoiselle).	Émigrée	800. 00.	
4,724.	FLUE (Pierre-Augustin-Ferdinand-Alexandre).	Ex-major d'un régiment suisse au service de France.	600. 00.	
4,725.	———(Louise-Joséphine-Pierrette-Agathe, dame, née GUY DE VILLENEUVE).	Fille d'émigré....................	800. 00.	N'a touché aucun des deux secours.
4,726.	FOGUEL-FANGEN (George)........	Émigré....	250. 00.	
4,727.	FOIX (Henriette-Marie-Adélaïde-Louise-Rose demoiselle DE).	Fille d'émigré....................	1,000. 00.	
4,728.	FOLCHER (François-Louis).........	Émigré..........................	1,000. 00.	
4,729.	FOLLANGE (Julienne, demoiselle)....	Vendéenne.......................	50. 00.	
4,730.	FOLLIARD (Louis-Claude, née LANGLOIS).	Émigrée	200. 00.	*Idem.*
4,731.	FOLLIAU (Marie-Marguerite-Geneviève, veuve, née GANNEVAL).	Veuve d'un officier de bouche de la maison du Roi.	500. 00.	
4,732.	FOLLIOT D'ARGENCE (Louis-Claude, veuve, née BERTRAND).	Émigrée.........................	150. 00.	
4,733.	——— DE FIERVILLE, demoiselle....	Fille d'un major émigré............	300. 00.	
4,734.	FONCEGRIVE, dame................	Services dans les armées de la Lozère...	100. 00.	
4,735.	FONDEVIOLLE (Marie-Thérèse, veuve, née COURBEAULT).	Veuve d'un colon de Saint-Domingue, officier avant la révolution.	500. 00.	
4,736.	*Néant.*			
4,737.	FONS (Honoré-André-Mariano)......	Services à la cause royale, en France...	120. 00.	
4,738.	FONTAINE........................	Alto à l'Opéra-Comique. (Pension par suite de transaction).	236. 11.	
4,739.	——— (Honoré-Simon)...........	A rendu des services à la cause royale, en France.	200. 00.	
4,740.	——— (Marie-Maxence, née GRANDJEAN dame).	Veuve de Vendéen................	100. 00.	
4,741.	——— DE MERVÉ (Madeleine-Christophe, née GIRARD, dame).	Veuve d'émigré..................	600. 00.	
4,742.	———(Claude-Geneviève-Adélaïde-Charlotte, dame, née GUEROULT DE MACARTY).	Femme de chambre de Madame Élisabeth.	800. 00.	N'a touché aucun des deux secours.

Nos d'ordre.	NOMS ET PRÉNOMS des PENSIONNAIRES.	MOTIFS de LA CONCESSION DES PENSIONS.	MONTANT des PENSIONS.	OBSERVATIONS.
4,743.	FONTAINES (Louis, abbé, DE).......	Émigré..........................	914f 40c	
4,744.	FONTAINIER (Eugénie-Caroline-Françoise-Josèphe, demoiselle).	Son père a rendu des services à la cause royale, en France.	200. 00.	N'a touché aucun des deux secours.
4,745.	FONTAN CASTELNAU (Pierre-Bertrand).	Émigré..........................	150. 00.	
4,746.	FONTANE (Constant-Jacques-Adrien)...	Fils d'émigré....................	350. 00.	
4,747.	——— (Marie-Charlotte, demoiselle)..	Fille d'émigré....................	350. 00.	
4,748.	FONTANES (demoiselle DE).........	Réversion de la pension de 10,000 francs dont jouissait sa mère sur les fonds du ministère de l'intérieur.	6,000. 00.	
4,749.	FONTANGES (Louise DE), chanoinesse..	Sa famille a émigré...............	200. 00.	N'a pas touché le deuxième secours.
4,750.	FONTBONNE (Marie-Françoise-Vincent, chevalier DE).	Vendéen..........................	400. 00.	
4,751.	——— (Marie-Françoise, veuve), née DUCHOL.	Veuve d'émigré....................	800. 00.	
4,752.	FONTENEAU (Jean)...............	Vendéen..........................	50. 00.	
4,753.	FORBES (Élisabeth, veuve), née STERLING.	Veuve d'un Écossais, capitaine au régiment d'Ovily.	400. 00.	
4,754.	FORBIN (comte DE)...............	Cession de tableaux à la couronne. (Pension à titre onéreux.)	4,000. 00.	N'a touché aucun des deux secours.
4,755.	FORCEVILLE (Camille-Hyacinthe-Natalie, demoiselle DE).	Fille d'émigré....................	400. 00.	
4,756.	——— (Caroline-Louise, demlle DE), actuellement dame DE LAMOTTE GUERY.	*Idem*............................	400. 00.	
4,757.	——— (Élisabeth-Jeanne-Marie, demoiselle DE).	Émigrée..........................	400. 00.	
4,758.	FORCIER (demoiselle).............	Choriste à l'Opéra-Comique. (Pension par suite de transaction.)	165. 62.	
4,759.	FORCRAND (Anne-Camille, veuve DE), née CAMYER.	Veuve d'émigré....................	300. 00.	
4,760.	FOREST......	Émigré..........................	609. 60.	
4,761.	FOREST BEAUMONT (Françoise-Catherine).	A rendu des services à Louis XVI, pendant sa captivité au Temple.	300. 00.	*Idem.*
4,762.	FORESTIER (Marie-Jeanne, demoiselle).	Services de son père dans les armées royales de la Lozère.	150. 00.	
4,763.	FORESTIER DE LA BARRILLERAYE (Jean-François).	Vendéen..........................	300. 00.	
4,764.	FORGEAIS (Gillette-Perrine, dame), née BAZIRE.	Vendéenne........................	200. 00.	
4,765.	FORGEARD (Jean-Julien-François).....	Capitaine vendéen................	400. 00.	
4,766.	FORGEAU (Julien)................	Vendéen..........................	50. 00.	N'a pas touché le deuxième secours.
4,767.	——— (Pierre)....................	*Idem*............................	80. 00.	*Idem.*

Nos d'ordre.	NOMS ET PRÉNOMS des PENSIONNAIRES.	MOTIFS de LA CONCESSION DES PENSIONS.	MONTANT des PENSIONS.	OBSERVATIONS.
4,768.	FORGEAU (René-François)..........	Vendéen........................	120f	N'a pas touché le deuxième secours.
4,769.	FARGEOT (Claude-Madeleine, demoiselle)	En remplacement de la pension dont elle jouissait avant la révolution.	500.	
4,770.	FORGET (Claude-Adam-Édouard, comte DE).	Fils d'un capitaine général du Vol.....	600.	*Idem.*
4,771.	—— (Alexandre-François, vicomte DE).	*Idem*..........................	600.	
4,772.	—— (Aglaée-Marie-Anne, demoiselle DE).	Fille *idem*......................	600.	
4,773.	—— (Jean-Baptiste-Gilles)........	Vendéen........................	80.	*Idem.*
4,774.	—— (Marie-Justine) veuve, née REPOND.	Veuve d'un serrurier-mécanicien au château de Versailles.	100.	
4,775.	FORGET DE BARST (Pierre-Ernest-Joseph).	Émigré.........................	600.	
4,776.	—— (Dame, née VALLET DE MERVILLE).	Émigrée.........................	1,000.	
4,777.	FORJET (Pierre)..................	Vendéen........................	50.	N'a touché aucun des deux secours.
4,778.	FORLIN (Mérilde-Julie, veuve, née D'ANTONI).	Veuve d'un capitaine mort en activité de service.	300.	
4,779.	FORNEY (Joseph-Xavier, chevalier DE).	Émigré.........................	400.	
4,780.	FORQUENOT DE LA FORTELLE (Aubin).	Fils d'un doyen des porte-manteaux de Louis XVI.	150.	*Idem.*
4,781.	—— (Adélaïde-Marie-Jeanne)......	Fille de *idem*....................	150.	
4,782.	—— (Amable)....................	Fils de *idem*....................	150.	*Idem.*
4,783.	FORT (Charles)..................	Fils d'émigré....................	200.	
4,784.	—— (Jean-François-Charles)......	Émigré.........................	1,000.	
4,785.	—— (Eugénie, demoiselle).......	Fille d'émigré...................	200.	
4,786.	FORTEL (Louis-Denis)............	Garde des forêts de la couronne.......	171.	
4,787.	FORTELLE (Jean-Sébastien).........	Garde-chasse à Grosbois............	300.	
4,788.	FORTIER (René-Martin)............	Capitaine vendéen................	300.	*Idem.*
4,789.	—— (Marie-Anne, veuve, née NICOLLE).	Veuve d'un employé au château de Saint-Hubert.	100.	
4,790.	FORTIN (Jacques)................	Vendéen........................	80.	
4,791.	—— (Jean)......................	*Idem*..........................	80.	
4,792.	—— (Martin)....................	*Idem*..........................	80.	

N^os d'ordre.	NOMS ET PRÉNOMS des PENSIONNAIRES.	MOTIFS de LA CONCESSION DES PENSIONS.	MONTANT des PENSIONS.	OBSERVATIONS.
4,793.	FORTIN (Pierre-Martin)............	Vendéen........................	50f 00c	
4,794.	——— (Victor, abbé)............	Perte de fortune. Persécuté dans la révolution.	300. 00.	
4,795.	——— (Marie-Jeanne, veuve, née HOUDINET).	Son mari est mort sur l'échafaud, en 1793.	150. 00.	
4,796.	FORVEILE (Simon)................	Émigré........................	100. 00.	N'a touché aucun des deux secours.
4,797.	FORVILLE (Marie-Anne, veuve), née MONGIN.	Veuve d'un balayeur au Grand Commun de Versailles.	200. 00.	
4,798.	FOSSART DE ROZEVILLE (Louis-François).	A été persécuté, et a perdu sa fortune dans la révolution.	600. 00.	*Idem.*
4,799.	FOSSAT (Joséphine-Barbe-Marie DU MONTCARMEL Thérèse-Gertrude-Catherine DE RISIS DE LA SAINTE-TRINITÉ, née DE MONTENEGRO, veuve DE).	Veuve d'émigré..................	1,200. 00.	
4,800.	FOSSE (Anne-Adélaïde, née DEGLISE, dame).	Fille d'un palefrenier à la petite écurie..	120. 00.	
4,801.	FOUCAULT (Alexandre-Louis-Nicolas, DE).	Lieutenant émigré................	600. 00.	
4,802.	——— (Antoine)................	Piqueur des écuries de Madame Élisabeth.	300. 00.	
4,803.	——— (Louis-Marie-Florent, comte DE).	Émigré........................	600. 00.	
4,804.	——— (Marc-Charles DE)..........	*Idem*........................	600. 00.	
4,805.	——— (Nicolas-Paul)............	Ancien valet de pied de M. le Dauphin, fils de Louis XVI.	150. 00.	
4,806.	——— (Marie-Louise-Charlotte DE)..	Pour suppléer à la dot qu'elle devait avoir comme élève de Saint-Cyr.	450. 00.	N'a touché aucun des deux secours.
4,807.	——— (Françoise-Scholastique-Joséphine, demoiselle DE).	Fille d'émigré..................	400. 00.	
4,808.	FOUCAULT DE JUMILIER (François-Sébastien-Samuel, comte DE).	Émigré........................	300. 00.	
4,809.	FOUCAULT dit SAINT-PRIX (Jean-Amable).	Artiste dramatique..............	105. 85.	
4,810.	FOUCHECOURT (Anne-Françoise-Louise DE GONZAGUE DE SALIVET, demoiselle DE).	Émigrée........................	600. 00.	
4,811.	——— (Marie-Gabrielle-Louise-Émélie DE GONSAGUE DE SALIVET, demoiselle DE)	*Idem*........................	600. 00.	
4,812.	FOUCHER (Pierre-François)..........	Pension accordée directement par le Roi. Motifs inconnus.	1,200. 00.	*Idem.*
4,813.	——— (dame)..................	Femme de Vendéen..............	300. 00.	
4,814.	FOUCHER DE CARDO (Pierre-François, abbé).	Vicaire général, émigré...........	400. 00.	
4,815.	FOUCHERAU (Jean-Louis)..........	Vendéen........................	70. 00.	
4,816.	FOUCHET (Jacques-François)........	Garçon du Grand Commun au château de Versailles.	200. 00.	
4,817.	FOUCON dit DESROCHERS (François-Édouard).	Émigré de Quiberon..............	300. 00.	N'a pas touché le deuxième secours.

Nos d'ordre.	NOMS ET PRÉNOMS des PENSIONNAIRES.	MOTIFS de LA CONCESSION DES PENSIONS.	MONTANT des PENSIONS.	OBSERVATIONS.
4,818.	FOUCOU (Marie-Claire, née PETIT, ve).	Son mari fut fusillé à Toulon.........	150f	
4,819.	FOUQUET (Marie-Joseph)............	Fille d'émigré; avait avant la révolution une pension sur la loterie.	100.	
4,820.	——— (Anne-Catherine)..........	*Idem*...........................	100.	
4,821.	——— (Marie-Catherine-Marguerite)..	*Idem*...........................	100.	N'a touché aucun des deux secours.
4,822.	FOUDRAS........................	Ex-inspecteur général de police. Pension payée primitivement sur les fonds de l'intérieur.	2,000.	
4,823.	FOURILLET (François-Jean).........	Vendéen.........................	50.	
4,824.	FOUET DE MONTILLET (Françoise-Jacqueline-Sophie).	Son père a contribué à la défense de Lyon.	300.	
4,825.	——— (Eulalie-Olympe, née DE CHAMBOULERON, dame).	Sa famille a rendu des services aux Bourbons.	1,500.	
4,826.	FOUGERAIS (Louise-Jeanne, née VEYTARD, baronne DU).	Veuve d'un directeur-adjoint à la caisse d'amortissement; chargée d'une nombreuse famille.	400.	N'a pas touché le deuxième secours.
4,827.	FOUGERAY (Aimé-René)...........	Vendéen.........................	300.	
4,828.	——— (Charles-François)..........	*Idem*...........................	250.	
4,829.	FOUGÈRES (Jacques-Philippe).......	Émigré..........................	400.	
4,830.	——— (Aimée-Charlotte-Susanne, née DE MONFRABŒUF, veuve baronne DE).	Elle avait 200 fr. de pension sur la cassette de Louis XVI.	450.	
4,831.	FOUGERY (Pierre).................	Vendéen.........................	70.	
4,832.	FOUGIÈRES (Antoine DE)...........	Émigré..........................	500.	
4,833.	——— (François DE)...............	*Idem*...........................	300.	N'a touché aucun des deux secours.
4,834.	——— (Jacques DE)................	*Idem*...........................	500.	
4,835.	——— (Anne, demoiselle DE).......	Fille d'émigré....................	300.	
4,836.	——— DU SAILLANT (Aimée, demoiselle).	Sœur d'émigré....................	600.	
4,837.	FOUGY (demoiselle DE).............	Son père était attaché à la maison de MONSIEUR (Charles X).	500.	
4,838.	——— (Marie-Sophie, née GUILLAUDEN DUPLESSIS, dame CROMOT DE).	Fille d'un surintendant des finances de M. le comte de Provence.	4,000.	
4,839.	FOUILHAC (Jean-Armand-Joseph DE)...	Émigré..........................	900.	
4,840.	FOUILLET (Jean-Gille)..............	Vendéen.........................	120.	
4,841.	FOULFOINS (Jean-Mathurin).........	*Idem*...........................	50.	N'a pas touché le deuxième secours.
4,842.	FOULHOUZE (Jacques).............	Émigré..........................	400.	

Nos d'ordre.	NOMS ET PRÉNOMS des PENSIONNAIRES.	MOTIFS de LA CONCESSION DES PENSIONS.	MONTANT des PENSIONS.	OBSERVATIONS.
4,843.	FOULLONNEAU (Jean)...............	Capitaine vendéen..................	200f 00c	N'a pas touché le deuxième secours.
4,844.	FOULQUES DE VILLARET (Jean-Constantin-Julien-Joseph, comte).	Fille d'émigré; de la famille du dernier grand-maître de Malte.	600. 00.	
4,845.	——— (Marie-Madeleine-Lucie-Josèphe, née MARÉCHAL, comtesse).	Veuve d'émigré *idem*...............	600. 00.	
4,846.	FOUQUÉ (Pierre)..................	Émigré..........................	300. 00.	
4,847.	FOUQUÈRE DUVAU (Luce-Catherine-Hélène).	Créole de Saint-Domingue...........	150. 00.	
4,848.	FOUQUES DE BLANCHEPORTE.........	Ex-gentilhomme servant de Louis XVIII.	1,500. 00.	
4,849.	FOUQUET (Édouard)................	Vendéen.........................	150. 00.	
4,850.	——— (Charlotte-Frédérique, demoiselle DE).	Fille d'un émigré mort à l'armée de Condé.	200. 00.	N'a touché aucun des deux secours.
4,851.	FOURCHÉ (Jean-Julien).............	Vendéen.........................	250. 00.	N'a pas touché le deuxième secours.
4,852.	FOURCY et sa femme................	Pour les aider à soutenir deux enfans abandonnés qu'ils ont recueillis chez eux.	240. 00.	
4,853.	FOURDRIN (Edmée-Joséphine, née PARÉ, dame).	Fille d'un inspecteur des chasses de Louis XVI.	150. 00.	
4,854.	FOURÉ (Jean).....................	Vendéen.........................	72. 00.	*Idem.*
4,855.	——— (Stanislas)..................	Fils de Vendéen..................	350. 00.	N'a touché aucun des deux secours.
4,856.	FOURIÉ (Pierre)...................	Vendéen.........................	50. 00.	
4,857.	FOURMOND (Françoise-Germaine-Augustine, née DE LABARTHE, dame DE).	Émigrée.........................	300. 00.	
4,858.	FOURNEL (Julien)..................	Vendéen.........................	60. 00.	N'a pas touché le deuxième secours.
4,859.	——— (Anne-Marie, demoiselle DE)..	Fille d'émigré....................	600. 00.	
4,860.	FOURNÈRE dit LÉONARD.............	Haut bois à l'Opéra-Comique. Pension par suite de transaction.	403. 12.	
4,861.	FOURNÈS (Philippine-Thérèse, née DE BROGLIE, marquise DE).	Dame de Madame Élisabeth..........	2,000. 00.	N'a touché aucun des deux secours.
4,862.	FOURNIER (abbé)..................	Ancien curé; épileptique...........	360. 00.	*Idem.*
4,863.	———(Antoine)....................	Émigré..........................	200. 00.	
4,864.	——— (François-Pierre)............	Ex-baigneur, à l'hôpital militaire de la maison du Roi.	150. 00.	
4,865.	——— (Guillaume).................	Services dans les armées royales de la Lozère.	120. 00.	N'a pas touché le deuxième secours.
4,866.	——— (Jean-Pierre-Charles)........	A rendu des services à la cause royale, en France.	300. 00.	
4,867.	——— (Julien-François)............	Capitaine vendéen.................	120. 00.	

Nos d'ordre.	NOMS ET PRÉNOMS des PENSIONNAIRES.	MOTIFS de LA CONCESSION DES PENSIONS.	MONTANT des PENSIONS.	OBSERVATIONS.
4,868.	FOURNIER (Rose-Louise-Pauline, demoiselle).	Persécutée pendant la révolution......	200f	
4,869.	——— Jeanne-Marguerite, née BUSSENNE, dame veuve).	Veuve d'un commissaire des guerres....	500.	
4,870.	——— DE SAINT LARY (Bertrand-Pierre-Dominique).	Services dans la maison du Roi........	6,000.	
4,871.	——— DE TRELO (Henriette-Marie, demoiselle).	Émigrée	200.	N'a touché aucun des deux secours.
7,872.	——— DE TRELO (Hyacinthe-Françoise, demoiselle).	*Idem*............................	200.	*Idem.*
4,873.	——— DE TRELO (Agathe-Marie, demoiselle).	*Idem*............................	200.	*Idem.*
4,874.	FOUYER (Marguerite, née LACORDE, veuve).	*Idem*............................	200.	
4,875.	FOVILLE (Alexandre-Marc-Constant, chevalier DE).	Émigré...........................	200.	
4,876.	FOYEN dit CAFFIN (Henri)...........	Palefrenier aux petites écuries de Louis XVI.	300.	
4,877.	——— (Nicolas)...................	*Idem*............................	160.	N'a pas touché le deuxième secours.
4,878.	FRADET-SERVANTIÈRE (Jacques-Louis-Pierre-Marie).	Vendéen..........................	100.	
4,879.	FRAIN (Emmanuelle, née CONDON, veuve).	Veuve d'un grand valet de pied........	300.	
4,880.	FRAISSE (Augustin)................	Émigré...........................	300.	
4,881.	FRŒLICH (Jean-Jacques)............	*Idem*............................	300.	
4,882.	FRANCHET (François-Hyacinthe)......	Piqueur aux écuries de la Reine......	400.	*Idem.*
4,883.	———(Susanne-Augustine, demoiselle).	Fille d'un valet de pied.............	200.	
4,884.	FRANCHETEAU (Pierre).............	Vendéen..........................	100.	
4,885.	FRANCK (François-Antoine-Jean-Michel).	Émigré...........................	250.	*Idem.*
4,886.	FRANÇOIS (Jacques)................	Vendéen..........................	100.	N'a touché aucun des deux secours.
4,887.	——— (Jean-Joseph-Gery).........	Émigré...........................	150.	
4,888.	——— DIT GERMAIN (Martin-Germain).	*Idem*............................	400.	
4,889.	——— (Louise-Antoinette, femme GAY).	Filleule de Louis XVI et de la reine; avait 600 fr. de pension sur leur cassette.	600.	
4,890.	——— (Marguerite-Joséphine, demoiselle).	Perte de fortune; persécutée pendant la révolution.	200.	
4,891.	——— (Marie-Libaire-Eulalie, demoiselle).	Perte de fortune..................	200.	
4,892.	——— DIT D'ARTOIS (Marie-Louise, demoiselle), actuellement dame JAYEZ.	Fille d'émigré....................	150.	

Nos d'ordre.	NOMS ET PRÉNOMS des PENSIONNAIRES.	MOTIFS de LA CONCESSION DES PENSIONS.	MONTANT des PENSIONS.	OBSERVATIONS.
4,893.	FRANÇOIS (Marguerite-Antoinette, née MARTIN).	Veuve d'un fontainier à Bellevue......	200f 00c	
4,894.	FRANQUEVILLE (Marie-Madeleine, née DELHAYE, veuve).	Services à la cause royale; son père est mort victime de la révolution.	200. 00.	
4,895.	——— (Marie-Barbe-Françoise, née GROSJEAN, veuve DE)	Veuve d'émigré..................	300. 00.	
4,896.	——— (Louise-Anne-Barbe, née DE LA CHAUSSÉE DE BOISVILLE, marquise DE)	Émigrée.........................	600. 00.	
4,897.	——— (Adèle, née MALLÈS, dame DE).	Petite-fille d'une femme de chambre de Mme Adélaïde.	400. 00.	
4,898.	FRANZ (Jean)....................	Émigré..........................	150. 00.	
4,899.	FRAPEAU (François)...............	Vendéen.........................	50. 00.	N'a touché aucun des deux secours.
4,900.	FRARIÈRE (dame DE)...............	Perte de fortune..................	360. 00.	*Idem.*
4,901.	FRASER DE VILLARS (François)......	Émigré..........................	600. 00.	
4,902.	FRAY-FOURNIER (Jean-Baptiste-Léonard).	Chirurgien de MONSIEUR, comte de Provence.	1,200. 00.	*Idem.*
4,903.	FREDIN (Marie-Anne-Thérèse, née THOREL, veuve).	Veuve d'un délivreur aux écuries de Louis XVI.	200. 00.	
4,904.	FREDON (Eugénie-Rodolphe).........	Fille d'un ancien peintre de MONSIEUR.	400. 00.	
4,905.	FREED (Julienne-Barbe, née QUERRAY, veuve).	Vendéenne.......................	90. 00.	
4,906.	FREETH (Constance, née MILENTZ, femme).	Émigrée.........................	600. 00.	
4,907.	FRÉLY (Jeanne, née BOUILLÉ, veuve).	Veuve d'un capitaine, mère de deux fils au service.	300. 00.	*Idem.*
4,908.	FREMEAUX DUROSOY AMOREUX (veuve).	Veuve de deux consuls français.......	400. 00.	*Idem.*
4,909.	FRÉMINVILLE (Christine, née DUFOUR DE MONTLOUIS).	Rétablissement d'une pension qu'elle avait sur la cassette de Louis XVI.	300. 00.	*Idem.*
4,910.	FREMONDIÈRE (René abbé)..........	Émigré..........................	300. 00.	
4,911.	FREMONT........................	Machiniste à l'Opéra-Comique. (Pension par suite de transaction.)	349. 13.	
4,912.	——— (Pierre abbé).............	Prêtre émigré; aveugle............	900. 00.	
4,913.	FRÉMONT (Charlotte-Claire, née POINTEAU, veuve)	Femme de chambre de Mme Sophie....	425. 00.	*Idem.*
4,914.	FREMYN DE FONTENILLE (Louis-Innocent-Philippe).	Il avait 300 fr. de pension sur la cassette de Louis XVI.	250. 00.	
4,915.	FRÉON (Amélie-Marie-Anne-Françoise, née GAVINET DE LAROCHASSIÈRE).	Fille d'un lieutenant général émigré....	300. 00.	*Idem.*
4,916.	FRETIGNÉ (Christiana, née SANDWITH, veuve).	Veuve d'émigré	200. 00.	
4,917.	FREULON (François-Jean)...........	Vendéen.........................	50. 00.	

Nos d'ordre.	NOMS ET PRÉNOMS des PENSIONNAIRES.	MOTIFS de LA CONCESSION DES PENSIONS.	MONTANT des PENSIONS.	OBSERVATIONS.
4,918.	FREUSLON (Jacques)	Vendéen	80f	N'a pas touché le deuxième secours.
4,919.	FREY (François-Antoine)	Palefrenier des écuries de Louis XVI	600.	
4,920.	—— (François-Joseph)	A servi dans l'armée royale	80.	N'a touché aucun des deux secours.
4,921.	FREZALS DE BOURFAUD (Louise-Félicité, dame DE), née ESMANGART DE BEAUVAL.	Femme de chambre de la Reine	1,000.	*Idem.*
4,922.	FRIDERICH (Barbe, dame), née KAUFF	Femme d'Émigré	500.	
4,923.	FRIESS (Camille DE)	Fils d'un colonel émigré	300.	
4,924.	—— (Euphrosine-Marie-Gabrielle-Côme, baronne DE), née COLONNA DE CINARCA.	Émigrée	800.	
4,925.	FRILÉ (Jean-Baptiste-François)	Émigré	400.	
4,926.	FRILET DE CHATEAUNEUF (Augustin)	*Idem*	1,200.	
4,927.	—— (Marie-Anne-Françoise-Antoinette-Valentine, dame), née BARBOSA.	Émigrée	400.	
4,928.	FRITZ (Antoine)	Émigré	100.	N'a touché aucun des deux secours.
4,929.	—— (François-Ignace)	*Idem*	600.	
4,930.	FRIX DE LA BORDÈRE (Marie-Thérèse-Élisabeth, dame), née DE LAMOUROUX.	A perdu sa fortune dans la révolution	600.	
4,931.	FROGER (François)	Vendéen	100.	
4,932.	—— (Jean-Sébastien)	*Idem*	50.	
4,933.	—— (Louis-Mathurin)	*Idem*	50.	*Idem.*
4,934.	FROGER DE L'ÉGUILLE (Armand-Louis-François).	Fils d'un capitaine de vaisseau émigré et fusillé à Quiberon.	800.	
4,935.	—— (Dame DE), née CHAVAGNAC	Émigrée	800.	*Idem.*
4,936.	FROISSARD (Jeanne-Élisabeth, veuve), née HAMEREL.	Veuve d'un officier de marine; services à la cause royale.	150.	
4,937.	FROLICH (François-Ignace)	Émigré	500.	
4,938.	FROMENT (Pierre)	*Idem*	200.	
4,939.	—— (Marguerite-Catherine, Dlle)	Persécutions; perte de fortune	400.	
4,940.	—— (Marie, dame), née CAIZERGUES.	Veuve d'émigré	100.	
4,941.	FROMENTIN DE FORESTELLE (Joseph-Romain).	Fils d'émigré	300.	
4,942.	—— (Alexandrine-Félicité-Clémentine, demoiselle), femme DUWICQUET DE RODELINGHEM.	Fille d'émigré	300.	

Nos d'ordre.	NOMS ET PRÉNOMS des PENSIONNAIRES.	MOTIFS de LA CONCESSION DES PENSIONS.	MONTANT des PENSIONS.	OBSERVATIONS.
4,943.	FROMENTIN DE FORESTELLE (Gabrielle-Amélie-Marthe, Dlle) femme DUBOIS.	Fille d'émigré	300f 00c	
4,944.	—— (Angélique-Félicité, dame), née DE VERDEVOY.	Émigrée	600. 00.	
4,945.	FRONHOFER (Marie-Adélaïde, dame)	Fille d'émigré	150. 00.	
4,946.	—— (Marie-Victoire demoiselle)	*Idem*	150. 00.	
4,947.	FRONTIER (Antoinette-Félicité, veuve), née RICQBOUR.	Fille du premier commis au contrôle-général de la maison de Louis XVI.	800. 00.	
4,948.	FROTIER (Françoise-Thérèse-Julie, comtesse DE LA MESSELIÈRE, dame), née D'ALBARET.	Veuve d'émigré	400. 00.	
4,949.	FROTOIN DE SAINT-FÉLIX	Émigré	800. 00.	N'a touché aucun des deux secours.
4,950.	FROUT (Jeanne, veuve), née LORANT	Veuve d'un Vendéen	800. 00.	
4,951.	FRUCHART (Louis-Célestin-Joseph)	A rendu des services à Louis XVIII, en France.	1,800. 00.	
4,952.	FRUGER DE LA THUILERIE (Jean)	Émigré	800. 00.	
4,953.	—— (Ladislas-Marie-Françoise-Antoine).	Fils d'émigré	600. 00.	N'a pas touché le deuxième secours.
4,954.	—— (Pierre-Laurent-Édouard-Jules).	*Idem*	600. 00.	
4,955.	FRUITIER (Armand)	Services dans les armées royales, en France.	120. 00.	
4,956.	FULCONIS (Louise-Mathurine-Félicité, veuve DE), née DESTRESS DE LANZAC.	Fille d'émigré	500. 00.	
4,957.	FUNEL (Marie-Anne-Rose, veuve), née AUDIBERT.	Veuve d'émigré de Toulon	100. 00.	
4,958.	FURBY (Marie), dame EYRE	Fille d'émigré; née en émigration	400. 00.	
4,959.	FURET (abbé)	Émigré	152. 40.	N'a touché aucun des deux secours.
4,960.	—— (Thomas-Nicolas, abbé)	*Idem*	1,219. 20.	
4,961.	FUSTER (Jean-Joseph-Augustin)	*Idem*	500. 00.	
4,962.	FUSTIER DE LAUBIES (François-Joseph, chevalier).	*Idem*	1,000. 00.	

Nos d'ordre.	NOMS ET PRÉNOMS des PENSIONNAIRES.	MOTIFS de LA CONCESSION DES PENSIONS.	MONTANT des PENSIONS.	OBSERVATIONS.
		G		
4,963.	GABB (Catherine-Mary, demoiselle)...	Fille d'un Anglais qui a rendu des services aux émigrés français.	500f 00c	
4,964.	GABERT (Marie-Madeleine, demoiselle).	Son père fut fusillé à Toulon.........	100. 00.	
4,965.	——— (Marie-Virginie, demoiselle)..	*Idem*..........................	100. 00.	
4,966.	GABILLY (Jacques)................	Vendéen........................	50. 00.	
4,967.	——— (Marie-Rose, demoiselle)....	Vendéenne......................	50. 00.	
4,968.	GABLE (Marie-Adélaïde, demoiselle)...	Sœur d'un curé de Blois............	300. 00.	
4,969.	GABORI (René)..................	Vendéen........................	80. 00.	
4,970.	GABORIT (Julie-Bénigne, veuve, née GAUTRET).	Vendéenne......................	50. 00.	
4,971.	GABORIT DE MONTJOU (Jean-Baptiste-Hilaire-Benjamin, chevalier).	Émigré.........................	600. 00.	
4,972.	GABRIAC (Henry, chevalier de MONTREDON).	*Idem*..........................	500. 00.	
4,973.	GACHOT (Paul-Jean-Julien-Joseph-Amélie).	Vendéen........................	200. 00.	N'a pas touché le deuxième secours.
4,974.	GADEAU (Sébastien, abbé)..........	Prêtre déporté...................	1,000. 00.	N'a touché aucun des deux secours.
4,975.	GADIOUX dit PAIN (Pierre-Marie)....	Vendéen........................	100. 00.	
4,976.	GAGELIN (Anne-Claude, veuve, née BRUANT).	Veuve d'un valet de chambre de MADAME la comtesse d'Artois.	300. 00.	*Idem.*
4,977.	GAGNY (Louis-Alexandre)...........	Fils d'un porte-manteau de M. le comte d'Artois.	500. 00.	
4,978.	——— (Jeanne-Sophie, demoiselle)..	Fille d'un porte-manteau de Louis XVI..	75. 00.	
4,979.	GAGNY (Marie-Henriette, DE).......	Fille d'un porte-manteau de MONSIEUR, comte d'Artois.	235. 00.	
4,980.	GAHON (Caroline-Françoise, demoiselle).	Fille d'un serviteur de Louis XVIII....	150. 00.	
4,981.	GAIGNARD (François)..............	Vendéen........................	500. 00.	N'a pas touché le deuxième secours.
4,982.	GAILHARD DE SENISLHAC (Antoine-Jean-Baptiste, chevalier).	Capitaine émigré..................	1,000. 00.	
4,983.	GAILLARD........................	Coiffeur à l'Opéra-Comique. (Pension par suite de transaction.)	174. 37.	
4,984.	——— (Armand-Nicolas)..........	Émigré.........................	600. 00.	N'a touché aucun des deux secours.
4,985.	——— (Joseph-Luc).............	Services à la cause royale, en France..	200. 00.	N'a pas touché le deuxième secours.
4,986.	——— (Vincent-Benjamin-Édouard)..	Émigré, gendre de Cléry, valet de chambre de Louis XVIII.	1,800. 00.	

Nos d'ordre.	NOMS ET PRÉNOMS des PENSIONNAIRES.	MOTIFS de LA CONCESSION DES PENSIONS.	MONTANT des PENSIONS.	OBSERVATIONS.
4,987.	GAILLARD (Charlotte-Adélaïde, demoiselle).	Fille d'émigré	800f	
4,988.	——— (Élisabeth-Louise-Jeanne, demoiselle).	*Idem*	800.	
4,989.	——— (Marie-Anne-Henriette, demoiselle DE).	Émigrée	500.	
4,990.	——— (Louise-Thérèse-Françoise, demoiselle).	Fille d'émigré	800.	
4,991.	——— (Bénédicte-Jeanne-Pauline-Clémentine, dame, née HANET CLERY).	Fille de Cléry, valet de chambre de Louis XVI.	1,500.	
4,992.	GAILLARD DE JOURNÉE (Claire-Bonne, née LEMINIHY).	Veuve d'un colonel	800.	
4,993.	GAILLET (Marie-Louise, veuve, née BRÉAUTÉ).	Veuve d'un jardinier de MESDAMES	100.	
4,994.	GAIN (Charles-Marie, abbé, comte DE).	Émigré	600.	
4,995.	GAIN DE MONTAIGNAC (Jean-François).	*Idem*	800.	
4,996.	——— (Marie-Rose, dame DE, née DOMERGUE).	Veuve d'un premier chambellan de Louis XVIII, à Mittau.	3,000.	
4,997.	——— (Marie-Jeanne, dame DE, née REMY DE TURICQUE).	Anciens services dans la maison du Roi.	3,000.	
4,998.	GAIROARD (Thérèse-Victoire, veuve, née DECUGIS).	Persécutée pendant la révolution, perte de fortune.	300.	
4,999.	GAL (Jacques)	A servi dans les armées royales de la Lozère.	50.	
5,000.	——— (Jean-Antoine)	Services de son père dans les armées royales de la Lozère.	50.	
5,001.	——— (demoiselle, femme CHALIÉ).	*Idem*	50.	
5,002.	GALABERT D'HAUMOND DE LA PEYRE (Jean-Philippe).	Émigré	300.	
5,003.	GALARD DE ZALEU	Ex-caissier de la caisse de vétérance	6,000.	
5,004.	GALAT (Jean-Pierre)	Capitaine émigré	900.	
5,005.	GALAUP (Adélaïde-Françoise-Bonne, comtesse DE, née PRAT DESPREZ).	Créole, a perdu sa fortune	400.	
5,006.	GALIVET dit DUR-À-CUIRE (François).	Vendéen	100.	N'a pas touché le deuxième secours.
5,007.	GALLAIS (Jeanne, veuve, née GOODMAN).	Veuve d'émigré	300.	N'a touché aucun des deux secours.
5,008.	——— (Louise-Eulalie, veuve, née LEFÈVRE).	Veuve d'un écrivain royaliste; plusieurs de ses parents sont morts sur l'échafaud pendant la révolution.	600.	N'a pas touché le deuxième secours.
5,009.	GALLAND (François-Joseph, DE)	Émigré	600.	
5,010.	——— (Philippe-Hermann)	Lieutenant émigré	1,200.	
5,011.	——— (demoiselles)	Ont perdu leur fortune	300.	

Nos d'ordre.	NOMS ET PRÉNOMS des PENSIONNAIRES.	MOTIFS de LA CONCESSION DES PENSIONS.	MONTANT des PENSIONS.	OBSERVATIONS.
5,012.	GALLAND (Anne-Marie), née ZOLLNER, dame DE.	Veuve d'émigré	400f	
5,013.	GALLARD (Jean-Laurent)	Vendéen	100.	
5,014.	—— (Marie-Jeanne), née TRICOT, veuve.	Vendéenne	50.	
5,015.	GALLE (Pierre André)	Vendéen	50.	
5,016.	GALLEMAND (Jean-Pierre)	Palefrenier des écuries de Louis XVI	400.	
5,017.	GALLEMANT (Charles-Thérèse)	Émigré	400.	
5,018.	—— (Stanislas-Joseph)	Fils d'un secrétaire de Mesdames et filleul de Louis XVIII.	1,000.	N'a touché aucun des deux secours.
5,019.	GALLERY (Louis-René), chevalier DE.	Vendéen	500.	N'a pas touché le deuxième secours.
5,020.	GALLERY DE LA TREMBLAYE (Alexandre)	Petit-neveu de l'évêque de Dol fusillé à Quiberon.	400.	
5,021.	—— (Susanne, demoiselle)	Nièce de l'évêque de Dol fusillé à Quiberon.	400.	
5,022.	GALLET	Pension payée précédemment par le département des beaux-arts.	1,200.	N'a touché aucun des deux secours.
5,023.	—— (Louise-Antoinette), née LAURENT, dame.	Filleule de Louis XVI et de Marie-Antoinette.	500.	
5,024.	GALLEZAT (Anne-Mélanie), née D'ESTACH, veuve.	Veuve d'un officier tué le 10 août en défendant le Roi.	400.	
5,025.	GALLIEN (Geneviève), née LAPORTE, veuve.	Veuve d'un frotteur au château de Versailles.	200.	
5,026.	—— (Élisabeth), née REGNAULT, veuve.	Son mari jouissait d'une pension de 3,000f avant la révolution.	600.	
5,027.	GALLICHAN (Élisabeth, dame)	Émigrée	500.	
5,028.	GALLIET (Nicolas-Louis)	Émigré	250.	
5,029.	GALLIN DE MORNAS (Jean-Bapte-Louis-Marie-Cesaire).	*Idem*	300.	
5,030.	GALLOUIN (Denis-Jean)	Vendéen	200.	*Idem.*
5,031.	GALODÉ (Pierre-Jean-François)	*Idem*	150.	
5,032.	—— (Marie-Jeanne), née AUBERT, veuve.	Vendéenne	100.	*Idem.*
5,033.	GALON (Toussaint)	Vendéen	100.	N'a pas touché le deuxième secours.
5,034.	GALY (Marie), née ROGÉ, veuve DE.	Veuve d'émigré	600.	
5,035.	GAMBERT (Guillaume)	Chef de bataillon émigré	1,200.	N'a touché aucun des deux secours.
5,036.	GAMONET (Élisabeth-Augustine), née CARDON, veuve.	Son mari est mort sur l'échafaud, pendant la révolution.	200.	

Nos d'ordre.	NOMS ET PRÉNOMS des PENSIONNAIRES.	MOTIFS de LA CONCESSION DES PENSIONS.	MONTANT des PENSIONS.	OBSERVATIONS.
5,037.	GAMICHON (Abraham-Emmanuel).....	Ex-employé à l'intendance des bâtimens	230f	
5,038.	GANAY (Caroline-Jeanne-Charlotte), DE.	Fille d'un gouverneur d'Autun........	500.	
5,039.	GAND (Esprit-Urbain-Hippolyte).....	Émigré........................	500.	
5,040.	——— (Barbe-Françoise), née GARNIER, veuve.	Veuve d'un garde-magasin des armées françaises.	600.	
5,041.	——— (Marie-Ève-Antoinette), née KEPPLER, veuve.	Son père est mort sur l'échafaud.......	200.	N'a touché aucun des deux secours.
6,042.	GANDIT (Alexandre)..............	Vendéen........................	600.	*Idem.*
5,043.	GANGLOFF (Ignace)...............	Émigré........................	80.	*Idem.*
5,044.	GANGNIÉ (Jean-Barthélemy)..........	Officier de bouche des rois Louis XV et Louis XVI.	600.	*Idem.*
5,045.	GANNE (Jean-Julien)..............	Vendéen émigré..................	300.	
5,046.	GANNEL DE BELCOUR (Jean-Baptiste)..	Émigré........................	600.	
5,047.	GANTEAUME (Étienne, DE)..........	*Idem*........................	600.	
5,048.	GANTELET (Jean-Baptiste), abbé......	*Idem*........................	600.	
5,049.	GANTÈS (Louis-Henry), chevalier DE..	Avait une pension de 600 francs sur la cassette de Louis XVI.	600.	
5,050.	——— (Charlotte-Eugénie), demoiselle DE.	Émigrée........................	900.	
5,051.	——— (Louise-Anne), née JOLY DE MONTESSON, dame DE.	Fille d'émigré..................	500.	
5,052.	——— (Rosalie-Louise, DE).........	*Idem*........................	500.	
5,053.	GAP (ancien évêque de)...........	....	6,000.	
5,054.	GARAT (Joseph-Dominique).........	Musicien......................	600.	
5,055.	GARAUDÉ (Alexis-Adélaïde-Gabriel, DE).	Tenor de la chapelle.............	48.	N'a pas touché le premier secours.
5,056.	GARAULE (Catherine-Marie-Rose), née SOLERA, veuve.	Veuve d'émigré..................	400.	
5,057.	GARAULT (Jean-Pierre)............	Vendéen........................	50.	
5,058.	GARCIAS (Aimée-Éléonore-Marie-Josèphe), demoiselle.	Fille d'émigré..................	500.	
5,059.	——— (Claire, née LAFFON, veuve, DE.)	Veuve d'émigré..................	600.	
5,060.	GARCIOT (Félix)..................	Palefrenier des écuries de Louis XVI...	450.	
5,061.	GARD (Jean-Jacques)..............	Vendéen........................	80.	N'a pas touché le deuxième secours.

Nos d'ordre.	NOMS ET PRÉNOMS des PENSIONNAIRES.	MOTIFS de LA CONCESSION DES PENSIONS.	MONTANT des PENSIONS.	OBSERVATIONS.
5,062.	GARDANE (Vincent-Laurent)........	Émigré de Toulon.................	700f	
5,063.	GARDELLE (Jean)..................	Blessé par l'explosion d'un canon à la S.-Louis, en 1824.	150.	
5,064.	GARDIN DE CLASSÉ (Henriette-Désirée-Aimée, demoiselle).	Fille d'émigré....................	400.	
5,065.	—— (Agnès-Marie-Sophie, dame), née DE LORME.	Fille d'émigré....................	300.	
5,066.	GARDYE DE LA CHAPELLE (Alexandrine-Marie-Thérèse, demoiselle).	Émigrée........................	400.	
5,067.	GARIBALDO (Marie-Thérèse-Léontine, dame), née GIRAUD.	Femme d'émigré..................	500.	
5,068.	GARIBOU (Marie-Catherine-Victoire, demoiselle).	Son père fut fusillé après le siége de Toulon.	120.	
5,069.	GARNAULT (Pierre)...............	Vendéen........................	80.	
5,070.	GARNIER (Ignace-Charles)..........	Premier hautbois à la chapelle........	111.	N'a pas touché le deuxième secours.
5,071.	—— (Jacques-François).........	Vendéen........................	80.	*Idem.*
5,072.	—— (Pierre-Julien).............	*Idem.*........................	50.	*Idem.*
5,073.	—— (Pierre-Julien).............	*Idem.*........................	50.	N'a touché aucun des deux secours.
5,074.	—— (René)..................	*Idem*........................	80.	
5,075.	—— (Cécile-Marie-Catherine, demoiselle).	Émigrée........................	300.	
5,076.	—— (Marguerite-Augustine, demoiselle).	*Idem*........................	300.	
5,077.	—— (Marie-Anne, demoiselle)....	*Idem*........................	300.	
5,078.	—— (Marie-Anne, demoiselle)....	Fils d'un cocher de Louis XV; avait une pension de 198 fr. sur la cassette du Roi et de madame Victoire.	200.	
5,079.	—— (Marie-Anne-Claire, dame), née ARNAUD.	En remplacement de la pension de 2,400 f. dont elle jouissait avant la révolution.	600.	
5,080.	—— (Benigne-Charlotte, dame), née AYMARD DE FONTAINES.	Services de sa famille dans les gardes du corps de Louis XVI.	900.	*Idem.*
5,081.	—— (Charlotte-Madeleine, veuve), née BARANGER.	Vendéenne......................	36.	
5,082.	—— (Amélie-Geneviève, veuve), née GIRARD.	Veuve d'un cocher de Louis XVI......	300.	*Idem.*
5,083.	—— (Augustine-Rose, femme), née MARCHAND.	Fille d'un employé à la bouche dans la maison du Roi.	200.	
5,084.	—— (Magnance, veuve), née MATHIEU.	Services de son mari dans la maison de Louis XVI.	150.	
5,085.	—— dite REINETTE (dame).......	Pension payée précédemment par le département des beaux-arts.	200.	*Idem.*
5,086.	GAROSALO (Catherine-Madeleine-Joséphine-Louise, dame), née DE GRASSET.	Fille d'émigré....................	150.	*Idem.*

Nos d'ordre.	NOMS ET PRÉNOMS des PENSIONNAIRES.	MOTIFS de LA CONCESSION DES PENSIONS.	MONTANT des PENSIONS.	OBSERVATIONS.
5,087.	GARRACHON (Paul)	Orphelin, sans moyens d'existence	250f	N'a touché aucun des deux secours.
5,088.	GARREAU (Joseph)	Vendéen	100.	N'a pas touché le deuxième secours.
5,089.	GARRIGUE (Jean-Louis)	Émigré de Toulon	100.	*Idem.*
5,090.	GARSAULT (Marie-Thérèse, veuve DE), née DE LASALLE.	Petite-nièce du maréchal Fabert ; veuve d'un colonel ; sœur d'un militaire tué à Wagram.	1,500.	
5,091.	GARSUAULT (François)	Vendéen	50.	
5,092.	GARUS (Madeleine-Hippolyte)	Ancienne artiste de l'Opéra, âgée de 89 ans.	500.	
5,093.	GARY (Caroline-Marie, demoiselle)	Vendéenne	80.	
5,094.	——— (Marie-Louise-Virginie, demoiselle).	*Idem*	80.	
5,095.	GASCHET DE S.-LÉON (Dulagond-Marie-Madeleine, veuve), née ROSSIGNOL.	Veuve d'un commissaire général de préfecture.	600.	
5,096.	GASCQ (Jean-François-Léon DE)	Fils d'émigré	600.	
5,097.	GASEAU (Joseph)	Vendéen	50.	
5,098.	GASNIET dit MARIN (François-Barthélemy).	*Idem*	50.	N'a touché aucun des deux secours.
5,099.	GASNIER (Pierre)	*Idem*	50.	
5,100.	——— (Marie-Gabrielle, veuve), née CHAMBON.	Vendéenne	500.	N'a pas touché le premier secours.
5,101.	GASPARD (Marie-Jeanne, veuve), née LAROZE.	Veuve d'un valet de la vénerie	100.	
5,102.	——— (Marie-Lucie, veuve), née MARTIN.	Belle-fille d'un piqueur à la vénerie	150.	
5,103.	GASPERINI (Ferdinand)	Fils d'une femme de chambre de madame Sophie.	200.	N'a touché aucun des deux secours.
5,104.	GASQUET (Marguerite-Élisa DE)	Fille d'un officier	300.	*Idem.*
5,105.	——— (Marguerite, veuve), née MAIFREDY.	Émigrée ; âgée de 80 ans	500.	*Idem.*
5,106.	GASTALDY (Madeleine-Joséphine), veuve MÉHUL.	Veuve de Méhul	260.	
5,107.	GASTARD (Charles)	Vendéen	80.	
5,108.	GASTON DE GUEROULT (veuve DE LA SIVERIE).	N'a aucun moyen d'existence	500.	
5,109.	GASTREZ (Marie-Anne, veuve DE), née CZIRCOSKA.	Fille d'un officier polonais	200.	
5,110.	GAT DE LAVELLE (Marguerite-Catherine, veuve), née BONET DE LACHAPOULIE.	Veuve d'émigré	300.	
5,111.	GATINOT (Marie-Catherine-Élisabbeth, veuve), née THOMAS.	Veuve d'un garçon de fourrière	100.	

Nos d'ordre.	NOMS ET PRÉNOMS des PENSIONNAIRES.	MOTIFS de LA CONCESSION DES PENSIONS.	MONTANT des PENSIONS.	OBSERVATIONS.
5,112.	GAUBAN-DUMONT (François-Gaspar)....	Émigré..........................	800f	
5,113.	GAUCHÉ (Charles-Théodore)..........	Neveu d'un aumônier de madame la comtesse d'Artois.	200.	
5,114.	——— DE BEAULIEU (Modeste, née HÉRAULT, veuve).	Veuve d'un Vendéen..............	150.	N'a touché aucun des deux secours.
5,115.	GAUCHER DE PASSAC (Adélaïde-Françoise, demoiselle).	Fille d'émigré.....................	500.	*Idem.*
5,116.	GAUCHET (Jacques-Gilles)............	Vendéen.........................	80.	
5,117.	GAUCHIN (Louis-Robert)...........	Postillon aux équipages de Louis XVI..	300.	
5,118.	GAUDEFFROY (Félix)..............	Vendéen et émigré, presque aveugle; âgé de 85 ans.	360.	
5,119.	GAUDEFROY (Pierre)................	Infirme par suite de blessures reçues dans les campagnes d'Allemagne, d'Espagne et de Russie.	100.	
5,120.	GAUDELET (Florent)...............	Garçon de garde-robe du Roi.........	240.	
5,121.	——— (Jeanne, née BRIQUET, veuve)..	Veuve d'un frotteur au château de Versailles.	100.	
5,122.	GAUDEMAR (Jean-Baptiste-François-Claude-Placide-Bernardin DE).	Persécuté; perte de fortune..........	300.	
5,123.	GAUDET (François)................	Vendéen.........................	100.	N'a pas touché le deuxième secours.
5,124.	——— (Fleur-d'épine, née RICADAT, femme).	Fille d'un employé au ministère de la maison du Roi.	400.	
5,125.	GAUDIN (Jean)....................	Vendéen..........................	60.	*Idem.*
5,126.	GAUDON (Louis)..................	*Idem*............................	100.	
5,127.	GAUDRY DUBOST (Guillaume-François-Gabriel).	Fils d'un gouverneur des pages de madame la comtesse d'Artois.	300.	N'a touché aucun des deux secours.
6,128.	——— (Philibert).................	*Idem*............................	400.	N'a pas touché le deuxième secours.
5,129.	GAUDY (Pierre-Ambroise)..........	Fils d'émigré......................	200.	
5,130.	GAUFRES (Catherine-Françoise-Susanne).	Émigrée..........................	500.	*Idem.*
5,131.	GAUGAIN (Marguerite-Angélique, dame).	Religieuse persécutée..............	200.	
5,132.	GAUGAIN DE SAINT-VIGOR (Marie-Jeanne-Julie), née LE PILEUR D'APLIGNY, veuve).	Veuve de Vendéen.................	300.	
5,133.	GAULARD (Anne-Marie-Geneviève, née BESOMBES.	Veuve d'un premier valet-de-chambre de M. le comte de Provence.	800.	
5,134.	GAULIER DE COUVRON (Charles-Antoine).	Orphelin sans moyens d'existence.....	150.	
5,135.	GAULLIER (Renée-Madeleine, née LE-TESSIER, dame).	Vendéenne........................	300.	N'a touché aucun des deux secours.
5,136.	GAULMYN DE LA GOUTTE (Louis, chevalier DE).	Émigré...........................	150.	*Idem.*

Nos d'ordre.	NOMS ET PRÉNOMS des PENSIONNAIRES.	MOTIFS de LA CONCESSION DES PENSIONS.	MONTANT des PENSIONS.	OBSERVATIONS.
5,137.	GAULMYN DE LA GOUTTE (Philippe, comte DE).	Émigré	150f	N'a touché aucun des deux secours.
5,138.	GAULTHIER DE RUMILLY (Amélie, demoiselle DE).	Perte de fortune	400.	
5,139.	GAULTIER (André-Claude-Louis-Marie DE).	Émigré	1,000.	*Idem.*
5,140.	——— (François-Ferdinand DE)	Perte de fortune pendant la révolution.	200.	
5,141.	——— (Antoinette-Marie-Victoire-Susanne).	Fille d'émigré	500.	
5,142.	——— DE CLAUBRY (Henriette-Perrine, née COUSIN).	Dévouement de son mari à la cause royale; âgée et infirme.	300.	
5,143.	GAULY (Joseph-Charles-Aimé DE)	Émigré	1,000.	
5,144.	——— (Marie-Anne, demoiselle DE)	Fille d'émigré	400.	
5,145.	——— (Sophie, demoiselle DE)	*Idem*	400.	
5,146.	——— (Marie-Catherine, née CARDINAUX, veuve).	Veuve d'émigré	300.	
5,147.	——— (Catherine-Thérèse, née GAULY, veuve).	*Idem*	300.	
5,148.	——— (Anne-Marie, née LINGER, veuve DE).	Émigrée	1,500.	
5,149.	GAUTHEY (Marie, née VIOLETTE, veuve).	Son mari a été persécuté pendant la révolution.	300.	N'a touché aucun des deux secours.
5,150.	GAUTHIER (Louise), née CHATELLIN, veuve).	Veuve d'un palefrenier à la grande écurie.	80.	
5,151.	——— DE LA TOUCHE (Marie-Madeleine-Anne-Agathe, née DUFAURE-LAJARTE, veuve).	Son père et son mari sont morts victimes de la révolution.	600.	
5,152.	——— LECLERC (Jeanne-Cécile-Armande, née LIOT).	Veuve d'un maréchal de camp	500.	
5,153.	——— (Guillaume-George)	Élève de la grande écurie de Louis XVI.	250.	
5,154.	——— (Julien-Joseph)	Garçon servant de l'hôtel	165.	
5,155.	——— (Nicolas-François-Alexis)	Son père fut fusillé à Toulon	150.	
5,156.	——— (Pierre-Joseph)	Trésorier de la maison de madame Victoire.	700.	*Idem.*
5,157.	——— (Anne-Angèle, demoiselle)	Son père fut fusillé à Toulon, en 1793.	150.	
5,158.	——— (Marie-Adélaïde, demoiselle)	Fille d'émigré de Toulon	100.	
5,159.	——— (Marie-Thérèse-Victoire-Sophie, née BERNARD, dame).	Émigrée de Toulon	300.	
5,160.	——— (Claire, née EYNAUD, veuve)	Son mari a servi la cause royale, et a été prisonnier d'état sous l'empire.	300.	
5,161.	——— (Marie-Renée, née RENOU, veuve)	Vendéenne	50.	

Nos d'ordre.	NOMS ET PRÉNOMS. des PENSIONNAIRES.	MOTIFS de LA CONCESSION DES PENSIONS.	MONTANT des PENSIONS.	OBSERVATIONS.
5,162.	GAUTIER DU POËT (Henri-Joseph DE).	Émigré	1,000f	N'a touché aucun des deux secours.
5,163.	——— DE VILLIERS (Edme-Louis-Antoine).	Sous-officier des armées françaises, a sauvé un grand nombre de personnes du feu et de l'eau.	600.	
5,164.	——— DE VINFRAIS DE LABOULAIS (Alexandrine-Renée, ve), née FOURNEL.	Veuve d'un officier des chasses de Louis XV.	500.	
5,165.	GAUTREAU (Jean-Pierre)	Capitaine vendéen	120.	
5,166.	GAUTRUCHE (Charles)	Palefrenier aux écuries du Roi	300.	
5,167.	——— (Marie-Geneviève, veuve), née LERONDEAU.	Veuve d'un garçon d'attelage aux écuries.	240.	
5,168.	GAUVILLE (Arsène-Louis-Charles, baron DE).	Petit-fils d'un garçon de la chambre de Louis XVIII.	1,000.	
5,169.	——— (Adélaïde-Marie-Eugénie-Joséphine, demoiselle DE).	Émigrée	400.	
5,170.	——— (baronne DE)	Fille d'un garçon de la chambre de Louis XVIII; petit-fils de Rameau	1,200.	
5,171.	——— (Alexandrine-Louise-Marie-Charlotte-Pauline, demoiselle DE).	Émigrée	400.	
5,172.	——— (Émélie Madeleine, demoiselle).	*Idem*	400.	
5,173.	——— (Justine, DE)	Fille d'un officier des gardes de MONSIEUR, sœur d'un officier mort en Espagne en 1823.	300.	
5,174.	——— (Élisabeth-Adélaïde, veuve DE), née LERMINAT.	Émigrée	1,200.	
5,175.	——— (Marie-Euphrasie, veuve, baronne DE), née RAMEAU.	Veuve d'un officier supérieur mort d'une chute de cheval, en Espagne, en 1823.	600.	
5,176.	GAVELLE CINQ-MARS (Marie-Françoise, dame DE).	Religieuse émigrée	800.	
5,177.	GAVOT (Pierre-Ferdinand), chevalier.	A servi au siége de Lyon, et depuis la restauration a commandé au Sénégal.	600.	
5,178.	GAY (Delphine, demoiselle)	Poëte	700.	N'a touché aucun des deux secours.
5,179.	——— (Joséphine-Gabrielle)	Motifs inconnus	800.	
5,180.	GAYANGOS (veuve, DE)	Veuve d'un officier général au service d'Espagne	300.	
5,181.	GAZAN (Barthélemi)	Émigré	400.	
5,182.	——— (Jean-Jacques)	*Idem*	200.	
5,183.	——— (Élisabeth), dame, née PRESTON.	Émigrée	400.	
5,184.	GAZEAU DE LA BRANDONNIÈRE DE LAUDRAIRE (Pierre-Gabriel).	Émigré	300.	N'a pas touché le deuxième secours.
5,185.	GAZEAU DES BOUCHERIES (Pauline-Élisabeth, veuve), née DE LESPINASSE.	Vendéenne	900.	
5,186.	GÉANT (Élisabeth, veuve), née GLAD.	Son mari est mort sur l'échafaud, pendant la révolution.	300.	

Nos d'ordre.	NOMS ET PRÉNOMS des PENSIONNAIRES.	MOTIFS de LA CONCESSION DES PENSIONS.	MONTANT des PENSIONS.	OBSERVATIONS.
5,187.	GEAY (Pierre)......................	Vendéen........................	80f	
5,188.	GEFFRIARD (Marie-Louise, demoiselle).	Nièce de Cléry, valet de chambre de Louis XVI.	200.	
5,189.	——— (Marie-Françoise-Denise, dame), née HANNET *dit* CLÉRY.	Sœur de Cléry, *idem*...............	600.	
5,190.	GEIB (Marie-Élisabeth, dame), née GANOT.	Son père est mort sur l'échafaud.......	200.	
5,191.	GELB (Louis-Charles-Théodore, baron DE).	Émigré........................	500.	
5,192.	GELINECK (Madeleine, veuve), née FAVRE-CLAVER.	Veuve et belle-sœur de musiciens de la chapelle du Roi; fort âgée.	600.	
5,193.	GELLEZ (Charles-François-Antoine)....	Émigré........................	1,500.	
5,194.	——— (Anne-Françoise, dame), née MARÉCHAL.	Veuve d'émigré..................	600.	
5,195.	GELLY (Jacques-Toussaint)..........	Émigré........................	150.	
5,196.	GENAY (Jeanne-Marie-Catherine, demoiselle).	Fille d'un inspecteur civil de la marine..	300.	
5,197.	——— (Susanne-Jeanne-Marie, demoiselle).	*Idem*........................	300.	
5,198.	GENCE (Jean-Baptiste-Modeste).......	Ancien archiviste du Roi, chargé pendant 9 ans du dépôt des chartes.	400.	
5,199.	GENDRE (Thérèse-Jeanne, veuve), née SEVIN.	Veuve d'un portier de la maison du Roi..	150.	N'a pas touché le deuxième secours.
5,200.	GENDRON (Antoine-Marie)...........	Palefrenier des écuries de Louis XVI...	600.	
5,201.	——— (Nicolas-Antoine)............	Garde à pied des forêts de la couronne, à Versailles.	200.	
5,202.	GENESTE (Marie-Antoinette, veuve), née THEYS.	Son fils est mort sur l'échafaud, pendant la terreur.	1,000.	*Idem.*
5,203.	GENET (Louis-François)............	Vendéen........................	100.	
5,204.	GENGEMBRE (Louise-Thérèse, veuve), née PINON.	Filleule du Roi.	500.	
5,205.	GENGOULT (François-Jules)..........	Fils d'émigré....................	100.	
5,206.	——— (Henri)..................	*Idem*........................	100.	
5,207.	GENIER (Joseph)..................	Émigré avec ses deux fils...........	200.	
5,208.	GENSOLLENQ (Barthélemi-François)....	Émigré........................	500.	
5,209.	GENTET (Pierre)..................	Vendéen........................	50.	N'a pas touché le premier secours.
5,210.	GENTIEN (Calixte-Françoise, dame), née HUGENEST.	Veuve d'un employé à la porcelaine, chez madame Adélaïde.	300.	N'a pas touché le deuxième secours.
5,211.	GENTIL.........................	Ex-lecteur honoraire de Louis XVIII...	2,000.	N'a touché aucun des deux secours.

Nos d'ordre.	NOMS ET PRÉNOMS des PENSIONNAIRES.	MOTIFS de LA CONCESSION DES PENSIONS.	MONTANT des PENSIONS.	OBSERVATIONS.
5,212.	GENTIL........................	Ex-gentilhomme servant de Louis XVIII.	1,200f 00c	N'a touché aucun des deux secours.
5,213.	——— (Antoine-Philippe)..........	Maître-d'hôtel du Roi. Avait une pension de 800 fr. sur la cassette de Louis XVI.	800. 00.	
5,214.	——— (Charlotte-Louise, demoiselle DE).	Fille et sœur d'émigrés.............	200. 00.	N'a pas touché le premier secours..
5,215.	———(Edmée-Victoire, demoiselle DE), femme MECQUENEM.	Fille et femme d'émigrés............	200. 00.	
5,216.	——— (Louise-Madeleine-Constance-Julie).	Fille et sœur d'émigrés.............	200. 00.	N'a touché aucun des deux secours.
5,217.	——— DE LA FAYE (Jean-Baptiste DE).	Capitaine émigré..................	800. 00.	
5,218.	GENTILHOMME (Julien)............	Vendéen.........................	50. 00.	N'a pas touché le deuxième secours.
5,219.	——— (Nicolas)...................	Blessé par l'explosion d'une boîte d'artifice.	60. 00.	
5,220.	——— dit QUIMPER (Jacques).......	Vendéen.........................	80. 00.	*Idem.*
5,221.	GEOFFRE DE CHABRIGNAC (marquise)..	Veuve d'un brigadier-général. Elle avait 800 fr. de pension avant la révolution; âgée de 82 ans.	600. 00.	
5,222.	GEOFFROY D'ANTRECHAUS (Claire-Françoise-Charlotte-Blanche, demoiselle DE).	Fille d'un commissaire de marine......	200. 00.	
5,223.	GEORGE (Nicolas).................	Palefrenier du guet des gardes du corps.	200. 00.	
5,224.	———dite LOUISE (Aimée, demoiselle).	Fille d'un officier de marine..........	200. 00.	
5,225.	GEORGES (dame)...................	Fille d'un capitaine mort aux Invalides..	300. 00.	
5,226.	GEORGETE (Jacques-Louis-Charles-Victor).	Vendéen.........................	100. 00.	
5,227.	GÉRARD...........................	Émigré..........................	304. 80.	N'a touché aucun des deux secours.
5,228.	——— (Louis-Joseph)..............	*Idem*...........................	1,016. 00.	
5,229.	——— (Eulalie-Marie, demoiselle)....	Fille d'un chef d'escadron des armées françaises.	200. 00.	
5,230.	——— (Louise-Sophie).............	Fille d'un cocher de Louis XVI.......	100. 00.	*Idem.*
5,231.	——— (Anne-Madeleine-Nicole, née MAURISAN, veuve).	Veuve d'un garçon du château de la Muette.		
5,232.	——— GRANVILLE (dame)..........	Veuve d'un directeur de spectacle ruiné par le papier-monnaie, âgée de 103 ans.	360. 00.	*Idem.*
5,233.	GÉRAULT (Jean)..................	Victime de l'accident arrivé à Angers lors de la fête du baptême du duc de Bordeaux.	100. 00.	
5,234.	——— DE LANGALERIE (Pierre).....	Émigré..........................	200. 00.	*Idem.*
5,235.	GERBER (Marie-Anne-Henriette-Pétronille, demoiselle).	Petite-nièce d'émigrés..............	600. 00.	

Nos d'ordre.	NOMS ET PRÉNOMS des PENSIONNAIRES.	MOTIFS de LA CONCESSION DES PENSIONS.	MONTANT des PENSIONS.	OBSERVATIONS.
5,236.	GERBIER (Jeanne-Charlotte)........... et	Orphelines, de la famille du célèbre avocat Gerbier.	500f 00c	N'ont touché aucun des deux secours.
5,237.	——— (Zoé-Louise-Françoise)........			
5,238.	——— (Marie-Denise, née GUILLAUME, veuve).	Nourrice du duc d'Enghein..........	300. 00.	
5,239.	——— (Anne-Eugénie, née TAYEAU, veuve).	Veuve d'un chef de bataillon de la jeune garde impériale.	100. 00.	
5,240.	GERCY (Madeleine-Angélique-Sidney, demoiselle DE).	Fille d'un directeur des douanes à Bordeaux, paralytique.	300. 00.	
5,241.	GERDUCK (Nicolas-Frédéric).........	Émigré..........................	700. 00.	
5,242.	——— (Jeannette-Armantine, demoiselle).	Fille d'émigré....................	300. 00.	
5,243.	——— (Germaine-Sophie, née COTTENET, dame).	Émigrée..........................	600. 00.	
5,244.	GERÈS (Pierre-Charles-Jean Baptiste, chevalier DE).	Émigré..........................	500. 00.	
5,245.	GÉRINIÈRE (Marie-Anne, née MEURIER, veuve DUPIN DE LA).	Veuve d'un officier au régiment de Condé, mère de 3 fils qui sont au service.	200. 00.	
5,246.	GERLIÉ.........................	Émigré..........................	700. 00.	
5,247.	GERMAIN (Jean-Baptiste)...........	Prêtre émigré.....................	1,000. 00.	
5,248.	——— (Joseph)...................	Émigré..........................	300. 00	
5,249.	——— (Nicolas)...................	*Idem*...........................	304. 80.	N'a touché aucun des deux secours.
5,250.	——— (demoiselle)...............	Pension accordée directement par le Roi. (Motifs inconnus.)	412. 00.	
5,251.	——— (Adélaïde-Agnès-Stéphanie, demoiselle DE).	Fille d'émigré....................	400. 00.	
5,252.	——— (Amélie-Marie, dlle DE), actuellement comtesse DE MOUSTIER.	*Idem*...........................	400. 00.	
5,253.	——— (Charlotte-Auguste-Philippine, demoiselle DE), actuellement comtesse DE CAUMELS.	*Idem*...........................	400. 00.	
5,254.	——— (Henriette-Susanne)..........	Sa famille servait dans la maison du Roi.	150. 00.	N'a pas touché le deuxième secours.
5,255.	——— (Rose-Céleste, née BOUSSION, veuve).	Vendéenne.......................	50. 00.	
5,256.	GERVAIS (Germain)................	Vendéen.........................	150. 00.	
5,257.	——— (Marie-Henriette, demoiselle)..	Son père était aide-de-camp du général Précy pendant le siége de Lyon.	200. 00.	
5,258.	——— (Geneviève), née CHANTEAU, veuve).	Veuve d'un palefrenier aux écuries....	95. 00.	
5,259.	GESCHWIND (André-Louis-François)...	Émigré..........................	300. 00.	
5,260.	GESLAIN (Marie Angèle, née FOUGEAT, veuve).	Veuve d'un postillon aux écuries de Louis XVIII.	150. 00.	

Nos d'ordre.	NOMS ET PRÉNOMS des PENSIONNAIRES.	MOTIFS de LA CONCESSION DES PENSIONS.	MONTANT des PENSIONS.	OBSERVATIONS.
5,261.	GESLIN (Pierre)................	Aide des cérémonies de France.......	2,742f 00c	
5,262.	——— (Charlotte-Nicole-Félicité, demoiselle).	Fille d'émigré....................	200. 00.	
5,263.	——— (Édouard-René, comte DE)....	Maréchal des logis du Roi...........	4,000. 00.	N'a pas touché le deuxième secours.
5,264.	——— (dame DE)................	Ancienne religieuse, presque aveugle, âgée de 81 ans.	300. 00.	N'a touché aucun des deux secours.
5,265.	——— (Frédéric, veuve DE)........	N'a aucun moyen d'existence.........	600. 00.	*Idem.*
5,266.	——— (Anne-Louise, comtesse DE), née DE LA RÉALE.	Veuve d'émigré....................	2,400. 00.	*Idem.*
5,267.	——— (Marie-Agathe, veuve), née MOTÉ.	Veuve d'un garçon de fourrière.......	120. 00.	
5,268.	GESLOT (Pierre-Alexandre).........	Vendéen..........................	50. 00.	
5,269.	GESSEL (Élisabeth-Sophie, demoiselle).	Émigrée.........................	900. 00.	
5,270.	——— (Françoise Scholastique, veuve), née PICOT.	Veuve d'émigré....................	800. 00.	
5,271.	GESTAS (Jeanne, demoiselle DE), dame PICHON.	Fille d'un officier des armées françaises.	200. 00.	
5,272.	——— (Thérèse, demoiselle DE)....	*Idem*..........................	200. 00.	
5,273.	GETHO (Léonard)................	Trompette des Pages................	150. 00.	
5,274.	GEYER (Anne-Marie, veuve), née SCHONINGER.	Veuve d'émigré....................	150. 00.	*Idem.*
5,275.	GHIRALDI.......................	Pension payée précédemment par le département des beaux-arts.	600. 00.	*Idem.*
5,276.	GIAVANNONI (François)............	Émigré..........................	200. 00.	
5,277.	GIAFFERRI (Augustin-Charles-Dominique-Marie).	Son grand-père a été fusillé en Corse, en 1793.	300. 00.	
5,278.	GIARD (Marie, dame), née HALBERT...	Émigrée.........................	400. 00.	
5,279.	GIBELIN (Jean-Baptiste-Gille)........	Son grand-père est mort sur l'échafaud pendant la révolution.	80. 00.	
5,280.	——— (Jean-Guillaume-Hilarion)....	*Idem*..........................	80. 00.	
5,281.	GIBERT.........................	Ex-gentilhomme servant de Louis XVIII.	1,200. 00.	*Idem.*
5,282.	——— (Louis)...................	Émigré..........................	200. 00.	
5,283.	——— (Jeanne-Françoise, dame), née AULANIER.	Infirme et dans l'indigence..........	100. 00.	
5,284.	GIBLOT (Marie-Anne-Gabrielle-Rosalie), religieuse.	Émigrée.........................	693. 42.	
5,285.	GICCA (Marie-Joséphine, comtesse DE), née DE GEDDA.	Son mari a rendu des services à la cause royale.	800. 00.	

Nos d'ordre.	NOMS ET PRÉNOMS des PENSIONNAIRES.	MOTIFS de LA CONCESSION DES PENSIONS.	MONTANT des PENSIONS.	OBSERVATIONS.
5,286.	GICQUEL (Jean-Guillaume).........	Vendéen.........................	50f 00c	N'a pas touché le deuxième secours.
5,287.	GIGOT (Catherine-Guillelmine-Martine-Josèphe, veuve), née GOUDAU.	Sœur d'émigré...................	200. 00.	
5,288.	GIGOUNOUS DE VERDON (Marie, demoiselle).	Fille d'un garde du corps...........	100. 00.	
5,289.	GIGOUX (Claude-Étienne)..........	Émigré.........................	150. 00.	
5,290.	GILARDEAU (Jacques-François, abbé)..	*Idem*.........................	800. 00.	
5,291.	GILBERT (Martin)................	Portier à la vénerie...............	240. 00.	
5,292.	——— (Pierre, abbé)............	Émigré.........................	1,219. 20.	
5,293.	——— (Jeanne-Marguerite-Victoire, veuve), née MAUGIS.	Veuve d'un palefrenier.............	160. 00.	
5,294.	GILBERT DE SERVIÈRES (Marguerite, comtesse DE), née DE LA SALLE.	Veuve d'émigré...................	500. 00.	
5,295.	GILÈDE (Joseph-Marguerite, demoiselle DE).	Sœur d'émigré...................	150. 00.	
5,296.	——— (Marie-Nadale-Dominique, demoiselle DE).	*Idem*.........................	150. 00.	
5,297.	GILET (Jeanne-Françoise, veuve), née SILVY.	Émigrée........................	300. 00.	
5,298.	GILET DE LAUMONT (fils)..........	Ex-chimiste du cabinet de minéralogie de la maison du Roi.	1,000. 00.	N'a touché aucun des deux secours.
5,299.	GILFILLAN (Georgiana-Land, demoiselle), dame PABLO-CHACON.	Belle-fille d'émigré...............	300. 00.	
5,300.	GILLABOZ (Thérèse-Louise-Josèphe, veuve), née MAJAULT.	Émigrée........................	400. 00.	
5,301.	GILLES (le docteur)..............	Pension accordée directement par le Roi. (Motifs inconnus.)	600. 00.	*Idem.*
5,302.	——— (Louis, abbé)............	Émigré.........................	300. 00.	
5,303.	GILLET (Louis)..................	Garçon d'attelage des écuries de Louis XVI	600. 00.	
5,304.	——— (Toussaint-Victor)..........	Palefrenier des écuries de Louis XVI...	600. 00.	
5,305.	——— (Louise-Rosalie, demoiselle)...	Fille d'un palefrenier des écuries......	50. 00.	
5,306.	——— (Marie-Françoise-Antoine-Julie, demoiselle).	A été persécutée dans la révolution....	150. 00.	
5,307.	——— (Marguerite-Pauline, dame), née RAYNAL.	Émigrée........................	600. 00.	N'a pas touché le deuxième secours.
5,308.	GILLET DE BRONS (Marie, demoiselle).	*Idem*.........................	150. 00.	
5,309.	——— (Rose-Fleurie, demoiselle)....	Fille d'émigré...................	150. 00.	N'a touché aucun des deux secours.
5,310.	GILMAN (Sophie-Josèphe), née LANDAS.	Veuve d'émigré...................	120. 00.	

Nos d'ordre.	NOMS ET PRÉNOMS des PENSIONNAIRES.	MOTIFS de LA CONCESSION DES PENSIONS.	MONTANT des PENSIONS.	OBSERVATIONS.
5,311.	GIMBAL (Guillaume)................	Services dans les armées royales, en France	200f	
5,312.	GIMEL (Philippe, chevalier DE).......	Émigré.........................	300.	N'a pas touché le deuxième secours.
5,313.	—— (Joseph, DE)..............	Capitaine émigré..................	1,000.	
5,314.	—— (Dorothée-Marguerite, Dlle DE).	Émigrée.........................	500.	*Idem.*
5,315.	——(Anne-Antoinette, demoiselle GUY DE), femme DE MONTAUNET.	Fille d'émigré.....................	600.	
5,316.	—— (Marie-Laurence, Dlle GUY DE).	*Idem*..........................	600.	
5,317.	——(Marie, comtesse DE), née WALSH.	Femme d'émigré...................	1,200.	
5,318.	GINESTOUS (Jean-Marie-François, vicomte DE).	Émigré.........................	600.	
5,319.	—— (Marie-Hiéronyme-Louise, comtesse DE), née CELESIA.	Dame de la princesse de Lamballe.....	500.	N'a touché aucun des deux secours.
5,320.	GINGÈNE (Marguerite, veuve), née GOBERTIER.	Son mari a eu la cuisse emportée pendant le siége de Lyon.	300.	N'a pas touché le premier secours.
5,321.	GINGREAU (Augustin).............	Vendéen.........................	50.	
5,322.	GINOT (Jeanne, dame), née DESROIS...	Persécutée pendant la révolution; perte de fortune.	250.	
5,323.	GIOT (Marie-Angélique, veuve), née GAILLARD.	Veuve d'un cocher des écuries de Louis XVI.	300.	
5,324.	GIOU (Josèphe Dorothée, DE).........	Émigrée.........................	400.	
5,325.	GIQUEL (Jean-Marie)..............	Vendéen.........................	50.	*Idem.*
5,326.	GIRARD (André-Pierre).............	*Idem*..........................	200.	N'a pas touché le deuxième secours.
5,327.	—— (Jean).....................	*Idem*..........................	50.	*Idem.*
5,328.	—— (Julien)....................	*Idem*..........................	80.	
5,329.	—— dit VIEUX (Pierre-Louis, baron).	Fils d'un lieutenant-général des armées françaises qui a perdu une dotation de 4,000 fr. de rentes.	400.	*Idem.*
5,330.	—— (Marie-Louise-Madeleine, Dlle).	Fille du lieutenant-général précité.....	400.	N'a touché aucun des deux secours.
5,331.	—— (Anne-Françoise, veuve), née POUILLIOT.	Veuve d'un frotteur au château de Trianon.	160.	
5,332.	GIRARD DUMESJAN (Cécile-Élisabeth-Catherine, demoiselle), actuellement dame YOULLET.	Petite-fille du secrétaire des commandemens de MONSIEUR, comte de Provence.	400.	*Idem.*
5,333.	GIRARD MAISON-FORTE (Jean-Louis DE).	Émigré.........................	600.	
5,334.	—— (Julie-Désirée, veuve DE), née BRUTEL.	Veuve d'émigré....................	300.	
5,335.	GIRARDEAU (Jean)................	Émigré.........................	700.	

Nos d'ordre.	NOMS ET PRÉNOMS des PENSIONNAIRES.	MOTIFS de LA CONCESSION DES PENSIONS.	MONTANT des PENSIONS.	OBSERVATIONS.
5,336.	GIRARDEAU (Pierre-Joseph)........	Vendéen........................	50f	N'a touché aucun des deux secours.
5,337.	GIRARDIER (Marie-Catherine-Élisabeth, demoiselle DE).	Fille d'un lieutenant-colonel du régiment suisse de Castello, au service de France.	500.	
5,338.	——— (Marie-Catherine-Nicolle, demoiselle DE).	*Idem*........................	500.	N'a pas touché le deuxième secours.
5,339.	GIRARDIN (Jean-Nicolas)..........	Émigré........................	400.	
5,340.	GIRARDOT (Jean)................	*Idem*........................	150.	N'a touché aucun des deux secours.
5,341.	GIRAUD (Ambroise-Auguste)........	*Idem*........................	300.	N'a pas touché le deuxième secours.
5,342.	——— (Étienne-Marseille).........	Émigré de Toulon................	600.	
5,343.	——— (Augustine, demoiselle).....	Fille d'un émigré chargé d'une nombreuse famille.	300.	N'a touché aucun des deux secours.
5,344.	——— (Caroline-Françoise-Joachim, demoiselle).	A été persécutée dans la révolution....	600.	
5,345.	——— (Marie-Hippolyte-Gabrielle, née LE CLERC, dame).	Veuve d'émigré..................	300.	
5,346.	——— D'AGAY (Melchior-Émilien, chevalier).	Émigré, père de famille.............	300.	*Idem.*
5,347.	——— DANIEL (Alexandre-Jean-Félix-Fortuné).	Fils d'un commissaire de marine, aveugle.	150.	
5,348.	——— DUCROS (Jean-François, DE)...	Sous-lieutenant des gardes du corps....	2,400.	N'a pas touché le deuxième secours.
5,349.	GIRAUDET (Louis)...............	Vendéen........................	80.	*Idem.*
5,350.	——— (Nicolas).................	Émigré........................	300.	N'a touché aucun des deux secours.
5,351.	GIRAULT (René).................	Vendéen........................	100.	
5,352.	——— DELAPORTE (Anne-Élisabeth, dame).	Ancienne religieuse................	200.	N'a pas touché le deuxième secours.
3,353.	GIRAUT (Marie-Catherine-Victoire, née LECOMTE, veuve).	Veuve d'un sous-piqueur au manége de Versailles.	150.	
5,354.	GIRBAUD (Marie-Charlotte-Calixte, née PUJOL, dame).	En remplacement de la pension de 2,200f dont elle jouissait avant la révolution.	800.	
5,355.	GIRIÉ DESFONTAINES (Henri-Antoine, chevalier).	Émigré........................	400.	
5,356.	GIRIN DE LA MORTE (Antoine-Louis-Joseph).	A rendu des services à la cause royale, en France.	400.	
5,357.	GIROD (baronne DE)..............	Veuve d'un maréchal de camp.......	300.	N'a touché aucun des deux secours.
5,358.	GIRONDE (comte DE)..............	Créancier de MONSIEUR, comte de Provence.	400.	*Idem.*
5,359.	GIROT (Claude, chevalier).........	Émigré........................	300.	
5,360.	GIROUX (Madeleine-Émélie, née PELLIER, veuve).	Fille d'un premier piqueur aux écuries de Louis XVI.	200.	

Nos d'ordre.	NOMS ET PRÉNOMS des PENSIONNAIRES.	MOTIFS de LA CONCESSION DES PENSIONS.	MONTANT des PENSIONS.	OBSERVATIONS.
5,361.	GISCARD (Antoine)...............	Condamné par le tribunal révolutionnaire.	80f	
5,362.	——— (Joseph).................	Perte de fortune..................	80.	
5,363.	GISCARD dit BENOIT (Jean-Dominique).	Émigré..........................	250.	
5,364.	GISCLARD (Pierre-Jean-Marin)......	Père de 15 enfans vivans...........	200.	
5,365.	GISLAIN (Alexandre-Amédée, DE)....	Fils d'un chevau-léger de la garde du Roi.	200.	
5,366.	GISNEAU (Michel).................	Vendéen.........................	50.	N'a pas touché le deuxième secours.
5,367.	GISPERT (Espérance-Marie-Jeanne, née NICOLAU, veuve DE).	Femme d'émigré...................	1,000.	
5,368.	GITAUX (Claudine-Sophie, née MOREAU, veuve).	Veuve d'un officier de bouche du Roi..	200.	
5,369.	GIVAUDIN (Marie-Marguerite), dame religieuse.	Émigrée.........................	200.	
5,370.	GLAIS (Renée-Yvonne-Marie, dem.elle).	Persécutée pendant la révolution......	150.	N'a touché aucun des deux secours.
5,371.	——— (Gabrielle-Emmanuelle, demoiselle).	*Idem*..........................	150.	
5,372.	GLANARD (Jean-Baptiste)...........	Vendéen.........................	120.	N'a pas touché le deuxième secours.
5,473.	GLANNE (Thérèse-Nicole-Charlotte-Bénédicte-Mélanie, comtesse DE).	Fille d'émigré....................	200.	
5,374.	——— (Edme-Marie-Jeanne, née DE CHAILLOT, baronne DE).	N'a aucun moyen d'existence,.........	400.	
5,375.	GLAPION (Guillaume-César-Amant, DE).	Émigré..........................	800.	
5,376.	——— (Marie-Thérèse-Louise-Guillaume, née DE BLAIR, dame DE).	Veuve d'émigré...................	600.	
5,377.	GLAU (Anne-Françoise-Hyacinthe), née LE GOFF, veuve.	Vendéenne.......................	100.	
5,378.	GLAUBITZ (Chrétien-Frédéric, baron DE.)	Fils d'un lieutenant-général; il jouissait d'une pension de 1,000 francs avant la révolution; père de 8 enfans.	300.	
5,379.	GLÈNE (Brigide-Némorantine), née ROLLAND, ve, actuellement dame HÉON.	Veuve d'un ouvrier de la manufacture de Beauvais tombé en démence.	200.	
5,380.	GLENEST (Madeleine-Félicité), DE.....	Fille d'émigré....................	200.	
5,381.	GLENET (Madeleine-Félicité, demoiselle DE).	*Idem*..........................	300.	
5,382.	GLENTZINGER (Jean-Baptiste).......	Émigré..........................	80.	
5,383.	GLUÉ D'ESPINVILLE (Philippine-Ursule-Élisabeth, ve, née DE DION, comtesse).	Veuve d'un émigré mort consul-général à New-York.	300.	
5,384.	GLUTZ (Marie-Anne-Xavière-Félicité, née GUGGER, veuve).	Veuve d'un officier suisse tué le 10 août.	600.	
5,385.	GOBERT (Alexandre-Étienne-Marie)....	Aide à la cuisine de la Maison du Roi..	361.	

Nos d'ordre.	NOMS ET PRÉNOMS des PENSIONNAIRES.	MOTIFS de LA CONCESSION DES PENSIONS.	MONTANT des PENSIONS.	OBSERVATIONS.
5,386.	GOBERT (Jean-Baptiste)	Ancien soldat des armées françaises....	150f 00c	
5,387.	——— (Élisabeth, demoiselle)......	En remplacement de la pension dont elle jouissait avant la révolution.	100. 00.	
5,388.	——— (Madeleine-Eulalie, demoiselle)	*Idem*...........................	100. 00.	
5,389.	GOBET (Françoise, née GRAIOT, dame).	Ruinée par la révolution............	300. 00.	
5,390.	GOBIN (Pierre-Armand)............	Vendéen...........................	150. 00.	N'a pas touché le deuxième secours.
5,391.	GODART-DUPLANTY (Louis-Théodore)..	Émigré, père de six enfans..........	200. 00.	
5,392.	GODARD-LAMOTTE (Louis)..........	Émigré...........................	300. 00.	
5,393.	GODEAU (Louis-Edme, abbé)........	Ancien aumônier des pages..........	1,200. 00.	
5,394.	GODEBIN (François-Pierre, abbé).....	Émigré...........................	914. 40.	*Idem.*
5,395.	GODEFROY (Antoine)...............	Vendéen...........................	50. 00.	N'a touché aucun des deux secours.
5,396.	——— (François-Benjamin, chevalier DE).	Émigré...........................	800. 00.	
5,397.	——— (Jean-Maur)................	Vendéen...........................	600. 00.	N'a pas touché le deuxième secours.
5,398.	——— (Michel-Marguerite)........	*Idem*...........................	50. 00.	*Idem.*
5,399.	——— (Françoise-Catherine, religieuse, dame).	Émigrée...........................	1,219. 20.	
5,400.	——— (Jeanne, demoiselle)........	Fille d'un capitaine des armées françaises.	60. 00.	N'a pas touché le deuxième secours.
5,401.	——— (Marie-Louise-Pauline, demoiselle).	*Idem*...........................	60. 00.	
5,402.	——— (Anne-Sophie, née RAUCH, veuve).	Veuve d'un capitaine des armées françaises.	150. 00.	
5,403	GODEFROY DE LA MADELEINE DE BOISJUGAN (Pauline, demoiselle).	Fille d'émigré.....................	500. 00.	
5,404.	GODEFROY D'OSBERT (Jean-Baptiste)..	Capitaine émigré...................	800. 00.	
5,405.	GODEFROY DE SAINT-FÉLIX (Mathurin-Félix-Athanase, DE).	Émigré...........................	300. 00.	
5,406.	GODEN (Yves-Auguste)............	*Idem*...........................	200. 00.	
5,407.	GODET (Ildefonse-Nicolas-Joseph)....	*Idem*...........................	600. 00.	
5,408.	——— (Joseph-Augustin).........	Vendéen...........................	100. 00.	
5,409.	——— (René)....................	*Idem*...........................	50. 00.	
5,410.	——— (Émilie, née DE RONNAY, dame DE).	Fille de Vendéen; femme d'émigré....	300. 00.	N'a touché aucun des deux secours.

Nos d'ordre.	NOMS ET PRÉNOMS des PENSIONNAIRES.	MOTIFS de LA CONCESSION DES PENSIONS.	MONTANT des PENSIONS.	OBSERVATIONS.
5,411.	GODIN (Jacques-Joseph)...........	Émigré........................	300f	
5,412.	——— (Mathurin)...............	Vendéen........................	200.	N'a touché aucun des deux secours.
5,413.	——— (demoiselle).............	Sœur d'un employé au ministère de la maison du Roi.	300.	
5,414.	——— (Marie, née CLISSON, veuve)..	Centenaire......................	100.	
5,415.	GODIN DE LA HUILLIÈRE (Pierre)....	Émigré........................	500.	
5,416.	GODOFFRE (Ambroise)............	*Idem*........................	200.	
5,417.	GOEFFIEU (Jacqueline-Jeanne, née GONDREL, dame).	Mère d'un garde du corps assassiné par suite de son dévouement à Ferdinand VII	1,000.	
5,418.	GŒLINGER (Jacques-Joseph)........	Émigré........................	80.	*Idem.*
5,419.	GOELTZ (Georges)...............	Officier vendéen..................	800.	
5,420.	GOEURY (Agathe-Élisabeth, née MOREL, veuve).	Veuve d'un émigré................	100.	
5,421.	GOFFRES (Catherine, née CLAVIÉ, veuve).	Son mari est mort en combattant pour la cause royale.	80.	
5,422.	GOGUET (François-Marie)..........	Garçon tapissier au château de Meudon.	100.	
5,423.	GOHIN (Marie-Sophie-Françoise, Gertrude, née DUCRABON, comtesse de).	Fille d'émigré....................	1,100.	
5,424.	GOHORY (Anne-Marguerite, née TIRANT, dame).	Émigrée........................	300.	
5,425.	GOIMPY (Marie-Léontine, demoiselle DE).	Fille d'un officier supérieur émigré....	600.	N'a pas touché le deuxième secours.
5,426	——— (Pierrette-Sophie, demoiselle).	*Idem*........................	600.	*Idem.*
5,427.	GOISLARD DE MONSABERT (Anne-Louis-Marie-François, vicomte).	Émigré, aveugle..................	600.	N'a touché aucun des deux secours.
5,428.	GOISSON (Jean, comte DE).........	Gentilhomme ordinaire de la Chambre de Louis XVIII.	1,968.	
5,429.	GOISSON (Pierre-Raimond, DE)......	Capitaine émigré..................	1,100.	
5,430.	GOLOREAU (Pierre)..............	Vendéen........................	100.	N'a pas touché le deuxième secours.
5,431.	GOMBAULT (Marie-Rose-Catherine, née WANNER, veuve).	Veuve d'un émigré................	200.	
5,432.	GOMER (Antoine-Françoise-Gabriel, comte DE).	Émigré........................	800.	
5,433.	——— (Louise-Antoinette, demoiselle DE).	Fille d'un inspecteur général d'artillerie, inventeur des mortiers qui portent son nom.	300.	
5,434.	——— (Victoire-Marie-Antoinette, demoiselle DE).	*Idem*........................	300.	
5,435.	——— (Isaure-Marie-Gabrielle, actuellement dame vicomtesse DUMERLE, demoiselle DE).	Fille d'émigré, parente du comte de Gomer précité.	200.	N'a touché aucun des deux secours.

Nos d'ordre.	NOMS ET PRÉNOMS des PENSIONNAIRES.	MOTIFS de LA CONCESSION DES PENSIONS.	MONTANT des PENSIONS.	OBSERVATIONS.
5,436.	GOMER (Octavie-Charles-Ursule) : actuellement dame DUFAY, demoiselle DE.	Fille d'émigré, parente du Cte de Gomer, inventeur des mortiers qui portent son nom	200f	N'a touché aucun des deux secours.
5,437.	GOMIN (Jean-Baptiste-Marie)........	Fourrier des appartemens du Roi.....	550.	
5,438.	GOMION (Jean-Baptiste)............	Indemnité d'un prêt fait à Louis XVIII..	300.	
5,439.	GOMONDIE DE LA CHAUSSELIE (Marie-Mélanie, dame), née DE CROUZEILLES.	Veuve d'émigré..................	500.	
5,440.	GOMOT LÉGÉ (Anne-Marie), veuve, née POUPIN.	Vendéenne......................	150.	
5,441.	GONDALLIER DE TUGNY (David-François).	Émigré.........................	400.	
5,442.	GONDOUIN (Anne-Félicité), veuve, née LA SEIGNE.	Veuve d'un chef fontainier à Versailles et à Trianon.	460.	
5,443.	GONDRECOURT (Charles-Joseph-Marie DE).	Émigré.........................	600.	
5,444.	GONEDEUX (Julien)...............	Vendéen........................	70.	N'a pas touché le deuxième secours.
5,445.	——— (Pierre).................	*Idem*..........................	50.	N'a touché aucun des deux secours.
2,446.	GONET (Jacques-Janvier)...........	Valet de chambre de Louis XVIII.....	4,200.	
5,447.	——— (Thérèse)...............	Fille d'un valet de chambre de Louis XVIII, filleule de ce prince et de madame la dauphine.	200.	
5,448.	GONIDEC (Véronique-Magloire-Marie-Anne-Charlotte DE).	Fille d'un capitaine de vaisseau tué dans l'Inde en 1781.	1,100.	N'a pas touché le deuxième secours.
5,449.	GONNARD (Paul).................	Vendéen........................	80.	
5,450.	GONNET (Jean-Claude), abbé.......	Émigré.........................	400.	N'a touché aucun des deux secours.
5,451.	GONSAULT (Charlotte-Victoire, demoiselle.)	En remplacement d'une pension de 300 fr. qu'elle avait avant la révolution.	100.	
5,452.	GONSSE (Marguerite-Caroline-Josèphe), dame, née DESTOMBES.	Femme d'un employé de la cassette du Roi.	400.	
5,453.	——— D'HASTRIES (Rose-Louise), ve, née DELATTRE.	Belle-sœur de M. Gonsse de Rougeville, fusillé pendant les cent jours : mère d'un employé de la cassette du Roi.	200.	
5,454.	GONTAUT BIRON (Marie-Joséphine-Louise), vicomtesse, née DE MONTAUT DE.	Fille d'un gentilhomme de la chambre..	2,000.	*Idem.*
5,455.	GONTIER BIRAN (Marie), veuve, née DE SAURET.	Sœur d'émigré..................	500.	
5,456.	GONZAGUE DE SALIVET DE FOUCHECOURT (Jeanne-Baptiste-Barbe-Desirée-Laure-Caroline-Françoise-Xavière-Louise, demoiselle DE).	Émigrée........................	600.	
5,457.	GOOD (Marie-Anne, veuve DE), née DECONDÉ.	Elle avait 480 francs de pension sur la cassette de la Reine.	200.	
5,458.	GORANFLEUX (Marie-Marguerite, dame).	Religieuse, sœur de Vendéen........	200.	
5,459.	GORGE BOISBARON (Marie-Catherine), veuve, née PAISANT.	Veuve d'un Vendéen..............	120.	*Idem.*
5,460.	GORGEDOUX (Louis-Jacques)........	Vendéen........................	80.	

Nos d'ordre.	NOMS ET PRÉNOMS des PENSIONNAIRES.	MOTIFS de LA CONCESSION DES PENSIONS.	MONTANT des PENSIONS.	OBSERVATIONS.
5,461.	GORDON (Pétronille-Marie-Gertrude, née GEORGI, comtesse de).	Veuve d'un capitaine tué en Allemagne en 1761.	500f	N'a pas touché le deuxième secours.
5,462.	GORIER (Célestin)	Émigré	150.	
5,463.	GORIN (Esther-Alexandrine, née DE LAPERRIÈRE, veuve).	Fille d'un lieutenant des maréchaux de France.	400.	
5,464.	GORON (François-Marie)	Naufragé	120.	
5,465.	GORRIEZ (Célestin)	Vendéen	360.	
5,466.	GOSSART (François-Marie)	Dévouement à la cause royale; père de six enfans.	150.	
5,467.	GOSSÉ (Jean-Nicolas, abbé)	Émigré	200.	
5,468.	GOSSELIN (Nicolas-Louis-Aimé-Marie)	Fils d'un officier de marine	150.	
5,469.	——— (Anne-Marie-Antoinette)	N'a aucun moyen d'existence	200.	N'a touché aucun des deux secours.
5,470.	GOSSET (Antoinette-Charlotte, demoiselle DE).	En remplacement de la pension dont elle jouissait avant la révolution.	800.	
5,471.	GOSSON (Louise-Éléonore-Josèphe, demoiselle DE).	Fille d'émigré	500.	
5,472.	GOT (Marie, née PONTET, veuve)	Veuve d'un pilote anglais qui a rendu des services à la cause royale en 1814.	150.	*Idem.*
5,473.	GOTHO (Jean-Lazare-Marseille, DE)	Émigré, fils d'un chef d'escadron	300.	*Idem.*
5,474.	GOTTESHEIM	Pension accordée directement par le Roi. Motifs inconnus.	1,000.	*Idem.*
5,475.	GOTTESHEIM (Louise-Françoise, née DE GOTTESHEIM, baronne DE).	Sœur d'émigré	400.	N'a pas touché le deuxième secours.
5,476.	——— (Marie-Ève, née NAGEL, veuve DE).	Émigrée, veuve d'émigré	1,000.	
5,477.	——— (Anne-Marie, née SCHILLING, dame de).	Veuve d'émigré	1,000.	
5,478.	GOUCHET (Pierre-Paul)	Émigré	300.	
5,479.	GOUDAL DE LA GOUDALIE (Pierre-Antoine-Hippolyte, DE).	A rendu des services à la cause royale, en France.	800.	
5,480.	GOUDEMANT (Ambroise-Arnand-Joseph).	Émigré, père de six enfans	150.	
5,481.	GOUDEMETZ DE NEUVILLE (Hortense, née D'ALBIZZI, veuve).	Veuve d'un major de l'école de cavalerie de Saumur.	600.	
5,482.	GOUDET (François-Charles, abbé)	Émigré	600.	N'a touché aucun des deux secours.
5,483.	GOUDON DE LALANDE (Pierre-Jean-Auguste).	*Idem*	800.	N'a pas touché le deuxième secours.
5,484.	GOUGET (Jean)	*Idem*	900.	
5,485.	GOUIN (Gabriel-Armand)	Vendéen	80.	

Nos d'ordre.	NOMS ET PRÉNOMS des PENSIONNAIRES.	MOTIFS de LA CONCESSION DES PENSIONS.	MONTANT des PENSIONS.	OBSERVATIONS.
5,486.	GOUIN (Jean)......................	Vendéen......................	150f	N'a touché aucun des deux secours.
5,487.	——— (Anne-Marie-Jeanne, demoiselle).	Vendéenne......................	200.	
5,488.	——— (Jeanne-Étiennette-Julienne, demoiselle).	*Idem*......................	200.	
5,489.	——— (Marie-Gillette-Jeanne, demoiselle).	*Idem*......................	200.	
5,490.	——— (Rosalie-Dauphine, née PELLADON, veuve).	Veuve d'un capitaine de frégate.......	400.	
5,491.	——— DUFIEF (Armand-Désiré)....	Fils de Vendéen..................	300.	
5,492.	——— (Arsène, veuve LIBAULT DE LA BAROSSIÈRE).	Fille de M. GOUIN DUFIEF qui a porté les armes dans la Vendée.	400.	
5,493.	——— (Élisabeth, née MAUGER, dame).	Dévouement de sa famille à la cause royale.	700.	
5,494.	GOUJON (Geneviève-Marie, demoiselle DE).	En remplacement de la pension dont elle jouissait avant la révolution.	300.	N'a touché aucun des deux secours.
5,495.	GOUPIL (Michel-Charles-Laurent)....	Émigré......................	1,200.	
5,496.	——— (Jeanne-Marie, demoiselle)..	Émigrée......................	300.	
5,497.	——— (Anne-Josèphe, née BLIN, veuve).	Vendéenne......................	80.	N'a touché aucun des deux secours.
5,498.	GOURCY DROITAUMONT (Louise-Victoire, DE).	Nièce de deux comtes de Lyon........	300.	
5,499.	GOURBILLON (Charles-Joséphine-Dominique, DE).	Secrétaire des commandemens de Louis XVIII en émigration.	1,200.	
5,500.	——— (Charles-Joseph-Dominique)..	Fils d'un secrétaire des commandemens de Louis XVIII en émigration.	1,200.	
5,501.	GOURDIN (Clémence-Suzanne-Michelle, née CHAMPION, femme).	Femme de chambre de madame la comtesse de Provence.	1,000.	N'a touché aucun des deux secours.
5,502.	——— DE MALAY................	Valet de chambre barbier de Louis XVIII.	2,500.	
5,503.	——— (Marie-Louise-Firmin).......	Avait une pension de 300 francs sur la cassette de Louis XVI.	300.	
5,504.	GOURDON (Jacques)...............	Vendéen......................	300.	
5,505.	——— DE LARCHENAULT (Marie-Marthe-Alexandrine, demoiselle).	Émigrée......................	200.	
5,506.	GOURDONNEAU GRANGENEUVE (François)	Émigré......................	200.	
5,507.	GOURGUE (Anne-Charlotte-Albertine, née DE MONTBOISSIER BEAUFORT CANILLAC, marquise DE).	Petite-fille de Malesherbes..........	2,000.	N'a touché aucun des deux secours.
5,508.	GOURGUES (Marie-Aimée, demoiselle)..	Fille d'un colonel ruiné à St-Domingue..	300.	
5,509.	——— (Germaine-Marie-Élisabeth, née CARRÈRE, dame DE).	Créole de Saint-Domingue, en remplacement de la pension de 1,200 francs dont elle jouissait sur la cassette de Napoléon.	500.	
5,510.	GOURMAND (Marie-Jeanne, née GEOLLEAU, veuve).	Vendéenne......................	40.	

Nos d'ordre.	NOMS ET PRÉNOMS. des PENSIONNAIRES.	MOTIFS de LA CONCESSION DES PENSIONS.	MONTANT des PENSIONS.	OBSERVATIONS.
5,511.	GOURRIER (Jean-Joseph)	Commissaire de police à Toulon, émigré.	1,200f	
5,512.	GOURSAC (Pierre-Dauphin, chevalier DE).	Écuyer commandant la grande écurie de Louis XVI.	5,000.	
5,513.	GOUSSE DE ROUGEVILLE (Caroline-Angélique, Ve DE), née BOQUET DE LIANCOURT	Veuve d'un fourrier de la maison de MONSIEUR, comte de Provence.	1,200.	N'a pas touché le deuxième secours.
5,514.	GOUSSEAU (Jean)	Vendéen	50.	
5,515.	GOUSSENCOURT (Joseph-Ignace-Cyr, comte DE).	Émigré	800.	
5,516.	——— (Rodrigue-Marie-Cyr DE)	*Idem*	600.	
5,517.	GOUSSET (Marie-Rose, veuve), née FLEURY.	Fille d'un suisse chez le Roi	40.	
5,518.	GOUT DE BIZE (Marie-Jeanne, dame veuve), née GIZARD.	Ruinée par suite de la révolution	400.	
5,519.	GOUTELAS (Jeanne-Félicité-Eugénie, demoiselle).	Chanoinesse émigrée, paralytique	300.	
5,520.	GOUVELLO (Gasparine-Louise-Julie, Vsse DE), née DE BOURBON DE CHALUS.	Émigrée	1,200.	N'a touché aucun des deux secours.
5,521.	——— (Catherine-Charlotte, marquise DE), née PEYRAC.	*Idem*	1,500.	
5,522.	——— (Henriette-Caroline-Augustine, demoiselle DE).	Fille d'émigré	600.	*Idem.*
5,523.	——— (Louise-Élisabeth-Rose, demoiselle DE).	*Idem*	600.	*Idem.*
5,524.	GOUVION (Marie-Marguerite-Sophie, dame), née GANOT.	Fille d'un receveur du district d'Étain, mort sur l'échafaud en 1793.	500.	
5,525.	GOÜY (Jean)	Vendéen	50.	N'a pas touché le deuxième secours.
5,526.	GOUYON (Françoise-Claudine-Pélagie DE)	A servi la cause des Bourbons, en France.	300.	
5,527.	——— (Josèphe-Emmanuelle DE)	*Idem*	300.	
5,528.	GOUYON DE BEAUCORPS (Alfred-Jules-Henri).	Une partie de sa famille est morte sur l'échafaud pendant la terreur.	200.	
5,529.	——— (Armand-Gabriel-Christophe)	*Idem*	200.	
5,530.	——— (Auguste-Armand-Gabriel)	*Idem*	200.	
5,531.	GOUYON DES ROCHETTES (Victoire-Josèphe-Marguerite, demoiselle).	Fille et sœur d'émigrés	500.	*Idem.*
5,532.	GOUYON DE MATIGNON (Françoise-Claudine-Pelagie, demoiselle DE).	Émigrée	500.	
5,533.	——— (Josèphe-Emmanuelle, demoiselle DE).	*Idem*	500.	
5,534.	GOUYON DE VAUCOULEURS (François DE).	Fils de Vendéen fusillé	600.	
5,535.	———(Adélaïde-Jeanne, demoiselle DE), fe DENOUAL DE LA VILLE GRISMONT.	Fille de Vendéen fusillé	500.	

Nos d'ordre.	NOMS ET PRÉNOMS des PENSIONNAIRES.	MOTIFS de LA CONCESSION DES PENSIONS.	MONTANT des PENSIONS.	OBSERVATIONS.
5,536.	GOUYON DE VAUCOULEURS (Alexandrine-Désirée, demoiselle DE).	Fille de Vendéen fusillé	500f	
5,537.	——— (Adélaïde-Renée, née DUBOIS BAUDRY, veuve DE).	Émigrée	1,000.	
5,538.	GOY DE BROUES (Marie-Jeanne-Philippe, née BUDAN DE BOISLAURENT, comtesse DE).	Veuve d'un capitaine de vaisseau mort à Livourne après avoir rendu des services à la famille des Bourbons.	600.	
5,539.	GOYON (Charles-Étienne, comte DE)	Lieutenant-colonel âgé de 88 ans	1,000.	N'a touché aucun des deux secours.
5,540.	——— DE BEAUCORPS (Hortense-Marie-Étiennette, née DE LYS, veuve DE).	Fille d'émigré, appartient à la famille de Jeanne-d'Arc.	600.	
5,541.	——— DE VAUROUAULT, née POTIER DE LASAVARRIÈRE, (comtesse DE).	Veuve d'un Vendéen fusillé avec le comte de Châteaubriant.	1,200.	*Idem.*
5,542.	GRA (Pierre-Joseph)	Émigré	300.	
5,543.	GRAEB (Anne-Marie-Charlotte, demoiselle).	Sa famille servait dans la maison de Louis XVI.	300.	*Idem.*
5,544.	——— (Jeanne-Françoise, née MALPIESSE, veuve).	Services auprès de madame la comtesse d'Artois.	800.	
5,545.	GRAFF (Catherine, demoiselle)	Fille d'émigré	400.	
5,546.	GRAFFART DE VALMONT (Jeanne-Rosalie, née GOERDUC, veuve).	Émigrée	900.	
5,547.	GRAFTON (abbé)	Émigré	762.	
5,548.	GRAILLET (Thérèse-Basile-Françoise DE).	Fille d'un brigadier des gardes de MONSIEUR; âgée et infirme.	800.	
5,549.	GRAIN (Nicolas)	Garçon d'attelage aux écuries de la reine.	200.	N'a touché aucun des deux secours.
5,550.	GRAINTHEVILLE (Adèle, demoiselle)	Fille d'un lieutenant des gardes du corps.	200.	
5,551.	——— (Marie-Françoise-Amable, née ROUCELLE, baronne).	Veuve d'un lieutenant des gardes du corps, et nièce d'un premier chirurgien de Louis XVI.	1,000.	
5,552.	GRAIZEAU (Jean)	Vendéen	80.	
5,553.	GRAMMANT (Adèle-Constance-Rosalie, née HEURTAULT DE LAMMERVILLE, dame DE)	Sa mère avait un logement dans le château de Saint-Germain.	500.	
5,554.	GRAMONT (Suzanne, née GAUDIN, dame DE).	Émigrée	800.	
5,555.	GRANCHIER (Marie-Jeanne, demoiselle).	Belle-sœur d'émigré; perte de fortune	200.	
5,556.	GRANDCHAMP (Léonard-Luc DE)	Émigré	200.	
5,557.	——— DE CEUILLE DE LA CROUSILLE, (Pierre-Anne).	Émigré; capitaine	800.	
5,558.	GRANDIER (Louise-Jeanne-Marguerite, née BENECH DE SOLON, veuve).	Émigrée	1,000.	
5,559.	GRANDIN (Claude-Mathieu)	Employé aux écuries de Louis XVI	300.	N'a touché aucun des deux secours.
5,560.	——— (Marie-Catherine, née FRANCHET, dame).	Femme de garde-robe de MADAME, comtesse de Provence.	300.	

Nos d'ordre.	NOMS ET PRÉNOMS des PENSIONNAIRES.	MOTIFS de LA CONCESSION DES PENSIONS.	MONTANT des PENSIONS.	OBSERVATIONS.
5,561.	GRANDIN DE MANSIGNY (Marie-Victoire, demoiselle).	Fille d'émigré	300f	N'a touché aucun des deux secours.
5,562.	——— (demoiselle)	*Idem*	300.	
5,563.	——— (Marie-Louise-Françoise, demoiselle).	Émigrée	300.	*Idem.*
5,564.	——— (Marie-Sydonie-Françoise)	Fille d'émigré	300.	*Idem.*
5,565.	——— (Marie-Renée, née DE SECILLON, veuve DE).	Veuve d'émigré	1,200.	N'a pas touché le premier secours.
5,566.	GRANDJEAN (François)	Garde-général des chasses à Versailles	500.	
5,567.	——— (Marie-Madeleine-Aimée, née AUGER, veuve).	Veuve d'émigré	200.	N'a touché aucun des deux secours.
5,568.	——— DE FLÉVY (Marie-Charlotte-Julienne, née CECIRE, dame).	Fille d'un valet-de-chambre des rois Louis XV et Louis XVI.	600.	
5,569.	GRANDMAIRE (Jean-Pierre)	Fils d'émigré	100.	*Idem.*
5,570.	——— (François-Nicolas)	*Idem*	100.	*Idem.*
5,571.	——— (Marie-Madeleine, demoiselle)	Fille d'émigré	100.	*Idem.*
5,572.	GRANDMOTTET (Jean-Claude)	Émigré	200.	*Idem.*
5,573.	GRANDNER (Jean-Louis-Colomb, chevalier).	Inspecteur honoraire des services de la maison du Roi.	1,000.	
5,574.	GRANDSAIGNES D'HAUTERIVES (Marie-Louise-Éléonore, demoiselle DE).	Fille d'un capitaine d'infanterie; perte de fortune.	200.	
5,575.	GRANDSIRE (Nicolas-Marie)	Ex-secrétaire-général de l'Opéra; a montré du dévouement lors de l'assassinat du duc de Berry.	5,000.	N'a pas touché le premier secours.
5,576.	GRANGE (Guillaume DE)	Fils d'émigré	150.	N'a touché aucun des deux secours.
5,577.	GRANGÉ (Pierre-Charles)	Palefrenier aux écuries du Roi	133.	
5,578.	——— (Anne-Marie, demoiselle DE)	Fille d'émigré	150.	*Idem.*
5,579.	GRANGER (Julien)	Vendéen	80.	
5,580.	GRANGEVIEILLE DE MAZAUBERT (Marie-Anne, née DE SANZILLON, dame).	Émigrée	600.	
5,581.	GRANIER (Charles-Hubert)	Émigré	600.	
5,582.	——— DE VEUZAC (Victoire-Angélique-Jacques, née LALLEMANT DE VILLEHAUT.	Veuve d'émigré	300.	
5,583.	GRANOLACH (Louise-Anne, née SARTRE DE CHAFFIN, dame DE).	Fille d'un ancien magistrat	150.	
5,584.	GRANOUX (Jean-François)	Émigré de Toulon	120.	
5,585.	——— (Jean-Maurice)	Services à la cause royale, en 1815	200.	

Nos d'ordre.	NOMS ET PRÉNOMS des PENSIONNAIRES.	MOTIFS de LA CONCESSION DES PENSIONS.	MONTANT des PENSIONS.	OBSERVATIONS.
5,586.	GRANT DE VAUX (Albania, demoiselle).	Fille d'émigré....................	300f 00c	
5,587.	——— (Anna-Maria, demoiselle).....	*Idem*..........................	300. 00.	
5,588.	——— (Charlotte-Augusta, demoiselle).	*Idem*..........................	300. 00.	
5,589.	———(Malvina-Matilda-Alpina, demoiselle).	*Idem*..........................	300. 00.	
5,590.	GRAPIN (Claude-Justine, née NOËL, veuve).	Veuve d'un paumier de Louis XVI.....	240. 00.	
5,591.	GRAS (Joseph-Marie)...............	Prêtre émigré....................	1,500. 00.	
5,592.	——— (Marie-Anne, née DROUET, ve).	Veuve d'un palefrenier de la grande écurie.	200. 00.	
5,593.	GRASSARI (Gérard, demoiselle).......	Artiste de l'Opéra................	960. 00.	
5,594.	GRASSE (Anne-Sophie, née DELAHOGUE, comtesse DE).	Émigrée; belle-fille d'un lieutenant-général des armées navales.	1,000. 00.	
5,595.	———(Adélaïde-Justine-Maxime DE), douairière DE GROCHAN.	Fille d'un capitaine de vaisseau........	300. 00.	
5,596.	GRASSEY (François-Charles)..........	A rendu des services à la cause royale.	300. 00.	N'a touché aucun des deux secours.
5,597.	GRASSET (Louis-Pierre-Joseph-Toulon, abbé).	Émigré..........................	800. 00.	*Idem.*
5,598.	GRASSET (René)..................	Vendéen........................	50. 00.	
5,599.	——— (Charlotte-Thérèse, née TAILLEUR, dame).	Services de sa famille à la cause royale..	400. 00.	
5,600	GRASSIN (Adélaïde-Françoise, demoiselle).	Tante d'émigrés..................	500. 00.	
5,601.	——— (Renée-Marguerite, née LE MIERRE, veuve).	Vendéenne......................	200. 00.	
5,602.	GRÂTEREAU DES GRAUGES (Jean-Nicolas, comte DE).	Émigré..........................	400. 00.	
5,603.	——— DESGROGES DE LA VAUGUYON (Geneviève-Julie-Charlotte-Françoise, née JOURDAIN DE BOISTILLÉ, dame).	Perte de fortune..................	600. 00.	
5,604.	GRATIEUX (Louise, demoiselle).......	Fille d'un colonel................	250. 00.	
5,605.	GRAVÉ (Marie-Anne-Louise, demoiselle DE).	Son père, chevalier de St-Louis, a perdu sa fortune pendant la révolution.	640. 00.	*Idem.*
5,606.	——— DE TALEMBERT (Marie-Jeanne-Charlotte, née PILLAT, dame DE).	Créole; veuve d'émigré............	600. 00.	
5,607.	GRÉAULME (Joséphine, née DE SANGLIER, dame DE).	Vendéenne......................	400. 00.	
5,608.	GREBER (George)..................	Émigré..........................	200. 00.	
5,609.	GRÉE dite LAVIGNE (Marie-Jeanne-Françoise, née JOUAN, dame).	Émigrée.........................	600. 00.	
5,610.	GREFFIER (Pierre)..................	Vendéen........................	80. 00.	

Nos d'ordre.	NOMS ET PRÉNOMS des PENSIONNAIRES.	MOTIFS de LA CONCESSION DES PENSIONS.	MONTANT des PENSIONS.	OBSERVATIONS.
5,611.	GRÉGOIRE (Honoré)	Émigré de Toulon	300f 00c	
5,612.	—— (Marie-Félix, dame), née CASTELLINI.	Femme d'émigré de Toulon	600. 00.	
5,613.	GRÉGOIRE-DESGARDIES SAINT-ROME DE MONTPEYROUX (Charles-Alexandre-Augustin, abbé DE)	Grand-vicaire, âgé de 80 ans	1,200. 00.	
5,614.	GRÉGOIRE (Jeanne-Élisabeth, comtesse DE SAINT-SAUVEUR, DE).	A perdu sa fortune par suite de la révolution.	1,200. 00.	N'a touché aucun des deux secours.
5,615.	GRELET (Jeanne, veuve), née HERISSÉ).	Vendéenne	50. 00.	
5,616.	GRELIER (Marie, veuve, née GRELIER).	*Idem*	50. 00.	N'a pas touché le deuxième secours.
5,617.	GRELLET (Marie-Catherine, dame DE), née DE FERIET.	Femme et fille d'émigrés	900. 00.	
5,618.	GREM (Hubertine, dame), née HANET-CLÉRY.	Fille de Cléry, valet de chambre de Louis XVI.	1,500. 00.	
5,619.	—— DE CLÉRY (Alfred)	Petit-fils de Cléry, *idem*	400. 00.	
5,620.	—— (Charles-Jules)	*Idem*	400. 00.	
5,621.	—— (Augustine-Clémentine, demoiselle).	Petite-fille *idem*	800. 00.	
5,622.	—— (Louise-Zoé, demoiselle)	*Idem*	800. 00.	
5,623.	GREMARE (Adrien, abbé)	Émigré	1,219. 20.	
5,624.	GRENIER (Thérèse-Joséphine, demoiselle).	Émigrée	600. 00.	
5,625.	—— (Marie-Catherine, dame), née MEYER.	Services à la cause royale	600. 00.	
5,626.	GRENIER DU GIRON (Louis-Armand, vicomte DE).	Émigré, Vendéen, fils d'un chef d'escadre.	1,000. 00.	
5,627.	GRENIER-MONTGAILLARD (Thérèse-Marie, veuve DE), née DE COPIN.	Veuve d'émigré	300. 00.	N'a touché aucun des deux secours.
5,628.	GRENIER DE SAINTE-CROIX (Louis)	Émigré	300. 00.	
5,629.	GRESSE (Pierre)	Père de 12 enfans	300. 00.	
5,630.	GRESSIER (Marianne-Agathe, veuve), née BERTRAND.	Services à la cause royale, en France	300. 00.	
5,631.	GRÉTRY (Marie-Josèphe-Clémentine, veuve), née STOUF.	Nièce de Grétry	400. 00.	
5,632.	GRIENISEN dit REDEL (Jean)	Émigré	100. 00.	*Idem.*
5,633.	GREZIS (François DE)	Capitaine émigré	1,000. 00.	
5,634.	GRIEU D'ESTIMAUVILLE (Adélaïde-Victoire, demoiselle DE)	Émigrée et Vendéenne	200. 00.	
5,635.	—— (Élisabeth-Françoise-Pauline-Louise-Victoire, demoiselle DE).	*Idem*	200. 00.	

Nos d'ordre.	NOMS ET PRÉNOMS des PENSIONNAIRES.	MOTIFS de LA CONCESSION DES PENSIONS.	MONTANT des PENSIONS.	OBSERVATIONS.
5,636.	GRIEU D'ESTIMAUVILLE (Marie-Adrienne-Louise, demoiselle DE).	Émigrée et Vendéenne.............	200f	
5,637.	GRIGNET D'EUGNY (Antoinette-Charlotte, demoiselle DE).	Fille d'émigré....................	600.	
5,638.	GRIGNET DE SAINT-LOUP (Marie-Alexandre).	Fils d'émigré; ex-garde du corps......	200.	
5,639.	GRIMALDI (Marie-Simplicie, marquise DE), née DE LA BELINAYE.	Fille d'émigré..........................	1,200.	N'a touché aucun des deux secours.
5,640.	——— (Marguerite, veuve DE), née PIPEAUD.	Veuve d'un officier des armées françaises.	600.	
5,641.	GRIMAUD (François)...............	Vendéen..........................	50.	
5,642.	——— (François)...............	*Idem*..............................	50.	N'a pas touché le deuxième secours.
5,643.	GRIMAULD GRIMALDI (Marie-Françoise, veuve DE), née SEBIRE.	Son mari est mort sur l'échafaud pendant la terreur.	300.	
5,644.	GRIMBERG (Jeanne-Claude, comtesse DE), née HILBRING.	Veuve d'émigré..................	200.	
5,645.	GRIMOD, comte DORSAY (Jean-François-Louis-Marie-Albert-Gaspard).	En dédommagement d'objets d'arts enlevés à sa famille et placés dans les châteaux royaux.	3,000.	N'a touché aucun des deux secours.
5,646.	GRIMONPRÉ (François-Louis)........	A suivi le Roi à Gand..............	250.	
5,647.	GRIMOULT, comte DE MOYON (Alexandre-Louis DE).	Émigré..........................	300.	
5,648.	GRIPIÈRE-DEMONCROC (Jean-Nicolas-Maximilien DE).	Chef d'instruction à l'école de cavalerie de Saumur.	600.	
5,649.	GRIPON (Pierre-François)..........	Vendéen..........................	80.	N'a pas touché le deuxième secours.
5,650.	GRISEL (Norbert-Firmin)...........	Émigré..........................	250.	
5,651.	GRISOT D'ALLANCÉ (Antoine)........	Services de sa famille à la cause royale..	400.	
5,652.	GRISSAC (dame DE), née BOSCALS DE RÉALS.	Fille d'émigré....................	500.	
5,653.	GRITOT (Marie-Marguerite, demoiselle DE).	A perdu sa fortune; fille d'un gentilhomme verrier.	240.	
5,654.	GRIZY (Jacques)..................	Vendéen..........................	300.	
5,655.	GROCHAN (Adélaïde-Justine-Maxime DE), née DE GRASSE.	Émigrée; fille d'un officier général de la marine.	1,200.	
5,656.	GROIGNARD (Cornélie, dame), née THIERRY.	Belle-fille de M. Groignard, inspecteur général de la marine.	550.	
5,657.	GROIZARD (Jacques)..............	Fils d'émigré.....................	60.	
5,658.	——— (Jean-Marie)............	*Idem*............................	60.	
5,659.	——— (Louis).................	*Idem*............................	60.	
5,660.	——— (Pierre)................	*Idem*............................	60.	

Nos d'ordre.	NOMS ET PRÉNOMS des PENSIONNAIRES.	MOTIFS de LA CONCESSION DES PENSIONS.	MONTANT des PENSIONS.	OBSERVATIONS.
5,661.	GROIZARD (Louise-Françoise, demoiselle).	Fille d'émigré	80f	
5,662.	——— (Élisabeth, veuve), née CRISTOFINI.	Veuve d'un colonel père de cinq enfans.	600.	
5,663.	GROJEAN (Aure-Hélène-Adélaïde, demoiselle).	Fille d'émigré	300.	N'a pas touché le deuxième secours.
5,664.	——— (Marie-Augustine-Antoinette, Dlle), actuellement dame CIRON.	*Idem*	300.	
5,665.	GROLEAU (Louis)	Vendéen	80.	
5,666.	GROLLEAU (Pierre)	*Idem*	120.	
5,667.	GROMONT (Élisabeth-Françoise-Colette, veuve), née NOËL.	Veuve d'un palefrenier aux écuries de la Reine.	160.	
5,668.	GROS (Marie-Sereine, baronne), née DUBERNARD.	Veuve d'un maréchal de camp des armées françaises qui a perdu une dotation de 40,000 fr.	800.	
5,669.	——— (Marguerite-Adélaïde, veuve), née REBSOMEN.	Ve d'un officier de la garde impériale mort dans la campagne de Russie.	300.	
5,670.	GROSIAN DE BEAUPRÉ (Marie-Françoise-Rosalie, demoiselle).	Anciens services de sa mère dans la maison du roi Louis XVI.	200.	
5,671.	GROSOS (Georges)	Garçon de magasin des Menus-Plaisirs.	240.	N'a touché aucun des deux secours.
5,672.	GROSSARD (Pierre)	Aveugle ; perte de fortune	300.	
5,673.	GROSSE (Félicité-Marie, demoiselle)	Son père fut tué dans les cent jours pour avoir crié *Vive le Roi.*	150.	
5,674.	GROSSET (Maurice)	Huissier du ministère de la maison du Roi sous Louis XVIII.	150.	
5,675.	GROSSON (Françoise-Camille, Dlle)	Fille d'émigré	400.	
5,676.	——— (Anne-Joséphine, femme DE), née BARTHÉLEMY.	Femme d'émigré et infirme	600.	
5,677.	GROUBER DE GROUBENTALL (Madeleine-Antoinette-Sophie, demoiselle).	A été persécutée dans la révolution	500.	
5,678.	GROUCHET DE SOQUENCE (demoiselle)	Prix de sa pension pendant deux ans à la maison royale de Saint-Denis.	1,000.	*Idem.*
5,679.	GROUCHY (comte de)	Pension accordée par le Roi. (Motifs inconnus.)	2,000.	
5,680.	GROULT (Marie-Thérèse, veuve), née DORLÉANS.	Vendéenne	150.	N'a pas touché le premier secours.
5,681.	GROUSSEAU (Jean-Chrysostome)	Vendéen	140.	
5,682.	GROUSSEAUD DE CHAPITRE (Louis-Jean-Henri).	Émigré	300.	
5,683.	GROUSSET	Services à la cause royale; perte de fortune.	80.	
5,684.	GROUT (Léopold, comte de SAINT-PAËR).	Filleul de Charles X	500.	
5,685.	GROUX (Jean)	Émigré	300.	N'a touché aucun des deux secours.

Nos d'ordre.	NOMS ET PRÉNOMS des PENSIONNAIRES.	MOTIFS de LA CONCESSION DES PENSIONS.	MONTANT des PENSIONS.	OBSERVATIONS.
5,686.	GROZIEUX DE LAGUÉRENNE (Marie-Françoise, veuve), née BELARD.	Parente de l'abbé Baudon Villiers, sous-précepteur de Charles X.	300f	N'a touché aucun des deux secours.
5,687.	GRUAIS (Prosper)	A rendu des services à la cause royale, en France.	300.	N'a pas touché le deuxième secours.
5,688.	GRUAT (Anne-Agathe, veuve), née FABRE.	Son mari a donné des preuves de dévouement à la cause royale.	300.	N'a touché aucun des deux secours.
5,689.	GRUAU (Sophie-Caroline-Lise, demoiselle).	Émigrée, fille d'émigré	300.	N'a pas touché le premier secours.
5,690.	——— (Marie, dame), née SENEAU	Vendéenne	80.	
5,691.	GRUCHY (Jeanne, demoiselle)	Petite-fille de Vendéen	150.	
5,692.	GRUÉ (Jean-François)	Émigré de Toulon	200.	
5,693.	GRUEL (Élisabeth, comtesse DE), née LORIMIER.	Émigrée, veuve d'émigré	300.	N'a touché aucun des deux secours.
5,694.	GRUNDELEN dit GRONDELET (Marie-Marguerite, veuve), née KELLER.	Veuve d'un palefrenier des écuries du Roi.	200.	
5,695.	GRUNDLER (Eugène)	Fils d'un officier	300.	*Idem.*
5,696.	GRUNENWALD (Catherine, veuve), née ECK.	Veuve d'émigré	80.	*Idem.*
5,697.	GSCHRAY (Catherine, baronne), née GERSANITZ.	Femme d'émigré	600.	
5,698.	GUALY (Louise-Charlotte-Suzanne, demoiselle DE).	Fille et sœur d'émigrés	300.	
5,699.	GUARDIA (Marie-Anne-Rose, dame DE), née DE BALANDA.	Émigrée	1,200.	
5,700.	GUÉAU DE GRAVELLE DE ROUVRAY (Marie-Angélique-Désirée, demoiselle).	Fille d'émigré	400.	*Idem.*
5,701.	GUEDON (Jean)	Vendéen	50.	
5,702.	——— (Thomas-François)	*Idem*	50.	
5,703.	——— (Suzanne-Bertinozzi, dame), née BARBE.	Parente d'émigrés	240.	*Idem.*
5,704.	GUEGAN (Jean)	Vendéen	60.	
5,705.	GUEHUR (Louis)	*Idem*	100.	*Idem.*
5,706.	GUEIT (Joseph)	Émigré de Toulon	800.	
5,707.	GUEL (Marie-Victoire, demoiselle)	Fille d'un suisse des appartemens du château de Meudon.	200.	
5,708.	GUELLE (Marie-Élisabeth, dame DE), née DE FRANON.	Femme d'émigré	300.	
5,709.	GUENAND (Louise-Henriette, dame DE).	Religieuse	600.	
5,710.	GUENIN (Marie-Alexandre)	Violon à la chapelle du Roi	77.	*Idem.*

Nos d'ordre.	NOMS ET PRÉNOMS des PENSIONNAIRES.	MOTIFS de LA CONCESSION DES PENSIONS.	MONTANT des PENSIONS.	OBSERVATIONS.
5,711.	GUENTZ (Barbe, demoiselle DE).......	Nièce d'émigré....................	500f	
5,712.	GUEPIN (Jean-Baptiste).............	Vendéen..........................	50.	N'a touché aucun des deux secours.
5,713.	GUÉRARD (Jean-François)...........	Valet de pied de Louis XVI..........	400.	
5,714.	GUERIN (Rose, femme), née CATHELINEAU	Nièce du général Cathelineau.........	300.	
5,715.	GUÉRIN..........................	Ex-huissier de salle dans la maison de Louis XVIII.	1,200.	
5,716.	——— (Charles-Jean, abbé).........	A perdu sa fortune par suite de la révolution	300.	
5,717.	——— (Jean-Philibert).............	Émigré de Toulon, frère du peintre de ce nom.	400.	
5,718.	——— (Louis-Édouard)............	Ex-garde du corps, père de famille.....	300.	
5,719.	——— (Nicolas, abbé).............	Émigré............................	400.	
5,720.	——— (Marie-Louise-Benigne-Suzanne, veuve), née BONAUD.	Veuve d'un capitaine vendéen.........	300.	
5,721.	——— (Thérèse, veuve), née BONNETEAU.	Ve d'un artilleur tué par la pièce de canon qu'il servait le jour de la fête du Roi.	100.	
5,722.	——— (Marie-Madeleine, veuve), née GIRARD.	Vendéenne.......................	36.	*Idem.*
5,723.	——— (Catherine-Élisabeth-Louise, veuve), née MARTIN.	Femme d'émigré..................	150.	*Idem.*
5,724.	——— (Célénie-Henriette-Caroline, dame), née DE PARSEVAL.	Services de sa famille à la cause royale.	500.	
5,725.	——— DE BEAUMONT (Guillaume-Pierre, chevalier).	Émigré...........................	300.	
5,726.	——— DE BOUSLARD (Marie-Nicole-Alexandrine, veuve DE), née DE CANELLE DE LALOBBE.	Émigrée..........................	300.	
5,727.	——— DE PRÉCOURT (Marie-Louise-Thérèse, veuve), née RUA.	Veuve d'un caissier général de Saint-Domingue; perte de fortune.	300.	
5,728.	——— DE SAUVAGNAC (Marie-Mathilde, demoiselle DE).	Petite-fille d'émigré, fille d'un lieutenant de cuirassiers de la garde royale.	150.	
5,729.	——— (Euphrasie-Marie-Élisabeth, demoiselle DE).	*Idem*............................	150.	
5,730.	——— (Marguerite-Marie-Geneviève-Louise-Joséphine, demoiselle).	Fille d'émigré....................	150.	
5,731.	GUERMONT (Louis).................	Vendéen..........................	50.	*Idem.*
5,732.	GUERNA dit GOUVERNA (François-Pie-Félix).	Chef de la bouche dans la maison de la Reine.	600.	
5,733.	GUERNON RANVILLE (comtesse DE)...	Mère de l'ex-ministre de ce nom......	3,000.	
5,734.	GUÉROULT DUVALNET (Armand-Victor-Désiré).	Garde du corps..................	100.	*Idem.*
5,735.	GUERRIER (Julien)................	Balayeur aux écuries..............	160.	

Nos d'ordre.	NOMS ET PRÉNOMS des PENSIONNAIRES.	MOTIFS de LA CONCESSION DES PENSIONS.	MONTANT des PENSIONS.	OBSERVATIONS.
5,736.	GUERRIER (Marie-Anne, veuve), née MICHEL.	Veuve d'un marin naufragé..........	150f	
5,737.	GUERRY (Antoinette Charlotte-Éléonore-Zoé, marquise DE), née DE GRAVE.	Petite-fille du duc d'Avaray, émigrée...	600.	N'a touché aucun des deux secours.
5,738.	GUERY (Marie-Anne, ve), née THOMAS.	A rendu des services à la cause royale, en France.	200.	
5,739.	GUESDON (André, abbé)...........	Émigré........................	762.	*Idem.*
5,740.	——— (Michel).................	Vendéen........................	300.	
5,741.	——— (Marie-Anne, veuve), née TOURNIÈRE.	Sans fortune; mère d'un officier de la jeune garde.	100.	
5,742.	GUESNO DE PENANSTER (Claude-Marie-René).	Lieutenant-colonel émigré...........	1,200.	
5,743.	GUESSARD (Adélaïde, dame), née DUPY..	Belle-fille d'un frotteur au château de la Muette.	120.	*Idem.*
5,744.	GUESVILLER (Virginie, demoiselle)....	A perdu sa fortune................	600.	
5,745.	GUGGER DE STAUDACH (Françoise-Barbe, dame), née PAGEL DULYS DE SAINTE-CROIX.	Femme d'émigré et aveugle..........	300.	
5,746.	GUHUR (Mathurin)...............	Vendéen........................	100.	
5,747.	GUIBERT (Jacques)................	*Idem*........................	25.	
5,748.	——— (René-Julien).............	*Idem*........................	50.	
5,749.	——— (Jeanne-Louise, demoiselle)...	Vendéenne......................	25.	
5,750.	——— (Agathe, née GILBERT, dame).	Femme de chambre de Madame la comtesse d'Artois, et veuve d'un huissier du cabinet du Roi.	1,200.	
5,751.	GUIBLAIS (René).................	Vendéen........................	150.	*Idem.*
5,752.	GUIBON (Jean-Louis).............	Premier frotteur des appartemens au château de Versailles.	300.	
5,753.	GUICHARD (Jean-Baptiste-Alexandre)..	En remplacement de la pension de 1,000f dont il jouissait avant la révolution.	600.	*Idem.*
5,754.	——— (Jeanne-Nicole, dame), née DUBOIS.	Services à la cause royale..........	150.	*Idem.*
5,755.	——— (Aldegonde-Irénée, veuve), née VILLETTE.	Veuve d'un musicien à la chapelle.....	35.	*Idem.*
5,756.	GUICHARDET (Alexandrine-Félicité-Rose, veuve), née DOGNON.	Créole de Saint-Domingue..........	400.	
5,757.	GUIDAL (Marie-Marthe, veuve) née BERNARD.	Ve du général Guidal, fusilié pour avoir pris part à la conspiration Mallet.	800.	*Idem.*
5,758.	——— (Jean-Joseph-Martial).......	Fils du général précité............	500.	*Idem.*
5,759.	——— (Paul-Clément-Emmanuel)....	*Idem*........................	500.	*Idem.*
5,760.	GUIDON (Gilbert)................	En remplacement de la pension de 800 fr. dont il jouissait avant la révolution.	600.	*Idem.*

Nos d'ordre.	NOMS ET PRÉNOMS des PENSIONNAIRES.	MOTIFS de LA CONCESSION DES PENSIONS.	MONTANT des PENSIONS.	OBSERVATIONS.
5,761.	GUIENNE (veuve DE).............	Veuve d'émigré...................	200f	
5,762.	GUIGNARD (Françoise, veuve), née FONTENEAU).	Vendéenne.......................	300.	
5,763.	——— (Armand-Antoinette, dame), née MILLARD.	Son père est mort sur l'échafaud à Toulon.	250.	
5,764.	——— DE S.-PRIEST (Marie-Joséphine-Louise-Xavier-Émilie DE, comtesse, chanoinesse DE MANISSY).	Son père servait au 10 août; elle avait une pension de 1,500 fr. avant la révolution.	700.	
5,765.	GUIGNET.........................	Valet de chambre de Louis XVIII.....	8,000.	
5,766.	——— (Claudine, femme), née FORESTIER.	Directrice de la lingerie de la Reine....	800.	
5,767.	GUIGUES (Étienne-François)........	Vendéen........................	200.	
5,768.	GUILBAUD (Marie-Rose, demoiselle)...	Vendéenne......................	50.	N'a touché aucun des deux secours.
5,769.	——— DE LA MÉGERIE (Catherine, veuve), née RUTLEDGE.	A rendu des services au roi Louis XVIII, en France.	800.	
5,770.	GUILBERT (Louis-René DE)........	Émigré..........................	200.	
5,771.	———(Joséphine, veuve), née JARDIN.	Veuve de Vendéen.................	200.	
5,772.	——— (Thibault)................	Ancien instituteur primaire; âgé de 91 ans.	240.	
5,773.	——— (Aguest, veuve), née LE MAZIER.	Perte de fortune; âgé de 81 ans.......	200.	
5,774.	——— DE PIXÉRÉCOURT...........	Ex-directeur de l'Opéra-Comique. (Pension par suite de transaction.)	1,500.	
5,775.	GUILGOT (Charles-Nicolas).........	Émigré, infirme..................	200.	N'a pas touché le deuxième secours.
5,776.	GUILHEM DE CLERMONT LODÈVE (Césarie-Marie-Gabrielle, demoiselle DE).	Fille d'émigré....................	300.	N'a touché aucun des deux secours.
5,777.	——— (Jeanne-Marie-Thérèse, demoiselle DE).	*Idem*..........................	300.	*Idem.*
5,778.	——— (Marie-Gabrielle-Pauline, demoiselle DE).	*Idem*..........................	300.	*Idem.*
5,779.	——— (Marie-Jacqueline-Victoire, demoiselle DE).	*Idem*..........................	300.	*Idem.*
5,780.	——— (Marie-Victoire-Joséphine-Charlotte, demoiselle DE).	*Idem*..........................	300.	*Idem.*
5,781.	——— (Jeanne, dame DE, marquise DE), née BOULOUVARD.	Émigrée........................	800.	*Idem.*
5,782.	GUILHEN DE LAGONDIE (Henri).....	Fils d'émigré....................	300.	
5,783.	GUILHERMY (François-Élesban DE)...	Fils d'un président à la cour des comptes.	400.	
5,784.	——— (Gustave-Louis-Marie-Gonzalve DE).	*Idem*..........................	400.	
5,785.	——— (Henri-Alexandre-Emmanuel-Benoît DE).	*Idem*..........................	400.	

Nos d'ordre.	NOMS ET PRÉNOMS des PENSIONNAIRES.	MOTIFS de LA CONCESSION DES PENSIONS.	MONTANT des PENSIONS.	OBSERVATIONS.
5,786.	GUILHERMY (Roch-François-Ferdinand-Marie-Nélasque, DE.)	Fils d'un président à la cour des comptes.	400f.	
5,787.	—— (Amélie, demoiselle DE)	Fille; *idem*	500.	N'a touché aucun des deux secours.
5,788.	—— (Marie-Clémentine-Françoise-Thérèse, demoiselle DE.)	*Idem*	500.	
5,789.	—— (Adélaïde-Mélanie-Marie-Angélique-Félicité), née DE LAMBERTYE, baronne DE).	Veuve d'un président à la cour des comptes.	4,000.	*Idem.*
5,790.	GUILHOT DE BEAUPRÉ (Jacques-Thomas-Antoine).	Ancien garde des forêts de l'État	200.	
5,791.	GUILLABERT (Frédéric DE)	Fils d'émigré, né en émigration	400.	
5,792.	—— (Jean-Mathieu-Paul DE)	*Idem*	400.	
5,793.	—— (Catherine-Georgine, veuve, DE), née MORGAN.	Veuve d'émigré	300.	
5,794.	GUILLARD (François)	Vendéen	200.	
5,795.	GUILLARD-SENAINVILLE	Ex-chef de bureau au ministère de la Maison du Roi.	3,000.	
5,796.	GUILLAUME	Pension accordée directement par le Roi. (Motifs inconnus.)	1,000.	N'a touché aucun des deux secours.
5,797.	GUILLAUME (Philippe)	Émigré	400.	*Idem.*
5,798.	—— (Élisabeth-Louise), née DE BUTET, dame.	Fille d'un consul de France en Égypte..	200.	*Idem.*
5,799.	—— (Louise-Anne, veuve), née DUROCHER DE LA ROUAUDIÈRE.	Veuve d'émigré	1,000.	
5,800.	—— (Aldegonde-Joseph-Dorothée, veuve), née PRÉSEAU.	Persécutée à la révolution, perte de fortune, âgée de 80 ans.	200.	
5,801.	—— (Françoise-Catherine-Victoire), née VILLAMBRE, dame.	Sœur d'émigré	500.	
5,802.	—— (Jean-François), dit LANOS ...	Services rendus à la cause royale	200.	
5,803.	GUILLAUMOT (Louis-Frédéric)	Employé au ministère de la Maison du Roi.	400.	
5,804.	—— (Jean-Simon-Alexandre)	Ex administrateur de la manufacture de Beauvais.	841.	
5,805.	GUILLEMAIN (demoiselle)	Fille d'un sculpteur persécutée pendant la révolution.	300.	
5,806.	GUILLEMEAU DE St-SOUPLET (Louise-Élisabeth), née D'USSON, marquise.	Femme d'émigré	400.	
5,807.	GUILLEMEL dit FONTENAY (Louis-François).	Vendéen	150.	
5,808.	GUILLEMETTE (Marie-Anne-Catherine, veuve), née PATEY.	Veuve de Vendéen	200.	
5,809.	GUILLEMIN (Louis)	Ex-balayeur au château des Tuileries..	102.	N'a touché aucun des deux secours.
5,810.	GUILLEMIN DE VAIVRE (Louise-Claire, demoiselle).	Fille d'émigré	150.	

Nos d'ordre.	NOMS ET PRÉNOMS des PENSIONNAIRES.	MOTIFS de LA CONCESSION DES PENSIONS.	MONTANT des PENSIONS.	OBSERVATIONS.
5,811.	GUILLEMOT (Jean-Marie)	Vendéen	600f 00c	
5,812.	—— (Louis)	Chef de bataillon vendéen	100. 00.	N'a pas touché le deuxième secours.
5,813.	—— (Pierre-Denis-Joseph)	Émigré	300. 00.	
5,814.	GUILLEN (Caroline-Parbula, demoiselle).	Fille d'émigré	1,100. 00.	N'a touché aucun des deux secours.
5,815.	—— (Ursule-Anne-Parbula, demoiselle).	*Idem*	1,100. 00.	
5,816.	GUILLEUX (René-Léon)	Vendéen	100. 00.	
5,817.	GUILLOIS (Jean)	Émigré	400. 00.	
5,818.	——(Jeanne-Perrine, née TROVALET, demoiselle).	Émigrée	400. 00.	N'a pas touché le premier secours.
5,819.	GUILLORÉ (Jacques-Philippe-Pierre-François).	Vendéen	150. 00.	N'a touché aucun des deux secours.
5,820.	—— DE LANDELLE (Basile-Athanase-Julien).	*Idem*	300. 00.	*Idem.*
5,821.	GUILLOT (Daniel-Louis)	Contrôleur général des fermes	600. 00.	
5,822.	—— (Jean)	Prêtre émigré	900. 00.	
5,823.	—— (Laurent-Michel, abbé)	Émigré	1,066. 80.	
5,824.	—— (Marie-Adélaïde, née femme GRENU).	Veuve d'un balayeur au château de Saint-Cloud.	100. 00.	
5,825.	GUILLOTO (Marie-Anne-Hélène, née LE CORVEC, veuve).	Vendéenne	100. 00.	
5,826.	GUILMARD (Jacques)	Vendéen	60. 00.	
5,827.	GUILMIN (Adèle-Virginie, demoiselle).	Fille d'émigré	120. 00.	
5,828.	GUILMOTO-CLOSNEUF (Marie-Philippe).	Fils de Vendéen	200. 00.	N'a pas touché le deuxième secours.
5,829.	GUIMONNEAU (Louis)	Vendéen	80. 00.	
5,830.	GUINARD (Étienne-Charles)	Fils d'un ancien secrétaire de la cassette du Roi.	300. 00.	
5,831.	GUINTRAND (Anne, née SMITH)	Veuve d'émigré	500. 00.	
5,832.	GUIO (Marie-Victoire-Josèphe, née SARTEL, veuve).	Son mari a été tué par un militaire en démence.	200. 00.	
5,833.	GUIOL (Joseph-Michel)	Émigré de Toulon	150. 00.	
5,834.	—— DE GUIRAND (Adolphe)	Ex-maréchal des logis de lanciers. A été obligé de quitter le service par suite d'une blessure.	200. 00.	
5,835.	GUION (Jacques)	Émigré	600. 00.	

Nos d'ordre.	NOMS ET PRÉNOMS des PENSIONNAIRES.	MOTIFS de LA CONCESSION DES PENSIONS.	MONTANT des PENSIONS.	OBSERVATIONS.
5,836.	GUIOT (Jean)	Vendéen	300f	
5,837.	—— (Mélanie-Joseph, demoiselle).	Émigrée	240.	
5,838.	—— (née BELLOIR, dame)	Vendéenne	60.	
5,839.	—— (Marguerite-Françoise-Josèphe, dame, née BRABANT).	Émigrée	500.	
5,840.	GUIOT DU DOIGNON (Julie-Joséphine, demoiselle).	Fille d'émigré	250.	
5,841.	GUIOT D'ECHÉRAT (Marie, religieuse, dame).	Sœur de deux émigrés	200.	
5,842.	GUIOT DE LA TIBARDERIE (Étienne-François, chevalier).	Émigré	1,500.	
5,843.	GUIOT DE LAUZIÈRE (Jean)	*Idem*	800.	N'a pas touché le deuxième secours.
5,844.	GUIOT DE PONTEIL (Marie-Catherine-Antoinette-Josèphe, veuve), née NEUBECK.	Veuve d'émigré	800.	
5,845.	GUIOT JEANNIN (Jean-François)	Émigré	100.	
5,846.	GUIRARD DE MONTARNEL (Jacquette-Antoinette-Marguerite, née DE GOUDAL DE CURLANDE, dame).	Veuve d'émigré	250.	*Idem.*
5,847.	GUIRAUDET (Marguerite-Henriette, demoiselle).	Émigrée	300.	
5,848.	GUIRONNEL MASSAS (Marie-Jeanne-Henriette-Pierrette-Félicité, demoiselle).	Services de son père à la cause royale, en France.	200.	
5,849.	GUISE (Marie-Madeleine-Constance, demoiselle).	Fille d'émigré	150.	*Idem.*
5,850.	GUISTEAU dit GUICHETEAU (Michel)	Vendéen	50.	N'a touché aucun des deux secours.
5,851.	GUITERA (Joseph-Marie-Michel)	Fils d'émigré	150.	*Idem.*
5,852.	GUITTON (Madeleine-Vincente, née AUSQUER DE KEROUARS, veuve DE).	Vendéenne	150.	*Idem.*
5,853.	GUISTON (Marie-Perrine, née BÉRANGER, dame).	*Idem*	70.	
5,854.	GUITTONNEAU (François)	Vendéen	250.	
5,855.	GUMOENS (Améline-Catherine-Mélanie, née FAUCHE-BOREL, dame DE).	Fille de Fauche-Borel qui a rendu des services à la famille royale.	2,500.	
5,856.	GUNTZER (Charles-Joseph-Alexandre, DE).	Émigré	400.	
5,857.	—— (Madeleine, née ACKERMANN, baronne DE).	Femme d'émigré	600.	
5,858.	GURBS (Étienne)	Émigré	800.	
5,859.	GUTZVILLER (Blaise)	*Idem*	150.	N'a pas touché le premier secours.
5,860.	GUYARD (Jean-Baptiste)	Ex-garde à pied des forêts à Versailles.	120.	

Nos d'ordre.	NOMS ET PRÉNOMS des PENSIONNAIRES.	MOTIFS de LA CONCESSION DES PENSIONS.	MONTANT des PENSIONS.	OBSERVATIONS.
5,861.	GUYHOU DE MARCOIS (Marie-Anne-Angélique-Victoire, née DARGENT, veuve).	Veuve d'émigré........................	500f	
5,862.	——— DE MONTLEVEAUX (Louise-Amélie, née DE SIMONY DE BROUTIÈRE, dame)	Fille d'un contre-amiral émigré........	300.	
5,863.	GUYMARD (Jacques)................	Vendéen..............................	50.	
5,864.	GUYODO (Ursule, née LE BARON, veuve).	Veuve de Vendéen.....................	50.	N'a touché aucun des deux secours.
5,865.	GUYOMARD (Mathurin-Hilarion)......	Fils d'un prisonnier au château de Ham..	200.	*Idem.*
5,866.	GUYOT (Adolphe).................	Son père, canonnier de la garde nationale de Gannat, a été blessé par la pièce qu'il servait.	40.	
5,867.	——— (Madeleine, demoiselle).....	*Idem*...............................	40.	
5,868.	——— (Gilbert)..................	*Idem*...............................	40.	*Idem.*
5,869.	——— (Henri)...................	Capitaine émigré, père de sept enfans..	1,200.	N'a pas touché le deuxième secours.
5,870.	——— (Eulalie-Françoise, née DE LAFAYE DE PETICHAMPS, veuve).	Émigrée..............................	300.	
5,871.	——— (Périne, née LEHEN, veuve).	Vendéenne............................	200.	
5,872.	——— (Marie-Catherine-Marguerite, née PEROT DE CHAMPAGNÉ, veuve).	Émigrée..............................	200.	N'a touché aucun des deux secours.
5,873.	——— DE FERRODIÈRE (Louise, née GUYOT DE LESPARS, dame).	*Idem*...............................	400.	
5,874.	——— DE LESPARS (Henriette-Renée, née CHESSÉ, veuve).	*Idem*...............................	250.	
5,875.	——— (Louis-Charles-Ferdinand, baron de MALSEIGNE).	Émigré...............................	800.	
5,876.	——— RENAUD (Jean-Ignace)......	*Idem*...............................	300.	N'a pas touché le deuxième secours.
5,877.	GUYOU DE JAGNY (Catherine-Aimée, née LEBLOND, comtesse).	Veuve d'un mousquetaire............	300.	
5,878.	GUYS DE SAINTE-HÉLÈNE (Élisabeth, née BETIN).	Dévoûment à la famille des Bourbons...	300.	
5,879.	GUYON (Claude-François)..........	Émigré...............................	120.	
5,880.	——— (Félix)..................	Capitaine émigré.....................	1,000.	
5,881.	——— DE BELLEVUE RAYSSAC (François).	Émigré...............................	900.	

Nos d'ordre.	NOMS ET PRÉNOMS des PENSIONNAIRES.	MOTIFS de LA CONCESSION DES PENSIONS.	MONTANT des PENSIONS.	OBSERVATIONS.
		H		
5,882.	HAAS (Jean-Jacques)	Émigré	100f 00c	N'a touché aucun des deux secours.
5,883.	HABERKORN (Laurent)	Émigré, âgé de quatre-vingt-deux ans.	300. 00.	*Idem.*
5,884.	HACQUES (Maurice-Gervais)	Vendéen	100. 00.	N'a pas touché le deuxième secours.
5,885.	HACQUIN (François-Toussaint)	Restaurateur de tableaux au Musée	1,000. 00.	
5,886.	HAFFNER (François-Antoine)	Émigré	150. 00.	
5,887.	HAFFRENGUES DE REBECQUE (Jacques-Philippe-Henri-Marie, D').	*Idem*	1,200. 00.	
5,888.	HAGART (Stanislas)	Emigré, infirme	200. 00.	
5,889.	HAGEN (Marie-Josèphe-Angélique, demoiselle D').	Fille d'un officier du régiment de Hainaut, percluse de tous ses membres.	300. 00.	
5,890.	HAGER (Marie-Joseph-Louis-Gabriel)	Émigré	300. 00.	
5,891.	HAINZELIN (Marie-Antoinette-Caroline, baronne D').	Fille d'émigré	600. 00.	N'a touché aucun des deux secours.
5,892.	HALANSY (François)	A montré du dévouement lors de l'assassinat du duc de Berri.	200. 00.	
5,893.	HALBOT (Jean)	Naufragé	120. 00.	*Idem.*
5,894.	HALLER D'HALLEZ (vicomte DE)	Pension accordée directement par le Roi. (Motifs inconnus.)	500. 00.	*Idem.*
5,895.	HALLEY (Marie-Françoise-Victoire, dame), née LEFORT.	Émigrée	200. 00.	
5,896.	——— (Renée-Louis-Jacqueline, veuve), née MARTIN.	Vendéenne	150. 00.	
5,897.	HALU (Thérèse-Françoise, veuve), née VANONNE.	Veuve d'un employé au ministère de la Maison du Roi.	250. 00.	
5,898.	HALY (Alexandrine-Narcisse, demoiselle)	Parente d'émigrés	300. 00.	
5,899.	——— (Marie-Amaranthe-Honorée, demoiselle).	*Idem*	300. 00.	
5,900.	HAM (Marie-Barbe-Josèphe, demoiselle DE).	Émigrée	600. 00.	
5,901.	HAMEL (Jean-François-Jérôme, abbé DE).	Prêtre émigré	400. 00.	
5,902.	HAMELIN (dame, religieuse)	Émigrée	1,219. 20.	N'a touché aucun des deux secours.
5,903.	HAMERVILLE (Adélaïde-Louise-Éléonore, demoiselle D').	*Idem*	800. 00.	
5,904.	HAMMELIN (Marie-Geneviève, veuve), née BOULARD.	Vendéenne	50. 00.	*Idem.*
5,905.	HAMON DE KERGAF (François-Pierre-Marie).	Vendéen	400. 00.	*Idem.*

Nos d'ordre.	NOMS ET PRÉNOMS des PENSIONNAIRES.	MOTIFS de LA CONCESSION DES PENSIONS.	MONTANT des PENSIONS.	OBSERVATIONS.
5,906.	HAMROUX (Louis-Modeste).........	Palefrenier aux écuries de la Reine....	160f 00c	
5,907.	HANACHE (Marie-Françoise-Louise, demoiselle D').	Émigrée.........................	400. 00.	
5,908.	——— (Marie-Louise-Vincent, demoiselle D').	*Idem*..........................	400. 00.	
5,909.	——— (Modeste-Françoise, demoiselle D').	*Idem*..........................	400. 00.	
5,910.	HANDICQUER DUQUESNOY (Léonore-Marie-Henriette, née DUFOUC DE CHANTELOUP, dame).	Fille et femme d'émigrés.............	400. 00.	
5,911.	HANET-CLÉRY (Pierre-Louis).......	Frère du dernier valet de chambre de Louis XVI.	500. 00.	
5,912.	HANICLE (Marie-Justine, née ROULIER, veuve).	Son frère a été tué à Compiègne en 1789, dans une émeute populaire.	200. 00.	
5,913.	HANIN (Guillaume-Emmanuel).......	Rétablissement d'une pension accordée sur la cassette de Louis XVI.	300. 00.	N'a pas touché le deuxième secours.
5,914.	HANNICQUE (Adélaïde-Françoise, née LECOMTE, veuve D').	Émigrée.........................	400. 00.	
5,915.	HANNOIRE (Jean-Baptiste)..........	Émigré..........................	150. 00.	N'a touché aucun des deux secours.
5,916.	HANSER (Antoine).................	*Idem*..........................	100. 00.	
5,917.	HAON (Jean)......................	Ex-maréchal-des-logis des gardes du corps.	800. 00.	
5,918.	HARAN (Marie-Victoire, née BAILLEUX, veuve).	Vendéenne.......................	400. 00.	N'a pas touché le deuxième secours.
5,919.	HARCOURT (Anne, dame religieuse)..	Émigrée.........................	457. 20.	
5,920.	HARDOU (Mathieu).................	Officier vendéen..................	300. 00.	*Idem.*
5,921.	HARDOUIN (André-Benoît, abbé).....	Émigré..........................	1,219. 10.	N'a touché aucun des deux secours.
5,922.	——— (Mathurin).................	Vendéen.........................	50. 00.	*Idem.*
5,923.	——— (Marie-Renée-Julie, née BOURSAULT, dame).	Vendéenne.......................	150. 00.	N'a pas touché le deuxième secours.
5,924.	——— (Marie-Pélagie-Clotilde, née DESPONTS DE SONATON, veuve).	Belle-fille d'un serviteur de Louis XVIII.	150. 00.	*Idem.*
5,925.	HARDUIN (Amable-Joseph)..........	Dévouement à la cause royale.........	150. 00.	
5,926.	HARDY (Guillaume-Adrien)..........	Postillon chez madame la comtesse d'Artois.	300. 00.	N'a touché aucun des deux secours.
5,927.	——— (Pierre-François, abbé)......	Émigré..........................	1,219. 20.	
5,928.	HARGOUS (Marie-Anne-Laure, demoiselle).	Veuve d'un lieutenant de vaisseau.....	400. 00.	*Idem.*
5,929.	HARMAND (Catherine-Françoise, demoiselle).	Femme de chambre de la Reine Marie-Antoinette.	864. 00.	
5,930.	HARMANT (Marcel-Joseph).........	Émigré..........................	600. 00.	

Nos d'ordre.	NOMS ET PRÉNOMS des PENSIONNAIRES.	MOTIFS de LA CONCESSION DES PENSIONS.	MONTANT des PENSIONS.	OBSERVATIONS.
5,931.	HAROUET (Jean)	Vendéen	90f	N'a pas touché le deuxième secours.
5,932.	HARISSON (dame)	Émigrée	600.	
5,933.	HARTEL DE COURNOYER (Louise-Augustine-Laurette, demoiselle.)	Canadienne, fille d'un lieutenant-colonel.	400.	
5,934.	HARTY (Catherine-Anne-Marie), née GROENWELDT, baronne de PIERREBOURG, veuve.	Veuve d'un lieutenant-général	500.	
5,935.	HARTZ (Antoine)	Émigré	60.	N'a touché aucun des deux secours.
5,936.	HASTREL (Louise-Sophie-Stéphanie DE).	N'a aucun moyen d'existence	300.	*Idem.*
5,937.	HAURO (Jeanne, née SAUVAGEOT, veuve).	Veuve d'émigré	120.	
5,938.	HAUCOURT (Charles-Alexandre D')	Émigré	400.	*Idem.*
5,939.	——— (Marie-Anne, demoiselle)	Émigrée	300.	*Idem.*
5,940.	HAUDICQUER DUQUESNOY (Gustave-Léonard-Désiré).	Fils d'émigré	300.	N'a pas touché le deuxième secours.
5,941.	HAUGON LEBRETON (Jean-François)	A rendu des services à la cause des Bourbons.	200.	
5,942.	HAURÉ (Marie-Jeanne, née LEGRAND, veuve.)	Femme d'un employé au garde-meuble de Louis XVI.	200.	
5,943.	HAUREGARD (Marie-Catherine, demoiselle DE.)	Sœur d'émigré, fille d'un lieutenant-colonel.	200.	
5,944.	HAUTEFORT (Jean-Louis-Gustave, comte DE.)	Ex-officier des gardes du corps de Louis XVIII.	6,000.	N'a touché aucun des deux secours.
5,945.	——— (Sophie-Reine-Marianne, demoiselle D').	Parente du dernier duc de Richelieu	150.	
5,946.	HAUTEVILLE	Pension accordée directement par le Roi. (Motifs inconnus.)	360.	
5,947.	HAUTPOUL (comtesse DE)	Auteur de plusieurs ouvrages	500.	
5,948.	HAUTRUX (François)	Vendéen	80.	
5,949.	——— (Jean-Augustin)	*Idem*	100.	
5,950.	HAVARD (Louis)	Serviteur chez MADAME, comtesse de Provence.	200.	*Idem.*
5,951.	——— (Marie-Sophie, née BARBIER, veuve.)	Fille d'un écuyer de la bouche dans la Maison du Roi.	600.	
5,952.	HAY (Charles)	Vendéen	50.	
5,953.	——— (Jacques)	*Idem*	80.	N'a pas touché le deuxième secours.
5,954.	——— DE SLADE (Émile)	*Idem*	600.	
5,955.	HAYCK (Marie-Joseph-Adélaïde, née D'HERAL, veuve.)	Sœur d'émigrés	250.	

Nos d'ordre.	NOMS ET PRÉNOMS des PENSIONNAIRES.	MOTIFS de LA CONCESSION DES PENSIONS.	MONTANT des PENSIONS.	OBSERVATIONS.
5,956.	HAYRAUD (Jean)	Vendéen	50f 00c	N'a pas touché le premier secours.
5,957.	HAZON DE SAINT-FIRMIN (Louis)	Écuyer de MONSIEUR, comte de Provence.	1,500. 00.	
5,958.	HÉBERT (Alexis-Hilaire, abbé)	Émigré	900. 00.	
5,959.	——— (Pierre-François-Salomon, abbé).	*Idem*	1,219. 20.	
5,960.	——— DE BOULON (Louise-Henriette, demoiselle DE).	Émigrée	200. 00.	
5,961.	HÉBRARD (Marie-Thérèse, née DE LACHIEZE DE BRIANCE, dame).	Nièce d'émigré	200. 00.	
5,962.	HÉBRAY DE LA ROCHELLE (Laurence-Léonide, née BOURDON DE LA MILLIÈRE.	Veuve d'émigré	600. 00.	
5,963.	HECTOR DE MONSENOT (Marie, demoiselle D').	Sœur de la précédente	200. 00.	
5,964.	HÉDAIN (Marie-Louise-Sophie, demoiselle).	Fille d'émigré	200. 00.	
5,965.	HÉDOUVILLE (Jeanne-Élisabeth, née CANELLE, veuve D').	Émigrée	800. 00.	
5,966.	HÉDUIN dit PIERRE LA JEUNESSE (Claude-Éloi-Simon).	Émigré	300. 00.	
5,967.	HÉGER (Marie-Catherine, demoiselle)	Elle et sa famille ont rendu de grands services aux soldats français blessés à Waterloo.	200. 00.	
5,968.	HEIM	Pension payée précédemment par le département des beaux-arts.	300. 00.	
5,969.	HEISER (George)	Émigré	200. 00.	
5,970.	HEISS (Caroline-Dominique-Euphrosine, née MARKLÉ, baronne D').	Émigrée	1,200. 00.	N'a touché aucun des deux secours.
5,971.	HÉLARY (Donau-Mathieu-Yves-François).	Vendéen	800. 00.	
5,972.	HELLOCO (Yves)	Lieutenant-colonel vendéen	600. 00.	
5,973.	——— (Marie-Josèphe-Mathurine, née POËNCES DE BOISLAURENT, dame).	Son père a été tué à l'armée de Condé.	300. 00.	N'a pas touché le deuxième secours.
5,974.	HELLOUIN DE MÉNIBUS (Gustave-Adolphe-Louis).	Capitaine-major vendéen	400. 00.	
5,975.	HÉMARD (née FRÉMIOT DE CHANTAL DE GUYENROST, veuve D').	Veuve d'un gentilhomme ordinaire de la chambre du Roi.	1,500. 00.	
5,976.	HEMBERGER (Barbe-Françoise, demoiselle).	Fille d'émigré	500. 00.	N'a pas touché le premier secours.
5,977.	——— (Claudine-Frédérique-Françoise, dlle), actuellement dame COSTA.	*Idem*	500. 00.	*Idem.*
59,78.	HÉMÉRIC DE CARTOUZIÈRE (Marie-Renée-Henriette, demoiselle), actuellement dame DAMESME.	*Idem*	500. 00.	
5,979.	HEMMINGSON (Claudine-Françoise, née NICOLAS, dame).	Émigrée	500. 00.	
5,980.	HÉNAULT (Pierre)	Vendéen	50. 00.	

Nos d'ordre.	NOMS ET PRÉNOMS des PENSIONNAIRES.	MOTIFS de LA CONCESSION DES PENSIONS.	MONTANT des PENSIONS.	OBSERVATIONS.
5,981.	HÉNAULT (Claudine, née FERLAT, dame).	Émigrée	1,200f	
5,982.	——— (Marie-Madeleine, née GAGNÉ, dame).	Fille d'un garde-portier à Versailles	100.	
5,983.	——— (Catherine-Félicité, née GUITARD, veuve).	Veuve d'un garde de plantations à Marly	100.	N'a pas touché le deuxième secours.
5,984.	——— (Anne, née PELÉ, veuve)	Veuve d'émigré	100.	
5,985.	HENEUSE (Catherine-Élisabeth, née GLAREL, veuve).	Émigrée	600.	
5,986.	HENIAU (Charles-Joseph)	Services à la cause royale, en France	250.	
5,987.	HENIUS (Balthasar)	Émigré	100.	N'a touché aucun des deux secours.
5,988.	HENNEZEL (François-Léopold, chevalier D').	*Idem*	300.	
5,989.	——— (Léopold D')	*Idem*	800.	
5,990.	——— (Nicolas-Joseph, chevalier D')	*Idem*	500.	
5,991.	HENNZEL-DUMAINY (née STEVENOT, dame D').	Veuve d'émigré	800.	N'a pas touché le deuxième secours.
5,992.	HENNICLE (Marie-Françoise-Adélaïde, née SOYER, veuve).	Son mari, blessé par les chevaux du Roi, a été assassiné depuis par des brigands.	200.	
5,993.	HENNOT (Pierre)	Militaire grièvement blessé en Espagne	150.	*Idem.*
5,994.	HENRIET (Jean-Claude)	Capitaine émigré	1,000.	
5,995.	HENRIGUE DE MONTVERT (François-Simon).	Lieutenant-colonel émigré	600.	
5,996.	——— (Léopold-François-Alexandre-Rodolphe).	Fils d'émigré	400.	
5,997.	HENRION (François)	Secrétaire de Louis XVIII, en émigration.	1,200.	
5,998.	——— (Barbe-Gabrielle, demoiselle).	Son père est mort sur l'échafaud, en 1793. Elle est dans la misère.	240.	
5,999.	——— (Marie-Julienne, née LEMONNIER, dame).	Vendéenne	300.	
6,000.	HENRIOT (Jean-François)	Émigré	150.	
6,001.	HENRIQUEZ (Louis-François, chevalier D').	*Idem*	400.	
6,002.	——— (Anne-Julie, demoiselle D')	Émigrée	400.	N'a touché aucun des deux secours.
6,003.	——— (Marie-Louise, demoiselle D')	*Idem*	400.	
6,004.	HENRY (Alexandre-François)	Huissier du cabinet de la Reine	200.	
6,005.	——— (Louis-Victor-Amédée)	Fils d'une femme de chambre de la Reine.	200.	

Nos d'ordre.	NOMS ET PRÉNOMS des PENSIONNAIRES.	MOTIFS de LA CONCESSION DES PENSIONS.	MONTANT des PENSIONS.	OBSERVATIONS.
6,006.	HENRY (Pierre)........................	Victime d'un militaire en démence......	150f	
6,007.	——— (Angélique-Élisabeth-Thomas, demoiselle).	Fille d'une femme de chambre de la Reine.	400.	
6,008.	——— (Joséphine-Françoise-Amable, demoiselle).	*Idem*..............................	200.	
6,009.	——— (Louise-Thérèse-Gertrude, demoiselle).	Sa mère jouissait d'une pension de 300 fr. avant la révolution.	134.	
6,010.	——— (Marie-Anne, veuve), née BAUDOUIN.	Veuve d'un sous-aide à la porcelaine....	223.	
6,011.	——— (Cécile-Geneviève, veuve), née SERVAIS.	Veuve d'un valet de pied de MONSIEUR, comte de Provence.	150.	
6,012.	——— (Marie-Élisabeth, veuve), née ZAEPFFEL.	Veuve d'un colonel du génie qui a travaillé à la carte de France.	600.	
6,013.	HÉRARD (Anne-Louise, veuve), née DURITY.	Veuve d'un cocher de MADAME, comtesse de Provence.	150.	N'a touché aucun des deux secours.
6,014.	——— (Marie-Marguerite, veuve), née PINET.	Veuve d'émigré..........................	250.	
6,015.	HERAUD (Jacques-Thérèse)..........	Émigrée..............................	200.	N'a pas touché le premier secours.
6,016.	HERAUDEAU (Pierre)..............	Vendéen............................	50.	N'a pas touché le deuxième secours.
6,017.	HERBAIS (Pierre-Joseph-Eugène, chevalier D').	Sous-lieutenant émigré...............	600.	*Idem.*
6,018.	HERBAUT (Jean-Baptiste-Régis).......	Émigré............................	300.	*Idem.*
6,019.	——— (Philippe-Joseph)...........	Déporté à la révolution...............	400.	
6,020.	HERBELIN (dame)..................	N'a aucun moyen d'existence.........	240.	N'a touché aucun des deux secours.
6,021.	——— (Jeanne-Marie, veuve DE), née BLONDEL.	Vendéenne.........................	400.	
6,022.	HERBERT (Joseph).................	Vendéen............................	100.	
6,023.	——— (Jeanne, veuve), née CHANTEL.	Veuve d'un officier des armées françaises.	300.	
6,024.	HERBEZ (D') *dit* SAINT-AUBIN........	Artiste de l'Opéra-Comique...........	300.	
6,025.	HERBINGER (Salomé, veuve), née BOLENDER.	Veuve d'émigré.....................	300.	
6,026.	HERBLIN-TANIS (Marguerite-Françoise-Renée, veuve), née FORTIN.	Veuve de Vendéen.................	250.	
6,027.	HÉRIAU (Jacques-René)............	Vendéen...........................	80.	N'a pas touché le deuxième secours.
6,028.	HÉRILLARD (François)............	*Idem*............................	200.	*Idem.*
6,029.	HERIN (Jean-Baptiste).............	Persécuté pendant la révolution.......	120.	
6,030.	HÉRISSÉ (Pierre).................	Vendéen...........................	50.	

Nos d'ordre.	NOMS ET PRÉNOMS des PENSIONNAIRES.	MOTIFS de LA CONCESSION DES PENSIONS.	MONTANT des PENSIONS.	OBSERVATIONS.
6,031.	HÉRISSÉ (Jeanne, veuve), née GUITON.	Vendéenne	50f 00c	
6,032.	——— (Marie, ve), née REVEILLEAU.	*Idem*	100. 00.	
6,033.	HÉRISSON-GARIN *dit* GUÉRIN (Jean-Adolphe).	Fils d'un garçon de bureau à l'intendance générale de la couronne.	200. 00.	
6,034.	HERMANGE (Michel-Jean)	Vendéen	60. 00.	N'a pas touché le deuxième secours.
6,035.	HERMAN (François, abbé)	Émigré	600. 00.	
6,036.	HERMANT (Amable-Jeanne, femme), née BARBIER.	En remplacement de la pension de 300 fr. dont elle jouissait avant la révolution.	150. 00.	
6,037.	HERMELY (Perinne), femme LAURENT.	Fille de Vendéen	500. 00.	
6,038.	HERMET (Jean-François-Marc)	Ancien gendarme, a rendu des services aux émigrés.	150. 00.	*Idem.*
6,039.	HERMITTE (Anne-Rose, dame), née MARLIN.	Veuve d'émigré de Toulon	200. 00.	
6,040.	HÉRODE *dit* FAGE (Louis)	Émigré	150. 00.	N'a touché aucun des deux secours.
6,041.	HEROUX (Jean)	Serviteur dans la maison de la Reine	300. 00.	
6,042.	HERPAILLER DU CHESNEAU (Maurice-Claudine-Esther, demoiselle).	Sa famille a rendu des services à Louis XVIII.	200. 00.	
6,043.	HERPE (Julie, veuve), née PAJOLEC	Veuve d'un officier des armées françaises.	150. 00.	
6,044.	HERRIAU (Pierre)	Vendéen	400. 00.	
6,045.	HERSENT (Pierre-Julien, abbé)	Émigré	1,218. 20.	
6,046.	HERVAU (Adélaïde-Marguerite-Joséphine, veuve), née BELLEPAUME.	Son père est mort sur l'échafaud, en 1793.	150. 00.	N'a pas touché le deuxième secours.
6,047.	HERVÉ (Joseph)	Vendéen	100. 00.	*Idem.*
6,048.	——— (Michel)	*Idem*	600. 00.	*Idem.*
6,049.	HERVILLY (Éloy-Marie-François D')	Ex-garde du corps sous Louis XVIII	300. 00.	
6,050.	HERVOUET (Gabriel-René-François)	Vendéen	300. 00.	*Idem.*
6,051.	HÉRY (Pierre)	*Idem*	50. 00.	N'a touché aucun des deux secours.
6,052.	HERZOG (Madeleine-Marguerite, veuve), née IPONVILLE.	Émigrée	500. 00.	
6,053.	HESMIVY D'AURIBEAU (Pierre D')	Prêtre émigré, infirme	1,500. 00.	
6,054.	HESSEL (Philippe)	Émigré	150. 00.	
6,055.	HEUDE (Alexandre-Édouard)	Fils d'émigré, né en émigration	600. 00.	

Nos d'ordre.	NOMS ET PRÉNOMS des PENSIONNAIRES.	MOTIFS de LA CONCESSION DES PENSIONS.	MONTANT des PENSIONS.	OBSERVATIONS.
6,056.	HEUDE (François)................	Fils d'émigré, né en émigration.......	300f	
6,057.	——— (Pierre-Charles)...........	Fils d'émigré......................	200.	
6,058.	——— (Marie-Julienne, demoiselle)..	Fille d'émigré, née en émigration.....	300.	
6,059.	HEUDEBERT-DAGUILA (Marie-Rose, veuve), née DIOT.	Veuve d'émigré...................	500.	
6,060.	HEUGUE (Michel-Pierre-Amant)	Émigré.........................	150.	
6,061.	HEUREUX (Madeleine-Louise D'), femme LABICCKE DE GIPOULON.	Fille d'émigré....................	400.	
6,062.	HIARD (Christine-Josèphe, veuve), née JUGANT.	Veuve d'un ancien soldat, âgée de 81 ans.	100.	
6,063.	HILLAIRE DE LA ROCHETTE (Alexandrine-Marie-Jeanne, demoiselle D')	Perte de fortune..................	600.	
6,064.	HILLERIN DU BOISTISSANDEAU (Hortense-Amélie, demoiselle d')	Émigrée; Vendéenne...............	300.	
6,065.	HILPERT (Agathe-Josèphe), née DE REGNAUD DE LA SOURDIÈRE.	Fille d'un brigadier des mousquetaires gris.	300.	
6,066.	HILS (Antoine)...................	Émigré.........................	200.	N'a touché aucun des deux secours.
6,067.	HIMMELSBACH (Catherine, veuve), née OBER.	Veuve d'émigré..................	100.	
6,068.	HINET (Antoinette-Jeanne, veuve), née BINART.	Ouvrière à la lingerie de la Reine......	150.	
6,069.	HINGANT DE SAINT-MAUR (Marie-Madeleine-Josèphe, veuve), née LE BRET DE LA ROULAIS.	Vendéenne......................	250.	
6,070.	HIRTZ (Barbe, veuve), née MENTGES..	Veuve d'émigré..................	250.	
6,071.	HIVERT (Joseph-Louis)............	Vendéen.......................	80.	N'a pas touché le deuxième secours.
6,072.	HOCHON (Marie-Élisabeth-Charlotte, dame), née SCHUPHAUWER.	Son père, capitaine suisse, fut tué à l'affaire de Nancy. Veuve d'un officier des armées françaises.	250.	
6,073.	HODEBERT (André-Joseph-Anne).....	Vendéen.......................	50.	
6,074.	HOEN (Philippe-Frédéric, baron de)...	Émigré.........................	500.	
6,075.	HOFFELMAYER (Marie-Joseph-Antoine-Hyacinthe-Valentin).	Première contre-basse à la chapelle du Roi.	164.	*Idem.*
6,076.	HOFFMANN......................	Dévouement de son père à la cause royale.	80.	
6,077.	——— (demoiselle)...............	*Idem*..........................	80.	
6,078.	——— (veuve)...................	Veuve d'émigré; mère de sept enfans..	100.	
6,079.	——— (Marie-Françoise, veuve), née KUNTZENKNECHT.	Veuve d'émigré..................	250.	
6,080.	HOGUAIS (Thomas-Vigor)..........	Émigré et Vendéen................	300.	

Nos d'ordre.	NOMS ET PRÉNOMS des PENSIONNAIRES	MOTIFS de LA CONCESSION DES PENSIONS.	MONTANT des PENSIONS.	OBSERVATIONS.
6,081.	HOHENLOHE (Alexandre, prince DE)..	Évêque...........................	2,000f	N'a touché aucun des deux secours.
6,082.	HOHENLOHE JACGSTSBERG (Charles-Joseph DE).	Frère du maréchal prince de Hohenlohe.	3,000.	*Idem.*
6,083.	——— (princesse DE)............	Parente du maréchal précité.........	2,000.	*Idem.*
6,084.	HOISNARD (Joseph)...............	Vendéen..........................	200.	
6,085.	HOLDERMANN (Marie-Anne, née SCHMITT veuve).	Veuve d'émigré....................	150.	
6,086.	HONEIN (Mathieu-Sébastien).......	Son fils a été tué par une sentinelle le jour de l'entrée du duc d'Angoulême à Paris, en 1823.	1,000.	N'a touché aucun des deux secours.
6,087.	HONNERT (Jean)..................	Émigré et Vendéen; aliéné..........	150.	
6,088.	HORNARD (Jean-Pierre)............	Émigré...........................	300.	*Idem.*
6,089.	——— (Vincent-Augustin).........	*Idem*.............................	300.	*Idem.*
6,090.	HORNER (François)................	Suisse au musée royal..............	200.	
6,091.	HORPIN (Mathieu).................	Vendéen..........................	50.	
6,092.	HORRER (Marie-Reine, née KIEN, ve).	Veuve d'émigré....................	500.	
6,093.	HORRIC (Charles-Pierre-Dominique)..	Fils d'un lieutenant-colonel émigré.....	400.	
6,094.	HORTHION (René-Philippe).........	Vendéen..........................	50.	
6,095.	Hospices et hôpitaux de Fontainebleau.	Rétablissement d'une ancienne pension..	2,000.	N'ont pas touché le deuxième secours
6,096.	HOSTALOT (Gérarde-Germaine-Marie-Rose, née DE LENOIR, dame).	Nièce d'émigré, perte de fortune.....	150.	
6,097.	HOTTOT (Louis)..................	Palefrenier aux gardes du corps.......	100.	N'a touché aucun des deux secours.
6,098.	HOUARD (Gervais)................	Palefrenier à la grande écurie........	200.	
6,099.	HOUBERT (Marie-Élisabeth-Anne, femme GARDEL).	Artiste de la danse à l'Opéra..........	370.	
6,100.	HOUBLOUP dit LA VERDUN (Anne, née MOUTARD, femme).	Fille d'un portier aux écuries de Marrocmay.	80.	N'a touché aucun des deux secours.
6,101.	HOUDAR DE LA MOTTE (Catherine-Charlotte, demoiselle).	Fille d'un premier commis des bâtimens de Louis XVI.	400.	
6,102.	——— (Marie-Sophie, demoiselle)...	*Idem*.............................	400.	
6,103.	HOUDEBINE (Jules-Dominique)......	Victime de l'accident arrivé à Angers lors de la fête du baptême du duc de Bordeaux	100.	*Idem.*
6,104.	HOUDET (Reine, née DE LESQUEN DE LA GARDE, dame).	Nièce d'émigré, perte de fortune......	500.	*Idem.*
6,105.	HOUDET (Antoinette-Françoise-Marie-Nicole, née PRÉVOST, dame).	Veuve d'un député aux États-généraux..	400.	

Nos d'ordre.	NOMS ET PRÉNOMS des PENSIONNAIRES.	MOTIFS de LA CONCESSION DES PENSIONS.	MONTANT des PENSIONS.	OBSERVATIONS.
6,106.	HOUDETOT (César, comtesse)........	Créancière de MONSIEUR, comte de Provence.	900f 00c	
6,107.	HOUDU (Renée, née LEBRETON, veuve).	Vendéenne......................	50. 00.	
6,108.	HOUEL (Madeleine, née PAULET DE LA BASTIDE, dame).	Nièce d'un médecin du château de Fontainebleau.	600. 00.	N'a touché aucun des deux secours.
6,109.	HOUILLIER (Marie-Jeanne, dame religieuse).	Ruinée à la révolution..............	200. 00.	*Idem.*
6,110.	HOULARD (Jacques, abbé)..........	Émigré..........................	1,219. 20.	
6,111.	HOUSSIN (Georges)................	Vendéen.........................	150. 00.	N'a pas touché le deuxième secours.
6,112.	HOVEL (Madeleine, née RINGELSHAVEN, baronne DE).	Son mari, conseiller aulique à Dusseldorf, a rendu des services aux émigrés français.	300. 00.	
6,113.	HOYET DU CHOQUET (Jacques-Sylvestre-Maximilien).	Émigré..........................	500. 00.	
6,114.	HOVOIS (Jeanne-Mathurine), née LE CARÉ, dame).	Émigrée.........................	300. 00.	
6,115.	HOZIER (chevalier D').............	Écuyer de Louis XVIII.............	6,000. 00.	N'a touché aucun des deux secours.
6,116.	——— (fils)......................	*Idem*..........................	8,000. 00.	*Idem.*
6,117.	——— (Marguerite-Denise-Louise-Henriette, demoiselle D').	Fille d'un écuyer de main de Louis XV..	300. 00.	
6,118.	——— (demoiselle), dame DE VASSART.	Fils d'un écuyer de Louis XVIII.......	1,200. 00.	
6,119.	——— (Charlotte-Marie, née VILLEREAU, dame D').	Émigrée.........................	500. 00.	
6,120.	HUARD dit BAPTISTE (André)........	Palefrenier de la vénerie de Louis XVI.	240. 00.	
6,121.	——— (Étienne)..................	Garçon d'attelage aux petites écuries....	200. 00.	*Idem.*
6,122.	——— (Robert, abbé)..............	Prêtre déporté, âgé de 82 ans........	600. 00.	*Idem.*
6,123.	HUBERT (Jean-Baptiste, abbé)........	Émigré..........................	1,066. 80.	N'a pas touché le deuxième secours.
6,124.	——— (Jean-Baptiste-Hippolyte).....	Fils d'un garçon du château des Tuileries.	100. 00.	N'a touché aucun des deux secours.
6,125.	——— (Joseph)....................	Vendéen.........................	80. 00.	
6,126.	——— (Louis-René-Denis)..........	Vendéen, chef de bataillon...........	600. 00.	
6,127.	——— (Paul-Michel)...............	Officier vendéen..................	400. 00.	*Idem.*
6,128.	——— (Philippe)..................	Valet de pied tapissier de MESDAMES de France.	400. 00.	
6,129.	——— (Françoise-Augustine-Josèphe-Fortunée, demoiselle).	Fille d'un capitaine de vaisseau mort à Trafalgar.	400. 00.	
6,130.	HUCHET DE LABÉDOYÈRE (Marie-Désirée, née LEJEUNE-DUPERRAY, dame).	Émigrée.........................	800. 00.	

Nos d'ordre.	NOMS ET PRÉNOMS des PENSIONNAIRES.	MOTIFS de LA CONCESSION DES PENSIONS.	MONTANT des PENSIONS.	OBSERVATIONS.
6,131.	HUE (André-Marie, baron).........	Premier valet de chambre de Louis XVIII.	600f	N'a touché aucun des deux secours.
6,132.	—— (Dominique, abbé).........	Prêtre persécuté...............	400.	
6,133.	—— (François-Guillaume, abbé)...	Émigré.......................	300.	*Idem.*
6,134.	—— (Marie-Jeanne, née DUVAL-DESTIN, veuve).	Veuve d'un palefrenier à la grande écurie.	160.	
6,135.	—— (Victoire-Madeleine-Henriette, née HUTIN, baronne.).	Veuve d'un premier valet de chambre du Roi.	3,000.	
6,136.	HUEBER (Anne-Claude, née D'AFFLON, veuve).	Veuve d'un suisse des appartemens de Louis XVI.	200.	*Idem.*
6,137.	HUET (Antoine-Henri-Wifrand-Madeleine).	Chef de bureau à l'intendance générale de la maison du Roi.	979.	*Idem.*
6,138.	—— (Jean-Laurent)............	En remplacement de la pension de 600f dont il jouissait avant la révolution.	200.	
6,139.	—— (Louis-Auguste)...........	Musicien de la chapelle de Louis XVIII.	108.	N'a pas touché le premier secours.
6,140.	—— DE VAUDOUR (Henriette-Micheline-Germaine-Catherine, dame)....	Sa famille a servi dans la maison du Roi.	400.	N'a pas touché les deux secours.
6,141.	HUGO (Abel)..................	Homme de lettres..............	1,500.	
6,142.	—— (Victor-Marie)............	Poëte........................	1,000.	
6,143.	HUGON-DUPRAT DE MARLIAC (Madeleine-Marie, née DAVID DE LASTOURS, dame).	Veuve d'émigré...............	800.	
6,144.	HUIN (Barbe-Henriette, née L'HOMME, veuve).	Veuve d'un entrepreneur des bâtimens du Roi.	600.	
6,145.	HULOT (Élisabeth, née BELLOIN, veuve).	Vendéenne.....................	200.	
6,146.	HUMBERT DE TONNOY DE SANDROUVILLE (Georges-François-Hyacinthe, comte).	Émigré.......................	400.	
6,147.	—— (Bonne-Jeanne, née DE VAUQUELIN, comtesse).	Émigrée......................	400.	
6,148.	HUMBLOT (Marie-Catherine-Barbe, née GAILLARD, veuve).	Veuve d'un garçon du garde-meuble...	200.	N'a touché aucun des deux secours.
6,149.	—— (Mathurine-Jeanne, née LE CARDINAL, veuve).	Veuve de Vendéen..............	50.	
6,150.	HUMEAU (Louis-Jean)...........	Émigré.......................	400.	
6,151.	—— (Pierre).................	Vendéen......................	80.	
6,152.	—— (Pierre).................	*Idem*........................	50.	
6,153.	HUNAUT DE LA CHEVALLERIE (Marie-Geneviève-Jeanne, née JOUAULT-DESTOUCHES, dame).	Vendéenne.....................	600.	
6,154.	HUOMÉ (Joseph)................	Vendéen......................	70.	
6,155.	HUOT (Henriette-Aglaé (demoiselle)..	Fille d'une femme de chambre de madame Victoire.	400.	

Nos d'ordre.	NOMS ET PRÉNOMS des PENSIONNAIRES.	MOTIFS de LA CONCESSION DES PENSIONS.	MONTANT des PENSIONS.	OBSERVATIONS.
6,156.	HUOT (Henriette-Aglaé), née HUBERT.	Fille d'un garçon de la chambre de Madame Victoire.	400f	
6,157.	——— DE NEUVIER (Élisabeth-Louise-Cornélie, dame), née WENSE.	Femme d'émigré..................	300.	N'a pas touché le deuxième secours.
6,158.	——— SORDOT (Claude-Louis).......	Émigré..........................	200.	
6,159.	HURAULT (Louise-Marie-Jeanne, veuve), née ROBILLARD.	Son mari a été tué par des gardes forestiers de la Couronne. (Pension par suite de transaction.)	400.	
6,160.	HUREL (Antoine-Joseph)...........	Arpenteur de la conservation de Versailles.	200.	
6,161.	HURET (Jean-François).............	Garçon de la bouche chez M. le comte de Provence.	150.	*Idem.*
6,162.	——— (Marie-Louise, veuve), née AUBÉ.	Veuve d'un portier à l'hôtel du Gouvernement, à Versailles.	120.	
6,163.	HURIOT (Jean-Baptiste)............	Émigré..........................	900.	
6,164.	HURTAUX (Marguerite-Sophie, femme), née VERNEUIL.	Fille d'un piqueur de la vénerie.......	100.	
6,165.	HURTRET (Catherine-Élisabeth, veuve), née HENKEN.	Veuve d'un garde forestier de Versailles.	100.	
6,166.	HUS (Jeanne, veuve), née THOMAS....	Veuve d'émigré..................	300.	
6,167.	HUSSON (Pierre-Joseph)...........	Vendéen.........................	300.	
6,168.	——— (Marguerite, veuve), née KUNTZ.	Services de son mari à la cause royale, en France.	250.	
6,169.	——— DE SAMPIGNY (Adélaïde-Françoise, veuve), née DE GAUVILLE.	Veuve d'émigré..................	900.	N'a touché aucun des deux secours.
6,170.	HUTIN (Marie-Catherine-Joseph, demoiselle).	Émigrée.........................	600.	
6,171.	HUTROT (Marie-Madeleine-Adélaïde), demoiselle DE CONDÉ.	*Idem*..........................	300.	
6,172.	HUVELIN DE BAVILLIER (Pauline, demoiselle).	Nièce du général Montélégier, mort commandant supérieur de la Corse.	500.	
6,173.	——— DE BAVILLIER (Joséphine-Clarisse, demoiselle).	*Idem*..........................	500.	
6,174.	HUVIER (Louise-Denise-Augustine, dame).	Religieuse carmélite; aliénée.........	300.	N'a pas touché le deuxième secours.
6,175.	HY (Joseph).......................	Vendéen.........................	50.	
6,176.	HYDE DE NEUVILLE (comte DE).......	Ex-gentilhomme de la Chambre.......	6,000.	
6,177.	HYVER (Anne-Claire-Joseph, veuve), née PONCE.	Veuve d'un fourrier-lieutenant des Cent-Suisses.	400.	

Nos d'ordre.	NOMS ET PRÉNOMS des PENSIONNAIRES.	MOTIFS de LA CONCESSION DES PENSIONS.	MONTANT des PENSIONS.	OBSERVATIONS.
	I			
6,178.	ICARD (Victoire-Élisabeth, demoiselle).	Émigrée de Toulon.................	300f 00c	
6,179.	ICHER DE VILLEFORT (Pierre-François-Marie, baron D').	Émigré.........................	1,000. 00.	
6,180.	ICHET (Jean-Baptiste)............	*Idem*..........................	360. 00.	
6,181.	IHLY (Anne-Marie, née GÜNTER, veuve)	Veuve d'émigré...................	800. 00.	
6,182.	IMBERT (Antoine-Jean-Baptiste-Henri).	Émigré..........................	400. 00.	
6,183.	Néant.			
6,184.	IMBERT DE LA PLATIÈRE (Marie-Paule, comtesse D').	Veuve d'un maréchal de camp; elle a été persécutée pendant la révolution.	900. 00.	
6,185.	——— (Marie-Adélaïde, née DE PAUL, baronne DE SAINT-PAUL, veuve).	Veuve d'émigré...................	500. 00.	
6,186.	——— DE LA TERRIÈRE (Alexandre-Luc-Frédéric-Aimé).	Émigré.........................	800. 00.	
6,187.	IMM (Jean-Jacques)...............	Ex-employé de l'Opéra.............	500. 00.	
6,188.	INBERT (Marie, née BILLEAU, veuve).	Vendéenne.......................	100. 00.	
6,189.	INNÈS (Marie, dame religieuse)......	Émigrée.........................	457. 20.	
6,190.	ISABEY (Étiennette-Françoise, née THARIN, veuve).	Veuve d'un avocat.................	400. 00.	N'a touché aucun des deux secours.
6,191.	ISARN DE VILLEFORT (Louise-Antoinette, demoiselle D').	Fille d'une sous-gouvernante des enfans de France.	3,000. 00.	
6,192.	ISLER (abbé).....................	Émigré.........................	762. 00.	
6,193.	ISNARD (Marie-Anne, née MICHELET, veuve).	Son mari avait 200 fr. de pension sur la cassette de Louis XVI.	150. 00.	N'a pas touché le deuxième secours.
6,194.	——— (Marie-Dorothée-Claire, demoiselle).	Émigrée de Toulon................	400. 00.	
6,195.	ISOIR (Louis)....................	Émigré.........................	150. 00.	
6,196.	ISSEMANN (Félix).................	Émigré, père de 5 enfans..........	100. 00.	N'a touché aucun des deux secours.
6,197.	——— (Joseph)..................	Émigré, père de 6 enfans..........	100. 00.	*Idem*.
6,198.	ISTASSES (Edme-Louis)............	Militaire, blessé grièvement en Russie..	150. 00.	
6,199.	JUNG (Thérèse, née CLAUS, veuve)...	Veuve d'émigré...................	250. 00.	
6,200.	IVOLEY (Henri-Louis-Philibert, baron D').	Émigré.........................	400. 00.	N'a pas touché le deuxième secours.
6,201.	——— (Marie-Andréanne, née DE LAUZIÈRE, veuve D').	Veuve d'émigré...................	200. 00.	
6,202.	IWANOUSKY (Françoise-Bonne, née RAT, veuve).	Anciens services de sa famille dans la maison de Louis XVI.	600. 00.	
6,203.	IZARN DE FREYSSINET DE ROQUEFEUIL, (Antoine-Casimir-René, D').	Émigré.........................	800. 00.	

Nos d'ordre.	NOMS ET PRÉNOMS des PENSIONNAIRES.	MOTIFS de LA CONCESSION DES PENSIONS.	MONTANT des PENSIONS.	OBSERVATIONS.
	J			
6,204.	JACKSON (Christine, veuve), née ROLLINGHOFF).	Veuve d'émigré	200f 00c	
6,205.	——— (Marie-Anstine, dame religieus).	Émigrée	457. 20.	
6,206.	JACQMIN (demoiselle)	Fille d'émigré	1,200. 00.	
6,207.	——— (Louise-Madeleine, dame), née DUPUIS.	Veuve d'émigré	1,200. 00.	
6,208.	JACQUEMIN (Jean-François)	Émigré	400. 00.	
6,209.	JACOB (Claudine, veuve), née MINANGOY.	A perdu 50,000 francs sur les fournitures qu'elle a faites aux armées françaises.	200. 00.	
6,210.	JACOLET (Anne-Claude-Gabrielle, veuve), née CUSSEY.	Veuve d'émigré	500. 00.	
6,211.	JACOTEL (Barbe, dame), née MATHIEU.	Elle a rendu des services à Louis XVIII, en France.	500. 00.	
6,212.	JACQUES (Baptiste-Mathias)	Piqueur des équipages de l'armée des Princes.	160. 00.	N'a touché aucun des deux secours.
6,213.	——— (Marie-Victoire-Jacqueline, veuve), née D'ANCO.	Veuve d'un ancien militaire, âgée de 99 ans	200. 00.	
6,214.	JACQUELOT DE BOISROUVRAY (Marie-Gabrielle-Jacquette-Amable-Jeanne, veuve), née DE BLOIS.	Émigrée	600. 00.	N'a pas touché le deuxième secours.
6,215.	JACQUET (Marie, veuve), née BAVOZY.	Son père et son mari sont morts sur l'échafaud pendant la révolution.	150. 00.	*Idem.*
6,216.	——— (Anne, veuve), née DELATTRE.	Son mari est mort sur l'échafaud en 1793.	100. 00.	N'a touché aucun des deux secours.
6,217.	JACQUIER (Claire, dame), née BARTHÉLEMY.	Son mari, secrétaire de Cazalès, est mort sur l'échafaud.	400. 00.	
6,218.	JACQUIN (Nicolas-Charles-Remi, abbé).	Émigré	1,219. 20.	*Idem.*
6,219.	JACQUINOT (Victoire-Joséphine, dame), née DE PAMPELUNE DE GENOUILLY.	Veuve d'un écuyer commandant les écuries de la Reine.	1,500. 00.	*Idem.*
6,220.	JADIN (Valentin-François)	Huissier du cabinet de Louis XVI	1,000. 00.	
6,221.	——— (Louis-Emmanuel)	Ex-gouverneur des pages de la musique du Roi.	478. 00.	
6,222.	JAEGLÉ (Marie-Élisabeth, dame), née GOETZ.	Fille d'émigré	300. 00.	
6,223.	JAFFEUX (Pierre)	Émigré	400. 00.	
6,224.	JAFFRAIN	Émigré	1,358. 90.	
6,225.	JAGAULT (Pierre, abbé)	Services dans la maison de Louis XVI	2,000. 00.	
6,226.	JAGER (Jean-Georges)	Émigré	60. 00.	*Idem.*
6,227.	JAHIER (Joseph-Julien)	Vendéen	50. 00.	

Nos d'ordre.	NOMS ET PRÉNOMS des PENSIONNAIRES.	MOTIFS de LA CONCESSION DES PENSIONS.	MONTANT des PENSIONS.	OBSERVATIONS.
6,228.	JALABERT, abbé	Ancien grand vicaire	3,000f 00c	
6,229.	JALLAYS (Catherine-Rose, demoiselle DE)	Vendéenne	300. 00.	N'a touché aucun des deux secours.
6,230.	——— (Sophie-Geneviève-Aimée, demoiselle DE).	*Idem*	300. 00.	*Idem.*
6,231.	JALOUREAU (Marie-Anne-Victoire-Félicité, veuve), née NICOLE.	Veuve d'un huissier de salle de Madame la comtesse d'Artois.	200. 00.	
6,232.	JAMAIN (Françoise, veuve), née GRIMAULT.	Vendéenne	80. 00.	
6,233.	JAMBON (Céluta, demoiselle)	Petite-fille du secrétaire de Malesherbes.	80. 00.	*Idem.*
6,234.	——— (Adélaïde-Laure, demoiselle)	*Idem*	80. 00.	*Idem.*
6,235.	JAMES (François-René-Henri)	Vendéen	200. 00.	*Idem.*
6,236.	JAMES DE LONGUEVILLE (Marie-Alexandrine).	Fille d'un officier émigré	600. 00.	
6,237.	JAMET (Julien)	Vendéen	50. 00.	
6,238.	——— (Guillaume)	*Idem*	200. 00.	*Idem.*
6,239.	JAMIN DE CHANGEART (Marie-Victoire), née LEGRAND.	N'a aucun moyen d'existence	300. 00.	*Idem.*
6,240.	JAMONET (Antoine-Jean-Henri)	Fils d'un maître d'hôtel des pages	200. 00.	
6,241.	JANEUX (Marie-Mathurine, veuve), née LERAY.	Veuve d'un Vendéen	100. 00.	N'a pas touché le deuxième secours.
6,242.	JANEY (Pierre)	Émigré	300. 00.	
6,243.	JANGER (François-Louis)	*Idem*	150. 00.	N'a touché aucun des deux secours.
6,244.	JANNOIS (François)	Vendéen	100. 00.	
6,245.	JANNOT (Marie-Sophie, femme), née SCHULTÈS.	Fille d'un tailleur de la cour	200. 00.	
6,246.	JANON DE SOULIGNÉ (Louis-Jean-Baptiste-Constant).	Fils d'un receveur de l'apanage de MONSIEUR, comte de Provence.	600. 00.	
6,247.	JANSON (Mathurin), abbé	Émigré	762. 00.	*Idem.*
6,248.	JANSSEN	Clarinette à l'Opéra-Comique. (Pension à titre de transaction)	162. 70.	
6,249.	JANTIN	Émigré, aliéné	600. 00.	
6,250.	JANVIER (Antide)	Horloger mécanicien	300. 00.	
6,251.	JANVIE DE LESTORTIÈRE (César-Pierre-Charles, abbé).	Grand vicaire, âgé de 84 ans	1,200. 00.	
6,252.	JARDEL (Jean-Pierre-Lucien)	Fils d'émigré	50. 00.	

Nos d'ordre.	NOMS ET PRÉNOMS des PENSIONNAIRES.	MOTIFS de LA CONCESSION DES PENSIONS.	MONTANT des PENSIONS.	OBSERVATIONS.
6,253.	JARDEL (Marie-Augustine, demoiselle).	Fille d'émigré	50f	
6,254.	JARDIN (François)	Émigré	900.	
6,255.	——— (Marie-Thérèse, veuve), née HARDOUIN.	Elle a eu 28 enfans; son mari avait une pension sur la cassette de Louis XVI.	800.	N'a touché aucun des deux secours.
6,256.	JARJAYES (Louise-Marguerite-Émilie, dame DE), née QUELPEC.	Dame de Marie-Antoinette	2,000.	N'a pas touché le deuxième secours.
6,257.	JARLAUD (Jacquette-Madeleine, dame), née DE LIGNY.	Issue de la famille de Jean-Bart	200.	*Idem.*
6,258.	JARRY (Léonard)	Capitaine émigré	800.	
6,259.	——— (Léonard-Jean)	Fils d'émigré	300.	
6,260.	——— (Henriette, demoiselle)	Fille d'émigré	300.	
6,261.	——— (William-Frédéric)	Fils d'émigré	300.	
6,262.	——— (Marie-Rose)	Fille d'émigré	300.	
6,263.	——— (René)	Vendéen	120.	
6,264.	——— (Alexis-René)	*Idem*	50.	
6,265.	JAQUEMEL (Marie-Anne-Christine, veuve), née ROLLAND.	A perdu sa fortune par suite de la révolution.	400.	
6,266.	JAQUOTOT (Marie-Victoire)	Peintre sur porcelaine	1,000.	
6,267.	JAUBERT (Marie-Anne, veuve DE), née NAVARRE.	Émigrée, veuve d'émigré	800.	
6,268.	JAUBERT DE BEAUJEU (Jean-Baptiste)	Émigré, capitaine	1,200.	N'a pas touché le premier secours.
6,269.	JAUBERT DE SAINT-MALO (Gauderich-Emmanuel-Louis).	Émigré	600.	
6,270.	JAUBERTHOU (Jean-Joseph)	Neveu d'un médecin du Roi	300.	N'a touché aucun des deux secours.
6,271.	JAUCH DE LÉON (Madeleine-Marie-Claire, dame), née DE CONDAMY.	Émigrée	600.	
6,272.	JAUCOURT (Marie-Charlotte-Louise-Pierrette, marquise DE), née BONTEMPS.	Pension accordée directement par Louis XVIII. (Motifs inconnus.)	4,000.	
6,273.	JAUGEON (Nicolas, abbé)	Émigré	200.	*Idem.*
6,274.	JAUREL	Pension payée précédemment par le département des beaux-arts.	600.	
6,275.	JAURETCHE (Pierre)	Services à la cause royale, en France	300.	
6,276.	JAURIAS (Charlotte, veuve DE), née DE TEYSSIÈRE.	Veuve d'émigré	400.	
6,277.	JAVEL (Marie-Pierre-Désiré DE)	Émigré	300.	

Nos d'ordre.	NOMS ET PRÉNOMS des PENSIONNAIRES.	MOTIFS de LA CONCESSION DES PENSIONS.	MONTANT des PENSIONS.	OBSERVATIONS.
6,278.	JAVEL (Antoine-Charles-Joseph-Emmanuel).	Émigré	300f	
6,279.	——— (Marie-Sophie-Constance, dame), née GRIGNET DE SAINT-LOUP.	Fille et femme d'émigrés	700.	
6,280.	JAVEL DE VILLERS FARLAY (François-Joseph).	Services rendus aux émigrés	300.	
6,281.	——— (Marie-Reine, dame), née RADEL.	Fille d'un valet de garde-robe de Louis XVI, et femme d'émigré.	1,800.	N'a pas touché le deuxième secours.
6,282.	JAVARY (François-Pierre)	Vendéen	150.	
6,283.	JAY (Jean)	*Idem*	100.	
6,284.	———(Béatrix, comtesse DE BEAUFORT, dame), née DEPATY.	Émigrée	1,000.	N'a touché aucun des deux secours.
6,285.	JAY DE BEAUFORT (Élisabeth-Guillemine-Rosalie, dame), née ARCHDÉACON.	*Idem*	800.	
6,286.	——— (Claude-Raimond, vicomte DE)	Émigré	500.	
6,287.	JAYMOND (Laurence, dame), née CHOMEL.	Émigrée	300.	
6,288.	JEANNEAU (Pierre-Sauveur)	Vendéen	80.	
6,289.	JEAN (Pierre-François-Xavier)	Services à la cause royale, perte de fortune.	200.	N'a pas touché le premier secours.
6,290.	——— (Isidore-Toussaint)	Émigré	150.	
6,291.	JEANNIN (Philippe-Léon-Joseph)	Fils d'émigré	250.	N'a touché aucun des deux secours.
6,292.	——— (Clotilde-Églé, demoiselle)	Fille d'émigré	250.	
6,293.	JEANPERT (Jean-Nicolas)	Émigré	150.	
6,294.	JEANSON (Lydie, dame), née BILLIARD.	Veuve d'un architecte	800.	
6,295.	JEANTY (Jean-Louis)	Cavalier d'équipages des gardes du corps.	120.	
6,296.	JECKELMANN (Marie-Catherine), née PUGIN.	Veuve d'un garde suisse tué le 10 août après 24 ans de service.	200.	
6,297.	JEETZE (Mathilde, demoiselle DE)	Fille d'un officier aliéné	160.	N'a pas touché le deuxième secours.
6,298.	——— (Anne-Mathilde, demoiselle DE).	Son père, officier français, fut prisonnier en Angleterre.	200.	
6,299.	JEHANNOT DE BEAUMONT (Élisabeth, demoiselle).	Son père a servi au siége de Lyon	300.	
6,300.	JEMOIS (Henri, chevalier)	Émigré	700.	N'a touché aucun des deux secours.
6,301.	JENNINGS (David-John)	Fils d'émigré	300.	
6,302.	——— (Édouard)	*Idem*	300.	*Idem.*

Nos d'ordre.	NOMS ET PRÉNOMS des PENSIONNAIRES.	MOTIFS de LA CONCESSION DES PENSIONS.	MONTANT des PENSIONS.	OBSERVATIONS.
6,303.	JENNINGS (Marguerite-Louise-Henriette demoiselle).	Fille d'émigré	300f 00c	
6,304.	—— (Jeanne-Élisabeth, demoiselle).	Émigrée	300. 00.	
6,305.	—— (Marie-Monique, demoiselle).	*Idem*	300. 00.	
6,306.	—— (Marie, dame), née CAMPBELL.	Femme d'émigré	300. 00.	N'a touché aucun des deux secours.
6,307.	JÉROME (Henriette-Thérèse, demoiselle)	Vendéenne	60. 00.	
6,308.	—— (Charles-Vincent)	Vendéen	60. 00.	*Idem.*
6,309.	—— (Eugénie-Joséphine, demoiselle).	Vendéenne	60. 00.	
6,310.	—— (Henri-Eugène)	Vendéen	60. 00.	
6,311.	—— (Marie-Josèphe-Camille, demoiselle).	Vendéenne	60. 00.	
6,312.	JERSEY (École de)	École destinée aux enfans d'émigrés	424. 18.	
6,313.	JÉSUPRET (Pierre-Gabriel-Joseph)	Émigré	300. 00.	
6,314.	JILLOUX (Madeleine-Suzanne, dame), née ROUVIER.	Émigrée	300. 00.	N'a pas touché le premier secours.
6,315.	JILLOUX (Marie-Madeleine-Julie, demoiselle).	Émigrée de Toulon	400. 00.	
6,316.	JILOUX (Hyacinthe-François-Joseph)	Émigré	400. 00.	
6,317.	JOANNIS (Jeanne-Pélagie, demoiselle DE)	Son père a émigré; elle a été persécutée et ruinée.	150. 00.	
6,318.	—— (Claire-Madeleine, demoiselle DE).	*Idem*	150. 00.	N'a pas touché le deuxième secours.
6,319.	JOANNO (Julien)	Vendéen	60. 00.	N'a touché aucun des deux secours.
6,320.	JOBAL (Joseph-François-Louis, comte DE).	Major des gardes du corps sous Louis XVIII.	6,000. 00.	*Idem.*
6,321.	JOBARD (Marie-Françoise, veuve), née LECLERC.	Émigrée	400. 00.	
6,322.	JOER (Antoine-Alexis)	Émigré	100. 00.	
6,323.	JOGUET (Marie-Victoire, demoiselle)	Sœur d'émigré	200. 00.	N'a pas touché le deuxième secours.
6,324.	—— (Marie-Mathurine)	*Idem*	200. 00.	*Idem.*
6,325.	JOIGNEREY (Jean-Sébastien)	Émigré	100. 00.	
6,326.	JOLIBOIS	N'a aucun moyen d'existence	180. 00.	N'a touché aucun des deux secours.
6,327.	—— (Marie-Anne-Marguerite, veuve), née MALOR.	Veuve d'un postillon des petites écuries.	200. 00.	

Nos d'ordre.	NOMS ET PRÉNOMS des PENSIONNAIRES.	MOTIFS de LA CONCESSION DES PENSIONS.	MONTANT des PENSIONS.	OBSERVATIONS.
6,328.	JOLIVET (Pierre-François, abbé).....	Fils d'un piqueur aux écuries.........	200f	N'a touché aucun des deux secours.
6,329.	——— (René-Joseph).............	Vendéen........................	70.	
6,330.	——— (Étienne).................	Services de son père pendant le siége de Lyon.	150.	
6,331.	JOLLIVET (Marie-Françoise, née BASQUESNE, dame).	A rendu des services à la cause royale, en France.	400.	
6,332.	JOLLY (Louis-Alexis).............	Filleul du Roi.....................	1,000.	*Idem.*
6,333.	——— (Élisabeth, née CROLBO, veuve).	Veuve d'un hérault-d'armes..........	200.	
6,334.	——— (Jeanne, née LEHUGEUR, veuve).	Vendéenne......................	100.	N'a pas touché le deuxième secours.
6,335.	JOLY (Marie-Adélaïde, née LEGOUPIL, veuve).	Son mari a exposé ses jours pour inhumer Louis XVI et la Reine.	300.	
6,336.	——— (Louise-Marie-Anne, née CHAIN, veuve)	Veuve d'un garçon tapissier du garde-meuble sous Louis XVI.	100.	N'a touché aucun des deux secours.
6,337.	——— (Françoise, née NOIROT, dame).	Perte de fortune..................	400.	*Idem.*
6,338.	——— (Augustine, née FRENEAU, veuve)	Vendéenne......................	80.	N'a pas touché le deuxième secours.
6,339.	——— (Marguerite, née BORDIÉ, veuve).	Veuve d'un garçon du petit commun, à Versailles.	150.	
6,340.	JONCARD (Claude)................	A rendu des services à la cause royale, en France.	400.	
6,341.	JONES (Marie-Jeanne, née DUBUISSON, dame).	Émigrée........................	600.	
6,342.	JONQUIER (Élisabeth-Cécile, née ESCLAPON, veuve).	Veuve d'un marin..................	200.	
6,343.	JONQUIÈRES (DE)................	Ex-chef de bureau au ministère de la maison du Roi.	1,000.	
6,344.	JOPPEN (Marie-Adélaïde, née GAILLARD DE VOURZAC, dame DE).	Émigrée........................	1,500.	*Idem.*
6,345.	——— (Marie-Thérèse-Clémentine-Louise, demoiselle DE).	Services de sa famille rendus à la cause royale, en France.	1,500.	
6,346.	JORDANY (Jean-Jacques-Hercule)......	Perte de fortune..................	150.	
6,347.	JORES (Marie-Jeanne, demoiselle).....	Vendéenne......................	50.	
6,348.	——— (Louis-César-Marie).........	Vendéen........................	50.	
6,349.	——— DESCHENAIS (Jeanne, demoiselle).	Vendéenne......................	50.	
6,350.	——— (Perrine-Maclovie-Olive, demoiselle).	*Idem*..........................	50.	
6,351.	——— (Geneviève-Jeanne, demoiselle).	*Idem*..........................	50.	
6,352.	JOREL DE S.-BRICE (Marie, née DANNEVILLE DE S.-BRICE, veuve).	A été attachée au Dauphin, fils de Louis XVI, depuis sa naissance jusqu'au 20 août 1792.	600.	N'a pas touché le premier secours.

Nos d'ordre.	NOMS ET PRÉNOMS des PENSIONNAIRES.	MOTIFS de LA CONCESSION DES PENSIONS.	MONTANT des PENSIONS.	OBSERVATIONS.
6,353.	JORET (Julien-Nicolas).............	Naufragé.........................	100f 00c	
6,354.	JOSÉPHINI.........................	Musicien de la chapelle du Roi.......	500. 00.	N'a touché aucun des deux secours.
6,355.	JOSSAUME (dame)...................	Émigrée..........................	800. 00.	
6,356.	JOSSE (Augustin-Louis, abbé).......	Émigré...........................	762. 00.	
6,357.	——— (Nicolas).....................	Capitaine émigré..................	900. 00.	
6,358.	——— (dame).......................	Choriste à l'Opéra-Comique. (Pension par suite de transaction.)	236. 87.	
6,359.	JOSSERAND (Jeanne-Gabrielle)........	Employée au service des premiers valets de chambre de Louis XVI.	300. 00.	
6,360.	JOSSET (Paul)......................	Ancien serviteur de la maison de la Reine.	400. 00.	
6,361.	——— (Marie-Josèphe, née WIDAILLE, veuve).	Mère de 32 enfans..................	200. 00.	
6,362.	——— DE SAINT-JULIEN (Marie-Agnès, demoiselle).	Nièce d'un garde du corps de Louis XVI.	800. 00.	
6,363.	JOTREAU (Jacques-George)..........	Vendéen.........................	70. 00.	
6,364.	JOUAN (Marc-François, abbé)........	Émigré..........................	1,219. 20.	
6,365.	JOÜAN (Joachim-Amateur)...........	Vendéen.........................	200. 00.	N'a pas touché le deuxième secours.
6,366.	——— (Nicole, née DELILLE, veuve).	Veuve d'un palefrenier aux écuries du Roi.	200. 00.	*Idem.*
6,367.	——— dit BEAULIEU (Louis-Charles)...	Officier de bouche dans la maison de Louis XVI.	300. 00.	
6,368.	JOUANNE (Pierre-François)..........	Homme de peine au garde-meuble.....	200. 00.	
6,369.	JOUANNO (Jacques).................	Vendéen.........................	50. 00.	
6,370.	JOUANNY (Joseph)..................	Émigré..........................	300. 00.	
6,371.	——— (Joseph-Antoine)..............	Fils d'émigré.....................	200. 00.	
6,372.	——— (demoiselle)..................	Fille d'émigré....................	200. 00.	
6,373.	JOUAULT (Louise-Justine, demoiselle)..	*Idem*............................	200. 00.	N'a touché aucun des deux secours.
6,374.	JOUBERT (Eugène DE)...............	Émigré..........................	800. 00.	
6,375.	——— (Jacques DE)..................	*Idem*............................	400. 00.	
6,376.	——— (Jacques)....................	Services à la cause royale, en France..	80. 00.	
6,377.	——— (Charlotte-Victoire, née BOUCARD, veuve).	Vendéenne........................	24. 00.	*Idem.*

Nos d'ordre.	NOMS ET PRÉNOMS des PENSIONNAIRES.	MOTIFS de LA CONCESSION DES PENSIONS.	MONTANT des PENSIONS.	OBSERVATIONS.
6,378.	JOUBERT dit CHEVALIER (Jacques-Antoine).	Vendéen	150f	
6,379.	——(Adrienne-Émélie-Félicité, née THIÉBAUX, veuve).	Veuve d'un employé au ministère de la maison du Roi.	600.	
6,380.	JOUÉ (André-Antoine)	Émigré	100.	
6,381.	JOUENNE (Jean-René, comte D'ÉGRIGNY).	Maréchal-de-camp émigré	500.	N'a pas touché le deuxième secours.
6,382.	JOUETTE (Élisabeth-Pauline, née DE PONTHIEU, dame DE).	Créole émigrée	600.	
6,383.	JOUFFREY (François-Auguste-Pierre-Antoine-Balthasar-Gaspar-Melchior, DE).	Émigré	400.	
6,384.	JOUGLA (Marie-Françoise, née LAINÉ, veuve).	Fille d'un pâtissier au petit commun, à Versailles.	150.	N'a touché aucun des deux secours.
6,385.	JOURDA DEVAUX FOLETIER (Marie-Jeanne-Bernardine-Célestine, demoiselle).	Fille d'émigré	200.	
6,386.	JOURDAIN (Bertrand)	Capitaine émigré	800.	
6,387.	JOURDAN (André)	Émigré	300.	
6,388.	—— (Jean)	Services de son père dans les armées royales de la Lozère.	200.	
6,389.	—— (Joseph-Louis-Henri)	Émigré de Toulon	300.	
6,390.	—— (Héloïse-Marie, née LE RAT, veuve).	Ve d'un capitaine de navire mort des suites de blessures reçues dans un naufrage.	50.	N'a pas touché le premier secours.
6,391.	—— (Édouard-Antoine)	Fils du capitaine de navire précité	50.	*Idem.*
6,392.	—— (Eugène)	*Idem*	50.	*Idem.*
6,393.	—— (Louis-François)	*Idem*	50.	*Idem.*
6,394.	JOURDINAUD DUVIGNAUD (Marguerite-Étiennette, née DE LALOUE, dame DE).	Veuve d'émigré	300.	
6,395.	JOURNEL (Jean-Baptiste)	Émigré	800.	
6,396.	JOURJON (Jean-Marie, chevalier)	*Idem*	300.	*Idem.*
6,397.	JOURLAND (Aimée-Éléonore, née GOUYON, dame DE).	Émigrée	600.	
6,398.	JOURNEL (Geneviève-Émélie, née MILLON D'AILLY, actuellement dame SALLÉS).	Son mari a été proscrit pendant la terreur.	300.	N'a touché aucun des deux secours.
6,399.	JOUS-BERT DE ROMANGUY (Susanne-Jacquette-Louise-Amélie, née DE LA ROCHEFOUCAULT BAYERS, veuve).	N'a aucun moyen d'existence	300.	
6,400.	—— (Louis-Jacques)	Émigré	400.	*Idem.*
6,401.	JOUSSAUME (François)	Vendéen	80.	N'a pas touché le deuxième secours.
6,402.	JOUSSELIN (Pierre-Antoine)	Commis dans les maisons royales	800.	

Nos d'ordre.	NOMS ET PRÉNOMS des PENSIONNAIRES.	MOTIFS de LA CONCESSION DES PENSIONS.	MONTANT des PENSIONS.	OBSERVATIONS.
6,403.	JOUVET (Marie-Anne, ve), née NIBEL..	Veuve d'un palefrenier chez Madame la comtesse d'Artois.	160f	N'a pas touché le deuxième secours.
6,404.	JOUX DE LA CHAPELLE (Joséphine-Jeanne-Suzanne, demoiselle DE).	Fille d'un homme de lettres..........	600.	
6,405.	JOVIN (Adrienne-Constance, demoiselle).	Fille d'un commis principal à la maison du Roi.	150.	
6,406.	——— (Auguste-Pauline, demoiselle).	*Idem*..........................	150.	
6,407.	JOYAU (Louise-Catherine, veuve), née DAROT.	Veuve d'un serviteur de la maison de Louis XVI.	160.	
6,408.	JOYAUT DE COUESNONGLE (François-Marie).	Vendéen........................	400.	
6,409.	JOYE (Marie-Alexandrine, veuve), née ANTOINE.	Veuve d'un lieutenant de vaisseau mort dans un naufrage.	300.	
6,410.	JUBÉ (demoiselle)..................	Parente d'un maréchal de camp, sans fortune.	200.	
6,411.	JUBERGUES (François).............	Émigré........................	100.	N'a touché aucun des deux secours.
6,412.	JUBERTON (Jacques-Martial).........	*Idem*..........................	240.	
6,413.	JUBIÉ (Antoinette, dame), née VERSET.	Son père servait au siége de Lyon......	200.	
6,414.	JUBIN (Élisabeth-Charlotte)..........	Fille d'un valet de chambre de Mme Élisabeth.	300.	
6,415.	——— (Élisabeth-Charlotte, demlle)..	Fille d'un valet de chambre tapissier du garde-meuble.	200.	
6,416.	JUDIC (Guillaume).................	Vendéen........................	50.	*Idem.*
6,417.	JUET (Joseph)....................	Émigré........................	300.	
6,418.	JUGE (Marie, veuve DE), née PAULET..	Veuve d'un émigré mort sur l'échafaud..	500.	
6,419.	JUGELÉ (Michel)..................	Vendéen........................	300.	
6,420.	JUGLART DE LIMERAC (Louise, demoiselle DE).	Sœur d'émigrés..................	200.	N'a pas touché le deuxième secours.
6,421.	JUHEL (Anne-Judith, demoiselle).....	Fille d'un horloger du Roi.	100.	
6,422.	JUIGNÉ (marquise DE), avant veuve, marquise DE CHAMPCENETZ, née CASTELLANE-MAJASTRES.	Veuve d'un gouverneur du château des Tuileries.	3,000.	N'a touché aucun des deux secours.
6,423.	JULIEN (Étienne-Épiphane).........	Garde-française émigré.............	600.	*Idem.*
6,424.	——— (Marie-Anne-Cécile, demoiselle).	Fille d'émigré....................	200.	
6,425.	——— (Marie-Lucie-Henriette, demoiselle).	*Idem*..........................	200.	
6,426.	——— (Sophie-Louise-Marguerite, demoiselle).	Services de ses parens dans les armées royales de la Lozère.	300.	
6,427.	JULIENNE (Édouard DE)............	Fils d'émigré.....................	200.	

Nos d'ordre.	NOMS ET PRÉNOMS des PENSIONNAIRES.	MOTIFS de LA CONCESSION DES PENSIONS.	MONTANT des PENSIONS.	OBSERVATIONS.
6,428.	JULIENNE (Anne-Perrine, veuve), née LORITE.	Vendéenne	200f	
6,429.	——— (Anne, veuve), née MORÉ	Veuve d'un officier de bouche dans la maison de Louis XVI.	250.	
6,430.	JULLIEN	Émigré	150.	
6,431.	——— (Pierre-Louis-Eonemond DE)	*Idem*	600.	
6,432.	——— (Marie-Claire, veuve), née PELLION.	Nièce d'émigré	200.	N'a pas touché le deuxième secours.
6,433.	——— (Rose-Adélaïde, veuve), née GAUTIER.	Son père fut fusillé à Toulon, en 1793.	150.	
6,434.	JULIEN-DESBORDES (Louis-Michel)	Ancien adjudant de place, aveugle	200.	
6,435.	JULLIEN-DUVIVIER DE BELZINE (Philippe-Charles-Antoine-Marie).	Émigré	250.	
6,436.	JULLIENNE (Marie-Françoise-Sophie, ve), née BERTRAND.	Veuve d'émigré	400.	
6,437.	JULLIOT (Jean DE)	Émigré	400.	
6,438.	——— (François DE)	*Idem*	400.	
6,439.	JULLIOT DE LAROUVRELLE (Jean)	*Idem*	160.	
6,440.	JULLIOT DE LONGCHAMP (Jacques-François).	*Idem*	500.	N'a touché aucun des deux secours.
6,441.	JUNCA (Anne, veuve), née LAVIALLE	Veuve d'émigré	400.	*Idem.*
6,442.	JURÉ (Jeanne-Joséphine, dame), née DE GRIPIÈRE DE MONCROC DE MOTALIBOR.	Émigrée	300.	
6,443.	JURET (François)	Vendéen	80.	
6,444.	JURQUET DE LA SALLE (Jean-Baptiste-Joseph).	Frère d'émigré	200.	
6,445.	JUSTE (Pierre-Nicolas)	Garde général des forêts de la couronne, à Rambouillet.	257.	*Idem.*
6,446.	——— (Catherine-Émilie, demoiselle), dame BARRIÈRE.	Fille d'un gondolier du canal de Versailles.	160.	
6,447.	JUVIGNY (Jacques DE)	Émigré	600.	
6,448.	JUVING (Anna-Élisabeth, veuve), née LANTIN.	Services de son mari à la cause royale, en France.	150.	

Nos d'ordre.	NOMS ET PRÉNOMS des PENSIONNAIRES.	MOTIFS de LA CONCESSION DES PENSIONS.	MONTANT des PENSIONS.	OBSERVATIONS.
		K		
6,449.	KALBERMATTEN (Marie-Estelle, née BOUYER, dame DE).	Veuve d'émigré	200f	
6,450.	——— (Anne-Estelle, demoiselle DE).	Fille d'émigré	150.	
6,451.	——— (Françoise-Antoinette-Rose, demoiselle DE).	*Idem*	150.	
6,452.	——— (Marie-Catherine-Justine, demoiselle DE).	*Idem*	150.	
6,453.	KALMBACHER (Georges-Ignace)	Émigré, père de cinq enfans	80.	N'a touché aucun des deux secours.
6,454.	KAMER (Jeanne-Adrienne, née DEUHMAN, veuve).	Veuve d'un suisse d'appartemens au château des Tuileries.	122.	
6,455.	KAMPF (Victoire, demoiselle DE)	Fille d'un chevalier de Saint-Louis	300.	
6,456.	——— (Marie-Jeanne, née LUTIE, ve.	Veuve d'un chevalier de Saint-Louis, mère de cinq enfans.	300.	
6,457.	KAPPLER (Marie-Ursule, née HEINRICH, veuve).	Veuve d'émigré	300.	
6,458.	KARRE (DE)	Services de sa famille dans la maison du Roi.	500.	
6,459.	KARREL (Jeanne-Sophie-Félicité, née HAMART, vicomtesse DE MERCY, dame)	Veuve d'émigré	300.	
6,460.	KAUFFMANN (Joseph)	Émigré	80.	*Idem.*
6,461.	KAUMANN (Marie-Josèphe, demoiselle).	Émigrée	300.	
6,462.	——— (Marie-Barbe-Joseph, demoiselle).	*Idem*	300.	
6,463.	KELLER	Émigré	80.	
6,464.	KEMB (Jean-Michel)	Trompette de la chambre de Louis XVI.	400.	
6,465.	KENTZINGER (Jean-Baptiste DE)	Émigré	800.	
6,466.	——— (Antoine-François-Xavier, marquis).	*Idem*	2,000.	
6,467.	KEPPLER (Caroline-Richarde, demoiselle).	Fille d'émigré	100.	N'a touché aucun des deux secours.
6,468.	——— (Catherine-Richarde, demoiselle).	*Idem*	100.	
6,469.	——— (Marine-Anne-Jeanne-Antonia, demoiselle).	*Idem*	100.	
6,470.	KERANFLECH (Marie-Antoinette-Thérèse-Joseph, née D'HERBAIS, dame).	Son mari est mort victime de son dévouement à la cause royale.	600.	N'a pas touché le deuxième secours.
6,471.	KERALIO (Aimée-Élisabeth, née MONNERY).	Veuve d'un officier ayant 55 ans de services; elle avait une pension sur la cassette de Louis XVI.	300.	
6,472.	KERBALANEC (Marie-Olive, née DE KERGARIOU, veuve DE).	Veuve d'un Vendéen	150.	*Idem.*

Nos d'ordre.	NOMS ET PRÉNOMS des PENSIONNAIRES.	MOTIFS de LA CONCESSION DES PENSIONS.	MONTANT des PENSIONS.	OBSERVATIONS.
6,473.	KERBALANEC (Marie-Françoise-Charlotte, veuve.)	Veuve d'un Vendéen	150f 00c	
6,474.	KERGEFFROY (Élisabeth, née CARLEWITZ, veuve DE).	Veuve d'émigré	300. 00.	N'a touché aucun des deux secours.
6,475.	KERHUÉ (dame)	Émigrée	1,371. 60.	
6,476.	KERIMEL (Marie-Charlotte, demoiselle DE).	Fille d'un officier de marine	300. 00.	
6,477.	——— (Marie-Anne-Joséphine, demoiselle DE).	*Idem*	300. 00.	
6,478.	KERJEAU (Thérèse-Élisabeth, née GUIGNACE, veuve.)	Veuve d'un maréchal-de-camp, gouverneur de Pondichéry.	1,200. 00.	*Idem.*
6,479.	KERMEL (Olivier-François-Marie, marquis DE).	Émigré	1,000. 00.	*Idem.*
6,480.	——— (Alexandrine-Georgette-Marie, demoiselle DE).	Émigrée	400. 00.	N'a pas touché le deuxième secours.
6,481.	KERN (Adolphe)	Émigré	100. 00.	N'a touché aucun des deux secours.
6,482.	KEROUARTZ (Aimée-Marie-Jeanne, née MIOREC DE KERDANET, comtesse DE).	Veuve d'un Vendéen	900. 00.	N'a pas touché le deuxième secours.
6,483.	KERSUZAN (Guillaume)	Émigré	800. 00.	N'a touché aucun des deux secours.
6,484.	KERGOSIEN (Michel)	Vendéen en 1815, invalide	240. 00.	
6,485.	KERROIGNAN (Guillaume DE)	Émigré, naufragé de Calais	400. 00.	N'a pas touché le deuxième secours.
6,486.	KERSAUSON DE PENNENDREFF (Julie-Joséphine, née BERTIN, veuve).	Veuve de Vendéen émigré	1,000. 00.	
6,487.	KERVADEC (Joseph)	Vendéen	120. 00.	
6,488.	KIEFFER (Marie-Barbe-Gertrude, née SCHILLINGER, veuve).	Veuve d'émigré	200. 00.	
6,489.	KIERSHNER (Angélique, née BOUDIGNON, veuve).	Son mari jouissait d'une pension de 100 francs avant la révolution.	300. 00.	
6,490.	KINKINAU (Blaise)	Émigré	400. 00.	
6,491.	KIRSCH (Julie-Laurence, demoiselle)	Fille d'émigré	500. 00.	
6,492.	KIRWAN (Alexandrine, demoiselle DE).	Fille d'un ex-ingénieur du cadastre	300. 00.	N'a touché aucun des deux secours.
6,493.	——— (Élisabeth, demoiselle DE)	Fille d'un officier des cent-suisses; services à la cause royale, en France.	150. 00.	
6,494.	——— (Marie, demoiselle DE)	*Idem*	150. 00.	*Idem.*
6,495.	KLEBER (Sophie-Françoise, née D'ALLERAC, dame).	Fille d'émigré	600. 00.	
6,496.	KLEIN (François-Ignace-Aloïse)	Émigré	150. 00.	
6,497.	KLEINE (Claude-Gabrielle, née DE MOUSTIER, veuve).	Sœur d'émigrés, âgée de 85 ans	300. 00.	*Idem.*
6,498.	KLEIST (Marie-Charlotte-Wilhelmine, née KRAUS, baronne DE).	Émigrée	800. 00.	

Nos d'ordre.	NOMS ET PRÉNOMS des PENSIONNAIRES.	MOTIFS de LA CONCESSION DES PENSIONS.	MONTANT des PENSIONS.	OBSERVATIONS
6,499.	KLEIST (Marie-Élisabeth, baronne DE), née DE SCHLICK.	Femme de chambre de Madame, duchesse d'Angoulême.	1,200f	
6,500.	KLINGER (Michel)...............	Émigré...........................	80.	N'a touché aucun des deux secours.
6,501.	KNEYBIEHLER (Marie-Hélène, veuve), née LALLEMAND.	Veuve d'émigré....................	160.	
6,502.	KNOLL (Anne-Catherine, veuve), née FIBRIS.	*Idem*............................	200.	*Idem.*
6,503.	KNŒFFLER (Nicolas)..............	Capitaine émigré..................	500.	
6,504.	KOCH (Antoine-Benoit)...........	Services au siége de Lyon..........	200.	
6,505.	——— (Gabrielle-Joséphine-Adélaïde, dame), née SEILER.	Fille d'émigré.....................	150.	
6,506.	KOCK (Marie-Salomée, dame), née RIPPEL.	Persécutée pour son dévouement à la cause royale.	1,200.	
6,507.	KOHLER (Laurent)................	Émigré, âgé de 72 ans.............	80.	*Idem.*
6,508.	KOHN (Marie-Anne, veuve), née LAVIGNE.	Mère de sept enfans, dont quatre sont au service.	120.	
6,509.	KRAEHN (Jean)...................	Émigré...........................	80.	*Idem.*
6,510.	——— (Jacques)...................	Émigré, aveugle...................	100.	*Idem.*
6,511.	KRAËMER (Pétronille, dame), née LATON.	Fille d'émigré.....................	300.	
6,512.	KRATZER (Jean)..................	Émigré...........................	150.	*Idem.*
6,513.	KRAUSS (Marie Françoise, dame), née ZWICKEL.	Veuve d'émigré....................	300.	
6,514.	KRAUS (Marie-Joséphine-Angélique, dlle), actuellement dame ROUGEMAS.	Son frère a été persécuté en 1791.....	300.	
6,515.	KREMPP (Joseph-Antoine).........	Émigré...........................	100.	
6,516.	KREFFEL DE GALLHAGER (Marie-Joseph-Sophie, veuve), née CHRISTEN.	Émigrée..........................	250.	*Idem.*
6,517.	KREMP (Jean)....................	Émigré...........................	400.	*Idem.*
6,518.	KREUTZER (Rodolphe).............	Premier violon à la chapelle du Roi....	253.	*Idem.*
6,519.	KRUST (Jean-Thiebaud)...........	Émigré...........................	150.	*Idem.*
6,520.	KUBLER dit CONTÉ (Jeanne-Catherine, veuve), née GIRAUDOT.	Sœur d'un premier garçon du gobelet de la maison de la Reine.	200.	*Idem.*
6,521.	KUKLER (Louise-Françoise, dame), née BOURDON DES PLANCHES.	Sœur d'émigré, a conservé les Mémoires de Cléry.	500.	
6,522.	KUHN (Marie-Victoire, veuve), née STREICHER.	Mère d'émigrés....................	300.	
6,523.	KŒLER DE BLANBERG (Pierre-Charles, baron DE),	Émigré...........................	1,000.	
6,524.	KŒNIGSEGG (Louise-Wilhelmine, demoiselle DE).	Fille d'émigré.....................	250.	

Nos d'ordre.	NOMS ET PRÉNOMS des PENSIONNAIRES.	MOTIFS de LA CONCESSION DES PENSIONS.	MONTANT des PENSIONS.	OBSERVATIONS.
		L		
6,526.	LA BACHÉLERIE (Louise-Marie-Adélaïde, dame DE), née DE GRÉEN DE SAINT-MARSAULT.	Filleule de Louis XVI............	1,000f 00c	
6,527.	LA BANCK (Christophe DE)..........	Fils d'émigré......................	500. 00.	
6,528.	LABARRE (Jean-Louis)..............	Émigré..............................	300. 00.	
6,529.	LABARRIÈRE (Anne-Catherine, dame DE), née CLÉMENT DE GRAVESON.	Veuve d'un officier de la maison de Louis XVI.	400. 00.	
6,530.	LA BARTHE (Gabrielle-Thérèse-Scholastique, marquise DE), née DE BECARIE DE PAVIE DE FOURQUEVAUX.	Veuve d'émigré....................	1,000. 00.	
6,531.	LABASTIDE DE MALBOS (Marie-Laure-Amélie, demoiselle).	Services de son père à la cause royale, en France.	150. 00.	N'a touché aucun des deux secours.
6,532.	——— (Julie-Charlotte-Eugénie, Dlle).	*Idem*..............................	150. 00.	*Idem*.
6,533.	——— (Louis-Aimé-Eugène).......	*Idem*..............................	150. 00.	*Idem*.
6,534.	——— (Louis-Paulin-Gustave).......	*Idem*..............................	150. 00.	*Idem*.
6,535.	LABAULME (Marie-Joseph-Aimé)......	Son père servait au siége de Toulon...	200. 00.	*Idem*.
6,536.	LABAUVE D'ARIFAT (Jacques-Marc)....	Colon de l'Ile de France............	200. 00.	*Idem*.
6,537.	LABLÉE (Jacques)................	Président de la section du Luxembourg; a rendu des services à Louis XVIII.	600. 00.	
6,538.	LABBÉ (Antoinette-Marie-Louise, dame), née DALPUJET BELONI DE VILLENEUVE.	Fille d'un employé des forêts de la couronne.	300. 00.	
6,539.	LABÉ (Nicolas)...................	Émigré..............................	200. 00.	N'a pas touché le deuxième secours.
6,540.	LABEAUME PLUVINEL (Marie-Antoinette, veuve DE), née ANGLANCIER DE SAINT-GERMAIN.	Veuve d'émigré....................	900. 00.	*Idem*.
6,541.	———(Louise-Élisabeth, vicomtesse DE), née BOISSEAU DE LA GALERNERIE.	Émigrée...........................	1,200. 00.	
6,542.	LA BÉLINAYE (Marie-Louise-Julie, marquise DE), née NEUDIN.	*Idem*..............................	800. 00.	
4,543.	——— (Modeste-Françoise-Marie, comtesse DE), née DE CHOISEUIL BEAUPRÉ.	*Idem*..............................	2,000. 00.	
6,544.	——— (Caroline-Louise, Dlle DE)....	Fille de la précédente..............	600. 00.	*Idem*.
6,545.	LA BERTHONYE (Rose-Françoise-Madeleine, veuve), née MASSILLON.	Petite-nièce de Massillon...........	600. 00.	
6,546.	LABIE (Marie-Jean-Pierre Rupert, chevalier DE).	Émigré..............................	300. 00.	
6,547.	LA BIGNE (Jeanne, veuve), née PICART.	Veuve d'un écuyer cavalcadour de Louis XVI.	1,500. 00.	
6,548.	——— (Anne, veuve DE), née LE ROY.	Émigrée...........................	200. 00.	
6,549.	LA BLARDIÈRE (abbé).............	Émigré..............................	152. 40.	
6,550.	LABOISSIÈRE (Adrien-Joseph-Jean-Baptiste DE).	Sous-lieutenant émigré; aliéné.......	800. 00.	

Nos d'ordre.	NOMS ET PRÉNOMS des PENSIONNAIRES.	MOTIFS de LA CONCESSION DES PENSIONS.	MONTANT des PENSIONS.	OBSERVATIONS.
6,551.	LABOISSIÈRE (Marie-Thérèse-Angèle-Honorée, demoiselle DE).	Fille d'un ancien officier. Perte de fortune.	150f	
6,552.	LA BOISSIÈRE (Louis-Joseph-Jean-Baptiste), comte DE CHAMBORS.	En remplacemt de la pension de 20,000f dont il jouissait avant la révolution.	6,000.	N'a pas touché le premier secours.
6,553.	LABONNE (Marie, dame), née BARDY DE FOURTON.	Son père et son frère sont morts au siége de Toulon.	200.	
6,554.	LABORDE (Auguste-Benjamin, DE)....	Fils d'un fermier général ruiné par la révolution.	1,200.	N'a pas touché le deuxième secours.
6,555.	——— (Marie-Victoire, veuve), née PICHARD.	Veuve d'un piqueur aux grandes écuries de Louis XVI.	250.	
6,556.	LABOREL (Louis-Martin)............	Émigré.........................	120.	N'a touché aucun des deux secours.
6,557.	LABOULAYE (Marie-Ambroisine-Eugénie, chanoinesse DE).	Fille d'émigré.....................	400.	
6,558.	LABOUNOUX (Marie-Adélaïde, dame), née D'AUTERROCHES.	Son père est mort en émigration......	300.	
6,559.	LA BOURDONNAYE DE BOISRY (Alexand.-Pauline-Franç.-Nicole, comtsse DE), née DE LA LANDELLE	Veuve d'un officier de marine. Perte de fortune.	700.	
6,560.	——— (Alexandrine-Marie-Pauline, demoiselle DE).	Fille de la précédente..............	500.	
6,561.	LA BOURGONNIÈRE (Marie-Jeanne-Charlotte, demoiselle DE)	Nièce d'émigré.....................	200.	
6,562.	LABRÈQUE (Philippe-François).......	Vendéen..........................	600.	
6,563.	LABRO DE MONTAGNAC (François-Marie, DE).	Émigré...........................	500.	
6,564.	LABROÜE (Louise-Barbe, dame), née PÉRON.	Émigrée..........................	600.	
6,565.	LABROUSSE (Élisabeth, demoiselle DE)..	Fille d'émigré.....................	200.	
6,566.	LABROUSSE (Madeleine-Françoise, Dlle DE), actuellement dame DE GÉNÉRÈS SOURVILLÉ.	*Idem*...........................	300.	
6,567.	———(Catherine-Joséphine, veuve DE), née DE LAGARDELLE.	Émigrée ; mère de sept enfans........	500.	
6,568.	LABROUSSE LAMONNERIE (Gérald-Jacques).	Émigré...........................	500.	
6,569.	LABROUSSE DE LASCAUX (Anne-Mathilde-Catherine, veuve), née SIMONIS.	Veuve d'émigré.....................	600.	
6,570.	LABRUT (Louise-Marie-Alexandrine, demoiselle).	Vendéenne........................	200.	
6,571.	LA BUSSIÈRE (Edme-Claude, DE).....	Son père est mort sur l'échafaud, pendant la révolution.	200.	
6,572.	——— (Louis DE)..............	Ancien maire.....................	300.	
6,573.	LACAILLE (Louise, veuve), née AUBOIS.	N'a aucun moyen d'existence..........	100.	
6,574.	LACALADE (Marguerite-Pélagie, Ve DE).	Perte de fortune...................	150.	
6,575.	LACALPRADE (Maria-Rosa-Raymunda-Antonia-Brigida, dame DE) née LANCE DE MORTEMARD.	Veuve d'émigré.....................	500.	

Nos d'ordre.	NOMS ET PRÉNOMS des PENSIONNAIRES.	MOTIFS de LA CONCESSION DES PENSIONS.	MONTANT des PENSIONS.	OBSERVATIONS.
6,576.	LACAS (Marie-Anne, née LADET, veuve).	Son mari a servi dans les armées royales de la Lozère.	100f 00c	
6,577.	LACAUVE (Jean-Baptiste-François)....	Ancien serviteur de Louis XVI........	600. 00.	
6,578.	LACAZE (Victor-Cyprien)...........	Émigré..........................	300. 00.	
6,579.	——— (Reine-Françoise, demoiselle).	Services à la cause royale, en France...	250. 00.	
6,580.	LACELLE (Anne-Jean-Baptiste, DE)...	Capitaine émigré................	1,000. 00.	
6,581.	LACGER (Hugues-Anne, abbé de)....	Ancien officier entré dans les ordres....	300. 00.	N'a touché aucun des deux secours.
6,582.	——— (Jean-François, abbé de).....	Émigré..........................	300. 00.	*Idem.*
6,583.	LACHAISE DU RENAUD (Anne, née DE MANY, veuve).	Fille d'émigré..................	300. 00.	*Idem.*
6,584.	LACHAIZE (Jeanne-Nicole, née LEFEBVRE, dame DE).	Émigrée	1,000. 00.	*Idem.*
6,585.	LA CHAMBRE (François-Louis-Julien-Alexandre-Charles, marquis DE).	Fils d'émigré....................	800. 00.	N'a pas touché le deuxième secours.
6,586.	LACHAPELLE (Charles-Henri, vicomte DE).	Fils d'un lieutenant général d'épée de la prévôté de l'hôtel du Roi.	1,000. 00.	N'a touché aucun des deux secours.
6,587.	——— (Alexandrine-Marie-Hélène-Le-filleul, demoiselle DE).	Émigrée; fille d'un ministre de Louis XVIII, en émigration.	2,000. 00.	*Idem.*
6,588.	——— (Marguerite-Hermine, née DE MOGER, LE FILLEUL, marquise DE).	Belle-fille, *idem*.................	1,000. 00.	
6,589.	———(Marie-Françoise-Joséphine-Adélaïde-Barbe, née DUCHARNAU, dame DE).	Fille d'émigré..................	400. 00.	
6,590.	LACHASSAIGNE (Lse-Charlte-Bonaventure, née DE LAFAIGE DE CHELANNE, dame DE)	Veuve d'un receveur des droits réunis; perte de fortune.	200. 00.	
6,591.	LACHÂTRE (Charlotte-Marie-Pauline-Marguerite, née DE CAMBOURG, dame DE).	Femme d'émigré..................	300. 00.	*Idem.*
6,592.	———(Anne, née DE MAUVISE, baronne, veuve DE).	Émigrée.........................	600. 00.	
6,593.	LA CHAUMETTE (Catherine, née FOURON, dame).	Son père a servi dans les armées royales de la Lozère.	60. 00.	
6,594.	LACHEVARDIÈRE (Charles-Louis-Joseph-Félix DE).	Capitaine émigré................	1,000. 00.	
6,595.	——— DE LA GRANVILLE (Félicité, née DE GREDER).	Émigrée.........................	800. 00.	
6,596.	LACHÈZE (Pierre-Joseph, DE).........	Services dans la maison de Louis XVI..	1,500. 00.	*Idem.*
6,597.	LACHÈZE (Marie-Rose-Philogone, née DUPRÉ DE GENESTE, veuve).	Sœur d'émigré...................	200. 00.	
6,598.	LACHLAN (Jeanne, dame religieuse)...	Émigrée.........................	693. 42.	
6,599.	LACLERGERIE (Timothée, DE)......	Émigré..........................	1,000. 00.	
6,600.	——— (Marie-Théotiste née DE MEYRONNET DE SAINT-MAR, dame DE).	Mère d'émigrés..................	300. 00.	

Nos d'ordre.	NOMS ET PRÉNOMS des PENSIONNAIRES.	MOTIFS de LA CONCESSION DES PENSIONS.	MONTANT des PENSIONS.	OBSERVATIONS.
6,601.	LACOMBE (Victorine, demoiselle).....	Orpheline........................	150f	
6,602.	LACOMBE DE LA TOUR (Antoinette, dame) née LEFAY.	Émigrée après le siége de Lyon.......	400.	
6,603.	LACORNILLÈRE DE NARBONNE (Jeanne-Rose, veuve de), née DE THOURY.	Émigrée.........................	600.	
6,604.	LACOSTE (Joseph-Louis)............	Ancien juge de paix................	150.	N'a touché aucun des deux secours.
6,605.	LACOSTE (Rose-Marguerite, baronne DE), née DE SAINT-BELIN DE MALAIN.	Veuve d'émigré....................	300.	*Idem.*
6,606.	LACOSTE DUMESNIL (Marie-Aimée-Adèle, demoiselle DE).	Fille d'un officier massacré dans la révolution.	250.	
6,607.	LACOUR (Jean-Alexandre DE)........	Lieutenant-colonel émigré..........	500.	*Idem.*
6,608.	LACOUR (François-Louis-Joseph, chevalier DE).	Émigré..........................	500.	*Idem.*
6,609.	LACOURT (Marie-Angélique, veuve), née PICARD.	Veuve d'un garçon d'attelage aux écuries.	300.	*Idem.*
6,610.	LACOUSSAYE (Claude-Eugène, chevalier DE).	Émigré..........................	400.	*Idem.*
6,611.	——— (Marthe, dame DE), née DEVAREILLES DE SAINT-HILAIRE.	Nièce d'émigré, perte de fortune......	200.	
6,612.	LACOUX (François-Mathieu).........	Émigré..........................	200.	
6,613.	——— (François-René, DE).........	*Idem*............................	1,600.	
6,614.	LACROIX.........................	Ex-suisse du garde-meuble...........	600.	
6,615.	——— (Jean-Pierre)..............	Émigré..........................	200.	
6,616.	——— (Louis-Pierre).............	Garde particulier des forêts, à Senart...	150.	
6,617.	——— (Marie-Amélie), née DE BIGAULT DE FOUCHÈRES.	Fille d'un garde du corps tué à l'armée de Condé.	300.	
6,618.	——— (Marie-Françoise-Adélaïde, dame), née DROULIN.	Vendéenne........................	800.	*Idem.*
6,619.	LACROIX DU REPAIRE (Marie, demoiselle).	Fille d'émigré....................	300.	
6,620.	LACROIX DE GIRONDE (Aldegonde-Josèphe-Henriette, veuve DE), née HANGEST.	Veuve d'émigré....................	400.	
6,621.	LACROIX LACOMBE (Louis)...........	Médecin émigré....................	600.	
6,622.	LACROIX VIGANT (Sophie-Caroline-Philippine, dame DE), née WEBER.	Femme d'émigré....................	600.	
6,623.	LAGROPTE DE BOURZAC (Joséphine-Adélaïde, demoiselle DE).	Fille d'émigré....................	1,500.	*Idem.*
6,624.	LACROPTE DE SAINT-ABRE (André DE).	Émigré..........................	500.	
6,625.	——— (Louis-Jules-Henri DE).......	*Idem*............................	400.	

34.

Nos d'ordre.	NOMS ET PRÉNOMS des PENSIONNAIRES.	MOTIFS de LA CONCESSION DES PENSIONS.	MONTANT des PENSIONS.	OBSERVATIONS.
6,626.	LACROPTE DE SAINT-ABRE (Marie-Jeanne-Thècle, demoiselle DE).	Émigrée	300f 00c	
6,627.	——— (Marie-Louise-Thècle, demoiselle DE).	*Idem*	600. 00.	
6,628.	——— (Marie-Rosalie, demoiselle DE).	*Idem*	300. 00.	
6,629.	LACROSSE (Jean-Joseph, chevalier DE).	Émigré	600. 00.	
6,630.	LACRUX-RODRIGUEZ (Diégo DE)	Espagnol, sans moyens d'existence	200. 00.	
6,631.	LADENT (Benjamin-Firmin)	Canonnier blessé en activité de service	100. 00.	
6,632.	LADEVÈZE (Bernard)	Émigré	600. 00.	N'a touché aucun des deux secours.
6,633.	LAFAGE (Marie-Anne-Françoise, veuve), née DEVILE.	Veuve d'un garde des forêts de la couronne; mère de quatre enfans.	200. 00.	*Idem.*
6,634.	——— (Marie-Louise-Dieudonné, dame).	Émigrée	400. 00.	*Idem.*
6,635.	LAFAIRE (Charlotte-Éléonore, demoiselle DE).	*Idem*	300. 00.	
6,636.	LAFALAISE (DE)	Émigré	1,358. 90.	
6,637.	LAFARGUE (Rose-Élisabeth-Amélie, demoiselle DE).	Fille d'un ancien militaire des armées royales.	50. 00.	
6,638.	——— (Ursule-Rosalie, demoiselle DE).	*Idem*	50. 00.	
6,639.	LAFAYE D'AMBERAC (Marie, veuve DE), née DE MONBRUN-TAUZIA.	Fille d'émigré et veuve d'un capitaine de vaisseau.	600. 00.	*Idem.*
6,640.	LAFERTÉ-MEUN (Anne-Thérèse-Iphigénie, comtesse DE), née MARGARINE.	Femme d'émigré	900. 00.	
6,641.	LAFEUILLADE	Ex-sociétaire de l'Opéra-Comique. (Pension par suite de transaction).	1,665. 00.	
6,642.	LAFFON DE LADEBAT (Philippe-Auguste).	Émigré; lieutenant-colonel	500. 00.	
6,643.	LAFFONT (Jean-Joseph)	A été persécuté pendant la terreur	150. 00.	
6,644.	——— (Joseph)	Infirme; services à l'armée royale	100. 00.	
6,645.	——— (Pierre)	Servait au siége de Lyon	120. 00.	
6,646.	LAFILOLIE (Louise-Hélène, dame DE), née DE FONTANGES.	Son père est mort sur l'échafaud; mère de huit enfans.	300. 00.	
6,647.	——— (dame), née DUSAILLANT	Son mari est mort sur l'échafaud, en 1793; âgée de 84 ans.	360. 00.	
6,648.	LAFITE (Marie-Jeanne-Adélaïde, veuve), née PUGIN.	Veuve d'un dessinateur du cabinet de Louis XVIII.	492. 00.	
6,649.	LAFOLIE (Antoine)	Volontaire royal de l'école de droit, en 1815.	500. 00.	
6,650.	LAFOLLIE (Reine-Cécile, demoiselle DE).	Émigrée	300. 00.	

Nos d'ordre.	NOMS ET PRÉNOMS des PENSIONNAIRES.	MOTIFS de LA CONCESSION DES PENSIONS.	MONTANT des PENSIONS.	OBSERVATIONS.
6,651.	LAFON (Philippe)................	Services rendus à la cause royale, en France.	500f	
6,652.	LAFON DE CANDAS................	Son père est mort en prison pendant la Révolution.	300.	N'a touché aucun des deux secours.
6,653.	LAFONT ROUIX (Marie-Marguerite, dame), née ROBERT DE VILLENUR DE PAILHÈS.	Veuve d'émigré..................	300.	
6,654.	LAFONTAINE (Edmée-Désirée, demoiselle DE).	Fille de Vendéen..................	500.	
6,655.	——— (Luce-Aglaé-Sophie, demoiselle DE).	*Idem*..........................	500.	*Idem.*
6,656.	——— (Anne-Marguerite, veuve), née TOY.	Veuve d'un garçon de château sous Louis XV et Louis XVI.	150.	*Idem.*
6,657.	LAFONTAINE DU BOURNEUF (Adélaïde-Jeanne-Françoise, demoiselle).	Vendéenne......................	500.	
6,658.	LAFORCADE (Louis-Clément-Joseph DE).	Émigré..........................	600.	*Idem.*
6,659.	LAFORCE (Sophie-Pauline, duchesse DE CAUMONT DE), née D'OSSUN.	Petite-fille du marquis d'Ossun, ministre d'État et ambassadeur.	4,000.	
6,660.	LAFOREST D'YVONNE (Charlotte-Benigne-Françoise, comtesse DE), née DE MONTLEZUN.	Émigrée.........................	1,000.	
6,661.	LAFORGE (Charles-Guislain DE).......	Émigré..........................	900.	
6,662.	LAFOSSE (Marie-Emmanuelle, dame DE), née DE LAFOSSE-ROUVILLE.	Femme-de-chambre de Mme Adélaïde..	600.	
6,663.	——— (Marie-Madeleine, dame), née LE ROY.	Mère de dix enfans; sans moyens d'existence.	300.	
6,664.	LAFRUGLAYE (Jeanne-Josèphe-Prudence-Guionne, demoiselle DE).	Émigrée.........................	200.	*Idem.*
6,665.	——— (Joséphine-Prudence-Françoise, demoiselle DE).	*Idem*..........................	200.	*Idem.*
6,666.	——— (Marie-Josèphe-Anne, demoiselle DE).	*Idem*..........................	200.	*Idem.*
6,667.	LAGACE DE BECOUR (Eugénie-Françoise-Gabrielle-Amélie, demoiselle).	*Idem*..........................	400.	*Idem.*
6,668.	LAGACHE (Dorothée, veuve DE), née LASSEVINS.	Veuve d'émigré..................	600.	*Idem.*
6,669.	LAGARDE (Jean-Antoine)...........	Pharmacien-major à l'hôpital militaire de la maison du Roi.	900.	
6,670.	——— (Jean-Baptiste-Benjamin-Hyppolite-Valentin DE).	Frère d'émigré..................	500.	
6,671.	——— (Jeanne, demoiselle DE)......	Sœur d'émigré...................	200.	
6,672.	——— (Marie-Madeleine-Françoise, baronne DE), née DE KLADT.	Femme d'émigré..................	900.	*Idem.*
6,673.	LAGARDE D'AUBERTY (Jeanne-Françoise, dame), née DE GIMEL.	Veuve d'émigré..................	600.	
6,674.	LAGARDE (Charles-Victor-Auguste, marquis DE CHAMBONAS DE SCIPION).	Émigré; ancien ministre des affaires étrangères.	1,000.	*Idem.*
6,675.	LAGASSE (Marie-Jeanne, veuve), née DAMAILLE.	Veuve d'un palefrenier à la vénerie....	150.	

Nos d'ordre.	NOMS ET PRÉNOMS des PENSIONNAIRES.	MOTIFS de LA CONCESSION DES PENSIONS.	MONTANT des PENSIONS.	OBSERVATIONS.
6,676.	LAGASSON (Jacques DE)............	Émigré........................	200f	
6,677.	LA GERVESAIS (comtesse DE), née DE LA CHÂTRE.	Nièce du duc de Lachâtre, premier gentilhomme de la chambre de Louis XVIII.	600.	
6,678.	LAGET DE BARDELIN (Auguste-Désiré).	Lieutenant des gardes du corps.......	4,000.	N'a pas touché le deuxième secours.
6,679.	LAGET DE PODIO (Michel-Joseph-Elzéard Hyacinthe).	Fils d'émigré....................	300.	
6,680.	LAGNEL (Marie-Pétronille, veuve), née DESCHAMPS.	Veuve d'émigré...................	500.	N'a touché aucun des deux secours.
6,681.	LAGONDE (Amélie-Claire-Clotilde-Olympe, demoiselle DE).	Fille d'émigré...................	400.	
6,682.	——— (Claire-Nicole, demoiselle DE).	*Idem*.........................	400.	N'a pas touché le deuxième secours.
6,683.	——— (Marie-Antoinette, demoiselle DE).	*Idem*.........................	400.	
6,684.	LAGORRÉE (Marie-Jean-François).....	Émigré........................	600.	N'a touché aucun des deux secours.
6,685.	——— (Françoise-Paule-Marie-Silvestrine-Adélaïde-Caroline-Gabrielle-Fortunée, demoiselle DE).	En remplacement de la pension de 2,400f dont elle jouissait avant la révolution.	200.	
6,686.	LAGOUTTE DE S-HÉLÈNE (Jeanne-Gabrielle, veuve DE), née DAVOT.	Veuve d'émigré...................	400.	*Idem.*
6,687.	LAGRACE DE PRIELLÉ (Victoire-Catherine, dame), née DESCOUBÈS DE MONLAUR.	Son beau-frère est mort au siége de Quiberon.	300.	
6,688.	LAGRANDIÈRE (Élisabeth-Silvanie, veuve DE), née RATAUD.	Veuve d'un officier de chasseurs à cheval.	300.	
6,689.	LAGRUE (Charles)..................	Garde des forêts de la couronne sous Louis XVI.	200.	
6,690.	LAGUARIGUE DE LA TOURNERIE (Marie-Susanne-Hippolyte, dame DE), née DE CUMONT.	Fille d'émigré; son mari a été fusillé à Quiberon.	300.	
6,691.	LAGUEPIERRE (Antoine-François).....	Fils d'un officier de la maison de M. le Dauphin.	160.	
6,692.	LAGUERRANDE (Joseph-Mathurin-Jacques DE).	Émigré........................	800.	
6,693.	LAHALLE (Jean)..................	*Idem*.........................	150.	
6,694.	LAHAUSSE (Anne-Marie-Félicité, demoiselle DE).	Services de son père à la cause royale...	400.	
6,695.	——— (Lucie-Aimée, demoiselle)....	Perte de fortune à l'île de France.......	400.	
6,696.	LAHAUTIÈRE (Louise-Françoise-Pélagie, dame DE), née DE LOCAISEL.	Fille d'émigré..................	300.	
6,697.	LAHAYE DE SILZ (Jeanne-Françoise, comtesse DE), née TALBOT.	Vendéenne......................	200.	*Idem.*
6,698.	LAHAYE-DUCARTIER (Marie-Renée, veuve DE), née PICOT DE COËTHUAL.	*Idem*.........................	200.	
6,699.	LAHOUSSAIE DE MEZICOURT (Marie-Marthe-Adélaïde, demoiselle DE).	Son père est mort sur l'échafaud pendant la révolution.	250.	
6,700.	LAHOUSSAYE (Charles DE)..........	Émigré........................	800.	

Nos d'ordre.	NOMS ET PRÉNOMS des PENSIONNAIRES.	MOTIFS de LA CONCESSION DES PENSIONS.	MONTANT des PENSIONS.	OBSERVATIONS.
6,701.	LA HOUSSAYE (Charlotte-Josèphe-Marie, demoiselle DE).	Émigrée	200f	N'a pas touché le deuxième secours.
6,702.	—— (Thérèse-Renée-Mathurine, demoiselle DE).	*Idem*	200.	N'a touché aucun des deux secours.
6,703.	—— DE LA RICHERIE (Marie-Antoinette, Josèphe, née DE HEUSCH, comtesse DE).	Veuve d'émigré	300.	
6,704.	LAIDIN (Pierre)	Vendéen	80.	
6,705.	LAIGLHOUST DE GOUINVILLE (Françoise, demoiselle).	A perdu sa fortune par suite de la révolution.	200.	
6,706.	—— (Thérèse-Anne-Catherine-Zéphirine, demoiselle).	*Idem*	200.	
6,707.	LAIGNELET (Jean-Baptiste-Augustin)	Fils d'émigré	50.	N'a touché aucun des deux secours.
6,708.	—— (Louis-Alexandre)	*Idem*	50.	
6,709.	—— (Anne, née BONY, veuve)	Son mari a été blessé dans une fête publique.	200.	
6,710.	LAIGUE (Louis-Paul-Émile, DE)	N'a aucun moyen d'existence	180.	
6,711.	LAILLET (Marie-Nicole, née BARUTEAU, veuve).	Veuve d'un garde des eaux de la machine de Marly.	100.	
6,712.	LAINÉ (Guillaume-Louis)	Perte de fortune	150.	
6,713.	—— (Joseph)	Vendéen	600.	N'a pas touché le premier secours.
6,714.	—— (Louis)	Émigré	1,000.	
6,715.	—— (Anne-Marie-Augustine, demoiselle).	Fille d'émigré	200.	
6,716.	—— (Marguerite-Françoise, née DUCOR, veuve).	Femme d'un serviteur de la maison du Roi.	200.	N'a touché aucun des deux secours.
6,717.	—— (Marie-Anne-Jeanne-Françoise, née JAMET, veuve).	Vendéenne	200.	
6,718.	LAIR (Guillaume)	Capitaine vendéen	400.	
6,719.	—— (Marguerite, née MOULIN, veuve).	Veuve d'émigré	200.	
6,720.	LAISNÉ (Benoit-Joseph)	Fils d'émigré	300.	
6,721.	—— (Michel)	Vendéen	50.	
6,722.	—— (Pierre-Auguste)	Fils d'émigré	300.	
6,723.	—— (Antoinette-Sylvie)	Fille d'émigré	300.	
6,724.	LAISSEMENT (Domingas-Da-Conceicao, née TEIXEIRA, veuve).	Veuve d'émigré	200.	
6,725.	LAIZER (Marie-Alexandrine, née MALLERET DE SAINT-MEXANT, marquise DE).	Émigrée	500.	*Idem.*

Nos d'ordre.	NOMS ET PRÉNOMS des PENSIONNAIRES.	MOTIFS de LA CONCESSION DES PENSIONS.	MONTANT des PENSIONS.	OBSERVATIONS.
6,726.	LAIZER (Rosalie, née SÉGUIN DE PIÉGON, comtesse DE).	Veuve d'un colonel émigré..........	1,000f	
6,727.	LAJOLAIS (Marie-Antoinette-Élise-Nathalie, demoiselle).	Fille d'émigré....................	200.	
6,728	——— (Catherine-Élisabeth, née OBERLIN, veuve DE).	Son mari a rendu des services à la cause royale, en France.	1,500.	
6,729.	LA JONQUIÈRE (Charles-Hippolyte, DE).	Perte de fortune à la révolution; petit-fils d'un lieutenant-général.	300.	
6,730.	——— (Louis-Armand, DE)........	*Idem*	300.	N'a pas touché le deuxième secours.
6,731.	——— (Françoise-Louise-Nathalie DE), actuellement dame DE RIEDMATTEN.	Fille d'émigré; perte de fortune à St-Domingue, petite-fille d'un lieutenant-général.	800.	
6,732.	LALAING D'AUDENARDE (Louise-Agathe-Sophie, née PEYRAC, comtesse DE)..	Émigrée	1,500.	N'a touché aucun des deux secours.
6,733.	LALAURENCIE (Jean-Baptiste-Auguste-François-Marie).	Neveu d'un évêque de Nantes.........	400.	
6,734.	LALLART (Albertine-Sophie-Émilie, demoiselle).	Fille d'émigré....................	300.	
6,735.	LALLEMAND (Germain)...........	Émigré..........................	500.	
6,736.	LALLEMANT (Catherine, née JUNGERS, veuve).	Son mari est mort à Gand, en 1815....	300.	
6,737.	LALLY DE LA NEUVILLE (Michel-Joseph-Stanislas).	Perte de fortune; neveu du comte LALLY-TOLENDAL.	1,000.	
6,738.	LALONDE (DE).................	Ex-secrétaire de l'intendance du garde-meuble.	1,800.	*Idem.*
6,739.	LALOY (Jeanne, née HAUTEMANIÈRE, ve)	Vendéenne........................	60.	N'a pas touché le deuxième secours.
6,740.	LAMAJORIE DE SOURSAC (Léonarde-Marie, demoiselle).	Chanoinesse émigrée...............	400.	
6,741.	LAMANDÉ (Angélique-Marie-Jeanne-Laurence, née DE ROQUENCOURT DE KRAVEL, dame).	Émigrée; nièce de l'abbé CARON......	200.	
6,742.	LA MAISONFORT (marquise DE)......	Reversion de la pension de 12,000 francs dont jouissait son mari, ancien ambassadeur à Florence.	8,000.	
6,743.	LAMARCHE (Geneviève-Françoise-Claire)	Fille d'émigré....................	150.	
6,744.	——— (Louise-Hugues-Virginie, demoiselle DE).	*Idem*..........................	150.	
6,745.	——— (Marie-Alix, demoiselle).....	*Idem*	150.	
6,746.	——— (Marguerite-Augustine-Marie, demoiselle DE).	*Idem*..........................	150.	
6,747.	LAMARIOUZE (Jean-Baptiste, DE)....	Lieutenant-colonel émigré..........	500.	
6,748.	LA MARLIÈRE (Olimpie-Marie-Françoise-Élisabeth, née FOUCARD, comtesse DE).	En remplacement de la pension de 7,000f dont elle jouissait avant la révolution.	1,000.	
6,749.	LAMARQUE (Marie-Thérèse-Françoise, demoiselle DE).	Émigrée..........................	300.	
6,750.	LA MARTELIÈRE (Louise-Charlotte-Élisabeth, née DE LA CHASTRE, comtesse DE).	Sœur d'émigré.	2,000.	

Nos d'ordre.	NOMS ET PRÉNOMS des PENSIONNAIRES.	MOTIFS de LA CONCESSION DES PENSIONS.	MONTANT des PENSIONS.	OBSERVATIONS.
6,751.	LAMARZELLE DUCOUDRAY (Anne-Françoise, née PITON DUGAULT, dame DE).	Vendéenne	400f 00c	
6,752.	LAMASSUE (Félicité, née CHANTARD, dame DE).	Veuve d'émigré	800. 00.	
6,753.	LAMB (Thérèse), dame religieuse.	Émigrée	746. 76.	
6,754.	LAMBERT (Nicolas-Joseph)	Sa famille a rendu des services aux Bourbons.	200. 00.	N'a touché aucun des deux secours.
6,755.	——— (Claude-Geneviève, demoiselle).	Fille d'un cocher du Roi	300. 00.	
6,756.	———(Geneviève-Catherine, née FOURÉ, veuve).	Veuve d'un postillon aux écuries de madame la comtesse d'Artois.	160. 00.	
6,757.	———(Françoise-Josèphe, née HURVOY, veuve).	Veuve d'un professeur de mathématiques des pages de Louis XVI.	200. 00.	
6,758.	———(Louise, née JOYER, veuve)	Vendéenne	50. 00.	
6,759.	——— (Marie-Anne, née LEROUX, veuve).	Veuve d'un palefrenier de la grande écurie.	200. 00.	
6,760.	——— D'AUBERT DE REZIES (Jeanne-Pierre-Alexandrine, demoiselle).	Fille d'émigré	200. 00.	
6,761.	——— DE BEAUVE (demoiselle)	Perte de fortune	320. 00.	*Idem.*
6,762.	———D'HERNOUX (Françoise, demoiselle).	Fille d'émigré	360. 00.	
6,763.	——— (Marguerite-Charlotte-Marie, demoiselle).	*Idem*	360. 00.	
6,764.	——— DE FRONDEVILLE (François-Armand).	Perte de fortune	200. 00.	
6,765.	——— DE VAUDONE (Catherine-Madeleine, née SIMONIN, veuve).	Émigrée	600. 00.	
6,766.	LAMBERTYE (Catherine-Antoinette-Thérèse), comtesse DE BECARY.	Veuve d'un officier général émigré	1,500. 00.	
6,767.	——— DE LA MARY (Alexandrine-Charlotte, née CAPPY, vicomtesse).	Émigrée	600. 00.	
6,768.	LAMBILLY (Laurent-Xavier-Martin, chevalier DE).	Émigré	500. 00.	
6,769.	LAMBILLY (Marie, née FIFIELD, dame DE).	Émigrée	500. 00.	
6,770.	LAMBIN (Marie-Élisabeth, née BOURGOIN, veuve).	Veuve d'un portier de la maison du Roi.	100. 00.	
6,771.	LAMBLET (Élisabeth, née BORDET, ve).	Fille d'émigré	120. 00.	
6,772.	LAMBOURG (Anne-Marie, née GRUSENMEYER, veuve).	Veuve d'émigré	100. 00.	
6,773.	LAMERLIÈRE (Élisabeth-Philippine), née DE MENTEN, dame).	Émigrée	900. 00.	
6,774.	LAMETAER (Henri-Pierre-René)	Neveu de Vendéen	200. 00.	
6,775.	LAMEZAN (Marie-Charlotte-Pétronille, comtesse DE), chanoinesse.	Parente d'émigrés	800. 00.	N'a pas touché le deuxième secours.

Nos d'ordre.	NOMS ET PRÉNOMS des PENSIONNAIRES.	MOTIFS de LA CONCESSION DES PENSIONS.	MONTANT des PENSIONS.	OBSERVATIONS.
6,776.	LAMI (Jean)......................	Ancien frotteur au château des Tuileries.	95f	N'a pas touché le deuxième secours.
6,777.	——— (Jean-Baptiste, abbé).......	Chanoine émigré...................	1,000.	
6,778.	——— (Marie-Antoine-Catherine, dme), née BAILLOT-DUQUEROY.	Veuve d'un commissaire de police.....	300.	
6,779.	——— (Jeanne-Catherine-Renée-Marie-Françoise), veuve POMARET.	Auteur........................	600.	
[illegible]	——— [illegible] (Jean-François-Hippolyte).	Vendeen.......................	150.	N'a touché aucun des deux secours.
6,781.	LAMOTHE (Jacques)...............	Émigré........................	800.	
6,782.	——— (Élisabeth, veuve), née DE ROSSIGNOL.	Fille d'émigré....................	100.	
6,783.	LAMOTHE-CASTANÈDE (Guillaume-Louis-François).	Émigré........................	300.	
6,784	LAMOTTE (Antoine, chevalier DE)....	Capitaine émigré.................	500.	N'a pas touché le deuxième secours.
6,785.	——— (Marie-Anne, veuve), née GUIBILLON.	Veuve d'un balayeur aux écuries......	100.	
6,786.	LAMOTTE-GUYOMARAIS (Marie-Antoinette, demoiselle DE).	Fille d'émigré....................	300.	*Idem.*
6,787.	——— (Victoire-Alexandrine-Pélagie, demoiselle DE).	*Idem*........................	300.	*Idem.*
6,788.	LAMOUCHE (Marie-Victoire, dame), née BOURBON.	Persécutée pendant la révolution; perte de fortune.	200.	*Idem.*
6,789.	LAMOULIÈRE (Thérèse-Augustine, demoiselle).	Fille d'un officier au régiment de la Reine; perte de fortune.	200.	
6,790.	LAMOUROUX (Jean-Jacques-Bernard)...	Services rendus à la cause royale......	800.	
6,791.	LA MOUSSAYE (Gustave-Marie DE)....	Fils d'un colonel..................	400.	*Idem.*
6,792.	——— (Louis-Joseph DE)...........	*Idem*........................	400.	*Idem.*
6,793.	LAMOUSTIÈRE D'AUTRIVE (Anne-Leprêtre DE).	Sa famille a servi le Roi; perte de fortune.	200.	
6,794.	LAMPAS (Pierre-Antoine)...........	Émigré........................	500.	
6,795.	LAMPINET (Victoire-Louise-Alexis, demoiselle DE).	Fille d'émigré....................	600.	N'a touché aucun des deux secours.
6,796.	LAMULLE (Charlotte-Amante, veuve), née JAFFEUX.	Veuve d'un serviteur de MESDAMES à Bellevue.	250.	N'a pas touché le deuxième secours.
6,797.	LAN (Pierre-Antoine Hippolyte)......	Fils d'émigré....................	900.	N'a touché aucun des deux secours.
6,798.	——— (Marie-Madeleine, veuve), née BRUNET.	Veuve d'émigré...................	1,000.	
6,799.	LANCE (Claire-Louise-Eustache, demoiselle DE LA).	Fille d'émigré....................	200.	
6,800.	——— (Jeanne-Népomucène-Flore-Marie-Eustache, demoiselle DE LA).	*Idem*........................	200.	*Idem.*

Nos d'ordre.	NOMS ET PRÉNOMS des PENSIONNAIRES.	MOTIFS de LA CONCESSION DES PENSIONS.	MONTANT des PENSIONS.	OBSERVATIONS.
6,801.	LANCE (Marie-Hélène-Mathilde, demoiselle DE LA)	Fille d'émigré	200f 00c	
6,802.	LANCENET (Nicolas-Aimable)	Portier de la maison des Pages	130. 00.	
6,803.	LANDAIS (Marie, veuve), née FORGEAU.	Vendéenne	60. 00.	N'a touché aucun des deux secours.
6,804.	LANDEAU (Maurice-Valentin, abbé)	A perdu sa fortune par suite de la Révolution.	300. 00.	
6,805.	LANDO (Jacqueline-Sophie, dame), née PIERRE.	Employé au service de Mme Victoire	400. 00.	
6,806.	LANDON (François-Auguste)	Fils d'émigré	200. 00.	
6,807.	LANDRÉ (Jean)	Vendéen	100. 00.	
6,808.	LANDREAU (Jean)	*Idem*	80. 00.	
6,809.	——— (René)	*Idem*	80. 00.	
6,810.	LANDRESSE	N'a aucun moyen d'existence	240. 00.	*Idem.*
6,811.	——— (Marie-Aimée-Désirée-Alexandrine, CLERC DE), née MITTON DE VARENGO.	Mère de famille sans fortune	600. 00.	
6,812.	LANDRIN (Antoine-Jean)	Garçon du grand commun à Versailles	200. 00.	
6,813.	——— (Jean)	Palefrenier à la petite écurie	300. 00.	
6,814.	LANE (Hélène, dame religieuse)	Émigrée	457. 20.	
6,815.	LANES (Suzanne-Élisabeth, veuve), née JOST.	Veuve d'émigré	150. 00.	*Idem.*
6,816.	LANFERNA (Élisabeth, demoiselle DE).	Sœur d'émigrés	100. 00.	*Idem.*
6,817.	——— (Marie-Madeleine, demlle DE).	*Idem*	100. 00.	*Idem.*
6,818.	LANFRAY (dame)	Ex-première lingère des Tuileries	800. 00.	
6,819.	LANG (Catherine, ve), née SCHOPPARD.	Émigrée	500. 00.	
6,820.	LANGE-COMNÈNE (Marie-Henriette-Anastasie, marquise DE), née DESFARGES.	Son mari descend de la famille des derniers Empereurs d'Orient.	1,000. 00.	
6,821.	LANGEBAULD (Pierre)	Vendéen	50. 00.	N'a pas touché le deuxième secours.
6,822.	LANGIN (Adélaïde-Mélanie-Areauge-Marie, veuve), née FLAMAN.	Émigrée	150. 00.	*Idem.*
6,823.	LANGLE (Marie-Anne-Delphine, comtesse DE FLEURIOT), née D'ARBOIS.	Veuve d'émigré	800. 00.	*Idem.*
6,824.	——— (George-Marie-Françoise, veuve DE), dame DE LA MONNERAYE, née DE KEROÜARTZ.	*Idem*	600. 00.	N'a touché aucun des deux secours.
6,825.	LANGLOIS (abbé)	Émigré	762. 00.	

Nos d'ordre.	NOMS ET PRÉNOMS des PENSIONNAIRES.	MOTIFS de LA CONCESSION DES PENSIONS.	MONTANT des PENSIONS.	OBSERVATIONS.
6,826.	LANGLOIS (Charles-François).........	Palefrenier, chef de relais des écuries de Louis XVI.	300f 00c	
6,827.	—— (Didier)..................	Fils d'émigré, né en émigration........	100. 00.	
6,828.	—— (François)................	Émigré.........................	150. 00.	
6,829.	—— (François)................	Palefrenier à la petite écurie de Louis XVI.	240. 00.	
6,830.	—— (François, abbé)...........	Émigré.........................	1,066. 80.	
6,831.	—— (Jacques-Denis)............	Ancien employé à l'intendance des menus-plaisirs.	374. 00.	
6,832.	—— (Jacques-François-Désiré).....	En remplacement de la pension de 500 fr. dont il jouissait avant la révolution.	300. 00.	N'a pas touché le deuxième secours.
6,833.	—— (Jacques-Louis)............	Commandant des équipages des officiers des gardes du corps.	600. 00.	
6,834.	—— (Julien-Louis).............	Vendéen........................	300. 00.	
6,835.	—— (Pierre-Henri).............	*Idem*..........................	100. 00.	
6,836.	—— (Madeleine-Philippine-Cécile-Virginie, demoiselle).	Vendéenne......................	150. 00.	
6,837.	—— (Marie, demoiselle).........	Fille d'émigré, née en émigration.....	100. 00.	
6,838.	—— (Marie-Gabrielle-Nicole-Éléonore, dame religieuse).	Vendéenne......................	150. 00.	
6,839.	—— (veuve), née WARLEMONT....	Veuve d'un lieutenant-colonel; elle est aveugle.	180. 00.	
6,840.	—— (Maheu-Jacques-Nicolas).....	Frère d'émigré..................	300. 00.	
6,841.	LANGLOIS DE PLEMONT (Paul-Bonaventure, vicomte).	Sous-lieutenant des gardes du corps....	2,400. 00.	
6,842.	LANGRAND (Marie, ve), née CHARNÉ..	Veuve d'un serviteur de la maison du Roi.	100. 00.	
6,843.	LANGRENÉ (Claude).............	Valet de chambre de Mme Victoire......	1,000. 00.	
6,844.	LANGUEREAU (Charles-Bernard)......	Émigré.........................	300. 00.	
6,845.	LANGUILLE (Geneviève Madeleine, ve), née TRIBOUT.	Veuve d'un palefrenier aux écuries de Louis XVI.	225. 00.	
6,846	LANJAMEL (Adélaïde, vicomtesse DE), née BAUDRAN DE MAUPERTUIS.	Émigrée........................	1,500. 00.	N'a touché aucun des deux secours.
6,847.	LANNOY (François-Joseph-Henri, comte DE).	Émigré.........................	1,000. 00.	
6,848.	LANOË (Jean-Mathurin, abbé)........	*Idem*..........................	914. 40.	
6,849.	LANOUE (Claude-Alexandre-René-Marie, abbé DE).	Vicaire-général, émigré............	1,200. 00.	
6,850.	LANTHENAS (Charlotte-Élisabeth, demoiselle).	Fille d'émigré....................	600. 00.	N'a pas touché le deuxième secours.

Nos d'ordre.	NOMS ET PRÉNOMS des PENSIONNAIRES.	MOTIFS de LA CONCESSION DES PENSIONS.	MONTANT des PENSIONS.	OBSERVATIONS.
6,851.	LANTHENAS (Antoinette-Marie-Sophie, dame DE), née VAUVILLIERS.	Fille d'un trésorier de la Cour de Parme, qui rendit des services à Louis XVIII.	1,200f 00c	N'a pas touché le deuxième secours.
6,852.	LANTHONNYE (Jean-Joseph-Louis-Aimé, chevalier DE).	Émigré	300. 00.	
6,853.	LANTZER (Jean-Chrétien-Charles-Wilhelm).	*Idem*	1,000. 00.	*Idem.*
6,854.	——— (Marie-Élisabeth, veuve), née FISCHER.	Veuve d'émigré	150. 00.	
6,855.	LANUGUY TROMELIN (dame)	Pension accordée directement par le Roi. (Motifs inconnus.)	800. 00.	N'a touché aucun des deux secours.
6,856.	LA PALLU (Anne-Adélaïde, dame DE), née RIVIÈRE.	Veuve d'émigré	800. 00.	
6,857.	LAPANNONIE (Pierre-François, abbé DE).	Émigré	500. 00.	N'a pas touché le deuxième secours.
6,858.	LAPANOUZE (Ange-François-Charles, chevalier DE).	*Idem*	400. 00.	
6,859.	LAPANOUZE (Charles-François, chevalier DE).	*Idem*	800. 00.	
6,860.	LAPASSE (Jean-Louis-Joseph, DE)	*Idem*	300. 00.	
6,861.	LAPAYE (François, vicomte DE LANTEUIL DE).	*Idem*	600. 00.	
6,862.	LA PEROUSE (demoiselle DE)	Emigrée	1,358. 90.	
6,863.	LA PERRIÈRE (Richardine-Louise-Thérèse-Ste-Marie, marquise DE), née HALY.	Parente d'émigré	600. 00.	
6,864.	LAPERSONNE (Thérèse-Charlotte, demoiselle DE).	Sœur d'émigré	200. 00.	
6,865.	LAPEYRE (Marie-Rose, dame), née DE LA CHAMBRE.	Fille d'émigré	400. 00.	
6,866.	LAPIE DE LA FAGE (Charles-Mathias-Marie).	Dévouement de son père à la cause royale	200. 00.	
6,867.	——— (Louise-Rose, veuve), née VIEILLARD.	A perdu sa fortune par suite de la révolution.	400. 00.	N'a touché aucun des deux secours.
6,868	LAPIERRE (Henri-François-Jean-Jacques).	Émigré de Toulon	300. 00.	
6,869.	——— (Clémentine-Gabrielle, demoiselle VIBERT DE).	Fille d'émigré	800. 00.	
6,870.	———(Marie-Adélaïde-Jeanne-Baptiste-Joséphine, demoiselle VIBERT DE).	*Idem*	800. 00.	
6,871.	——— (Marie-Polyxène-Joséphine, Dlle VIBERT DE), Comtse GRIMALDI DU POGET	*Idem*	800. 00.	
6,872.	——— (Sophie-Rosette-Lucie, demoiselle VIBERT DE).	*Idem*	800. 00.	
6,873.	LAPISSE (Charles, DE)	Fils d'émigré, père d'une nombreuse famille.	300. 00.	
6,874.	LAPIVARDIÈRE (Michel-Suzanne, comtesse DE), née LE MAÎTRE.	Services de son mari dans l'émigration	1,000. 00.	
6,875.	LAPIZE LACAYROUZE (Ambroise)	Émigré	300. 00.	N'a pas touché le deuxième secours.

Nos d'ordre.	NOMS ET PRÉNOMS des PENSIONNAIRES.	MOTIFS de LA CONCESSION DES PENSIONS.	MONTANT des PENSIONS.	OBSERVATIONS.
6,876.	LAPLACE (Joseph, vicomte DE).......	Émigré..........................	500f	
6,877.	——— (Marie-Anne, demoiselle DE)..	Fille d'émigré.....................	400.	
6,878.	LAPLANCHE (Pierre)................	Vendéen..........................	400.	
6,879.	———(Madeleine-Sophie, veuve), née ÉLEN.	Veuve d'un garçon de la chambre de la Reine.	300.	
6,880.	LAPOINTE (Aimée, veuve), née DUNY.	Veuve d'un palefrenier aux écuries du Roi	200.	N'a touché aucun des deux secours.
6,881.	LAPORTE (Jean)....................	Émigré..........................	300.	
6,882.	——— (Jean-Martin)...............	Services de son père dans les armées royales, en France.	100.	N'a pas touché le deuxième secours.
6,883.	——— (Marguerite-Justine, dame DE), née COURRIVAUD.	Fille et petite-fille d'officiers supérieurs.	400.	
6,884.	——— (Anne-Ursule, demoiselle)...	*Idem*...........................	50.	*Idem.*
6,885.	——— (Jeanne-Sophie, demoiselle)...	*Idem*...........................	50.	*Idem.*
6,886.	——— AUX LOUPS (Marguerite, ve DE), née BARBOT DE LATRÉSORIÈRE.	Veuve d'émigré.....................	300.	
6,887.	——— DUTHEUIL...................	Persécuté; perte de fortune..........	200.	
6,888.	——— YSSERTIEUX (Louis-Joseph-Charles, comte DE).	Capitaine émigré..................	1,000.	
6,889.	——— YSSERTIEUX (René-Joseph, vicomte DE).	Émigré..........................	900.	
6,890.	——— D'YSSERTIEUX (Suzanne-Étienne-Reine-Rose, demoiselle DE).	Fille d'émigré.....................	300.	
6,891.	——— D'YSSERTIEUX (Suzanne-Madeleine-Clotilde DE).	*Idem*...........................	300.	N'a touché aucun des deux secours.
6,892.	LA POTERIE (Charles-Louis-François, comte DE).	Maréchal de camp; a rendu des services à la cause royale.	2,000.	
6,893.	LAPPARAT (Calixte, veuve), née HÉBRARD.	Veuve d'un soldat de l'armée royale, mort sous les drapeaux.	80.	*Idem.*
6,894.	LAPPRAUD (Claude-François)........	Émigré..........................	150.	N'a pas touché le deuxième secours.
6,895.	LAPRE (Théodore)..................	Palefrenier aux écuries de Louis XVI...	229.	N'a touché aucun des deux secours.
6,896.	LAPRIE (Claudine-Élisabeth, veuve), née DUPONT.	Veuve d'un officier de bouche chez MESDAMES, tantes du Roi.	800.	N'a pas touché le deuxième secours.
6,897.	LAQUEUILLE (Jeanne-Anne-Marie-Louise-Françoise, demoiselle DE).	Fille d'émigré.....................	1,500.	
6,898.	LAQUIANTE (Marie-Élisabeth-Félicité-Claudine, demoiselle DE).	Émigrée..........................	600.	*Idem.*
6,899.	LARAN (Michel-Clément)...........	Ancien gendarme de la Reine.........	400.	
6,900.	LARANGOT (Jean-Hyacinthe).........	Ancien courrier des postes militaires...	150.	

Nos d'ordre.	NOMS ET PRÉNOMS des PENSIONNAIRES.	MOTIFS de LA CONCESSION DES PENSIONS.	MONTANT des PENSIONS.	OBSERVATIONS.
6,901.	LARAQUE (dame).................	Pension accordée directement par le Roi. (Motifs inconnus).	300f 00c	
6,902.	LARCELET dit ÉDOUARD	Pensionnaire du second théâtre français. Pension à titre onéreux.	651. 37.	
6,903.	LARCHÉ (Marie-Françoise, demoiselle).	Fille d'un ancien garçon servant.......	200. 00.	
6,904.	LARCHER (Marie-Anne, veuve), née LARRENDOUETTE.	Son père est mort sur l'échafaud.......	200. 00.	
6,905.	——— (Marguerite, veuve), née ROYER.	Veuve d'un capitaine commandant d'artillerie.	300. 00.	
6,906.	LARDIÈRE dit CHARETTE (Joseph).....	Vendéen..........................	50. 00.	
6,907.	LARDINOIS (Thérèse, demoiselle).....	Fille d'un officier, élève de Saint-Denis..	200. 00.	
6,908.	LARDOUX (Marie-Geneviève, veuve), née DOUVENEL.	Veuve d'émigré....................	300. 00.	
6,909.	LARGET (Claude)..................	Émigré..........................	300. 00.	
6,910.	LARIVIÈRE (Henri-Charles-Marie, comte DE).	*Idem*..........................	400. 00.	
6,911.	LARNIÈRE (Sophie-Charlotte-Caroline-Marguerite, ve), née DE MECKLENBURG.	Veuve d'émigré....................	600. 00.	
6,912.	LAROCHE DE KÉRANURAON (Jeanne-Marie-Victoire-Eulalie, demoiselle).	Fille d'un officier de marine..........	150. 00.	N'a touché aucun des deux secours.
6,913.	——— (Marie-Françoise-Aline, demoiselle).	*Idem*..........................	150. 00.	*Idem*.
6,914.	LAROCHE-AYMOND (Catherine, dame DE), religieuse.	Perte de fortune; âgée de 79 ans......	200. 00.	
6,915.	LAROCHE-AYMON (DE).............	Émigré..........................	1,200. 00.	
6,916.	——— (Antoine-Nicolas, chevalier DE).	Colonel émigré....................	1,000. 00.	
6,917.	——— (Philibert, comte DE)........	Émigré..........................	1,000. 00.	
6,918.	——— (Marie-Catherine, demoiselle DE).	Perte de fortune..................	200. 00.	
6,919.	——— (marquise DE), née DE BEAUVILLIERS.	Dame du palais de la Reine...........	6,000. 00.	
6,920.	———DUCLUSEAU (Pierre-Louis)....	N'a aucun moyen d'existence.........	600. 00.	
6,921.	——— (Jeanne, comtesse DE), née MALLEBAY DE NOUSSAC.	Veuve d'émigré....................	300. 00.	
6,922.	LAROCHE-COURBON-BLÉNAC (Christophe-Élisabeth-Catherine, demoiselle DE).	Fille d'émigré.....................	400. 00.	
6,923.	——— (Anne-Sophie-Constance-Rosalie-Pétronille).	Fille d'un premier page de Louis XV...	1,500. 00.	
6,924.	——— (Françoise-Émélie)..........	*Idem*..........................	300. 00.	
6,925.	——— (Marie-Eugénie)...........	*Idem*..........................	300. 00.	

Nos d'ordre.	NOMS ET PRÉNOMS des PENSIONNAIRES.	MOTIFS de LA CONCESSION DES PENSIONS.	MONTANT des PENSIONS.	OBSERVATIONS.
6,926.	LAROCHEYMOND (Pierre-Jean-Jacques), chevalier DE.	Émigré	300f	
6,927.	LAROCHE FONTENILLES (Marie-Claudine-Alexandrine), née DE MORARD, marquise DE.	Dame de compagnie de Madame Élisabeth.	3,000.	
6,928.	LA ROCHEFOUCAULD (Comte LOUIS DE).	Gentilhomme honoraire de la chambre et inspecteur général des divers services de la maison du Roi.	6,000.	N'a touché aucun des deux secours.
6,929.	——— (Comtesse DE).	Pension accordée directement par le Roi. (Motifs inconnus.)	600.	*Idem.*
6,930.	LA ROCHEJACQUELEIN, aînée, demoiselle DE.	Fille d'un général vendéen	2,000.	*Idem.*
6,931.	——— (Cadette, demoiselle DE)	*Idem*	2,000.	*Idem.*
6,932.	LA ROCHE LAMBERT (Louise-Élisabeth), née DE LOSTANGES, marquise DE.	En remplacement d'un don de 50,000 fr. qui lui avait été fait par Mme Adélaïde.	3,000.	*Idem.*
6,933.	LAROCHENEGLY (Marie-Catherine-Henriette), chanoinesse comtesse DE.	Émigrée	400.	*Idem.*
6,934.	LAROCHE-PONCIÉ (Philibert), vicomte DE.	Émigré	800.	*Idem.*
6,935.	——— (Madeleine), née DEGOUVENAIN, comtesse DE.	Veuve d'émigré	300.	
6,936.	——— (Félicité), demoiselle DE	Fille et sœur d'émigrés	400.	
6,937.	——— (Marguerite-Françoise), demoiselle DE.	*Idem*	400.	
6,938.	LA ROCHE SAINT-ANDRÉ (Émilie-Gabrielle-Marie), demoiselle DE.	Chanoinesse; perte de fortune	500.	
6,939.	——— (Anne-Marie-Thérèse-Félicité), née COUTANCE, marquise DE.	Persécutée; perte de fortune	500.	
6,940.	LA ROCHETTE DE ROCHEGONDE (Marie-Catherine-Henriette), demoiselle DE.	Fille d'émigré	200.	
6,941.	——— (Sophie-Antoinette), demoiselle DE.	*Idem*	200.	
6,942.	LAROCQUE (Pierre-Samson), DE	Émigré	400.	N'a pas touché le premier secours.
6,943.	LAROQUE dit ROUQUET (Pierre)	*Idem*	360.	
6,944.	——— (Anne-Pauline), née DE TAILLEVIS DE JUPEAUX, dame DE.	Fille d'émigré	400.	N'a touché aucun des deux secours.
6,945.	LAROQUE DU MONS (Marie-Anne-Jacquette), demoiselle DE.	Fille d'un député aux états-généraux	500.	*Idem.*
6,946.	LAROQUE DE SAINT-THURIEN (Nicolas).	Il touchait une pension de 100 fr. sur la cassette de Louis XVI.	100.	*Idem.*
6,947.	LAROSIÈRE (Pierre)	Compromis dans l'affaire de Georges Cadudal.	300.	*Idem.*
6,948.	LA ROUSSELIÈRE CLOUARD (Hélène-Gillette-Marie), née DELATRE, dame DE.	Femme d'émigré	800.	
6,949.	——— (François-Eustache-Amédée), DE.	Fils d'émigré	300.	
6,950.	——— (Frédéric-César), DE	*Idem*	300.	

Nos d'ordre.	NOMS ET PRÉNOMS des PENSIONNAIRES.	MOTIFS de LA CONCESSION DES PENSIONS.	MONTANT des PENSIONS.	OBSERVATIONS.
6,951.	LA ROUSSELIÈRE CLOUARD (James-Jean-Marie, DE).	Fils d'émigré	300f	
6,952.	—— Joseph-Louis-Honoré, DE)	*Idem.*	300.	
6,953.	—— (Éléonore-Marie, demoiselle DE)	Fille d'émigré	400.	
6,954.	—— (Hélène-Louise-Félicité, demoiselle DE).	*Idem*	400.	
6,955.	LA ROUZIÈRE (Amable-Begon, chanoinesse, DE).	*Idem.*	1,200.	N'a touché aucun des deux secours.
6,956.	—— (Charlotte-Antoinette-Begon, chanoinesse, DE)	*Idem.*	1,200.	
6,957.	—— (Marguerite-Victoire-Amable-Begon, chanoinesse, DE).	*Idem.*	1,200.	
6,958.	LAROZE (Jean-Baptiste)	Rétablissement de la pension dont il jouissait sur la cassette de Louis XVI.	384.	*Idem.*
6,959.	LAROZE FONBRUNE (Gabriel-Marie-Anne-Joseph).	Magistrat émigré	1,500.	
6,960.	LA ROZERIE (DE)	Pension accordée directement par le Roi. (Motifs inconnus.)	1,500.	
6,961.	LARRIEU (Marie-Victoire-Gérôme, demoiselle).	Petite-fille d'émigré	200.	
6,962.	—— (Jeanne-Marie-Amante-Joséphine-Émilie, demoiselle).	*Idem.*	200.	
6,963.	LARSONNEUR (Étienne-François)	Fils d'un valet de chambre de la Dauphine.	200.	
6,964.	LARTHE DU LÉRY (Antoine, née MÉLIAC, dame).	Veuve d'émigré	600.	
6,965.	LARTIGUE (Marie-Pierre)	Émigré	250.	*Idem.*
6,966.	LARUE	Pension accordée directement par le Roi. (Motifs inconnus.)	300.	
6,967.	LA RUE (Pierre)	Contrôleur de la maison de Louis XVIII	900.	
6,968.	LARUÉE (Joseph-Marie-Luc-Hyacinthe, DE).	Émigré	600.	
6,969.	LARUELLE (Victoire-Louise, née METAYER, dame).	Fille d'un maréchal expert des écuries	200.	
6,970.	LARZILLIÈRE (Jeanne-Marie-Julie, demoiselle).	Son père a suivi le Roi en émigration	100.	N'a pas touché le deuxième secours.
9,971.	—— (Marie-Adèle-Barbe-Catherine, demoiselle).	*Idem.*	100.	
6,972.	——(Marie-Barbe-Sophie, demoiselle.)	*Idem.*	100.	
6,973.	LASALLE (Joseph-Henri)	Ancien chef des fourrières de la maison de la Reine.	500.	
6,974.	—— (Delphine-Jacquette-Zélie, demoiselle DE).	Nièce d'émigré	300.	
6,975.	—— (Denise-Thérèse-Gabrielle, demoiselle DE).	Émigrée	300.	N'a touché aucun des deux secours.

Nos d'ordre.	NOMS ET PRÉNOMS des PENSIONNAIRES.	MOTIFS de LA CONCESSION DES PENSIONS.	MONTANT des PENSIONS.	OBSERVATIONS.
6,976.	LASALLE (Jeanne-Marie-Julie, née CHAUVIGNY DE BLOT, comtesse DE).	Fille d'émigré	1,000f	
6,977.	LASALLE-DUMAIGNAUX (Anne-Joséphine, demoiselle DE).	*Idem*	100.	
6,978.	——— DE ROCHEMAURE (Françoise, née DE COURTILLE, dame DE).	Veuve d'émigré	250.	N'a touché aucun des deux secours.
6,979.	LASAUMÈS (Marie-Louise-Émélie, née DE GABRIAC, veuve baronne DE).	Veuve sans fortune ; elle a plusieurs enfans à sa charge.	400.	*Idem.*
6,980.	LASELVE (Henriette, née DAVORAN, dame DE).	Fille d'un officier irlandais au service de France.	300.	
6,981.	LASERVOLLE (Théodore-Martin)	Fils d'un médecin ordinaire de Louis XVI.	400.	
6,982.	——— (Marie-Émélie-Thérèse, demoiselle).	Fille *idem*	400.	
6,983.	LASNE (François)	Victime de l'accident arrivé à Angers lors de la fête du baptême du duc de Bordeaux	150.	
6,984.	——— (Élisabeth, née BOURBON, veuve).	Veuve d'un charretier de la grande écurie.	200.	
6,985.	——— (Marie-Madeleine-Adélaïde, née MIGNOT, veuve).	Veuve d'un contrôleur de la maison de Louis XVIII.	1,000.	*Idem.*
6,986.	LASNET (Michel-Marie-Joseph)	Émigré	400.	
6,987.	LASSANAÀ (Jean)	Descendant du père nourricier de Henri IV.	200.	N'a pas touché le deuxième secours.
6,988.	LASSERRE (Françoise, née COMBESCOT veuve DE).	Veuve d'un ancien garde du corps	300.	
6,989.	LASSIGNY (Louis-Joseph-Toussaint)	Fils d'un garde du corps tué au 10 août.	1,500.	
6,990.	LASSONE (Aimée-Françoise-Joséphine, demoiselle DE).	Fille d'un premier médecin de la Reine.	600.	
6,991.	LASSUDRIE (Louis-Laurent, DE)	Fils d'émigré	400.	N'a touché aucun des deux secours.
6,992.	LASTIC SAINT-JAL (Marie-Henri-Louis DE).	Services de son père dans les armées royales, en France.	200.	*Idem.*
6,993.	——— (Marie-Jeanne-Charlotte-Louise-Augustine, née DE CHASELLES, dame DE).	Veuve d'un sous-préfet. Appartient à une famille qui a donné des grands maîtres à l'Ordre de Malte.	400.	*Idem.*
6,994.	——— (Ursule-Françoise-Henriette, née LA TOISON-ROCHEBLANCHE, Csse DE).	Femme d'émigré	1,200.	
6,995.	LASUDERIE (Jacques, DE)	Émigré	300.	*Idem.*
6,996.	LASVESNES (Jean-Louis)	Émigré	250.	
6,997.	LATACHE (Charlotte-Félicia, née DE COFFLIN, veuve DE).	Sans fortune	150.	
6,998.	——— (Marie-Jeanne-Aimée-Zuléma, née DE COFFLIN, dame DE).	*Idem*	150.	
6,999.	LA THOISON (Louise, demoiselle DE).	Créole de Saint-Domingue	200.	
7,000.	LATIERRE (Jean-Richard)	Vieux et infirme	200.	

Nos d'ordre.	NOMS ET PRÉNOMS des PENSIONNAIRES.	MOTIFS de LA CONCESSION DES PENSIONS.	MONTANT des PENSIONS.	OBSERVATIONS.
7,001.	LATOISON ROCHEBLANCHE (Laurent-Amable-Louis, marquis DE).	Colon de Saint-Domingue	800f 00c	
7,002.	LATOMBE (Anne-Louise, demoiselle DE).	Fille d'un valet de garde-robe de madame la Dauphine.	300. 00.	
7,003.	LA TOUR (François-Paul-Odillon, DE)..	Son grand père est mort sur l'échafaud, pendant la révolution.	300. 00.	N'a pas touché le deuxième secours.
7,004.	LATOUR (Pierre-Nicolas-Joachim-Choppin, chevalier DE).	Émigré	600. 00.	
7,005.	——— (Jeanne-Jone-Lucie-Philippe, demoiselle DE).	Fille d'émigré	600. 00.	
7,006.	——— (Sophie-Justine, DE).	Nièce d'un officier général tué en Espagne, en 1810.	600. 00.	
7,007.	——— (Marie-Françoise-Reine, née LORRAINE, dame).	Fille d'émigré	200. 00.	
7,008.	——— DUMESTIL (François-Emmanuel-Jules).	Services rendus à la cause royale......	1,000. 00.	N'a pas touché le premier secours.
7,009.	——— DUPIN	Ex-adjudant du château de Pau.......	1,200. 00.	N'a touché aucun des deux secours.
7,010.	——— DUPIN DE BEAUCHAMP (dame).	Veuve d'émigré, âgée de 85 ans.......	720. 00.	N'a pas touché le deuxième secours.
7,011.	LA TOUR DU PIN (Charlotte-Émilie, née Alexandre D'HANACHE, comtesse DE).	Veuve d'émigré	1,500. 00.	
7,012.	——— (Innocente-Appolinaire-Vincente-Élisa-Rose-Herminie, demoiselle DE).	Fille d'émigré	2,000. 00.	
7,013.	——— (Marie-Béatrix-Alexandrine-Eudoxie, demoiselle DE).	*Idem*	600. 00.	
7,014.	——— LACHARCE (Adélaïde-Marguerite, née PAJOT, vicomtesse DE).	Femme d'un lieutenant général émigré.	2,000. 00.	
7,015.	——— MONTAUBAN (Marie-Joséphine-Henriette, maintenant comtesse HOUDOUART DE THIÈVRES).	Fille d'émigré	2,000. 00.	
7,016.	——— (Marie-Ernestine, née DE MERCY, marquise DE).	Émigrée, veuve d'un officier général....	500. 00.	
7,017.	LATOUR LANDORTE (Louis-Henri-Thérèse, chevalier DE).	Émigré	300. 00.	N'a touché aucun des deux secours.
7,018.	——— (Marianne-Henriette-Rosalie, née DE POLASTRON, comtesse DE).	Veuve d'émigré	800. 00.	*Idem.*
7,019.	LATOURETTE D'AMBERT (Marie-Florence Josèphe-Charlotte, demoiselle DE).	Fille d'émigré	600. 00.	*Idem.*
7,020.	LATOUR DE SEGUIN DE REYNIÉS DE PRADES (Charles-Marie-Joseph-Estève DE).	Petit-fils d'émigré	150. 00.	*Idem.*
7,021.	——— (François-Louis-Joseph-Marie-Jules DE).	*Idem*	150. 00.	*Idem.*
7,022.	——— (Joséphine-Élisabeth-Anne-Marie, demoiselle DE).	Petite-fille d'émigré	150. 00.	*Idem.*
7,023.	——— (Marie-Anne-Antoinette-Joséphine-Hyacinthe-Eugénie-Élisabeth, dlle DE)	*Idem*	150. 00.	*Idem.*
7,024.	LATREILLE (Jean-Baptiste-Romain, abbé).	Émigré	1,066. 80.	
7,025.	LAUDREL D'ARPANTIGNY dit LEGROS (François).	Chef de bataillon vendéen...........	800. 00.	

Nos d'ordre.	NOMS ET PRÉNOMS des PENSIONNAIRES.	MOTIFS de LA CONCESSION DES PENSIONS.	MONTANT des PENSIONS.	OBSERVATIONS.
7,026.	LAUGEOIS (Jacques)...............	Vendéen..........................	500f	
7,027.	——— (Lucile, demoiselle)........	Fille d'émigré.....................	300.	
7,028.	LAUGIER (François-Toussaint).......	Émigré; paralytique................	600.	
7,029.	——— (Henriette-Adélaïde, née ISNARD, dame).	Émigrée de Toulon................	500.	
7,030.	——— (Marie-Anne-Louise, née POSSEL, dame).	*Idem*..............................	600.	
7,031.	——— DALTÉ (Marie-Louise-Lucile, née MÉTIVIER, veuve).	Émigrée..........................	300.	
7,032.	LAUNAY (François-René)...........	Vendéen..........................	50.	
7,033.	——— (Noël).....................	Émigré...........................	800.	
7,034.	——— (Pierre-Pascal).............	Vendéen..........................	100.	
7,035.	——— (Demoiselle DE)............	Émigrée..........................	700.	
7,036.	——— (Dame DE)..................	*Idem*............................	1,000.	
7,037.	——— (Alexandrine-Jeanne-Sophie-Suzanne, actuellement dame DARCELIN DE NEUBOURG, demoiselle DE).	Son mari, commissaire des guerres, a été ruiné au siége de Lyon.	500.	
7,038.	——— DE VARENNES (Marie-Anne-Victoire, née ADELINE DUQUESNAY, Ve DE).	Services de son fils dans les armées royales.	300.	
7,039.	LAURANS (Charles-Victor)..........	A servi dans les armées royales de la Lozère.	150.	
7,040.	LAURE (Jacques-Joseph-César).......	Fils d'émigré......................	50.	
7,041.	——— (Louis-Antoine)............	Son père est mort à Toulon en 1793...	150.	
7,042.	——— (Marie-Pauline, née LEHÉNAFF, dame).	Nièce d'émigré.....................	400.	
7,043.	LAUREC (Joseph)..................	Vendéen..........................	200.	
7,044.	LAURENCIN D'AVENAS (Aimée)......	Ancienne élève de Saint-Cyr..........	150.	
7,045.	LAURENÇOT (Pierre-François-Laurent).	Son père est mort sur l'échafaud en 1793.	100.	
7,046.	LAURANDEAU (Pierre)..............	Vendéen..........................	120.	N'a touché aucun des deux secours.
7,047.	LAURENS (Marie-Julie, née HARDELAY, veuve).	Créancière du Roi..................	300.	
7,048.	LAURENT (Alexandre).............	Fils d'émigré......................	100.	
7,049.	——— (Jean-Antoine).............	Homme de lettres..................	800.	
7,050.	——— (Nicolas)..................	Émigré...........................	300.	

Nos d'ordre.	NOMS ET PRÉNOMS des PENSIONNAIRES.	MOTIFS de LA CONCESSION DES PENSIONS.	MONTANT des PENSIONS.	OBSERVATIONS.
7,051.	LAURENT (dame)........	Émigrée........	1,358f 90c	
7,052.	——— (Amable-Julie, demoiselle)...	Sœur de lait de madame la duchesse d'Angoulême.	1,000. 00.	
7,053.	——— (Julien)........	Vendéen........	50. 00.	
7,054.	——— (Marie-Anne, demoiselle)....	Sœur d'un chapelain de madame Victoire.	400. 00.	
7,055.	——— (Joséphine-Pierrette, demoiselle).	Fille d'émigré........	100. 00.	N'a pas touché le deuxième secours.
7,056.	——— (Marie-Madeleine, demoiselle).	Fille d'émigré........	100. 00.	
7,057.	——— (Marie-Jacqueline-Pacifique, dame).	Religieuse persécutée........	300. 00.	*Idem.*
7,058.	——— (Barbe, née ROLLAND, veuve).	Mère de cinq sous-officiers ou soldats au service.	120. 00.	
7,059.	——— (Anne-Marie-Catherine, née SERVAIS, veuve).	Veuve d'un capitaine de dragons de l'armée française.	300. 00.	
7,060.	LAURETTE (Louis-François-Joseph)....	Émigré........	250. 00.	
7,061.	——— (Charlotte-Ursule-Joseph, née BRONSART, veuve).	Veuve d'émigré........	150. 00.	
7,062.	LAURIOLLE (demoiselle)........	A perdu sa fortune........	200. 00.	N'a touché aucun des deux secours.
7,063.	LAUTHIER (Victor, chevalier DE).....	Émigré........	600. 00.	
7,064.	LAUTHONNYE (Louis-Jean-Marie, comte DE).	*Idem*........	400. 00.	*Idem.*
7,065.	LAUVIN (Marie-Françoise-Angélique, née BENARD dit LABRIÈRE, femme).	Fille d'un piqueur du vautrai........	440. 00.	
7,066.	LAUZAN........	Ex-conservateur des tableaux à Versailles.	1,000. 00.	*Idem.*
7,067.	LAUZANNE DE VAUROUXEL (Joseph-Louis-Alexandre).	Vendéen........	400. 00.	
7,068.	LAUZIÈRES THÉMINES (Marc-Antoine-Calixte, DE FONCLAIR).	Émigré........	900. 00.	
7,069.	LAVAISSIÈRE (Alexandre-Marie-Anne).	Fils d'émigré........	100. 00.	N'a pas touché le deuxième secours.
7,070.	——— (Georges-Charles)........	*Idem*........	100. 00.	*Idem.*
7,071.	——— DE LAVERGNE........	*Idem*........	300. 00.	N'a touché aucun des deux secours.
7,072.	LAVAL (Paul)........	Ministre protestant converti au catholicisme.	200. 00.	
7,073.	——— (Marie-Louise-Maurice-Élisabeth, née DE MONTMORENCY LUXEMBOURG, duchesse DE).	Dame d'atours de madame Adélaïde....	6,000. 00.	
7,074.	LAVALDÈNE (Pierre-Joseph DE GAILLARD DE LORRAINE).	Émigré........	500. 00.	
7,075.	LAVALETTE MORLHON (Mélanie-Marie-Joseph-Vincent, née DENYS, csse DE).	Femme d'un officier ruiné par la révolution.	800. 00.	

Nos d'ordre.	NOMS ET PRÉNOMS des PENSIONNAIRES.	MOTIFS de LA CONCESSION DES PENSIONS.	MONTANT des PENSIONS.	OBSERVATIONS.
7,076.	LAVALL (Antoine-Sylvestre-Joseph)...	Émigré........................	300f	
7,077.	LAVALLÉE (Jean-Baptiste-Guillain)...	*Idem*........................	120.	
7,078.	LAVALLEY-ROUVRON (Marie-Élisabeth, née CLARKE, baronne DE).........	Femme d'émigré..................	500.	
7,079.	LAVALLIÈRE LENEUF DE LA POTERIE (Marie-Anne-Françoise-Rose, née CONSTANT, veuve).	Veuve d'un gouverneur des pages de MONSIEUR.	600.	
7,080.	LAVARENNE (Julien, DE)...........	Ancien officier ruiné à la révolution....	400.	N'a touché aucun des deux secours.
7,081.	LAVAUD (Jacques)................	Vendéen........................	50.	
7,082.	LAVAULT (Pierre)................	*Idem*........................	120.	
7,083.	LAVAUX (Christophe)..............	Se proposa pour la défense de Louis XVI.	1,000.	
7,084.	LAVEFNE (Julienne - Perrine, née BRIONNE, veuve).	Veuve d'émigré..................	300.	
7,085.	LAVERGUE (Marie-Françoise-Ysabeau, DE).	Sans moyens d'existence et infirme.....	500.	N'a pas touché le deuxième secours.
7,086.	LAVERGNE (Michel-Annet-Jean, chevalier DE).	Émigré........................	1,000.	
7,087.	——— DE MONTBAZIN (Marie-Gabrielle-Thérèse-Constance, comtesse DE).	Sœur d'émigré..................	400.	
7,088.	——— DUMONTEAU (Jean-Louis-Pierre-DE).	Émigré........................	900.	
7,089.	——— (Victoire-Olimpe, née DE LARDENOY, marquise DE TRESSAN).	Fille d'un gouverneur des Tuileries....	6,000.	N'a touché aucun des deux secours.
7,090.	LAVERNHE (Élisabeth-Louise, née PERSON, dame).	Veuve d'un Vendéen mort sur l'échafaud.	600.	
7,091.	LAVÈS (Marie-Frédérique, née MENGEL, veuve).	Veuve d'émigré..................	500.	
7,092.	LAVIALDE DE MASMOREL (Sébastien-Baptiste).	Émigré........................	600.	
7,093.	LAVIE (Marie-Jeanne-Victoire-Françoise-Thérèse, née DE St-GILLES, comtesse DE)	Émigrée........................	500.	
7,094.	LAVIGNE (Louise, née ROUVIÈRE, dame)	Son père a été victime de la révolution; mère de huit enfans.	80.	
7,095.	——— (Éléonore, née SHEPPARD, dame)	Femme d'émigré..................	600.	
7,096.	LAVILLE-GONAN (Henriette-Louise-Anne-Bonne., née MAUDET, marquise DE).	*Idem*........................	800.	*Idem.*
7,097.	LAVILLEUFVE (Achille-Louis-Samuel DE).	Fils d'émigré..................	300.	
7,098.	——— (Auguste-François, DE).....	*Idem*........................	300.	
7,099.	——— (Alexandrine - Aglaé, demoiselle DE).	Fille d'émigré..................	600.	
7,100.	——— (Alexandrine - Madeleine, née DES NEIGES, vicomtesse DE).	Veuve d'émigré..................	1,000.	

Nos d'ordre.	NOMS ET PRÉNOMS des PENSIONNAIRES.	MOTIFS de LA CONCESSION DES PENSIONS.	MONTANT des PENSIONS.	OBSERVATIONS.
7,101.	LAVILLÉON (Jeanne-Françoise, veuve DE), née LESQUEN.	Émigrée	1,000f	N'a pas touché le deuxième secours.
7,102.	LAVILLETTE (Marie-Joséphine-Émilie, dame DE).	*Idem*	800.	
7,103.	LAVIT (Jean-Pierre-Vincent-Xavier, chevalier DE).	Sans moyens d'existence	200.	
7,104.	——— (Vincent-Henri DE)	Petit-fils d'émigrés	300.	
7,105.	LAVOINE (Marie-Jeanne-Rose-Claudine, dame), née POIX.	A rendu des services à la cause royale, en France.	150.	
7,106.	LAVOISIER (Nicole, veuve), née LAURENÇOT.	Son père est mort sur l'échafaud en 1793.	100.	
7,107.	LAVOZIER (Louis)	Services à la cause royale, en 1814	100.	
7,108.	LAVRILLIÈRE (veuve)	A perdu sa fortune	300.	
7,109.	LAW (Louise, dame, baronne DE CLAPERNON), née YVON.	Veuve d'un commandant à Pondichéry.	1,200.	
7,110.	——— (veuve, marquise DE LAURISTON), née LE DUC.	Veuve du grand-veneur, ancien ministre de la Maison du Roi.	12,000.	N'a touché aucun des deux secours.
7,111.	LAWALLET (Henri-Laurent)	Émigré	150.	*Idem.*
7,112.	LEAULT (Antoine-Svinien)	Ancien garçon d'attelage aux écuries de la Reine.	240.	
7,113.	LÉAUMONT-PUYGAILLARD (Jules, chevalier DE).	Fils d'émigré	500.	
7,114.	LÉAUMONT (Henri DE)	*Idem*	300.	
7,115.	——— (Jean-Suzanne, comte DE)	Colon de Saint-Domingue, émigré	1,000.	*Idem.*
7,116.	LEBAIL (Marie-Françoise, dame), née LE GALL.	Veuve d'émigré	200.	
7,117.	LEBAILLIF (Marcelline-Rose-Anne-Marie, veuve), née PATIGNOTTI.	Veuve d'un colonel	500.	
7,118.	LEBAILLY DE MESNAGER (Antoinette-Caroline, demoiselle)	Fille d'émigré	300.	
7,119.	——— (Louise-Romaine, demoiselle).	*Idem*	200.	
7,120.	——— (Perine-Louise-Aglaé, demoiselle).	Petite-fille d'émigré	300.	
7,121.	——— (Marie-Olympie-Caroline, dame), née FONTAINE DE MERVÉ.	Veuve d'émigré	500.	
7,122.	LE BAILLY (Antoine-François)	Homme de lettres	1,000.	
7,123.	——— (Jean-Louis)	Prêtre émigré	1,000.	
7,124.	LE BAILLY DE LA FALAISE (Pauline-Louise-Victoire, dame), née DELOYNES.	Fille et femme d'émigrés	1,000.	N'a touché aucun des deux secours.
7,125.	LE BALCH (Germain)	Vendéen	50.	N'a pas touché le deuxième secours.

Nos d'ordre.	NOMS ET PRÉNOMS des PENSIONNAIRES.	MOTIFS de LA CONCESSION DES PENSIONS.	MONTANT des PENSIONS.	OBSERVATIONS.
7,126.	LE BARBEY-DAULNAY (Nicolas-Félix-Fidèle-Amant, abbé).	Prêtre persécuté...................	360f	
7,127.	LEBARON (Marie-Françoise-Geneviève, veuve), née FLEURY.	Veuve d'un serviteur de la famille royale au Temple.	300.	
7,128.	LEBAS (Antoine).................	Porteur de chaises de Louis XVI......	500.	N'a touché aucun des deux secours.
7,129.	LEBAULT (Claudine)..............	A donné asile à plusieurs personnes compromises dans l'affaire de Georges Cadudal.	300.	*Idem.*
7,130.	LEBAY (Marie-Jeanne, veuve), née MANDONET.	Veuve de Vendéen.................	200.	
7,131.	LEBAUD (Victoire-Élisabeth, dame), née TRONCHET.	Son père a rendu de grands services aux émigrés.	150.	
7,132.	LEBÉGUE (abbé)..................	Ex-docteur en Sorbonne, âgé de 81 ans.	300.	N'a pas touché le deuxième secours.
7,133.	——— (Marie, veuve), née LENEVEU.	Veuve d'un émigré fusillé...........	150.	
7,134.	LEBEL (Marie-Anne, veuve), née LAVENU.	Veuve d'un palefrenier des écuries de Louis XVIII.	200.	
7,135.	LE BENSAIS DE VIEVAL (Marie-Joséphine-Françoise, demoiselle).	Fille d'un colonel émigré...........	300.	
7,136.	LE BERRIGAUD (Vincent)..........	Vendéen.........................	100.	
7,137.	LEBESCHU (François-Charles).......	*Idem*...........................	400.	N'a touché aucun des deux secours.
7,138.	LEBESGUE D'EINVILLE (Marie-Thérèse, demoiselle).	Ancienne pensionnaire d'une maison d'éducation formée par Mme Adélaïde.	500.	
7,139.	LEBIDAU (Jean-Pierre)............	Vendéen.........................	100.	*Idem.*
7,140.	LE BIHAN (Guillaume)............	*Idem*...........................	120.	*Idem.*
7,141.	LEBLANC (Mathurin-François).......	*Idem*...........................	50.	N'a pas touché le deuxième secours.
7,142.	——— (Adèle-Clotilde, demoiselle)...	Fille d'un officier au garde-meuble de Trianon.	240.	
7,143.	——— (Annette, demoiselle)........	*Idem*...........................	240.	
7,144.	——— (Marie-Marguerite, veuve), née EMMERY.	Veuve d'un palefrenier au manége.....	300.	
7,145.	——— (Marie-Catherine, veuve), née LÉCHALARD.	Veuve d'un garçon des Pages........	140.	
7,146.	——— (Marie-Louise, veuve), née PINET.	Veuve d'un maître d'hôtel de MADAME, comtesse de Provence.	600.	
7,147.	——— (Marie-Madeleine, veuve), née QUESNEL.	Veuve d'un chevalier de Saint-Louis, mère d'un garde du corps.	300.	N'a touché aucun des deux secours.
7,148.	——— (Anne-Charlotte, veuve), née ROCHELLE.	Sœur d'émigré....................	500.	
7,149.	——— (née SAMSON, veuve).......	Ve d'un garde constitutionnel de Louis XVI; elle est aveugle.	144.	
7,150.	LEBLANC DE MAUVESIN (Jean-Joseph-Thimothée).	Émigré..........................	400.	

Nos d'ordre.	NOMS ET PRÉNOMS des PENSIONNAIRES.	MOTIFS de LA CONCESSION DES PENSIONS.	MONTANT des PENSIONS.	OBSERVATIONS.
7,151.	LEBLANC DE LA ROUVERETTE (Jeanne-Sophie, née BOYER, dame).	Belle-fille d'émigré................	200f	
7,152.	——— DE SAINT-FLURIEU (Marie-Louis-François-Xavier-Armand, abbé).	Émigré...........	900.	
7,153.	LEBLANCQ (Jean-Baptiste-Joseph).....	*Idem*........................	300.	
7,154.	LEBLOAS (Rolland)................	Vendéen........................	100.	N'a touché aucun des deux secours.
7,155.	LEBLOND (Anne-Suzanne)...........	Fille d'un médecin des écuries de Louis XVI.	100.	
7,156.	——— (Marguerite, née MONNEREAU, veuve).	Vendéenne......................	50.	*Idem.*
7,157.	LEBŒUF........................	Homme de peine dans la maison du Roi.	167.	
7,158.	LEBON (Louis-Joseph)..............	Perruquier des pages de MADAME, comtesse de Provence.	200.	
7,159.	LEBONNETIER (Françoise, née BUDAN DUVIVIER, dame).	Émigrée........................	800.	*Idem.*
7,160.	LEBORGNE (Jeanne-Marie, née CADORET, veuve).	Vendéenne......................	100.	N'a pas touché le deuxième secours.
7,161.	LEBORNE (Louis-Joseph)...........	Garçon de bureau du contrôle général..	400.	*Idem.*
7,162.	LEBORNIC (Yves).................	Vendéen........................	50.	
7,163.	LEBOUCHER (Julien-René)..........	*Idem*........................	80.	*Idem.*
7,164.	——— (Julien-René).............	*Idem*........................	80.	
7,165.	——— (Geneviève, née DANVILLE, veuve).	Veuve d'émigré, presque aveugle.....	80.	
7,166.	——— DE MARTIGNY (Anne-Gabrielle-Madeleine, demoiselle).	Fille d'émigré..................	400.	
7,167.	——— (Louise-Agathe, née HURAULT DE SAINT-DENIS, veuve).	Veuve d'émigré	600.	
7,168.	LEBOURDIEC (Jacquette, née JOSSE, veuve).	Vendéenne......................	300.	
7,169.	LEBOURGEOIS DU CHERRAY (Jean-Louis-Marie-Hyacinthe).	Lieutenant colonel; émigré..........	1,200.	
7,170.	LEBRETON (François-Abel)..........	Père de 20 enfans, dont 14 sont vivans..	200.	
7,171.	——— (Louis)..................	Vendéen........................	50.	
7,172.	——— (Jean-François)............	Naufragé.......................	120.	
7,173.	——— (Michel).................	Vendéen........................	100.	
7,174.	——— (Pierre-François Louis).......	Émigré.........................	800.	
7,175.	——— dit ANTOINE (Pierre-Julien)...	Vendéen........................	120.	

Nos d'ordre.	NOMS ET PRÉNOMS des PENSIONNAIRES.	MOTIFS de LA CONCESSION DES PENSIONS.	MONTANT des PENSIONS.	OBSERVATIONS.
7,176.	LEBRETON (Marie-Ursule, née DE THIÈRE, dame).	A rendu des services aux Bourbons.....	300f 00c	
7,177.	—— DESCHAPELLES (Alexandre)...	Fils d'un filleul de Louis XVI.........	400. 00.	N'a pas touché le deuxième secours.
7,178.	—— (Stanislas-Xavier)...........	Filleul de Louis XVIII, émigré.......	600. 00.	N'a touché aucun des deux secours.
7,179.	—— DE RANSANNE (Marie-Pierre-Simon, demoiselle).	Ancienne élève de Saint-Cyr.........	150. 00.	*Idem.*
7,180.	—— (Louise-Antoinette), dame LYVET-D'ARANTAT.	Veuve d'émigré; elle avait une pension sur la cassette de Louis XVI.	300. 00.	*Idem.*
7,181.	—— DE LA VIEUVILLE (Marie-Charlotte, née MAGON DE BOISGAREIN, ve).	Sœur d'émigré.....................	800. 00.	
7,182.	LEBRIQUÈRE (Marie-Louise-Thérèse, demoiselle).	Fille d'émigré.....................	300. 00.	
7,183.	—— (Louise-Victoire-Élisabeth, demoiselle).	*Idem*............................	300. 00.	*Idem.*
7,184.	——(Jeanne-Marie, demoiselle), dame JULIEN.	Émigrée..........................	300. 00.	
7,185.	LEBRUN (Étienne).................	Vendéen..........................	60. 00.	N'a pas touché le deuxième secours.
7,186.	—— (Félix)....................	Sa famille a émigré; père de 4 enfans...	300. 00.	
7,187.	—— (Marie-Anne-Marguerite, née DÉPÉE, veuve).	Veuve d'émigré....................	250. 00.	
7,188.	—— DE LA MESSARDIÈRE (Geneviève-Julie, née DE GAZEAU DE LA BOUÈRE LADUBRIE, dame).	Sœur d'émigré; perte de fortune.......	500. 00.	
7,189.	LEBRY (Pierre-Prudent)............	Capitaine émigré..................	800. 00.	
7,190.	LECADRE (Adélaïde-Françoise-Désirée, demoiselle).	Fille et sœur d'officiers de marine......	300. 00.	
7,191.	LECANORGUE (Jean-Baptiste-François-Xavier, comte DE).	Capitaine de frégate; père de 12 enfans.	800. 00.	
7,192.	LECANU (Marie-Anne-Adélaïde-Gabrielle, née DE CARBONNEL, dame DE).	Son père a été victime de son dévouement à la cause royale.	150. 00.	N'a touché aucun des deux secours.
7,193.	LECAPELIN (Marie-Françoise, née DEBRAY).	Veuve d'un procureur du Roi émigré...	1,300. 00.	*Idem.*
7,194.	LECARBONNIER (Félicité-Catherine, née JEAN, veuve).	Ses parens ont été condamnés pendant la terreur.	300. 00.	
7,195.	LECARPENTIER (Philippe-Armand).....	Contrôleur de la maison de la Reine....	600. 00.	
7,196.	LECERF (Joseph-Charles)...........	Vendéen..........................	50. 00.	N'a pas touché le premier secours.
7,197.	LECHEVALIER (Armand-Gilbert)......	*Idem*............................	600. 00.	
7,198.	—— (dame)....................	Émigrée..........................	469. 90.	*Idem.*
7,199.	—— COURVAL (Guillaume-Charles-Louis DE).	Émigré...........................	600. 00.	N'a pas touché le deuxième secours.
7,200.	—— (Charles-Gabriel)...........	*Idem*............................	1,219. 20.	

Nos d'ordre.	NOMS ET PRÉNOMS des PENSIONNAIRES.	MOTIFS de LA CONCESSION DES PENSIONS.	MONTANT des PENSIONS.	OBSERVATIONS.
7,201.	LECHOISNE-DUVIVIER (Pierre-Alexandre)	Capitaine émigré..................	800f	
7,202.	LECLANCHÉ (Louis-Philippe)........	Palefrenier aux écuries de Louis XVI...	200.	N'a pas touché le deuxième secours.
7,203.	LECLER (Jean-Baptiste)............	Émigré.........................	762.	
7,204.	LECLERC.........................	Ex-sociétaire de l'Opéra-Comique. (Pension par suite de transaction.)	1,000.	
7,205.	——— (Gaspard-Gabriel)...........	Émigré.........................	800.	
7,206.	——— (Julien-René, abbé).........	Services rendus à la cause royale, en France.	1,000.	N'a touché aucun des deux secours.
7,207.	——— (dame).....................	Ex-cantatrice de la musique du Roi....	974.	*Idem.*
7,208.	——— (Marie-Marguerite, demoiselle).	Femme de peine à l'office............	158.	
7,209.	——— (Marie-Victoire, veuve), née CHEVALIER.	Veuve d'un garçon-tapissier du garde-meuble.	150.	*Idem.*
7,210.	——— (Marie-Claude, dame), née GROZIER.	Employée aux atours de Mme Adélaïde..	400.	
7,211.	——— (Jeanne-Antoine, veuve), née HOSTE.	Émigrée.........................	300.	N'a pas touché le deuxième secours.
7,212.	——— (Désirée-Thérèse, dame), née LEMINTIER.	Fille d'émigré....................	300.	
7,213.	LECLERC DE CHAUMETTE (Marie-Anne, veuve), née BISSON.	Fille d'un garde à Fontainebleau.......	120.	
7,214.	LECLERC DE LASSIGNY DE JUIGNÉ (Adélaïde-Baptistine-Pauline, demoiselle), femme BLAUCHETON DE MEURSAULT.	Son père a été tué au 10 août.........	1,200.	N'a touché aucun des deux secours.
7,215.	LECLERC dit SAINT-OMER (Louis-Jacques-François).	Officier vendéen..................	300.	
7,216.	LECLERC DE VRAINVILLE (Pierre-Joseph, marquis).	Émigré, âgé de 81 ans..............	1,100.	
7,217.	LE CLŒREC (Thérèse, demoiselle)....	A fait acte d'humanité et de dévouement en plusieurs circonstances.	300.	
7,218.	LE COAT (Simon-Marie)............	A rendu de grands services pendant la révolution.	400.	*Idem.*
7,219.	LE COAT DE St-HAOUEN (Euphrosine-Gabrielle-Amélina, demoiselle)	Fille d'un contre-amiral, inventeur des télégraphes de nuit.	300.	
7,220.	——— (Aglaé-Rose-Louise, demlle)..	*Idem*.........................	300.	
7,221.	——— (Louise-Laure-Éléonore, demlle).	*Idem*.........................	300.	
7,222.	LECOCQ (Étienne-Yves)............	Vendéen........................	50.	N'a pas touché le deuxième secours.
7,223.	——— (Jacques)..................	Ex-musicien de la chapelle..........	322.	*Idem.*
7,124.	LECOINTE (Marie-Thérèse-Élisabeth, veuve), née BELLIN.	Veuve d'émigré....................	250.	
7,225.	——— (Marie-Félicité-Adélaïde, dame), née DE BONADONA.	Fille d'émigré....................	400.	

Nos d'ordre.	NOMS ET PRÉNOMS des PENSIONNAIRES.	MOTIFS de LA CONCESSION DES PENSIONS.	MONTANT des PENSIONS.	OBSERVATIONS.
7,226.	LECOINTRE (Anne-Antoinette, veuve), née JEAN.	Veuve d'un porteur de chaises des femmes du Dauphin.	150f	
7,227.	LECOMTE........................	Valet de garde-robe de Louis XVIII....	1,500.	
7,228.	——— (Louis-François)...........	Valet de pied de la Reine...........	400.	
7,229.	——— (Jeanne-Raymonde)........	Son père est mort sur l'échafaud, en 1793.	300.	
7,230.	——— (Madeleine-Yolande, veuve), née BOSSEY.	Veuve d'un garde à Versailles........	200.	
7,231.	——— (Élisabeth-Madeleine, veuve), née MUSSARD.	Fille d'un garçon de cuisine..........	200.	
7,232.	LECOMTE DE BEAUMONT (Louis-Adélaïde)	Filleul de Louis XVIII et fils d'un écuyer de main de Madame Adélaïde.	300.	
7,233.	——— (Marie-Henriette dame), née NOËL.	Veuve d'un écuyer de Mme Adélaïde....	800.	N'a pas touché le deuxième secours.
7,234.	LECOMTE DE LAVARANGERIE (Angélique-Constance-Philippine, demlle).	A perdu sa fortune................	600.	
7,235.	LECOMTE (Louise-Constance-Amélie, demoiselle DE LAVARANGERIE.	Vendéenne..........................	250.	
7,236.	——— (Lydre-Jacqueline-Louise, demoiselle DE LAVARANGERIE.	*Idem*..............................	150.	
7,237.	——— (Louis-Noël)...............	Vendéen............................	300.	
7,238.	——— (Marie-Denise), née DEMONEY.	Son mari a rendu des services aux Bourbons.	300.	
7,239.	LECOQ (Jean-Amand)...............	Émigré.............................	700.	
7,240.	——— (Pierre)....................	Blessé au 10 août..................	120.	
7,241.	——— (Julie-Virginie-Josèphe, demlle).	Fille d'émigré......................	300.	
7,242.	——— (Véronique-Rose, veuve), née HEBERT.	Veuve d'un pourvoyeur des potagers du Roi.	120.	
7,243.	LE CORDIER (Guy-François).........	Émigré.............................	250.	N'a touché aucun des deux secours.
7,244.	LE CORGNE DE ROSAMBOZE (Josèphe-Louise, demoiselle).	Persécutée pendant la révolution......	250.	
7,245.	LE CORVEC (Christophe)............	Vendéen............................	50.	
7,246.	LE COSTEY DE GRANDMAISON (Anne-Bonaventure-Marie).	Fille d'émigré......................	400.	
7,247.	LECOURAYER (Jacques-Louis-François).	Maréchal des logis de Louis XVI......	2,800.	*Idem*.
7,248.	LECOURBE (Louise, ve), née TISSOT...	Veuve d'un conseiller à la Cour royale de Paris.	600.	
7,249.	LECOURT-DEBILLOL (Anne-Christine, dame), née PAUL.	Femme d'émigré.....................	400.	
7,250.	LECOUVREUR (Marie-Catherine, veuve), née NICOLEAU.	Veuve d'un Vendéen.................	500.	N'a pas touché le deuxième secours.

Nos d'ordre.	NOMS ET PRÉNOMS des PENSIONNAIRES.	MOTIFS de LA CONCESSION DES PENSIONS.	MONTANT des PENSIONS.	OBSERVATIONS.
7,251.	LECUDON (Marguerite-Geneviève, dame), née LE GAL.	Son mari a rendu des services à la cause royale.	800f	N'a pas touché le deuxième secours.
7,252.	LECURIN	Ancien carabinier; amputé	100.	
7,253.	LEDAIN (Yves)	Chef de bataillon vendéen	300.	
7,254.	LEDANOIS (Marie-Henriette), née QUILLEBŒUF.	A rendu des services à la cause royale.	200.	
7,255.	LEDAUPHIN (Marie-Jeanne, demoiselle).	Persécutée; perte de fortune	300.	
7,256.	LEDÉ (Jacques)	Émigré	150.	
7,257.	LEDELIÉ (Marie-Renée, née SIMON, veuve).	Créole de Saint-Domingue	150.	
7,258.	LEDEUX (Marie-Vincente), née TURPIN, veuve.	Vendéenne	100.	
7,259.	LEDIACRE (Julien-Jean-Michel)	Émigré	800.	
7,260.	LEDIDU (François)	Vendéen	50.	N'a touché aucun des deux secours.
7,261.	LEDIFFON (Françoise), née KERDONIS, dame.	Vendéenne	200.	
7,262.	LEDIN (Thérèse, demoiselle)	Fille d'un coffretier de Monsieur le comte de Provence.	150.	
7,263.	LEDIVEHAT (Yves)	Vendéen	60.	*Idem.*
7,264.	LEDOGART (Jean-Pierre)	Émigré; père de 8 enfans	80.	*Idem.*
7,265.	LEDOLEDEC (Joseph-Pierre)	Capitaine vendéen	400.	
7,266.	LEDOUARAIN DE TRÉVELEC (Charles-Marie-Joseph).	Fils d'émigré	300.	*Idem.*
7,267.	——— (Henri-Alfred-Marie-André)	*Idem*	300.	
7,268.	——— (Jean-Marie-Guy)	*Idem*	300.	
7,269.	——— (Adélaïde-Marie-Louise, demoiselle).	Fille d'émigré	400.	
7,270.	——— (Anne-Henriette-Marie)	*Idem*	300.	
7,271.	——— (Caroline-Marie-Élisabeth, demoiselle).	*Idem*	300.	
7,272.	——— (Élisabeth-Marie, demoiselle).	*Idem*	400.	
7,273.	——— (Marie-Rose-Joséphine, demoiselle).	*Idem*	400.	
7,274.	——— (Rose-Jacquette-Renée-Marie-Jeanne, née DE COURSPAAN DE LA VILLEMORAIS, comtesse DE).	Émigrée	1,500.	
7,275.	LE DOULCET DE MÉRÉ (Edmond-Pierre-Louis, comte).	Émigré	1,200.	N'a pas touché le deuxième secours.

Nos d'ordre.	NOMS ET PRÉNOMS des PENSIONNAIRES.	MOTIFS de LA CONCESSION DES PENSIONS.	MONTANT des PENSIONS.	OBSERVATIONS.
7,276.	LEDOUX (Alard-François-Joseph).....	Émigré........................	300f 00c	
7,277.	——— (Angélique, dame DE), religieuse.	Émigrée........................	693. 42.	
7,278.	———(Charlotte-Victoire, demoiselle).	Fille de serviteurs du roi Louis XVIII...	100. 00.	
7,279.	——— DE GENET (Luce-Marguerite-Adélaïde, née LEMOT, veuve), femme BENOIST.	Veuve du capitaine Ledoux, assassiné à Lyon, en 1817.	600. 00.	
7,280.	——— DE GLATIGNY (Étienne-Vincent-Léonard).	Valet de chambre ordinaire de Louis XVI.	800. 00.	
7,281.	LEDREUX........................	Valet de garde-robe de Louis XVIII....	5,000. 00.	
7,282.	LEDRU (Pierre)....................	Vendéen........................	150. 00.	
7,283.	LEDUC (Joachim-Théodore)..........	Émigré........................	400. 00.	
7,284.	——— (Louis, abbé).............	Avait une créance de 230,300 livres sur Louis XVI.	20,000. 00.	
7,285.	——— DE BERNIÈRE (Élisabeth-Charlotte, née PARSEVAL DE FRILEUSE, de).	Émigrée........................	400. 00.	
7,286.	LEDUCHAT (Paul)..................	Émigré, âgé de 82 ans.............	900. 00.	
7,287.	LEFAIVRE DE RAYSANT (Anne-Marie-Sophie, dame), née LAVIT.	Fille d'un médecin de Mesdames.......	800. 00.	
7,288.	LEFAY (Marie, veuve), née LE DANIEL.	Vendéenne......................	60. 00.	N'a pas touché le deuxième secours.
7,289.	LEFAYSSE-MARTINIE (Marguerite-Julie), née CHAUVERON.	Fille d'un gouverneur de la ville d'Angoulême.	300. 00.	
7,290.	LEFÉBURE (Nicolas-Michel).........	Garçon d'attelage aux écuries de la Reine.	240. 00.	
7,291.	——— (Anne-Françoise, dame), née DE PLUNKETT.	Fille d'émigré......................	200. 00.	
7,292.	LEFEBVRE (Henri-Louis-Nicolas).....	Fils d'émigré......................	200. 00.	N'a touché aucun des deux secours.
7,293.	——— (Jacques-Gédéon-François)....	Secrétaire de la garde-robe du Dauphin.	1,000. 00.	
7,294.	——— (Jean-Étienne, abbé)........	Émigré........................	800. 00.	
7,295.	——— (Jean-Guiolin)............	*Idem*........................	100. 00.	
7,296.	——— (Joseph)..................	Violon de la chapelle...............	48. 00.	N'a pas touché le deuxième secours.
7,297.	———(Louis-François-Eugène-Xavier).	Fils de Vendéen..................	50. 00.	*Idem.*
7,298.	——— (Siméon-Joseph)...........	Émigré........................	200. 00.	*Idem.*
7,299.	——— (Jeanne-Sophie, demoiselle)..	Fille de Vendéen..................	50. 00.	

Nos d'ordre.	NOMS ET PRÉNOMS des PENSIONNAIRES.	MOTIFS de LA CONCESSION DES PENSIONS.	MONTANT des PENSIONS.	OBSERVATIONS.
7,300.	LEFEBVRE (Sophie-Désirée, née DELIESIE, veuve).	Veuve d'émigré	200f	
7,301.	——— (Julie, née DESLANDES, veuve).	Veuve d'un postillon aux écuries	200.	
7,302.	——— (Anne-Claude, née PEQUEGNOT, veuve).	Veuve d'un porte-faix de la chambre de madame Sophie.	240.	
7,303.	——— (Marie-Henriette-Claire-Catherine, née POULLIE, veuve).	Émigrée	100.	N'a pas touché le deuxième secours.
7,304.	——— DE LA BASSE-BOULOGNE (Auguste-Théodore-Athanase).	Fils d'émigré	200.	
7,305.	——— (Marie-Louise-Élina, demoiselle).	Fille d'émigré	200.	N'a touché aucun des deux secours.
7,306.	——— (Marie-Nicole, née ROLAND, demoiselle).	Femme d'émigré	300.	
7,307.	——— DUQUESNOY (Marthe-Françoise-Émilie, née DE GOUBERVILLE, veuve).	Persécutée pendant la révolution	300.	
7,308.	LEFER DE LA MOTTE (Eugénie-Françoise-Marie-Sophie, née GINGUENÉ, dame).	Émigrée	300.	
7,309.	LEFÉRON DE SAINVILLE (Élisabeth-Louise, née ÉTIENNE, dame).	*Idem*	800.	
7,310.	LEFEU (Pierre)	Vendéen	100.	
7,311.	LEFEUVRE (Joseph-Hippolyte-François).	*Idem*	200.	
7,312.	——— (Louis-Eustache)	*Idem*	80.	
7,313.	——— (Pierre)	*Idem*	100.	N'a pas touché le deuxième secours.
7,314.	——— (Pierre-Michel)	*Idem*	60.	N'a touché aucun des deux secours.
7,315.	——— (Félicité-Henriette-Victoire, demoiselle).	Vendéenne	200.	
7,316.	LEFÈVRE (Ambroise-Augustin-Jérôme)	Émigré	150.	
7,317.	——— (Louis-Marie)	A rendu des services à la cause royale, en France.	300.	*Idem.*
7,318.	——— (Victoire, née MARTIN, veuve).	Veuve d'un musicien de la chapelle	44.	
7,319.	——— D'ORMESSON DE NOISEAU (Louise-Reine-Jeanne-Lyon, née BAILLON, dame).	Veuve d'un président à mortier au parlement de Paris; orientaliste et directeur de la bibliothèque royale.	1,200.	
7,320.	LEFILLEUL LACHAPELLE (comtesse)	Pension accordée directement par le Roi. (Motifs inconnus.)	2,400.	
7,321.	——— (Clémentine-Marie, demoiselle).	Fille et petite-fille d'un ministre du Roi, en émigration.	400.	
7,322.	——— (Élisabeth-Philippine-Marie-Hélène, demoiselle).	*Idem*	400.	
7,323.	LEFLAMAND (Nicolas François)	Garçon servant dans la maison de Louis XVIII.	200.	
7,324.	LEFLAN (M Geneviève, née MELLAIN, veuv).	Veuve d'un garçon d'attelage à la petite écurie.	240.	N'a pas touché le deuxième secours.

Nos d'ordre.	NOMS ET PRÉNOMS des PENSIONNAIRES.	MOTIFS de LA CONCESSION DES PENSIONS.	MONTANT des PENSIONS.	OBSERVATIONS.
7,325.	LEFLEM (Marie-Pompée-Élisabeth, demoiselle).	Fille d'émigré	300f 00c	
7,326.	—— (Élisabeth, née WARD, dame)	Veuve d'émigré	600. 00.	N'a pas touché le deuxième secours.
7,327.	LEFLOCH LACARRIÈRE (Victorine, demoiselle DE).	Fille d'un capitaine de vaisseau	800. 00.	
7,328.	LEFOLE (Jean-Baptiste)	Mutilé par les dragons autrichiens, en 1814.	150. 00.	
7,329.	LEFORESTIER (dame)	Émigrée	469. 90.	N'a pas touché le premier secours.
7,330.	—— (Marie-Anne-Louise, demoiselle).	Fille d'émigré	500. 00.	
7,331.	—— DE BOISFROUGER (Marie-Ange-Joseph).	Émigré	500. 00.	
7,332.	LEFORT (Antoine-Martin)	*Idem*	250. 00.	N'a touché aucun des deux secours.
7,333.	—— (Joseph)	Vendéen	100. 00.	
7,334.	—— (Joseph)	Émigré	300. 00.	
7,335.	LEFRANC (Antoine)	*Idem*	200. 00.	*Idem.*
7,336.	——(Victoire-Adélaïde, née GOUPIL DE LOUVIGNY, dame).	*Idem*	200. 00.	*Idem.*
7,337.	—— (Madeleine-Aimée-Victoire-Josèphe, née DE WÉRY).	Fille d'émigré	400. 00.	N'a pas touché le deuxième secours.
7,338.	LEFRANÇOIS (Françoise-Adélaïde, née LETEUX, veuve).	Veuve d'un pilote du Havre	150. 00.	
7,339.	LEFROTTER DE KERILLIS (Thomase-Anne, née DE LA CHASSE, veuve).	Émigrée	300. 00.	N'a touché aucun des deux secours.
7,340.	LEGAC (Charles)	Prêtre émigré	900. 00.	*Idem.*
7,341.	LEGAIGNEUR (Françoise-Eager, née WARD, veuve).	Émigrée	400. 00.	
7,342.	LEGALLIC (Louis-Théodore-Marie)	Vendéen	150. 00.	*Idem.*
7,343.	LEGAT (dame)	Religieuse carmélite; infirme	144. 00.	*Idem.*
7,344.	LEGAUD (Mathurin)	Vendéen	50. 00.	N'a pas touché le deuxième secours.
7,345.	LEGAUX (Joseph)	Émigré	160. 00.	
7,346.	LEGAY (Louise-Pauline, née LANGLOIS, veuve).	Fille d'un fourrier des logis de Louis XVI.	250. 00.	
7,347.	LEGENDRE (Jean-Baptiste)	Vendéen	150. 00.	
7,348.	—— (Pierre)	*Idem*	100. 00.	
7,349.	—— (Pierre-François)	A rendu des services à la cause royale, en France.	150. 00.	

Nos d'ordre.	NOMS ET PRÉNOMS des PENSIONNAIRES.	MOTIFS de LA CONCESSION DES PENSIONS.	MONTANT des PENSIONS.	OBSERVATIONS.
7,350.	LEGENDRE (René-Pierre, abbé).......	Persécuté pendant la révolution.......	300f 00c	
7,351.	——— (Anne, veuve), née MOTHAIS..	Vendéenne......................	100. 00.	N'a pas touché le deuxième secours.
7,352.	LEGENDRE DE LA FERRIÈRE (Élisabeth-Aurore, marqse), née DE MAUVILLAIN.	Mère de Vendéens................	300. 00.	
7,353.	LEGENTIL DE LINCOUËT (Marie-Jeanne, dame), née GAULTIER-RONTANNAY.	Sœur et belle-sœur d'émigrés.........	300. 00.	*Idem.*
7,354.	LEGER (Jacqueline-Perrine-Dorothée, veuve), née BISSON.	Veuve d'un portier au château de Saint-Cloud.	120. 00.	
7,355.	LEGER-BOYÉ (Thomasse-Yvonne, veuve), née GOLBOIS.	Émigrée........................	300. 00.	*Idem.*
7,356.	LEGIER (Jacques-Antoine)...........	Émigré.........................	300. 00.	
7,357.	——— (Adélaïde-Gabrielle-Lorance, demoiselle DE).	Sœur d'émigré....................	300. 00.	
7,358.	LÉGLISE (DE).....................	Colonel du régiment de Bourbon, en émigration.	300. 00.	
7,359.	——— (Benjamin-Mathieu DE)......	Émigré.........................	800. 00.	
7,360.	——— (Marie-Henriette, demlle DE)..	Fille d'émigré....................	300. 00.	
7,361.	LEGOËBLE (Mathurin)..............	Vendéen........................	600. 00.	*Idem.*
7,362.	LE GOF (Germain)................	*Idem*...........................	150. 00.	*Idem.*
7,363.	LE GOHÉBEL (Marguerite, dame), née BERTHO.	Vendéenne......................	80. 00.	*Idem.*
7,364.	LE GORGEU (Marie-Jean-François, abbé).	Ancien vicaire de la paroisse de Brunoy.	200. 00.	
7,365.	LEGOUBÉ (Jeanne-Anne, veuve), née MÉRIL.	Émigrée........................	100. 00.	
7,366.	LE GOUBEY (Sophie-Marie, dame), née GROSSE.	Son père a été tué dans les cent jours pour avoir crié *vive le Roi.*	150. 00.	
7,367.	LE GOUGUEC (Jean-Pierre)..........	Vendéen........................	50. 00.	
7,368.	LE GOUVELLO-DUTIMAT (Joseph-François-Exuper).	Émigré.........................	600. 00.	N'a touché aucun des deux secours.
7,369.	LEGRAND (Damas-Joseph)...........	*Idem*...........................	150. 00.	N'a pas touché le deuxième secours.
7,370.	——— (Jean-Gabriel-Alexandre).....	Garçon d'attelage des écuries de Louis XVI.	460. 00.	
7,371.	——— (Henriette-Adélaïde)........	Fille d'un musicien de la chapelle de Louis XVI.	400. 00.	
7,372.	——— (Geneviève, ve), née BOUTARD.	Veuve d'un ramasseur de gibier.......	300. 00.	
7,373.	——— (Marie-Élisabeth, veuve), née DAVID.	Veuve d'un garçon de bureau à l'intendance générale.	226. 00.	
7,374.	——— dite PALEGRY (demoiselle)....	Choriste à l'Opéra-Comique. (Pension par suite de transaction.)	174. 37.	

Nos d'ordre.	NOMS ET PRÉNOMS des PENSIONNAIRES.	MOTIFS de LA CONCESSION DES PENSIONS.	MONTANT des PENSIONS.	OBSERVATIONS.
7,375.	LEGRAND DE BEAUVILLIERS (René-Thomas).	Émigré	600f 00c	N'a touché aucun des deux secours.
7,376.	LEGRAND DE LA FAUVELIÈRE (Alexandre-Julien).	*Idem*	400. 00.	
7,377.	LEGRAND-LAVILLETTE (Marie-Louise-Geneviève, veuve), née CHAMPION.	Services à la cause royale, en France	200. 00.	
7,378.	LEGRANS (Anne-Françoise, veuve BEAULIEU).	Émigrée; Vendéenne	800. 00.	
7,379.	LEGROIN (Françoise-Thérèse-Antoinette, comtesse).	Émigrée	300. 00.	
7,380.	—— (Henriette-Françoise, comtesse).	*Idem*	500. 00.	
7,381.	LEGRIS-DUVAL (Jules-Constant)	Neveu de Vendéen	500. 00.	
7,382.	—— (Anaïs-Thérèse, demoiselle)	Nièce *idem*	500. 00.	
7,383.	—— (Émilie, veuve), née AUBRY	*Idem*	500. 00.	
7,384.	LEGRIX (Furcy-Jean, abbé)	Clerc de la chapelle des Tuileries	300. 00.	
7,385.	LEGRIX DE NEUVILLE (Catherine-Marie-Charlotte-Nicole, dame), née LEBOUTEY.	Émigrée	1,000. 00.	
7,386.	LEGROND (Jeanne)	Fille d'un garde-chasse des forêts de la couronne.	150. 00.	
7,387.	LEGROS (Claude-Antoine-Tristan)	Émigré	600. 00.	
7,388.	—— (Françoise-Claire-Madeleine, dame), née DE BERTIN.	Fille d'un écuyer du Roi	300. 00.	
7,389.	—— (Pauline-Fortunée-Françoise), dame BOROL.	Fille d'un valet de chambre ordinaire du Roi.	600. 00.	
7,390.	—— (Jeanne-Antoinette)	*Idem*	500. 00.	
7,391.	LEGROS-SAINT-ANGE (Augustine), née DEPRÈS.	Femme d'un garde général des forêts de la Couronne.	300. 00.	
7,392.	LE GUALÈS (Ange-Jean-Marie-Adolphe).	Son grand-père a été massacré pendant la révolution.	120. 00.	N'a touché aucun des deux secours.
7,393.	—— (Charles-Édouard-Marie-Joseph).	*Idem*	120. 00.	*Idem.*
7,394.	LEGUAY (François)	Capitaine vendéen	400. 00.	
7,395.	—— (Jacques)	Garde-chasse des forêts de la couronne	360. 00.	
7,396.	LEGUEDOIS (abbé)	Pour distribuer aux émigrés français à l'île de Jersey.	457. 20.	*Idem.*
7,397.	LEGUENNEC (Marie-Jeanne, dame), née CADUDAL.	Vendéenne	600. 00.	N'a pas touché le premier secours.
7,398.	LEGUERUN	Dévouement de sa mère à la cause royale.	40. 00.	
7,399.	LEGUERUN	*Idem*	40. 00.	

Nos d'ordre.	NOMS ET PRÉNOMS des PENSIONNAIRES.	MOTIFS de LA CONCESSION DES PENSIONS.	MONTANT des PENSIONS.	OBSERVATIONS.
7,400.	LEGUERUN	Émigré	40f 00c	
7,401.	LEGUERUN	*Idem*	60. 00.	
7,402.	——— (Marie Françoise, demoiselle)	Émigrée	60. 00.	N'a touché aucun des deux secours.
7,403.	LE GUERAND (Vincent)	Vendéen	60. 00.	
7,404.	LE GUERNEY (Claude-Joachim-Jacques, abbé).	Prêtre émigré	900. 00.	
7,405.	LE GUERNIC (Michel)	Vendéen	60. 00.	*Idem.*
7,406.	LEGUESDOIS (Toussaint-Adrien, abbé)	Émigré	1,219. 20.	
7,407.	LEGUYADER DESPRÉES (Rose-Marie-Antoinette, née DU LAURANS, veuve).	Veuve d'un officier de la garde impériale.	300. 00.	N'a pas touché le premier secours.
7,408.	LEHANTIER (Charles-Victor)	Lieutenant émigré et Vendéen	500. 00.	N'a touché aucun des deux secours.
7,409.	LEHARIVEL DUROCHER (Élisabeth-Louise).	N'a aucuns moyens d'existence	260. 00.	
7,410.	LEHAUTON (Jeanne, née GAUD, veuve).	Vendéenne	150. 00.	
7,411.	LEHECHO (Françoise, née COFFOURNIE, veuve).	*Idem*	50. 00.	N'a pas touché le deuxième secours.
7,412.	LEHÉRICÉ (Victoire, née FORTIN, veuve).	*Idem*	300. 00.	N'a touché aucun des deux secours.
7,413.	LEHÉRICY (Gabriel-François)	Émigré	900. 00.	
7,414.	LEHÉRISSÉ (René)	Vendéen	60. 00.	
7,415.	LEHOT (Pierre-François)	Émigré	80. 00.	*Idem.*
7,416.	LEHOUX (Adrien-Dominique, abbé)	*Idem*	1,219. 20.	
7,417.	LEHU (Marie-Marguerite, née MABILLE, veuve).	Fille d'une femme de garde-robe de la Reine.	100. 00.	
7,418.	LEHUEN (Marie-Anne, née LAVRIER, veuve).	Émigrée	900. 00.	
7,419.	LEISS (Marie-Élisabeth, née HEFFLER, veuve).	Veuve d'émigré	150. 00.	
7,420.	LEITZ (Jean-Joseph)	Émigré	150. 00.	*Idem.*
7,421.	LEJEUNE (Étienne, abbé)	A conservé jusqu'à la restauration les restes de Louis XVI.	300. 00.	
7,422.	——— (Samuel-Nicolas)	Services à la cause royale	150. 00.	
7,423.	——— DE MALHERBE (Roland-Jean, chevalier DE).	Émigré	600. 00.	
7,424.	——— DE MALHERBE DUPERRAY (Yves-Louis).	*Idem*	900. 00.	

Nos d'ordre.	NOMS ET PRÉNOMS des PENSIONNAIRES.	MOTIFS de LA CONCESSION DES PENSIONS.	MONTANT des PENSIONS.	OBSERVATIONS.
7,425.	LEJOLIFF (François-Marie, abbé)......	Émigré..........................	400. 00.	N'a pas touché le deuxième secours.
7,426.	LEJOSNE (Marie-Flavie-Henriette-Josèphe, née HENRY, dame).	Son mari est mort sur l'échafaud pendant la révolution.	800. 00.	
7,427.	LELASSEUX, née FOURMOND, veuve....	Vendéenne......................	50. 00.	
7,428.	LELEU (Louis-François-Joseph).......	Émigré..........................	200. 00.	
7,429.	——— LAFONTAINE................	Ex-secrétaire ordinaire de MONSIEUR, cte de Provence, et de Mme Adélaïde.	800. 00.	
7,430.	LELEUCH (abbé)..................	Émigré..........................	300. 00.	
7,431.	*Néant*			
7,432.	LELIÈVRE (Jeanne, née BURTHIER)...	A rendu des services à la cause des Bourbons.	400. 00.	
7,433.	——— DE LASAUVEGAYE (Marie-Jeanne-Perrine), dame LE MINIHY DE LA VILLEHERVÉ.	Vendéenne......................	200. 00.	
7,434.	LELOHÉ (Jean-Noël)...............	Vendéen.........................	300. 00.	N'a pas touché le deuxième secours.
7,435.	LELONG..........................	Perte de fortune..................	400. 00.	N'a touché aucun des deux secours.
7,436.	——— (Alexandre-Marie)..........	Inspecteur de la vénerie............	800. 00.	
7,437.	LELORISSE (Jean-Baptiste-George-Christophe, abbé).	Émigré..........................	1,066. 80.	
7,438.	LELOUER (Alexis)................	Chef de bataillon vendéen..........	400. 00.	N'a pas touché le premier secours.
7,439.	LELOUTRE (Marie-Anne-Renée, demoiselle).	Vendéenne......................	600. 00.	N'a touché aucun des deux secours.
7,440.	LEMACHOIS (Prudence), femme TARDIEU.	Femme d'un peintre et nièce d'un ancien graveur du Roi.	1,000. 00.	
7,441.	LEMAGNAN (Louis-Marie-Anne, chevalier).	Vendéen.........................	300. 00.	N'a pas touché le deuxième secours.
7,442.	——— (veuve)....................	D'une famille de gens de lettres......	300. 00.	N'a touché aucun des deux secours.
7,443.	LEMAIR (Anne-Barbe, demoiselle)....	Ruinée par la révolution..........	300. 00.	
7,444.	LEMAIRE (André-César-Jean-Alexandre).	Fils d'émigré......................	300. 00.	N'a pas touché le deuxième secours.
7,445.	——— (Jean-Baptiste)............	Valet de chambre de Madame Adélaïde..	100. 00.	
7,446.	———(Pierre-Claude)............	Gentilhomme servant	400. 00.	
7,447.	———(Pierre-Joseph)............	Émigré..........................	200. 00.	
7,448.	——— (Pierre-Philibert)...........	*Idem*............................	700. 00.	
7,449.	——— (Marie-Urbaine, née DELAUNAY, veuve).	Veuve d'un employé de la vénerie de Louis XVI.	100. 00.	

Nos d'ordre.	NOMS ET PRÉNOMS des PENSIONNAIRES.	MOTIFS de LA CONCESSION DES PENSIONS.	MONTANT des PENSIONS.	OBSERVATIONS.
7,450.	LEMAIRE (Marie-Catherine, veuve), née THIBOUST.	Veuve d'un contrôleur de la bouche dans la maison de Louis XVI.	600f 00c	
7,451.	LEMAIRE DE BEAUMARCHAIS (Adélaïde-Antoinette-Fortunée, Dlle), actuellement dame SAUMON.	Fille d'émigré	400. 00.	
7,452.	LEMAITRE (Nicolas)	Émigré	120. 00.	
7,453.	LEMAÎTRE DE LAAGE (Marthe-Madeleine, abbesse).	Ruinée par la révolution	1,000. 00.	
7,454.	LE MANCEL (Mathilde-Sophie, dame), née POTTS.	Femme d'un maréchal de camp émigré	600. 00.	
7,455.	LE MARCHAND (Thomas), abbé	Émigré	300. 00.	N'a touché aucun des deux secours.
7,456.	LEMARCHANT DE LAULNAY (Alexandre-Henri-Gratien).	Émigré, âgé de 84 ans	2,000. 00.	*Idem.*
7,457.	LEMARE (Cécile-Pauline, dame DE), née LE BOURGUIGNON DE BLAMONT.	Femme d'émigré	300. 00.	
7,458.	LE MARIÉ (Georges-Marie-Antoine), abbé.	Services rendus à la cause royale	400. 00.	N'a pas touché le deuxième secours.
7,459.	——— (Jean)	Vendéen	50. 00.	*Idem.*
7,460.	LEMARIÉ (Jeanne-Claudine, veuve), née LE PAULMIER.	Émigrée	800. 00.	
7,461.	LE MARQUANT (Henri-Jacques-Anne), abbé.	Émigré	1,219. 20.	N'a touché aucun des deux secours.
7,462.	LEMASURIER (Catherine-Rose, veuve), née FROMENTIN.	Veuve d'un garde à pied du bois de Boulogne.	125. 00.	
7,463.	LEMAY (Louis)	Émigré	500. 00.	
7,464.	LEMAYRE (Marie-Françoise-Félicité, veuve), née ADE.	Fille d'un garde à cheval des forêts de la couronne.	150. 00.	
7,465.	LEMAZURIER (Rachel, demoiselle)	Émigrée	1,358. 90.	
7,466.	LEMBERTERIE (François-Joseph, chevalier DE).	Émigré	200. 00.	
7,467.	LE MÉE (Renée, veuve), née LE GOFF.	Veuve d'émigré	300. 00.	*Idem.*
7,468.	——— (Marie-Thérèse, veuve), née RAIMOND.	Émigrée	600. 00	
7,469.	LEMERCIER (Laurent-Pierre)	Vendéen	50. 00.	*Idem.*
7,470.	LE MERDY DE QUILLIEN (Julie-Geneviève, veuve), née VEILLARD.	Veuve d'émigré	300. 00.	N'a pas touché le premier secours.
7,471.	LEMERLE (Adélaïde-Victoire, demoiselle).	Vendéenne	150. 00.	N'a pas touché le deuxième secours.
7,472.	——— (Marguerite-Sophie, demoiselle).	*Idem*	150. 00.	*Idem.*
7,473.	——— (Renée-Pélagie, demoiselle)	*Idem*	150. 00.	N'a touché aucun des deux secours.
7,474.	LEMERY (Denis-Charles)	A été compromis dans l'affaire de Georges Cadudal.	200. 00.	*Idem.*

Nos d'ordre.	NOMS ET PRÉNOMS des PENSIONNAIRES.	MOTIFS de LA CONCESSION DES PENSIONS.	MONTANT des PENSIONS.	OBSERVATIONS.
7,475.	LEMERY (Jean-Michel)............	Malade à l'Hôtel-Dieu en 1824; Charles X, qui l'y vit, lui accorda une pension.	300f	
7,476.	LE MEUR (Anne-Marie, demoiselle)...	Vendéenne.......................	80.	
7,477.	LE MIÈRE (François)...............	Vendéen, père de seize enfans........	150.	
7,478.	LEMIEUX (Jean-Baptiste)...........	Émigré............................	300.	
7,479.	LEMINTIER.........................	Perte de fortune..................	400.	
7,480.	LE MINTIER (Gabrielle-Jeanne-Mathurine, demoiselle).	Émigrée...........................	500.	N'a touché aucun des deux secours.
7,481.	LEMOIGN (Jean)....................	Émigré............................	400.	N'a pas touché le deuxième secours.
7,482.	LEMOINE aîné......................	Garçon de la garde-robe de Louis XVIII.	4,000.	
7,483.	——— (Georges-François).........	En remplacement de la pension dont il jouissait avant la révolution.	200.	N'a touché aucun des deux secours.
7,484.	——— (Louis-François, baron)......	Gentilhomme ordinaire de la chambre du Roi; avait une pension sur la cassette de Louis XVI.	800.	
7,485.	——— (Julien).....................	Vendéen...........................	50.	
7,486.	——— (Adélaïde-Françoise), femme LAGRANDIÈRE.	Fille d'un huissier de la chambre de Louis XVIII.	1,000.	
7,487.	——— (Jeanne-Joséphine, demoiselle).	*Idem*............................	1,000.	
7,488.	——— (Louise-Thérèse, demoiselle)..	*Idem*............................	1,000.	
7,489.	——— (Louise-Victoire)...........	Religieuse; fille d'un valet de chambre de Louis XVI.	500.	
7,490.	——— (veuve)....................	Veuve d'un huissier du cabinet de Louis XVIII.	1,000.	
7,491.	——— (Louise-Thérèse)............	Fille d'un huissier du cabinet du Roi, filleule de Louis XVIII et de Madame la Dauphine.	200.	
7,492.	——— (Geneviève-Charlotte, veuve), née CALY.	Veuve d'un jardinier du château de Versailles.	800.	N'a pas touché le deuxième secours.
7,493.	LEMONNIER.........................	Ex-sociétaire de l'Opéra comique. (Pension par suite de transaction.)	2,250.	
7,494.	——— (François-Pierre)...........	Vendéen...........................	150.	N'a touché aucun des deux secours.
7,495.	LE MONNIER DE LABISSACHÈRE (Pierre-Jacques, abbé).	Émigré; aveugle...................	800.	*Idem.*
7,496.	LEMORE DE VAUDOUARD (Henriette), née DUPUIS.	Fille d'un contrôleur de la maison de Monsieur le comte d'Artois.	200.	N'a pas touché le deuxième secours.
7,497.	LE MORRE (Marie-Anne-Madeleine-Philippine, née LAMBZAN, baronne de VILLAUBOIS, dame DE).	Veuve d'émigré....................	400.	
7,498.	LEMOSER (Jean-Louis, chevalier).....	Émigré............................	400.	
7,499.	LEMOU, dit D'ANJOU (René).........	*Idem*............................	900.	*Idem.*

Nos d'ordre.	NOMS ET PRÉNOMS des PENSIONNAIRES.	MOTIFS de LA CONCESSION DES PENSIONS.	MONTANT des PENSIONS.	OBSERVATIONS.
7,500.	LEMOUTON DE BOISDEFFRE (Marie-Louise-Henriette-Catherine).	Fille d'un maréchal-de-camp.........	200f	N'a touché aucun des deux secours.
7,501.	LEMOYNE (Marie-Claude-Victoire, née DELORMEL, veuve).	Veuve d'un inspecteur des bâtimens du Roi.	200.	
7,502.	——— (Louise-Victoire, née DEMIGNEAUX, veuve).	Fille d'un compositeur de musique attaché à la chapelle de Louis XVI; filleule du Roi et de Madame Victoire.	400.	
7,503.	LENDY (née BOUXER, veuve)........	Veuve d'un 1er suisse d'appartemens qui a servi pendant 56 ans Louis XV et Louis XVI; elle avait une pension de 200 fr. avant la révolution.	400.	*Idem.*
7,504.	LENEILLON (Charles).............	Chef de bataillon vendéen...........	600.	
7,505.	LENEPVON DE VILLENEUVE (Jean-Guy).	Vendéen........................	50.	
7,506.	LENEUF DE BOISNEUF (Anne, née MAXWORTHY, dame).	Émigrée.........................	1,000.	
7,507.	LENEUF DE LA POTERIE (Louise-Joséphine, demoiselle).	Filleule de Louis XVI..............	800.	
7,508.	LENFERNA (Edme-Philippe, chevalier DE).	Lieutenant-colonel, brigadier des gardes du corps.	400.	*Idem.*
7,509.	——— (Jeanne, née DE PANTIGNY, veuve DE).	Son mari avait 300 francs de pension sur la cassette de Louis XVI.	200.	
7,510.	——— DE MARNAY (François-Bernard, DE).	Octogénaire, sans aucuns moyens d'existence.	400.	
7,511.	LENOBLE (Nicolas)...............	Vendéen.........................	150.	N'a pas touché le deuxième secours.
7,512.	——— (Louise, née DE VERTEUIL, veuve).	Émigrée.........................	200.	
7,513.	——— DUTEIL (Gaspard).........	Émigré..........................	900.	*Idem.*
7,514.	LENOIR (abbé)....................	*Idem*............................	300.	
7,515.	——— (Catherine-Josèphe, demoiselle DE).	Nièce d'émigré; perte de fortune......	150.	
7,516.	——— (Catherine-Jacquette, demoiselle DE).	*Idem*............................	150.	
7,517.	——— (Louise-Félicité, demoiselle)..	Fille d'un receveur des domaines de MONSIEUR, comte de Provence.	150.	
7,518	——— (Marie-Rosalie, demoiselle)..	*Idem*............................	50.	
7,519.	——— (Jeanne-Reine, née BESSARD, veuve).	Vendéenne.......................	50.	*Idem.*
7,520.	——— (Marie, née DOSIÈRE, veuve).	Veuve d'un garçon d'attelage de la petite écurie de Louis XVI.	200.	
7,521.	——— DUBREUIL (Marie-François-Xavier).	Ancien officier au régiment de la Reine.	400.	
7,522.	——— (Jeanne-Gabrielle-Ferdinande, demoiselle).	Nièce d'un ancien lieutenant-général de police; perte de fortune.	200.	
7,523.	LENONCOURT D'HEUDICOURT (Charles-Alexandre-Gaspard).	Fils d'émigré.....................	300.	
7,524.	——— (Joseph-Edme-Michel).......	*Idem*............................	300.	

Nos d'ordre.	NOMS ET PRÉNOMS des PENSIONNAIRES.	MOTIFS de LA CONCESSION DES PENSIONS.	MONTANT des PENSIONS.	OBSERVATIONS.
7,525.	LENONCOURT - D'HEUDICOURT (Anne-Adélaïde).	Fille d'émigré	300f	
7,526.	——— (Anne-Claire)	*Idem*	300.	
7,527.	——— (Marguerite-Charlotte)	*Idem*	300.	
7,528.	——— (Marie-Claudine-Louise)	*Idem*	300.	
7,529.	——— (Virginie-Charlotte)	*Idem*	300.	
7,530.	LENORMAND (Marguerite, demoiselle)	Émigrée	700.	
7,531.	——— DE BRETTEVILLE (Charles-Édouard).	Fils d'émigré	300.	N'a touché aucun des deux secours.
7,532.	——— (Charles-Eugène)	Pauvre et père de 6 enfans	300.	
7,533.	——— (Louis-Claude, chevalier DE)	Maréchal-de-camp, émigré	600.	
7,534.	——— DE LOURMEL (Désirée, née COSME DE JANVRY DE VERNEUIL, veuve).	Veuve d'émigré	400.	
7,535.	——— DE VICTOT (Jacques-Claude-Constantin).	Émigré	600.	
7,536.	LENTILHAC DE SÉDIÈRE (Alexandre-Louis-Marie-Anne DE).	Fils d'émigré	600.	
7,537.	LÉOBALD (Félix)	Émigré; infirme	80.	*Idem.*
7,538.	LÉONARDY (Louis-Joseph DE)	Émigré	800.	
7,539.	LÉOTARD (Jean-Baptiste-Théodore)	Fils d'émigré	200.	
7,540.	——— (Michel-Germain-François)	*Idem*	200.	
7,541.	LÉOTARDI (Louise-Marie-Charlotte-Joséphine, née DE DURAND-LAPENNE, dame DE).	Filleule de Louis XVI	800.	
7,542.	LEPAISTEUR DE MARCHÈRE (Colombe-Louise-Antoinette-Marie, née DE BELLEMARE, dame).	Veuve d'émigré	200.	
7,543.	——— DE NORMÉNY (Renée-Marie, née DE LA VILLÉON, veuve).	Émigrée	800.	
7,544.	LEPAIRE (Marguerite, née BOULET, ve).	Son mari, conducteur de roulage, a été écrasé par une voiture publique.	150.	
7,545.	LEPAN (Édouard-Marie-Joseph)	Homme de lettres, déporté au 18 fructidor.	300.	
7,546.	——— (Louis-Marie-Dominique)	Son père servait au 10 août; perte de fortune.	300.	*Idem.*
7,547.	LEPAREUR (Charlotte-Adélaïde, née MEUNIER, dame).	Veuve d'un piqueur aux grandes écuries.	600.	
7,548.	LEPAVEC (Jean)	Vendéen; capitaine	150.	
7,549.	LEPÉLÉ (Anne, demoiselle)	Vendéenne	150.	

Nos d'ordre.	NOMS ET PRÉNOMS des PENSIONNAIRES.	MOTIFS de LA CONCESSION DES PENSIONS.	MONTANT des PENSIONS.	OBSERVATIONS.
7,550.	LEPÉLÉ (Marie-Anne-Marguerite, demoiselle).	Vendéenne......................	100f	
7,551.	LEPELLETIER (Charlotte-Marie-Élisabeth, Ve), née TAILLEDIS DE PÉRIGNY.	Ruinée par la révolution de Saint-Domingue.	400.	
7,552.	LE PERDRIEUX (Michel)...........	Émigré........................	900.	
7,553.	LE PETIT (Jean-Baptiste)..........	Vendéen........................	50.	N'a pas touché le deuxième secours.
7,554.	LEPETIT DE MONTFLEURY (Alexandre-Félicité, chevalier).	Émigré........................	500.	
7,555.	LEPEULTRE DE MARIGNY (Laure-Gabrielle-Robertine-Henriette, Dlle).	Son père a défendu le Roi au 10 août....	600.	
7,556.	LE PEVELLEN (Joseph)............	Vendéen.......................	50.	N'a touché aucun des deux secours.
7,557.	LEPICART D'ASCOURT (Félicité-Marie, demoiselle).	Émigrée........................	600.	
7,558.	LEPICARD RADVAL (comtesse DE BARRE), née JULIEN DE SAINT-JUST.	Veuve d'un émigré................	900.	*Idem.*
7,559.	LÉPINE (Charles-Eustache).........	Vendéen........................	60.	
7,560.	LÉPINET (Élisabeth, dame), née MICHAUX.	Fille d'un suisse à l'Orangerie de Versailles.	60.	
7,561.	LEPLAY (Amélie-Jeanne-Ursule-Gabriel., De), née DE FOURNIER DE LA CHAPELLE.	Son père est mort à St-Domingue; mère de trois enfans; sans fortune.	200.	
7,562.	——— (Zélie-Louise-Charles, dame), née DE LA CHAPELLE.	Ruinée par la révolution de Saint-Domingue.	560.	
7,563.	LEPOINTER (Joseph)...............	Vendéen........................	150.	
7,564.	LEPONT (Julien).................	*Idem*.........................	100.	*Idem.*
7,565.	LEPOURCEAU DE TRÉMÉAC (Émilie, demoiselle).	Vendéenne; fille d'un général.........	600.	*Idem.*
7,566.	LEPOYTEVIN (Anne-Louise-Adélaïde-Félicité, Dlle), femme DE LA MARIOUZE.	Vendéenne......................	300.	
7,567.	——— (Esther-Louise, demoiselle)...	*Idem*.........................	300.	
7,568.	——— (Henriette-Charlotte-Louise, demoiselle), femme JOUENNE.	*Idem*.........................	300.	
7,569.	——— (Marie-Catherine, veuve), née LEFORT DE CARNEVILLE.	Mère d'un Vendéen................	1,200.	
7,570.	LE POYTEVIN DUMOUTIER (Louis-Félix-Emmanuel-Victor).	Colonel vendéen..................	400.	
7,571.	LEPREUX (Anne-Adélaïde, dame), née TRABLAINE DE CANDI.	En remplacement de la pension de 1,000f dont elle jouissait avant la révolution.	800.	*Idem.*
7,572.	LEPREVOST DE BEAUCOTSOT (Françoise), dame), née BEAUFILS.	Fille d'émigré..................	200.	N'a pas touché le premier secours.
7,573.	LEPREVOST D'IRAY (Toussaint-Alexandre)	Ancien officier d'infanterie..........	300.	N'a touché aucun des deux secours.
7,574.	LEPRINCE (Anne-Béatrix, veuve), née BELLET.	Veuve d'un concierge des écuries, à Versailles.	800.	

Nos d'ordre.	NOMS ET PRÉNOMS des PENSIONNAIRES.	MOTIFS de LA CONCESSION DES PENSIONS.	MONTANT des PENSIONS.	OBSERVATIONS.
7,575	LEPROUST DESORMEAUX............	A servi la cause royale. Agé de 99 ans..	300f 00c	N'a touché aucun des deux secours.
7,576	LEQUIANTE (Marie-Françoise-Élisabeth-Adélaïde, demoiselle DE).	Fille d'émigré.....................	600. 00.	
7,577.	LERAHIER (Pierre-Henri, chevalier)..	Rétablissement d'une pension accordée par Louis XVI.	300. 00.	*Idem.*
7,578.	LERAT (Denise-Catherine, demoiselle).	Fille d'un ancien servitr de Louis XVIII.	80. 00.	
7,579.	——— (Marie-Jeanne, dame), née BACLET.	Ve d'un militaire qui contribua à prévenir des troubles dans le départnt de l'Aisne.	50. 00.	
7,580.	LERATTE (Mathurin-François).......	Émigré.........................	600. 00.	
7,581.	LE RAY (Joseph-Marie)............	Vendéen........................	50. 00.	
7,582.	LERAY (Toussaint-François-Jean)....	*Idem*...........................	150. 00.	
7,583.	LE RAY (Julienne-Mathurine, demoiselle).	Émigrée.........................	100. 00.	
7,584.	LÉRET (Louis)...................	Vendéen........................	80. 00.	*Idem.*
7,585.	LERICHE (François)...............	Peintre décorateur en bâtimens de M. le comte de Provence.	600. 00.	
7,586.	LERMUZEAUX Anne-Henriette, demoiselle).	Fille d'un garçon d'office dans la Maison de Louis XVI.	150. 00.	
7,587.	LE ROHO (Henri-Louis)............	Fils d'émigré.....................	250. 00.	
7,588.	——— (Mathurin)...............	Émigré.........................	600. 00.	
7,589.	LE ROI (François-Jean)............	Vendéen........................	50. 00.	*Idem.*
7,590.	——— (Jacques-Robert-René).......	*Idem*...........................	60. 00.	N'a pas touché le deuxième secours.
7,591.	——— (René)...................	*Idem*...........................	80. 00.	*Idem.*
7,592.	——— (Renée, veuve), née ROUSIER.	Vendéenne......................	60. 00.	
7,593.	LEROI DE LA GRANGE (Marie-Marguerite-Louise, demoiselle).	Fille d'émigré.....................	500. 00.	
7,594.	LE ROUX (Louis, abbé)............	Émigré.........................	1,066. 80.	
7,595.	LEROUX (Nicolas-Claude)..........	Ex-premier piqueur de la vénerie.....	216. 00.	
7,596.	——— (Pierre-Ambroise-Julien)....	Vendéen........................	60. 00.	
7,597.	——— (Martial-Nicolas-Jacques)....	Émigré.........................	1,200. 00.	
7,598.	——— (François-Pierre)..........	Vendéen........................	200. 00.	
7,599.	——— (Pierre-Vincent)...........	Garçon d'attelage aux écuries de Louis XVI.	600. 00.	

Nos d'ordre.	NOMS ET PRÉNOMS des PENSIONNAIRES.	MOTIFS de LA CONCESSION DES PENSIONS.	MONTANT des PENSIONS.	OBSERVATIONS.
7,600.	LE ROUX (Alexandrine-Louise, demoiselle).	Fille d'un musicien de la chapelle.....	300f	
7,601.	——— (Marie-Catherine-Victoire, demoiselle).	Vendéenne......................	100.	
7,602.	——— (Marie-Anne, ve), née FRELIN.	Fille d'un serviteur de la maison de Louis XVI.	300.	
7,603.	——— (Marie-Élisabeth-Charlotte, dame), née SAINTE-MARIE.	Fille de la nourrice du Dauphin, fils de Louis XVI.	500.	
7,604.	——— (Denise-Henriette), née THOMÉ.	Parente de M. Hue, premier valet de chambre de Louis XVIII.	600.	
7,605.	LEROUX DE LAROUTIÈRE (Jacques-François).	Officier de marine émigré...........	800.	N'a touché aucun des deux secours.
7,606.	LEROUX DE NEVILLE (Renée-Catherine), née MORIN.	Fille d'émigré....................	400.	
7,607.	LE ROUZIC (Rosalie-Aimée, demoiselle).	Fille d'un médecin de l'armée de Condé..	500.	
7,608.	LE ROY (François-Jean)............	Vendéen..	80.	
7,609.	——— (Louis-François)...........	Musicien à la chapelle du Roi........	188.	*Idem.*
7,610.	——— (Joseph-Quentin)..........	Émigré, père de huit enfans.........	200.	*Idem.*
7,611.	——— (Anne-Claude, dame).......	Religieuse émigrée................	600.	*Idem.*
7,612.	——— (Marguerite-Élisabeth).......	Nièce d'un secrétaire de la cassette de Louis XVI.	100.	
7,613.	——— (Marguerite, ve), née FOCLON.	Vendéenne......................	50.	
7,614.	——— (Marie-Madeleine, veuve), née GIROUST.	Veuve d'un postillon aux écuries.......	120.	
7,615.	——— (Élisabeth, dame), née HERBERT.	Femme d'un émigré, chef d'escadron de la gendarmerie de la Seine.	600.	
7,616.	——— (Anne-Antoinette-Thérèse, ve), née DE KLOPSTEIN.	Fille d'émigré....................	200.	
7,617.	——— (Justine-Sophie-Marguerite, ve), née LEGRIS.	Veuve d'un officier de gendarmerie.....	300.	
7,618.	——— (Louise-Madeleine-Flavie-Dometille, veuve), née PROTAIS.	Veuve d'un courrier du cabinet de Louis XVIII.	120.	
7,619.	LE ROY DE BARDE (Marie-Thérèse-Françoise, dame religieuse).	Sœur d'émigré, âgée de 87 ans........	200.	
7,620.	LEROY (Marie-Sophie-Austreberthe, vicomtesse DE BARDE), née DE CRENDALLE DE CHAMBREUILLE.	Émigrée........................	300.	*Idem.*
7,621.	LEROY DE BARINCOURT (Petronille-Rose-Claire, veuve), née AUDIBERT.	Veuve d'un contrôleur des douanes.....	400.	
7,622.	LE ROY-CHAVIGNY-MONTLUC (Caroline-Paschal, demoiselle DE).	Fille d'émigré....................	300.	
7,623.	LE ROY-DUBOURG (Jean-Auguste).....	Émigré.........................	300.	
7,624.	——— (Jean-Louis)...............	*Idem*..........................	900.	

Nos d'ordre.	NOMS ET PRÉNOMS des PENSIONNAIRES.	MOTIFS de LA CONCESSION DES PENSIONS.	MONTANT des PENSIONS.	OBSERVATIONS.
7,625.	LEROY-DUBOURG (Henriette-Amélie-Marie, demoiselle)	Vendéenne	600f	N'a pas touché le deuxième secours.
7,626.	LEROY DE MINSOR (Marie-Henriette), née WIGANCOURT DE FLETRE.	N'a aucun moyen d'existence	400.	
7,627.	LE ROY DE MONVILLE (Jean)	Capitaine émigré	1,000.	
7,628.	LE ROY DE RIEULE (Marie-Stéphanie, dame), née DE LA CHAPELLE.	Sœur d'un lieutenant-général d'épée de la prévôté de l'hôtel.	3,000.	
7,629.	LEROY DE ROCQUEMONT (Marc-Louis)	Veuf d'une première femme de chambre de MADAME, comtesse de Provence.	800.	
7,630.	LE ROYER DE BOUCONVILLIER (Louis-Victor).	Son père était attaché au service de MONSIEUR, comte de Provence.	600.	
7,631.	LESAICHERRE (André-Jean)	Capitaine vendéen	100.	
7,632.	LE SAUTEUR dit LAVALLÉE (Élisabeth-Angélique, veuve), née TREZELLE.	Veuve d'un cocher du Roi, en émigration.	300.	
7,633.	LE SAUVAGE (Louis-François, abbé)	A été persécuté pendant la révolution	300.	
7,634.	LESBROS (Jeanne-Élisabeth, dame), née SPRING.	Créole de Saint-Domingue ruinée	600.	*Idem.*
7,635.	LESBROS DE LAVERSANE (demoiselle)	Son père est mort sur l'échafaud, en 1793.	300.	
7,636.	——— (Marie-Françoise-Claire-Valentine, demoiselle).	Émigrée	300.	
7,637.	LESCALE (Victoire-Jeanne DE), née DALENÇON.	Son mari avait une pension sur la cassette de Louis XVI.	400.	N'a touché aucun des deux secours.
7,638.	LESCALLE (Louis DE)	Rétablissement d'une pension sur la cassette de Louis XVI.	300.	*Idem.*
7,639.	LESCARET (Élisabeth-Céleste, demoiselle).	Sans fortune	400.	
7,640.	LESCHEVIN (Charles-Louis)	En remplacement de la pension de 3,500f dont il jouissait avant la révolution.	1,800.	N'a pas touché le deuxième secours.
7,641.	——— (Marie-Prudence, demoiselle).	En remplacement de la pension de 2,600f dont elle jouissait avant la révolution.	1,600.	
7,642.	LESCHEVIN DE PRÉVOISIN (Alexandre-Marie).	En remplacement de la pension de 3,723f dont il jouissait avant la révolution.	1,800.	
7,643.	LESCHEVIN DE PRÉCOURT (Camille)	Ex-garde du corps, sans fortune	300.	N'a touché aucun des deux secours.
7,644.	LESCOUL (Corentin)	Sous-lieutenant vendéen	300.	N'a pas touché le premier secours.
7,645.	LESCOURS (Charles-Marie-Honoré, marquis DE).	Colonel émigré	1,200.	N'a touché aucun des deux secours.
7,646.	——— (Junien-Amable, marquis DE).	Ancien officier	1,500.	
7,647.	LESCUYER (Pierre-Juste)	Émigré	500.	
7,648.	——— (Angélique-Béatrix, dame), née FRENEL.	800 fr. comme femme de MADAME Adélaïde; 400 fr. comme émigrée.	1,200.	
7,649.	LE SEBLE (Julie-Louise-Joséphine, dme), née DE SAILLET.	Fille d'émigré	400.	

Nos d'ordre.	NOMS ET PRÉNOMS des PENSIONNAIRES.	MOTIFS de LA CONCESSION DES PENSIONS.	MONTANT des PENSIONS.	OBSERVATIONS.
7,650.	LESECQ (Georges).................	Vendéen........................	150f 00c	N'a pas touché le deuxième secours.
7,651.	LE SENET (Jean, abbé)............	Émigré.........................	1,219. 20.	
7,652.	LESEUR (Louis-Antoine-Nicolas)......	Vendéen, a passé 18 ans au bagne pour ce motif.	300. 00.	*Idem.*
7,653.	LESIEUR (Jeanne-Louise, femme), née CHEMITTE.	Services de sa mère au Temple.......	100. 00.	
7,654.	LESNARD (Marie-Madeleine, veuve), née GIRARDEAU.	Vendéenne......................	36. 00.	N'a touché aucun des deux secours.
7,655.	LESNIERS (Marie, dame), née DE MALET.	Veuve d'émigré....................	600. 00.	
7,656.	LESONGEUX (Julie-Angélique-Joséphine, dame), née JOSSOT.	Fille d'émigré, née en émigration.....	400. 00.	
7,657.	LESPARRE (Pierre)................	Émigré, père de 8 enfans...........	300. 00.	
7,658.	LESPÉRANCE (Jeanne-Rose-Marguerite, demoiselle DE).	Persécutée pendant la révolution......	300. 00.	
7,659.	——— (Marie-Sébastienne-Louise-Françoise-Ange, demoiselle DE).	Fille d'un maréchal-de-camp..........	300. 00.	
7,660.	LESPERON (Marguerite-Antoinette-Anne, veuve), née CANEVALI.	Veuve d'un émigré de Toulon.........	300. 00.	
7,661.	LESPINASSE (Françoise-Éléonore, dlle DE).	Vendéenne......................	800. 00.	
7,662.	——— (Jeanne-Henriette, dame DE BRUGE, demoiselle DE).	Fille d'émigré......................	300. 00.	
7,663.	——— (Aimée-Antoinette, dame), née CHEVREUIL.	Indemnité d'une créance............	500. 00.	N'a pas touché le deuxième secours.
7,664.	LESPINE veuve....................	Veuve d'un huissier du cabinet de Madame, comtesse de Provence.	300. 00.	
7,665.	LESQUEN (Claude-Louis, DE).........	Émigré, ancien officier, puis évêque...	300. 00.	N'a touché aucun des deux secours.
7,666.	LESQUEN DE LA MENARDAIS (Marie-Anne-Victoire, demoiselle de).	Fille d'un directeur des postes, ruiné par la révolution.	200. 00.	
7,667.	——— (Marie-Louise-Françoise, femme DE BLOIS, demoiselle de).	*Idem*..........................	200. 00.	
7,668.	——— (Sophie-Françoise-Marie, demoiselle DE).	*Idem*..........................	200. 00.	
7,669.	LESSEVILLE (Hélène-Thérèse, comtesse DE), née PAJOT DE MARCHOVAL.	Émigrée.........................	1,200. 00.	
7,670.	LESTANG (Julie-Émilie, demoiselle DE).	Fille d'un brigadier des gardes........	300. 00.	
7,671.	——— (Susanne-Catherine-Marie-Élisabeth, marquise DE), née GERSTEL.	Émigrée.........................	600. 00.	
7,672.	LESTRADE (Jacques)...............	Palefrenier aux écuries du Roi........	200. 00.	
7,673.	——— (Marie, comtesse DE), née DAMELIN DE ROCHEMORIN.	Émigrée.........................	1,200. 00.	*Idem.*
7,674.	LESUEUR (Jean-François)............	Compositeur......................	3,000. 00.	

Nos d'ordre.	NOMS ET PRÉNOMS des PENSIONNAIRES.	MOTIFS de LA CONCESSION DES PENSIONS.	MONTANT des PENSIONS.	OBSERVATIONS.
7,675.	LESUEUR (Pierre)................	Vendéen........................	100f 00c	
7,676.	——— (Marie-Thérèse, née DENIS)...	Veuve d'un jardinier à Fontainebleau...	160. 00.	
7,677.	——— DE LA CHAPELLE (Victoire-Félicité, née DE MORANGIÉS, dame).	Femme de Vendéen................	300. 00.	
7,678.	———DESLONDES (Étienne-Jean-Pierre)	Capitaine vendéen	700. 00.	
7,679.	LESURE (Marie-Catherine, née MICHEL, veuve).	Veuve d'émigré....................	200. 00.	
7,680.	LESVIN (Pierre)..................	Vendéen.........................	50. 00.	N'a touché aucun des deux secours.
7,681.	LÉTANCHE (Claude-Anthelme)........	Émigré..........................	300. 00.	
7,682.	LÉTANNAUX (Agnès-Louise), née DUBUISSON, veuve).	Veuve d'un valet de pied de Louis XVI..	300. 00.	
7,683.	LETELLIER......................	Homme de peine dans la maison de Louis XVIII.	303. 00.	
7,684.	——— (André)...................	Vendéen.........................	200. 00.	
7,685.	——— (Jean-Baptiste)............	*Idem*..........................	150. 00.	
7,686.	——— (Jean-Louis)...............	*Idem*..........................	200. 00.	
7,6[illegible].	——— (Pierre, abbé)............	Émigré..........................	1,066. 80.	N'a pas touché le deuxième secours
7,688.	——— (Pierre-Michel-Henri).......	Services rendus à la cause royale, en France.	300. 00.	
7,689.	——— (Robert-Nemèze)...........	Émigré..........................	300. 00.	
7,690.	——— dit PRÉLAT (Jean-Baptiste)....	Vendéen.........................	50. 00.	
7,691.	——— (Philippe)................	*Idem*..........................	100. 00.	
7,692.	——— (Marie-Adélaïde, demoiselle)..	Sœur d'un inspecteur des domaines, à Versailles.	200. 00.	
7,693.	——— (Marie-Catherine-Franç.-Yvone, née LETELLIER D'ORVILLIERS, veuve).	Veuve d'un premier valet de garde-robe de Louis XVI.	1,800. 00.	*Idem*.
7,694.	——— (Élisabeth-Françoise, née PREVOST, veuve).	Vendéenne......................	60. 00.	*Idem*.
7,695.	———(Hortense-Françoise, née SAINTE-MARIE, dame).	*Idem*.........................	150. 00.	N'a pas touché le premier secours.
7,696.	LETESTU DE LA PONTERIE (François-Marie).	Vendéen........................	200. 00.	N'a pas touché le deuxième secours.
7,697.	LETÉTU (Louis-Pierre-François-Éloi)...	Émigré; infirme..................	420. 00.	N'a touché aucun des deux secours.
7,698.	LETHIEC (Julien)..................	Estropié en tirant le canon le jour du sacre de Charles X.	150. 00.	
7,699.	LETHIEIS (Yves)...................	Colonel vendéen...................	600. 00.	

Nos d'ordre.	NOMS ET PRÉNOMS des PENSIONNAIRES.	MOTIFS de LA CONCESSION DES PENSIONS.	MONTANT des PENSIONS.	OBSERVATIONS.
7,700.	LETHIMONIER (Guillaume)..........	Vendéen..........................	300f	
7,701.	LÉTOILE (Thérèse, née CIPIÈRE, veuve).	Veuve d'un officier de bouche dans la Maison de Louis XVI.	400.	
7,702.	LETOM (Rolland)..................	Services rendus à la cause royale......	600.	
7,703.	LETOREY (Marie-Madeleine, née TOUSTAIN, veuve).	Veuve d'un officier vendéen.........	200.	
7,704.	LETORT (François-Julien)...........	Vendéen..........................	50.	N'a touché aucun des deux secours.
7,705.	LETOURNEUR (Joseph-Charles, comte DE).	Fils d'un major des gardes du corps de MONSIEUR, comte d'Artois.	1,000.	
7,706.	——— (Adrienne-Marie-Gilbertine, demoiselle).	Fille de *idem*....................	1,000.	
7,707.	——— (Augustine-Oursine-Clémentine-Juliette, dame DE MARBENI, baronne DE SES, demoiselle).	*Idem*............................	1,000.	
7,708.	——— (Marie-Anne, demoiselle).....	Émigrée..........................	200.	
7,709.	——— (Jeanne, née HUBERT, veuve).	Émigrée et Vendéenne.............	200.	
7,710.	LETOUZÉ DE LONGUEMARE (Alphonse-Augustin-François).	Fils d'émigré......................	400.	
7,711.	——— (Marie-Élisabeth, née MARON, veuve).	Veuve d'un ancien garde d'Artois; émigrée.	600.	*Idem.*
7,712.	LETRÉSOR (Augustine-Louise-Thérèse-Susanne, demoiselle).	Vendéenne.........................	800.	*Idem.*
7,713.	——— comtesse DU BACLOT (Marie-Thérèse-Susanne), née DE CRÈVECŒUR.	Veuve d'un maréchal-de-camp, émigré.	1,800.	
7,714.	——— DE LA ROQUE (née DOZONVILLE DE BEUZEVAL, veuve).	Vendéenne.........................	300.	
7,715.	LETRESTE (Jean-François)..........	Vendéen..........................	100.	
7,716.	L'ÉTRILLARD (Marie-Élisabeth, née DESCOURTY, veuve).	Veuve d'un palefrenier de la vénerie...	150.	
7,717.	LETROUSSIER (Anne, née NOËL, dame).	Émigrée..........................	300.	
7,718.	LETULLE DE LA BOIXIÈRE (Émélie-Françoise, demoiselle).	Vendéenne.........................	120.	
7,719.	——— (Rosalie-Marie, demoiselle)....	*Idem*............................	120.	
7,720.	——— (Marie-Anne-Guillemitte-Hélène, demoiselle).	*Idem*............................	120.	
7,721.	LEVAILLANT (Élisabeth-Eugénie, demoiselle).	Fille d'émigré.....................	300.	*Idem.*
7,722.	——— (Marie-Hélène, demoiselle)...	*Idem*............................	300.	
7,723.	——— DE BEAUCLOS (Pierre-Antoine).	Émigré...........................	400.	
7,724.	——— DE CATIGNY (Thérèse-Élisabeth, née GRAULT, veuve).	Parente d'émigré..................	150.	N'a pas touché le premier secours.

Nos d'ordre.	NOMS ET PRÉNOMS des PENSIONNAIRES.	MOTIFS de LA CONCESSION DES PENSIONS.	MONTANT des PENSIONS.	OBSERVATIONS.
7,725.	LEVAILLANT DUCHASTELET (Adèle-Louise-Marie, demoiselle).	Émigrée	800f 00.	N'a touché aucun des deux secours.
7,726.	LEVAILLANT DUCHASTELET DESCAULT (Agathe-Joseph-Godefroy).	Émigré	800. 00.	
7,727.	——— (Athanaïse-Geneviève, demoiselle).	Émigrée	800. 00.	
7,728.	——— (Charlotte-Marie, demoiselle).	*Idem*	800. 00.	
7,729.	LEVAILLANT DUCHASTELET (Eugénie-Louise-Marie, demoiselle).	*Idem*	800. 00.	
7,730.	——— (Marie-Louise-Adèle-Philippine, dame), née DELAFORGE.	Fille d'émigré	400. 00.	
7,731.	——— (Marie-Josèphe-Françoise-Constre-Gertrude, Ve), née DE GOSSON.	Émigrée	1,000. 00.	
7,732.	LEVAILLANT DE FLORIVAL (Rose-Bonne-Sophie, veuve), née LEVAILLANT.	Veuve d'un émigré fusillé	300. 00.	
7,733.	LEVAILLANT DE FOLLEVILLE (Marie-Louise-Brausine, demoiselle).	Nièce d'émigré	200. 00.	*Idem.*
7,734.	LEVAILLANT DE LA BOISSIÈRE (Marie-Louis-Théodore-Adolphe).	Émigré	800. 00.	N'a pas touché le premier secours.
7,735.	LEVAILLANT DE LAFERRIÈRE (Jeanne-Guillemette-Jacqueline, veuve), née GISLE DE LANDEVILLE.	Émigrée	1,000. 00.	N'a touché aucun des deux secours.
7,736.	LEVAILLANT DE LA VALETTE (Sophie-Victoire-Aimée, Ve), née DE BRAS-DE-FER.	*Idem*	400. 00.	
7,737.	LEVAILLANT DE VALCOURT (Louis-François, chevalier).	Vendéen	300. 00.	
7,738.	LEVAIN (Charles-Gérôme)	*Idem*	600. 00.	
7,739.	——— (Jean-Pierre)	Fils d'un notaire persécuté pendant la révolution.	400. 00.	
7,740.	——— (Pierre-Antoine-Siméon)	*Idem*	200. 00.	
7,741.	——— (Louis-Stanislas-Augustin)	*Idem*	200. 00.	
7,742.	LEVASSEUR (Pierre-Charles, abbé)	Émigré	1,219. 20.	
7,743.	——— (Marie-Thérèse-Rosalie, demoiselle).	Fille d'un ancien officier de la prévôté de l'hôtel.	300. 00.	
7,744.	LE VASSEUR D'ERANVILLE (Marie, dame), née MARTIN DE LA MARTINIÈRE.	A été persécutée dans la révolution	800. 00.	
7,745.	LEVARED (Pierre)	Vendéen	100. 00.	
7,746.	LEVAVASSEUR	Pension accordée directement par le Roi. (Motifs inconnus.)	1,000. 00.	N'a pas touché le deuxième secours.
7,747.	LÉVÊQUE	Émigré	300. 00.	
7,748.	——— (Joseph-Augustin)	Vendéen	100. 00.	*Idem.*
7,749.	——— (Marie-Thérèse-Élisabeth, dame), née MORISSON.	Vendéenne	300. 00.	

Nos d'ordre.	NOMS ET PRÉNOMS des PENSIONNAIRES.	MOTIFS de LA CONCESSION DES PENSIONS.	MONTANT des PENSIONS.	OBSERVATIONS.
7,750.	LEVESQUE (Jean-Jacques)...........	Palefrenier de la vénerie, père de vingt enfans.	240f 00c	
7,751.	——— (Michel).................	Vendéen........................	50. 00.	N'a touché aucun des deux secours.
7,752.	——— (Anne-Caroline-Justine, veuve), née DELORME.	Fille d'émigré.....................	300. 00.	
7,753.	——— DE SAINT-BARTHÉLEMY (Jean-Louis-François).	Émigré........................	1,000. 00.	*Idem.*
7,754.	LEVICOMTE DE LA HOUSSAYE (Clémentine-Louise-Marie-Théodore, Dlle).	Émigrée........................	300. 00.	
7,755.	——— (Marie-Rose, veuve), née GRATIEN.	*Idem*........................	800. 00.	
7,756.	LEVIER (Pélagie-Françoise, veuve), née LECLER.	Vendéenne.....................	50. 00.	
7,757.	LEVINÉ (Françoise-Mathurine, demoiselle).	*Idem*........................	200. 00.	
7,758.	LEVISSE DE MONTIGNY (Anne-Antoinette, demoiselle).	Émigrée........................	300. 00.	
7,759.	——— (Marie-Josèphe-Sophie, demoiselle).	*Idem*........................	300. 00.	
7,760	LEVISTRE.........................	Pension accordée directement par le Roi. (Motifs inconnus.)	300. 00.	*Idem.*
7,761.	LEVRET (André).................	Vendéen........................	150. 00.	*Idem.*
7,762.	——— (Marie-Adélaïde-Mamessa, ve), née DE LA BARRE.	Belle-fille d'un accoucheur de la Reine..	200. 00.	
7,763.	LEVRON (Pierre).................	Vendéen........................	80. 00.	N'a pas touché le deuxième secours.
7,764.	LEYMARIE DE LABORIE, née MAILLOX..	Avait une pension de 600 fr. sur la cassette de Louis XVI.	300. 00.	
7,765.	LEZIN (Perrine, veuve), née DAVID....	Vendéenne.....................	80. 00.	N'a touché aucun des deux secours.
7,766.	LHIVER (François)................	Vendéen........................	100. 00.	
7,767.	L'HOSTE (Marie-Romaine, veuve), née COISNON.	Attachée à la musique de Louis XVI...	200. 00.	
7,768.	L'HOTE DE SELANCY (Alexandre-Louis-Philippe).	Huissier honoraire de la Chambre de Louis XVIII.	400. 00.	N'a pas touché le deuxième secours.
7,769.	L'HUILLIER (Pierre, abbé)..........	Émigré........................	1,219. 20.	
7,770.	——— (Reine, veuve), née GUILLEMINOT.	Veuve d'un garçon de sellerie aux écuries du Roi.	160. 00.	
7,771.	——— (Julienne-Jeanne, veuve), née VIGOUREUX.	Émigrée; son fils a été tué dans l'émigration.	900. 00.	
7,772.	LIBAULT DE LA BAROSSIÈRE (Julie-Rose, demoiselle).	Vendéenne.....................	300. 00.	*Idem.*
7,773.	LIBERT (Marie-Sophie, ve), née MEAULE.	Veuve de Vendéen................	150. 00.	
7,774.	LIBOREL (Caroline, dame), née MONTIGNY.	Fille d'un défenseur de Louis XVI....	300. 00.	

Nos d'ordre.	NOMS ET PRÉNOMS des PENSIONNAIRES.	MOTIFS de LA CONCESSION DES PENSIONS.	MONTANT des PENSIONS.	OBSERVATIONS.
7,775.	LIBORY CADAMON (Eulalie-Thérèse-Ursule, dame), née BOIXO.	Émigrée	300f 00c	N'a touché aucun des deux secours.
7,776.	LIDON (Jean-Joseph)	Émigré	400. 00.	
7,777.	——— (Victoire-Thérèse, demoiselle)	Émigrée	300. 00.	
7,778.	LIÉBAULT DE LA BAROSSIÈRE (Arsène, veuve), née GOUIN DUFIEF.	Fille de madame Gouin Dufief, qui a combattu dans la Vendée.	400. 00.	
7,779.	LIEBHABER (Louise-Marie-Euphrasie, baronne DE), née DE COMARMOND.	Services de son père au siége de Lyon	200. 00.	
7,780.	LIÉGARD (Jean-Baptiste, abbé)	Émigré	1,219. 20.	
7,781.	LIÉNARD (Esprit-Mathieu)	Vendéen	120. 00.	
7,782.	LIENHART (Antoinette-Reine, demoiselle).	Fille d'émigré	400. 00.	
7,783.	——— (Catherine-Barbe, DE), née KAUMANN.	Femme d'émigré	400. 00.	
7,784.	LIEURY	Émigré	1,358. 90.	
7,785.	LIGERET DE BÉVIS (Anne-Marie-Pierrette, demoiselle).	Fille d'émigré	300. 00.	
7,786.	——— (Charlotte-Gabriel, demoiselle).	*Idem*	300. 00.	
7,787.	——— (Gabriel-Sébastienne-Eulalie, demoiselle).	*Idem*	300. 00.	
7,788.	LIGIER (Mathieu)	Services à la cause royale, en France	300. 00.	
7,789.	LIGNEUL (Pierre-Martin)	Vendéen	120. 00.	
7,790.	LIGNEVILLE (Alexandrine-Anne-Charlotte).	Fille d'un général mort en émigration	300. 00.	N'a touché aucun des deux secours.
7,791.	LIGONDEZ DE ROCHEFORT (Jeanne-Antoinette, chanoinesse-comtesse DE).	Infirme	600. 00.	N'a pas touché le deuxième secours.
7,792.	LIMAL (Ferdinand-François-Joseph)	Services rendus à la cause royale, en France.	200. 00.	
7,793.	LIND (Marie-Gertrude, ve), née BOUDHORS.	Veuve d'émigré	400. 00.	
7,794.	LINGAUD (Jean-Baptiste, chevalier)	Émigré	300. 00.	
7,795.	LINGRAND (Louis-Germain)	Services à l'armée des princes	150. 00.	
7,796.	LION (Marie-Sophie, demoiselle)	Émigrée de Toulon	200. 00.	
7,797.	——— (Charlotte, ve), née SALOMON	Veuve d'émigré	120. 00.	N'a touché aucun des deux secours.
7,798.	LIOT (Jacques, abbé)	Émigré	1,219. 20.	
7,799.	——— (Françoise-Toussainte, veuve), née DE LA GUERRANDE.	Fille et sœur d'émigrés	800. 00.	

Nos d'ordre.	NOMS ET PRÉNOMS des PENSIONNAIRES.	MOTIFS de LA CONCESSION DES PENSIONS.	MONTANT des PENSIONS.	OBSERVATIONS.
7,800.	LIRON D'AYROLLES (Daniel - Xavier, abbé).	Émigré	600f	
7,801.	LISLE DUBOURG (Césarine - Louise-Sophie, née DE BOISSIMÈNE, veuve DE).	Émigrée	600.	
7,802.	LISLE DE LA NICOLIÈRE (François-Armand-Pierre, DE).	Émigré	900.	N'a pas touché le deuxième secours.
7,803.	LIVACHE (Jacques-Claude-François)	Services à la cause royale, en France	300.	
7,804.	LIVET (Jacques-François-Renonce, abbé DE).	Émigré	1,000.	
7,805.	LIVOYS (Charlotte-Libaire, née BANON, veuve DE).	Veuve d'un gentilhomme ordinaire de la chambre.	600.	
7,806.	LIVRY (Marie-Cécile, née BIBOLET, veuve DE).	Veuve d'un maître d'hôtel de la maison du Roi.	600.	N'a touché aucun des deux secours.
7,807.	LLAMBY (Antoine-Louis-Bonaventure-Joseph).	Fils d'émigré	200.	
7,808.	LLAMBY (Thérèse - Madeleine-Marguerite, née TERRATO PELLISSIER, dame).	Belle-fille d'émigré	200.	
7,809.	LLORENS (François-Sauveur-Antoine)	Émigré	600.	
7,810.	LOAISEL DE TREOGATE (Jeanne-Sophie, née LAVILLE DE BAUGÉ, DE).	Fille d'un officier général vendéen; veuve d'un gendarme de la garde de Louis XV.	300.	
7,811.	LOBERIE (Marie-Anne-Marguerite, née DE MORGUES DE ST-GERMAIN, dame DE)	Émigrée	400.	
7,812.	LOBINHES (Marie-Josèphe, née HAUCK, veuve).	Veuve d'un médecin des écuries de Louis XVI.	600.	
7,813.	LOBOT DE LA BARRE (Joseph)	Garde du corps émigré	1,000.	N'a pas touché le premier secours.
7,814.	LOCQUET DE CHÂTEAUDASSY (Jeanne-Anne-Josèphe, née DU BOISBAUDRY, ve)	Vendéenne	300.	
7,815.	LOGEL (Adolphe)	Émigré	100.	N'a touché aucun des deux secours.
7,816.	LOGRE DE FRANCOURT (Antoinette-Pierrette-Claire, demoiselle).	Fille d'un capitaine des armées françaises.	500.	N'a pas touché le deuxième secours.
7,817.	LOIR (Marie-Anne-Élisabeth, née SPERA, veuve).	Veuve d'un premier commis au contrôle de la maison de MONSIEUR, cte de Provence.	600.	
7,818.	LOISEAU (Henri)	Vendéen	50.	*Idem.*
6,819.	——— (Jacques)	*Idem*	80.	
7,820.	——— (Constance-Céleste, demoiselle).	Vendéenne	100.	*Idem.*
7,821.	LOISEL LE GAUCHER (Charlotte-Émilie, demoiselle).	Émigrée	400.	N'a touché aucun des deux secours.
7,822.	LOISIER (Denis)	Émigré	300.	
7,823.	LOIX (Michel)	Vendéen	100.	
7,824.	LOIZEAU (Jacques)	*Idem*	50.	

Nos d'ordre.	NOMS ET PRÉNOMS des PENSIONNAIRES.	MOTIFS de LA CONCESSION DES PENSIONS.	MONTANT des PENSIONS.	OBSERVATIONS.
7,825.	LOIZEAU (Louis-Henri)	Ancien garde général des forêts de la couronne.	493f 00c	
7,826.	LOIZEROLLE (François-Simon, chevalier DE).	N'a aucun moyen d'existence	200. 00.	
7,827.	LOIZIEZ (Denis)	Émigré, sa femme est aliénée	300. 00.	
7,828.	LOMBARD (Jean-François)	Feutier chez Madame Adélaïde	400. 00.	
7,829.	LOMBARD DE COMBLES (Claude-Anne-Françoise, DE).	Émigrée	300. 00.	
7,830.	LOMÉNIE (Madeleine-Christine-Agnès, née BINOT DE VILLIERS, vicomtesse DE).	Veuve d'un officier de la gendarmerie de Paris.	500. 00.	
7,831.	LOMÉNIE (Justine-Aimée-Victoire, née LEGRAND DE VEAUX, baronne DE).	Émigrée	600. 00.	N'a pas touché le premier secours.
7,832.	LONDE (Charles-Alphonse DE LA)	A servi dans la garde royale, marié et sans fortune.	600. 00.	
7,833.	LONERGANE (dame)	Ancienne religieuse	300. 00.	N'a pas touché le deuxième secours.
7,834.	LONGCHAMP, née BOULANGER, veuve DE	Veuve d'un capitaine du génie des armées républicaines.	300. 00.	
7,835.	LONGEAUX (Barbe-Claude, demoiselle DE)	Fille d'émigré	400. 00.	
7,836.	——— (Charlotte-Joséphine-Prudente-Félix, demoiselle DE).	*Idem*	200. 00.	
7,837.	LONGEPÉ (André)	Vendéen	300. 00.	N'a touché aucun des deux secours.
7,838.	LONGER (Louise-Victoire, demoiselle).	Fille d'un officier de marine	300. 00.	*Idem.*
7,839.	——— (Victorine-Aimée, demoiselle).	*Idem*	300. 00.	*Idem.*
7,840.	LONGEVILLE (Jean-Baptiste-François-Louis, chevalier DE).	Émigré	300. 00.	*Idem.*
7,841.	LONGROY-HASSASSIN (Pierre-Melon)	Garde meubles du château de Fontainebleau, avait 400 francs de pension avant la révolution.	200. 00.	*Idem.*
7,842.	LONGUEMARRE (Guillaume-Augustin, abbé).	Émigré	914. 40.	
7,843.	LONGUEMARRE (Jean-Vincent, abbé).	*Idem*	1,219. 20.	
7,844.	LONGUERNE (dame DE)	Nièce de Gresset	600. 00.	
7,845.	LONGUET (Marguerite-Louise, née GARNIER, veuve).	Veuve d'un ouvrier de la manufacture de Sèvres, en remplacement d'une pension sur la caisse de vétérance.	180. 00.	
7,846.	LONGUET (Marie-Rosalie, née BULTÉ, veuve).	Veuve d'un ancien serviteur de Louis XVI	500. 00.	
7,847.	LONJON DE LAGRANGE (Françoise-Madeleine, demoiselle DE).	Fille d'émigré	200. 00.	
7,848.	LOPART (Marie-Edmée-Claudine)	Nièce d'un premier valet de chambre de Louis XVIII.	600. 00.	
7,849.	LOPÈS DE LA FARE (Jeanne-Anne-Marie-née LAW, comtesse DE).	Veuve d'émigré	1,000. 00.	

Nos d'ordre.	NOMS ET PRÉNOMS des PENSIONNAIRES.	MOTIFS de LA CONCESSION DES PENSIONS.	MONTANT des PENSIONS.	OBSERVATIONS.
7,850.	LOQUES (Louis-Jacques-Laurent DE)...	Émigré........................	400f	N'a touché aucun des deux secours.
7,851.	LOR DE VARANGE (Antoine-Éléonor-Louis-Marie DE), baron de SAINT-JULIE.	*Idem*........................	300.	
7,852.	LORAIN (Jean-Louis-François)........	*Idem*........................	300.	
7,853.	——— (Marie-Catherine-Julie, dame), née FONTAINE.	Nourrice de MADEMOISELLE, fille du duc de Berry.	1,500.	
7,854.	LORAUX (Geneviève-Catherine-Sophie, veuve), née DESCHAMPS.	Veuve d'un valet de pied de la petite écurie.	200.	
7,855.	LORDAT (Alexandrine-Adélaïde-Joséphine-Zénobie, Ctesse DE), née DE MESNARD.	Fille du capitaine des gardes de la porte de MONSIEUR, comte de Provence.	3,000.	
7,856.	LOREC (Joseph)...................	Vendéen........................	50.	
7,857.	LORET (Jean).....................	Grand charretier aux écuries du Roi...	300.	
7,858.	LORHO (Perrine, veuve), née LERIDANT.	Vendéenne......................	50.	
7,859.	LORILLEUX (Pierre-Louis)..........	Vendéen........................	50.	
7,860.	LORIMIER (Antoine-Jean, chevalier DE).	Cousin de M. de Chamilly, premier valet de chambre de Louis XVIII.	600.	
4,861.	——— (Élisabeth, dame DE), née PARFITT.	Émigrée........................	1,000.	
7,862.	LORINE (Jean-Pierre-Thomas)........	Prêtre émigré..................	1,500.	
7,863.	——— (Jeanne, veuve), née LASTRAPES.	Veuve d'émigré.................	500.	
7,864.	LOROTTE (demoiselle).............	Pensionnaire du Second Théâtre-Français. Pension à titre onéreux.	275.	
7,865.	LORRAINE (Marie-Reine, demoiselle)..	Fille d'émigré.................	300.	
7,866.	LORRE (Jeanne, demoiselle).........	Vendéenne......................	50.	
7,867.	LORT DE MONTESQUIOU (Marie-Agnès-Angélique, comtesse DE).	Avait une pension sur la cassette de Louis XVI.	500.	N'a pas touché le deuxième secours.
7,868.	——— (Thérèse-Marie-Agnès-Angélique, comtesse DE), chanoinesse.	Perte de fortune................	600.	*Idem.*
7,869.	LORTEAU (Louis)..................	Vendéen........................	80.	*Idem.*
7,870.	LORTHIOIR (Marguerite, veuve), née RACLET.	Veuve d'un graveur du cabinet du Roi, auquel il était dû 24,000 fr.	200.	
7,871.	LOSELEUR (Gaspard-Marcellin-François-Joseph).	Émigré........................	300.	
7,872.	——— (Marie-Josèphe, veuve), née BRONIEZ.	Veuve d'émigré.................	300.	
7,873.	LOT (Agathe-Françoise, dame), née TARDIVET DUREPAIRE.	Fille d'émigré.................	1,200.	N'a touché aucun des deux secours.
7,874.	LÔTE (René)......................	Vendéen........................	100.	N'a pas touché le premier secours.

Nos d'ordre.	NOMS ET PRÉNOMS des PENSIONNAIRES.	MOTIFS de LA CONCESSION DES PENSIONS.	MONTANT des PENSIONS.	OBSERVATIONS.
7,875.	LOTTIN (Louis-Antoine)...........	Persécuté; perte de fortune..........	150f 00c	
7,876.	LOUASON (Euphrasie-Anne-Michelle, demoiselle).	Vendéenne......................	400. 00.	N'a pas touché le deuxième secours.
7,877.	LOUBENS DE VERDALLE (Anne-Joseph, chevalier).	Émigré.........................	400. 00.	N'a touché aucun des deux secours.
7,878.	LOUBERT..........................	Vérificateur des dépenses des écuries de Louis XVIII.	896. 00.	
7,879.	——— (Anne-Joséphine-Louise, demoiselle DE).	Fille d'émigré.....................	200. 00.	
7,880.	——— (Jeanne, demoiselle DE)......	*Idem*...........................	200. 00.	
7,881.	——— (Louise-Antoinette-Euphrasie, demoiselle DE).	*Idem*...........................	200. 00.	
7,882.	LOUDES (Jean-Bernard, abbé)........	Émigré.........................	300. 00.	
7,883.	LOUÉ (Jean)......................	Vendéen.........................	80. 00.	
7,884.	LOUÉE dit DESSESSARTS (Nicolas-Jean).	Piqueur des écuries de Madame la comtesse d'Artois.	800. 00.	
7,885.	LOUET (Catherine-Gaspard, dame DE), née FERRY.	Émigrée........................	1,000. 00.	
7,886.	LOUETTE (Pierre-Adrien)............	Employé au ministère de la maison du Roi.	600. 00.	
7,887.	LOUIS (Charlotte-Adélaïde-Louise, Dlle).	Fille d'un écuyer des grandes écuries de Louis XVI.	500. 00.	
7,888.	——— (Victoire-Sophie, dame), née LEBLOND.	Fille d'un palefrenier aux écuries de Louis XVI.	100. 00.	
7,889.	LOURDET (Jeanne-Marie, veuve) née DENISOT.	Veuve d'un serviteur de MONSIEUR, comte de Provence.	400. 00.	N'a touché aucun des deux secours.
7,890.	LOURMEL (Juliette-Jeanne, dame DE), née DE COËTLOSQUET.	Émigrée........................	500. 00.	
7,891.	LOUSEAU DES RENAUDIÈRES (Marie-Émélie, veuve), née DE LA GARDE.	Veuve d'émigré....................	400. 00.	
7,892.	LOUSTAU (Joseph-Laurent)..........	Prêtre émigré.....................	900. 00.	*Idem.*
7,893.	LOUVAIN (Charlotte-Françoise-Marie, dame DE), née AUBERT DE RASSAY.	Petite-fille d'un valet de chambre du Roi.	800. 00.	
7,894.	LOUVAT DE CHAMPOLLON (Claude-André-Félix).	Ancien officier des armées françaises...	400. 00.	
7,895.	LOUVEL (Charles)..................	Émigré.........................	250. 00.	
7,896.	——— (Charles DE)................	*Idem*...........................	600. 00.	
7,897.	LOUVET...........................	Artiste de la scène à l'Opéra-Comique. (Pension par suite de transaction.)	431. 66.	
7,898.	LOUVET (Jean-Pierre)..............	Émigré.........................	300. 00.	
7,899.	LOUVET dit LA FRANCE (Jean-Baptiste).	*Idem*...........................	300. 00.	

Nos d'ordre.	NOMS ET PRÉNOMS des PENSIONNAIRES.	MOTIFS de LA CONCESSION DES PENSIONS.	MONTANT des PENSIONS.	OBSERVATIONS.
7,900.	LOUVIÈRES (Florisca, dame DE), née CHÂTELAIN.	Fille d'une berceuse de M. le Dauphin morte sur l'échafaud.	600f	
7,901.	LOUVRIER (Auguste, dame DE), née DE LAJOLAIS.	Fille d'émigré......................	1,000.	
7,902.	LOWENDAL (Charlotte-Marguerite-Élisabeth, comtesse DE), née DE BOURBON.	Parente des Rois de France, belle-fille du maréchal de Lowendal.	2,000.	
7,903.	LOYAUTÉ (Angela-Angélique, demoiselle DE).	Services de son père à la cause royale...	300.	N'a touché aucun des deux secours.
7,904.	——— (Barbe-Caroline-Aimée, demoiselle DE).	*Idem*..............................	300.	
7,905.	LOYNÈS DE LA COUDRAYE (demoiselle).	Sœur d'émigré, âgée de 87 ans.......	180.	*Idem*.
7,906.	LOYS (veuve)......................	Veuve d'un émigré..................	250.	
7,907.	LOZ DE BEAUCOURS (Charlotte-Aglaé-Marie-Guislaine, vicomtesse), née DE CUNCHY.	Fille d'émigré......................	500.	N'a pas touché le deuxième secours.
7,908.	LOZIÈRES (demoiselle DE)...........	Fille d'un contrôleur général des fermes.	240.	N'a touché aucun des deux secours.
7,909.	LUCAS (Élisabeth, dame), née CARTER.	Femme d'émigré....................	800.	
7,910.	LUCE (Marie-Joséphine-Aimée)......	Sans moyens d'existence............	200.	*Idem*.
7,911.	LUCEL (Marie, femme), née VALETTE..	Services de sa famille dans les armées royales de la Lozère.	50.	N'a pas touché le deuxième secours.
7,912.	LUCET (demoiselle)................	N'a aucuns moyens d'existence........	180.	N'a touché aucun des deux secours.
7,913.	LUCETTE (Jean-Siméon-Augustin)....	Vendéen............................	300.	
7,914.	LUCHEM (Marie-Françoise-Josèphe, dame), née DUHAMEL.	Veuve d'émigré.....................	500.	
7,915.	LUCHET (Louise-Catherine, veuve DE), née BOURON.	Émigrée............................	1,200.	N'a pas touché le deuxième secours.
7,916.	LUCY (Augustine-Louise-Céleste, demoiselle DE).	Sœur d'un fourrier des logis du Roi.....	600.	
7,917.	——— (Émilie-Françoise-Hippolyte, demoiselle DE).	*Idem*..............................	600.	
7,918.	LUDOT (François)..................	Palefrenier des écuries de Louis XVI...	300.	
7,919.	LUGAN (François)..................	Émigré.............................	500.	
7,920.	——— (Jean)........................	*Idem*..............................	200.	N'a touché aucun des deux secours.
7,921.	LUIGNY (Victoire-Alexandrine, veuve DE), née LEMOINE.	Veuve d'un premier valet de chambre de MONSIEUR, Comte d'Artois. Avait une pension de 300 francs sur la cassette de Louis XVI.	2,000.	
7,922.	Néant.............................	....	//	
7,923.	LUKER (Clotilde-Élisabeth, DE)......	Fille d'un colonel; sa famille a été persécutée pendant la révolution.	700.	N'a pas touché le deuxième secours.
7,924.	Néant.............................	....	//	

Nos d'ordre.	NOMS ET PRÉNOMS des PENSIONNAIRES.	MOTIFS de LA CONCESSION DES PENSIONS.	MONTANT des PENSIONS.	OBSERVATIONS.
7,925.	LUNEL (Pierre)...................	Fils d'un officier vendéen............	250f 00c	N'a pas touché le deuxième secours.
7,926.	—— (Jeanne, femme), née CATHELINEAU.	Fille du général Cathelineau.........	500. 00.	
7,927.	LURDE (Madeleine-Agathe, veuve DE), née BERRY.	Fille d'une femme de chambre du Dauphin, fils de Louis XV. Elle avait une pension sur la cassette de la Reine.	300. 00.	
7,928.	LURON (Laurent).................	Ancien militaire paralysé des deux jambes.	50. 00.	
7,929.	LUSIGNAN (Joséphine-Madeleine-Adélaïde, marqse de), née CHÂTEAURENARD.	Fille d'un brigadier des armées du Roi..	400. 00.	N'a touché aucun des deux secours.
7,930.	LUSTORF (Élisabeth, dame religieuse).	Émigrée.........................	457. 20.	
7,931.	LUSTRAC (Clément, baron DE).......	Émigré..........................	1,200. 00.	
7,932.	—— (Saturnin-Alexandre, DE)....	Fils d'émigré.....................	300. 00.	*Idem.*
7,933.	LUTHIER (Louis-Charles)...........	Huissier de la chambre du Roi. Avait une pension sur la cassette de Louis XVI.	300. 00.	*Idem.*
7,934.	LUYNES (Jeanne-Perrine-Marthe, veuve DE), née HAMART.	Veuve d'officier vendéen............	500. 00.	
7,935.	LUZÉ (Pierre)....................	Vendéen........................	120. 00.	N'a pas touché le deuxième secours.
7,936.	LUZIER DE LAMOTHE (Adélaïde-Thérèse, veuve), née LUCET.	Veuve d'un conseiller à la cour des comptes.	300. 00.	N'a touché aucun des deux secours.
7,937.	LUZINES (Anne-Marguerite, veuve), née GILLET.	Veuve d'un valet de chambre de Louis XVI.	1,000. 00.	
7,938.	LYONNE (Henri-Charles, comte de)...	Avait une pension sur la cassette de Louis XVI.	400. 00.	*Idem.*
7,939.	LYROT DE LA JARRY (Marie-Alexandre, DE).	Émigré.........................	300. 00.	

Nos d'ordre.	NOMS ET PRÉNOMS des PENSIONNAIRES.	MOTIFS de LA CONCESSION DES PENSIONS.	MONTANT des PENSIONS.	OBSERVATIONS.
		M		
7,940.	MABIRE (Jean-Charles, abbé)	Ancien chapelain du Roi	1,000f	N'a pas touché le deuxième secours.
7,941.	MACDONELL (Jacques)	Émigré	300.	
7,942.	MABARET (François)	Capitaine émigré	600.	
7,943.	MABILLE (veuve), née HERVY	Vendéenne	200.	
7,944.	MABILLOTTE (Marie-Agnès, veuve), née HAUTIER.	Veuve d'un employé de la maison du Roi.	200.	
7,945.	MACÉ (Élisabeth-Julie, demoiselle)	Émigrée	400.	N'a touché aucun des deux secours.
7,946.	——— (Marie-Josèphe, demoiselle)	*Idem*	400.	
7,947.	——— (Victoire-Louise, demoiselle)	*Idem*	400.	
7,948.	——— (Susanne, veuve), née MACHON.	Veuve d'émigré	200.	
7,949.	MACÉ DE BAGNEUX (Étienne-Marie-Joséphine, demoiselle).	Fille d'une lectrice de la Reine	400.	
7,950.	MACHELARD (Louise-Françoise, veuve), née MALUS.	Fille d'un trésorier de France	200.	*Idem.*
7,951.	MACNEMARA (Catherine-Claude-Marguerite, demoiselle DE).	Fille d'un chef d'escadre	400.	
7,952.	——— DE CASTEL-TOWN (Louise-Alexandrine-Laure, comtesse), née DE CHERSI.	Veuve d'un sous-gouverneur des pages de Louis XVIII.	2,000.	
7,953.	MACQUERET (Suzanne-Louise-Gertrude, veuve), née GELLÉ.	Veuve d'émigré	120.	
7,954.	MAC-SHEEHY (Anne-Honorée-Julie, demoiselle).	Fille d'un médecin de Louis XVI	250.	
7,955.	MADEZO (Louise-Jacqueline-Victoire, veuve), née DE JOUVENCEL.	Émigrée	300.	N'a pas touché le deuxième secours.
7,956.	MADINIÉ (Pierre)	Commandant en second de la ville de Lyon, pendant le siége.	500.	
7,957.	MADINIER (Augustine-Pauline, dame), née LEBRUN.	Fille d'émigré	500.	N'a touché aucun des deux secours.
7,958.	MADIOT (Jacques)	Vendéen	80.	*Idem.*
7,959.	MADIOU (François)	Émigré	400.	
7,960.	MADIT (Jacques-Marie)	*Idem*	900.	
7,961.	MADORÉ (Jean-Marie)	Vendéen	500.	*Idem.*
7,962.	MADOT (Nicolas)	Émigré	400.	
7,963.	——— (Marie, dame), née LAGNEY	Émigrée	600.	

Nos d'ordre.	NOMS ET PRÉNOMS des PENSIONNAIRES.	MOTIFS de LA CONCESSION DES PENSIONS.	MONTANT des PENSIONS.	OBSERVATIONS.
7,964.	MADRE (Marie-Henriette-Albérique-Josèphe, demoiselle DE).	A été persécutée pendant la révolution.	400f 00c	
7,965.	MADROUX (Louise-Henriette-Catherine, dame DE), née PICQUOT DE PUISACK.	Émigrée........................	200. 00.	N'a pas touché le premier secours.
7,966.	MAFFIOLI (Jean-Nicolas, abbé).......	Émigré........................	600. 00.	
7,967.	MAGAGNOSC (Jean-François, DE)......	*Idem*........................	600. 00.	
7,968.	MAGAGNOSE (Marie-Joseph, dame DE), née LE BŒUF.	Émigrée........................	600. 00.	
7,969.	MAGALON (Jean-Baptiste-Alexandre-Luc, DE).	Émigré........................	200. 00.	
7,970.	MAGAUD (Guillaume)..............	Frotteur chez Mesdames............	400. 00.	N'a touché aucun des deux secours.
7,971.	——— (Sophie-Euphrosine, dame), née COULOMB.	Émigrée........................	150. 00.	
7,972.	MAGDONALD (Élisabeth-Thérèse-Catherine, dame religieuse).	*Idem*........................	815. 34.	
7,973.	MAGÈNE (Charles-Anne, dame), née DE LANOUE.	Pension accordée directement par le Roi. (Motifs inconnus.)	500. 00.	
7,974.	MAGNAC (Jean-Antoine-Nicolas, DE)..	Émigré........................	1,000. 00.	*Idem*.
7,975.	——— (Pierre-Antoine, DE)........	*Idem*........................	1,000. 00.	
7,976.	MAGNAN (Marie-Madeleine, demoiselle).	Fille d'un employé des écuries de Louis XVI.	200. 00.	
7,977.	MAGNE (Marie-Henriette, dame), née CÉZAN.	Émigrée........................	200. 00.	
7,978.	MAGENIE (Claire, dame religieuse)...	*Idem*........................	457. 20.	
7,979.	MAGNÉRO (Julie-Charlotte, demoiselle).	Vendéenne........................	200. 00.	
7,980.	MAGNIN (Joseph)..................	Émigré........................	300. 00.	
7,981.	MAGNYTOT (Françoise-Louise-Elisabeth, dame), née LESSEPS.	Fille d'un consul général; femme d'un officier de marine.	1,200. 00.	
7,982.	MAGNOL (Claude-Louis)............	Émigré........................	300. 00.	
7,983.	MAGNON DE LA BALUE (Anne-Félicité, veuve), née DE SAINT-PERN.	Créancière de Louis XVIII..........	1,500. 00.	*Idem*.
7,984.	——— (Jeanne-Marie-Dorothée, demoiselle), actuellement dame DOUSSON.	Petite-fille d'un créancier de Louis XVIII.	300. 00.	*Idem*.
7,985.	——— (Louise-Alexandrine-Françoise, demoiselle).	*Idem*........................	300. 00.	
7,986.	MAGNON DE COETIZAC (Frédéric).....	Émigré vendéen..................	900. 00.	N'a pas touché le deuxième secours.
7,987.	MAGON DE LA GICLAIS (Jean-Baptiste-Louis).	Adjudant du château de Versailles.....	500. 00.	
7,988.	——— (Marie-Anne-Barbe-Lambertine).	Ses parens sont morts sur l'échafaud, pendant la terreur.	500. 00.	N'a touché a[illegible] [illegible]eux secours.

Nos d'ordre.	NOMS ET PRÉNOMS des PENSIONNAIRES.	MOTIFS de LA CONCESSION DES PENSIONS.	MONTANT des PENSIONS.	OBSERVATIONS.
7,989.	MAGON DE LA GICLAIS (Marie-Louise-Aimée, demoiselle).	Fille d'émigré	300f	
7,990.	MAGON DU BOS (Jeanne-Françoise-Élise, née LEVRIER, veuve)	Émigré	300.	
7,991.	MAGRATH (Marguerite, née TOCQUE, baronne DE).	Veuve d'émigré	200.	
7,992.	MAGUELON DE SAINT-BENOIST (Guillaume).	Émigré	400.	N'a touché aucun des deux secours.
7,993.	MAHÉ (François)	Vendéen	50.	*Idem.*
7,994.	—— DE BERDOUARÉ (René-Pierre-Marie).	*Idem*	150.	*Idem.*
7,995.	—— DE KEROUAN (François-Louis-Marie).	Ancien militaire	180.	
7,996.	MAHIET (Germain)	Premier garçon jardinier de la maison de Montreuil.	120.	
7,997.	MAHIEU (Antoinette-Claire)	Fille d'émigré	150.	
7,998.	—— (Marguerite-Louise, née LAMY, veuve).	Veuve d'un garçon d'attelage des écuries de M. le comte d'Artois.	100.	
7,999.	—— DE SAINT-FREMONT (Marie-Rose-Henriette, née TULLY DE CORBALY, de).	Veuve d'émigré	400.	
8,000.	MAHON DE VILLARCEAUX (Henriette-Catherine-Amélie-Josèphe, née LESAGE, veuve).	Fille d'émigré	300.	
8,001.	MAHY (Télégraphine-Jacqueline, née MONET, dame DE).	Veuve d'un officier d'état-major des armées françaises.	2,700.	N'a pas touché le deuxième secours.
8,002.	—— DE CORMÈRE (Marie-Madeleine, demoiselle DE).	Parente du marquis de Favras	1,000.	
8,003.	—— STILLFRIED (Caroline-Joséphine-Rosalie, née DE FAVRAS, baronne DE).	Fille du marquis de Favras	900.	
8,004.	MAIGNEN (Jean)	Vendéen	50.	*Idem.*
8,005.	MAIGNOL (Françoise, née DE LAFFORGUE DE BELLEGARDE, veuve DE).	Veuve d'un maréchal-de-camp	300.	*Idem.*
8,006.	MAILLARD (Étienne)	Ex-ouvrier à la manufacture de Beauvais.	474.	*Idem.*
8,007.	—— (François)	Émigré	200.	
8,008.	—— (Jacques-Joseph)	Garçon de château aux Tuileries	150.	
8,009.	—— (Anne, femme DENAIS, demoiselle).	Vendéenne	200.	
8,010.	—— (Marie-Anne-Josèphe-Rose)	Fille d'un maréchal-de-camp; émigrée	600.	
8,011.	—— (Adélaïde-Joséphine-Émilie, née JAMERT D'INVILLIERS, veuve).	Fille d'une femme de chambre de Madame la comtesse de Provence.	200.	
8,012.	—— DE LA MARTINIÈRE (Anne-Catherine-Louise, demoiselle).	Fille d'un lieutenant de Roi	300.	
8,013.	—— (Anne-Josèphe, demoiselle)	*Idem*	300.	

41.

Nos d'ordre.	NOMS ET PRÉNOMS des PENSIONNAIRES.	MOTIFS de LA CONCESSION DES PENSIONS.	MONTANT des PENSIONS.	OBSERVATIONS.
8,014.	MAILLARD DE LA MARTINIÈRE (Marie-Thérèse, demoiselle).	Fille de lieutenant de Roi...........	300f	
8,015.	MAILLÉ (Jean)..................	Émigré........................	160.	
8,016.	——— (Charles-François-Armand, duc DE).	Aide-de-camp de MONSIEUR, comte d'Artois.	4,000.	N'a touché aucun des deux secours.
8,017.	——— (Perrine-Jeanne-Marguerite), née LEROUX, vicomtesse DE).	Veuve d'un gouverneur de Saint-Domingue.	1,000.	
8,018.	——— BREZÉ (Marie-Jeanne, née JOLY DE FLEURY, veuve DE).	Veuve d'un lieutenant colonel........	600.	
8,019.	MAILLEZ (Jean-François)..	Émigré........................	100.	*Idem.*
8,020.	——— (Claude-Étienne)...........	*Idem*........................	100.	
8,021.	MAILLIER (Julie-Victoire, demoiselle DE).	Fille d'émigré................	150.	
8,022.	———(Luce-Antoinette, demoiselle DE).	*Idem*........................	150.	
8,023.	MAILLY (Alexandre-Thérèse DE), baron DE MONTEJEAN.	Vendéen.......................	300.	
8,024.	MAIMBOURG (Amélie-Marie-Françoise-Joséphine-Ernestine-Nicole, Dlle DE).	Perte de fortune..................	250.	
8,025.	MAINVILLE (Marie-Julie, née VENDROUX, dame).	Veuve d'un colonel d'artillerie.........	400.	
8,026.	——— (Cornélie-Zoé, demoiselle), femme MENVILLE.	Fille *idem*.....................	300.	
8,027.	MAISSIAT (Marie-Adélaïde-Philippine-Théodore, née DE PLONNIES, veuve).	Veuve d'un chef d'escadron des ingénieurs géographes.	300.	
8,028.	MALA (Jean-Simon)................	Ruiné par suite de la révolution.......	200.	N'a touché aucun des deux secours.
8,029.	MALAFOSSE DUCOUFFOUR (Jeanne, demoiselle).	Fille d'émigré....................	300.	*Idem.*
8,030.	MALAIN SAINT-BELIN DE MALAIN (Rose-Marguerite-Gabrielle, dame DE), chanoinesse.	Émigrée........................	800.	
8,031.	MALAINE (Hélène-Victoire, née ROZE, veuve).	Veuve d'un peintre à la manufacture des Gobelins.	400.	
8,032.	MALAN DE RICHEBOURG (Sophie-Germaine, née BAUDESSON, dame).	Sœur d'un secrétaire du cabinet du Roi.	600.	*Idem.*
8,033.	MALARD (Jacques-Gilles-Pierre DE)...	Émigré........................	1,000.	
8,034.	MALAURIE (Jacques)...............	Prêtre émigré....................	900.	
8,035.	MALDEN DE FEYTIAT (Pierre-Alexandre-Étienne-Adrien-Louis).	Émigré.........................	300.	
8,036.	MALECOT (François)...............	Vendéen........................	120.	*Idem.*
8,037.	MALECY (Victoire-Hélène-Justine, née ROEMER, veuve DE).	Veuve d'émigré..................	200.	
8,038.	MALEDENT DE BALEZY (François)....	Émigré; aveugle.................	300.	

Nos d'ordre.	NOMS ET PRÉNOMS des PENSIONNAIRES.	MOTIFS de LA CONCESSION DES PENSIONS.	MONTANT des PENSIONS.	OBSERVATIONS.
8,039.	MALEDEN DE LA POUJADE (Marie-Catherine, dame DE), née SOYRIS-SAINT-GERY.	Veuve d'émigré....................	300f 00c	N'a touché aucun des deux secours.
8,040.	MALENCOURT dit PERROTIN (Marie, dme), née LE SCOAZEC.	Émigrée	200. 00.	
8,041.	MALENDIN (Marie, veuve), née JOAO..	Veuve d'émigré...................	150. 00.	
8,042.	MALET (Aristide).................	Fils du général de ce nom...........	1,200. 00.	*Idem.*
8,043.	——— (François-Antoine-César DE)...	Émigré...........................	400. 00.	N'a pas touché le deuxième secours.
8,044.	——— (Gilbert-Mathieu-Bernard)....	*Idem*...........................	500. 00.	
8,045.	——— (François-Étienne-Joseph)....	Volontaire royal, en 1815...........	80. 00.	
8,046.	——— (Louise-Aimée, dame DE), née FONTAINE DE MERVÉ.	Émigrée	500. 00.	
8,047.	——— (Marie-Jean-Baptiste, dame DE), née MALHECOUSON DE LA MONTAIGNE.	*Idem*...........................	500. 00	
8,048.	MALET DE COUPIGNY (Marie-Pauline-Jeanne-Joséphine-Antoinette, dame DE), née MAGON DE LA GICLAIS.	Fille d'émigré......................	1,200. 00.	
8,049.	MALET DE ROQUEFORT (Louis-Marie Pierre-Alexandre, vicomte DE).	A rendu des services à la cause royale, en France.	500. 00.	
8,050.	——— (Salomon, comte DE)........	Colonel. A perdu sa fortune à Saint-Domingue.	400. 00.	
8,051.	MALHERBE (Bon-François-Nicolas, chevalier DE).	Services à la cause royale, en France; perte de fortune.	200. 00.	N'a touché aucun des deux secours.
8,052.	——— (Marie, demoiselle DE)......	Sœur d'émigré......................	200. 00.	*Idem.*
8,053.	——— (Mélanie, dame), religieuse...	Émigrée	693. 42.	
8,054.	——— (Marie-Jeanne, veuve, marquise DE), née DROUILLARD.	Veuve d'un colonel d'artillerie émigré..	1,400. 00.	
8,055.	MALHEUX (Pierre-Denis)...........	Garçon d'attelage aux écuries du Roi...	170. 00.	
8,056.	MALIAN (Marie-Adélaïde, veuve), née FEREYRE.	Veuve d'un capitaine émigré..........	500. 00.	
8,057.	MALINGE (Jeanne, ve), née GOURDON..	Veuve de Vendéen..................	60. 00.	*Idem.*
8,058.	MALITOURNE......................	Ex-employé au ministère de la maison du Roi.	440. 00.	
8,059.	MALIVOIRE (dame), née D'AIGREMONT..	En remplacement de la pension de 1,000 f. dont elle jouissait avant la révolution.	667. 00.	
8.060.	MALLAPERT (Mathurine, veuve), née LE BOULCH.	Vendéenne.......................	50. 00.	
8,061.	MALLEC..........................	Gentilhomme servant de Louis XVIII..	600. 00.	
8,062.	MALLEFILLE (Marie-Guionne, dame), née NEPVEU-BREHANDAIS.	Ruinée par des malheurs particuliers...	300. 00.	
8,063.	MALLÈS (Marie-Louise, veuve), née FAYOLLE.	Femme de chambre de Madame Adélaïde.	1,000. 00.	

Nos d'ordre.	NOMS ET PRÉNOMS des PENSIONNAIRES.	MOTIFS de LA CONCESSION DES PENSIONS.	MONTANT des PENSIONS.	OBSERVATIONS.
8,064.	MALLET (Jean-Louis).............	A rendu des services à la cause royale, en France.	150f	
8,065.	——— (Perrine, demoiselle)........	Vendéenne.....................	100.	
8,066.	MALLET DE CHAUNY (Aimée-Bernardine-Josèphe, demoiselle), actuellement dame BOILEUX.	Fille d'émigré..................	200.	
8,067.	——— (Élisabeth, demoiselle), actuellement dame BOULY DE LESDAIN.	*Idem*...........................	200.	
8,068.	——— (Modeste-Zoé-Amante Désirée, dlle), actuellemt dame BETRANCOURT.	*Idem*...........................	200.	
8,069.	MALLET DE TRURNILLY (Antoine-Élisabeth, baron).	Émigré..........................	600.	
8,070.	MALLET DE VANDEGRE (Amélie-Lucie-Marie, demoiselle DE).	Nièce d'un écuyer du Roi............	600.	
8,071.	MALLIAN (Jean-Baptiste DE).........	Émigré..........................	1,200.	
8,072.	MALO (dame)......................	Religieuse, infirme; presque aveugle...	180.	N'a touché aucun des deux secours.
8,073.	MALOISEL (Jeanne, veuve), née LEMOINE.	Vendéenne.......................	150	
8,074.	MALPASSUTI (Louise Françoise-Adélaïde, dame), née PERIGNY-D'HARNONCOURT.	Veuve d'émigré...................	400.	*Idem.*
8,075.	MALTE-BRUN (veuve)..............	Veuve du géographe de ce nom.......	600.	*Idem.*
8,076.	MALTON DE BENEVEL (Charlotte-Marguerite, comtesse DE), née DE DURAND DE LA PENNE.	Émigrée.........................	1,200.	
8,077.	MALTZKORN (Marie-Anne-Eugène, ve), née COLOMBIER.	Veuve d'émigré........	200.	N'a pas touché le premier secours.
8,078.	MALUENDA (Julie, veuve), née DE BONNEFOI DE BRETAUVILLE.	Fille d'émigré....................	300.	
8,079.	MALUS (Louise-Marie-Julienne, dame), née BAILLY.	Fille d'un ancien porte-manteau de Louis XVI.	400.	
8,080.	MALUS DE MONTARSY (Charles-Jean-Baptiste).	Commis aux écritures à la maison-bouche.	1,200.	
8,081.	MALVAUX (Charles-Pierre, abbé)......	Vendéen.........................	800.	
8,082.	MALVOISIN (Nicolas, abbé)..........	Émigré..........................	762.	
8,083.	MAMBRÉ (François-Joseph)..........	Chirurgien-major émigré; père de huit enfans.	800.	
8,084.	MAMIEL (Catherine, demoiselle)......	En remplacement d'une pension de 150 f. dont elle jouissait avant la révolution.	100.	
8,085.	MAMIEL DE MARIEULLE (Anne-Hélène-Luce).	En remplacement de la pension dont elle jouissait avant la révolution.	250.	N'a touché aucun des deux secours.
8,086	MANCEAU (Étienne)................	Vendéen.........................	80.	
8,087.	——— (Jean)....................	*Idem*...........................	120.	N'a pas touché le deuxième secours.
8,088.	MANCHINFORT (Élisabeth-Jeanne-Portia, demoiselle),	A perdu sa fortune par suite de la révolution.	300.	

Nos d'ordre.	NOMS ET PRÉNOMS des PENSIONNAIRES.	MOTIFS de LA CONCESSION DES PENSIONS.	MONTANT des PENSIONS.	OBSERVATIONS.
8,089.	MANDAVY (Augustin-Jean-Romain DE).	Fils d'émigré	600f	N'a pas touché le deuxième secours.
8,090.	——— (Benoît)	Volontaire royal en 1815	100.	
8,091.	——— (Marie-Eugénie, dame DE), née DE BEAUCHAMP.	Son beau-père est mort sur l'échafaud, dans la révolution.	800.	
8,092.	MANDEIX (Christiana-Henriette-Barbe, née STOCKLE), dame MAYER.	Veuve d'émigré	300.	
8,093.	MANDRILLON (Marie-Madeleine, née LEBLANC DE FERRIÈRE DE), marquise DES ROUSSES.	*Idem*	1,000.	
8,094.	MANEILLE (Jacques-Joseph-Antoine-Benoît).	Émigré infirme	200.	
8,095.	——— (Joseph-François-Bonaventure).	Émigré de Toulon	200.	
8,096.	MANGIN (Gérard)	Garçon maréchal de la petite écurie	200.	
8,097.	——— D'OUINEC (Jean-Jacques)	Sous-lieutenant émigré	900.	
8,098.	MANGOLD (Jean-Baptiste DE)	Émigré	500.	
8,099.	——— (Marie-Ève, dame DE), née SUTTER.	Femme d'émigré	500.	
8,100.	MANGOT	Pension payée précédemment par le département des Beaux-Arts.	300.	N'a touché aucun des deux secours.
8,101.	MANNY (Étienne, abbé DE)	Grand vicaire émigré	600.	N'a pas touché le deuxième secours.
8,102.	——— (Renée, demoiselle DE)	Sœur d'émigré	500.	
8,103.	——— (Renée, demoiselle DE), nièce.	*Idem*	500.	
8,104.	MANSART DE NEUVILLE (Auguste-Marie-Joseph).	Volontaire royal	400.	
8,105.	MANSIENNE (Claude-Charles-Étienne).	Émigré	200.	
8,106.	——— (Joseph-Marie)	*Idem*	200.	
8,107.	MANTION (Charles)	Garçon de table des maîtres de l'hôtel de la Reine.	400.	*Idem.*
8,108.	MARAINE (Jean-Marin, abbé)	Émigré	2,000.	
8,109.	——— (Eulalie-Marie, née PIGEOT, veuve).	Veuve d'un valet de pied de Louis XVI.	300.	
8,110.	MARANDE (Marie, dame DE), née BREAUDAT.	Émigrée	800.	
8,111.	MARANS (Louis DE)	Sourd-muet, sans moyens d'existence	300.	
8,112.	——— (Louis-César-Silvestre DE)	Émigré	800.	
8,113.	MARASSANI (Jean-Joseph)	*Idem*	600.	

Nos d'ordre.	NOMS ET PRÉNOMS des PENSIONNAIRES.	MOTIFS de LA CONCESSION DES PENSIONS.	MONTANT des PENSIONS.	OBSERVATIONS.
8,114.	MARASSÉ (Françoise-Lancelot-Suzanne-Aurore, demoiselle DE).	Fille d'un maréchal de camp, émigré...	600f	N'a touché aucun des deux secours.
8,115.	MARAVAL (Françoise, dame DE), née COSTEL.	Veuve d'émigré....................	200.	
8,116.	——— (Louis-François DE), chevalier DE PREISSAC.	Émigré..........................	1,000.	
8,117.	MARBOT (Guillaume, abbé).........	*Idem*..........................	300.	
8,118.	MARCAILHON (Pierre-Antoine-Venant).	*Idem*..........................	200.	
8,119.	MARCEAU (Jacques)...............	*Idem*..........................	150.	*Idem.*
8,120.	MARCEL (Mathieu)................	*Idem*..........................	600.	
8,121.	——— (Cécile-Colombe, veuve), née DORGEBRAY.	Veuve d'un garçon du château des Tuileries.	300.	
8,122.	MARCELIN (Augustin).............	Créancier de l'état; perte de fortune....	100.	*Idem.*
8,123.	MARCEUL (Jeanne-Françoise-Ursule, demoiselle DE).	Fille d'émigré....................	200.	
8,124.	——— (Bonne, veuve DE), née LE-CHEVALIER.	Veuve d'émigré....................	400.	
8,125.	MARCHAND (Antoine-Charles)........	Émigré..........................	150.	N'a pas touché le premier secours.
8,126.	——— (Benjamin-Joseph)..........	*Idem*..........................	300.	N'a pas touché le deuxième secours.
8,127.	——— (Jean-Nicolas).............	Vendéen.........................	150.	N'a touché aucun des deux secours.
8,128.	——— (Mathurin)................	*Idem*..........................	100.	
8,129.	——— (René)....................	*Idem*..........................	50.	
8,130.	——— DE LA CHASSAIGNE (Pierre)..	Émigré..........................	300.	*Idem.*
8,131.	MARCHANGY (Anne-Marie-Joséphine-Philippine-Fidèle, née THANNBERGER, veuve DE), baronne DE DEMBOWSKY.	Veuve d'un magistrat à la cour de cassation.	600.	*Idem.*
8,132.	MARCHANT (Claudine, demoiselle)....	Fille d'un magistrat................	180.	*Idem.*
8,133.	——— DE VERRIÈRE (Mathieu-Scipion-Paul-Michel).	Fourrier des logis du Roi............	1,200.	*Idem.*
8,134.	MARCHESINI (Jean-Baptiste)........	Ruiné et blessé pour avoir logé Louis XVIII à Véronne en 1795 et 1796.	500.	
8,135.	MARCILLAC (Antoine-Louis-François).	Garçon servant chez Mesdames........	400.	
8,136.	——— (Catherine-Adélaïde, née DIODET, veuve).	Son mari est mort sur l'échafaud pendant la révolution.	200.	
8,137.	MARCO DE SAINT-HILAIRE (Denis-Antoine).	Huissier ordinaire de la chambre de Madame Victoire.	800.	
8,138.	MARCOL (Anne-Olivier-Louis-René DE).	Émigré..........................	900.	

Nos d'ordre.	NOMS ET PRÉNOMS des PENSIONNAIRES.	MOTIFS de LA CONCESSION DES PENSIONS.	MONTANT des PENSIONS.	OBSERVATIONS.
8,139.	MARCOL (Lucie-Augustine, demoiselle DE).	Parente d'émigré; perte de fortune aux Indes.	200f 00c	
8,140.	——— (Eugénie-Charlotte-Joséphine, demoiselle DE).	*Idem*.	200. 00.	
8,141.	——— (Amélie-Joséphine, demoiselle DE).	*Idem*.	200. 00.	
8,142.	MARCONNAY (Louis-Ernest DE)	Fils de Vendéen	500. 00.	N'a touché aucun des deux secours.
8,143.	——— (Caroline-Victoire, demoiselle DE)	Émigrée.	400. 00.	
8,144.	——— (Émilie-Louise, demoiselle DE).	*Idem*.	400. 00.	
8,145.	MARCOTTE (Françoise-Thérèse-Gabrielle, née HARLÉ, veuve).	Victime de l'écroulement d'une maison à Rouen.	250. 00.	
8,146.	MARÉ (Charlotte-Dominique, née CLINCHANT D'AUBIGNY, dame DE).	Veuve d'un président au parlement et émigré.	2,000. 00.	
8,147.	MARÉCHAL (Eustache-Auguste)	Petit-fils d'émigré.	300. 00.	N'a pas touché le deuxième secours.
8,148.	MARÉCHAUX DES ENTELLES (Marie-Adèle, née LAURENT, veuve).	Veuve d'un intendant des menus-plaisirs sous Louis XVIII.	2,700. 00.	
8,149.	MARESCHAL (Jules)	Homme de lettres	5,300. 00.	
8,150.	MARESCOT (Joséphine-Charlotte-Gaspardine, née POLTREY DE ROUGEVILLE, dame)	Fille d'émigré.	400. 00.	
8,151.	MARET (abbé)	Émigré.	1,219. 20.	
8,152.	MARET (Françoise-Louise, née CAILLOU DE VALMONT, baronne DE).	Émigrée	400. 00.	
8,153.	MARET D'HABANCOURT (Marie-Madeleine, née MAMIEL, dame).	En remplacement de la pension de 1,800 fr. dont elle jouissait avant la révolution.	1,200. 00.	*Idem*.
8,154.	MARETTE (Godefroy)	Émigré.	250. 00.	
8,155.	MAREUX	Ex-commis à l'intendance du garde-meuble	600. 00.	N'a touché aucun des deux secours.
8,156.	MARGA (Marie-Madeleine, née LECONTE, veuve).	Veuve d'un sous-piqueur aux écuries de MONSIEUR, comte de Provence.	300. 00.	N'a pas touché le deuxième secours.
8,157.	MARGADEL (DE)	Père de sept enfans; pension accordée directement par le Roi.	2,100. 00.	
8,158.	MARGAT (Pierre)	Portier des écuries de MONSIEUR, comte de Provence.	160. 00.	
8,159.	MARGERIE (Marie-Anne, née RENAULT, veuve).	Veuve d'un officier des armées françaises.	200. 00.	*Idem*.
8,160.	MARGINIER (Philippe-Louis, abbé)	Ancien chanoine de la cathédrale de Bordeaux.	600. 00.	
8,161.	MARGNAT (Pierre)	Émigré.	200. 00.	*Idem*.
8,162	MARGUENAT (Julie-Louise, veuve HEMMINGTON, demoiselle DE).	Veuve d'émigré.	500. 00.	*Idem*.
8,163.	——— (Catherine-Marie, née CASSENT, dame).	*Idem*.	900. 00.	

Nos d'ordre.	NOMS ET PRÉNOMS des PENSIONNAIRES.	MOTIFS de LA CONCESSION DES PENSIONS.	MONTANT des PENSIONS.	OBSERVATIONS.
8,164.	MARGUENAL (Françoise-Amélie, demoiselle DE).	Émigrée	500f	
8,165.	MARGUERIE (Pierre-Charles-Louis, chevalier DE).	Émigré	300.	
8,166.	——— (Marie-Thérèse, née DE VOYNE, veuve DE).	Émigrée vendéenne	200.	
8,167.	——— (Marie-Thérèse, demoiselle DE)	*Idem*	150.	
8,168.	——— (Anna-Bella-Henriette, née DE DRUMMOND DE MELFORT, comtesse DE).	Dame de madame Élisabeth	3,000.	N'a touché aucun des deux secours.
8,169.	MARGUERIT BONNEUIL	Ex-agent comptable de l'hôpital militaire de la maison du Roi.	1,000.	
8,170.	MARGUERYE (comtesse DE)	Pension accordée directement par le Roi. (Motifs inconnus.)	800.	
8,171.	MARGUET (Hélène-Félicité-Camille, et Jeanne-Armande-Clémentine).	Services de leur famille à la cause des Bourbons.	300.	
8,172.	——— FLEURY (Claudine-Marie, née CHAMOIS, veuve).	Veuve d'un employé au garde-meuble...	600.	
8,173.	MARGUIER D'AUBONNE (Ignace-Joseph, chevalier).	Émigré	800.	
8,174.	——— (Anne-Xavier-Claire)	Fille d'émigré	400.	
8,175.	——— (Ève-Josèphe-Hyacinthe-Xavier, demoiselle),	*Idem*	400.	
8,176.	MARIA (Pierre-Jean)	Services à la cause royale	150.	
8,177.	MARIE DURUISSEAU (Claude-Remi)....	Émigré	1,000.	
8,178.	MARIANE (Marie-Antoinette-Émilie, née MARIANE, veuve).	Femme d'un consul général émigré	1,200.	*Idem.*
8,179.	MARICOURT (baron DE)	Ex-employé à la direction des beaux-arts.	1,500.	
8,180.	MARIE (Philippe)	Vendéen	150.	
8,181.	——— (Adélaïde, dame religieuse)..	Fille d'un frotteur de la maison de Louis XVI.	150.	N'a pas touché le deuxième secours.
8,182.	——— (Françoise-Sophie-Marie, demoiselle).	Fille d'un architecte de Chambord	200.	N'a touché aucun des deux secours.
8,183.	MARIEN (Élisabeth-Marguerite, demoiselle DE).	Fille d'émigré	300.	*Idem.*
8,184.	——— (Marie-Catherine-Louise, demoiselle DE).	*Idem*	300.	N'a pas touché le deuxième secours.
8,185.	MARIGNY (demoiselle DE)	Pension accordée directement par le Roi. (Motifs inconnus.)	1,000.	
8,186.	MARILLAC (François-Marie, comte DE).	Émigré	400.	
8,187.	——— (Anne-Suzanne-Thérèse, DE).	Ex-employé à l'institution des sourds-muets.	600.	
8,188.	MARILLIER (Charles-Alexandre-Guillaume).	Garde à cheval des forêts de la couronne, sous Louis XVI.	200.	

Nos d'ordre.	NOMS ET PRÉNOMS des PENSIONNAIRES.	MOTIFS de LA CONCESSION DES PENSIONS.	MONTANT des PENSIONS.	OBSERVATIONS.
8,189.	MARIN	Valet de garde-robe de Louis XVIII	2,000f 00c	
8,190.	—— (Jean, chevalier DE)	Émigré	600. 00.	
8,191.	—— (Marin)	Fils d'émigré	500. 00.	N'a pas touché le deuxième secours.
8,192.	—— (Louise-Jeanne)	Fille d'un sommier de la chapelle, sous Louis XVI. (Infirme.)	200. 00.	N'a touché aucun des deux secours.
8,193.	—— (Marie-Denise, veuve), née BICHON.	Veuve d'un palefrenier à la grande écurie.	200. 00.	
8,194.	—— (Jacquemine-Jeanne, veuve), née LE BORGNE.	Vendéenne	50. 00.	
8,195.	—— (Étiennette-Françoise, dame DE), née DE VERTEUIL.	Fille d'émigré	300. 00.	
8,196.	MARINI (Nicolas-François)	Services rendus à la cause royale, en Corse.	200. 00.	
8,197.	—— (veuve)	Son mari a rendu des services aux Bourbons, en Corse.	240. 00.	
8,198.	MARION (Joseph)	Vendéen	100. 00.	
8,199.	—— (Julien)	*Idem*	100. 00.	
8,200.	—— (Jean-Daniel)	Émigré, sous-lieutenant	350. 00.	*Idem.*
8,201.	MARISY (Marie, veuve), née DAGUIN	Son mari avait une pension de 200f avant la révolution.	200. 00.	
8,202.	MARIVAUX (Antoine-Lazare, DE)	Services rendus à la cause des Bourbons.	600. 00.	*Idem.*
8,203.	MARJOU (Marie-Louise-Françoise, veuve), née GAUTIER DE VINFRAIS.	Veuve d'un sous-gouverneur des pages de Louis XVI.	1,000. 00.	*Idem.*
8,204.	MARLET (Louis)	Émigré	800. 00.	
8,205.	MARLIAC (Madeleine-Marie-David, veuve HUGON DE), née LASTOUR.	Femme d'émigré	300. 00.	N'a pas touché le deuxième secours.
8,206.	MARLIÈRE (Marie-Françoise-Élisabeth, comtse DE LA, née FOUCARD D'OLIMPIES	Perte de fortune	1,200. 00.	N'a touché aucun des deux secours.
8,207.	MARMAJOUR (Jean)	Services rendus à la cause royale, en France.	500. 00.	
8,208.	MARMET (Edme-Louis-Pierre, abbé)	Émigré	1,219. 20.	
8,209.	MARNET (Étienne-Félix)	Feutier chez Louis XVI	400. 00.	
8,210.	MAROIS (Marie-Madeleine)	Avait 200f de pension sur la cassette de Louis XVI.	150. 00.	
8,211.	MAROLLES (Charlotte-Madeleine-Françoise, demoiselle DE).	Ancienne femme-de-chambre de la Reine.	1,000. 00.	
8,212.	MARON (Henri-Modeste, marquis DE CERZÉ.	Émigré	1,000. 00.	
8,213.	MARON DE VILLESECHE (Joseph-Hyacinthe-François-de-Paule).	*Idem*	800. 00.	

Nos d'ordre.	NOMS et PRÉNOMS des PENSIONNAIRES.	MOTIFS de LA CONCESSION DES PENSIONS.	MONTANT des PENSIONS.	OBSERVATIONS.
8,214.	MARQUAND (Geneviève-Joséphine, veuve), née LEFEVRE.	Veuve d'un garçon d'attelage des écuries de Louis XVIII.	130f	N'a pas touché le premier secours.
8,215.	MARQUET (Louis-Étienne-Victor).....	Vendéen........................	60.	
8,216.	—— (Aimée-Thérèse-Marguerite, veuve), née CHATELAIN.	Fille d'un ancien serviteur de Louis XVIII.	200.	
8,217.	—— (Marie-Julie-Vivant, demoiselle DE), femme TOURNAY.	Fille d'émigré.....................	500.	*Idem.*
8,218.	MARQUISAN (Joseph).............	Services rendus à la cause royale pendant le siége de Toulon.	120.	
8,219.	MARRIER (Agathe-Charlotte, veuve LECLERC, et Marie-Anne).	Leur père avait une pension de 400 fr. avant la révolution.	400.	N'ont pas touché le deuxième secours.
8,220.	MARSAC (André-Jean-François, comte DE)	Émigré.......................	600.	
8,221.	—— (René-Roland)............	Ancien ouvrier de la Monnaie des médailles.	200.	N'a touché aucun des deux secours.
8,222.	—— (Charlotte-Françoise-Alexandrine, dame DE), née CAROUDBLET.	Émigrée.......................	500.	
8,223.	MARSAL (veuve)................	Veuve d'émigré..................	300.	
8,224.	MARSAND......................	Cession à la Couronne des œuvres de Pétrarque. (Pension à titre onéreux).	1,200.	
8,225.	MARSAY (Cosme-Pierre, DE)........	Émigré.......................	300.	*Idem.*
8,226.	MARSEUL (Marie, dame), née FRADLER	Vendéenne.....................	600.	
8,227.	MARSON (Pancras)......	A rendu des services à la cause royale, en France.	200.	
8,228.	MARTANGE (Françoise-Xavière-Marie-Joséphine DE BOUET, demoiselle DE).	Fille d'un lieutenant-général des armées du Roi, mort en émigration.	2,400.	*Idem.*
8,229.	MARTEAU (Remi-Sulpice)..........	Canonnier blessé dans son service.....	100.	
8,430.	MARTEL........................	Chef costumier à l'Opéra-Comique. (Pension par suite de transaction).	250.	
8,231.	—— (Charles-Barthélemi).......	Émigré.......................	300.	
8,232.	——(Laurent-Joseph-Lange-Philippe)	Émigré, capitaine................	900.	
8,233.	—— (Marie-Eulalie, demoiselle DE).	Émigrée.......................	400.	
8,234.	—— (Marie-Thérèse-Céleste, demoiselle DE).	*Idem*.........................	400.	
8,235.	—— (Marie-Thérèse-Augustine, marquise DE), née DE GARRAULT.	Veuve d'un écuyer cavalcadour, mort dans l'exercice de ses fonctions.	3,000.	*Idem.*
8,236.	—— (Madeleine-Rose, veuve), née GIRAUD.	Son mari fut fusillé à Toulon, en 1793..	150.	
8,237.	—— (Céleste-Thérèse-Élisabeth, dame DE), née DE LA MAISON-NEUVE.	Émigrée.......................	400.	
8,238.	—— (Jeanne-Joséphine-Isaure, dame), née PELLIEUX.	Fille d'émigré..................	600.	

Nos d'ordre.	NOMS ET PRÉNOMS des PENSIONNAIRES.	MOTIFS de LA CONCESSION DES PENSIONS.	MONTANT des PENSIONS.	OBSERVATIONS.
8,239.	MARTEL (Catherine-Élisabeth, dame DE), née POTHIN.	Femme d'un lieutenant-colonel vendéen.	1,000f	N'a pas touché le deuxième secours.
8,240.	MARTEL DE GAILLON (Pierre).......	Services dans les armées royales en France.	150.	
8,241.	MARTELLY (Geneviève DE), née BRUN.	Son mari a été massacré pendant la terreur	300.	
8,242.	——— (Marie-Élisabeth, veuve), née MARTIN.	Émigrée de Toulon............	150.	
8,243.	MARTENAT (Jean-Charles)..........	Tambour des gardes suisses; servait au 10 août.	200.	
8,244.	MARTENET (Charles-François-Auguste).	Émigré............................	1,000.	
8,245.	MARTENNE (Étienne-Valère, demoiselle)	Sœur d'émigrés.....................	300.	
8,246.	MARTENOT (Élisabeth-Françoise, veuve), née FOUQUET-DUPARC.	Femme de chambre coiffeuse de madame la comtesse d'Artois.	400.	
8,247.	MARTHE dit BERTHENAY (Jean-Marie)..	Émigré............................	400.	N'a touché aucun des deux secours.
8,248.	MARTIAL (Marie-Joseph-Constance, femme DE), née LABAULME.	Fille d'émigré.....................	200.	
8,249.	MARTIGNY (Thérèse-Claude, dame DE), née LE MERCIER-D'EQUEVILLEY.	Femme et sœur d'émigrés...........	800.	
8,250.	MARTIN (Amédée-Florimont)........	Services dans les armées royales de la Lozère.	200.	
8,251.	——— (Antoine)..................	Émigré............................	100.	N'a pas touché le deuxième secours.
8,252.	——— (Antoine)..................	Émigré de Toulon..................	300.	
8,253.	——— (Barthelemi)...............	Ancien commerçant ruiné par la révolution; âgé de 84 ans.	240.	N'a touché aucun des deux secours.
8,254.	——— (Cant).....................	Palefrenier à la vénerie............	240.	*Idem.*
8,255.	——— (François).................	Vendéen...........................	100.	
8,256.	——— (Jean-Baptiste)............	Employé dans la maison de la Reine....	120.	
8,257.	——— (Jean-Baptiste)............	Valet de pied de MESDAMES..........	600.	
8,258.	——— (Jean-Blaise)..............	Musicien à la chapelle du Roi.........	147.	*Idem.*
8,259.	——— (Jean-Charles).............	Sous-piqueur aux écuries............	400.	
8,260.	——— (Pierre)...................	Vendéen...........................	120.	*Idem.*
8,261.	——— (Pierre)...................	*Idem*.............................	80.	N'a pas touché le deuxième secours.
8,262.	——— (René-François)............	*Idem*.............................	60.	
8,263.	——— (Lucie, demoiselle)........	Fille d'émigré.....................	400.	

Nos d'ordre.	NOMS ET PRÉNOMS des PENSIONNAIRES.	MOTIFS de LA CONCESSION DES PENSIONS.	MONTANT des PENSIONS.	OBSERVATIONS.
8,264.	MARTIN (Marie-Thérèse, demoiselle)..	Sœur d'émigré, perte de fortune......	200f	
8,265.	——— (Marie-Céleste, veuve), née AUBERT.	En remplacement d'une pension de 1,200f dont son mari jouissait avant la révolution	250.	
8,266.	——— (Bernardine, veuve), née BINET.	Veuve d'émigré..................	60.	
8,267.	——— (Marie-Thérèse, veuve), née BRUNIER.	Mère d'un employé au ministère de la Maison du Roi.	400.	
8,268.	——— (Jeanne-Michelle, femme), née CATHELINEAU.	Nièce du général Cathelineau.........	300.	
8,269.	——— (Élisabeth, veuve), née KUHN.	Veuve d'émigré..................	100.	N'a touché aucun des deux secours.
8,270.	——— (Marguerite, veuve), née LEGAS.	Vendéenne......................	50.	*Idem.*
8,271.	——— (Marie-Suzanne-Rosalie, veuve), née MARTIN.	Veuve d'un pilote du Havre..........	150.	
8,272.	——— (Marie-Louise, veuve), née MORON.	Fille d'un économe de la Maison du Roi.	250.	
8,273.	——— (Marie-Agnès, veuve), née MOYSANT.	Veuve d'un élève à la grande écurie....	160.	
8,274.	——— (Marie-Anne, veuve), née ROUBAUD.	Son père et son mari furent fusillés à Toulon en 1793.	150.	*Idem.*
8,275.	——— (Louise-Renée, dame), née SAVARY.	Émigrée......................	200.	*Idem.*
8,276.	——— (Marie-Scholastique, veuve), née SOUILLARD.	Veuve d'un officier d'artillerie........	200.	
8,277.	MARTIN DE BOURDAINVILLE (Charles-Désiré DE).	Émigré........................	250.	N'a pas touché le deuxième secours.
8,278.	MARTIN DE JULVECOURT (Daniel-Paul-Benjamin).	*Idem*.........................	600.	*Idem.*
8,279.	MARTIN DE LA BROUSSIÈRE (Madeleine-Rose-Thérèse-Anne, ve), née MARTIN.	Veuve d'un ancien garde du corps; perte de fortune.	200.	
8,280.	MARTIN DE NANTIAH (Anne-Léonarde, demoiselle DE).	Émigrée......................	600.	
8,281.	——— (Madeleine-Bathilde-Agathe, demoiselle DE).	*Idem*.........................	600.	
8,282.	——— (Marie-Caroline, demoiselle DE).	*Idem*.........................	600.	
8,283.	MARTIN DES PALLIÈRES (Caroline, dame), née CUORSON.	Officier des armées françaises.........	300.	*Idem.*
8,284.	MARTIN dit TAPON (Nicolas)........	Garçon d'attelage aux écuries du Roi....	240.	*Idem.*
8,285.	MARTINEAU (Jean)................	Vendéen.......................	100.	
8,286.	MARTINEAUX (veuve).............	Veuve d'un serviteur de la Maison de Louis XVIII.	83.	*Idem.*
8,287.	MARTINENQ (Marie-Anne-Éléonore, dame), née CATELIN.	Émigrée......................	400.	
8,288.	MARTINET (Louise-Honorine, veuve DE), née HOCQUART.	Fille d'un maréchal de camp, commandant à Chandernagor.	200.	

Nos d'ordre.	NOMS ET PRÉNOMS des PENSIONNAIRES.	MOTIFS de LA CONCESSION DES PENSIONS.	MONTANT des PENSIONS.	OBSERVATIONS.
8,289.	MARTURÉ (Élisabeth, veuve), née DE TOULOUSE DE LAUTREC.	Fille d'émigré	1,000f	
8,290.	MARTY (Joseph-Henri-Dominique)	Servait au 10 août	200.	
8,291.	MARX (Jean-Michel)	Émigré	60.	N'a touché aucun des deux secours.
8,292.	MARY (Antoine)	Valet de pied sous Louis XVI et Louis XVIII.	600.	
8,293.	——— (Armelle, veuve), née CHAUVEAU.	Vendéenne	50.	
8,294.	——— (Marie-Barbe, dame), née ROLLINGER, dite ROLIN.	Services rendus aux émigrés pendant la révolution.	600.	
8,595.	MAS (Marguerite, veuve), née VORS	Femme de garde-robe de la maison de Louis XVIII.	100.	
8,296.	MAS DU COUSSAT (Julie-Thérèse-Joseph, demoiselle DE).	Persécutée pendant la révolution; perte de fortune.	150.	
8,297.	MASCARD (Charles-François)	Services rendus au roi Louis XVIII	300.	
8,298.	MASCLARY (Marie-Joséphine-Catherine-Marceline-Sophie, dame DE), chanoinesse	Son grand-père servait au 10 août	300.	
8,299.	MASSART (Marie-Barbe-Fortunée, veuve), née GRAIN.	Veuve d'un charron aux écuries de la Reine.	120.	*Idem.*
8,300.	MASSÉ (Denis)	Postillon aux écuries du Roi	400.	*Idem.*
8,301.	——— (Jean-Louis)	Vendéen	50.	N'a pas touché le deuxième secours.
8,302.	MASSE (François-Louis)	Fils d'un garçon de garde-robe	900.	N'a touché aucun des deux secours.
8,303.	——— (François-Marie-Joseph)	Émigré	100.	
8,304.	MASSET (Jeanne-Marie-Antoinette, veuve), née MESSIÉ.	Veuve d'un valet de pied de Louis XVI.	300.	
8,305.	MASSEY (Marie-Marguerite-Félicité, demoiselle).	Fille d'émigré	400.	
8,306.	——— (Marie-Sibille-Victoire, demoiselle).	*Idem*	400.	
8,307.	MASSIGNON (Nicolas)	Compromis dans l'affaire de Georges Cadudal.	300.	
8,308.	MASSON	Homme de peine dans la maison de Louis XVIII.	500.	
8,309.	——— (Claude-Germain)	Garçon à la cuisine des pages du Roi	160.	
8,310.	——— (Louis-Jacques, chevalier)	Émigré	800.	*Idem.*
8,311.	——— (Pierre-Jean)	Vendéen	50.	
8,312.	——— (Marianne, dame), née BEAUREGARD.	Son fils est mort victime de son dévouement en portant secours à des personnes en péril.	200.	
8,313.	——— (Marie-Jeanne, veuve), née CABIOCH.	Veuve d'un naufragé	100.	

Nos d'ordre.	NOMS ET PRÉNOMS des PENSIONNAIRES.	MOTIFS de LA CONCESSION DES PENSIONS.	MONTANT des PENSIONS.	OBSERVATIONS.
8,314.	MASSON D'AUTHUME (Marie-Françoise, veuve DE), née REINA.	Veuve d'un chef de bataillon d'artillerie; mère de neuf enfans.	600f	
8,315.	MASSON DELAMOTTE (Pierre-Henri-Joseph).	Gentilhomme ordinaire du Roi.......	1,500.	
8,316.	MASSON DE LA VERONNIÈRE (Marie-Thérèse-Julienne-Louise-Marguerite, dame), née SEGRETIER.	Émigrée......................	1,000.	
8,317.	MASTIN (Aloyse-Julie, demoiselle DE)..	Fille d'émigré....................	400.	
8,318.	——— (Lélie-Charlotte-Émélie, demoiselle DE).	*Idem*..........................	400.	
8,319.	MASTRECHK (André)...............	En remplacement de la pension de 300 f. dont il jouissait avant la révolution.	300.	
8,320.	MASURE (Louis-Gilles-Augustin)......	Juge de première instance réformé....	200.	
8,321.	MASVIR (Louise-Herdenande-Thérèse, baronne DE), née PALUGYAY.	Petite-fille des princes Tekely et Ragotsky; a perdu sa fortune.	400.	
8,322.	——— (Eugénie-Annette-Philippine, demoiselle DE).	Nièce d'émigré....................	200.	
8,323.	——— (Joséphine-Marie-Françoise-Atilde, demoiselle DE).	*Idem*..........................	200.	
8,324.	——— (Philippine Louise Marie-Frédérique-Suzanne, demoiselle DE).	*Idem*..........................	200.	
8,325.	MAT (Antoine)....................	Garçon d'attelage aux écuries.........	140.	
8,326.	MATAILLEZ (Claude-Pierre)..........	Frotteur des appartemens de Louis XVI.	80.	N'a pas touché le deuxième secours.
8,327.	MATAUX (Maximilien)..............	Dévouement de son père à la cause royale.	200.	*Idem.*
8,328.	MATHAREL (marquise DE)...........	Veuve d'un officier; âgée de 92 ans....	600.	
8,329.	MATHELIN (Marie-Madeleine, dame), née KRAËMER.	Émigrée........................	600.	
8,330.	MATHEROT (Claude-Pierrette-Antoinette, demoiselle DE).	Fille d'émigré....................	200.	
8,331.	——— (Claudine-Jeanne-Baptiste-Antoinette, demoiselle DE).	*Idem*..........................	200.	N'a touché aucun des deux secours.
8,332.	MATHET (Jacques).................	Émigré.........................	400.	
8,333.	MATHEU DE BOU (Marie-Antoinette-Bonaventure-Josèphe-Audale, Dlle DE).	Fille d'émigré....................	400.	
8,334.	MATHIEU (Marie-Thérèse, demoiselle DE).	*Idem*..........................	120.	
8,335.	——— (Marie-Thérèse, veuve), née BAUMANN.	Veuve d'émigré...................	300.	
8,336.	MATHIS (Anne-Victoire)............	Religieuse, sans moyens d'existence....	133.	
8,337.	MATHIVON, abbé..................	Aumônier honoraire de l'hôtel sous Louis XVIII.	1,200.	*Idem.*
8,338.	MATIÈRE (Gilles).................	Vendéenne......................	60.	

Nos d'ordre.	NOMS ET PRÉNOMS des PENSIONNAIRES.	MOTIFS de LA CONCESSION DES PENSIONS.	MONTANT des PENSIONS.	OBSERVATIONS.
8,339.	MATROT (Jean-Louis).............	Choriste à la chapelle..............	44f 00c	
8,340.	MATTE LAFAVEUR (Jacques)........	Émigré...........................	200. 00.	
8,341.	MAUBEC (Anne-Charlotte, née CLÉMENT DE GRAVESON, marquise DE).	Services pendant le siége de Lyon; a perdu sa fortune.	200. 00.	N'a touché aucun des deux secours.
8,342.	MAUBEUGE (Louis-Alexandre, DE)....	Émigré...........................	600. 00.	*Idem.*
8,343.	——— (Paul, DE)................	*Idem*...........................	600. 00.	*Idem.*
8,344.	MAUDET PENHOUET (Bonne-Céleste-Marie, demoiselle).	Sœur d'un condamné dans la révolution.	250. 00.	*Idem.*
8,345.	MAUD'HUY (Étienne-Charles-Louis, chevalier DE).	Émigré...........................	400. 00.	
8,346.	MAUDINÉ (demoiselle)..............	Costumière en chef à l'Opéra-Comique. (Pension par suite de transaction.)	324. 15.	
8,347.	MAUDUIT (Claude)................	Ancien receveur principal des contributions indirectes.	400. 00.	
8,348.	——— (demoiselle)..............	Émigrée..........................	600. 60.	*Idem.*
8,349.	——— (demoiselle)..............	Émigrée..........................	1,847. 85.	
8,350.	——— (Catherine-Hélène, née MAUDUIT, dame).	Petite-fille d'un sculpteur des bâtimens du Roi.	300. 00.	
8,351.	MAUDUIT DUBOISSEL (Nicolas, DE)...	Émigré...........................	200. 00.	N'a pas touché le deuxième secours.
8,352.	——— DU BOISSET (Marie-Anne, demoiselle DE).	Émigrée..........................	500. 00.	
8,353.	——— (Sophie, demoiselle DE)......	*Idem*...........................	500. 00.	
8,354.	——— DUPLESSIS (Marie-Claire-Françoise-Renée, née ANDRÉ DE KERMORIAL, veuve DE).	Veuve d'un major d'artillerie.........	500. 00.	*Idem.*
8,355.	MAUFUS CHEREIX (Élisabeth-Jeanne-Mélanie, née DUBOUCHERON-DESMANOUX)	Fille d'émigré.....................	200. 00.	
8,356.	MAUGER (Aimé-Joseph)...........	Émigré...........................	1,000. 00.	
8,357.	——— (Jean-François)............	*Idem*...........................	500. 00.	
8,358.	——— (Marie-Marthe-Pétronille, demoiselle).	Émigrée..........................	600. 00.	
8,359.	MAULARD (Catherine, née TAUDIN, ve)	Vendéenne........................	150. 00.	N'a touché aucun des deux secours.
8,360.	MAULEVRIER (Hortense-Rose-Adélaïde).	Fille d'un major du régiment Dauphin dragons.	300. 00.	*Idem.*
8,361.	——— (Victoire-Loire-Joséphine-Alexandrine, DE).	*Idem*...........................	300. 00.	*Idem.*
8,362.	MAUNY (Gabriel).................	Émigré...........................	1,200. 00.	
8,363.	——— (Jacques).................	Vendéen..........................	400. 00.	

Nos d'ordre.	NOMS ET PRÉNOMS des PENSIONNAIRES.	MOTIFS de LA CONCESSION DES PENSIONS.	MONTANT des PENSIONS.	OBSERVATIONS.
8,364.	MAUNY (Anne-Louise-Éléonore, née DU-TILLET, demoiselle DE).	Son mari a été fusillé dans la révolution.	1,000f	
8,365.	MAUPAS (Pierre-Jacques-Marie, chevalier DE).	Chef de bureau au ministère de la maison du Roi et ancien chef de bataillon des armées françaises.	1,000.	
8,366.	——— (Jeanne-Marie-Charlotte, née MIGNOT, veuve DE).	Sa famille a donné des preuves de dévoûment à la cause royale.	300.	N'a pas touché le deuxième secours.
8,367.	MAUPASSANT DE RANCY (Marie-Marguerite Scholastique, née DE SAINT-VINCENT, veuve).	Émigré........................	200.	
8,368.	MAUPILLIER (Jacques-Louis)........	Vendéen........................	80.	
8,369.	MAURAN (François-Denis-Angélique, chevalier DE).	Émigré........................	600.	N'a touché aucun des deux secours.
8,370.	MAURAY (Adélaïde-Caroline, née FOUQUET DE LATOUR, veuve DE).	Émigrée........................	300.	N'a pas touché le premier secours.
8,371.	MAURER (Antoine-Ignace)...........	Émigré........................	400.	
8,372.	——— (Jean-Georges).............	*Idem*........................	80.	N'a touché aucun des deux secours.
8,373.	MAURVILLE (Henriette-Marguerite, née GUINOT DE SOULIGNAC, dame DE).	Veuve d'un émigré, capitaine de vaisseau.	500.	
8,374.	MAURETTE (Bertrand-Marguerite).....	Services à la cause royale, en France...	200.	*Idem.*
8,375.	MAURIN (Charles-François)..........	Son père a été fusillé à Toulon.......	200.	
8,376.	——— (Jean)....................	Services dans les armées royales de la Lozère.	120.	
8,377.	——— (Jean-Dominique)........	Émigré........................	300.	
8,378.	MAURISAN (Pierre-Antoine).........	Garde portier à Vincennes...........	90.	
8,379.	MAUROUX (Jean-Marie)............	Officier de santé. Il a rendu des services à la cause royale.	150.	
8,380.	MAURY (Alexandre)...............	Services rendus à la cause royale, en France.	300.	
8,381.	——— (Jean-Louis).............	Militaire. Il a perdu le bras gauche en faisant l'exercice.	200.	
8,382.	MAUSSABRÉ (Rachel, née GALLIENNE, dame DE).	Émigrée........................	300.	
8,383.	——— (Laura-Rachel, demoiselle DE).	Fille d'émigré....................	300.	
8,384.	——— (Louise, demoiselle DE)......	*Idem*........................	300.	
8,385.	MAUSSAC (Charles-Thomas, chevalier DE).	Émigré........................	300.	
8,386.	MAXIMY (Gabriel-Alphonse, DE),......	Fils d'émigré....................	300.	N'a pas touché le deuxième secours.
8,387.	MAY (Rodolphe-Béat-Louis, chevalier, DE).	Maréchal de camp suisse, ayant servi en France.	500.	
8,388.	MAY DAULNAY (Barbe-Thérèse, née DEZ, veuve DE).	Veuve d'un garde du corps...........	200.	

Nos d'ordre.	NOMS ET PRÉNOMS des PENSIONNAIRES.	MOTIFS de LA CONCESSION DES PENSIONS.	MONTANT des PENSIONS.	OBSERVATIONS.
8,389.	MAYAUD DE BOISLAMBERT (Marie-Florence-Thérèse, demoiselle).	Émigrée	500f	
8,390.	MAYER (Jean-Charles-Louis)	Pour indemnité d'une créance de 264,000 francs.	2,000.	
8,391.	——— (Marin)	Vendéen	80.	
8,392.	——— (Marie-Madeleine-Adélaïde, veuve), née ALABE.	Veuve d'émigré	300.	N'a touché aucun des deux secours.
8,393.	——— (Marie-Notburge-Thérèse, veuve DE), née D'AMAN.	*Idem*	800.	
8,394.	MAYET (Jacques-Joseph)	Vendéen	400.	
8,395.	MAYNARD (Géraud, chevalier DE)	Émigré	400.	
8,396.	——— (Raymond-Joseph DE)	Chef d'escadron, émigré	1,000.	
8,397.	MAYNARD DE S.-MICHEL (François, chevalier DE).	*Idem*	1,000.	
8,398.	MAYNIER (Anne-Cléophile, comtesse DE LA SALLE, dame), née HIRZEL DE S.-GRATIEN.	Fille d'un maréchal de camp	600.	
8,399.	MAYOU D'AUNOY (François-Louis)	Secrétaire des commandemens du Roi	2,400.	
8,400.	MAYVIÈRE (Étienne)	Émigré	300.	N'a pas touché le premier secours.
8,401.	MAZANCOURT (Aimée-Léontide-Tranquille, demoiselle DE).	Émigrée	1,500.	N'a touché aucun des deux secours.
8,402.	MAZAURIC (Marie-Anne-Rose, veuve), née MALLIA.	Veuve d'un chef de bataillon des armées françaises.	200.	
8,403.	MAZENS (Émile)	Homme de lettres	400.	*Idem.*
8,404.	MAZÈRES	*Idem*	1,200.	
8,405.	MAZOIS (Jeanne-Malvina, veuve), née DUVAL.	Veuve d'un architecte du Roi	2,100.	
8,406.	MEAUX D'ARMONVILLE (Alexandre-Louis-Théodore DE).	Émigré	300.	*Idem.*
8,407.	——— (Jean-Baptiste-Aimé DE)	*Idem*	300.	N'a pas touché le premier secours.
8,408.	——— (Anne-Louise-Noël, demoiselle DE).	Fille d'émigré	600.	
8,409.	MÉCHINEAU (Jeanne-Marguerite, veuve), née LESNARD.	Vendéenne	36.	N'a touché aucun des deux secours.
8,410.	MEGARD (Charlotte-Louise, veuve), née CHEVILLARD.	Perte de fortune	120.	
8,411.	MEGEVAUD (Jean)	Émigré	100.	*Idem.*
8,412.	MÉHAIGNERY (Guillorme-Jeanne-Perrine, demoiselle).	Services rendus à la cause royale	300.	
8,413.	MÉHÉE DE LÉTANG (Marie, dame DE), née GUILLOTIN.	Émigrée	250.	

Nos d'ordre.	NOMS ET PRÉNOMS des PENSIONNAIRES.	MOTIFS de LA CONCESSION DES PENSIONS.	MONTANT des PENSIONS.	OBSERVATIONS.
8,414.	MÉHÉRENC-SAINT-PIERRE (Athénaïs-Joséphine, demoiselle DE).	Fille d'émigré mort à Quiberon........	400f	
8,415.	——— DE SAINT-PIERRE (Marie-Josephe-Anne-Jeanne, comtesse DE), née CHAMPION DE MAREILLY.	En remplacement de la pension de 2,000f dont elle jouissait avant la révolution.	1,200.	
8,416.	MEIGNAN (Françoise-Julie, veuve), née RADEAU.	Vendéenne......................	100.	
8,417.	MEILHAC (Romain-Jacques)..........	Services dans les armées royales de la Lozère.	100.	
8,418	——— (Antoine)..................	Services de sa famille dans les armées royales de la Lozère.	40.	
8,419.	——— (Géraud)...................	Émigré........................	150.	
8,420.	——— (Jacques)..................	*Idem*..........................	40.	
8,421.	——— (Jean-Baptiste).............	*Idem*..........................	40.	
8,422.	——— (Marie-Jeanne, demoiselle)....	Émigrée........................	40.	
8,423.	MEIRIER (Marie-Marguerite-Madeleine, veuve), née LAMBERT.	Son père est mort sur l'échafaud, à Toulon.	150.	
8,424.	MEISSONNIER DE VALCROISSANT (Stanislas-Dominique-Théodore).	Émigré de Toulon................	600.	N'a touché aucun des deux secours.
8,425.	———(Agathe-Émilianne-Yrène-Marie, demoiselle), dame COLLINET D'ESLYS.	Émigrée, fille d'un maréchal de camp...	500.	
8,426.	——— (Émilianne-Thérèse-Eugénie-Henriette).	*Idem*	500.	*Idem.*
8,427.	MEISTER (François-Pierre)...........	Émigré.........................	150.	
8,428.	MÉJANÈS (Élisabeth-Simonne, veuve DE), née CAMBOULAS.	Persécuté pendant la révolution; perte de fortune.	400.	
8,429.	MÉJEAN (Anne, dame), née DUBOIS...	Son mari a servi dans les armées royales de la Lozère.	150.	
8,430.	——— (Jean-Louis)...............	Son père a servi dans les armées royales de la Lozère.	100.	
8,431.	MELFORD (Amélie-Félicité-Drumond, demoiselle DE).	Son frère est mort au service du Roi, en émigration.	1,000.	
8,432.	MELIGNAN (Jean-Eugène-Lambert, abbé DE).	Aumônier de Madame Victoire........	1,500.	
8,433.	MÉLINER (Mathurin)...............	Vendéen.........................	60.	
8,434.	MELLIN (Jean-Pierre)...............	Émigré de Toulon	150.	
8,435.	MÉLY-JANIN (veuve)...............	Veuve de l'homme de lettres de ce nom..	100.	
8,436.	MENANT (Marie-Élisabeth, veuve), née GUÉBER.	Veuve d'un garde-chasse portier à Saint-Germain.	160.	N'a pas touché le deuxième secours.
8,437.	MÉNARD (Jean)....................	Colonel vendéen..................	300.	
8,438.	——— (Michel)....................	Vendéen.........................	100.	*Idem.*

Nos d'ordre.	NOMS ET PRÉNOMS des PENSIONNAIRES.	MOTIFS de LA CONCESSION DES PENSIONS.	MONTANT des PENSIONS.	OBSERVATIONS.
8,439.	MENARD (Émélie, demoiselle DE)….	Sœur d'émigrés……………………	200f 00c	N'a touché aucun des deux secours.
8,440.	—— DE CHABANNES (Madeleine-Anne-Charlotte-Allaire, demoiselle DE)	Émigrée……………………………	900. 00.	
8,441.	MENESTRIER (Georges-Étienne)……	Persécuté pendant la révolution; perte de fortune.	300. 00.	*Idem.*
8,442.	MENIBUS (Antoinette-Clémentine-Albine, née LETOURNEUR, dame HELLOUIN DE)	Émigrée ; fille d'un major des gardes de Monsieur.	1,500. 00.	
8,443.	—— (Marie, née MARTIN, dame HELLOUIN DE).	Émigrée……………………………	400. 00.	
8,444.	MENNA (Jean-Michel)…………	Bavarois ayant servi à l'armée de Condé.	500. 00.	
8,445.	MENNECHET (Louise Perrine, née LANDEAU, dame).	Nièce de Lapeyrouse………………	400. 00.	
8,446.	MENOU (Fanny-Constant-Marie-Thérèse, demoiselle DE).	Émigrée……………………………	250. 00.	
8,447.	—— (Louise-Aimée, demoiselle DE).	*Idem*……………………………	300. 00.	
8,448.	—— (Marie-Julie-Henriette, demoiselle DE).	*Idem*……………………………	300. 00.	
8,449.	—— (Marie-Victoire)…………	N'a aucun moyen d'existence………	800. 00.	
8,450.	MENUET (André)………………	Vendéen……………………………	120. 00.	
8,451.	MERAND (Charles)……………	*Idem*……………………………	50. 00.	N'a pas touché le deuxième secours.
8,452.	MÉRAND (Rééé)………………	*Idem*……………………………	50. 00.	*Idem.*
8,453.	ME[illegible]ERON (François)…………	*Idem*……………………………	50. 00.	*Idem.*
8,454.	—— (Joseph-Pierre-Léon-Susanne, DE).	Émigré……………………………	600. 00.	
8,455.	MERCIER (Eugène-Joseph)………	Dévouement à la cause royale; perte de fortune.	300. 00.	
8,456.	—— (Jean-Baptiste)…………	Palefrenier à l'équipage du Vautrai….	240. 00.	
8,457.	—— (Jean-Grégoire)…………	Garçon d'attelage aux écuries de Louis XVIII.	100. 00.	
8,458.	—— (Victor-Antoine)…………	Émigré……………………………	100. 00.	N'a touché aucun des deux secours.
8,459.	—— (Louise-Aline-Faleui, demoiselle DE).	Fille d'un ancien militaire………	200. 00.	
8,460.	—— (Sophie-Louise-Zélie, demoiselle DE).	*Idem*……………………………	300. 00.	
8,461.	—— (dame)…………………	Ouvreuse de loges à l'Opéra-Comique; pension par suite de transaction.	80. 27.	
8,462.	—— (Louise-Soldame-Alina, née DELDIR, dame).	Indienne venue en France et élevée par Madame Élisabeth.	400. 00.	
8,463.	—— (Marie-Françoise, née DUMESME, veuve).	Veuve d'un valet de pied du Roi….	300. 00.	

Nos d'ordre.	NOMS ET PRÉNOMS des PENSIONNAIRES.	MOTIFS de LA CONCESSION DES PENSIONS.	MONTANT des PENSIONS.	OBSERVATIONS.
8,464.	MERCIER (Marguerite, née GODAT, veuve).	Veuve d'émigré..................	200f	N'a touché aucun des deux secours.
8,465.	——— (Marie-Josèphe, née LEFRANC, veuve).	Veuve d'un employé du château de Saint-Cloud.	200.	
8,466.	——— (Marie-Thérèse, née SEIGNÉ, veuve).	Veuve d'un frotteur de la maison du Roi.	150.	
8,467.	MERCK (Henriette-Marie-Nicolas, née DE BEAUVOIR, dame DE).	Femme du général de Merck, qui rendit des services à Pie VI, lors de sa captivité en France.	1,200.	
8,468.	MERK (Louis-Pierre DE)...........	Fils du général précité.............	200.	
8,469.	——— (Théodore-Camille-Donatien, DE)	*Idem*.........................	200.	N'ont pas touché le deuxième secours
8,470.	——— (Marie-Henriette-Célestine, demoiselle DE).	Fille du général précité...........	200.	
8,471.	MERCŒUR (demoiselle DE).........	Auteur de plusieurs ouvrages.........	300.	N'a touché aucun des deux secours.
8,472.	MERCURINI DE VALBONNE (née CHEVRIER, comtesse).	Émigrée.......................	400.	
8,473.	MERELLE DE JOIGNY (Amable, née GALLEMANT dame).	Fille d'une femme de chambre de Madame la comtesse d'Artois.	600.	
8,474.	MERIAN (Emmanuel-Walther).......	Conseiller d'état à Bâle; il a rendu des services aux émigrés.	2,000.	
8,475.	MÉRIELLE (Françoise-Antoinette-Jeanne, demoiselle).	Vendéenne......................	100.	
8,476.	MERIEL (Sophie-Françoise, née DELOR, dame).	Fils d'une femme de chambre de Madame Élisabeth.	400.	
8,477.	MERIENNE (Marie, née BAILLÉ, veuve).	Veuve d'un ouvrier victime de l'explosion d'une mine.	150.	N'a pas touché le deuxième secours.
8,478.	MÉRIGO (demoiselle)..............	N'a aucun moyen d'existence.........	300.	N'a touché aucun des deux secours.
8,479.	——— (Angélique-Nicole, née BILLION)	Mère de famille, n'a aucun moyen d'existence.	400.	
8,480.	MÉRINGO (Marie-René, demoiselle DE).	Vendéenne......................	300.	
8,481.	——— (Marie-Corentine-Éléonore, née LEQUILLON DE VILLÉON, veuve DE).	Émigrée.......................	300.	
8,482.	MÉRINVILLE (Paul-François-Marie-Desmoustiers, abbé DE).	Émigré.........................	1,524.	*Idem*.
8,483.	MÉRITENS D'ARROS (Marguerite, née DELQUIÉ, veuve DE).	Veuve d'émigré..................	500.	
8,484.	MÉRITENS (Bernard-Gaudens-Martin-Cyprien, baron DE MALVEZIE, DE).	Émigré.........................	400.	
8,485.	MERMET (Joseph, chevalier)........	*Idem*.........................	300.	
8,486.	——— (Jeanne-Marie, née CROHON, veuve).	Veuve d'émigré..................	200.	
8,487.	MESLÉ (Marie-Thérèse-Louise-Dominique-Josèphe-Antoine, née DE PLETTENBERG, dame RABIOT, marquise DE).	*Idem*.........................	1,000.	
8,488.	MESLIER DE RACON (Barbe-Élisabeth, née HENRY DAULNOIS, dame),	La seule demoiselle de Verdun qui ne fut pas fusillée pour avoir présenté des fleurs au roi de Prusse.	800.	

Nos d'ordre.	NOMS ET PRÉNOMS des PENSIONNAIRES.	MOTIFS de LA CONCESSION DES PENSIONS.	MONTANT des PENSIONS.	OBSERVATIONS.
8,489.	MESLIN (Marie-Louise, veuve), née HEMERY.	Veuve d'un garçon de la chambre de Madame Victoire.	800f	
8,490.	MESNARD (Joséphine-Louise, Csse), née NOMPAR DE CAUMONT DE LA FORCE.	Dame du palais de la Reine...........	6,000.	
8,491.	MESNARD DE CHOUZY (Marguerite-Victoire, veuve), née LENORMANT.	Veuve d'un commissaire général de la maison du Roi.	3,000.	
8,492.	MESON DE LAPOMMERAYE (Charles-Philippe).	Émigré.........................	200.	
8,493.	MESSEY (Marie-Jeanne, comtesse DE), chanoinesse.	Fille d'émigré.....................	200.	N'a pas touché le deuxième secours.
8,494.	MÉTAIRIE (Julien-François).........	Vendéen..........................	50.	
8,495.	MÉTAIS (Paul).....................	*Idem*............................	120.	
8,496.	MÉTAY (François-Pierre)...........	*Idem*............................	100.	
8,497.	MÉTAYER (Marie-Thérèse, dame), née BERNIER.	Services rendus à Louis XVIII, en France.	200.	
8,498.	METEJE (Pierre-Auguste)...........	Valet de chambre de Madame Adélaïde..	500.	
8,499.	MÉTOYEN (Guy-Joseph).............	Attaché à la musique de Louis XVI....	400.	
8,500.	——— (Jeanne-Geneviève, veuve), née AUVRAY.	Veuve d'un musicien de la Chapelle....	500.	*Idem.*
8,501.	METZ (François-Joseph)............	Émigré..........................	100.	N'a touché aucun des deux secours.
8,502.	MEUNIER dit BERNADOS (Antoine)...	Services rendus à la cause royale, en France.	100.	*Idem.*
8,503.	——— (François-Hubert)..........	Émigré..........................	150.	N'a pas touché le premier secours.
8,504.	——— (Pierre-Louis).............	Vendéen..........................	100.	
8,505.	——— (Thomas)...................	Postillon à la petite écurie..........	300.	N'a touché aucun des deux secours.
8,506.	——— (Marguerite-Cécile, veuve), née NOËL.	Veuve d'un officier des armées françaises.	500.	
8,507.	——— (Anne-Philippine-Joséphine, née PASQUIN.	Fille d'un valet de pied de Madame Élisabeth.	100.	*Idem.*
8,508.	MEYER (François-Maurice)..........	Émigré..........................	50.	*Idem.*
8,509.	——— (Jean-Antoine).............	*Idem*............................	100.	*Idem.*
8,510.	——— (Nicolas)..................	*Idem*............................	200.	
8,511.	——— (Pierre)....................	*Idem*............................	80.	*Idem.*
8,512.	——— (Gabrielle-Thérèse-Adélaïde, demoiselle).	Émigrée..........................	130.	
8,513.	——— (Madeleine-Augustine, demoiselle).	*Idem*............................	130.	

Nos d'ordre.	NOMS ET PRÉNOMS des PENSIONNAIRES.	MOTIFS de LA CONCESSION DES PENSIONS.	MONTANT des PENSIONS.	OBSERVATIONS.
8,514.	MEYIER (Marie-Marguerite-Gabrielle, demoiselle).	Émigrée	130f 00c	
8,515.	MEYNADIER (Jacqueline-Cécile-Eugéne), née MOLET.	Créole de Saint-Domingue, ruinée par la révolution.	600. 00.	
8,516.	MEYNARD (Joséphine-Françoise-Maxime, dame), née DEFRANCE.	A rendu des services à Louis XVIII en France.	400. 00.	
8,517.	MEYNAND DE QUEILHE (Jean-Léonard).	Frère d'émigré	300. 00.	
8,518.	MEYNIÈRE (Anne-Françoise-Catherine, marquise DE LASALLE, dame), née DE MASSOL DE SERVILLE DE.	Veuve d'émigré	500. 00.	
8,519.	MEYRIÈRE D'ARTOIS (Pierre, DE)	Officier, émigré	300. 00.	
8,520.	MEYRIGNAC (Éléonore-Marie-Louise, dame, veuve), née DE MELLET.	Fille d'un lieutenant-général émigré	400. 00.	
8,521.	MEZAMAT (Pierre-Antoine-Henri DE)	Capitaine émigré	1,200. 00.	
8,522.	MEZANGEAU (Louis-François-René-Fidèle DE).	Émigré	1,200. 00.	
8,523.	MEZIÈRE (Jean-Philippe), abbé	*Idem*	1,210. 20.	
8,524.	MIACZINSKI (Adrien-Charles-Louis, comte).	Fils d'un polonais qui avait une pension de 6,000 fr. avant la révolution.	500. 00.	
8,525.	MICAULT (Marie-Charlotte), née CHALUPT.	Parente d'émigrés	400. 00.	N'a touché aucun des deux secours.
8,526.	——— DE LA VIEUXVILLE (Louise-Catherine, veuve), née CUDEL.	Veuve d'un porte-manteau de madame la comtesse d'Artois.	500. 00.	N'a touché aucun des deux secours.
8,527.	MICHALON DE LALUZERIE (dame)	Veuve d'un émigré mort commandant de la Pointe-à-Pitre (Guadeloupe).	360. 00.	
8,528.	MICHAU (Catherine-Madeleine, dame), née DULUC.	Émigrée	1,000. 00.	
8,529.	MICHAUD (Jean)	Vendéen	120. 00.	*Idem.*
8,530.	——— (Jeanne, veuve), née BRISSON.	Veuve de vendéen	60. 00.	*Idem.*
8,531.	MICHAUT (Geneviève-Élisabeth, demoiselle).	Fille d'un valet de garde-robe de la Reine.	300. 00.	
8,532.	———(Louise-Alexandrine, demoiselle)	*Idem*	300. 00.	
8,533.	MICHAUX (Guillaume)	En remplacement de la pension dont il jouissait avant la révolution.	40. 00.	
8,534.	——— (Marie-Pétronille, veuve), née BOILLAC.	Veuve d'un suisse des châteaux de Versailles et de Marly.	400 00.	
8,535.	MICHEL (François)	Émigré	150. 00.	
8,536.	——— (François-Xavier)	Suisse au château de Trianon	300. 00.	*Idem.*
8,537.	——— (Gabriel-Augustin)	Perte de fortune à Saint-Domingue	1,200. 00.	
8,538.	——— dit DURAN (Jacques-Anselme).	Services dans les armées royales de la Lozère.	150. 00.	

Nos d'ordre.	NOMS ET PRÉNOMS des PENSIONNAIRES.	MOTIFS de LA CONCESSION DES PENSIONS.	MONTANT des PENSIONS.	OBSERVATIONS.
8,539.	MICHEL (Louis)...................	Vendéen........................	100f 00c	
8,540.	——— dit MOISSAC (Pierre-Louis)...	A été persécuté pendant la révolution..	150. 00.	
8,541.	——— (Suzanne-Marie-Jeanne, dame), née ARNOUS.	Créole de Saint-Domingue, émigrée...	2,000. 00.	
8,542.	——— (Julie-Albertine), veuve), née BOURDEL.	Veuve d'un marin naufragé..........	150. 00.	
8,543.	MICHEL FAUCHET (Marie-Catherine-Joséphine-Caroline-Jeanne, demoiselle DE).	Perte de fortune par suite de la révolution.	300. 00.	
8,544.	MICHEL DE THARON (Auguste-Christophe).	Fils d'émigré.....................	1,500. 00.	
8,545.	MICHELIN (Euphrosine-Victoire, dame), née TRONSON-DUCOUDRAY.	Fille d'un des défenseurs de Louis XVI.	1,500. 00.	N'a touché aucun des deux secours.
8,546.	MICHELIS DU VILLARS (Scholastique-Henriette-Jeanne, demoiselle DE).	A été persécutée dans la révolution...	400. 00.	
8,547.	MICHELOT (Élisabeth, dame), née RICHIER.	Services rendus à Louis XVIII, en France.	600. 00.	
8,548.	MICHENAUD (René)................	Vendéen	100. 00.	N'a touché aucun des deux secours.
8,549	MICHENEAU (Joseph-Mathurin)......	*Idem*...........................	50. 00.	N'a pas touché le deuxième secours.
8,550.	MICHONET (Françoise, demoiselle)....	Fille et petite-fille d'émigrés..........	200. 00.	N'a touché aucun des deux secours.
8,551.	——— (Françoise, veuve), née RABIER.	Veuve d'émigré....................	600. 00.	
8,552.	MICHU (Émélie-Julie-Marie)........	Artiste dramatique	112. 15.	
8,553.	MIDÉ (Jeanne-Françoise-Reine, demoiselle).	Fille d'un officier de la Maison du Roi...	200. 00.	
8,554.	MIES (Anne-Élisabeth, dame), née OTTO.	Pour l'indemniser des fournitures qu'elle a faites à l'armée de Condé, et qui ne lui ont pas été payées.	900. 00.	
8,555.	MIGNOT (Jeanne, dame)............	Religieuse.......................	150. 00.	N'a pas touché le deuxième secours.
8,556.	MIGORET (Charles, abbé)...........	Émigré	1,219. 20.	
8,557.	MIGOT (Marie-Clémence, demoiselle DE).	Fille d'émigré....................	250. 00.	
8,558.	MILBERT (Jacques-Gérard)..........	Auteur d'un voyage en Amérique......	600. 00.	
8,559.	MILENTZ (Jean-Grégoire-Guillaume)...	Émigré..........................	800. 00.	
8,560.	MILET (Louise-Catherine-Amélie, baronne DE), née TAILLEGRAIN.	Veuve d'un maréchal de camp........	1,000. 00.	
8,561.	MILHAU DE ST-MARTIN (Marie-Marthe-Susanne, comtesse DE), née BOUSQUET.	Ruinée par la révolution de Saint-Domingue.	400. 00.	
8,562.	MILHAVET (Élisabeth, veuve), née POUX.	Services de son mari dans les armées royales.	120. 00.	
8,563.	MILLARD (Alexis-Louis)............	Émigré	300. 00.	

Nos d'ordre.	NOMS ET PRÉNOMS des PENSIONNAIRES.	MOTIFS de LA CONCESSION DES PENSIONS.	MONTANT des PENSIONS.	OBSERVATIONS.
8,564.	MILLASSEAU (veuve)	Vendéenne	200f 00c	
8,565.	MILLAUX (Jeanne-Perrine, demoiselle)	*Idem*	300. 00.	
8,566.	MILLEAU, dit AILLEAU (Louis)	Vendéen	150. 00.	
8,567.	MILLER (Thomas)	Émigré, infirme	400. 00.	
8,568.	MILLET (François-Vincent)	Émigré	100. 00.	
8,569.	MILLEVILLE (Marie-Octave, baron DE)	Services militaires en émigration	1,200. 00.	N'a touché aucun des deux secours.
8,570.	MILLINGTON (dame)	Émigrée	400. 00.	
8,571.	MILLIOT (Laurent, abbé)	Gouverneur des élèves pour la diplomatie orientale.	1,200. 00.	*Idem.*
8,572.	MILLON D'AINVAL (Louise-Joséphine, veuve), née MERCIER.	Fille d'une femme-de-chambre de Madame, comtesse de Provence.	400. 00.	
8,573.	MILLOT (Alexis-Joseph)	Émigré	800. 00.	
8,574.	——— (Ferréol)	Émigré de Toulon	150. 00.	
8,575.	——— (Trois sœurs)	N'ont aucuns moyens d'existence	600. 00.	N'ont touché aucun des deux secours
8,576.	——— (Claire-Alexis-Françoise-Roch, veuve), née RANCE.	A perdu sa fortune par suite de la révolution.	300. 00.	
8,577.	MILON (Louis)	Vendéen	50. 00.	
8,578.	——— (Agathe-Thérèse, comtesse DE), née PONTE DE NIEUIL.	Fille d'émigré	1,000. 00.	
8,579.	MILON DE MESNE (Agathe-Azeline, demoiselle DE).	Fille d'un préfet qui a servi la cause royale, en France.	800. 00.	
8,580.	MILXAM (dame religieuse)	Émigrée	1,219. 20.	
8,581.	MINET (Charlotte, veuve), née KNIGHT.	Veuve d'émigré	400. 00.	
8,582.	——— (Mélanie-Sophie, dame), née BOUTARD.	Fille d'un garde des forêts de la Couronne.	120. 00.	
8,583.	MINETTE BEAUJEU (Claire-Marie, dame), née LABBEY DE SAUVIGNEY.	Émigrée avec son père	500. 00.	N'a pas touché le deuxième secours.
8,584.	MINGAUD (François)	Émigré, capitaine	1,200. 00.	
8,585.	MINGUET (Catherine, dame), née MITCHELL.	Émigrée	500. 00.	N'a touché aucun des deux secours.
8,586.	——— (Françoise, dame), née RICHARD.	Vendéenne	50. 00.	
8,587.	MINIOT (François-Jean)	Vendéen	50. 00.	*Idem.*
8,588.	MINIU (François-Joseph)	Émigré	240. 00.	

Nos d'ordre.	NOMS ET PRÉNOMS des PENSIONNAIRES.	MOTIFS de LA CONCESSION DES PENSIONS.	MONTANT des PENSIONS.	OBSERVATIONS.
8,589.	MIOLAN (François-Félix)	Ex-musicien à l'Opéra	273f 75c	
8,590.	MIQUE (Marie-Victorine, demoiselle DE).	Fille d'un préfet qui a rendu des services à Louis XVIII.	600. 00.	
8,591.	MIQUEL (Jean)	Services à la cause royale, en France	150. 00.	
8,592.	——— (Joseph)	Émigré	200. 00.	
8,593.	MIRAMOND (Anne, demoiselle DE)	Services de ses parens dans la maison du Roi.	600. 00.	
8,594.	MIRAMONT DE PIMARSON (Marie-Louise-Catherine, veuve DE), née DENIS.	Veuve d'un officier; perte de fortune	300. 00.	N'a touché aucun des deux secours.
8,595.	MIRAN (marquise DE)	Pension accordée directement par le Roi. (Motifs inconnus.)	2,000. 00.	*Idem.*
8,596.	——— (Marie-Françoise, marquise DE), née DE SELLE.	Veuve d'émigré	3,500. 00.	*Idem.*
8,597.	MIREBEAU (Françoise-Sophie, demlle).	Fille d'un magistrat	150. 00.	
8,598.	——— (Louise-Henriette, demoiselle).	*Idem*	150. 00.	
8,599.	MIREPOIX (dame DE)	Émigrée	457. 20.	*Idem.*
8,600.	MIRGUET (Marie-Françoise, veuve), née PALCOTY DE WIDELANGE.	Avait 300 francs de pension sur la cassette de Louis XVI, et 200 fr. sur celle de Mesdames.	200. 00.	*Idem.*
8,601.	MIRMAUD (Anne, dame), née LADET.	Son mari a servi dans les armées royales de la Lozère.	100. 00.	
8,602.	MIRO (Marie-Angélique-Élisabeth-Françoise, demoiselle DE).	Émigrée; ses biens ont été vendus pendant la révolution.	400. 00.	
8,603.	MISEY (DE)	Colonel du génie émigré	1,200. 00.	
8,604.	MISSILLIER (Catherine-Henriette, ve), née GRANGÉ.	Veuve d'un contrôleur de la maison du Roi.	800. 00.	
8,605.	MITOIRE (Christine-Geneviève, veuve), née BRON.	Petite-fille de Vanloo, peintre de Louis XV.	400. 00.	
8,606.	MITRY (Anne-Marie-Charlotte, demoiselle DE), chanoinesse.	En remplacement d'une pension de 600 f. dont jouissait sa sœur avant la révolution	100. 00.	N'a pas touché le deuxième secours.
8,607.	MITTAINE (François)	Victime d'un militaire en démence	200. 00.	
8,608.	MIZAY (Marie-Michel, demoiselle)	Services rendus à Louis XVIII, en France.	600. 00.	
8,609.	MOCKERS (Jean-Baptiste)	Émigré	150. 00.	
8,610.	MOCQUOT (Jeanne-Claude-Alexandre, veuve), née BOURBOTTE.	Veuve d'un ancien pensionnaire du Roi Louis XVI.	300. 00.	*Idem.*
8,611.	MŒTAIREAU (Pierre)	Vendéen	100. 00.	N'a touché aucun des deux secours.
8,612.	MOGÉ (Nicolas-René)	Concierge des Tuileries sous Louis XVI.	300. 00.	
8,613.	MOHR (Marie-Élisabeth, dame DE), née DURLER.	Son père servait au 10 août	500. 00.	

Nos d'ordre.	NOMS ET PRÉNOMS des PENSIONNAIRES.	MOTIFS de LA CONCESSION DES PENSIONS.	MONTANT des PENSIONS.	OBSERVATIONS.
8,614.	MOINARD (Julien)	Vendéen	100f	N'a pas touché le deuxième secours.
8,615.	MOINAU (Pascal)	Émigré	300.	
8,616.	MOISEZ (Louise-Henriette-Josèphe, demoiselle).	Fille d'un colonel de gendarmerie	300.	
8,617.	MOISEZ-LEBON (Marie-Catherine-Josèphe, veuve), née ÉVRARD.	Veuve d'émigré	600.	
8,618.	MOISSAC (Louise-Charlotte-Henriette, demoiselle DE).	Émigrée	200.	
8,619.	——— (Madeleine-Victoire-Joséphine, demoiselle DE).	*Idem*	200.	
8,620.	——— (Marie-Charlotte-Élisabeth, demoiselle DE).	*Idem*	200.	
8,621.	MOITTE (demoiselle)	Perte de fortune	80.	N'a touché aucun des deux secours.
8,622.	——— (Jeanne, demoiselle)	Fille d'un ancien serviteur de la maison du Roi.	80.	*Idem.*
8,623.	MOIZEAU (Marie-Anne, demoiselle)	Vendéenne	200.	
8,624.	MOLANS (Anne-Charlotte, marquise DE), née DE LAVAULT.	Émigrée	1,200.	
8,625.	MOLETTE (Pierre)	Faisait partie des prisonniers massacrés à Versailles, pendant la terreur; il s'est sauvé après avoir reçu 66 blessures.	400.	
8,626.	MOLETTE DE MORANGIER (Jean-François DE).	Émigré	300.	
8,627.	MOLETTE DE MORANGIS (Jeanne-Marie, demoiselle DE).	Perte de fortune	200.	
8,628.	MOLIÉ (Martin)	Vendéen	300.	
8,629.	MOLIGNY (Joséphine-Anne-Louise, marquise DE), née DE ROCHARD.	Femme d'un officier émigré	1,000.	
8,630.	——— (Charles-Joseph-Félix)	Fils d'émigré	300.	*Idem.*
8,631.	——— (Charles-Marie-Henri-Joseph).	*Idem*	300.	*Idem.*
8,632.	——— (Anne-Marie-Caroline)	Fille d'émigré	300.	
8,633.	——— (Marie-Françoise-Élisabeth)	*Idem*	300.	
8,634.	MOLINIÉ (Jeanne-Louise-Victoire), née BERGERON DE CHAMOND.	Rétablissement de la pension qui lui avait été accordée par la Reine.	600.	
8,635.	MOLINYER (Jean-Jacques, chevalier DE).	Émigré	600.	
8,636.	MOLLEMBERG (Emiliane-Thérèse-Henriette-Messonnier DE), née DE VALCROISSANT.	Fille d'un maréchal de camp, et belle-fille d'un premier veneur de MONSIEUR.	300.	
8,637.	MOLLIN (Catherine-Émélie, demlle)	Femme de garde-robe de Mme Victoire.	600.	
8,638.	MOLLOT (Hugues)	Officier des armées françaises; a rendu des services au Roi, en 1815.	500.	

Nos d'ordre.	NOMS ET PRÉNOMS des PENSIONNAIRES.	MOTIFS de LA CONCESSION DES PENSIONS.	MONTANT des PENSIONS.	OBSERVATIONS.
8,639.	MOLOMBE (Jean-Baptiste)	Émigré	150f	
8,640.	MONAMY DE MIRAMBEL (François DE).	*Idem*	800.	
8,641.	MONBORNE (Agathe-Louise dame DE), née ROBINET DE FONTENETTE.	N'a aucuns moyens d'existence	200.	
8,642.	MONBRAY (François DE)	Vendéen	300.	N'a pas touché le premier secours.
8,643.	MONBRUN (Eugénie-Antoinette, demoiselle DE BUNAULT DE).	Fille d'émigré	400.	N'a pas touché le deuxième secours.
8,644.	——— (Louise-Clotilde-Frédérique, demoiselle DE BUNAULT DE), actuellement dame AUDREN DE KERDREL.	*Idem*	400.	*Idem.*
8,645.	——— (Rosalie-Joseph, dame DE), née BONGARS DE VAUDELAU.	Fille d'un écuyer commandant la vénerie de Louis XVI.	1,000.	
8,646.	MONCINY (Marie-Françoise-Alexandrine, dame), née BERTOT.	Dévouement à la cause royale	800.	
8,647.	——— (Catherine-Antoinette-Félicité, demoiselle).	*Idem*	300.	
8,648.	——— (Marie-Alexandrine, demoiselle).	Sœur de la précédente	300.	
8,649.	MONCOQ (Joseph-Guillaume)	Vendéen	150.	
8,650.	MONDAIN (François)	*Idem*	80.	
8,651.	MONDIN (Jean)	*Idem*	200.	
8,652.	MONDION D'ARTIGNY (Louis-Auguste, comte DE).	Émigré	300.	N'a touché aucun des deux secours.
8,653.	——— (Marie-Madeleine, demoiselle).	Élève de Saint-Cyr	300.	
8,654.	MONERY DE CAYLUS DE MARCHESAN (Marie-Mechtilde-Marguerite, bar^e DE, née FRANQUINET.	Femme d'émigré	300.	
8,655.	MONESTIER (François)	Services de son père dans les armées royales de la Lozère.	80.	
8,656.	——— (François-Placide)	A servi dans les armées royales de la Lozère.	300.	
8,657.	MONFIQUET (Marie-Adélaïde, demoiselle DE).	Vendéenne	400.	
8,658.	MONGINOT DE LA GUICHE (veuve DE), née CHEVALIER DE BRISSE.	Veuve d'émigré	250.	
8,659.	MONGINOUX (Jean-Antoine)	Services de son père dans les armées royales de la Lozère.	60.	
8,660.	——— (Jean-Baptiste)	*Idem*	80.	
8,661.	——— (Pierre-Jean)	*Idem*	60.	
8,662.	——— (Jean-François)	Services dans les armées royales de la Lozère.	100.	
8,663.	MONGIRAUD (Louise-Adélaïde, veuve DE), née PERNOT.	En remplacement de la pension de 2,200f dont elle jouissait avant la révolution.	1,500.	

Nos d'ordre.	NOMS ET PRÉNOMS des PENSIONNAIRES.	MOTIFS de LA CONCESSION DES PENSIONS.	MONTANT des PENSIONS.	OBSERVATIONS.
8,664.	MONIER dit MEUNIER (Pierre-Antoine).	Palefrenier des écuries de Louis XVI...	600f	
8,665.	MONIER (Clarisse, veuve), née LÉCUYER.	Veuve d'un avocat général..........	400.	N'a pas touché le premier secours.
8,666.	MONIER DE LA QUARRÉE (François-Joseph, abbé).	Services rendus à la cause royale, en France.	400.	
8,667.	MONIÈRE (Marie-Geneviève), née DUBRAY.	Veuve d'un employé de la Maison du Roi.	150.	
8,668.	MONK-D'UZER (Louis-François-Hyacinthe).	Émigré.........................	400.	
8,669.	MONKAREI-CUNTWEL (Thérèse)......	Fille d'un lieutenant des maréchaux de France.	400.	N'a pas touché le deuxième secours.
8,670.	MONNAY (Pierre-Marie)............	Émigré.........................	200.	
8,671.	MONNERAT (Jean-Joseph)...........	*Idem*.........................	300.	
8,672.	MONNEREAU (Jean)..........	Vendéen........................	50.	*Idem.*
8,673.	MONNEYRAC (Léonard).............	Fils d'émigré..................	150.	
8,674.	——— (Françoise, demoiselle)......	Fille d'émigré.................	150.	
8,675.	——— (Françoise, demoiselle)......	*Idem*.........................	150.	
8,676.	MONNIER (Augustin-Marie-Alexis)....	Vendéen........................	200.	N'a pas touché le premier secours.
8,677.	——— (Marie-Anne, veuve), née COLASSE.	Dévouement à la cause royale.........	300.	
8,678.	——— (Élisabeth-Charlotte, veuve), née PRINCE.	Veuve d'un officier de gendarmerie mort dans une émeute populaire à Strasbourg.	200.	
8,679.	——— (Marie-Jeanne, veuve), née THIERRY.	Veuve d'un garçon d'attelage aux écuries.	120.	
8,680.	———(Louise-Charlotte-Éléonore, de), née DEVASCONCELLES.	Fille de Vendéen.................	150.	
8,681.	MONNIN (Marie-Anne, veuve), née CHAPPUIS.	Veuve d'un militaire..............	150.	
8,682.	MONNIOT (Jeanne-Élisabeth-Josèphe), née LECLERCQ.	Veuve d'un sellier aux grandes écuries..	100.	N'a pas touché le deuxième secours.
8,683.	MONOYER (Claire-Rosalie, demoiselle).	Fille d'émigré de Toulon...........	100.	
8,684.	MONSIAU (Nicolas-André)...........	Peintre d'histoire................	1,000.	
8,685.	MONSION (Anne-Françoise, veuve), femme BAILLY, née DEQUAYE.	Fille de lingerie du garde-meuble.....	300.	N'a touché aucun des deux secours.
8,686.	MONSOREZ (Isabelle-Eugénie, dame), née SAINT-GERMIER.	Fille d'un officier au régiment de Condé.	150.	
8,687.	MONTAGNE (Paul-François).........	Émigré; infirme..................	400.	*Idem.*
8,688.	MONTAGNON (Jean-Joseph).........	Services dans les armées royales, en France.	100.	

Nos d'ordre.	NOMS ET PRÉNOMS des PENSIONNAIRES.	MOTIFS de LA CONCESSION DES PENSIONS.	MONTANT des PENSIONS.	OBSERVATIONS.
8,689.	MONTAGU (Alexis)	Émigré	200f	N'a touché aucun des deux secours.
8,690.	——— (Jean-Marie DE)	*Idem*	500.	*Idem.*
8,691.	——— (Pierre-Jean DE)	*Idem*	300.	
8,692.	——— (Antoinette-Anne-Madeleine, dame DE), religieuse.	Sœur d'émigré	200.	*Idem.*
8,693.	——— (Marie-Honorine-Josèphe, née WÉRY, DE).	Ruinée par l'émigration de ses parens	400.	
8,694.	MONTALEMBERT (Marie, née COMARRIEU, marquise DE).	Émigrée; veuve d'un officier-général	3,600.	
8,695.	MONTAN BERTON (Henri)	Compositeur	3,000.	
8,696.	MONTANDRAUD (Élisabeth, née DE BOURNAT, dame).	Fille d'émigré	300.	
8,697.	MONTARAU (Jeanne-Élisabeth, née SOMBREUIL).	Fille d'un gouverneur des Invalides avant la révolution.	400.	
8,698.	MONTARDY (Marie)	Fille d'émigré	500.	N'a pas touché le deuxième secours.
8,699.	MONTAROU (Louise-Élisabeth, née CAIGNARD).	N'a aucun moyen d'existence	300.	
8,700.	MONTAUBÉRIC (Jean)	A servi dans les armées royales de la Lozère.	200.	
8,701.	MONTAUT (chevalier DE)	Ex-officier; capitaine aux Invalides	200.	
8,702.	——— (Catherine, demoiselle)	N'a aucun moyen d'existence	300.	
8,703.	MONTAUX (veuve)	D'une famille de gens de lettres	600.	N'a touché aucun des deux secours.
8,704.	MONTBEL (François-Esprit-Marie)	Fils d'un garde de la manche	100.	
8,705.	——— (Jeanne-Louise-Eulalie, demoiselle).	Émigrée	500.	
8,706.	——— (Marie-Justine-Antoinette, demoiselle).	*Idem*	500.	
8,707.	MONTBRON (Élisa-Ursule, née BOISSEL, actuellement dame EMERY).	Veuve d'un officier des armées françaises prisonnier en Russie.	400.	
8,708.	MONTCABRIÉ (DE)	Pension accordée directement par le Roi. (Motifs inconnus.)	2,000.	
8,709.	——— (demoiselle)	*Idem*	2,000.	
8,710.	MONTCALM (Marie-Sabine-Élisabeth, dame DE).	Chanoinesse; émigrée	300.	N'a touché aucun des deux secours.
8,711.	——— GOZON (Armande-Marie-Antoinette, née DUPLESSIS DE RICHELIEU, marquise DE).	Sœur du dernier duc de Richelieu	5,000.	*Idem.*
8,712.	MONTEAU (Rose, née HEPBURN, dame).	Émigrée	300.	
8,713.	MONTESQUIOU FEZENSAC (Louise-Joséphine, née DELALIVE, comtesse DE).	Dame pour accompagner Madame Adélaïde.	2,500.	*Idem.*

Nos d'ordre.	NOMS ET PRÉNOMS des PENSIONNAIRES.	MOTIFS de LA CONCESSION DES PENSIONS.	MONTANT des PENSIONS.	OBSERVATIONS.
8,714.	MONTESQUIOU DE LABOULBÈNE (François DE).	Persécuté pendant la révolution; perte de fortune.	300f	
8,715.	——— (Jean).....................	En remplacem't d'une pension de 300f dont il jouissait sur la cassette de Louis XVI.	150.	
8,716.	MONTEYNARD (Hector-Joseph, marquis DE).	Indemnité des pertes qu'il a éprouvées à Lisbonne.	2,000.	N'a touché aucun des deux secours.
8,717.	MONTFAUCON (Marie-Antoinette, née GOUDRET, comtesse DE).	Émigrée.........................	1,000.	*Idem.*
8,718.	——— DE ROGLES (Marin-Melchior, abbé DE).	Émigré.........................	400.	
8,719.	MONTFERRÉ (Marianne-Françoise-Victoire, née DE LA CROIX DE CASTRIES, comtesse DE).	Émigrée.........................	800.	N'a pas touché le deuxième secours.
8,720.	MONTFLEURY (Anaïs, demoiselle DE)...	Fille d'émigré.....................	300.	
8,721.	MONTFORT (Éléonore-Robertine-Josèphe, née MILLOT DE BAUDAL, dame DE).	Veuve d'un capitaine................	300.	
8,722.	MONTGAILLARD (Marie-Françoise, née LEFÈVRE DUQUESNOY, dame DE).	Arrière-petite-fille du chancelier d'Aguesseau.	800.	*Idem.*
8,723.	MONTGREDIEN (Jean-Adrien).........	Émigré.........................	762.	
8,724.	MONTIGNY (Jean-Emmanuel-François)..	Fils d'un valet de chambre du Roi.....	200.	
8,725.	——— (Louis-Charles-Nicolas-Maximilien).	*Idem*.........................	200.	
8,726.	——— (Louise-Denise-Augustine, demoiselle).	Fille *idem*.....................	200.	
8,727.	——— (Anne-Élisabeth, née CHANBON, dame DEHAIES DE).	Veuve d'un lieutenant général commandant à Chandernagor.	600.	
8,728.	——— (Gabriel-Marie-Thérèse DE)....	Capitaine émigré..................	600.	
8,729.	——— (Maria-Helena, née ROISSIN, dame).	Veuve d'un serviteur de la maison de Louis XVI.	800.	
8,730.	MONTILLET (Jacquelin), née BOACHON, veuve).	Veuve d'émigré....................	600.	*Idem.*
8,731.	——— (Eulalie-Olympe, née CHAMBOULERON).	Son père était employé chez madame la comtesse d'Artois.	200.	
8,732.	——— (Hélène-Louise-Claire, née DERVIEU DE GOIFFIEU, marquise DE).	Femme d'émigré..................	1,500.	N'a touché aucun des deux secours.
8,733.	MONTJUST (Charlotte, demoiselle).....	Fille d'émigré.....................	600.	
8,734.	MONTLAUR (Joseph-Antoine DE)......	Émigré.........................	300.	
8,735.	MONTLEZUN (Thérèse-Gaspar-Antoine, comtesse DE).	Émigrée.........................	1,500.	N'a pas touché le deuxième secours.
8,736.	——— DUMOULIN LABARTHETE (Barthélemi-Sévrin, baron DE).	Émigré.........................	800.	
8,737.	——— PARDIAC (Élisabeth-Félicité, comtesse DE).	Fille d'un aide-de-camp du maréchal de Saxe à la bataille de Fontenoy.	600.	
8,738.	——— (Adélaïde, demoiselle DE), actuellement dame PLANES.	Fille d'émigré.....................	800.	

Nos d'ordre.	NOMS ET PRÉNOMS des PENSIONNAIRES.	MOTIFS de LA CONCESSION DES PENSIONS.	MONTANT des PENSIONS.	OBSERVATIONS.
8,739.	MONTMAUR (Jean-Jacques-Philippe, abbé DE).	Aumônier à l'armée de Condé.......	900f	
8,740.	—— (Jeanne, demoiselle DE).....	A été persécutée pendant la révolution.	200.	
8,741.	—— (Marie-Jaliote, demoiselle DE).	*Idem*..........................	200.	
8,742.	MONTMORIN (Charlotte-Marguerite, née DE BANNEVILLE, marquise DE).	En remplacement de la pension de 4,125f dont elle jouissait avant la révolution.	3,000.	N'a touché aucun des deux secours.
8,743.	—— DE S-HEREM (Marguerite-Émilie, demoiselle, maintenant dame LENORMAND, baronne DE CHAMPFLÉ).	Ses parens sont morts sur l'échafaud pendant la révolution.	1,200.	*Idem.*
8,744.	MONTOIS GOULLIART (Guillaume-Florent DU).	Fourrier des logis du Roi; il a émigré..	600.	
8,745.	MONTOLIEU (Henriette-Olympe-Charlotte, née DE LENOIR NIGRI, comtesse DE).	Perte de fortune..................	300.	N'a pas touché le premier secours.
8,746.	MONTORIN (François-Julien)........	Vendéen........................	50.	
8,747.	MONTOUROY (Marie-Claire-Éléonore, née DE RABAT DE BOMALE, veuve).	Fille d'émigré..................	2,400.	
8,748.	MONTLEZUN (Madeleine-Catherine-Jérôme, demoiselle DE).	Émigrée........................	1,500.	
8,749.	MONTOZON (Jean-Joseph)...........	N'a aucun moyen d'existence.........	300.	
8,750.	—— (Élisa-Joséphine, DE).......	Fille d'émigré..................	300.	
8,751.	—— LÉGUILLAC (Pierre, DE).....	Fils d'émigré..................	600.	
8,752.	—— (Catherine, demoiselle DE)....	Sœur d'émigré..................	300.	
8,753.	—— (Jeanne, demoiselle DE)......	Fille d'émigré..................	200.	
8,754.	MONTPEZAT (Maurin-François, chevalier DE).	Émigré; infirme, âgé de 86 ans........	800.	
8,755.	—— (Catherine, demoiselle DE)....	Sœur d'émigré; perte de fortune......	250.	N'a pas touché le deuxième secours.
8,756.	—— (Claire-Marie, demoiselle DE).	Services à la cause royale, en France...	1,100.	*Idem.*
8,757.	—— D'AINESY (Marie-Angélique-Josèphe, née AUTIER, marquise DE).	Émigrée........................	1,000.	
8,758.	MONTQUERON (Pierre-Marie-Augustin, DE).	Fils d'un huissier de la chambre du Roi.	200.	
8,759.	—— (Agathe-Félicité, demoiselle DE, actuellement dame DUFOUR).	Fille *idem*....................	200.	
8,760.	MONTREDON (Marianne, dame DE)...	Religieuse, âgée de 87 ans.........	150.	N'a pas touché le premier secours.
8,761.	MONTRELAY (Julien)..............	Vendéen........................	100.	N'a touché aucun des deux scours..
8,762.	MONTREUIL (Paul-Croquet, DE).....	Persécuté pendant la révolution.......	200.	
8,763.	MONTRICHARD (Marie-Élisabeth-Charlotte-Virgilie, demoiselle DE).	Fille d'émigré..................	300.	

Nos d'ordre.	NOMS ET PRÉNOMS des PENSIONNAIRES.	MOTIFS de LA CONCESSION DES PENSIONS.	MONTANT des PENSIONS.	OBSERVATIONS.
8,764.	MONTSEC (Gabriel, DE)...........	Officier émigré....................	600f	
8,765.	MONTULLÉ (Marie-Élisabeth-Ernestine, demoiselle DE).	Fille d'émigré....................	200.	
8,766.	——— (Marie-Louise-Julienne, baronne DE).	Émigrée, propriétaire à Saint-Domingue.	800.	
8,767.	MONT-WALL (Louis-Vital-Guillaume, baron DE).	Émigré, sourd-muet..............	200.	N'a touché aucun des deux secours.
8,768.	MONTZEY (Charlotte, née DE VILLERMIN, dame DE).	Veuve d'un commandant en second de l'école de la Flèche.	600.	
8,769.	MOPPERT (François-Antoine).........	Émigré..........................	200.	
8,770.	MORA (Toussaint-Bernardin)........	Fils d'un officier de la maison de la Reine.	500.	*Idem.*
8,771.	MORAND (François-Joseph).........	Émigré..........................	100.	
8,772.	——— (Joseph-Louis-Raphaël).....	Émigré de Toulon................	200.	
8,773.	——— (Jeanne-Marie-Cécile, demoiselle DE).	Vendéenne......................	100.	
8,774.	MORANGIER (dame DE)............	Veuve d'un capitaine.............	300.	
8,775.	MORANGIES MOLOTTE (Catherine, dame DE).	Rétablissement de la pension dont elle jouissait sur la cassette de Louis XVI.	200.	N'a pas touché le deuxième secours.
8,776.	MORANT (Suzanne, demoiselle DE)....	Émigrée ; Vendéenne..............	500.	N'a touché aucun des deux secours.
8,777.	——— (Adélaïde-Marie-Joséphine-Perrine, demoiselle DE).	Vendéenne......................	200.	*Idem.*
8,778.	MORCRETTE (Alexandrine-Victoire-Éléonore, demoiselle).	Fille d'un employé des écuries du Roi..	200.	
8,779.	MORDWINOFF (Alexandre, DE).......	Services rendus aux Bourbons, en émigration.	2,000.	
8,780.	MORÉ (Adelaine-Jeanne-Marie-Louise, née DE VAUX, comtesse DE).	En remplacement de la pension de 4,000f dont elle jouissait avant la révolution.	3,000.	*Idem.*
8,781.	MORE DE PRÉMILLON (Anne-Madeleine, demoiselle).	A été persécutée pendant la révolution..	200.	
8,782.	——— (Louise-Josèphe, demoiselle)..	*Idem*..........................	200.	
8,783.	MORE DE QUINGERY (Marguerite-Louise-Charlotte, dame, née GUÉNIOT, veuve).	*Idem*..........................	600.	
8,784.	MOREAU (Athanase-Jean)...........	Chef de bureau à l'intendance générale de la couronne.	550.	N'a pas touché le deuxième secours.
8,785.	——— (Jacques).................	Émigré..........................	200.	
8,786.	——— (Jacques-Denis)............	*Idem*..........................	300.	
8,787.	——— (Julien)..................	Vendéen........................	200.	*Idem.*
8,788.	——— (Anne-Geneviève, demoiselle).	Services à la cause royale, en France..	240.	

Nos d'ordre.	NOMS ET PRÉNOMS des PENSIONNAIRES.	MOTIFS de LA CONCESSION DES PENSIONS.	MONTANT des PENSIONS.	OBSERVATIONS.
8,789.	MOREAU (Marie-Adélaïde, veuve), née CUCÉNEL.	Veuve d'un garçon d'office..........	250f 00c	
8,790.	——— (Marie-Jeanne, veuve), née BOUDON.	Veuve d'un valet de pied............	150. 00.	N'a touché aucun des deux secours.
8,791.	——— (Catherine, veuve), née DUBOIS.	Services de son père dans les armées de la Lozère.	150. 00.	
8,792.	——— (Louise-Madeleine-Angélique, veuve), née GOSSET.	Veuve d'un serviteur de la Maison du Roi.	150. 00.	
8,793.	——— (Jeanne-Julie, veuve), née MARTIN.	Veuve d'un employé aux écuries du Roi.	150. 00.	
8,794.	MOREAU DE COMAGNY (François-Jean-Baptiste).	Littérateur........................	1,000. 00.	
8,795.	MOREAU DE LAUNAY (Jeanne-Louise-Étiennette, dame), née PETIT.	Veuve d'un commissaire des guerres émigré.	600. 00.	
8,796.	MOREAU DU FOURNEAU (Jacob).....	Persécuté pendant la révolution.......	250. 00.	
8,797.	MOREL (Antoine-François)..........	Émigré........................	200. 00.	*Idem.*
8,798.	——— (Jean-Jacques, abbé)........	*Idem*........................	1,219. 20.	
8,799.	——— (Joseph-Abraham)..........	Perte de fortune, invalide..........	120. 00.	
8,800.	——— (Louis)..................	Vendéen........................	50. 00.	
8,801.	——— (Augustine, veuve, née AMIET).	Veuve d'un chef de bataillon d'artillerie.	300. 00.	
8,802.	——— (Jeanne-Rose), née CAIGNET DE LESTÈRE.	Émigrée........................	1,000. 00.	
8,803.	MORET (Antoine-Hilaire)..............	Fils d'un employé du ministère de la maison du Roi.	300. 00.	N'a pas touché le deuxième secours.
8,804.	MORGUET (Marie-Judith, dame), née BELDON.	Femme de service de la Reine........	300. 00.	
8,805.	MORIAU (Joseph-Jacques-François)....	Émigré........................	100. 00.	
8,806.	MORICEAU (Mathurine, demoiselle)...	Vendéenne........................	50. 00.	
8,807.	——— (Perrine-Françoise, demoiselle).	*Idem*........................	50. 00.	
8,808.	——— (Françoise-Jeanne, demoiselle).	*Idem*........................	50. 00.	
8,809.	MORICET (Marie-Adèle, demoiselle)...	*Idem*........................	600. 00.	
8,810.	——— (Élisabeth, demoiselle).....	*Idem*........................	600. 00.	
8,811.	——— (Victoire-Marie, demoiselle).	*Idem*........................	600. 00.	
8,812.	MORIN (Adrien-François-Vincent, abbé).	Grand-vicaire émigré...............	1,500. 00.	
8,813.	——— (Jean-Baptiste)...........	Émigré........................	80. 00.	N'a pas touché le deuxième secours.

Nos d'ordre.	NOMS ET PRÉNOMS des PENSIONNAIRES.	MOTIFS de LA CONCESSION DES PENSIONS.	MONTANT des PENSIONS.	OBSERVATIONS.
8,814.	MORIN (Mathurin)................	Émigré..........................	100f 00c	
8,815.	——— (Nicolas-Jean).............	*Idem*..........................	800. 00.	
8,816.	——— (Julien-Henri).............	Fils d'émigré....................	300. 00.	N'a touché aucun des deux secours.
8,817.	——— (Pierre)...................	Vendéen.........................	200. 00.	N'a pas touché le deuxième secours.
8,818.	——— (Jeanne-Renée, demoiselle)..	Vendéenne.......................	200. 00.	
8,819.	——— (Renée-Françoise, demoiselle).	*Idem*..........................	200. 00.	
8,820.	——— (Élisabeth-Andrée, veuve), née FLOCH.	Perte de fortune.................	150. 00.	
8,821.	MORIN DE LA RIVIÈRE (Nicolas-Anne).	Émigré..........................	300. 00.	
8,822.	MORINET (dame)..................	Ouvreuse de loges à l'Opéra-Comique. (Pension par suite de transaction.)	50. 00.	
8,823.	MORIO (Marie-Rosine, veuve), née RICHMANN.	Femme d'émigré..................	800. 00.	
8,824.	——— (François)..................	Fils d'émigré....................	200. 00.	
8,825.	——— (Joseph)...................	*Idem*..........................	200. 00.	
8,826.	MORIOLLES (Alexandre-Nicolas-Léonard-Charles, chevalier DE).	Émigré..........................	300. 00.	
8,827.	MORISAN (Catherine-Joséphine, veuve), née LEMOINE.	Veuve d'un garde des aquéducs de Buc, près Versailles.	150. 00.	
8,828.	MORISOT (Marie-Anne, veuve), née CAPLACY.	Veuve d'un portier au château de Rambouillet.	100. 00.	
8,829.	MORISSON DE LA NOLIÈRE (Honoré-Benjamin).	Capitaine vendéen.................	300. 00.	
8,830.	MORLET (Antoine-François).........	Fils d'un garçon de la chambre de Mme la comtesse d'Artois.	300. 00.	N'a touché aucun des deux secours.
8,831.	——— (Marie-Françoise-Josèphe, veuve), née ULRICH.	Veuve d'un commissaire des guerres émigré.	500. 00.	*Idem*.
8,832.	MORNAY D'HANGEST (Anne-Nicole-Mathurine, demoiselle DE).	Fille d'émigré....................	300. 00.	
8,833.	MORO DE LA VILLE-BILY (Thérèse-Marie, ve), née GEFFRELOT DE PONTRENAULT.	Vendéenne.......................	250. 00.	
8,834.	MORON (Mathurin)................	Émigré..........................	180. 00.	
8,835.	MORTET (Charlotte-Aglaé-Renée, dame), née MOLORÉ DE GLATIGNY.	Fille d'émigré....................	600. 00.	N'a pas touché le deuxième secours.
8,836.	MORTIEAU (Marie-Françoise-Josèphe, demoiselle).	Émigrée.........................	900. 00.	
8,837.	MORTIER (Jeanne, dame)...........	Religieuse.......................	150. 00.	
8,838.	MORTUAIRE (Jean-Baptiste, abbé)....	Émigré..........................	1,219. 20.	*Idem*.

Nos d'ordre.	NOMS ET PRÉNOMS des PENSIONNAIRES.	MOTIFS de LA CONCESSION DES PENSIONS.	MONTANT des PENSIONS.	OBSERVATIONS.
8,839.	MORVANT (Zoé-Adrienne, dame), née GOUYON.	Femme d'émigré	500f	
8,840.	——— (Charles-Théodore)	Fils d'émigré	300.	N'a pas touché le premier secours.
8,841.	——— (Victor-Charles-François)	*Idem*	300.	
8,842.	——— (Adélaïde-Joséphine)	Fille d'émigré	300.	
8,843.	——— (Louise-Pascaline-Zoé, demoiselle).	*Idem*	300.	N'a pas touché le deuxième secours.
8,844.	——— (Zoé, demoiselle)	*Idem*	300.	
8,845.	MOSAWWIR (Isaïe)	Prêtre grec persécuté par les Turcs	400.	
8,846.	MOSNAC (Antoinette, comtesse DE), née DE GUILLERMIN.	En remplact de la pension dont elle jouissait avant la révolution. Agée de 82 ans.	400.	
8,847.	MOSNIER (Julien)	Vendéen	120.	
8,848.	MOSNY (Jacques)	Émigré	300.	N'a touché aucun des deux secours.
8,849.	MOSSELMAN DE LORRAINE (comtesse DE), née CLUDTS.	Son mari descend des ducs de Lothier et de Brabant.	1,000.	
8,850.	MOSSELMAN DE LORRAINE (Philippine-Émilie, demoiselle DE, dame CÉSAR.)	Elle descend des ducs de Lothier et de Brabant.	1,000.	
8,851.	MOSSION DE LAGONTRIE (Catherine-Eugénie, demoiselle).	Émigrée	200.	
8,852.	MOSTOLAC DE LA FAYE (Joseph)	Émigré	600.	
8,853.	MOSTUEJOULS (Charles-François-Alexandre, comte DE).	En remplacement de la pension de 6,000f dont il jouissait avant la révolution.	2,000.	*Idem.*
8,854.	——— (François-Guyon-René, vicomte DE).	Persécuté pendant la révolution	1,000.	
8,855.	MOTARD (Jean-Pierre)	Vendéen	100.	
8,856.	MOTET (Étienne)	En remplacement de la pension de 960f dont il jouissait avant la révolution.	280.	
8,857.	——— (Justine-Geneviève, dame), née BECCARD.	En remplacement de la pension de 900f dont elle jouissait avant la révolution.	400.	N'a touché aucun des deux secours.
8,858.	MOTHES DE BLANCHE (Catherine-Marie-Sophie-Victoire-Coralie, demoisle DE).	Fille d'émigré	200.	N'a pas touché le deuxième secours.
8,859.	MOTTET (Madeleine-Susanne, dame), née BRUNELET.	Femme d'un maître de mathématiques des pages de MONSIEUR, comte de Provence.	300.	
8,860.	MOUCHE (Claude)	Palefrenier aux écuries de MONSIEUR, comte de Provence.	160.	
8,861.	MOUGÉ (François-Marin, DE)	Émigré	500.	
8,862.	MOUGEOT (Jean-Nicolas)	*Idem*	250.	N'a touché aucun des deux secours.
8,863.	MOUILLEAU (André)	Vendéen	50.	

Nos d'ordre.	NOMS ET PRÉNOMS des PENSIONNAIRES.	MOTIFS de LA CONCESSION DES PENSIONS.	MONTANT des PENSIONS.	OBSERVATIONS.
8,864.	MOUILLAUD (Joseph)...............	Vendéen........................	50f 00c	N'a pas touché le deuxième secours.
8,865.	MOUILLERAS (René)...............	*Idem*...........................	50. 00.	*Idem.*
8,866.	MOULIN (Pierre-Jacques)...........	Émigré..........................	400. 00.	
8,867.	——— (Thomas, abbé)...........	*Idem*...........................	1,219. 20.	
8,868.	——— (Susanne, veuve), née FOLIE.	Veuve d'un trompette des gardes du corps.	130. 00.	
8,869.	——— (Marie-Jeanne, dame), née GALODÉ.	Vendéenne........................	600. 00.	
8,870.	MOULINARD (Joseph-Pierre).........	Émigré..........................	600. 00.	N'a touché aucun des deux secours.
8,871.	MOULON (Hyacinthe-Marguerite-Françse, de DE), née D'ALBOUY DE MONESTROL.	Fille de la sœur de lait de Louis XVI...	6,000. 00.	
8,872.	MOUNIER (René-Thomas-Pierre)......	Vendéen........................	100. 00.	
8,873.	MOURA (Léonard-Jean).............	Garçon de bureau à l'Intendance de la Liste civile.	300. 00.	
8,874.	MOURAND (Constantin)............	Émigré..........................	300. 00.	
8,875.	MOUREAUX (Marie-Françoise, veuve), née GORDOT.	Veuve d'un employé des fourrières de la Couronne.	300. 00.	
8,876.	MOURGUÈS (Joseph-Pierre-André)....	Émigré..........................	300. 00.	
8,877.	MOURIER (Jean)..................	*Idem*...........................	120. 00.	
8,878.	——— (Louis)..................	*Idem*...........................	200. 00.	
8,879.	MOURNAND (Julie-Augustine, dame), née DE CAMPREDON.	Son grand-père a été massacré dans la révolution.	150. 00.	
8,880.	MOURRAILLE (Joseph)..............	Émigré..	300. 00.	
8,881.	MOUSIN (Charles-Joseph, DE)........	Émigré, capitaine..................	300. 00.	N'a touché aucun des deux secours.
8,882.	MOUSSARD (Thérèse-Laurence, demoiselle).	Fille d'un garde de la prévôté de l'hôtel.	400. 00.	
8,883.	MOUSSEAU (Marie-Anne, veuve), née CATHELINEAU.	Sœur du général CATHELINEAU.......	500. 00.	
8,884.	MOUSTIER (Antoine-Louis-Marie-Jean-Baptiste, DE).	Fils d'un maréchal de camp..........	2,000. 00.	
8,885.	MOUSTIER (Marie-Françoise-Antoinette-Caroline, demoiselle DE), actuellement dame de CARADEUX.	Fille, *idem*......................	2,000. 00.	
8,886.	——— (Claude-Charles-Félix, chevalier DE).	Émigré..........................	300. 00.	*Idem.*
8,887.	MOUTIER (Marie-Jeanne, veuve), née BOURDON.	Veuve d'un ouvrier fontainier à Marly..	160. 00.	
8,888.	MOUTON (Edmée, veuve), née MITAINE.	Veuve d'émigré...................	200. 00.	

Nos d'ordre.	NOMS ET PRÉNOMS des PENSIONNAIRES.	MOTIFS de LA CONCESSION DES PENSIONS.	MONTANT des PENSIONS.	OBSERVATIONS.
8,889.	MOUTON DE LACLOTTE (Jeanne-Pierrette, née BOUDET, dame).	Veuve d'un conseiller à la cour des aides de Montpellier.	200f	
8,890.	MOUTTET (Thérèse-Julie-Henriette, née CORDEIL, dame).	Sa famille a été massacrée à la prise de Toulon.	400.	
8,891.	MOUVEAUX (Marie-Michelle, née DELAPLACE, veuve).	Veuve d'un garde à pied des forêts à Saint-Germain.	70.	
8,892.	MOÜY-SONS (Charles-Antoine, chevalier DE).	Émigré........................	600.	N'a touché aucun des deux secours.
8,893.	MOY (Louis-Marie-Charles, marquis DE).	Prisonnier de guerre en Espagne......	300.	
8,894.	MOYNAT (Edmée-Louise-Alexandre, née ROUGET, veuve).	Veuve d'un juge de paix de Vincennes..	200.	
8,895.	MULLENHEIM (Sophie-Antoinette, née DE GLAUBITZ, baronne DE).	Persécutée; perte de fortune.........	300.	*Idem.*
8,896.	MULLER (Benoît-Laurent)...........	Émigré........................	500.	
8,897.	——— (François-Louis, chevalier)...	*Idem*........................	300.	N'a pas touché le deuxième secours.
8,898.	——— (Louis)...................	*Idem*........................	150.	
8,899.	——— (Nicolas).................	*Idem*........................	80.	N'a touché aucun des deux secours.
8,900.	——— (Urbain-Étienne)...........	*Idem*........................	150.	
8,901.	——— (Anne-Marie-Sophie, demoiselle).	Fille d'émigré..................	300.	
8,902.	——— (Jean-Chrysostome-Louis, baron DE).	Neveu d'émigré..................	1,000.	
8,903.	——— Benoîte-Marguerite, née BERAUD-DARIMONT, veuve.	Son mari est mort sur l'échafaud pendant la révolution.	300.	
8,904.	——— (Rosalie-Françoise-Élisabeth, née DE BACHMANN, dame).	Son père est mort sur l'échafaud pendant la révolution.	1,200.	*Idem.*
8,905.	——— (Rosalie, née ERNOTTE, dame).	Veuve d'un serviteur de la maison du Roi.	300.	
8,906.	MÜLLER (Jeanne-Catherine-Françoise, née MARESCHAL, vicomtesse DE).	En remplacement de la pension de 1,200f dont elle jouissait avant la révolution.	600.	
8,907.	MUNIER DE MONTENGIS (François-Claude).	Ancien concierge du château des Tuileries	1,000.	
8,908.	MURAT (Béatrix-Adélaïde, comtesse DE).	En remplacement d'une pension de 6,000f dont elle jouissait avant la révolution.	1,500.	
8,909.	MURET (Pierre-Aimé).............	Persécuté pendant la révolution; perte de fortune.	200.	
8,910.	MURGEON (François-Gilbert).........	Choriste à la chapelle du Roi..........	250.	
8,911.	MURIEL DE LA SAUVAGÈRE (Marie-Victoire-Gabrielle, née GUARIN DE VITRY, dame).	Veuve d'un officier de gendarmerie auquel la ville de Versailles a fait don d'une épée d'honneur.	300.	
8,912.	MURON DE SERVIÈRES (Catherine-Adélaïde, née BAUDET, veuve).	Veuve et fille de serviteurs de la maison du Roi.	300.	
8,913.	MURY (Joseph-Raphaël)..............	Blessé grièvement en aidant à la translation de la statue de Henri IV.	400.	

Nos d'ordre.	NOMS ET PRÉNOMS des PENSIONNAIRES.	MOTIFS de LA CONCESSION DES PENSIONS.	MONTANT des PENSIONS.	OBSERVATIONS.
8,914.	MURZEAU (Louis)................	Vendéen.........................	0f 8	
8,915.	MURZEREAU (René)...............	*Idem*.........................	50.	N'a pas touché le deuxième secours
8,916.	MUSELIER (Jean-François)..........	Émigré.........................	150.	N'a touché aucun des deux secours
8,917.	MUSELLI (Benoîte, née DELLACA, dame).	Veuve d'un magistrat qui a rendu des services à la cause royale.	300.	
8,918.	MUSNIER DE LA CONVERSERIE (Agathe-Lucie, demoiselle).	Ancienne élève de Saint-Cyr..........	150.	*Idem.*
8,919.	MUSNIER-DESCLOZEAUX (Marie-Esther, née LEFEBVRE, veuve).	Veuve d'un magistrat; persécutée pendant la révolution.	200.	
8,920.	MUSSEAU (Pierre-François).........	Vendéen.........................	120.	N'a pas touché le deuxième secours
8,921.	MUSSET (Jacques-Michel-René), abbé..	*Idem*.........................	300.	*Idem.*
8,922.	MUSSEY (Antoine-Charles, chevalier DE).	Émigré; infirme..................	1,200.	
8,923.	——— (Jeanne-Françoise, demoiselle DE).	Fille d'émigré.....................	300.	
8,924.	MUTEL (Marie-Marguerite-Éléonore, née POITIER, veuve).	Veuve d'un postillon aux écuries du Roi.	200.	
8,925.	MUTET (Félicie, demoiselle).........	D'une famille de gens de lettres.......	200.	N'a touché aucun des deux secours
8,926.	——— (Herinsein, demoiselle).	*Idem*.........................	200.	*Idem.*
8,927.	MUTHS (Anne-Marie, née BROGER, veuve).	Veuve d'émigré....................	300.	
8,928.	MUXART-BONNET (Joseph-François)...	Émigré.........................	300.	
8,929.	MUZARD (Jean-Baptiste)............	Palefrenier à l'équipage de selle.......	156.	
8,930.	MYON (Jean-Charles, baron DE).......	Émigré.........................	1,200.	*Idem.*

Nos d'ordre.	NOMS ET PRÉNOMS des PENSIONNAIRES.	MOTIFS de LA CONCESSION DES PENSIONS.	MONTANT des PENSIONS.	OBSERVATIONS.
	N			
8,931.	NABOS SAINT-JAMES DE MIOSSENS (Marguerite-Éléonore-Victoire, Dlle DE).	Émigrée	300f	
8,932.	——— (Rose-Éléonore-Soubade, demoiselle DE).	*Idem*	300.	
8,933.	NACQUARD (Jeanne-Élisabeth, demoiselle DE).	*Idem*	400.	N'a touché aucun des deux secours.
8,934.	——— (Anne-Marie-Joséphine-Julie, demoiselle DE).	*Idem*	900.	
8,935.	NADAU (Anne-Marie-Jeanne, veuve), née RAVIER.	Services à la cause royale, en France; perte de fortune.	250.	
8,936.	NADAULT (Joséphine)	Petite-fille d'une femme de chambre de Madame la Comtesse d'Artois.	200.	
8,937.	NAIRNE (Marie-Étienne, demoiselle)..	Pension donnée directement par Charles X. (Motifs inconnus).	300.	
8,938.	*Néant.*			
8,939.	NANQUETTE (Catherine-Louise, veuve), née MIOCQUE.	Services à la cause royale, en France...	120.	
8,940.	NANSOUTY DE MONTIGNY (Anne-Charlotte, dame DE), née CHAMPION.	Émigrée	800.	*Idem.*
8,941.	NANTES D'AVIGNONET (Henri DE)....	Fils d'émigré	480.	N'a pas touché le deuxième secours.
8,942.	NARBONNE-LARA (Antoinette-Claude-Françoise, duchesse DE), née DE LA ROCHE-AYMON.	Dame pour accompagner madame Adélaïde.	3,000.	N'a touché aucun des deux secours.
8,943.	——— (François-Jacques-Joseph-Catherine, comte DE).	Fils d'émigré	1,200.	*Idem.*
8,944.	——— PELET (Anne-Angélique-Marie-Émilie, Dsse DE), née DE SÉRENT.	En remplacement de la pension qu'elle touchait sur le domaine extraordinaire de l'empereur Napoléon.	18,000.	*Idem.*
8,945.	——— DE TALMONT (Jeanne-Marguerite, Csse DE), née DE CAZE DE LABOVE.	Veuve d'un officier des gardes du corps.	500.	
8,946.	NARP (Marie-François-Martial, comte DE).	Émigré	300.	
8,947.	NARTIGUE (Placide-Henriette, dame), née DODIN.	Persécutée; perte de fortune	250.	N'a pas touché le premier secours.
8,948.	NAS (Auguste DE)	Fils d'émigré	200.	
8,949.	NASSAU (Marie-Judith, demoiselle DE).	Fille d'un officier de santé de la marine..	600.	
8,950.	NAU DE SAINT-SAUVEUR (Marie-Joséphine).	Fille d'un officier-général	300.	
8,951.	——— (Marie-Antoinette)	*Idem*	300.	
8,952.	NAUD (Julien)	Victime de l'accident arrivé à Angers lors de la fête du baptême du duc de Bordeaux.	100.	
8,953.	NAUDE (Pierre)	Émigré	100.	
8,954.	NAUDIN (Barthélemy)	Attaché à la musique e Louis XVI....	600.	

46

Nos d'ordre.	NOMS ET PRÉNOMS des PENSIONNAIRES.	MOTIFS de LA CONCESSION DES PENSIONS.	MONTANT des PENSIONS.	OBSERVATIONS.
8,955.	NAVEAU (Michel)................	Vendéen........................	100f 00c	
8,956.	NAVET (Jean, abbé)..............	Émigré..........................	1,200. 00.	
8,957.	——— (André-François, abbé)......	*Idem*..........................	1,981. 20.	N'a touché aucun des deux secours.
8,958.	NAVOT (Marie-Jeanne, veuve), née MABILLE.	Veuve d'un conducteur des chaises....	100. 00.	
8,959.	NAYNE (Anne, veuve DE), née DUFAURE MAMELET DE METIAT.	Veuve d'émigré....................	500. 00.	
8,960.	NAYROD (Appoline-Félicité-Rosalie, dame DE), née DE BOISGELIN.	Émigrée.........................	400. 00.	
8,961.	NAZO (Charlotte-Émélie)..........	Petite-fille de M. de Saint-Paul, chef de bureau à la guerre	300. 00.	
8,962.	NEALE (Marguerite, dame), née HAMILTON.	Son père a rendu des services aux Bourbons pendant leur séjour à Holyrood, avant 1814.	1,200. 00.	
8,963.	NEAU (Joseph)..................	Vendéen........................	150. 00.	N'a pas touché le premier secours..
8,964.	NÉEF (Charlotte-Adélaïde-Victoire, dame DE), née LEROUX.	Fille d'un secrétaire de MADAME, comtesse de Provence.	600. 00.	
8,965.	NÉEL (Hélène-Augustine, comtesse DE), née GUILLAUDEU DUPLESSIS.	Créole de Saint-Domingue et veuve d'un officier supérieur.	600. 00.	
8,966.	NÈGRE (Antoine-Jacques-Joseph).....	Émigré..........................	100. 00.	
8,967.	——— (Rose-Henriette, veuve DE), née D'HELIE.	Veuve d'émigré....................	200. 00.	N'a touché aucun des deux secours.
8,968.	NEGRIER (Ernest-Frédéric-Raphaël DE).	Fils d'émigré.....................	600. 00.	
8,969.	NELLE (Jeanne-Marie, veuve, baronne DE), née WECRATHER.	Femme d'émigré....................	200. 00.	
8,970.	NERINCKS (Jean-Joseph-Henri, abbé)..	Émigré..........................	1,066. 80.	
8,971.	NERVAUX (Jean-Barthélemy, DE)......	*Idem*..........................	300. 00.	
8,972.	——— (Barthélemy-Jean, DE).......	*Idem*..........................	300. 00.	
8,973.	NESME (Pierrette, veuve), née CHAUMONT.	Son mari a été tué en arrêtant des brigands.	100. 00.	
8,974.	NESMOND (Marie-Pauline, vicomtesse DE), née PREVOST DE TRAVERSEY.	Fille d'un officier-général...........	350. 00.	
8,975.	NEUVILLE (Marie-Charlotte, dame Olivier DE), née DE BIRAGUE.	Veuve d'un gendarme de la garde de Louis XVIII.	300. 00.	
8,976.	NEVEU (Guillaume)...............	Portier au château de Strasbourg......	400. 00.	
8,977.	——— (Geneviève-Denise-Arante, dame), née COUTERBOT DUMONCEAU BEAULIEU.	Petite-fille d'un garçon de garde-robe du Dauphin.	600. 00.	
8,978.	NEVEUE D'AIGUEBELLE (Alexandre-Louis-François).	Fils d'émigré.....................	400. 00.	
8,979.	——— (Marie-Thérèse, dame), née LAGARDE.	Femme d'émigré....................	700. 00.	

Nos d'ordre.	NOMS ET PRÉNOMS des PENSIONNAIRES.	MOTIFS de LA CONCESSION DES PENSIONS.	MONTANT des PENSIONS.	OBSERVATIONS.
8,980.	NEVET-DUBREIL-PONTBRIAND (Brigitte-Marie-Andrée, demoiselle DE).	Émigrée	200f	N'a touché aucun des deux secours.
8,981.	NEYON (Jean-Joseph-Gabriel DE)	Son père a été victime de son dévouement à la cause royale.	200.	*Idem.*
8,982.	NEYRAT (Marie, veuve), née SERVAN.	Perte de fortune	500.	
8,983.	NICHO (dame)	Émigrée	600.	
8,984.	NICOLAS (René)	Major général vendéen	1,800.	
8,985.	NICOLLE (Joseph-Marie)	Vendéen	90.	
8,986.	—— (Nicolas-François)	Ancien garçon de fruiterie	300.	
8,987.	NICOLLON DE L'AUMONDIÈRE (Françoise-Aimée, dame), née VEILLON.	Vendéenne	600.	
8,988.	NIEDERMAYER (François-Antoine)	Émigré	80.	*Idem.*
8,989.	NILIS (Jacques)	*Idem*	200.	
8,990.	NINAUD (Louise-Melchiore, dame), née DEGAIN.	Sœur d'un capitaine d'artillerie tué à la Moskowa.	400.	
8,991.	NIOCHET dit PELO (Joseph-Marie)	Émigré	300.	
8,992.	NIQUET (Louis-Adrien)	*Idem*	400.	
8,993.	NISSE (Louise-Françoise, veuve), née AMIOT.	Veuve d'un palefrenier au manége	200.	
8,994.	NOAILLAN (Joseph-Louise, comtesse DE), née DECARLE.	Femme d'émigré	600.	
8,995.	—— (Marie, comtesse DE)	Fille d'émigré	800.	
8,996.	—— (Louise-Marie, demoiselle)	*Idem*	250.	
8,997.	NOAILLON (Rosalie-Louise-Xavière-Joséphine, (vicomtesse DE LAMEZAN DE), née DE SULEMUSTIER.	Veuve d'un officier supérieur émigré	250.	
8,998.	NOBLET (Pierre)	Sous-piqueur aux écuries du Roi	600.	
8,999.	—— (Jean-Louis-Hilaire)	Postillon à la vénerie	150.	
9,000.	NOCUS dit KEMER (Jean-Baptiste)	Postillon à la vénerie de Louis XVI	400.	
9,001.	—— (Joseph)	Palefrenier aux écuries de Louis XVI	400.	
9,002.	NOÉ (Louise-Angélique-Charlotte, demoiselle DE).	Fille d'émigré	1,000.	
9,003.	—— (Gabrielle-Marguerite-Antoinette-Nicolaïne, demoiselle DE).	*Idem*	1,000.	
9,004.	NOËL (Pierre)	Émigré	150.	

Nos d'ordre.	NOMS ET PRÉNOMS des PENSIONNAIRES.	MOTIFS de LA CONCESSION DES PENSIONS.	MONTANT des PENSIONS.	OBSERVATIONS.
9,005.	NOËL (Anne-Sabine-Polycarpe, veuve), née BESSON.	Très-âgée et sans moyens d'existence...	300f 00c	
9,006.	—— (abbé)...................	Prêtre émigré......................	300. 00.	
9,007.	NOËL dit TURLURE................	Membre de l'ancienne académie de peinture.	200. 00.	
9,008.	NOELL (Jean-Abdon-Joseph-Bonaventure DE).	Fils d'émigré......................	400. 00.	N'a pas touché le deuxième secours
9,009.	NOGUER (Marie-Thérèse-Félicité, demoiselle DE).	Émigrée........................	600. 00.	
9,010.	NOGUER-CAGARRIGA (Augustine-Josèphe-Marie-Bonaventure, demoiselle).	Sœur d'émigré....................	400. 00.	
9,011.	—— (Marguerite-Bonaventure-Marie-Thérèse, demoiselle).	*Idem*.........................	400. 00.	
9,012.	NOINVILLE (Aimée-Marie-Joséphine, demoiselle).	Fille d'émigré....................	600. 00.	N'a touché aucun des deux secours
9,013.	NOIR DE CAMBON (Louis DE)........	Émigré.........................	500. 00.	
9,014.	NOLIN (Marie-Anne-Élisabeth, veuve), née LETAILLEUR.	Veuve d'un chirurgien du Roi par quartier.	800. 00.	
9,015.	NOLL (dame).....................	Émigrée........................	400. 00.	
9,016.	NOLLENT (Reine-Adélaïde-Geneviève, dame DE), née ROUSSELIN.	A perdu sa fortune par suite de la révolution.	300. 00.	
9,017.	—— (Marie-Louise-Hortense, demoiselle DE).	*Idem*.........................	300. 00.	
9,018.	NOMPÈRE DE CHAMPAGNY (Marie-Ursule-Jeanne-Marguerite-Élisabeth, comtesse chanoinesse DE)	Perte de fortune..................	300. 00.	
9,019.	NORMAND (Jacques, abbé)..........	Émigré.........................	1,016. 00.	N'a pas touché le deuxième secours.
9,020.	—— (Pierre-Joseph-Ignace)......	*Idem*.........................	150. 00.	
9,021.	—— (Guillaume-François).......	Fils d'un officier qui donna des preuves de dévouement au Pape.	300. 00.	
9,022.	NORMAND DE LA TRANCHADE (Marie-Françoise, demoiselle).	Parente d'émigré; perte de fortune.....	300. 00.	
9,023.	NORMANVILLE (Louis-Julien-Marie DE).	Émigré.........................	1,000. 00.	
9,024.	NORMANDIN (Charlotte-Mélanie, demoiselle DE).	Émigrée........................	600. 00.	
9,025.	NOTTE (Marie-Geneviève, demoiselle).	Fille d'un chef à l'office chez MONSIEUR, comte de Provence.	150. 00.	
9,026.	NOUFFERT (François-Joseph)........	Émigré.........................	200. 00.	N'a touché aucun des deux secours.
9,027.	NOURRIT (Louis)..................	Artiste dramatique................	612. 34.	
9,028.	NOURTIER (Georges-Nicolas)........	En remplacement de la pension de 7,200f dont il jouissait avant la révolution.	1,200. 00.	
9,029.	NOVEL (Madeleine-Victoire, née LOYZEAU, veuve).	Son mari a été tué par l'explosion d'un canon, le 17 octobre 1820.	150. 00.	

Nos d'ordre.	NOMS ET PRÉNOMS des PENSIONNAIRES.	MOTIFS de LA CONCESSION DES PENSIONS.	MONTANT des PENSIONS.	OBSERVATIONS
9,030.	NOYANT (Madeleine-Eulalie, vicomtesse), née MOLEN.	Pension accordée directement par le Roi. (Motifs inconnus.)	500.	N'a pas touché le deuxième secours.
9,031.	NOYELLE (François-Etienne-Joseph)...	Services dans les armées royales, en 1815.	150.	
9,032.	NOZEREAU (Jeanne, ve), née MATHLIN.	Veuve d'un garçon des pages.........	120.	
9,033.	NUCÉ (Jean, DE)..................	Émigré.........................	600.	
9,034.	——— (veuve DE), née AMAT.......	Fille d'un grand maître des eaux et forêts; veuve d'un maréchal-de-camp suisse.	180.	
9,035.	NUGON (Jeanne, veuve) née BONTEMPS.	Veuve de Vendéen.................	500.	
9,036.	NUGUES (Marie-Félicité)............	Fille d'un concierge du château d'Anet appartenant au duc de Penthièvre.	300.	N'a touché aucun des deux secours.
9,037.	NÆGELÉ (François-Joseph)..........	Émigré.........................	80.	*Idem.*

Nos d'ordre.	NOMS ET PRÉNOMS des PENSIONNAIRES.	MOTIFS de LA CONCESSION DES PENSIONS.	MONTANT des PENSIONS.	OBSERVATIONS.
	O			
9,038.	OBERLIN (Pierre-François).........	Émigré.........................	600.	
9,039.	OBHOLTZER (Jean-Georges)..........	Ancien soldat des armées françaises, blessé à Rosette, en Égypte.	150.	
9,040.	OBRY (Sophie, demoiselle)..........	Émigrée.........................	400.	
9,041.	OCAHAN (Marie-Anne-Geneviève, veuve), née DE MUNCK.	Rétablissement d'une pension accordée sur la cassette de Louis XVI.	600.	
9,042.	ODOARD DE BOISMILON (François-Robert)	Vendéen.........................	400.	
9,043.	O-FARRELL.........................	Fils d'émigré.....................	250.	
9,044.	——— (Jacques-Joseph)............	*Idem*............................	250.	
9,045.	——— (Louis-Denis)..............	*Idem*............................	250.	
9,046.	——— (Cécile-Marie-Florence)......	Fille d'émigré....................	250.	
9,047.	——— (Marie-Madeleine-Adélaïde ve), née GIROIR.	Veuve d'émigré..................	1,000.	
9,048.	——— (Elisabeth, dame), née OKELLY.	Veuve d'un colonel émigré..........	600.	N'a touché aucun des deux secours.
9,049.	OGÉ (Pierre, dit la Réjouie).........	Vendéen.........................	50.	*Idem.*
9,050.	——— (Françoise-Émilie, veuve), née FURGET.	Émigrée.........................	500.	
9,051.	OGER (Jean).......................	Vendéen.........................	80.	
9,052.	——— (Louis-Jean)...............	*Idem*............................	50.	N'a pas touché le deuxième secours.
9,053.	——— (Michel)..................	*Idem*............................	50.	
9,054.	——— (René-Charles-Victor)........	*Idem*............................	100.	N'a touché aucun des deux secours.
9,055.	——— (Honorine-Prudence-Marie, demoiselle).	Vendéenne........................	50.	N'a pas touché le deuxième secours.
9,056.	——— Marie-Monique-Prudence, demoiselle).	*Idem*............................	50.	*Idem.*
9,057.	——— (Reine-Joséphine-Prudence, demoiselle).	*Idem*............................	50.	*Idem.*
9,058.	——— (Victoire-Eléonore, demoiselle).	*Idem*............................	50.	*Idem.*
9,059.	——— (Marie-Jeanne-Louise, veuve), née BARRON.	*Idem*............................	100.	
9,060.	——— (Rachel, veuve), née BERTRAM.	Veuve d'émigré..................	350.	N'a touché aucun des deux secours.
9,061.	ORGER (Marie-Françoise, veuve), née BARILLON.	Vendéenne........................	30.	*Idem.*

Nos d'ordre.	NOMS ET PRÉNOMS des PENSIONNAIRES.	MOTIFS de LA CONCESSION DES PENSIONS.	MONTANT des PENSIONS.	OBSERVATIONS
9,062.	OGEREAU (Joseph-Dominique).......	Vendéen........................	50f 00c	N'a touché aucun des deux secours.
9,063.	OGLEBY (Marie-Adélaïde), née DE TROYE, dame).	Émigrée........................	600. 00.	
9,064.	OGORMAN (Catherine-Charlotte, née CAUVET, comtesse).	*Idem*........................	900. 00.	*Idem.*
9,065.	O'HEGERTY (François-Pierre-Henri)...	N'a aucun moyen d'existence.........	200. 00.	*Idem.*
9,066.	——— (Jacques-Louis-François).....	*Idem*........................	200. 00.	*Idem.*
9,067.	O'HEGUERTY (Louise-Justine-Élisabeth, demoiselle).	Fille d'émigré..................	400. 00.	
9,068.	——— (Thérèse-Zoé-Dominique, demoiselle).	*Idem*........................	400. 00.	*Idem.*
9,069.	——— (Rosa, née Wilton, comtesse)..	Veuve d'émigré..................	800. 00.	N'a pas touché le deuxième secours.
9,070.	OLHEGUY (Adèle-Joséphine, née TEISSIER DE MARGUERITTES, dame DE).	Son père est mort sur l'échafaud, en 1793.	300. 00.	
9,071.	OLIVARI DE CAMPREDON (Paule-Christine-Marie, née DE RAFFELIS DE ROQUESANTE, marquise DE).	Mère d'émigrés; perte de fortune......	500. 00.	
9,072.	OLIVE (Jean-Baptiste).............	Émigré........................	300. 00.	
9,073.	OLIVIER (Denis).................	Vendéen........................	80. 00.	N'a pas touché le deuxième secours.
9,074.	——— (Philippe)................	Émigré........................	200. 00.	
9,075.	——— (Anne, demoiselle).........	Émigrée........................	400. 00.	
9,076.	——— (Justine-Fortunée, née DE CUERS COGOLIN).	Fille d'un capitaine de vaisseau mort sur l'échafaud, en 1793.	300. 00.	
9,077.	——— (Marie-Josèphe, née SAETTONI, veuve).	Veuve d'un officier; perte de fortune..	300. 00.	
9,078.	——— DUVIVIER (Augustin-Henri)...	Émigré, ex-payeur de la couronne de France, à Londres.	3,000. 00.	
9,079.	——— DE MAISON-NEUVE (François-Claude).	Émigré........................	400. 00.	
9,080.	——— (Joseph-Étienne-Pierre)......	Fils d'un chirurgien-major émigré.....	500. 00.	
9,081.	OLIVIERI (Marguerite-Rose, demoiselle).	Émigrée........................	400. 00.	
9,082.	OLLIVIER........................	Émigré........................	304. 80.	
9,083.	——— DESCLOSEAUX (Amélie, demoiselle).	Fille du propriétaire qui a conservé les cendres de Louis XVI.	4,000. 00.	
9,084.	O-MÉARA (Catherine-Françoise, née DE MASTERSON, dame).	Femme d'un lieutenant-colonel qui a rendu des services au Roi Louis XVIII.	1,200. 00.	
9,085.	——— (Rose, née SIMONET, comtesse).	Veuve d'un maréchal de camp émigré..	500. 00.	
9,086.	ONFFROY (Louise-Julie-Philippe, demoiselle D').	Émigrée........................	600. 00.	

N^os d'ordre.	NOMS ET PRÉNOMS des PENSIONNAIRES.	MOTIFS de LA CONCESSION DES PENSIONS.	MONTANT des PENSIONS.	OBSERVATIONS.
9,087.	ONFROY (Marie, née FONTAINE, veuve).	Veuve d'un palefrenier des écuries....	150f 00c	
9,088.	—— DE BREVILLE (Marthe-Silvie, née DEZÉ, veuve).	A perdu sa fortune par suite de la révolution.	600. 00.	
9,089	—— DE TRACY (Charles-François)..	Fils d'émigré....................	300. 00.	
9,090.	—— (Hyacinthe-François)........	*Idem*..........................	300. 00.	
9,091.	—— (Rosalie, demoiselle)........	Fille d'émigré..................	300. 00.	
9,092.	—— (Élisabeth, née LEGALLAIS, dame).	Émigrée........................	800. 00.	
9,093.	OMS (Joseph-Jean-François-Jacques-Thomas, D').	Émigré.........................	300. 00.	
9,094.	ONS (Louise, demoiselle)..........	Parente d'émigré................	300. 00.	N'a pas touché le deuxième secours.
9,095.	OPPETIT (Gervais)................	Émigré.........................	200. 00.	
9,096.	ORCOMTE DE PANCEY (Marie-Anne, demoiselle DE).	Sœur d'émigré..................	400. 00.	
9,097.	ORDINAIRE (Marie-Charlotte-Bonaventure, née MARMILLON DE MONTFORT, v^e).	Dévouement de son mari au 10 août...	200. 00.	*Idem.*
9,098.	OREIL (Élisabeth-Anne-Jeanne-Josèphe, née DOMS DE MONTAL, dame D')	En remplacement de la pension dont elle jouissait à raison des services de sa famille dans la maison de Louis XVI.	500. 00.	
9,099.	O'REILLY (Anne-Susanne, demoiselle).	A perdu sa fortune par suite de la révolution.	400. 00.	
9,100.	ORPEUILLE (Simon-Marie, chevalier D').	Émigré.........................	300. 00.	N'a pas touché le deuxième secours.
9,101.	—— (Marie-Valentine-Amélie-Élisabeth, demoiselle D').	Chanoinesse émigrée.............	900. 00.	
9,102.	—— (Louise-Marie-Charlotte-Françoise, née DE CHOISEUL, comtesse D').	Émigrée........................	2,400. 00.	
9,103.	ORIANNE (Charles-Louis)..........	Fils d'émigré..................	300. 00.	
9,104.	—— (Georges-Barthélemy)........	*Idem*.........................	300. 00.	
9,105.	ORIAUX (Joseph-Julien)............	Vendéen........................	50. 00.	
9,106.	ORLIC (Sarah, née RITTER, veuve D')..	Veuve d'un gendarme; perte de fortune.	200. 00.	
9,107.	ORMANCEY (Catherine, demoiselle)....	Émigrée........................	500. 00.	
9,108.	ORRÉ (Henri-Julie, abbé)...........	Émigré.........................	1,066. 80.	
9,109.	—— DUPLESSIS (Angélique, née GUILLE-DESBUTES, dame).	Son mari a été condamné à mort pendant la révolution.	400. 00.	
9,110.	ORSIBAL (dame)..................	N'a aucun moyen d'existence........	240. 00.	N'a touché aucun des deux secours.
9,111.	—— (dame)......................	Femme d'un officier d'artillerie........	300. 00.	

Nos d'ordre.	NOMS ET PRÉNOMS des PENSIONNAIRES.	MOTIFS de LA CONCESSION DES PENSIONS.	MONTANT des PENSIONS.	OBSERVATIONS.
9,112.	ORTH (Mathias)	Émigré	150f	
9,113.	——— (Michel)	*Idem*	120.	
9,114.	——— (Vendel)	*Idem*	120.	
9,115.	ORTS DE BULLOY (Marie-Jeanne-Henriette-Josèphe, dame), née DUSART.	Fille d'émigré	300.	N'a touché aucun des deux secours.
9,116.	ORVAL (Marguerite-Élisabeth, baronne D'), née LEZAN.	Sa mère avait obtenu une pension sur la cassette de MESDAMES.	300.	
9,117.	ORY (Joseph-Charles)	Vendéen	100.	N'a pas touché le deuxième secours.
9,118.	OSSART.	Employé à l'Opéra-Comique. (Pension par suite de transaction.)	50.	N'a touché aucun des deux secours.
9,119.	OTAGIO MALESPINE (Françoise-Anne-Louise, dame D'), née D'AIGLUN SAINT-VINCENT.	Son père a sauvé la vie au Dauphin, fils de Louis XVI, le 20 juin 1792.	600.	
9,120.	OTT (Anne-Dorothée, veuve), née ROSENSTOCK.	Son mari a rendu des services aux émigrés.	400.	
9,121.	OTTMANN (Jacques-Louis)	Émigré	120.	
9,122.	OUDARD (Thomas)	Palefrenier aux écuries de Louis XVI	400.	
9,123.	OUDIN (Marie-Madeleine, veuve), née LEDOULX.	Femme d'un garçon de fruiterie	200.	
9,124.	OUDINOT (Pierre-Nicolas)	Inspecteur des bâtimens à Brunoy	300.	
9,125.	OUDOT (André)	Canonnier blessé en servant une pièce d'artillerie le 2 octobre 1820.	150.	
9,126.	OUI (Marie-Marguerite, veuve), née LAMBERT.	Veuve d'un serviteur dans la maison de la Reine.	100.	
9,127.	OURRY (Eulochie-Thérèse-Maurice)	Homme de lettres	1,600.	
9,128.	*Néant-*			
9,129.	OURY (Catherine-Sophie, veuve), née DAMESME.	En remplacement de la pension de 1495 f. dont elle jouissait avant la révolution.	1,200.	
9,130.	OUSTER (Anne, veuve), née JOURNEUX.	Veuve d'un doyen des cent-suisses mort à 84 ans, après 48 ans de service.	300.	N'a touché aucun des deux secours.
9,131.	OUTRETAINE (Marie, veuve DE), née COMBALUZIER.	Émigrée	600.	
9,132.	OUVRARD (Louis)	Vendéen	50.	
9,133.	——— (Pierre)	*Idem*	50.	N'a pas touché le deuxième secours.
9,134.	——— (Anne, demoiselle)	Vendéenne	100.	
9,135.	OUVRARD DE LINIÈRE (Jeanne-Marguerite, veuve), née BLOÜIN.	Veuve d'un valet de garde-robe du Roi	600.	
9,136.	OUVRART (Jean)	Vendéen	100.	N'a touché aucun des deux secours.

Nos d'ordre.	NOMS ET PRÉNOMS des PENSIONNAIRES.	MOTIFS de LA CONCESSION DES PENSIONS.	MONTANT des PENSIONS.	OBSERVATIONS.
9,137.	OUY dit LARAVINE (Louise-Julie, veuve), née BOUTELET.	En remplacement de la pension de 600 f. dont elle jouissait avant la révolution.	400f	N'a pas touché le deuxième secours.
9,138.	OVERNAY (Marie-Louise, veuve), née LAVERTU.	Veuve d'un portier à la grille du Petit-Montreuil.	150.	
9,139.	OZANNE (Julien)............... ..	Vendéen.........................	50.	
9,140.	——— (Edmée-Charlotte)..........	Son père est mort en prison pendant la révolution.	300.	
9,141.	OZOUF (Thomas)..................	Vendéen.........................	150.	
9,142.	OZOUVILLE (Constance-Marie-Félicité, demoiselle DE).	Émigrée..........................	900.	N'a touché aucun des deux secours.
9,143.	OZOUX (Marie-Étiennette, veuve), née FONTAINE.	Veuve d'un serviteur dans la maison de la Reine.	300.	*Idem.*

Nos d'ordre.	NOMS ET PRÉNOMS des PENSIONNAIRES.	MOTIFS de LA CONCESSION DES PENSIONS.	MONTANT des PENSIONS.	OBSERVATIONS.
		P		
9,144.	PABAN (Augustin-Louis)...........	Émigré..........................	300f	
9,145.	——— (Euphrosine-Désirée, demoiselle).	Émigrée de Toulon................	400.	
9,146.	PACOTTE (Nicolas-Benoît)..........	Prêtre émigré....................	900.	
9,147.	PADIRAC (Marie-Anne-Rose, demoiselle).	Fille d'émigré...................	100.	
9,148.	PAGEAU (Marie-Madeleine, demoiselle).	Vendéenne........................	200.	
9,149.	PAGÈS (François-Marie-Louis, DE)....	Émigré..........................	500.	
9,150	——— (Jean-Pierre, abbé).........	*Idem*...........................	600.	N'a pas touché le deuxième secours.
9,151.	——— (Louise-Amable, demoiselle DE).	Créole de Saint-Domingue ; son père a été massacré.	400.	
9,152.	——— (Thérèse-Antoinette, demoiselle DE).	*Idem*...........................	400.	
9,153.	——— (Louise-Françoise, dame DE), née BOYER.	Femme d'émigré...................	400.	
9,154.	——— (Madeleine, veuve), née DELESTANC.	Services à la cause royale dans les armées de la Lozère.	300.	
9,155.	PAGEST (Catherine, DE), née LATIL...	A été persécutée dans la révolution	300.	
9,156.	PAGET (François)..................	Garçon des pages de la chambre de Louis XVI.	240.	
9,157.	PAGÈZE (Marguerite-Suzanne, veuve), née HUGUIER.	Veuve d'émigré...................	240.	
9,158.	PAGNAC (Louise-Joséphine, demoiselle DE).	Fille d'un lieutenant-général.........	300.	
9,159.	PAGNIEZ (Benoît-Joseph)...........	Émigré..........................	150.	
9,160.	PAGNON DE FONTAUBERT (Sophie-Louise, dame), née DE BRIE.	Émigrée..........................	600.	
9,161.	PAGUELLE (Jean-François)..........	Émigré..........................	500.	
9,162.	PAILHOUX DE CASCASTEL DE CASTELMAURE (Jean-Paul-Augte-Louis), cher.	*Idem*...........................	300.	
9,163.	PAILLARD (François)...............	Vendéen..........................	120.	
9,164.	PAILLÉ (Marie, veuve), née DARROUY.	Son fils a fait une chute en travaillant aux bâtimens de la maison du Roi.	100.	
9,165.	PAILLET (dame)....................	Veuve d'un chef servant à la cuisine dans la maison de Louis XVIII.	1,000.	
9,166.	PAIN (Louis-Pierre)...............	Vendéen..........................	100.	N'a pas touché le deuxième secours.
9,167.	——— (Pierre-Michel)............	Ancien garde des forêts de la Couronne.	400.	

Nos d'ordre.	NOMS ET PRÉNOMS des PENSIONNAIRES.	MOTIFS de LA CONCESSION DES PENSIONS.	MONTANT des PENSIONS.	OBSERVATIONS.
9,168.	PAJOT (Marie-Louise-Adélaïde, dame), née DE CHAUMONT.	Émigrée.	1,500f	
9,169.	PAJOT DE MARCHEVAL (Marie-Jeanne-Françoise, veuve), née GUILLAUDEAU DUPLESSIS.	Veuve d'un maître des requêtes, conseiller à la cour de cassation.	800.	N'a pas touché le deuxième secours.
9,170.	PALLARÈS (Basilise-Françoise-Marie-Thérèse, demoiselle).	Émigrée.	500.	
9,171.	——— (Françoise-Claire-Marie-Antoine, demoiselle).	*Idem*.	500.	
9,172.	——— (Paule-Élisabeth-Hyacinthe-Marguerite).	*Idem*.	500.	*Idem*.
9,173.	PALATE DE VILDÉ (Louise, veuve), née CASSEAUMAJOR).	A perdu sa fortune par suite de la révolution.	200.	
9,174.	PALAU (Marie-Thérèse-Rite-Catherine, veuve), née CREMADELLE.	Parente d'émigrés.	200.	*Idem*.
9,175.	PALIERNE DE LA HAUDUSSAIS (Clotilde-Aimée, demoiselle).	Fille d'un colonel vendéen.	250.	N'a pas touché le deuxième secours.
9,176.	——— (Adèle-Sidonie, demoiselle).	*Idem*.	250.	*Idem*.
9,177.	PALISSOT DE MONTENOY (Joséphine-Julie, veuve), née FERTÉ.	Veuve d'émigré.	900.	
9,178.	PALLETTE (Caroline-Justine, veuve), née VAN-CALOEN).	Son mari a servi la cause royale, en France.	300.	
9,179.	PALLIER (Guillaume).	Valet de pied des pages de Louis XVI.	150.	
9,180.	PALLU (Anne-Adélaïde, marquise DE LA), née DE RIVIÈRE.	Femme et fille d'émigrés.	300.	*Idem*.
9,181.	PALLU DUPARC (Marie-Françoise, demoiselle).	Fille d'émigré.	300.	
9,182.	PALLUAUD (Pierre).	Vendéen.	100.	
9,183.	PALVADEAU (Marie-Suzanne, veuve), née RABALLAND.	Vendéenne.	30.	N'a touché aucun des deux secours.
9,184.	PANAFIEU (Jean-Baptiste).	Services à la cause royale, âgé de 80 ans, sans fortune.	200.	
9,185.	PANCIN (Amélie-Jeanne, demoiselle).	Fille d'émigré.	200.	
9,186.	PANCIN (Françoise-Athalie, demoiselle).	*Idem*.	200.	
9,187.	PANEVÈRE (Louise-Gilbert-Françoise, demoiselle DE).	A perdu sa fortune par suite de la révolution.	300.	
9,188.	——— (Françoise, dame), née AUBOUX DEUSTHEVENY.	Fille d'un page de Louis XV.	500.	N'a pas touché le deuxième secours.
9,189.	PANIER (Marie-Françoise, veuve), née DERCHEU.	Veuve d'un garçon fontainier à Versailles.	100.	N'a touché aucun des deux secours.
9,190.	PANISSE (Jean-Joseph).	Émigré de Toulon.	150.	
9,191.	——— (Jean-Toussaint).	Son père fut fusillé à Toulon, en 1793.	80.	
9,192.	——— (Victor-Marie-Pierre).	*Idem*.	80.	

Nos d'ordre.	NOMS ET PRÉNOMS des PENSIONNAIRES.	MOTIFS de LA CONCESSION DES PENSIONS.	MONTANT des PENSIONS.	OBSERVATIONS.
9,193.	PANNELIER (Antoine-Lucien)........	Services dans les chasses de Louis XVI..	1,800f	N'a touché aucun des deux secours.
9,194.	PANNEVEYRE (Michel).............	Gentilhomme d'Auvergne sans moyens d'existence.	600.	*Idem.*
9,195.	PANNIER (Sophie, dame)...........	Auteur..........................	400.	
9,196.	——— (Laurence-Geneviève, née MASCART, dame).	Services rendus à la cause royale, en France.	600.	
9,197.	PANON (François-Antoine)...........	Émigré de Toulon.................	600.	
9,198.	——— (Marie-Anne-Suzanne, née CARON, veuve).	Émigrée........................	400.	
9,199.	——— DUHAZIER (Esther, demoiselle).	Belle-fille du général des Brulys commandant à l'île Bourbon et assassiné dans l'exercice de ses fonctions.	1,000.	
9,200.	——— DE FAYMOREAU (Jacques-Louis).	Émigré.........................	300.	N'a pas touché le deuxième secours.
9,201.	PANSARD (Jean-Claude)............	Parent du général Pichegru..........	100.	
9,202.	PAPAREL DE VITRY (Marie-Madeleine, née TARDET DE LAVAU, dame).	Émigrée; son mari fut assassiné en 1794.	500.	
9,203.	PAPIN (Adolphe).................	Sa famille a été persécutée pendant la révolution.	240.	*Idem.*
9,204.	——— (René)....................	Vendéen.........................	50.	
9,205.	———(Françoise-Marie-Madeleine, née BRUGEVIN, baronne DE).	Veuve d'un général de brigade émigré..	1,500.	
9,206.	PAPINEAU (Suzanne, née LEBLANC, veuve).	Vendéenne.......................	80.	
9,207.	PAPON (Aglaé-Madeleine-Laure, née SARD, veuve).	Son père est mort sur l'échafaud, en 1793.	200.	
9,208.	——— DE LA MARSALE (Antoinette, demoiselle).	Fille d'émigré...................	200.	
9,209.	——— (Antoinette, demoiselle).....	*Idem*..........................	200.	
9,210.	——— (Jeanne, demoiselle)........	*Idem*..........................	200.	
9,211.	——— DE MONTMART (Françoise-Toussainte-Marie, née DE MONTMART ve)..	Émigrée........................	800.	
9,212.	PAQUERON DE FONMERVAULT (George-Victoire).	*Idem*..........................	300.	
9,213.	PAQUET (Marie-Jeanne, née CHEVAL)..	Veuve d'un palefrenier à la grande écurie.	150.	*Idem.*
9,214.	PARADAN (Étienne)................	Son père a servi dans les armées royales de la Lozère.	100.	
9,215.	PARADE (Jérôme).................	Émigré.........................	400.	
9,216.	PARAGES (Jacques-Hector, DE)......	*Idem*..........................	1,000.	
9,217.	PARANT (Marie-Jeanne, née ROUILLON, dame).	Veuve d'un serviteur de la maison de Louis XVI.	600.	

Nos d'ordre.	NOMS ET PRÉNOMS des PENSIONNAIRES.	MOTIFS de LA CONCESSION DES PENSIONS.	MONTANT des PENSIONS.	OBSERVATIONS.
9,218.	PARAT DE CLACY (Marguerite-Josèphe, demoiselle).	Fille d'émigré	800f.	
9,219.	——— (Marie - Françoise - Charlotte, demoiselle).	*Idem*	300.	
9,220.	PARCHEMINIER (Anne, née MAGÉ, femme).	Veuve d'un postillon aux écuries de Louis XVI.	200.	
9,221.	——— (Michelle-Louise, née BLANCHARD, femme).	Fille *idem*	240.	
9,222.	PARDAILHAN (Marie-Madeleine-Barbe, née GROSS, comtesse DE).	Veuve d'émigré	800.	
9,223.	PARDAILLAN (Madeleine-Laurence, née DE VÉZIEN, comtesse DE).	Émigrée, femme d'un lieutenant-général.	2,400.	N'a touché aucun des deux secours.
9,224.	PARÉ (René)	Vendéen	60.	*Idem.*
9,225.	PARENT (dame)	Émigrée	300.	N'a pas touché le premier secours.
9,226.	——— (Lucie-Guislaine-Josèphe, née DELETTRÉ, veuve).	Son père est mort sur l'échafaud pendant la révolution.	150.	
9,227.	——— DE CURZON (Jean-Emmanuel-Amable).	Fils d'émigré	400.	
9,228.	PARFOURRE (Marie, demoiselle DE)...	Persécutée pendant la révolution	150.	
9,229.	PARIENS (Perrine-Françoise, née ROLLAND, dame).	Émigrée; elle a quatre enfans	500.	
9,230.	PARIS	Émigré	600.	
9,231.	——— DEBOLLARDIÈRE (Catherine, née GOIRAND, veuve).	Veuve d'émigré	200.	
9,232.	——— (François-Joseph), chevalier DE LA VERRIÈRE.	Émigré	250.	
9,233.	PARISI (Marie-Catherine, née BREMONT, veuve).	Veuve d'un palefrenier aux écuries de Louis XVIII.	200.	
9,234.	PARISY (Marie-Louise, née GENÊTRE, veuve).	Veuve d'un serviteur dans la maison du Roi.	400.	
9,235.	PARIZOT (Jeanne-Françoise, née D'HENIN, veuve).	Veuve d'un officier supérieur mort après 36 ans de service.	300.	
9,236.	PARMENTIER (Anne),	Ses parens ont été ruinés par suite de la révolution.	200.	
9,237.	PARODI (Barthélemy)	Fils d'émigré	200.	
9,238.	——— (Joseph-Marie)	*Idem*	200.	
9,239.	——— (Philippe)	*Idem*	200.	
9,240.	PAROIS (Louis)	Vendéen	60.	N'a touché aucun des deux secours.
9,241.	PARRIEL (Louise, née DE SAINT-LÉGER DE LA SAUSAYE, veuve).	Perte de fortune	200.	
9,242.	PARSEAU DUPLESSIX (Marie - Jeanne-Louise-Ignace, née DE KERLEREC de).	Femme d'un officier de marine émigré..	1,500.	

Nos d'ordre.	NOMS ET PRÉNOMS des PENSIONNAIRES.	MOTIFS de LA CONCESSION DES PENSIONS.	MONTANT des PENSIONS.	OBSERVATIONS.
9,243.	PARSEVAL (DE).....................	Inspecteur de la lingerie et de l'argenterie dans la maison de Louis XVIII.	1,800f	
9,244.	——— (André-René-Philibert, DE)..	Fils et neveu de fermiers généraux morts sur l'échafaud pendant la révolution.	600.	
9,245.	——— (François-Marie)...........	Émigré..........................	2,400.	
9,246.	——— DE FRILEUSE (Anne-Françoise-Élisabeth, née BRAC DE LA PERRIÈRE, ve)	A été persécutée pendant la révolution..	600.	
9,247.	PAS (Anne-Rose, née REMOUIT, veuve).	Veuve d'émigré de Toulon...........	60.	
9,248.	——— DE LOUP (veuve)...........	Veuve d'un chef d'orchestre de l'Opéra-Comique. (Pension par suite de transaction.)	500.	
9,249.	PASCAL (Jacques-Jérôme, abbé)......	Émigré..........................	200.	N'a touché aucun des deux secours.
9,250.	——— (Julien-Joseph, DE)..........	Services à la cause royale, en France...	300.	*Idem.*
9,251.	——— (Anne-Jeanne-Aimée, demoiselle DE).	Fille d'un officier de carabiniers......	300.	
9,252.	——— (Marie-Pierrette, née CHIFFLIER, dame).	Attachée à la maison du Roi..........	164.	
9,253.	——— (Marie-Thérèse, née GIBAUD, veuve).	Émigrée.........................	150.	
9,254.	——— (Marie-Angélique, née DE TERMES, veuve DE).	Veuve d'émigré....................	400.	
9,255.	——— (Marie-Sophie-Christine-Émilie-Xavier, marquise DE SAINT-JUERY, née GUIGNARD DE SAINT-PRIEST, dame DE).	Son père servait au 10 août; elle avait une pension de 1,500 francs avant la révolution.	700.	
9,256.	PASLARD (Jean)..................	Vendéen.........................	50.	
9,257.	PASQUANET DE PIERREBRUNT (Jean-Baptiste-Gilbert).	Émigré..........................	300.	
9,258.	PASQUET (Claude, chevalier DE)......	*Idem*............................	800.	
9,259.	——— (Pierre)....................	Persécuté pendant la révolution.......	100.	
9,260.	——— (Marie-Charlotte, née PRADEL DE LA MAZE, dame DE).	Avait une pension de 450 fr. sur la cassette de Louis XVI.	100.	
9,261.	——— DE LARRVANCHÈRE (Marie-Victoire, née DESCHAMPS DE ROMEFORT, veuve).	Veuve d'un lieutenant de gendarmerie..	300.	
9,262.	——— DE SALAIGNAC (Édouard-Maurice)	Gentilhomme de MONSIEUR, comte de Provence.	1,200.	
9,263.	——— (Charlotte-Jeanne-Perrine, née MICAULT DE LA VIEUXVILLE, veuve).	Belle-sœur d'un écuyer de Louis XVI...	600.	N'a touché aucun des deux secours.
9,264.	——— (Marie-Marguerite, née PAILLARD DE VILLENEUVE, veuve).	Veuve d'un officier supérieur des gardes du corps.	600.	
9,265.	PASQUIER (Denis-François-Joseph)....	Garçon de la chambre de Mme la comtesse d'Artois.	1,000.	
9,266.	——— (Clotilde-Ursule)............	Fille d'un capitaine de vaisseau émigré.	400.	
9,267.	——— (Élisabeth-Marie-Rosalie).....	*Idem*............................	800.	

Nos d'ordre.	NOMS ET PRÉNOMS des PENSIONNAIRES.	MOTIFS de LA CONCESSION DES PENSIONS.	MONTANT des PENSIONS.	OBSERVATIONS.
9,268.	PASQUIER (Françoise-Rosalie, née DE TERRAS, dame).	Veuve d'un contre-amiral émigré.....	600f 00c	
9,269.	PASQUIN (Anne-Claudine, demoiselle).	Fille d'un valet de pied de Madame Élisabeth.	100. 00.	N'a touché aucun des deux secours.
9,270.	PASSAIS (Jean-René).............	Vendéen........................	200. 00.	
9,271.	PASTELOT.......................	Ouvreuse de loges à l'Opéra-Comique. (Pension par suite de transaction.)	50. 00.	
9,272.	PASTOREL (Jean-Baptiste-Claude, DE).	Émigré.........................	300. 00.	
9,273.	PASTORET (Antoine-Joseph).........	*Idem*..........................	300. 00.	
9,274.	——— (François, chevalier)........	*Idem*..........................	600. 00.	
9,275.	PASTOUREAUX DE LA BRAUDIÈRE (Marie, demoiselle).	Émigrée........................	400. 00.	N'a pas touché le deuxième secours.
9,276.	——— (Marie-Julie, demoiselle).....	*Idem*..........................	400. 00.	*Idem.*
9,277.	——— (Louis, chevalier DE PUYNODE).	Émigré.........................	800. 00.	
9,278.	PATARIN (Jean-Joseph-Félicité).......	Colonel de cuirassiers émigré.........	500. 00.	
9,279.	PATEL (Jeanne, née BLONDIN, dame)..	Veuve d'un général...............	400. 00.	
9,280.	PATERSI (Louise-Adélaïde, née THOMAS DE SAINT-MARS, veuve).	Son père et sa mère sont morts victimes de la révolution.	500. 00.	
9,281.	PATIN (Louise, née LEGEAY, dame)..	Veuve d'émigré..................	200. 00.	
9,282.	PATINIER (Florentin-Joseph)........	Émigré.........................	120. 00.	N'a touché aucun des deux secours.
9,283.	PATORNAY DUFIED (Jacques-Alexis-François).	*Idem*..........................	900. 00.	
9,284.	PATRIARCHE (Marie-Marguerite, née BARBIER, veuve).	Veuve d'un employé à l'équipage des courriers.	200. 00.	
9,285.	PATRIS DE CONGOUSSE (Françoise-Vincentine, demoiselle).	Sœur d'émigrés...................	250. 00.	
9,286.	PATRONNIER DE GRANDILLAC (Pierre)..	Émigré.........................	200. 00.	
9,287.	PATRY (Édouard-Louis)............	Vendéen........................	200. 00.	
9,288.	——— (Claude-Jean)..............	*Idem*..........................	50. 00.	*Idem.*
9,289.	PAUL (Jean-Pierre)................	Ancien garçon de chaise...........	300. 00.	
9,290.	PAULIN (Gilette-Julienne, née GOSSÉ, veuve).	Veuve d'un portier à la petite écurie de Compiègne.	200. 00.	
9,291.	PAULMIER (Jean-François).........	Pour avoir arrêté l'assassin du duc de Berry.	500. 00.	
9,292.	PAULO (Louise, née BODIN, veuve)...	Vendéenne......................	100. 00.	

Nos d'ordre.	NOMS ET PRÉNOMS des PENSIONNAIRES.	MOTIFS de LA CONCESSION DES PENSIONS.	MONTANT des PENSIONS.	OBSERVATIONS.
9,293.	PAUMIER (veuve)	N'a aucun moyen d'existence	400f	N'a touché aucun des deux secours.
9,294.	—— D'HULZBARCH (veuve)	Perte de fortune	200.	
9,295.	PAUPE (Marie-Marguerite-Charlotte, née DE FONTENELLE POSTEL, veuve).	Perte de fortune par suite de la révolution.	300.	
9,296.	PAUTHIER (Honoré)	Émigré	150.	
9,297.	—— (Jacques-François)	*Idem*	250.	
9,298.	—— (Jean-Félix)	*Idem*	150.	
9,299.	PAUTRIER DE MONTAULIEU (Aimée, née DE LAURENCIN D'AVENAS, comtesse DE).	Veuve d'émigré	800.	
9,300.	PAVÉE DE VILLEVIELLE (Charles-François-Louis, comte DE).	Petit-fils d'émigré	300.	*Idem.*
9,301.	—— (Marie-Blanche-Henriette-Radegonde-Julie-Edwige, demoiselle).	Petite-fille d'émigré	300.	*Idem.*
9,302.	—— (Pauline-Raymonde-Joséphine-Clotilde, demoiselle), baronne DU VERDIER DE GENOUILLAC.	Émigrée	300.	*Idem.*
9,303.	PAVIN (Jacques-François)	Émigré de Toulon	150.	
9,304.	—— (Anne-Alexandrine-Sophie, demoiselle).	Fille d'émigré	400.	
9,305.	—— (Élisabeth-Rose, née COGOLIN, veuve).	Émigrée	400.	
9,306.	PAVY (Jacques-Marie)	Vendéen	300.	N'a pas touché le deuxième secours.
9,307.	PAYAN (Jean)	A sauvé la vie à onze personnes qui se noyaient dans le Rhône.	200.	
9,308.	—— (Madeleine-Reine-Céleste-Antoinette, née BLET, veuve).	Ve d'un ancien garde-magasin des subsistances militaires ayant 29 ans de services.	500.	
9,309.	—— (Marie-Thérèse, née BOURGUIGNON, dame).	Son père et son frère sont morts sur l'échafaud pendant la révolution.	300.	
9,310.	PAYANT (Maurice)	Vendéen	120.	
9,311.	PAYEN (Jean-Germain)	Tonnelier des caves de MESDAMES	200.	N'a touché aucun des deux secours.
9,312.	—— (Marie-Rose-Catherine, née DUBOIS, dame).	Services à la cause royale, en France	300.	
9,313.	—— (Félicité-Charlotte, née GAZET DU CHATELLIER, dame).	Fille d'un lieutenant-colonel vendéen	500.	
9,314.	—— DE NOYAN (Louis-Emmanuel)	Vendéen pillé par les Prussiens en 1815.	800.	*Idem.*
9,315.	PAYN (Marie-Louise, demoiselle), dame FONTAINE.	Fille d'émigré	50.	
9,316.	—— (Jean)	Fils *idem*	50.	
9,317.	—— (Aglaé-Joséphine, demoiselle), dame GILBERT.	Fille *idem*	50.	

Nos d'ordre.	NOMS ET PRÉNOMS des PENSIONNAIRES.	MOTIFS de LA CONCESSION DES PENSIONS.	MONTANT des PENSIONS.	OBSERVATIONS.
9,318.	PAYN (Sophie-Marie, demoiselle)....	Émigrée	50f	N'a touché aucun des deux secours.
9,319.	PAYNEAU (Antoine)...............	Vendéen........................	50.	
9,320.	——— (Louis)..................	*Idem*..........................	80.	
9,321.	PAYRAUDEAU (Victor-Léon).........	*Idem*..........................	100.	*Idem.*
9,322.	PAYROTTES (Henri-Raymond DE), baron DE JOUBES.	Services dans les armées royales, en France.	300.	
9,323.	PEAN DE PONFILLY (Ernest Jean-Marie).	Fils d'émigré....................	400.	
9,324.	PEAU (Jean)......................	Vendéen........................	80.	
9,325.	PEAUDEAU (François).............	*Idem*..........................	80.	
9,326.	PECATIER (Jean).................	Émigré.........................	200.	
9,327.	PÉCAULD DE CHANGIN (Nicole-Élisabeth, veuve), née JACQUETELLE.	Veuve d'un officier...............	300.	
9,328.	PECHÈS (Françoise-Angélique), demoiselle).	Avait une pension avant la révolution..	300.	
9,329.	PÉCHINOT (Jean-Baptiste)..........	Émigré.........................	150.	
9,330.	PECHOLIER (Antoinette-Marie-Henriette, demoiselle).	Émigrée........................	250.	
9,331.	PECHON (Jeanne-Louise, veuve), née LABY.	Veuve d'un officier supérieur du génie mort en émigration.	600.	
9,332.	PECOU DE CHERVILLE (Joseph-Gaspard)	Chevalier de S.-Louis, ruiné par la révolution.	400.	N'a pas touché le premier secours.
9,333.	——— (Hélène-Marie-Geneviève)....	Sans moyens d'existence............	400.	N'a touché aucun des deux secours.
9,334.	PECQUEUR (Aimé-Charles)..........	Fils d'émigré....................	100.	
9,335.	——— (Louis-Auguste)...........	Émigré.........................	800.	
9,336.	——— (Pierre-Augustin)..........	*Idem*..........................	400.	
9,337.	——— (Julie-Stéphanie, demoiselle).	Fille d'émigré....................	100.	
9,338.	PERROT (Henriette-Marie, dame, née BERNARD).	Émigrée........................	400.	
9,339.	PEGHOUX DE MARDOGNE (Marie-Madeleine, demoiselle).	Sœur d'émigré, perte de fortune.....	300.	
9,340.	PEIGNÉ (Charles).................	Cocher aux écuries................	400.	
9,341.	——— (Jean-Louis)..............	Garçon d'attelage aux écuries.......	120.	
9,342.	PEIN (Ange-Marie-Didier, dame), née GUEREY.	Services de son mari à la cause royale..	500.	

Nos d'ordre.	NOMS ET PRÉNOMS des PENSIONNAIRES.	MOTIFS de LA CONCESSION DES PENSIONS.	MONTANT des PENSIONS.	OBSERVATIONS.
9,343.	PEINEAU (Marie-Thérèse-Pétronille, veuve DE), née DE BOUSQUET.	Veuve d'un procureur général à la table de marbre à Bordeaux.	400f	
9,344.	PÉLARD (Alexandre-Paul-Marie)......	Vendéen......................	400.	
9,345.	PELISSIER.....................	Pensionnaire du deuxième théâtre français. (Pension à titre onéreux.)	625.	
9,346.	PELISSOT (François-Louis)........	Émigré.......................	300.	
9,347.	PELLAT (Marie-Françoise, veuve), née MATHERON.	Veuve d'un officier des armées françaises.	150.	
9,348.	PELLECHET (Antoine-Joseph)........	Sous-intendant militaire; à titre d'ancienneté de services et en remplacement d'une pension acquise sur la caisse de vétérance.	3,000.	N'a touché aucun des deux secours.
9,349.	PELLEGARS DE MALHORTIE dit COLVÉ (Louis-Étienne DE).	Émigré.......................	600.	N'a pas touché le premier secours.
9,350.	PELLEGRIN (Joséphine-Thérèse-Élisabeth, demoiselle).	Fille d'émigré de Toulon...........	150.	
9,351.	——— (Marie-Anne-Barbe, demlle)...	*Idem*.......................	150.	
9,352.	——— (Marie-Constance-Julie, veuve), née BARRALLIER.	Veuve d'émigré................	200.	
9,353.	PELLEPORC (Rosalie-Louise-Josèphe, vicomtesse DE LAFITE DE), née LECOCQ.	Émigrée......................	800.	
9,354.	PELLEPORT (Élisabeth-Salomé, marquise DE), née LÉONARD.	Femme d'émigré................	400.	
9,355.	PELLET (Marie-Madeleine-Charlotte, ve), née DE VILLELONGUE.	Veuve d'un colonel................	300.	
9,356.	PELLETIER (Thomas-Michel).........	Services rendus à la cause royale......	600.	
9,357.	——— (Marie-Victoire, veuve), née FÉVRIER.	Veuve d'un premier commis des menus plaisirs.	800.	
9,358.	——— (Marie-Anne, ve), née MASSON.	Veuve d'émigré................	400.	
9,359.	PELLETIER DE CHAMBURE (Marie-Élisabeth, dame), née PIORET.	Veuve d'un receveur des fermes en Bourgogne.	500.	
9,360.	PELLETIER DE VOILLEMONT (Charles-Auguste).	Fils d'un chef de bataillon de la garde royale.	100.	
9,361.	——— (Aimée-Coralie, demoiselle)...	Fille *idem*....................	100.	
9,362.	——— (Athalie-Marie, veuve), née DE GERMAIN.	Veuve *idem*...................	400.	
9,363.	PELLIER (Louis-Charles)...........	Élève au manége, et fils d'un piqueur du Roi.	400.	
9,364.	——— (veuve)..................	N'a aucun moyen d'existence.........	300.	
9,365.	——— (demoiselle)..............	Émigrée.....................	700.	
9,366.	——— (Aglaé-Flavie, demoiselle)....	Amputée par suite de l'explosion de la poudrière de Colmar.	600.	
9,367.	——— (Charlotte-Françoise, demlle)..	Émigrée.....................	700.	

Nos d'ordre.	NOMS ET PRÉNOMS des PENSIONNAIRES.	MOTIFS de LA CONCESSION DES PENSIONS.	MONTANT des PENSIONS.	OBSERVATIONS.
9,368.	PELLIER (Henri-Auguste DE)........	Fils d'émigré....................	200f	
9,369.	PELLIEUX (Étienne-Joseph-Frédéric)..	Lieutenant émigré................	1,200.	
9,370.	——— (Louis-Benjamin-Léopold)....	Fils d'émigré....................	200.	
9,371.	PELLIN (Pierre-Joseph)............	Services dans l'armée royale de Lyon...	200.	
9,372.	PELLION (Anne-Rose, demoiselle).....	Nièce d'émigré...................	200.	
9,373.	PELLISSIER (Hilaire-Vincent)........	Émigré...........................	300.	
9,374.	PELTIER (Andrée, demoiselle).......	Perte de fortune.................	250.	
9,375.	——— (Anne, veuve), née ANDŒ....	Veuve d'émigré...................	1,000.	
9,376.	PELTIER dit BOUQUET (Jean-Baptiste-Mathurin).	Vendéen..........................	183.	N'a touché aucun des deux secours.
9,377.	PÉNART (Jean).....................	Émigré...........................	400.	
9,378.	PENAUD (Julien)..................	Vendéen..........................	50.	N'a pas touché le deuxième secours.
9,379.	PENEZ (Jean-Ignace)...............	*Idem*............................	100.	N'a touché aucun des deux secours.
9,380.	PENFENTENIO DE CHEFFONTAINES (Marie-Anne-Émilie, dame DE), née LEGAT DE FURCY.	Veuve d'un officier de vétérans........	800.	
9,381.	PENGUEN (Jean-Pierre).............	Vendéen..........................	50.	
9,382.	PENIN (Geneviève-Barbe, dame)......	Avait une pension sur le domaine de Versailles.	40.	
9,383.	PENING (Nicole-Rosalie, dame), née QUEVANNE.	Femme d'un employé des domaines du Roi.	300.	
9,384.	PENOT (Simon-Théodore)...........	Ancien chef travaillant à la cuisine.....	377.	
9,385.	PENTHOU (Louise-Angélique, veuve), née DUPUIS.	Veuve d'un palefrenier des écuries.....	200.	*Idem.*
9,386.	PEPIN (Cyr-Joseph)................	Officier du gobelet de MESDAMES......	800.	
9,387.	——— (Jean-Baptiste).............	A servi dans les armées royales de la Lozère.	150.	
9,388.	——— (Jean-Baptiste).............	Vendéen..........................	50.	
9,389.	——— (veuve)....................	Veuve d'un garçon de la chambre de Louis XVIII.	1,000.	
9,390.	PEQUEGNOT (Louise-Catherine, veuve), née FORTIN.	Veuve d'un valet de pied de MADAME, comtesse de Provence.	240.	
9,391.	PERAGALLO (Colombe-Louise-Anne-Flore, veuve), née LANGERON.	Veuve d'un militaire ayant 25 ans de service.	200.	
9,392.	PÉRARD (Thérèse-Jeanne-Claudine, dame), née SAINT-REMY.	Fille d'un valet de pied de la Reine.....	200.	

Nos d'ordre.	NOMS ET PRÉNOMS des PENSIONNAIRES.	MOTIFS de LA CONCESSION DES PENSIONS.	MONTANT des PENSIONS.	OBSERVATIONS.
9,393.	PERBAL (Pierre-Nicolas)...........	N'a aucun moyen d'existence.........	300f 00c	
9,394.	PERCEVAL (Jacques-Nicolas DE).......	Maréchal des logis de Louis XVI......	1,800. 00.	N'a touché aucun des deux secours.
9,395.	PERCHERON DE MARICOURT (Adélaïde-Geneviève-Louise, demoiselle).	A été persécutée pendant la révolution..	200. 00.	
9,396.	PERCHEVAL (Louise, née DESROUSSEAUX).	N'a aucun moyen d'existence.........	400. 00.	
9,397.	PERCY (René-Jacques, abbé DE)......	Grand-vicaire émigré.............	1,500. 00.	N'a pas touché le deuxième secours.
9,398.	PERDIGUIER (Amélie-Marie-Josèphe DE), comtesse DE LYNCH.	Chanoinesse, fille d'un maréchal-de-camp.	600. 00.	
9,399.	——— (Élisabeth-Joséphine, comtesse DE), chanoinesse.	*Idem*..........................	600. 00.	N'a touché aucun des deux secours.
9,400.	PERDREAUVILLE (comtesse DE).......	Belle-fille d'émigré...............	480. 00.	
9,401.	PÉRIAL (Louis-François)...........	Émigré.........................	900. 00.	*Idem.*
9,402.	PÉRIER (Louis-François-Achille), comte DE SALVERT.	*Idem*..........................	500. 00.	N'a pas touché le deuxième secours.
9,403.	PERIÈS (dame veuve).............	Veuve d'un homme de lettres.........	1,000. 00.	
9,404.	——— (Flavie-Zamé, demoiselle)....	Fille d'un chef de bureau de la direction des beaux-arts.	500. 00.	
9,405.	PÉRIGNON (dame)................	Émigrée........................	600. 00.	
9,406.	PERIOT (Marie-Charlotte-Eulalie, née VELU, veuve).	N'a aucun moyen d'existence.........	300. 00.	N'a touché aucun des deux secours.
9,407.	PERLIN (Élisabeth-Philippine, née MORIN, veuve).	Veuve d'émigré..................	300. 00.	
9,408.	PERNE (François-Louis)............	Secrétaire du Conservatoire de musique et contre-basse à la chapelle.	805. 00.	
9,409.	PERNET (Élisabeth-Catherine)........	A été persécutée et a perdu sa fortune pendant la révolution.	200. 00.	
9,410.	PERNETTY (Marie-Claire, née PASQUIER, veuve DE).	Veuve d'un trésorier de la marine....	200. 00.	
9,411.	PERNOLLET (Jacques-Louis).........	Émigré.........................	800. 00.	N'a pas touché le deuxième secours.
9,412.	PERNOT (Geneviève-Fortunée, demoiselle).	Fille d'un officier de la chambre.......	200. 00.	
9,413.	——— (Marie-Louise-Victoire, demoiselle).	*Idem*..........................	200. 00.	
9,414.	——— (Marie-Madeleine, née MOUFLE, veuve).	Veuve d'un palefrenier aux écuries du Roi.	100. 00.	
9,415.	PERON (Jacques-Martin)...........	Porte-meubles de la chambre de Louis XVI.	800. 00.	N'a pas touché le deuxième secours.
9,416.	PÉRONARD (Alexandrine-Antoinette-Victoire, demoiselle).	Fille d'un facteur d'orgues de la chapelle de Louis XVI.	500. 00.	
3,417.	PÉRONNET (Jean-Anne-Éloi, baron)...	Premier valet de chambre de Louis XVIII.	5,000. 00.	N'a touché aucun des deux secours.

Nos d'ordre.	NOMS ET PRÉNOMS des PENSIONNAIRES.	MOTIFS de LA CONCESSION DES PENSIONS.	MONTANT des PENSIONS.	OBSERVATIONS.
9,418.	PÉRONNET (Stanislas-Joseph, chevalier DE).	Fils d'un premier valet de chambre de Louis XVIII.	600f	
9,419.	PÉRONNET (Marie, née BERTHIER, dame DE).	Fille d'un chirurgien de Louis XVI et femme d'un premier valet de chambre de Louis XVIII.	2,500.	
9,420.	PERRARDEL (Jeanne-Thérèse-Élisabeth, demoiselle).	S'est distinguée par sa charité et son dévouement pour les indigens.	400.	
9,421.	PERRAUD (Anne-Jeanne, demoiselle)...	Vendéenne........................	80.	N'a touché aucun des deux secours.
9,422.	PERRAULT (Mathurine, née PAGEAU, dame).	*Idem*...........................	150.	
9,423.	PERREAU (Marie-Jeanne, née AUDINOT, dame).	Veuve d'émigré...................	300.	
9,424.	——— (Anne, née GROZELIER, veuve).	N'a aucun moyen d'existence..........	200.	N'a pas touché le premier secours.
9,425.	PERRÉE (Jeanne-Louise-Désirée, née DUPERRIER, dame).	Fille d'un ancien serviteur de la Reine..	150.	
9,426.	PERREIMOND (André-Thomas, baron)...	Officier général des armées françaises, dévouement aux Bourbons en 1815.	1,000.	
9,427.	PERRET (Jeanne-Françoise, demoiselle), dame MOUREAUX.	Parente du général Pichegru.........	150.	
9,428.	——— (Pierre-Antoine)............	Parent du général précité............	150.	N'a pas touché le deuxième secours.
9,429.	PERREUR (André-Joseph)............	Émigré...........................	150.	
9,430.	——— (Claude-Bernard)...........	*Idem*...........................	150.	
9,431.	PERREUX (veuve)..................	Ouvreuse de loges à l'Opéra-Comique (Pension par suite de transaction.)	50.	
9,432.	PERRICHOU (Jean-François).........	Vendéen...........................	50.	*Idem.*
9,433.	PERRIGNY (Marguerite-Barbe, née DUPONT, marquise DE).	Femme d'un officier de marine........	500.	
9,434.	PERRIN (Benoit)..................	Émigré...........................	200.	
9,435.	——— (Jean-Antoine, comte DE)....	Émigré, lieutenant colonel du 11e régiment de dragons.	800.	
9,436.	——— (Jeanne-Françoise, demoiselle)..	Fille d'un garçon servant chez madame la comtesse d'Artois.	100.	
9,437.	——— (Marie-Anne, demoiselle).....	Fille d'un sellier à la petite écurie de Louis XVI.	100.	N'a touché aucun des deux secours.
9,438.	——— (Marie Antoinette-Marguerite, demoiselle).	Fille d'un garçon servant chez madame la comtesse d'Artois.	100.	
9,439.	——— (Anne, née HENRIOT, veuve)..	Son mari est mort sur l'échafaud, en 1794.	300.	
9,440.	——— DE BÉNÉVENT (Guillaume-Louis).	Émigré...........................	400.	N'a pas touché le deuxième secours.
9,441.	——— dit LAROCHE (Marie-Élisabeth, née MAGUIN, veuve).	Veuve d'un valet de pied...........	150.	
9,442.	——— (Jeanne-Marie, née DE CHAVANNE, dame), comtesse DE PRÉCY.	Veuve du comte de Précy commandant supérieur à Lyon pendant le siége.	1,200.	*Idem.*

Nos d'ordre.	NOMS ET PRÉNOMS des PENSIONNAIRES.	MOTIFS de LA CONCESSION DES PENSIONS.	MONTANT des PENSIONS.	OBSERVATIONS.
9,443.	PERRIN DESALMONS (Marie-Thérèse-Joséphine, demoiselle).	Fille d'un colonel..................	400f	N'a touché aucun des deux secours.
9,444.	PERRONNEAU (Pierre)..............	Vendéen..........................	80.	*Idem.*
9,445.	PERROT-BEAUREGARD (Jean-Baptiste)..	Émigré...........................	300.	
9,446.	PERROTIN (Charles)...............	*Idem*...........................	120.	
9,447.	——— (Charles-Pierre)............	Postillon aux écuries de la Reine......	200.	N'a pas touché le deuxième secours.
9,448.	——— (Joseph-Mathurin)..........	Vendéen..........................	50.	
9,449.	PERRUCHOT (Jean-Martin)...........	Émigré...........................	150.	
9,450.	PERRY DE NIEUIL (Charlotte, demoiselle).	Petite-fille d'une dame de Madame Sophie.	300.	*Idem.*
9,451.	——— (Charlotte-Philippine, demoiselle).	*Idem*...........................	300.	*Idem.*
9,452.	——— (Constance-Alexandrine, demoiselle).	*Idem*...........................	300.	*Idem.*
9,453.	——— (Hermine-Pauline-Adolphine, demoiselle).	*Idem*...........................	300.	*Idem.*
9,454.	——— (Philippine-Armande, demoiselle).	*Idem*...........................	300.	*Idem.*
9,455.	PERSEGOL (Étienne)...............	Services dans les armées royales de la Lozère.	50.	
9,456.	——— (Jean).....................	*Idem*...........................	200.	
9,457.	——— (Jean-Antoine).............	*Idem*...........................	100.	
9,458.	——— (Pierre-Jean)..............	*Idem*...........................	100.	
9,459.	——— (Pierre-François)..........	Service de son père *idem*............	50.	
9,460.	——— (Jean-Baptiste)............	*Idem*...........................	50.	
9,461.	——— (Gabriel)..................	*Idem*...........................	50.	
9,462.	——— (Jean-Baptiste)............	*Idem*...........................	80.	
9,463.	——— (Marianne, demoiselle).......	*Idem*...........................	50.	
9,464.	——— (Marianne, née MAURIN, veuve).	Services de son mari *idem*..........	80.	
9,465.	PERSON (Pierre-Louis)............	Ancien palefrenier aux écuries du Roi..	300.	
9,466.	——— (Marie-Anne-Catherine, née BEAUVILLIERS, veuve).	Veuve d'un piqueur à la grande écurie..	400.	
9,467.	——— (Marie-Anne-Gertrude, née VOISIN, veuve).	Veuve d'un piqueur aux écuries.......	400.	

Nos d'ordre.	NOMS ET PRÉNOMS des PENSIONNAIRES.	MOTIFS de LA CONCESSION DES PENSIONS.	MONTANT des PENSIONS.	OBSERVATIONS.
9,468.	PERRIN DE PRÉCY (Rose-Louise-Caroline).	Fille du comte de Précy, commandant supérieur de Lyon pendant le siége.	1,200f	N'a pas touché le deuxième secours.
9,469.	PERTAT (Anne-Marie, née BEAUVISAGE DE MONTAIGU, dame DE).	Sœur d'émigré	200.	
9,470.	PERTUIS (Marie-Pierre, née BERUT, dame).	Fille d'un portier aux Tuileries.......	120.	
9,471.	PESCHARD (Gilles)...............	A été persécuté pendant la révolution...	300.	*Idem.*
9,472.	PESQUER (Hiéronyme-Joseph-Thomas).	Émigré	800.	*Idem.*
9,473.	PESRÉ (Alexandre-René-Vincent-Germain).	Vendéen	50.	
9,474.	PESSAILHAN (Clotilde-Marie-Ernestine, née LEGRAS, dame DE).	Veuve d'un officier de la garde royale...	1,200.	
9,475.	PESTRE (dame DE)...............	Fille d'émigré......................	600.	
9,476.	PETEUR (Jean-Baptiste)...........	Garçon de toilette de Louis XVIII.....	1,768.	
9,477.	PETIT (Edme).....................	Récompense de son dévouement lors du complot du 19 août 1820.	400.	
9,478.	——— (Ferdinand-Albert-Joseph)...	Émigré...........................	300.	
9,479.	——— (Jacques-Antoine)..........	*Idem*............................	200.	
9,480.	——— (Jean-Nicolas).............	Palefrenier aux écuries du Roi........	180.	
9,481.	——— (Nicolas).................	Son père a été victime de la révolution; dans l'indigence.	80.	
9,482.	——— (Philippe-Joseph)..........	Chirurgien émigré..................	600.	
9,483.	——— (Pierre)..................	Palefrenier à la grande écurie.........	160.	
9,484.	——— (Pierre-Nicolas)...........	Palefrenier chez madame la comtesse d'Artois.	200.	
9,485.	——— (Vincent).................	Libraire de MONSIEUR, comte d'Artois et de M. le duc de Berry.	400.	
9,486.	——— (demoiselle)..............	N'a aucun moyen d'existence..........	120.	N'a touché aucun des deux secours.
9,487.	——— (Albertine-Henriette, demoiselle).	Émigrée	150.	
9,488.	——— (Catherine-Armande, née AVENEL, veuve).	Veuve d'un marin naufragé.........	150.	
9,489.	——— (Louise, née ROUSSET, veuve).	Son père fut massacré pendant la révolution.	250.	
9,490.	——— (Madeleine, née TURPIN, veuve).	Veuve d'un maire de Selliac..	100.	
9,491.	——— DE CHEYLHAT (Jean-Philippe).	Émigré........................	400.	
9,492.	——— DE MAISON (Marie-Françoise-Susanne, née FOASSE, veuve).	Émigrée	300.	

Nos d'ordre.	NOMS ET PRÉNOMS des PENSIONNAIRES.	MOTIFS de LA CONCESSION DES PENSIONS.	MONTANT des PENSIONS.	OBSERVATIONS.
9,493.	PETIT DEVOIZE (Charlotte, née DESPREZ-DUPLESSIX, veuve).	Sœur d'émigré	200f	
9,494.	PETITEAU (Jean)	Vendéen	50.	
9,495.	PETITPREZ (Marie-Jeanne-Charlotte, dame), née ÉMERY.	Vendéenne	400.	
9,496.	PETRI MATHIS	Émigré	100.	
9,497.	PETRIDES (Jean-Venceslas)	*Idem*	200.	
9,498.	PESTI (Diane-Clotilde-Louise-Ferdinande, dame), née DE GRASSET.	Fille d'émigré	150.	N'a touché aucun des deux secours.
9,499.	PEUREUX (Claude-Augustin)	Émigré	150.	
9,500.	PEVERIN (Victoire-Mélanie, veuve), née DE LACROIX.	Émigrée	200.	
9,501.	PEYRAC (Marie-Laurence, dame DE), née D'ANGLADE.	*Idem*	600.	
9,502.	PEYREDIEU (Françoise-Rosalie), née DE CHAUMONT.	Fille d'un huissier de la chambre de Louis XVI.	200.	
9,503.	PEYROTTES DE SOUBÈS (Marie-Anne-Éléonore, demoiselle DE).	Persécutée pendant la révolution ; perte de fortune.	300.	
9,504.	——— (Marie-Diane-Adélaïde, demoiselle).	*Idem*	300.	N'a touché aucun des deux secours.
9,505.	PEZAY (Charlotte, marquise DE), née DE MURAT.	En remplacement de la pension de 10,000f dont elle jouissait avant la révolution.	3,000.	
9,506.	PEZZI (Joseph-Raphaël)	Valet de pied chez MESDAMES, à Rome.	400.	
9,507.	PFAFFEN-HOFFEN (François-Simon, comte DE).	Créancier de Charles X	12,000.	
9,508.	PHILIBERT (François)	Émigré	200.	
9,509.	——— (Marie-Louise-Cécile, veuve), née MILHAU).	Veuve d'un capitaine de vaisseau	600.	
9,510.	PHILIP (Claire-Félicité-Sophie, demoiselle).	Émigrée	500.	
9,511.	——— (Marie-Madeleine-Rosalie, ve), née JOUFFRET.	Son mari a rendu des services à la cause royale.	150.	
9,512.	PHILLIPPE (Françoise-Geneviève, demoiselle).	Religieuse persécutée	200.	
9,513.	PHILIPPEAUX (Marie-Augustine-Antoinette, demoiselle).	Tante d'un curé de Fontainebleau	200.	
9,514.	——— (Marie-Françoise)	*Idem*	200.	
9,515.	PHILLEMAIN (Madeleine-Suzanne-Jeanne-Victoire, demoiselle DE).	En remplacement de la pension de 600f dont elle jouissait avant la révolution.	600.	N'a touché aucun des deux secours.
9,516.	PIALLA DES ISLES (Étienne-Victor)	Émigré	300.	
9,517.	PIANELLI (Euphémie-Louise, veuve), née LEPICQ.	Veuve d'un officier, âgée de 84 ans	150.	*Idem.*

Nos d'ordre.	NOMS ET PRÉNOMS des PENSIONNAIRES.	MOTIFS de LA CONCESSION DES PENSIONS.	MONTANT des PENSIONS.	OBSERVATIONS.
9,518.	PIAT (Antoine, abbé)	Services pendant le siége de Lyon; perte de fortune.	300f 00c	
9,519.	PIAULT (Urbain-Firmin)	Maréchal des logis de Louis XVI	1,200. 00.	N'a touché aucun des deux secours.
9,520.	PICAMIL (Bernard, abbé)	Prêtre émigré	900. 00.	
9,521.	PICAPÈRE DE CANTOBRE (Jacques-Joseph).	N'a aucun moyen d'existence	600. 00.	
9,522.	PICARD (Pierre-Nicolas)	Aide à l'office chez MESDAMES	150. 00.	
9,523.	——— (demoiselle)	Fille de l'homme de lettres de ce nom	1,500. 00.	
9,524.	——— (Adèle-Joséphine-Désirée, demoiselle).	Sourde-muette; fille d'un général	300. 00.	*Idem.*
9,525.	——— (Anne-Catherine, née DE CUSTINE, veuve).	Ancienne pensionnaire	400. 00.	
9,526.	——— (Marie-Louise, née MAURICE, veuve).	Veuve d'un ancien garde-chasse du Roi	150. 00.	
9,527.	PICCINI (Alexandre-Louis)	Compositeur	352. 00.	
9,528.	——— (Jules-Roch-Louis)	Fils du précédent	500. 00.	
9,529.	PICHARD (Jean-Baptiste, abbé)	Émigré	1,249. 20.	
9,530.	PICHAT (veuve)	Veuve d'un homme de lettres	400. 00.	N'a pas touché le premier secours.
9,531.	PICHAUD (Claire, née PALANQUE, veuve)	Veuve d'émigré	250. 00.	
9,532.	——— (Antoinette-Claire-Alexandrine, née ROSSOLIN, dame).	Son père a été fusillé en 1807 par suite de son dévouement aux Bourbons.	500. 00.	
9,533.	PICHEGRU (Jean-Louis)	Frère du général Pichegru	1,000. 00.	
9,534.	——— (Jean-François)	Cousin germain du général de ce nom	300. 00.	
9,535.	——— *Idem*	Parent *idem*	200. 00.	
9,536.	——— (Jean Marie)	*Idem*	600. 00.	N'a touché aucun des deux secours.
9,537.	——— (Pierre-François)	*Idem*	200. 00.	
9,538.	——— (Claude-André)	*Idem*	100. 00.	
9,539.	——— (Marie, née PACHOT, veuve).	Parente *idem*	300. 00.	N'a pas touché le deuxième secours.
9,540.	PICHON (Rose-Désirée, née DELPECH).	Veuve d'émigré	300. 00.	
9,541.	PICOT (Julien-Jean)	Vendéen	50. 00.	
9,542.	——— (Louis-Desiré)	Émigré	600. 00.	N'a touché aucun des deux secours.

Nos d'ordre.	NOMS ET PRÉNOMS des PENSIONNAIRES.	MOTIFS de LA CONCESSION DES PENSIONS.	MONTANT des PENSIONS.	OBSERVATIONS.
9,543.	PICOT (Stéphanie-Georgie, demoiselle).	Fille d'un lieutenant général des armées vendéennes.	300f 00c	
9,544.	——— (Marie-Catherine Rosalie, née DE BRAS DE FER, maintenant femme DUMONT, veuve).	Vendéenne......................	800. 00.	N'a pas touché le deuxième secours.
9,545.	——— (Marie-Françoise, née DOMER, veuve).	Veuve d'un serviteur chez MADAME, comtesse de Provence.	200. 00.	
9,546.	PICOT DE BUISSAIZON (Albert-Philippe-Thomas-d'Aquin, chevalier).	Émigré........................	1,500. 00.	
9,547.	PICOT DE CHEMETEAU (Élisabeth-Pierrette, née LANGOISSEUR DE LAVALLÉE, ve)	Veuve d'un écuyer de MONSIEUR, comte de Provence.	800. 00.	
9,548.	PICQUENARD (Pierre)..............	Palefrenier des écuries de Louis XVI...	600. 00.	
9,549.	PICQUET (Caroline-Marguerite-Sophie, demoiselle).	Fille d'émigré..................	200. 00.	
9,550.	PICQUOT (François-Conrad-Charles-Théodore, abbé DE).	Émigré..........................	600. 00.	
9,551.	——— (Louis-Jules-Antoine, abbé)..	*Idem*..........................	1,066. 80.	
9,552.	——— DE MAGNY (Aimé-Charles-Guy).	Vendéen........................	400. 00.	
9,553.	——— (Cécile-Marie, demoiselle DE).	Vendéenne......................	500. 00.	
9,554.	PIÈCHE (Madeleine, née PERRET, ve)..	Vendéenne, veuve d'un officier supérieur.	200. 00.	N'a pas touché le premier secours.
9,555.	PIEDOUE D'HÉRITOT................	Neveu de M. HUET, évêque d'Avranches, qui avait vendu au gouvernement sa bibliothèque, pour 35,000 francs et dont le tiers seul lui a été payé.	1,000. 00.	
9,556.	PIERQUIN (Adélaïde-Cécile, née BRIAT, dame).	Veuve d'émigré..................	150. 00.	
9,557.	PIERRARD (Pierre-Didier)..........	Prêtre émigré..................	1,000. 00.	N'a pas touché le deuxième secours.
9,558.	PIERRE (Nicolas)..................	Ex-garçon de bureau à l'intendance générale de la maison du Roi.	260. 00.	
9,559.	——— (Émilie, demoiselle).......	Fille du précédent...............	300. 00.	
9,560.	——— (Marie-Crésentia-Félicité, née GLASSER, veuve).	Veuve d'émigré..................	150. 00.	
9,561.	——— (Élisabeth-Julie, née LEGRAND, veuve).	Veuve d'un ancien palefrenier à la vénerie.	200. 00.	
9,562.	PIERRE DE LACHAMBRE (Louise-Françoise, demoiselle).	Émigrée.........................	500. 00.	
9,563.	PIERREDON (Élisabeth, née MASSEI, dame).	*Idem*..........................	200. 00.	
9,564.	PIERREPONT (Aménaïde-Louise, demoiselle DE).	Fille d'un lieutenant-colonel..........	300. 00.	
9,565.	——— (Anne-Louise-Julie, demoiselle DE).	*Idem*..........................	300. 00.	
9,566.	PIERRET (Marie, née NOEL DE VOUZY, dame).	Fille d'émigré..................	800. 00.	
9,567.	PIERREY (Constant-Ignace)........	Émigré..........................	250. 00.	

Nos d'ordre.	NOMS ET PRÉNOMS des PENSIONNAIRES.	MOTIFS de LA CONCESSION DES PENSIONS.	MONTANT des PENSIONS.	OBSERVATIONS.
9,568.	PIERSON (Marie-Constance, née PAILLET, veuve).	Veuve d'un valet de pied de Louis XVI.	300f	
9,569.	PIÉTRAPERTOSA (André-Louis-Joseph-Raphaël.	Son oncle a rendu des services à la famille royale.	250.	
9,570.	PIETTE (François-Joseph)..........	Ancien militaire..................	300.	
9,571.	—— (Sophie-Armande, née FEUILLET, veuve).	Perte de fortune..................	200.	
9,572.	PIEYRES (Marie-Thérèse-Colette-Josèphe, née ERRAMBAULT, dame DE).	Veuve d'émigré..................	1,000.	
9,573.	PIFFAULT (Marie-Madeleine-Constance, née SEURRE, veuve).	Fille d'un ancien militaire; perte de fortune.	300.	
9,574.	PIGACHE (Marie-Madeleine-Sophie, demoiselle).	Fille d'un huissier de la chambre de MADAME Sophie.	150.	
9,575.	—— (Geneviève-Sophie, née DE LA BRIÈRE, veuve DE).	Veuve d'un huissier de la chambre de MADAME Sophie.	600.	
9,576.	PIGACHE SAINTE-MARIE (Louis-Marie-Auguste).	Rétablissement d'une pension accordée par MESDAMES.	400.	
9,577.	—— (Clémentine-Louise-Athénaïs, demoiselle).	Petite-fille d'une femme-de-chambre de MADAME, comtesse de Provence.	800.	
9,578.	PIGEOLER (Henri-Joseph)..........	Émigré..................	120.	
9,579.	PIGEON (Alexis-Pierre)..........	Vendéen..................	50.	
9,580.	PIGNÉ DE MONTIGNAC (Anne-Mélanie-Catherine, demoiselle DE).	Fille d'émigré..................	200.	
9,581.	—— (Catherine-Mélanie, née DE CHANCEAULME, veuve DE).	Veuve d'émigré..................	600.	
9,582.	PIGOU (Louis-Henri-Joseph)..........	Chirurgien major de la maison militaire.	300.	
9,583.	PIIS (François-Guillaume-Auguste, DE).	Fils d'émigré..................	300.	N'a pas touché le deuxième secours.
9,584.	—— (Françoise-Antoinette, demoiselle DE).	Fille d'émigré..................	300.	
9,585.	—— (Henriette, demoiselle DE)....	*Idem*..................	300.	
9,586.	PILLAS DE KERDELLAU (Henri-Marie)..	Vendéen..................	50.	
9,587.	—— (Louis-Jean-Marie-Émile).....	*Idem*..................	50.	
9,588.	PILLE (François)..................	Émigré..................	300.	*Idem.*
9,589.	PILLICHODY (Louis-Frédéric-Denis)...	*Idem*..................	400.	
9,590.	PILLOIS (Auguste-Dominique).......	Valet de pied du Roi..................	400.	
9,591.	PILLON (Marie-Geneviève, né GUILLARD, veuve).	Veuve d'un gardien du musée........	50.	
9,592.	—— (Jacques-Marin-Paul)........	Ex-fourrier pourvoyeur des haras.....	150.	

Nos d'ordre.	NOMS ET PRÉNOMS des PENSIONNAIRES.	MOTIFS de LA CONCESSION DES PENSIONS.	MONTANT des PENSIONS.	OBSERVATIONS.
9,593.	PIMARE (Marie-Catherine-Armande, veuve).	Veuve d'un lieutenant de vaisseau.....	300f	
9,594.	PIMONT (Louise-Marie-Madeleine, ve), née BAUDOUIN.	Veuve d'émigré....................	400.	
9,595.	PINABEL (Françoise-Guillemotte, dame), née OZANNE.	Vendéenne......................	50.	
9,596.	PINARDEL (Pierre)................	Émigré.........................	200.	
9,597.	PINATEL (Marie-Jeanne, demoiselle)..	Fille d'émigré..................	400.	
9,598.	——— (Marie-Rose-Cécile, veuve), née LIDON.	Émigrée........................	400.	
7,599.	PINEAU (Jean-Marie).............	Vendéen........................	80.	
9,600.	——— (Victor-Jean-Aimé).........	*Idem*..........................	200.	N'a pas touché le deuxième secours.
9,601.	——— (Renée, demoiselle)........	Vendéenne......................	150.	*Idem.*
9,602.	——— (Louise, veuve), née ÉBRETEAU.	*Idem*..........................	45.	
9,603.	——— (Victoire-Émélie, veuve), née FONTENEAU.	*Idem*..........................	150.	*Idem.*
9,604.	——— (Marie, veuve), née GUILBAUD.	*Idem*..........................	60.	
9,605.	PINEL DE GOLLEVILLE (Jean-Charles-Adrien).	Vendéen........................	200.	
9,606.	——— (Louis-Marie-François-Adrien, chevalier).	Capitaine vendéen, père de 12 enfans..	1,000.	*Idem.*
9,607.	PINEL DE LA VILLEROBERT (Joseph-François, chevalier).	Émigré.........................	300.	N'a touché aucun des deux secours.
9,608.	PINET (Pierre-Abraham DE).........	Ancien officier ruiné par la révolution..	200.	*Idem.*
9,609.	PINGAT (Pierre)..................	Émigré.........................	60.	
9,610.	PINS (Jean-Jacques-François-Marc-Claude, chevalier DE).	*Idem*..........................	300.	
9,611.	——— (Jean-Paul-Gaston DE).......	Ancien archevêque administrateur du diocèse de Lyon.	800.	*Idem.*
9,612.	PINSON (Marie-Anne-Rose, veuve), née FERRAND.	Veuve d'un garçon de l'échansonnerie de Louis XVI.	150.	*Idem.*
9,613.	——— (Isabelle, veuve), née PROTEAU.	Pour prix d'une collection de champignons en cire. (Pension à titre onéreux.)	1,200.	*Idem.*
9,614.	PINSON DE MENERVILLE (Charles-Jean-Baptiste-Louis).	Ex-intendant de la maison des pages....	1,283.	
9,615.	PINSONNEAU (Marguerite, dame).....	Perte de fortune, âgé de 76 ans.......	150.	*Idem.*
9,616.	PINSOT (Félicité-Constance, dame), née BEAUVILLAIN.	En remplacemt de la pension de 1,495 fr. dont elle jouissait avant la révolution.	800.	N'a pas touché le deuxième secours.
9,617.	PIOCHARD DE BRULERIE (Jean-Louis).	Maréchal des logis des gardes du corps. Avoit 200 fr. de pension sur la cassette de Louis XVI	200.	N'a touché aucun des deux secours.

Nos d'ordre.	NOMS ET PRÉNOMS des PENSIONNAIRES.	MOTIFS de LA CONCESSION DES PENSIONS.	MONTANT des PENSIONS.	OBSERVATIONS.
9,618.	PION (Marie-Julie, née ERNOTTE, veuve).	Veuve d'un grand-valet de pied........	300f 00c	
9,619.	PIORET (Marie-Anne-Pierrette).......	Son père avait une pension sur la cassette de Madame Adélaïde.	300. 00.	N'a touché aucun des deux secours.
9,620.	PIORETTE (Angélique-Justine, née BERTHELOT, veuve).	Veuve d'un employé supérieur de l'administration de la guerre.	200. 00.	
9,621.	PIOU (Michel)...................	Vendéen........................	200. 00.	*Idem.*
9,622.	PIPELET (Perrine-Marie-Thérèse, née BLAIN-DESCORMIERS; veuve).	Veuve d'un chirurgien de Louis XVI..	400. 00.	
9,623.	PIQUET (Marc-Jean)...............	Émigré........................	600. 00.	
9,624.	PIQUOIS (Michelle-Jeanne, née BOURNOT, dame).	Fille d'un colonel vendéen..........	400. 00.	
9,625.	PIQUOT (Jean-Jacques)............	Vendéen........................	40. 00.	N'a pas touché le deuxième secours.
9,626.	——— DE MAGNY (Jacques, chevalier).	Émigré........................	600. 00.	
9,627.	PITHOU........................	A perdu sa fortune...............	1,200. 00.	
9,628.	PITOIS (Marie-Éléonore-Sulpice-Geneviève, née ROBERT, veuve).	Veuve d'un huissier du cabinet du comte de Provence.	150. 00.	
9,629.	PITON DE LA ROUSSELIÈRE (Charlotte-Sophie, demoiselle).	Vendéenne......................	100. 00.	
9,630.	——— (Marie-Jeanne-Esther-Pauline, demoiselle).	*Idem.*........................	100. 00.	
9,631.	——— DE TOURNEFORT (Josèphe-Sophie, demoiselle).	Sa mère avait une pension de 500 francs avant la révolution.	200. 00.	
9,632.	PITOU (Louis-Ange)...............	Déporté à Sinnamary..............	1,500. 00.	
9,633.	PIVET DE BOESSULAN (Thomas-Anne)..	Vendéen, prisonnier d'état sous Napoléon.	600. 00.	
9,634.	PLACÈNE (Anne-Marguerite-Angélique, née LE CORNU DE NAILLY, veuve de).	Veuve d'un Vendéen...............	1,000. 00.	
9,635.	PLAGNOL (Marianne-Henriette-Françoise, née MONTRESSE, veuve).	Femme d'émigré..................	250. 00.	*Idem.*
9,636.	PLAISANT (Dominique)............	Concierge-surveillant de la machine de Marly.	175. 00.	N'a touché aucun des deux secours.
9,637.	PLAISHARD (Charles-Claude-Dutertre, abbé).	Émigré........................	1,219. 28.	
9,638.	PLAMONT (Pierre-Thomasson, marquis DE).	Avait une pension sur la cassette de Madame Victoire.	600. 00.	N'a pas touché le deuxième secours.
9,639.	PLAMSON (Marthe-Thérèse, née TREVEY, veuve).	Veuve d'un garçon délivreur aux écuries de la Reine.	120. 00.	
9,640.	PLANARD.......................	Homme de lettres................	800. 00.	N'a touché aucun des deux secours.
9,641.	——— (Françoise-Antoinette, née DE GUALY, veuve DE).	Veuve d'émigré..................	600. 00.	
9,642.	PLANCHAIS (Louis)..............	Vendéen........................	60. 00.	N'a pas touché le deuxième secours.

Nos d'ordre.	NOMS ET PRÉNOMS des PENSIONNAIRES.	MOTIFS de LA CONCESSION DES PENSIONS.	MONTANT des PENSIONS.	OBSERVATIONS.
9,643.	PLANCHAIS (Marie, née MAILLARD, dame).	Vendéenne	200f 00c	N'a touché aucun des deux secours.
9,644.	PLANCHEREL (Françoise, née EGGER, veuve).	Veuve d'un Suisse qui a servi au 10 août.	250. 00.	
9,645.	PLANCHON (Catherine, née ESTEVENON, veuve).	Services de son mari dans les armées royales, en France.	400. 00.	
9,646.	PLANET (Jean)	Vendéen	50. 00.	
9,647.	PLANTADE (Charles-Henri)	Professeur de musique au conservatoire.	223. 75.	
9,648.	PLANTEVIGNE (Philippe)	Fils d'émigré	100. 00.	
9,649.	——— (Pierre)	*Idem*	100. 00.	
9,650.	PLASSÈS (Philippe)	Vendéen	50. 00.	
9,651.	PLATEAU (François)	Page de la bouche dans la maison de Louis XVI; avait une pension de 200 fr. sur la cassette de ce prince.	100. 00.	
9,652.	——— (Jeanne-Élisabeth, née LINARD, veuve).	Veuve d'un garçon de cuisine de la maison du Roi.	150. 00.	
9,653.	PLATEL (Louis-Henri-Joseph)	Persécuté pendant la révolution	150. 00.	
9,654.	——— (Nicolas)	Fils d'émigré fusillé pendant la terreur.	150. 00.	
9,655.	——— (Agnès-Louise-Josèphe, demoiselle).	Fille *idem*	150. 00.	
9,656.	——— (Catherine-Joseph, demoiselle).	*Idem*	150. 00.	
9,657.	PLAYE (née MUNIER, veuve)	Sœur d'un sergent des armées françaises mort en Espagne, en 1823.	100. 00.	
9,658.	PLAZANET (Antoine-Joseph)	Ancien juge de paix	150. 00.	N'a touché aucun des deux secours.
9,659.	PLÉAU (Jeanne-Henriette, née THIGNON, veuve).	Veuve d'un balayeur au château de Versailles.	200. 00.	*Idem.*
9,660.	PLESSIS (Michel-François)	Vendéen	100. 00.	
9,661.	——— (Pierre)	*Idem*	100. 00.	
9,662.	——— (Marie-Josèphe, née MAILLE, veuve).	Veuve d'un concierge de Brunoy	200. 00.	
9,663.	PLESSIX (Pierre-Jean-Baptiste)	Vendéen	200. 00.	*Idem.*
9,664.	PLIQUE (Marie-Rosalie, née CAZIN, ve).	Veuve d'un garçon servant chez la Reine.	240. 00.	
9,665.	PLOMBAT (Marguerite, née PELLECIER, veuve).	Veuve d'émigré	600. 00.	
9,666.	PLOU (Geneviève, demoiselle)	Perte de fortune, dévouement à la cause royale.	150. 00.	
9,667.	PLUMENT DE BAILLAC (Jean-Philippe, DE).	Émigré; paralytique	400. 00.	

Nos d'ordre.	NOMS ET PRÉNOMS des PENSIONNAIRES.	MOTIFS de LA CONCESSION DES PENSIONS.	MONTANT des PENSIONS.	OBSERVATIONS.
9,668.	PLUMEREL (Élisabeth-Charlotte, dame), née THÉVENOT D'ESSAULE.	Persécutée pendant la révolution; perte de fortune.	200f	
9,669.	PLUNKETT DE LATHMORE (Catherine-Françoise-Fanny).	Irlandaise, parente de M. le duc de Feltre.	400.	N'a touché aucun des deux secours.
9,670.	PLUS (Nicolas-Joseph).............	Services rendus à la cause royale, en France.	500.	
9,671.	PLUVIERS (Marque-Antoine-Gabrielle-Claudine).	Orpheline, sans moyens d'existence....	600.	N'a pas touché le premier secours.
9,672.	PLUVIERS DE SAINT-MICHEL (Louis-Marie, comte DE).	Émigré.........................	300.	
9,673.	POBEGUIN (Rachel, veuve), née DE PUTRON.	Émigrée.........................	300.	
9,674.	POCHARD (Marie-Catherine-Mathilde, veuve DE), née RANFAING.	*Idem*.........................	300.	
9,675.	PODEVIN (Marie-Anne-Josèphe, dame)..	Religieuse persécutée pendant la révolution.	400.	
9,676.	POENCE DE KERILLY (Joséphine-Françse, veuve), née HALNA DU BOSQUILLY.	Veuve d'émigré..................	400.	
9,677.	POEY (Marie-Élisabeth-Martine), née DE NAYS DE CANDAU.	Émigrée.........................	1,000.	
9,678.	POILANE (Marie-Mathurine, veuve), née BERNIER.	Vendéenne.......................	50.	
9,679.	POILANE (Marie, dame), née CATHELINEAU.	Nièce du général Cathelineau........	300.	N'a touché aucun des deux secours.
9,680.	POILVILLAIN (Georges-Antoine-Gabriel-Thibault-Henri, DE), marq. DE CERNAY.	Maître de la garde-robe de MONSIEUR, comte d'Artois.	6,000.	*Idem.*
9,681.	POINCELET (Claude)..............	Émigré.........................	300.	
9,682.	POINSIGNON (Jean-Baptiste).........	Volontaire royal en 1815...........	300.	
9,683.	POINTE DE GEVIGNY (Jean-François DE).	Émigré.........................	500.	
9,684.	POINTEAU (Jacques-Nicolas)........	Fils d'un écuyer de la bouche dans la maison de la Reine.	100.	N'a pas touché le deuxième secours.
9,685.	——— (Gillette-Perrine, veuve), née JOLY.	Vendéenne.......................	130.	
9,686.	——— (Marie, veuve), née QUILLET.	Vendéenne.......................	50.	N'a touché aucun des deux secours.
9,687.	POIRIER (Claude-Nicolas)..........	Canonnier blessé dans son service......	100.	
9,688.	——— (Joseph-René)............	Vendéen.........................	50.	
9,689.	POIRIER DE SAINT-BRICE (François-Julien).	Fils d'une femme-de-chambre de Madame Élisabeth.	200.	*Idem.*
9,690.	POIROT DE MARTIAL (Marie-Josèphe-Constance, dame), née DE LABAULME.	Fille d'émigré..................	500.	
9,691.	POISNEL (Amable-Charles-Auguste)...	Fils d'émigré..................	300.	N'a pas touché le deuxième secours.
9,692.	——— (Jean-Marie-Nicolas)........	*Idem*.........................	300.	

Nos d'ordre.	NOMS ET PRÉNOMS des PENSIONNAIRES.	MOTIFS de LA CONCESSION DES PENSIONS.	MONTANT des PENSIONS.	OBSERVATIONS.
9,693.	POISNEL (Élisabeth-Louise).........	Fille d'émigré.....................	300f	
9,694.	——— (Hélène-Jeanne, demoiselle)...	*Idem*..........................	300.	
9,695.	——— (Marie-Antoinette-Élisabeth)..	*Idem*..........................	300.	
9,696.	——— (Thérèse-Désirée-Madeleine, demoiselle).	*Idem*..........................	300.	
9,697.	——— (Thérèse-Madeleine, veuve), née THOREL.	Veuve d'émigré....................	800.	
9,698.	POISSON (Anne, veuve), née CHABOT...	Parente d'émigré..................	300.	
9,699.	——— DES LONDES (Isabelle-Marie-Henriette), née DE CHOSAL.	Veuve d'un ingénieur en chef à Lille...	300.	
9,700.	POITEVIN (Jean)..................	Vendéen........................	50.	N'a pas touché le deuxième secours.
9,701.	POITRINE (Augustin-Marie-Louis).....	En remplacement de la pension de 500 f. dont il jouissait avant la révolution.	400.	N'a touché aucun des deux secours.
9,702.	——— (Louis-Constant)...........	Sa mère, nourrice du dauphin, fils de Louis XVI, avait une pension de 6,000 fr. sur le Trésor royal.	200.	*Idem.*
9,703.	——— (Constance-Sophie, demoiselle)..	En remplacement de la pension de 500 f. dont elle jouissait avant la révolution.	400.	
9,704.	POIX (Louis-Alexandre)............	Services à la cause royale, en France...	100.	
9,705.	——— (Marie-Josèphe-Célestine, demoiselle.)	A rendu des services à la cause royale, en France.	150.	
9,706.	——— dit DURIEUX (François-Marie-Anselme).	Services de son père à la cause royale, en France.	300.	
9,707.	———(Jean-Baptiste-Pierre-Marie-François-Joseph).	*Idem*..........................	300.	
9,708.	——— (Marie-Josèphe-Françoise-Élisabeth, demoiselle).	*Idem*..........................	300.	
9,709.	——— dit LAROSE (Jean-François-Félix)	*Idem*..........................	100.	
9,710.	——— (Louis-Jean-Charles, comte DE MARÉCREUX, DE).	Lieutenant des gardes du corps.......	4,000.	
9,711.	POLASTRON (Marie-Salomé, comtesse DE), née BECKER.	Veuve d'un Officier-général émigré.....	800.	
9,712.	POLERECZKY (Catherine-Marie-Antoinette-Népomucène, comtesse).	Sa famille a servi la cause royale, en France.	800.	N'a touché aucun des deux secours.
9,713.	——— (Louise-Jacobe, comtesse DE)...	Sœur d'émigré....................	800.	
9,714.	POLIGNAC (Joséphine-Marie-Sidonie, demoiselle DE).	En remplacement de la pension de 4,000 f. dont jouissait sa mère avant la révolution	1,000.	
9,715.	POLY (Antoinette, demoiselle DE)......	Émigrée........................	1,000.	
9,716.	POMARET (Jeanne-Catherine-Renée-Marie, veuve), née LAMY.	Veuve d'un chef de division au ministère de la maison du Roi.	3,000.	*Idem.*
9,717.	POMIERS (Marie-Anne, ve), née SALVAT.	Veuve d'émigré....................	50.	

Nos d'ordre.	NOMS ET PRÉNOMS des PENSIONNAIRES.	MOTIFS de LA CONCESSION DES PENSIONS.	MONTANT des PENSIONS.	OBSERVATIONS.
9,718.	POMMEREUL (Marguerite-Eugénie)....	Fille d'émigré......................	200f	N'a touché aucun des deux secours.
9,719.	PONCEOT (Claude-Nicolas, chevalier)..	Émigré..........................	300.	
9,720.	PONCET (Joseph)..................	Capitaine émigré..................	1,000.	
9,721.	PONCHALON (Adélaïde-Louise-Augustine, demoiselle DE).	Émigrée.........................	900.	
9,722.	PONCHARD (dame)................	Ex-sociétaire de l'Opéra-Comique. (Pension par suite de transaction).	2,050.	*Idem.*
9,723.	PONGE (Noël-Étienne)..............	Services à l'armée du Midi..........	200.	
9,724.	PONS (Anne-Renée, demoiselle DE)...	Perte de fortune..................	300.	
9,725.	——— (Caroline DE).............	Son père a été ministre à l'étranger sous Louis XV et Louis XVI.	300.	*Idem.*
9,726.	——— (Justine DE)...............	Ruinée par suite de la révolution......	200.	N'a pas touché le premier secours.
9,727.	——— (Madeleine, veuve DE), née BERGOIN.	A été persécutée et a perdu sa fortune dans la révolution.	800.	
9,728.	PONTAVICE (René-François, chevalier DE).	Lieutenant émigré.................	1,200.	
9,729.	——— (Élisabeth-Louise, veuve DE), née PERSON.	Fille d'un capitaine commandant à la Bastille tué lors du siége de cette forteresse.	900.	
9,730.	PONTCHEVRON (Marguerite-Louise-Henriette, marquise DE) née LARTIGAU.	Veuve d'émigré; perte de fortune, trois enfans.	500.	
9,731.	PONTENIER DE GRIGNEVILLE (dame)..	Religieuse tombée en enfance.........	260.	N'a touché aucun des deux secours.
9,732.	PONTEVÈS (Madeleine-Gabrielle, vicomtesse DE), née DAUPHIN.	Émigrée..........................	500.	*Idem.*
9,733.	PONTEVÈS-GIENS (François-Elzéar, marquis DE).	Émigré de Toulon.................	600.	
9,734.	PONTEVEZ (François-Joseph-Alexandre DE).	Sous-lieutenant émigré..............	800.	N'a pas touché le deuxième secours.
9,735.	PONTHENIER (Marie, veuve), née THIBAUDIER.	Veuve d'un sommier dans la maison du Roi.	150.	
9,736.	PONTLEVOYE (Louise-Pauline-Léopoldine, dame DE), née DE LAVENIÉE.	Fille d'un député à l'assemblée constituante.	600.	
9,737.	POPIS (Marthe, veuve), née CAMINEL..	Fille et veuve d'émigrés.............	200.	
9,738.	POQUET (Jean-Philippe-Joseph).......	Émigré..........................	150.	
9,739.	PORCHET (Marie-Marguerite, veuve), née TREMBLAY.	Femme d'émigré...................	100.	N'a touché aucun des deux secours.
9,740.	PORET (Thomas-François, abbé)......	Aumônier des armées royales de l'Ouest.	200.	*Idem.*
9,741.	PORRA (Côme-Ignace-Benoît)........	Émigré..........................	60.	*Idem.*
9,742.	PORTA (Madeleine-Adélaïde, veuve), née BOUDIGNOT.	Veuve d'émigré....................	300.	

Nos d'ordre.	NOMS ET PRÉNOMS des PENSIONNAIRES.	MOTIFS de LA CONCESSION DES PENSIONS.	MONTANT des PENSIONS.	OBSERVATIONS.
9,743.	PORLALIER (Pierre)..............	Services dans les armées royales de la Lozère.	100f	
9,744.	PORTE (Marie-Louise-Constance, demoiselle DE).	En remplacement de la pension dont elle jouissait à raison des services de son père dans la maison de Louis XVI.	250.	
9,745.	——— (Marie-Josèphe, née DE BŒUF DE BRÉANT, dame DE).	*Idem*..........................	580.	
9,746.	PORTEAU (Jean)..................	Vendéen........................	80.	N'a touché aucun des deux secours.
9,747.	PORTELS (Jean, DE)...............	Émigré..........................	500.	*Idem.*
9,748.	PORTIER (Charles), abbé...........	*Idem*..........................	800.	
9,749.	PORTIN PESTALOZZI (Joséphine-Ursule, née REDOUBTÉGEMINGOTTE, comtesse DE).	Veuve d'un maréchal de camp émigré..	600.	
9,750.	PORTOUX (Pierre)................	Vendéen........................	50.	
9,751.	POSSEL (François-Grégoire-Martin, chevalier DE).	Émigré..........................	800.	
9,752.	——— (Pierre-Honoré)............	Émigré de Toulon.................	150.	
9,753.	POSSIEN (Marie-Thérèse, née SIROY).	Veuve d'un palefrenier à la petite écurie du Roi.	100.	
9,754.	POSTEL (Jean-Baptiste)............	Émigré..........................	500.	
9,755.	POSTEL DE MARTIGNY (Caroline-Philippine, née SCHONGBERG, veuve DE).	Veuve d'émigré...................	900.	
9,756.	POSTELLE.......................	Pension accordée directement par le Roi. (Motifs inconnus.)	1,200.	N'a pas touché le deuxième secours.
9,757.	POSTIÉ (Perrine, née BEAUSIRE, veuve).	Émigrée.........................	300.	*Idem.*
9,758.	POTAIN (Louise-Anne-Geneviève, née MITAINE, dame AUMER, veuve).	Vendéenne.......................	800.	
9,759.	POTDEVIN.......................	N'a aucun moyen d'existence.........	400.	N'a touché aucun des deux secours.
9,760.	POTEL (Louis-René-Marin).........	Émigré..........................	360.	
9,761.	POTIER (Charles-Marie-Ferdinand-Jacques).	Filleul du Roi...................	1,000.	
9,762.	——— (Julien-Michel)............	Naufragé........................	210.	
9,763.	——— (Marie-Françoise-Adélaïde, née DAVID, veuve DE)	Veuve d'un chevalier de Saint-Louis; persécutée pendant la révolution.	200.	
9,764.	——— (Marie-Anne, née WINDSOR, veuve).	Veuve d'émigré...................	400.	
9,765.	POTIER DE COURCY (Alexandrine-Armande-Marie-Laure, demoiselle).	Émigrée.........................	500.	
9,766.	POTIN dit MARCILLY (Jean-Louis).....	Palefrenier des écuries de Louis XVI...	1.200.	
9,767.	——— (Franceszka, née STUDZINSKA, femme).	Veuve d'un ancien serviteur de la maison de Louis XVI.	300.	

Nos d'ordre.	NOMS ET PRÉNOMS des PENSIONNAIRES.	MOTIFS de LA CONCESSION DES PENSIONS.	MONTANT des PENSIONS.	OBSERVATIONS.
9,768.	POTTÉ (Marie-Françoise, veuve), née CHEZA.	Veuve d'un officier de bouche dans la maison de Mesdames.	400f	
9,769.	POTTIER (Jean-Marie-Ambroise)......	Ex-musicien de la chapelle...........	56.	N'a touché aucun des deux secours.
9,770.	——— (Louis)..................	A raison de son grand âge, (114 ans)...	420.	*Idem.*
9,771.	——— (Anne, veuve), née RICOUET.	Vendéenne.......................	80.	
9,772.	POTTIER DE MAIZERON (Marie-Madeleine-Claire-Augustine, dame), née MOREY.	Émigrée.........................	300.	
9,773.	POTTIER DE MANCOURT (Anne-Élisabeth-Éléonore, demoiselle).	Fille d'émigré.....................	400.	
9,774.	——— (Élise-Rosalie-Marie, demoiselle).	*Idem*........................	400.	
9,775.	——— (Henriette-Madeleine-Caroline, demoiselle).	*Idem*........................	400.	
9,776.	——— (Jeanne-Marie, demoiselle)..	*Idem*........................	400.	
9,777.	POUGET (Catherine-Lucie)..........	Fille d'un intendant des classes de la marine.	400.	
9,778.	——— (Marie-Louise-Agathe), née DE LUZINGANT.	Fille d'un conseiller du Roi........	300.	
9,779.	POUIG (Joseph-Jacques-Pierre).......	Fils d'émigré.....................	300.	
9,780.	POUL DE LACOSTE (Pétronille-Marie-Victoire, veuve DE), née BERNARD.	Veuve d'un capitaine...............	300.	N'a pas touché le premier secours.
9,781.	POULAIN DUCHESNAY (Louise-Guillemette, veuve), née DEVILLERS-DESCHAMPS.	Issue d'une famille qui a donné un grand-maître à l'ordre de Malte.	300.	
9,782.	POULALION (Antoinette-Marie-Gabrielle-Josèphe-Gaudent, dame), née LAVERGNE	Sœur d'émigré, et veuve d'un commissaire de police.	500.	
9,783.	POULET (Jean-Pierre)..............	Émigré.........................	200.	
9,784.	POULIN (Benoist)..................	*Idem*........................	350.	
9,785.	——— (Jeanne-Thérèse-Caroline, demoiselle).	Fille d'émigré.....................	200.	*Idem.*
9,786.	——— (Marie-Gabrielle-Élisabeth, demoiselle).	*Idem*........................	200.	*Idem.*
9,787.	——— (Rosalie, demoiselle).........	*Idem*........................	200.	*Idem.*
9,788.	POULIN D'ARSIGNY................	Ex-gentilhomme servant de Louis XVIII.	1,500.	
9,789.	POULLAIN (Louis-Pierre)...........	Fils d'un ancien serviteur du Roi.	120.	
9,790.	POULLAIN DE SAINT-FOIX (Jeanne-Josèphe-Émilie, veuve), née GERBIER DE VALOGÉ.	Elle compte dans sa famille des jurisconsultes distingués.	200.	
9,791.	POULLOT dite DESPRÉS (Louise-Marguerite Sophie, veuve), née HANET-CLÉRY.	Sœur de Cléry, valet de chambre du Roi.	600.	
9,792.	———(Alexandrine, demoiselle).	Nièce de Cléry, valet de chambre du Roi.	200.	

Nos d'ordre.	NOMS ET PRÉNOMS des PENSIONNAIRES.	MOTIFS de LA CONCESSION DES PENSIONS.	MONTANT des PENSIONS.	OBSERVATIONS.
9,793.	POULPRY (Anne-Nicolas, comtesse DU), née LEFERON.	Émigrée	2,400f 00c	
9,794.	POULTIER (Louis-Jean-Baptiste-François, abbé).	Émigré	800. 00.	
9,795.	POUMAROUX DE LA PALU (Raimond).	*Idem.*	500. 00.	
9,796.	POUPARD (Pierre)	Vendéen	80. 00.	
9,797.	POUPART (Marie-Élisabeth, veuve), née GAIGNOT.	Veuve d'émigré	800. 00.	N'a pas touché le deuxième secours.
9,798.	POUPELARD (René)	Vendéen	120. 00.	
9,799.	POURCHER (Élisabeth, veuve), née JARROUSSE.	Services de son mari dans les armées royales de la Lozère.	100. 00.	
9,800.	POURCHERESSE DE FRAISANS (Marie-Josèphe, demoiselle DE).	Sœur d'émigré	300. 00.	
9,801.	POURSILLIÉ (Jean-Louis)	Services à la cause royale, en France	400. 00.	
9,802.	POUSARGUES (Françoise-Claire-Marie-Jacquette, demoiselle DE).	Fille d'émigré	200. 00.	
9,803.	——— (Marie-Anne-Sophie, demoiselle DE).	*Idem*	200. 00.	
9,804.	POUSSEUR (Louise-Hugues, demoiselle).	*Idem*	600. 00.	
9,805.	——— (Marie-Louise-Agathe, veuve), née GILLET.	Veuve d'émigré	800. 00.	
9,806.	POUSSEZ (Marie-Joséphine, veuve), née FRÈRE.	Veuve d'un sous-chef au ministère de la maison du Roi.	500. 00.	
9,807.	POUSSINEAU DE VANDEUVRE (Jean-Nicolas).	Officier émigré	900. 00.	
9,808.	POUSSY (Marie-Jeanne-George, veuve), née TASSET-DUFOUR.	Veuve d'un employé des postes	300. 00.	
9,809.	POUTEAU (Joseph)	Vendéen	200. 00.	
9,810.	POVILLON (Étienne-François-Xavier)	Archéologue distingué	150. 00.	
9,811.	POZZO DI BORGO (Innocent-Mathieu).	Émigré de Toulon	200. 00.	
9,812.	PRACONTAL (Claude-Gabrielle, marquise DE), née DEPERTUIS.	Dame pour accompagner MMes Victoire et Sophie.	2,400. 00.	N'a touché aucun des deux secours.
9,813.	PRADEILLES (Jean-Baptiste)	Services de son frère dans les armées royales de la Lozère.	50. 00.	
9,814.	PRADEL (Marie-Françoise-Reine, veuve), née ROUX.	Veuve d'un garde à cheval de la varenne du Louvre.	300. 00.	
9,815.	PRADEL DE LA MAZE (Marie-Charlotte, dame), née DE PASQUET.	Fille d'émigré	400. 00.	*Idem.*
9,816.	PRADER (Louis-Barthélemi)	Professeur de musique au conservatoire.	81. 82.	
9,817.	——— (dame)	Ex-sociétaire de l'Opéra-Comique. (Pension par suite de transaction.)	2,430. 00.	

Nos d'ordre.	NOMS ET PRÉNOMS des PENSIONNAIRES.	MOTIFS de LA CONCESSION DES PENSIONS.	MONTANT des PENSIONS.	OBSERVATIONS.
9,818.	PRADIER (Guillaume-Joseph)........	A servi dans les armées royales de la Lozère.	200f	
9,819.	——— D'AGRAINS (Adélaïde-Virginie, demoiselle DE).	Fille d'émigré.....................	250.	
9,820.	PRADINES (Marie-Françoise, née BOUQUE, marquise DE).	Son fils, chevau-léger en 1815, a été assassiné à Toulouse pendant les 100 jours.	600.	
9,821.	PRAIRE (Joseph).................	Émigré.........................	400.	
9,822.	PRAT (Marie-Thérèse, demoiselle)....	Sœur d'émigré.....................	150.	N'a pas touché le premier secours..
9,823.	PRATIQUE D'HEUDICOURT (Marie-Anne-Madeleine, née JOUANNE, veuve).	Persécutée pendant la révolution......	200.	
9,824.	PRATS (François-Raymond Joseph)....	Émigré.........................	240.	
9,825.	PRAUD (Pierre).................	Vendéen.........................	100.	N'a pas touché le deuxième secours.
9,826.	Néant.........................	....	"	*Idem.*
9,827.	——— (Marie-Madeleine, née VRIGNAUD, dame).	Vendéenne.......................	150.	*Idem.*
9,828.	PRÉAUD (Madeleine, née PAJOT, dame DE).	Femme de chambre de la Reine.......	2,000.	
9,829.	PRÉAUX (Charlotte-Marie-Louise-Antoinette, demoiselle DE).	Émigrée.........................	800.	
9,830.	——— (Marie-Adélaïde-Victoire, demoiselle DE).	*Idem*.........................	800.	
9,831.	PRECHAC dite RENOUVIN (Augustine, demoiselle).	*Idem*.........................	400.	
9,832.	PREJEAN (Marie-Julienne, demoiselle)..	Vendéenne.......................	50.	
9,833.	PRELLE (Jean-Marie)..............	En remplacement de la pension de 800 francs dont il jouissait avant la révolution.	600.	N'a touché aucun des deux secours.
9,834.	——— (Appoline-Louise-Eulalie, demoiselle).	Fille d'un huissier avertisseur du Roi....	200.	
9,835.	PRELY.........................	Contrôleur à l'Opéra-Comique. (Pension par suite de transaction.)	100.	
9,836.	PRÉMORD (Charles-Léonard).........	Prêtre émigré.....................	900.	
9,837.	PRÉSÉAU (Charlotte-Reine-Victoire, demoiselle DE).	Fille d'émigré.....................	400.	
9,838.	——— (Ferdinande-Isabelle-Amour, demoiselle DE).	*Idem*.........................	300.	
9,839.	——— (Louise-Françoise, demoiselle).	*Idem*.........................	300.	
9,840.	PRESSAC-FEZENSAC-D'AQUITAINE (Henry-Ernest-Charles-Marie-Albert-Xavier-Auguste-Emmeric-Guillaume-Odon-Eugène, DE), comte D'ESCLIGNAC.	Parent du Roi.....................	3,000.	
9,841.	PRESSEQ (Jacques)................	Services dans l'armée royale.........	100.	*Idem.*

Nos d'ordre.	NOMS ET PRÉNOMS des PENSIONNAIRES.	MOTIFS de LA CONCESSION DES PENSIONS.	MONTANT des PENSIONS.	OBSERVATIONS.
9,842.	PRETTI DE SAINT-AMBROISE (Vincent-Aloïs-Alexandre-Pierre, chevalier).	Ancien agent consulaire de France....	400f	
9,843.	PRÉVILLE (Bonaventure-Denise-Victoire, comtesse DE), née DE GERMIGNY.	Veuve d'un contre-amiral émigré.....	600.	N'a touché aucun des deux secours.
9,844.	PREVOST (Adèle).................	Pensionnaire du deuxième théâtre français : pension à titre onéreux.	500.	
9,845.	——— (Jacques)................	Ex-caissier de la monnaie des médailles.	400.	
9,846.	——— (Jean-Baptiste-Sébastien, chevalier DE).	Émigré..........................	400.	
9,847.	——— (Louis)...................	*Idem*.............................	150.	
9,848.	——— (Usmer-Joseph)...........	*Idem*.............................	150.	*Idem.*
9,849.	——— (dame)....................	Ex-sociétaire de l'Opéra-Comique. (Pension par suite de transaction.)	1,500.	
9,850.	——— (Marie-Anne-Rose, dame), née BUQUET.	Émigrée..........................	500.	
9,851.	——— (Marie-Marguerite-Rosalie, ve), née HAZARD.	Son mari a donné des preuves de dévouement à la famille royale.	150.	
9,852.	——— (Marie-Marguerite-Sainte, ve), née HERVÉ.	Vendéenne.......................	200.	
9,853.	——— (Hélène, veuve), née PATTEY.	Veuve d'émigré................	200.	N'a touché aucun des deux secours.
9,854.	PREVOST DE BOISSY (Virginie, demoiselle).	Son père a été fusillé à Paris le 2 février 1814.	1,200.	
9,855.	PREVOST DE LA CROIX (Catherine-Françoise-Marie, dame).	Religieuse persécutée..............	100.	
9,856.	PREVOST DE MAISONNEUVE (Catherine-Augustine, dame), née LAVILLE.	Veuve d'un brigadier des gardes de la porte.	400.	
9,857.	PREVOST DE SAINT-CYR (Anne-Marie, comtesse).	Fille d'un colonel..................	300.	
9,858.	PREVOST DE SAINT-MARS (Jean-Baptiste).	Services à la cause royale, en France...	500.	
9,859.	PREVOTS (veuve).................	N'a aucun moyen d'existence.........	100.	
9,860.	PREZÉLIN (Pierre)................	Émigré............................	150.	
9,861.	PRIET (Mathurin)................	Vendéen..........................	50.	N'a pas touché le deuxième secours.
9,862.	PRIEUR (Adrien-Louis-Hubert)......	Valet de chambre du Roi...........	300.	N'a touché aucun des deux secours.
9,863.	——— (Antoinette-Éléonore-Pulchérie, demoiselle).	Fille d'émigré.....................	600.	
9,864.	——— (Marie, demoiselle).........	Émigrée..........................	800.	
9,865.	PRIEUR DE ROCQUEMONT (Louis-François).	Services militaires avant la révolution ; perte de fortune en 1814.	200.	
9,866.	PRIEUX (Frédéric-Adolphe).........	Neveu d'émigré....................	300.	N'a touché aucun des deux secours.

Nos d'ordre.	NOMS ET PRÉNOMS des PENSIONNAIRES.	MOTIFS de LA CONCESSION DES PENSIONS.	MONTANT des PENSIONS.	OBSERVATIONS.
9,867.	PRIEUX (Louis-Joseph-Ferdinand)....	Ancien percepteur des contributions...	400f 00c	
9,868.	PRIEX (Célestin-Joseph)...........	Émigré........................	100. 00.	
9,869.	PRILLE (Marie, née CHARPENTIER, veuve DE).	Veuve d'un colonel du génie........	300. 00.	N'a pas touché le deuxième secours.
9,870.	PRIN (Philippe, abbé)............	Émigré........................	200. 00.	N'a touché aucun des deux secours.
9,871.	—— (Louise, née DUMESNIL, veuve).	Veuve d'un colon de Saint-Domingue..	200. 00.	
9,872.	PRIOU (François, abbé)............	Vendéen........................	200. 00.	
9,873.	PRIQUELER (Jean-Baptiste-Antoine)...	Services à la cause royale, en France..	150. 00.	
9,874.	PRISSET (Jean-Laurent)...........	Capitaine vendéen................	300. 00.	
9,875.	PROD'HOMME (Pierre)..............	Valet de pied du Roi..............	160. 00.	
9,876.	PROHASKA (Jean-Népomucène).......	Émigré........................	250. 00.	
9,877.	PROISY (Hyacinthe-David-Rosalie, baron D'EPPE, DE).	*Idem*........................	300. 00.	
9,878.	PRON (Louise, née DUBOIS DES COURS DE LA MAISONFORT, dame DE).	A perdu sa fortune à la Révolution...	600. 00.	
9,879.	PRONIER (Pétronille-Thérèse, née VINCK, veuve).	Son mari est mort sur l'échafaud pendant la révolution.	150. 00.	
9,880.	PROTH DESCHAMPS (Johannetta, née HATZMANN, dame).	Femme d'émigré..................	800. 00.	
9,881.	PROU (Marie-Catherine-Désirée, née BRUSLÉ, veuve).	Émigrée........................	600. 00.	
9,882.	PROUST (Gabriel-René)............	Émigré........................	900. 00.	
9,883.	PROVANDIER (Geneviève-Catherine, née ALAGILLE, veuve).	Veuve d'un palefrenier aux écuries....	150. 00.	N'a touché aucun des deux secours.
9,884.	PROVENÇAL (Marie-Marthe, demoiselle).	Ses père et mère furent fusillés à Toulon, en 1793.	150. 00.	
9,885.	PROVOST (Jean-Baptiste-François).....	Professeur de déclamation au Conservatoire.	200. 00.	
9,886.	—— (Jean-Louis-Augustin).......	Émigré........................	500. 00.	
9,887.	—— (Marie-Madeleine) née CHANDELIER, dame).	Veuve d'un serviteur de la maison de Louis XVI.	200. 00.	
9,888.	—— (Anne-Nancy, née DARRICARRÈRE, veuve).	Veuve d'un capitaine des armées françaises.	200. 00.	
9,889.	PRUDHOMME (Jacques)..............	Vendéen........................	80. 00.	
9,890.	—— (Jean-Alexandre)...........	Employé au grand commun chez le Roi.	300. 00.	
9,891.	—— (Louis-Pierre)..............	Palefrenier aux écuries de Louis XVI..	300. 00.	
9,892.	—— DE SAINT-VALBON (François).	Émigré........................	600. 00.	

Nos d'ordre.	NOMS ET PRÉNOMS des PENSIONNAIRES.	MOTIFS de LA CONCESSION DES PENSIONS.	MONTANT des PENSIONS.	OBSERVATIONS.
9,893.	PRUNIER (Nicolas-Hyacinthe).........	Fils d'un grand valet de pied.........	120f	
9,894.	PRUYNES (Jean-Antoine-Louis DE BANCALIS, chevalier DE).	Émigré; capitaine de vaisseau........	800.	
9,895.	PUCH (Jacques-Alexandre, DE)......	Émigré.........................	600.	
9,896.	——— (Jean-Baptiste-Guillaume, DE).	*Idem*.........................	900.	
9,897.	PUECH (Joseph-Antoine-Marie).......	*Idem*.........................	400.	
9,898.	——— (Élisabeth, née THOMÉ)......	Parente de M. le baron Hue premier valet de chambre de Louis XVIII.	500.	
9,899.	PUEL (Jean-Joseph-Auguste-César, vicomte DE PARLAN, DE).	Son père a perdu sa fortune à la révolution.	300.	N'a touché aucun des deux secours.
9,900.	PUGET (Marie-Marguerite-Joséphine-Charlotte, comtesse DE).	Petite-fille du comte de Charolais......	1,000.	
9,901.	——— (Marie-Madeleine-Susanne, née ALLEAUME, veuve DE).	Veuve d'un maréchal de camp.........	600.	
9,902.	PUGIN (Augustine-Marguerite, demoiselle).	Services de ses parens à la cause royale, en France.	200.	
9,903.	PUGNET DE SAINT-ROMAIN (Jeanne-Marie-Benoite, née CALMEJANE, dame).	Veuve d'un condamné à mort pendant la terreur.	500.	N'a pas touché le deuxième secours.
9,904.	PUIGUYON (Pierre-Constantin, DE)....	Émigré.........................	200.	N'a touché aucun des deux secours.
9,905.	PUJO LAPITOLLE (Marguerite-Françoise-Luce, demoiselle).	Fille d'émigré....................	400.	
9,906.	———(Marie-Josèphe-Isabelle-Narcisse, demoiselle DE).	*Idem*.........................	400.	
9,907.	PUJOL (Jeanne-Anne-Françoise, demoiselle DE).	Avait une pension avant la révolution...	200.	N'a pas touché le deuxième secours.
9,908.	——— (Catherine-Eugénie, née CAUNE, dame).	Émigrée.......................	120.	
9,909.	PULLY (Charles-Joseph-Randon, comte DE).	Lieutenant général; ancien gouverneur de Meudon.	3,000.	*Idem.*
9,910.	PUSEL DE BOURSIÈRES (Marie-Louise-Joséphine, demoiselle).	Fille d'émigré....................	500.	N'a touché aucun des deux secours.
9,911.	PUSSENEAU (Pierre-Nicolas)..........	Avertisseur de la musique du roi Louis XVI.	1,200.	*Idem.*
9,912.	PUSSOT (Élisabeth, née CHAUVET, veuve).	Veuve d'un capitaine de l'armée française.	300.	
9,913.	PUTHEAUX (Marie-Louise)..........	Son grand-père avait une pension de 300 f. sur la cassette de Louis XV.	120.	
9,914.	——— (Marie-Angélique, née GIRARDIN, veuve).	Veuve d'un musicien de la chapelle de Louis XVI; âgée de 81 ans.	700.	N'a pas touché le deuxième secours.
9,915.	PUTTECOTTE DE RENEVILLE (Louis-Pierre-César).	Émigré.........................	300.	
9,916.	PUY HABILIER DE LA JARRIGE (Jean-François).	*Idem*.........................	900.	
9,917.	PUYMAURIN (baron DE)..	Directeur honoraire de la monnaie des médailles.	4,500.	N'a touché aucun des deux secours.
9,918.	PUYTE (Pierre-Jacques-François).....	Émigré.........................	150.	

N^os d'ordre.	NOMS ET PRÉNOMS des PENSIONNAIRES.	MOTIFS de LA CONCESSION DES PENSIONS.	MONTANT des PENSIONS.	OBSERVATIONS.
		Q		
9,919.	QUATRE-SOUS (Anne, dame), religieuse.	Émigrée	1,066f 80c	
9,920.	QUEFFEMME (François)	A rendu des services à la cause royale, dans l'intérieur.	300. 00.	N'a touché aucun des deux secours.
9,921.	QUÉLEN (Florentin-Louis, abbé DE)	Aumônier de la frégate l'*Uranie* qui a fait le tour du monde.	1,000. 00.	
9,922.	——— (Demoiselle DE)	Émigrée	1,358. 90.	
9,923.	——— (Marie-Anne, comtesse DE), née DE COLLIBEAUX.	Sœur d'émigré	1,000. 00.	
9,924.	QUÉLO (Élisabeth-Vincente-Louise, demoiselle DE).	Émigrée	100. 00.	N'a pas touché le deuxième secours.
9,925.	QUELO DE CADOUZAN (Pauline-Marie, veuve DE), née TAHOUET DE BRIGNAC.	Veuve d'émigré	500. 00.	
9,926.	QUEMENAR (Perrine, dame), née PLUNIAN.	Vendéenne	80. 00.	
9,927.	QUENTIN (Georges)	Émigré	500. 00.	
9,928.	QUELQUEJEU (Louis-Armand DE)	*Idem*	200. 00.	
9,929.	QUERHOËNT (Marie-Jacquette-Émilie, comtesse DE), née DE BENAZÉ DU TEMPLE.	Émigrée	500. 00.	
9,930.	QUEREY (Pierre-Guillaume)	Émigré	700. 00.	
9,931.	QUEROMÈS (Françoise, dame), née MORICE.	Vendéenne	200. 00.	
9,932.	QUERROY (Marguerite, veuve), née GIRARDIN.	Veuve d'un officier du gobelet sous Louis XV et Louis XVI.	300. 00.	*Idem.*
9,933.	QUÈS (Jean-Antoine-Félix)	Émigré	100. 00.	
9,934.	QUESNAY DE BEAUREPAIRE (Catherine, dame), née CADIER.	Petite-fille du docteur Quesnay, qui sauva le Dauphin fils de Louis XV.	600. 00.	
9,935.	QUETIER (Jean)	Garçon de toilette de Louis XVI	200. 00.	*Idem.*
9,936.	QUEUL (Léonard)	En remplacement d'une pension de 330 f. dont il jouissait avant la révolution.	300. 00.	*Idem.*
9,937.	QUEVAL (Marie-Julie, veuve), née DESBARES.	Veuve d'émigré	150. 00.	
9,938.	QUILLET (Marie-Antoinette, veuve), née MERCIER.	Garçon des pages de la petite écurie	240. 00.	
9,939.	QUINEBAUX (Michel)	Garde à cheval des forêts du Roi	240. 00.	
9,940.	QUINGERY (Marguerite-Louise-Charlotte, veuve, MORE DE), née GUÉNIOT	Veuve d'un juge criminel de la maréchaussée, condamné à mort en 1794.	200. 00.	
9,941.	QUINTAL (Jeanne-Françoise, veuve), née ERNOUF.	Son mari a été fusillé pendant la terreur.	300. 00.	
9,942.	——— (Aimé-Adélaïde-Anne, demoiselle), dame LE PREVOST.	Fille de Vendéen	150. 00.	
9,943.	QUITTARD (Jeanne, veuve), née FAUVEAU.	Vendéenne	50. 00.	*Idem.*
9,944.	QUIRET DESMARES (Julie-Françoise-Élisa, demoiselle).	Fille d'émigré	200. 00.	

Nos d'ordre.	NOMS ET PRÉNOMS des PENSIONNAIRES.	MOTIFS de LA CONCESSION DES PENSIONS.	MONTANT des PENSIONS.	OBSERVATIONS.
		R		
9,945.	RABAJOYE (Louis)	Valet de pied chez MONSIEUR, comte de Provence.	300f	
9,946.	RABASSE (Marguerite-Élisabeth, femme), née DELAVIGNE.	En remplac. de la pension dont elle jouissait sur la cassette des Enfans de France.	130.	
9,947.	RABEAU (Guillaume-René)..........	Vendéen........................	400.	
9,948.	RABEL (Marie-Reine DE), dame DE JAVEL.	Fille d'un valet de garde-robe tué au 10 août.	300.	N'a pas touché le premier secours.
9,949.	RABEYRIN (Marguerite, veuve), née VINCENT.	Persécutée pendant la révolution......	150.	
9,950.	RABIER (Marc-René)..............	Vendéen........................	50.	N'a touché aucun des deux secours.
9,951.	——— (Jeanne, veuve), née PAPAREL.	Services de son mari dans armées royales de l'Ouest.	120.	
9,952.	RABOURDIN (Louis-Lazare)..........	Petit-fils d'un maréchal expert des écuries.	80.	
9,953.	——— (Victoire-Félicité, demoiselle).	Petite-fille *idem*..................	80.	
9,954.	RABOUS (Antoine-Julien-Jacques).....	Vendéen........................	200.	
9,955.	RACARY (Jean-Jacques)............	Fils d'un palefrenier aux écuries de la Reine.	100.	
9,956.	RACHEL (Marie-Thérèse, veuve), née CHRISTMAN.	Émigrée, veuve d'émigré...........	200.	
9,957.	RACHET (Germain-Joseph)..........	Émigré..........................	1,200.	
9,958.	RACINE (Jean-Baptiste)............	*Idem*...........................	600.	
9,959.	RACINNE (Louis-Denis-Honoré).......	Pour cause d'accident dans une réjouissance publique.	100.	N'a pas touché le deuxième secours.
9,960.	RACORD (Henri-François)...........	Émigré de Toulon..................	400.	N'a touché aucun des deux secours.
9,961.	——— (Agnès-Baptistine-Pauline-Joséphine, demoiselle).	Émigrée de Toulon................	400.	
9,962.	——— (Marie-Anne-Charlotte, demoiselle).	*Idem*...........................	400.	
9,963.	——— (Marie-Marguerite-Victoire-Émilie, demoiselle).	*Idem*...........................	400.	
9,964.	RACT (Marie-Françoise, veuve), née LELASSEUR.	Veuve d'un frotteur aux Tuileries.....	200.	*Idem*.
9,965.	RADULPH (François-Nicolas, chevalier DE).	Officier du génie émigré, avait une pension sur la cassette de Louis XVI.	800.	
9,966.	RADULPHE DE GOURNAY............	Conservateur des diamans au garde-meuble.	6,000.	
9,967.	——— (François-Frédéric).........	Fils d'émigré....................	360.	
9,968.	RAFELIS (Marie-Anne-Josèphe, veuve, comsse DE BROVES), née DE BANCENEL.	Son beau-frère a été massacré au 10 août.	500.	

Nos d'ordre.	NOMS ET PRÉNOMS des PENSIONNAIRES.	MOTIFS de LA CONCESSION DES PENSIONS.	MONTANT des PENSIONS.	OBSERVATIONS.
9,969.	RAFFIN (Marie-Félicité, Comtesse DE), née DE BEAUDINOT DE LA SALLE.	Veuve d'émigré	600f	
9,970.	RAFFIN (Jacques-Vincent)	Vendéen	80.	
9,971.	RAGON (Jean-Louis-Joseph)	Jardinier au château de Meudon, sous Louis XVI.	300.	
9,972.	——— DU BOUCHOT (Alexandrine-Louise-Geneviève, demoiselle).	Fille d'émigré	200.	
9,973.	RAGUET (Marie-Antoinette-Clotilde-Théodore, dame DE), née DE RAGUET-BRANCION.	Femme d'émigré	400.	N'a pas touché le deuxième secours.
9,974.	——— DE BAVIÈRE (Hugues-Louis)	Émigré	400.	N'a touché aucun des deux secours.
9,975.	RAGUIDEAU (Marguerite-Françoise, ve), née FOUASSON.	Vendéenne	30.	
9,976.	RAGUIN (Julienne-Michelle, veuve), née DAUBERT.	Veuve d'un émigré naufragé de Calais	150.	*Idem.*
9,977.	RAIGECOURT (Caroline-Antoinette-Léopoldine-Jeanne-Népomucène-Levier, comtesse DE).	Émigrée	1,500.	*Idem.*
9,978.	——— (Marie-Joséphine-Alexandrine, comtesse DE).	*Idem*	1,500.	*Idem.*
9,979.	——— GOURNAY (Louise-Marie, marquise DE), née DE VINCENS DE CAUSANS.	Dame de madame Élisabeth	3,000.	
9,980.	RAILLANE (Gilbert)	Ex-employé au ministère de la Maison du Roi.	500.	
9,981.	RAILLARD DE GRANDVELLE (Marie-Eugénie-Joséphe, ve), née DE VALICOURT DE WITREMONT.	Veuve d'émigré, nièce de M. de Calonne.	300.	N'a pas touché le deuxième secours.
9,982.	RAIMBAULT (Louis)	Vendéen	50.	
9,983.	——— (Vincent)	Victime de l'accident arrivé à Angers lors de la fête du baptême du duc de Bordeaux.	150.	
9,984.	RAIME (Pierre-Étienne-Louis DE)	Émigré	400.	
9,985.	RAINAUD (Anne-Claire, demoiselle)	Fille d'émigré	600.	N'a touché aucun des deux secours.
9,986.	——— (Marie-Virginie, veuve), née COLAVIER.	Émigrée	600.	*Idem.*
9,987.	RAMAUGÉ (Thérèse, demoiselle)	Vendéenne	400.	
9,988.	RAMBAUD (Marie-Madeleine, veuve), née ALLEON.	Veuve d'émigré	600.	
9,989.	——— (Thérèse-Françoise, dame), née GAUDELET.	A été attachée au berceau du Dauphin, fils de Louis XVI.	600.	
9,990.	——— (Agathe-Rosalie, dame DE), née MOTTET.	Femme de chambre du Dauphin, fils de Louis XVI.	1,000.	*Idem.*
9,991.	RAMBAULT DE BARALLON (Paul-Charles).	A rendu des services à la cause royale	900.	
9,992.	RAMPAND (Jeanne veuve), née d'IMBERT DE MONTRUFFET.	Sœur d'émigré	300.	N'a pas touché le deuxième secours.
9,993.	RAMSAULT DE TORTONVAL (Caroline, demoiselle DE RUAUT DE)	Fille d'émigré	500.	

Nos d'ordre.	NOMS ET PRÉNOMS des PENSIONNAIRES.	MOTIFS de LA CONCESSION DES PENSIONS.	MONTANT des PENSIONS.	OBSERVATIONS.
9,994.	RAMSAULT DE TORTONVAL (Caroline-Albertine, demoiselle DE RUAUT DE).	Fille d'émigré	500f	
9,995.	RAMSAULT DE TORTONVAL (Jacqueline-Caroline, dlle DE RUAUT DE).	Fille d'émigré	500.	N'a touché aucun des deux secours.
9,996.	RANCÉ (Alexandre-Nicolas-Polangie, chevalier DE).	Garde de la porte sous Louis XVIII	200.	N'a touché aucun des deux secours.
9,997.	RANCHER DE SAINT-LÉGÉ (Pierre-Antoine, marquis DE).	Ancien écuyer de main de Louis XVI	1,200.	
9,998.	RANCOURT (Achille-Michel DE)	Émigré	600.	*Idem.*
9,999.	RANDOULET (Louis-Élisabeth)	Services de son père à la petite écurie de Louis XVI.	400.	N'a pas touché le deuxième secours.
10,000.	——— (Marie-Anne-Éléonore, née PIERRART, dame).	Ancienne pension pour cession de minéraux.	600.	
10,001.	RANDOUX DE BOISTAILLY (Xainte-Bonne, née GAINEAU, veuve).	Vendéenne	400.	
10,002.	RANEILHAC DE CHAZELLES (Jean-François).	Émigré	600.	
10,003.	RANJON (Marie-Victoire, née CUJAS, ve).	Veuve d'un magistrat, petite-fille du célèbre Cujas.	300.	
10,004.	RANSE (Charles-Anne Hyacinthe-Dieudonné-Marie, baron DE).	Fils d'émigré	250.	
10,005.	——— (Catherine-Françoise-Armande-Joséphine-Marie, demoiselle DE).	Fille d'émigré	250.	
10,006.	RANSON (Sophie-Augustine, demoiselle)	Fille d'un ouvrier aux Gobelins, infirme.	180.	
10,007.	RANTZ (Joseph-Antoine)	Émigré	200.	*Idem.*
10,008.	RAOULX (Adélaïde-Joséphine, demoiselle).	Fille d'un inspecteur-général de la maison de MESDAMES.	400.	
10,009.	——— (Marie-Joséphine-Renée, demoiselle DE).	Sœur d'émigré	500.	
10,010.	RASCALON (Jean)	Son père a été condamné à mort pendant la révolution.	100.	
10,011.	RASSÉ (Jean-Joseph Marie)	Contrôleur de la bouche dans la maison de Louis XVIII.	1,387.	
10,012.	RASSICOT (René)	Vendéen	100.	
10,013.	RATEL (Pélagie, née PERSCHAIS, veuve), dame ROULET.	Veuve d'un Vendéen fusillé en 1804	300.	
10,014.	RAUBER (Louise-Sophie, demoiselle DE).	Fille d'émigré	400.	
10,015.	——— (Madeleine, demoiselle)	*Idem*	600.	
10,016.	RAUCH (Jean)	Émigré	80.	N'a touché aucun des deux secours.
10,017.	RAULT (François-Laurent-Jean)	Vendéen, père de dix enfans	80.	
10,018.	——— DE RAMSAULT DE TORTONVAL (Félix-François-Albert DE).	Émigré	1,016.	

Nos d'ordre.	NOMS ET PRÉNOMS des PENSIONNAIRES.	MOTIFS de LA CONCESSION DES PENSIONS.	MONTANT des PENSIONS.	OBSERVATIONS.
10,019.	RAUSSIN (Françoise)...............	Fille d'émigré......................	200f	
10,020.	——— (Marguerite-Élisabeth, demoiselle).	*Idem*............................	200.	
10,021.	RAUX (Pierre-Jacques).............	Vendéen..........................	50.	
10,022.	RAUZAN (Jean-Baptiste, abbé).......	Ancien chapelain de Louis XVIII......	2,000.	N'a touché aucun des deux secours.
10,023.	RAUP DE BAPTESTIN DE MOULIÈRES (Constance-Félicité-Victoire-Désirée, née VASSÉ DE BONRECUEIL, veuve).	Veuve d'un archiviste au ministère de la maison du Roi.	1,000.	
10,024.	RAUZET (Charles-François)..........	Capitaine émigré...................	900.	
10,025.	RAVARY (Jean-Aldric, abbé)........	Ancien prieur des carmes, ruiné à la révolution.	400.	*Idem.*
10,026.	RAVEL dit VIDAL (Rose, née MONTAUX, veuve).	Veuve d'émigré de Toulon...........	300.	
10,027.	RAVENEL DU BOISTEILLEUL (Marie-Zoé-Pauline, née DE FARCY DE MONTAVOLLAN, dame DE).	Émigrée, parente de M. le vicomte de Châteaubriand.	300.	*Idem.*
10,028.	RAVEYRE (Marie-Anne, demoiselle)....	Ancienne institutrice, persécutée pendant la révolution.	80.	*Idem.*
10,029.	RAVIDA (Simon-Jude)...............	Attaché à la musique de Louis XVI....	400.	
10,030.	RAVOISIÉ (Victoire-Charlotte-Zélie, demoiselle).	Petite-fille d'un caissier de la maison de la Reine.	300.	
10,031.	RAVOISIER (Marie-Madeleine, née SPENDELER, veuve).	Veuve d'un jardinier de Louis XVI.....	300.	
10,032.	RAYBER (Marie, née MIGNOT, dame DE).	Son mari a été fusillé au siége de Toulon.	300.	
10,033.	RAYMOND (Marie-Louise, née CADARS, dame DE).	Veuve d'un garde du corps du Roi.....	300.	
10,034.	——— (Joseph-Marie-Gabriel-Noël DE).	Émigré...........................	900.	
10,035.	——— DE LA NOUGARÈDE (Ernest-Joseph).	Fils d'émigré......................	400.	
10,036.	——— (Marie-Simon-Victor DE)......	*Idem*............................	400.	
10,037.	——— (Adélaïde-Françoise, demoiselle DE).	Fille *idem*.......................	400.	
10,038.	RAZAC (baron DE)..................	Ex-gouverneur des pages de Louis XVIII.	7,000.	*Idem.*
10,039.	RÉAL (Charlotte, née LEJEUNE DE LA TALVASSERIE, veuve DE).	Émigrée...........................	1,500.	
10,040.	RÉAUX (Geneviève-Avouée, née LECOMTE, veuve).	Veuve d'un frotteur à Trianon........	160.	N'a pas touché le deuxième secours.
10,041.	REBIÈRE (Scolastique, demoiselle)....	Sans fortune.......................	100.	
10,042.	REBILLET (George-Bonaventure-Bonne-Monique).	Capitaine émigré...................	600.	
10,043.	REBILLOT D'OREAUX (Claude-Antoine-François).	Lieutenant émigré..................	800.	

Nos d'ordre.	NOMS ET PRÉNOMS des PENSIONNAIRES.	MOTIFS de LA CONCESSION DES PENSIONS.	MONTANT des PENSIONS.	OBSERVATIONS.
10,044.	RÉBORY (François-Martin)	Ancien régisseur de l'Opéra	420f 14c	
10,045.	REBOUL (Germain-Eugène-Hyacinthe, DE).	Émigré	800. 00.	
10,046.	——— (Joseph-Vincent)	Émigré de Toulon	200. 00.	N'a touché aucun des deux secours.
10,047.	——— (Catherine-Félicité-Suzanne, demoiselle).	Fille d'émigré de Toulon	150. 00.	
10,048.	REBOUL DE CAVALERY (Marie-Pierrette, veuve), née CHEVALIER.	Belle-sœur de trois officiers des armées françaises morts sur le champ de bataille.	500. 00.	
10,049.	REBOUR (Marthe-Perrine-Marie-Anne-Joséphine, dame), née FENEUX.	Émigrée	500. 00.	
10,050.	REBUFAT (Pierre-Toussaint)	Émigré	250. 00.	
10,051.	RECEVEUR	Machiniste à l'Opéra-Comique. (Pension par suite de transaction.)	153. 12.	
10,052.	RECULÉ (Louis-Félix, abbé)	Émigré	1,219. 20.	
10,053.	REDING DE BIBBEREGG (Maria del Carmen-Josephine-Françoise-Kaviera-Cayatana, veuve), née PEREZ.	Veuve d'un maréchal de camp	1,000. 00.	
10,054.	REFAY (veuve)	Émigrée	600. 00.	
10,055.	REGNARD DE SAINT-CYR (Jacques-Raphaël).	Capitaine émigré	900. 00.	
10,056.	REGNAUD DE VILATTE (Charles)	Émigré	400. 00.	N'a pas touché le deuxième secours.
10,057.	REGNAULT (Claudine-Gilberte-Françoise, veuve, née BOUTAREL).	Veuve d'un préposé au casernement de la maison militaire.	350. 00.	N'a touché aucun des deux secours.
10,058.	——— (Geneviève-Félicité, veuve), née DELCRO.	Veuve d'un officier du gobelet	500. 00.	
10,059.	——— (Hélène-Louise, dame), née TUPIGNY CAUVRY.	Persécutée pendant la révolution	200. 00.	
10,060.	REGNIER (Jacques-Marie-Joseph DE)	Émigré	2,000. 00.	
10,061.	——— (Jacques-Caton)	Fils d'émigré	250. 00.	
10,062.	——— (Suzanne-Georgine, demoiselle)	Fille *idem*	250. 00.	
10,063.	——— (Caroline, demoiselle)	*Idem*	250. 00.	
10,064.	——— (Marie, demoiselle)	*Idem*	250. 00.	
10,065.	——— (Alexandrine-Louise-Philippe, demoiselle).	Fille d'un directeur de la manufacture de Sèvres.	1,000. 00.	
10,066.	REGNIER DE ROHAUT (Marie-Honorée-Louise-Hubertine, demoiselle).	Fille d'émigré	300. 00.	
10,067.	——— (Marie-Françoise, veuve), née AIMÉ.	Persécutée pendant la révolution	500. 00.	
10,068.	REGNIER DUTILLET (Marie-Catherine, dame), née BENEDETTI.	Femme d'émigré	600. 00.	

Nos d'ordre.	NOMS ET PRÉNOMS des PENSIONNAIRES.	MOTIFS de LA CONCESSION DES PENSIONS.	MONTANT des PENSIONS.	OBSERVATIONS.
10,069.	REGRENEIL (Louise, demoiselle)......	Vendéenne........................	300f	N'a touché aucun des deux secours.
10,070.	REGUIS (Jean-François)............	Émigré........................	400.	
10,071.	REIFF (Isabelle-Philippine-Josèphe, dame), née DUCHASTELLE.	A perdu sa fortune par suite de la révolution.	150.	
10,072.	REIGNAC (Jeanne-Marie-Félicité, veuve DE), née DE CORCORAIL.	Sœur d'émigrés....................	200.	*Idem.*
10,073.	REIGNAC DE LABORIE (Pierre).......	Capitaine émigré..................	1,000.	
10,074.	REILHAC (Marie-Rose, veuve), née BASTIÉ.	Services de son mari en France; perte de fortune.	100.	
10,075.	REILLON (René)..................	Vendéen........................	50.	N'a pas touché le deuxième secours.
10,076.	REINACH D'HEIDWILLER (Louise-Caroline-Élisabeth, baronne DE).	Émigrée........................	1,000.	*Idem.*
10,077.	——— (Marie-Madeleine-Hélène, baronne DE).	*Idem*........................	1,000.	
10,078.	REINVILLIER (Marie-Françoise-Aimée-Félicité, dame), née ALLAIN.	Fille d'émigré....................	200.	
10,079.	REJAL DE LA TOUR (Jean)..........	Émigré........................	300.	
10,080.	Religieuses de la Visitation à Soleure...	Pour soutenir leur maison..........	600.	
10,081.	REMARD (Louis-Édouard, abbé)......	Grand-vicaire émigré..............	1,500.	N'a touché aucun des deux secours.
10,082.	REMOND (Jeanne, veuve), née DASSE LATOUR.	Fille d'un cocher du Roi............	200.	
10,083.	REMOND DUMESNIL (Charles DE)......	Émigré........................	250.	*Idem.*
10,084.	REMOUIT (Charlotte-Pauline, demoiselle).	Fille d'émigré....................	300.	
10,085.	——— (Marie-Anne-Angélique-Charlotte, dame), née DE DREMOY.	Veuve d'émigré....................	1,200.	
10,086.	REMY (Françoise, veuve), née CHABANEAU.	Veuve d'un professeur de rhétorique...	200.	*Idem.*
10,087.	——— (Suzanne-Antoinette-Augustine, dame), née JACOTEL.	Dévouement de son père à la cause royale.	300.	
10,088.	RENARD (Joseph-Mathurin)..........	Émigré........................	120.	
10,089.	RENAUD.........................	Volontaire royal en 1815, dans la misère.	150.	
10,090.	——— (Charles).................	Valet de chambre de Mme Élisabeth....	400.	
10,091.	——— (Jean-Marie)..............	Dévouement à la cause royale; blessé...	200.	
10,092.	——— (Mathurin)................	Vendéen........................	50.	*Idem.*
10,093.	——— (Paul-Jean)...............	*Idem*........................	300.	

Nos d'ordre.	NOMS ET PRÉNOMS des PENSIONNAIRES.	MOTIFS de LA CONCESSION DES PENSIONS.	MONTANT des PENSIONS.	OBSERVATIONS.
10,094.	RENAUD (Renée-Antoinette, née BLANCHET, dame).	Vendéenne	600f 00c	
10,095.	RENAUD-PRÉAUX (Séraphin-Joseph-François-Ferdinand).	Émigré	400. 00.	
10,096.	RENAUDIN (Jean-Baptiste)	Son fils s'est tué en tombant d'un échafaudage dressé pour les travaux du sacre.	200. 00.	
10,097.	RENÉ (Julien)	Avait une pension sur l'Opéra-Comique.	139. 40.	N'a touché aucun des deux secours.
10,098.	RENEL (François)	Blessé par l'explosion d'une boîte d'artifice.	70. 00.	
10,099.	RENEVEY (Joseph)	Émigré	100. 00.	
10,100.	RENIEZ (Louise-Aglaé, demoiselle)	Orpheline	150. 00.	
10,101.	——— (Louise-Joséphine)	Sœur de la précédente	150. 00	
10,102.	RENOIARD dit CARLOS (René)	Vendéen	50. 00.	
10,103.	RENOU (Jacques)	*Idem*	80. 00.	N'a pas touché le deuxième secours.
10,104.	——— (Jean)	*Idem*	80. 00.	
10,105.	——— (Jean)	*Idem*	50. 00.	
10,106.	——— (Louis)	Vendéen chef de bataillon	800. 00.	
10,107.	RENOUF (Jean-Jacques-François)	Prêtre émigré	1,000. 00.	N'a pas touché le premier secours.
10,108.	RENOUL (Honoré-Aimé)	Vendéen	300. 00.	N'a pas touché le deuxième secours.
10,109.	RENOULT (Léon-François-Gabriel)	Fils d'émigré	100. 00.	N'a touché aucun des deux secours.
10,110.	——— (Marie-Louis-Paul)	*Idem*	100. 00.	
10,111.	——— (Paul-Joseph)	*Idem*	100. 00.	
10,112.	——— (Pierre-Jacques-Charles)	Vendéen	40. 00.	
10,113.	——— (Marie-Armandine-Émilie, demoiselle).	Fille d'émigré	100. 00.	
10,114.	RENTY (Augustine-Françoise-Marie, née LEGRAS DE CHALMONT, marquise DE).	Émigrée	800. 00.	
10,115.	REQUIER (Jean-François)	Émigré	150. 00.	
10,116.	RESSEGUIER (Élisabeth-Émilie, demoiselle DE), dame SCHUMACHER.	Émigrée	800. 00.	
10,117.	RESSY (Louis-Edmond, DE)	Émigré infirme	800. 00.	
10,118.	REUTTNER DE WEYL (Catherine-Sophie-Adélaïde, dame DE).	Chanoinesse sans fortune	600. 00.	

N^os d'ordre.	NOMS ET PRÉNOMS des PENSIONNAIRES.	MOTIFS de LA CONCESSION DES PENSIONS.	MONTANT des PENSIONS.	OBSERVATIONS.
10,119.	REVEL (Auguste-Armand-Jean-Amédée, DE).	Fils d'émigré	200f	N'a touché aucun des deux secours.
10,120.	——— (Louis-Ferdinand, DE)	*Idem*	200.	*Idem.*
10,121.	——— (Augustine-Marie-Clotilde-Olympe, demoiselle DE).	Fille d'émigré	200.	
10,122.	——— (Marie-Madeleine-Jeanne-Denise, demoiselle DE).	*Idem*	200.	
10,123.	——— (Élisabeth-Anne, dame), née NOYES.	Femme d'émigré	600.	
10,124.	REVERDY (Jean-François)	Détenu longtemps au bagne pour services rendus à la cause royale.	400.	
10,125.	REVEREND (Louis-François-Joseph)	Chirurgien des armées vendéennes	500.	
10,126.	REVERSAC (Marie, v^e), née BONNEMAYRE.	Son mari a servi dans les armées royales de la Lozère.	100.	
10,127.	REVEST (Élisabeth, veuve), née MERMET.	Veuve d'un chef de bataillon mort dans l'expédition contre le Portugal.	450.	
10,128.	REY (Antoine-Bernardin)	Émigré	600.	
10,129.	——— (Gabriel-Venance, baron)	Lieutenant-général	1,500.	
10,130.	——— (Paul)	Émigré	300.	
10,131.	——— (Thomas-Servant, chevalier DE).	*Idem*	400.	*Idem.*
10,132.	——— (Jeanne, veuve), née BIED CHARRETON.	Veuve d'émigré	300.	*Idem.*
10,133.	REY DE BARON (Julie, demoiselle)	Émigrée	500.	
10,134.	REYDELLET (Marie-Joséphine, dame), née DE CARON.	Veuve d'émigré	400.	
10,535.	REYDET (Marie-Antoine)	Émigré	600.	*Idem.*
10,136.	REYJAL DE LATOUR (Jean)	*Idem*	600.	
10,137.	REYNAL (Pierre)	Perte de fortune	200.	
10,138.	REYNAUD (François)	Émigré	200.	
10,139.	——— (Catherine-Élisabeth, veuve), née KREUCHEL.	Fille d'émigré	200.	
10,140.	REYNIER DE MONTLAUX (Henry-Dominique-Pierre).	Services à la cause royale, en France	300.	
10,141.	REYNOLD DE CHAUVENCY (Anne, veuve), née DE RIVERIEULX.	Veuve d'émigré	600.	N'a pas touché le deuxième secours.
10,142.	REYROLS (Charles-Paulin, DE)	Émigré	400.	
10,143.	REYTHRE (Cavaillier-Marie-Louise, d^lle).	Émigrée	600.	

Nos d'ordre.	NOMS ET PRÉNOMS des PENSIONNAIRES.	MOTIFS de LA CONCESSION DES PENSIONS.	MONTANT des PENSIONS.	OBSERVATIONS.
10,144.	REZÉ (Françoise-Marie, veuve), née PELÉ.	Vendéenne	50f	N'a pas touché le deuxième secours.
10,145.	RHAULT (Jeanne, demoiselle)	*Idem.*	400.	
10,146.	RHUMY (Marguerite, veuve), née PLASSAT.	Ve d'un ouvrier blessé pendant l'exécution des travaux du sacre à Reims.	200.	
10,147.	RIBAINS DE FREVOL (Marie-Anne-Christine, dame DE), née BLANC.	Veuve d'un brigadier des gardes du corps.	600.	
10,148.	RIBEYREYX (Jean-Georges DE)	Lieutenant émigré	900.	
10,149.	——— (Marie-Élisabeth, demoiselle DE).	Fille d'émigré	300.	
10,150.	RIBLÉ (Charles-Élie)	Garçon de gobelet du Roi	240.	
10,151.	RIBOU (Marie-Madeleine-Victoire, veuve), née MORIZOT.	Veuve d'un piqueur des écuries de Louis XVI.	300.	
10,152.	RICARD (Jean-Joseph)	Émigré de Toulon	200.	
10,153.	——— (Joseph)	Émigré	300.	
10,154.	RICHARD (Bernard)	Ancien adjudant sous-officier des armées françaises.	300.	
10,155.	——— (Charles-Étienne)	Émigré	300.	N'a touché aucun des deux secours.
10,156.	——— (Charles-Pierre-François)	Vendéen	50.	
10,157.	——— (François)	Palefrenier aux écuries de Louis XVI.	400.	
10,158.	——— (Gabriel-François-Hugues-Érasme).	Émigré	1,200.	*Idem.*
10,159.	——— (Guillaume)	Sous-piqueur des écuries de Louis XVI.	400.	
10,160.	——— (Julien)	Vendéen	80.	
10,161.	——— (Louis)	En remplacement de la pension de 300f dont il jouissait avant la révolution.	200.	*Idem.*
10,162.	——— (Maurice-Corentin-Benoît)	Vendéen	50.	N'a pas touché le deuxième secours.
10,163.	——— (Philippe-François-Joseph)	Émigré	250.	*Idem.*
10,164.	——— (Robert-Jean)	*Idem*	300.	
10,165.	——— (Marie-Henriette, demoiselle), dame BERTHOIN.	Fille d'émigré	400.	
10,166.	——— (Marie-Marthe, veuve), née CONCEIL.	Veuve d'un pensionnaire du Roi et de Mme Victoire.	300.	
10,167.	——— (Louise, veuve), née GARBAULT.	Vendéenne	60.	
10,168.	——— (Marie-Jeanne-Chantal, veuve), née MENU.	*Idem*	300.	*Idem.*

Nos d'ordre.	NOMS ET PRÉNOMS des PENSIONNAIRES.	MOTIFS de LA CONCESSION DES PENSIONS.	MONTANT des PENSIONS.	OBSERVATIONS.
10,169f	RICHARD (Marie-Louise, veuve DE, née DE SAINT-AUBIN).	Avait une pension de 2,400 francs sur la cassette de la Reine.	800f	
10,170.	RICHARD D'ABNOUR (George-Étienne-Anne-Marie, demoiselle).	Créole de Saint-Domingue...........	300.	
10,171.	——— (Joséphine-Élisabeth, demoiselle).	*Idem*...........................	300.	
10,172.	RICHARD DE CHATELARD (Rose-Adélaïde-Joséphine-Madeleine, demoiselle)	Fille d'émigré....................	150.	
10,173.	RICHARD DE LA BERTONNALIÈRE (Louis-Henri).	Émigré..........................	200.	N'a touché aucun des deux secours.
10,174.	——— (Rosalie, demoiselle)........	Sœur d'émigré.....................	200.	
10,175.	RICHARD DE LA TOUR (Charles)......	Émigré..........................	900.	
10,176.	RICHARD DE TUSSAC (Marguerite, dame), née KEATING.	Émigrée.........................	800.	N'a pas touché le deuxième secours.
10,177.	RICHAREUX (Charlotte-Françoise-Josèphe, demoiselle).	Fille d'émigré....................	300.	*Idem.*
10,178.	RICHARDOT......................	Pension accordée directement par le Roi. (Motifs inconnus.)	400.	N'a touché aucun des deux secours.
10,179.	——— (Françoise-Xavier-Gertrude-Constance, demoiselle).	Fille d'émigré....................	500.	
10,180.	——— (Thérèse, veuve DE), née CASSAGNARD.	Veuve d'un maréchal de camp condamné sous le règne de la terreur.	900.	
10,181.	RICHARME (Louis-Benoît)...........	Valet de pied de Louis XVI..........	100.	
10,182.	——— (Élisabeth-Michelle, dame), née BÉRANGER.	Fille de garde-robe des atours de Mme la comtesse de Provence.	200.	N'a pas touché le deuxième secours.
10,183.	RICHARME dit VILLARD (Marie-Jeanne-Joséphine, femme), née MURET.	Femme de chambre de la Reine.......	300.	*Idem.*
10,184.	RICHARD (Marie-Reyne, veuve), née BOSC.	Son mari est mort à Toulon victime de la révolution.	100.	
10,185.	RICHEBŒUF (demoiselle)............	Services à la cause royale, en France...	200.	
10,186.	RICHEMONT (Pétronille, dame), née TRARIEUX.	Veuve d'émigré....................	500.	
10,187.	——— (Charlotte-Nicolle, veuve DE), née TRUELLE DE RICHARDSON.	*Idem*...........................	400.	N'a pas touché le deuxième secours.
10,188.	RICHER (Jeanne-Michelle, dame), née BOUVIER.	Veuve d'un musicien de la chambre de M. le duc de Parme.	400.	
10,189.	RICHER DE LA RIGAUDIÈRE dit BEAUPRÉ (Charles-François).	Artiste de l'Opéra................	600.	
10,190.	RICHETEAU DE LA COINDRIE (Marguerite-Charlotte-Urbaine, veuve), née DETERVES DE LUCÉ.	Émigrée.........................	600.	
10,191.	RICHETTE (Louise-Françoise-Brice, ve), née RICHARD.	Vendéenne.......................	600.	
10,192.	RICHOMME (Élisabeth-Catherine-Euphrosine, ve), née GOJARD.	Fille d'un surintendant des finances de M. le comte d'Artois.	500.	
10,193.	RICHON (Louise-Désirée, demoiselle)..	Fille d'un palefrenier à la vénerie......	150.	

Nos d'ordre.	NOMS ET PRÉNOMS des PENSIONNAIRES.	MOTIFS de LA CONCESSION DES PENSIONS.	MONTANT des PENSIONS.	OBSERVATIONS.
10,194.	RICHY (Madeleine-Félicité, veuve), née AUBOIN.	Émigrée	300f 00c	
10,195.	RIDE (Nicolas-Gabriel)	Maréchal-des-logis des gardes du corps.	600. 00.	
10,196.	RIEHL (Émilie, dame), née FEYSSEAU VALENTIN, dit BLACHÈRE.	Fille d'un valet de chambre de M. le comte d'Artois.	100. 00.	
10,197.	RIFAULT (René)	Vendéen	50. 00.	
10,198.	RIFAUT	Chef du chant à l'Opéra-Comique. (Pension par suite de transaction.)	965. 27.	
10,199.	RIFER (Antoinette-Pauline-Jacqueline), femme KNIP.	Peintre d'ornithologie	800. 00.	
10,200.	RIGAUD (Louise-Félicité, veuve), née HEUZARD.	Veuve d'un garçon du garde-manger de Louis XVI.	200. 00.	
10,201.	——— (Claire-Baptistine-Joséphine-Élisabeth, dame), née MAUREL.	Son père a été persécuté pendant la révolution.	600. 00.	
10,202.	RIGAUD DE VAUDREUIL (Louise-Thérèse, demoiselle DE).	Fille d'un lieutenant général de marine.	800. 00.	
10,203.	RIGAUDIER (François-Benoîte, veuve), née LEVANS.	Son mari a été tué au siége de Lyon	300. 00.	N'a touché aucun des deux secours.
10,204.	RIGAULT (Marie-Anne-Rosalie, demoiselle DE).	A perdu sa fortune par suite de la révolution.	300. 00.	
10,205.	——— (dame)	Ex-sociétaire de l'Opéra-Comique. (Pension par suite de transaction.)	2,560. 00.	
10,206.	——— (François)	Tenor de la chapelle	60. 00.	N'a pas touché le deuxième secours.
10,207.	——— (Toussaint)	Vendéen	150. 00.	
10,208.	RIGOLET DE SAINT-PONS (Marie-Delphine, veuve), née DE GIRY.	Veuve d'un receveur des contributions.	600. 00.	
10,209.	RIMBAULT (Claude)	Vendéen	50. 00.	
10,210.	RINALDI (veuve), dame FERRARI, née LOMBARDI.	Son mari a été tué dans les cent jours.	300. 00.	
10,211.	——— (Jean-Sauveur-Augustin)	Fils de la précédente	100. 00.	
10,212.	——— (Augustin-Bernard-Fortuné-Louis).	*Idem*	100. 00.	N'a touché aucun des deux secours.
10,213.	——— (Antoine)	*Idem*	100. 00.	*Idem.*
10,214.	——— (Vincent-Tiburce-Augustin)	*Idem*	100. 00.	
10,215.	——— (Jean-Baptiste)	*Idem*	100. 00.	
10,216.	——— (Gaëtan-Ange-Raphaël)	*Idem*	100. 00.	
10,217.	——— (Madeleine-Fortunée-Louise, demoiselle).	Fille *idem*	100. 00.	
10,218.	——— (Marie-Antoinette, demoiselle).	*Idem*	100. 00.	

Nos d'ordre.	NOMS ET PRÉNOMS des PENSIONNAIRES.	MOTIFS de LA CONCESSION DES PENSIONS.	MONTANT des PENSIONS.	OBSERVATIONS.
10,219.	RINALDI (Élisabeth, demoiselle)......	Son père a été tué dans les Cent jours...	100f	
10,220.	RIOBÉ (Jean-Louis)................	Vendéen......................	100.	
10,221.	RIOLLET (Marie-Élie DE)..........	Prêtre, âgé de 91 ans.............	1,000.	N'a pas touché le deuxième secours.
10,222.	RIPOT (Pierre)...................	Vendéen......................	50.	
10,223.	RIQUET (Cécile, veuve), née BERTIN...	Veuve d'un garçon d'attelage........	100.	
10,224.	RIQUIER (Augustin-Hippolyte)........	Émigré de Toulon................	100.	N'a touché aucun des deux secours.
10,225.	RISON (Marie-François-Josèphe, comtesse DE), née KERNEZUE.	Émigrée......................	2,400.	
10,226.	RISPAL (Anne-Marie, dame), née GALLAND.	Son mari a été condamné par erreur aux travaux forcés à perpétuité.	300.	
10,227.	RIVAL (Joseph).................	Émigré.......................	80.	*Idem.*
10,228.	RIVALIN (André).................	Vendéen......................	100	
10,229.	RIVALS (Jean)..................	Major vendéen, âgé de 86 ans.......	400.	
10,230.	RIVAROL (Jeanne-Françoise-Antigone-Clotilde DE).	Fille d'un officier supérieur..........	200.	
10,231.	——— (Jeanne-Stéphanie-Antigone-Félicie DE).	*Idem*.........................	200.	
10,232.	RIVERON (René).................	Services à la cause royale pendant la révolution.	150.	*Idem.*
10,233.	RIVET (Jean-Charles)..............	Émigré.......................	1,000.	
10,234.	——— (Thérèse-Madeleine-Henriette, veuve), née GRISOLLE.	Veuve d'émigré..................	300.	*Idem.*
10,235.	RIVET DE LA THIBAUDIÈRE (Louise-Camille-Isaure, demoiselle).	Vendéenne.....................	100.	*Idem.*
10,236.	——— (Philippine-Cécile-Hermine, demoiselle).	*Idem*.........................	100.	
10,237.	RIVIER (Joseph).................	Émigré.......................	150.	
10,238.	RIVIÈRE (Jacques-Pierre-Bernard).....	Garçon d'attelage des écuries de Louis XVI.	600.	
10,239.	——— (Marie-Josèphe-Sophie, Dlle DE).	Fille d'émigré..................	300.	
10,240.	——— (Léontine-Charlotte-Esther, demoiselle DE).	Appartient à une famille émigrée qui a perdu toute sa fortune.	300.	
10,241.	——— (Suzanne, comtesse DE), née BLANCHARD.	A perdu sa fortune à Saint-Domingue..	400.	
10,242.	——— (Marie-Françoise-Jacquette-Bibiane, veuve), née BLOT BEAUREGARD.	Veuve du secrétaire général de la commission chargée de la liquidation des dettes du Roi.	1,000.	
10,243.	——— (Marie-Alexandrine), CURTA DE BEAUPRÉ dite COURTIN.	Artiste de l'Opéra................	1,600.	

Nos d'ordre.	NOMS ET PRÉNOMS des PENSIONNAIRES.	MOTIFS de LA CONCESSION DES PENSIONS.	MONTANT des PENSIONS.	OBSERVATIONS.
10,244.	RIVIÈRE (Antoinette-Marie-Louise-Colette, née DE MEUN DE LA FERTÉ, duchesse DE).	Veuve d'un gouverneur du duc de Bordeaux.	20,000f 00c	N'a touché aucun des deux secours.
10,245.	—— (Marie-Marguerite, née DE NERY DE MARIEN DE FREMERY, dame DE)..	Fils d'émigré......................	500. 00.	
10,246.	—— (Charlotte-Jeanne-Élisabeth-Louise, née VIGÉE DE).	Fille d'un lecteur de Louis XVIII, mère de cinq enfans.	1,000. 00.	N'a pas touché le deuxième secours.
10,247.	RIVIÈRE DE VAUGUERIN (Élisabeth-Aimée, demoiselle).	Fille d'émigré......................	250. 00.	
10,248.	—— (Marie-Amélie-Césarine, demoiselle).	Émigrée........................	150. 00.	*Idem.*
10,249.	—— (Marie-Élisabeth-Josèphe, dame).	Émigrée........................	150. 00.	*Idem.*
10,250.	RIVIÈRE-VAUGUERIN (Marie-Catherine-Élisabeth-Georgette, née DESLANDES, dame).	Veuve d'émigré..................	500. 00.	N'a touché aucun des deux secours.
10,251.	RIVOIRE (Michel-Joseph)...........	Services rendus à la famille royale.....	200. 00.	
10,252.	ROBART (Louis-Élisabeth, DE).......	Ex-employé de la maison du Roi; avait une pension sur la cassette de MONSIEUR, comte de Provence.	450. 00.	
10,253.	—— (Jeanne, née PETIT, dame DE).	Femme d'un officier du gobelet de Louis XVIII.	700. 00.	
10,254.	ROBERDEAU (Françoise, née REINBOLD, veuve DE).	Veuve d'un lieutenant-colonel émigré..	300. 00.	
10,255.	ROBERT (Louis-Léon-Auguste)......	Fils d'émigré......................	400. 00.	*Idem.*
10,256.	—— (Marie-Louis-Guillaume-François-de-Paule DE).	Émigré........................	500. 00.	
10,257.	—— (René)..................	Vendéen........................	50. 00.	*Idem.*
10,258.	—— (dame)..................	Émigrée........................	540. 00.	
10,259.	—— (Anne, dame)............	Religieuse persécutée..............	200. 00.	N'a pas touché le deuxième secours.
10,260.	—— (Marguerite, demoiselle)....	Services de son père dans les armées royales.	60. 00	
10,261.	—— (Marie-Louise-Gabrielle, née COUSTILIER, veuve)	Fille d'un jardinier de l'orangerie à Versailles.	300. 00.	
10,262.	—— (Thérèse, née ESCOFFIER, veuve).	Veuve d'un portier au ministère de la Maison du Roi.	200. 00.	
10,263.	—— (Louise-Gabrielle, née DE GOUBERT, dame DE).	Femme d'émigré......	200. 00.	N'a touché aucun des deux secours.
10,264.	—— (Marie-Agathe, née GUISE, veuve).	Émigrée........................	457. 20.	
10,265.	—— (Marie, née HEBRARD, veuve).	Son mari a servi dans les armées royales de la Lozère.	150. 00.	
10,266.	—— (Marie-Françoise, née NOËL-PARADIS, veuve).	Émigrée........................	1,000. 00.	
10,267.	—— (Catherine-Anne-Marguerite, née VALLÉE, veuve).	Son mari a rendu des services aux émigrés.	300. 00.	
10,268.	—— DE BOISFOSSÉ (Marie-Jeanne), chanoinesse.	Vendéenne.......................	300. 00.	

Nos d'ordre.	NOMS ET PRÉNOMS des PENSIONNAIRES.	MOTIFS de LA CONCESSION DES PENSIONS.	MONTANT des PENSIONS.	OBSERVATIONS.
10,269.	ROBERT DE CHATAIGNIER (Marie-Anne-Suzanne, ve), née BUSCA DE BOISMASSON.	Vendéenne	200f 00c	
10,270.	ROBERT DU CHATELET (Anne-Louis-Olive, demoiselle DE).	Nièce d'émigré	200. 00.	
10,271.	ROBERT D'ESCRAGNOLLE (Marie-Louise-Joséphine-Élisabeth-Rosalie, dlle DE).	Fille d'émigré	600. 00.	N'a touché aucun des deux secours.
10,272.	ROBERT dit FRELEND (Jean-Baptiste)	Palefrenier à la vénerie	160. 00.	
10,273.	ROBERT DE LÉZARDIÈRE DES CHATEIGNERS (Pierre-Charles-Joachim).	Émigré	500. 00.	N'a pas touché le deuxième secours.
10,274.	ROBIDOU (Charles-Joseph)	Vendéen	50. 00.	
10,275.	ROBILLARD (Pierre)	*Idem*	60. 00.	
10,276.	ROBILLOT D'OREAUX (Thérèse-Élisabeth, demoiselle).	Sœur d'émigré	500. 00.	
10,277.	ROBIN (Antoine)	Vendéen	100. 00.	
10,278.	——— (François-Jean)	Émigré	200. 00.	
10,279.	——— (Angélique-Rose, demoiselle).	Belle-fille d'un valet de chambre horloger du Roi.	300. 00.	
10,280.	——— (Marie-Rosalie, veuve), née LORY.	Fille, *idem*	300. 00.	
10,281.	——— (Anne-Rose, dame), née PERROT.	Émigrée	300. 00.	
10,282.	——— (Marguerite, veuve), née SEJOURNÉ.	Son mari est mort sur l'échafaud	160. 00.	
10,283.	ROBINET (Jean DE)	Émigré	800. 00.	
10,284.	——— (Charles-Félix-Napoléon)	Fils d'un intendant militaire	300. 00.	
10,285.	——— (Adèle-Catherine-Augustine, demoiselle).	Fille, *idem*	300. 00.	
10,286.	——— (Antoinette-Caroline, demoiselle).	*Idem*	300. 00.	
10,287.	——— (Julie-Antoinette-Marie, demoiselle).	*Idem*	300. 00.	
10,288.	——— (Marie, demoiselle)	Fille d'un serviteur de la Maison du Roi; sa mère, âgée de 89 ans, est à sa charge.	240. 00.	N'a touché aucun des deux secours.
10,289.	ROBINET DE LA SERVE (François DE).	Capitaine émigré	600. 00.	
10,290.	ROBINET DUTEIL DAUZANNE (Adélaïde-Marie-Louise-Constance-Mélanie, dame), née DE MONTEL.	Fille d'un maréchal de camp	500. 00.	
10,291.	ROBION (François)	Vendéen	200. 00.	
10,292.	ROBIOU DE LA TRÉHONNAIS (Élisabeth, dame), née LE BOUTILLIER.	Vendéenne	800. 00.	
10,293.	ROCH (veuve)	N'a aucun moyen d'existence	100. 00.	*Idem.*

Nos d'ordre.	NOMS ET PRÉNOMS des PENSIONNAIRES.	MOTIFS de LA CONCESSION DES PENSIONS.	MONTANT des PENSIONS.	OBSERVATIONS.
10,294.	ROCHAIS (Louis-François)...........	Vendéen...........................	120f	
10,295.	ROCHARD (Émilie-Françoise-Joséphine, demoiselle DE), dame BILLOUARD DE KERLERU.	Émigrée...........................	1,500.	
10,296.	ROCHAT (Marie-Anne-Françoise, veuve), née PLISSON.	Veuve d'un garçon servant de MESDAMES.	150.	
10,297.	ROCHE (Léonard, DE).............	Émigré...........................	500.	N'a touché aucun des deux secours.
10,298.	——— (Philippe-Denis-Augustin)....	*Idem*...........................	300.	*Idem.*
10,299.	ROCHE DE LATUQUE (Jeanne-Amélie, demoiselle).	Perte de fortune...................	200.	
10,300.	ROCHE COURBON (Julie, DE LA), comtesse DE BLÉNAC, née DELALANDE.	N'a aucun moyen d'existence.........	400.	
10,301.	ROCHEFORT (Pélagie-Claudine, DE), née GOUYON.	Avait une pension sur la cassette de Louis XVI.	300.	
10,302.	ROCHEFORT LUÇAY (Marie-Cécile-Constance, demoiselle).	Sœur d'émigré.....................	500.	
10,303.	ROCHEJEAN (Marie-Hyacinthe, demoiselle).	*Idem*...........................	300.	
10,304.	——— (Marie-Josèphe, demoiselle)..	*Idem*...........................	300.	
10,305.	ROCHELLE (Honorine-Sophie-Rose, ve), née DUBOIS.	Veuve d'un balayeur à l'hôtel du Gouvernement, à Versailles.	160.	
10,306.	ROCHELLE DE BRECY (Isabelle-Jeanne-Adélaïde, de), née VIVIEN DESCHAMP.	Parente de Vendéen................	1,500.	
10,307.	ROCHEMONT (Félix-Philibert, DE).....	Condamné à la déportation au 18 fructidor.	300.	
10,308.	ROCHEMORE (Marie-Anne-Élisabeth, demoiselle DE).	Fille d'émigré......................	500.	
10,309.	ROCHEMURE (abbé DE).............	Ex-sacristain à Versailles...........	2,000.	
10,310.	——— (Marie-Claudine, comtesse DE), chanoinesse.	Persécution; perte de fortune.........	250.	N'a touché aucun des deux secours.
10,311.	ROCHER (Jean-François-Frédéric, DE).	Émigré...........................	400.	*Idem.*
10,312.	——— (Pierre)..................	Vendéen...........................	50.	
10,313.	——— (François, veuve), née CROUL-LEBOIS.	Vendéenne.........................	80.	
10,314.	ROCHEREUIL (Julien-François).......	Vendéen...........................	60.	
10,315.	ROCHON DE WORMESELLE (Catherine, demoiselle DE).	Sœur d'émigré.....................	300.	*Idem.*
10,316.	ROCQUANCOUR DE KERAVEL (Hélène-Jeanne-Françoise-Julienne, demlle DE).	Émigrée...........................	250.	
10,317.	——— (Marie-Julienne, demoiselle DE).	*Idem*...........................	250.	
10,318.	——— (Marie-Sophie-Anne-Jeanne, demoiselle DE).	*Idem*...........................	250.	

Nos d'ordre.	NOMS ET PRÉNOMS des PENSIONNAIRES.	MOTIFS de LA CONCESSION DES PENSIONS.	MONTANT des PENSIONS.	OBSERVATIONS.
10,319.	ROCQUEMONT (Marie-Jean-Baptiste, DE SAY, dit).	Ancien serviteur de la maison du Roi...	200f 00c	
10,320.	ROCQUET (Antoine-François)........	Ouvrier à la manufacture de la Savonnerie.........................	240. 00.	
10,321.	RODDE (Charlotte-Joséphine-Angélique)	Fille du chirurgien-major des gardes françaises.	120. 00.	
10,322.	——— (Jeanne-Angélique-Sophie, demoiselle).	*Idem*...........................	120. 00.	
10,323.	RODOAN DE LA MARCHE (Josèphe Philippine-Rose-Gézeline, comtesse DE).	Perte de fortune..................	200. 00.	N'a pas touché le deuxième secours.
10,324.	RODOT (Jean)......................	Émigré...........................	150. 00.	
10,425.	RODRIGUE DE CURZAY (Anne-Louise-Marie-André, demoiselle).	Fille d'un capitaine invalide.........	500. 00.	
10,326.	RŒSCH (Marie-Anne, dame), née NŒGERT.	Veuve d'émigré....................	500. 00.	
10,327.	ROETTIERS (Antoinette-Catherine, ve), née HERMANT.	Veuve d'un gentilhomme ordinaire....	800. 00.	
10,328.	ROFFIGNAC (Louis, DE)............	Émigré...........................	000. 00.	
10,329.	——— (Nicolas, chevalier DE)......	Avait une pension sur la cassette de Louis XVI, en sa qualité d'ancien prem. page	300. 00.	N'a touché aucun des deux secours.
10,330.	ROGER. (Deux orphelins)..........	N'ont aucun moyen d'existence.......	120. 00.	N'ont touché aucun des deux secours.
10,331.	——— (Jean-Baptiste-Augustin).....	Colonel émigré....................	300. 00.	
10,332.	——— (Françoise, dame), née FONTEMOING.	Femme du précédent................	200. 00.	
10,333.	——— (Julien)....................	Vendéen..........................	80. 00.	
10,334.	——— (Marie)....................	Émigrée..........................	300. 00.	N'a touché aucun des deux secours.
10,335.	——— (Nicolas-Louis, abbé)........	Émigré...........................	400. 00.	N'a pas touché le deuxième secours.
10,336.	——— (Marie-Anne-Ursule, demoisle).	Son père est mort sur l'échafaud pendant la terreur.	200. 00.	
10,337.	——— (Louise, dame religieuse)....	Émigrée..........................	193. 42.	
10,338.	——— (Marie, dame), née HISCOCK..	Femme d'un chef de bataillon........	200. 00.	
10,339	——— (Marie-Barbe, veuve), née LIONNEL.	Veuve d'un garde à pied de la varenne du Louvre.	150. 00.	
10,340.	——— (Marie-Antoinette, veuve DE), née MARMION.	Émigrée persécutée pendant la révolution.	200. 00.	
10,341.	ROGER DE BILLIARD (Henriette-Justine, demoiselle).	Fille d'un major du régiment de Beaujolais.	200. 00.	
10,342.	ROGER DE CHÉNY (Marie-Aloïse-Louise-Gabrielle, demoiselle).	Fille d'émigré....................	300. 00.	
10,343.	ROGER DE ROQUEMAUREL (Joseph-Louis)	Émigré...........................	300. 00.	

Nos d'ordre.	NOMS ET PRÉNOMS des PENSIONNAIRES.	MOTIFS de LA CONCESSION DES PENSIONS.	MONTANT des PENSIONS.	OBSERVATIONS.
10,344.	ROGERI (Françoise-Julie, née PRIVAT DE BENOIT, veuve).	Veuve d'un colonel des armées françaises.	400f	
10,345.	ROHAN-CHABOT (Adélaïde-Susanne, née DEVISMES, duchesse douairière DE).	En remplacement de la pension dont elle jouissait avant la révolution.	3,000.	N'a touché aucun des deux secours.
10,346.	ROI (Anne-Catherine, née BENARD, veuve).	Fille d'un officier de bouche dans la maison du Roi.	200.	
10,347.	ROING (Gaspard-Guillaume).........	Émigré, estropié..................	900.	
10,348.	ROIZE (Anne-Victoire, née OLLIVIER, veuve).	Émigrée de Toulon................	400.	
10,349.	ROLAND (veuve)..................	Pension accordée directement par le Roi. (Motifs inconnus.)	1,000.	*Idem.*
10,350.	ROLL (Victoire-Béatrix, dame DE), chanoinesse.	Perte de fortune....................	500.	
10,351.	ROLLAC (Jacques)................	A rendu de grands services à la cause royale, en France.	1,000.	
10,352.	ROLLAND (Guillaume).............	Émigré..........................	300.	
10,353.	——— (Marie-Juliette, demoiselle)..	Fille d'un contre-amiral............	600.	
10,354.	——— (Charlotte-Thérèse, née HOCHÉRÉAU DE GASSONVILLE, veuve).	Fille d'un maréchal-de-camp émigré....	1,000.	
10,355.	——— (Françoise-Renée-Marie, née EXAUDRY, comtesse du ROSCOAT).	Veuve d'un colonel en retraite........	600.	N'a pas touché le deuxième secours.
10,356.	——— DE VILLARCEAUX (Hélène-Louise-Marine, demoiselle).	Petite-fille d'émigré..............	400.	
10,357.	——— (Stéphanie-Joséphine-Jeanne, demoiselle).	*Idem*..........................	400.	
10,358.	ROLLIN (Eugénie, demoiselle)......	Fille d'un garde-magasin au château de Meudon.	800.	
10,359.	——— (Marguerite-Anne-Eyres, née COLIN, dame).	Fille du jardinier de l'Élysée-Bourbon.	2,400.	
10,360.	ROMAIN (Anne-Amélie-Dominique, née DUCHILLEAU, demoiselle).	Fille d'un officier général émigré mort sur le champ de bataille.	500.	N'a touché aucun des deux secours.
10,361.	ROMANCE (Marie-Victoire-Louise-Gonzague, demoiselle DE).	Pension accordée directement par le Roi Louis XVIII.	500.	
10,362.	ROMBAU (Antoine-Pierre)..........	Ancien employé aux menus plaisirs....	217.	
10,363.	ROMBEAU (Marie-Thérèse, née HERBIN, veuve).	Fille d'un tapissier des Menus-Plaisirs..	240.	
10,364.	ROMEU (Thomas-Jean-Michel)........	Émigré..........................	120.	
10,365.	ROMIEU (Jacques-Bertrand).........	Vendéen.........................	100.	
10,366.	ROMIEUX (Françoise-Catherine, née BOULLE, veuve).	Son père fut exécuté en 1793; perte de fortune.	150.	
10,367.	ROMOALDO FLATO (Sophie, née PICOT, veuve).	Veuve d'émigré....................	800.	
10,368	RONCHEROLLES (Louise-Élisabeth-Marguerite, née DE COCHEREL, comtesse DE)	Créole de Saint-Domingue; a perdu sa fortune.	2,400.	

Nos d'ordre.	NOMS ET PRÉNOMS des PENSIONNAIRES.	MOTIFS de LA CONCESSION DES PENSIONS.	MONTANT des PENSIONS.	OBSERVATIONS.
10,369.	RONVAUX (Catherine, veuve), née JORDANY.	Avait une pension de 240 francs sur la cassette de Louis XVI.	400f 00c	
10,370.	ROOS (Antoine)	Émigré	100. 00.	
10,371.	——— (Joseph)	*Idem*	60. 00.	N'a touché aucun des deux secours
10,372.	ROQUEFEUIL (Étienne-Angélique DE)	*Idem*	300. 00.	
10,373.	——— (Jean-François-Alexandre, baron DE).	*Idem*	1,000. 00.	
10,374.	——— (Adélaïde-Gabrielle-Madeleine, demoiselle DE).	Fille d'émigré	500. 00.	
10,375.	——— (Claudine-Romaine-Marguerite-Madeleine, chanoinesse comtesse DE).	Sœur d'émigrés	400. 00.	*Idem.*
10,376.	———(Marie-Marthe-Germaine, comtesse DE), née DE COMBETTES DESLANDES.	Émigrée	500. 00.	
10,377.	——— (Louise-Gabrielle, marquise DE), née DE FLAVIGNY.	Veuve d'un chef d'escadron des dragons de la Reine.	500. 00.	*Idem.*
10,378.	ROQUEMAUREL (Jourdain-Étienne-Bernard-Marie, baron DE).	Émigré	300. 00.	
10,379.	ROQUES DE MONTGAILLARD (Bernard-François-Xavier, marquis DE).	*Idem*	600. 00.	
10,380.	ROQUESANTE (Anne-Marguerite, comtesse DE), née VALVERDE.	Veuve d'un général qui secourut en 1797 les Français faits prisonniers en Égypte.	800. 00.	
10,381.	——— (Zélie-Catherine-Marie-du-Saint-Esprit-Raphelis, demoiselle DE).	Fille de la précédente	600. 00.	
10,382.	ROQUET (Joseph-Marie, abbé)	Émigré	1,219. 20.	
10,383.	ROQUIGNY (Louise-Perrette-Philippe-Victoire, veuve), née TONDU.	Veuve d'un grand valet de pied chez Mme la Comtesse d'Artois.	200. 00.	
10,384.	RORTHAIS DE SAINT-HILAIRE (Charles-Guillaume DE).	Vendéen	200. 00.	
10,385.	ROSANT (Marie-Anne-Raymonde-Gertrude-Marguerite, demoiselle DE).	Émigrée	300. 00.	
10,386.	ROSIÈRES (Anne-Catherine-Marguerite, demoiselle).	Fille d'un secrétaire général du ministère de la marine.	200. 00.	
10,387.	——— (Louise-Marie, demoiselle)	*Idem*	200. 00.	
10,388.	——— (Justine-Marc-Antoine, cesse DE), née RABY dit MOREAU.	Émigrée	600. 00.	
10,389.	ROSILY (Adèle-Agathe-Marie-Augustine).	Fille d'émigré	800. 00.	N'a touché aucun des deux secours.
10,390.	ROSNAY DE VILLERS (Adélaïde-Françoise, demoiselle).	*Idem*	200. 00.	
10,391.	——— (Clémentine, demoiselle)	*Idem*	200. 00.	
10,392.	——— (Éliza-Céleste-Julie, demoiselle).	*Idem*	200. 00.	
10,393.	——— (Ursule-Victoire, dame DE), née DE SIMONY DE BROUTIÈRE.	*Idem*	800. 00.	

Nos d'ordre.	NOMS ET PRÉNOMS des PENSIONNAIRES.	MOTIFS de LA CONCESSION DES PENSIONS.	MONTANT des PENSIONS.	OBSERVATIONS.
10,394.	ROSSEL (Christophe-Hippolyte DE)....	Fils d'émigré....................	500f	N'a touché aucun des deux secours.
10,395.	ROSSELIN DE GANTÈS (Sarah-Moïse)...	Femme d'émigré..................	400.	
10,396.	ROSETTI (Dominique-Marie-Liboire)...	Musicien de la chapelle de Louis XVI..	800.	
10,397.	ROSSI (Laurent-Joseph, abbé).......	Prêtre déporté....................	900.	
10,398.	ROSSIGNOL (Antoine-Gervais).......	Jardinier à l'orangerie de Meudon.....	400.	
10,399.	——— (Marie-Angélique-Victoire, ve), née TASSEL.	Veuve d'un valet à la vénerie de Louis XVI.	100.	
10,400.	ROSSIGNOLY (Rosalie, veuve), née TRAUTMANN.	Veuve d'un officier des armées françaises.	200.	
10,401.	ROSSINI.........................	Pension à titre onéreux............	6,000.	*Idem.*
10,402.	ROSSOLLIN (Marguerite-Pelletier, ve), née ROSSOLLIN.	Son beau-père fut fusillé en 1805......	300.	
10,403.	ROSSY (Marie-Célestine-Josèphe, veuve DE), née DELACROIX.	Veuve d'un officier émigré..........	300.	
10,404.	ROSTAING DE BATAILLE (Jeanne-Éléonore-Anne-Marie, veuve), née RICARD DUCLOS.	Son mari fut assassiné dans une émeute populaire.	200.	
10,405.	ROSTAN (Honoré-Jean-Casimir)......	Services à la cause royale..........	300.	*Idem.*
10,406.	ROSTANG (Marie-Auguste-Désiré-Robert DE).	Fils d'émigré....................	200.	*Idem.*
10,407.	——— (Marie-Jeanne-Casimir-Robert DE).	*Idem*..........................	200.	N'a pas touché le deuxième secours.
10,408.	——— (Marie-Marguerite-Virginie, ve DE), née DIDIER ROBERT.	Émigrée.........................	800.	
10,409.	ROSTENNE (Antoinette, veuve), née BERRUYER.	Veuve d'un musicien de la chapelle de Louis XVIII.	300.	
10,410.	ROSTICELLY (Anne-Victoire, veuve), née ARNAULT.	Mère de Vendéens................	150.	N'a pas touché le premier secours.
10,411.	ROTALIER (Marie-Charlotte-Luce, comtesse DE), née DE JARRY.	Veuve d'un commandant d'artillerie à l'armée de Condé.	1,500.	N'a touché aucun des deux secours.
10,412.	ROTH (François).................	Émigré..........................	600.	
10,413.	——— (Marguerite, veuve DE), née KREUCHEL.	Veuve d'un lieutenant-général émigré..	500.	
10,414.	ROTHE DE NUGENT (François-Edmond-Pierre DE).	Homme de lettres................	800.	
10,415.	ROUANET (Antoine)...............	Ex-employé au secrétariat du duc de Berry.	100.	
10,416.	ROUARD (demoiselle)..............	Ex-première lingère des écuries sous Louis XVIII.	400.	*Idem.*
10,417.	ROUAUD (Joachim)................	Vendéen........................	50.	*Idem.*
10,418.	ROUAULT (Charlotte-Christine-Élisabeth-Thérèse, dame DE).	Ancienne abbesse ruinée à la révolution.	3,000.	

Nos d'ordre.	NOMS ET PRÉNOMS des PENSIONNAIRES.	MOTIFS de LA CONCESSION DES PENSIONS.	MONTANT des PENSIONS.	OBSERVATIONS.
10,419.	ROUAULT (Agnès-Sophie, vicomtesse DE), née PRUNES-DUVIVIERS.	Émigrée	300f	N'a pas touché le deuxième secours.
10,420.	ROUBAUD (Antoine-Polycarpe-François).	Émigré de Toulon	100.	*Idem.*
10,421.	——— (François-Calixte)	*Idem*	150.	
10,422.	ROUBET (Caroline-Virginie, demoiselle).	Fille d'un émigré lieutenant-colonel..	500.	
10,423.	ROUCH (Germaine, veuve), née LABORDE.	Services de son mari dans les armées de la Lozère.	80.	
10,424.	ROUGOULI (Étienne)	Émigré	300.	
10,425.	ROUCQ (François)	Vendéen	80.	
10,426.	ROUCY DE LAUBRELLE (vicomte)	Pension accordée directement par le Roi. (Motifs inconnus.)	1,200.	N'a touché aucun des deux secours.
10,427.	ROUDIÉ DE RODIÉ (Pierre)	Émigré	800.	
10,428.	ROUDILLON (Jacques)	Deuxième portier de la manufacture des Gobelins.	440.	
10,429.	ROUEL (Jacques)	Services dans les armées royales de la Lozère, âgé de 81 ans.	80.	
10,430.	ROUELLE (Jean-Simon-Pierre, abbé)..	Émigré	1,000.	*Idem.*
10,431.	ROUEN DE VILLERAY (Marie-Jacqueline-Josèphe, comtesse chanoinesse).	Fille d'émigré	300.	
10,432.	ROUFFIGNAC (Jeanne, veuve), née RIBAUT DE LISLE.	Ruinée par la révolution de Saint-Domingue.	300.	*Idem.*
10,433.	ROUGEMONT (DE)	Homme de lettres	1,000.	
10,434.	ROUGEON DE BEAUCLAIR (André-Alexandre).	Attaché à la musique de Louis XVI....	600.	
10,435.	ROUGER (René-Joseph)	Vendéen	80.	
10,436.	ROUGET (Justine-Félicité, demoiselle).	Sœur d'émigré	300.	
10,437.	ROUGET DE CHAMPENEUIL (Marianne, veuve, née JUNOT.)	Femme d'émigré	1,000.	
10,438.	ROUGIER (Claude, abbé)	Émigré	1,000.	*Idem.*
10,439.	ROUGNON (Françoise-Joséphine-Clémentine, demoiselle).	Fille d'émigré	300.	
10,440.	ROUILLARD (Antoine-Charles)	Capitaine vendéen	600.	
10,441.	ROUILLÉ (Victoire-Florence, dame religieuse).	Vendéenne	250.	*Idem.*
10,442.	ROULIN (Antoine)	adjudant des Suisses	500.	
10,443.	——— (Louis-François de Paule)....	Émigré	600.	

Nos d'ordre.	NOMS ET PRÉNOMS des PENSIONNAIRES.	MOTIFS de LA CONCESSION DES PENSIONS.	MONTANT des PENSIONS.	OBSERVATIONS.
10,444.	ROULIN DE COMARQUE (Pierre-Alexandre).	Fils d'émigré	100f	N'a touché aucun des deux secours.
10,445.	——— (demoiselle)	Fille d'émigré	200.	
10,446.	——— (Rose-Adrienne, demoiselle	*Idem.*	200.	
10,447.	——— (Marie-Louise-Françoise, demoiselle), femme PEYCHERS.	*Idem.*	150.	
10,448.	ROULLAND (Marie-Julien)	Vendéen	100.	N'a pas touché le deuxième secours.
10,449.	ROULLAND DE LA VENTE (Antoinette-Julie, veuve), née DUFRESNOIS.	Veuve d'un chirurgien des écuries de la Reine.	400.	
10,450.	ROULLEAU (Emmanuel-Jules-César)	Vendéen	500.	N'a touché aucun des deux secours.
10,451.	——— (Jacques-Louis-Aimé)	*Idem*	80.	N'a pas touché le deuxième secours.
10,452.	ROULLET (Nicolas-Pierre)	N'a aucuns moyens d'existence	200.	
10,453.	ROUME (Alexis)	A servi dans les armées royales de la Lozère.	150.	
10,454.	ROUMIGUIÈRES (Jean-Pierre)	A rendu des services à la cause royale, en France.	300.	
10,455.	ROUOT (Alexandre-Joseph)	Émigré	400.	*Idem.*
10,456.	ROUQUIÈS (Marie-Salvi-Louis DE)	Lieutenant, émigré	800.	
10,457.	ROURE (Jean-Baptiste-Antoine)	Fils d'émigré	200.	
10,458.	ROUZÉ dit BELLEISLE (Augustin-Jean-Baptiste).	Ex-garde brigadier des forêts de la couronne.	150.	N'a touché aucun des deux secours.
10,459.	ROUSSEAU (François)	Vendéen	100.	
10,460.	——— (Pierre-François)	Employé à la bouche dans la Maison de la Reine.	200.	
10,461.	——— (Victoire, demoiselle)	Vendéenne	50.	N'a pas touché le deuxième secours.
10,462.	——— (Louise-Madeleine, veuve), née GAUTIER.	Mère de 10 enfans, Vendéenne	150.	*Idem.*
10,463.	——— (Julie-Françoise, veuve), née GENET.	En remplacement de la pension de 4,000f dont elle jouissait avant la révolution.	2,000.	
10,464.	———(Marguerite-Thècle, veuve), née LAURÈS.	Veuve d'un inspecteur de l'enregistrem.	200.	
10,465.	——— (Gabrielle-Marie, veuve), née L'HEUREUX.	Son mari a été massacré en 1792	600.	
10,466.	——— (Marie-Adrienne, veuve), née POTAIN.	Veuve d'un architecte du Roi	300.	
10,467.	——— (Louis-Jacques), baron DE CHAMOY.	Lieutenant-colonel, ayant servi au 10 août.	500.	
10,468.	ROUSSEAU DE LARAC (Eulalie-Élisabeth, demoiselle).	Émigrée	400.	N'a touché aucun des deux secours.

Nos d'ordre.	NOMS ET PRÉNOMS des PENSIONNAIRES.	MOTIFS de LA CONCESSION DES PENSIONS.	MONTANT des PENSIONS.	OBSERVATIONS.
10,469.	ROUSSEIL (Jean)...................	Vendéen........................	80f	
10,470.	ROUSSEL (Barthélemi-Ambroise)......	Émigré........................	600.	
10,471.	——— (Bonaventure-Jean).........	*Idem*........................	400.	
10,472.	——— (Eugène-Jean-Jacques-Victor)..	Vendéen........................	100.	N'a touché aucun des deux secours.
10,473.	——— (François DE).............	*Idem*........................	800.	
10,474.	——— (Pierre-Antoine-Auguste DE)..	Émigré........................	600.	
10,475.	——— (Françoise-Madeleine, demoiselle).	Fille d'un postillon à la petite écurie....	100.	
10,476.	——— (Marie-Christine, née D'ANSELME).	N'a aucun moyen d'existence..........	400.	N'a pas touché le deuxième secours.
10,477.	——— (Marie-Étiennette, née NÉE, dame).	En remplacement de la pension de 400 f. dont elle jouissait avant la révolution.	600.	
10,478.	——— (Catherine-Étiennette, née TRIPIER, veuve).	Attachée à la musique de Louis XVI...	500.	*Idem.*
10,479.	ROUSSELIN (Nicolas), abbé..........	Émigré........................	762.	
10,480.	ROUSSELLE (Joseph)...............	Frotteur dans la Maison de la Reine....	100.	*Idem.*
10,481.	ROUSSELONT (Marie-Barbe, née d'OVERGE, veuve).	Petite-fille du bailli de Suffren, âgée de 82 ans.	200.	*Idem.*
10,482.	ROUSTAN (Marie-Anne-Madeleine, née DANIEL, veuve).	Émigrée de Toulon................	400.	*Idem.*
10,483.	ROUSTANT (Jeanne-Marie, demoiselle)..	Son père a été guillotiné............	300.	
10,484.	ROUSTEAU (Jean)..................	Vendéen........................	120.	*Idem.*
10,485.	ROUTHIER (Étienne-François-Michel)...	Persécuté; dévouement à la cause royale.	100.	*Idem.*
10,486.	ROUTIER..........................	N'a aucun moyen d'existence..........	120.	*Idem.*
10,487.	ROUVIER (Joseph)..................	Émigré........................	150.	
10,488.	ROUVIÈRE dit BRAGAS (Jean-Baptiste)..	Services rendus à la cause royale.....	80.	
10,489.	——— (Marie-Jeanne, demoiselle)....	Son père est aveugle; elle est dans l'indigence.	70.	
10,490.	ROUVIN (veuve, née VALLEUX, veuve).	Veuve d'un valet de pied de MONSIEUR..	300.	
10,491.	ROUVRAY (Sarah, née TURNER, veuve).	Veuve d'émigré..................	300.	
10,492.	ROUX (veuve)......................	Ouvreuse de loges à l'Opéra-Comique. (Pension par suite de transaction.)	50.	*Idem.*
10,493	——— (Louis-Hippolyte-Hector-Auguste-Amédée DE).	Fils d'émigré..................	300.	

Nos d'ordre.	NOMS ET PRÉNOMS des PENSIONNAIRES.	MOTIFS de LA CONCESSION DES PENSIONS.	MONTANT des PENSIONS.	OBSERVATIONS.
10,494.	ROUX (Françoise-Antoinette-Marguerite, veuve), née FERRARES.	Veuve d'émigré....................	600f	
10,495.	ROUX-GANDIL (Marie-Madeleine-Sophie, demoiselle).	Sa tante était attachée au théâtre de la Cour.	400.	N'a pas touché le deuxième secours.
10,496.	ROUX DE RAZE (Marie-Guillemine-Julie, dame), dlle LABBEY DE SAUVIGNEY.	Émigrée avec son père.............	500.	N'a touché aucun des deux secours.
10,497.	ROUX DE REILHAC (Louise, demoiselle).	Fille d'émigré.....................	400.	
10,498.	ROUXEL (Mathurin-Julien)..........	Vendéen........................	50.	
10,499.	ROUXELIN.......................	Pension accordée directement par le Roi. (Motifs inconnus.)	360.	
10,500.	ROUY (Marie-Françoise-Eulalie, demoiselle).	Fille d'un directeur des vivres de la marine.	300.	*Idem.*
10,501.	——— (Marianne-Victoire-Joséphine, demoiselle).	*Idem*.........................	300.	
10,502.	ROUYER (veuve)..................	N'a aucun moyen d'existence........	300.	*Idem.*
10,503.	——— (Marie-Françoise, veuve), née ÉVRARD.	Ancienne directrice des hôpitaux militaires, à Verdun.	400.	
10,504.	ROUYRE (Antoine)...............	Émigré.........................	300.	N'a pas touché le premier secours.
10,505.	ROUZÉE (Aimée-Marie, dame).......	Émigrée........................	500.	
10,506.	ROY............................	Ex-chef de bureau au ministère de la Maison du Roi.	2,000.	
10,507.	——— (Françoise-Clotilde-Amélie, demoiselle).	Fille du précédent.................	300.	
10,508.	——— (Laure-Louise, demoiselle)...	*Idem*.........................	300.	
10,509.	——— (Claude-François)..........	Émigré.........................	200.	
10,510.	——— (Louise, veuve), née LOGEAIS.	Vendéenne......................	40.	
10,511.	ROY D'AUFFREMONT DE MAUROY (Anne-Jacqueline-Marguerite-Antoinette, demoiselle DE), femme BENASSIS DE LA DEMONDRIE.	Fille d'émigré....................	400.	
10,512.	ROYAN (veuve)..................	Veuve d'un homme de lettres.........	400.	*Idem.*
10,513.	ROYER (Claude-Henri-Hyacinthe).....	A été blessé au service de MONSIEUR (Charles X).	200.	N'a pas touché le deuxième secours
10,514.	——— (Jacques).................	Émigré.........................	400.	*Idem.*
10,515.	——— (Jean-Baptiste)............	Déporté à Cayenne au 18 fructidor, prisonnier en Angleterre.	300.	
10,516.	ROYER DE MARANCOURT (Edme-Raphaël).	Dévouement à la cause royale........	200.	
10,517.	ROYER-MONTBÉ (Marie-Louise, demoiselle).	Orpheline, sans fortune............	200.	
10,518.	——— (Pierrette-Victorine, demoiselle).	*Idem*.........................	200.	

Nos d'ordre.	NOMS ET PRÉNOMS des PENSIONNAIRES.	MOTIFS de LA CONCESSION DES PENSIONS.	MONTANT des PENSIONS.	OBSERVATIONS.
10,519.	Royer-Parès (François-Joseph).....	*Émigré*........................	100f 00c	
10,520.	Royère (Pierre de).............	*Idem*...........................	400. 00.	
10,521.	Royou (Julie-Gabrielle-Louise-Antoinette, veuve de), née Rey.	Fille d'un lieutenant-général.........	600. 00.	
10,522.	Rozet de Bras (Marie-Louise, demoiselle).	Sœur d'émigré.....................	300. 00.	N'a touché aucun des deux secours.
10,523.	Rozet (Jean-François-Joseph de), baron de Lagarde.	Émigré..........................	800. 00.	
10,524.	Rozet de Lagarde (Anne-Catherine-Louise-Françoise-Adèle, dlle de).	Sa famille a été persécutée pendant la révolution.	1,000. 00.	*Idem.*
10,525.	Rozière (Marie-Cécile), née Anseaume.	Veuve d'un homme de lettres.........	300. 00.	
10,526.	Rua de Fongatte (Marie-Jean-Baptiste-Élie).	Lieutenant-colonel émigré...........	600. 00.	
10,527.	Ruaud (Jacques).................	Vendéen..........................	100. 00.	
10,528.	Ruault (abbé)...................	Émigré...........................	1,066. 80.	
10,529.	——— (Jean-Baptiste, abbé).......	*Idem*............................	1,066. 80.	
10,530.	———(Renée-Marie, dame), née Caussé.	Émigrée..........................	300. 00.	*Idem.*
10,531.	Ruaux (Pierre)..................	Vendéen..........................	50. 00.	N'a pas touché le deuxième secours.
10,532.	Rubin (Michel)..................	*Idem*............................	50. 00.	
10,533.	——— (Marguerite, veuve, maintenant femme Lecler), née Celery.	Son fils a été victime de l'invasion étrangère en 1814.	200. 00.	
10,534.	——— (Nicolas)..................	Fils de la précédente..............	150. 00.	
10,535.	——— (Catherine, demoiselle).....	Fille, *idem*......................	150. 00.	
10,536.	———(Thérèse, veuve), née Fauvelet.	Services de sa famille dans la Maison du Roi.	200. 00.	
10,537.	Rubin de la Grimaudière (Augustin-Marie-Charles).	Émigré...........................	600. 00.	N'a touché aucun des deux secours.
10,538.	Rubin de Meribel (Marie-Perrine-Émélie, demoiselle).	Fille d'une femme de chambre de Madame Sophie.	400. 00.	
10,539.	Rubin dit Normand...............	Costumier à l'Opéra-Comique. (Pension par suite de transaction.)	239. 37.	
10,540.	Rubion dit Bourgeois (François-Toussaint).	Émigré...........................	800. 00.	
10,541.	Ruchaud (Jacques)...............	Vendéen..........................	100. 00.	
10,542.	Ruche (Marie-Catherine, veuve), née Antoine.	Veuve d'un militaire...............	150. 00.	
10,543.	Rudolphe (Wilhelmine, veuve), née Schmit.	Veuve d'un conseiller à Weymar....	600. 00.	*Idem.*

Nos d'ordre.	NOMS ET PRÉNOMS des PENSIONNAIRES.	MOTIFS de LA CONCESSION DES PENSIONS.	MONTANT des PENSIONS.	OBSERVATIONS.
10,544.	RUELLE	Fils d'un colonel	200f 00c	N'a touché aucun des deux secours.
10,545.	RUFFIER (Marie-Bonaventure-Victoire, demoiselle DE).	Sœur d'émigré	150. 00.	
10,546.	RUFFIN DE LOZIER (Marie-Philiberte-Célestine, baronne DE MONTBY, dame DE), née BURDIN.	Fille d'un chef de bureau au ministère de la maison du Roi.	600. 00.	
10,547.	RUFFO-LAFARE (Marie-Louis-Joseph-Hilarion, marquis DE).	Émigré	1,000. 00.	
10,548.	RUMIGNY (Marc-Antoine DE), DE GUEULLY.	*Idem*	1,219. 20.	
10,549.	——— (Pierre-Paul DE)	Fils de la nourrice de Louis XVIII	400. 00.	
10,550.	——— (Joseph-Marguerite-Adam, baronne DE).	Émigrée	1,219. 20.	
10,551.	RUPPLIN (Marie-Élisabeth-Louise-Jeanne-Baptiste-Michelle, baronne DE), née DE RŒDING DE BIBEREGG.	Fille d'émigré	300. 00.	
10,552.	RUSILION (François-Frédéric)	Fils d'émigré	600. 00.	*Idem.*
10,553.	——— (Marie-Rosalie, demoiselle)	Fille d'émigré	800. 00.	*Idem.*
10,554.	——— (Marie-Rose-Madeleine-Constance, demoiselle).	*Idem*	800. 00.	*Idem.*
10,555.	——— (Marguerite-Louise, demoiselle)	*Idem*	800. 00.	*Idem.*
10,556.	RUSSON (Marie-Antoinette-Dorothée, veuve DE), née DE LONGLAY.	Vendéenne persécutée	300. 00.	
10,557.	RUYNEAU DE SAINT-GEORGE (Claude-Auguste).	Fils d'émigré	300. 00.	*Idem.*
10,558.	——— (François-Gilbert)	*Idem*	300. 00.	
10,559.	——— (Robert-Théodore)	*Idem*	300. 00.	*Idem.*
10,560.	——— (Marie-Françoise-Eulalie, demoiselle), actuell.t dame LENOBLE.	Fille d'émigré	300. 00.	
10,561.	——— (Marie-Clémence, veuve), née LEROY DE LA GRANGE.	Veuve d'émigré	800. 00.	
10,562.	RYARD (Françoise-Charlotte, veuve), née PICARD DE CHAMPAGNOULET.	*Idem*	200. 00.	N'a pas touché le deuxième secours.

Nos d'ordre.	NOMS ET PRÉNOMS des PENSIONNAIRES.	MOTIFS de LA CONCESSION DES PENSIONS.	MONTANT des PENSIONS.	OBSERVATIONS.
		S		
10,563.	SABATIER (Gabriel-François)........	Fils d'une femme de chambre de Mme Sophie.	120f 00.	
10,564.	——— (Marie-Mélanie, demoiselle)...	Veuve d'un serviteur dans la Maison du Roi.	400. 00.	
10,565.	——— (Marie-Julie, dame), née ARMAND.	Fille d'émigré....................	400. 00.	
10,566.	SABEL (Jean-Baptiste).............	Émigré.........................	300. 00.	
10,567.	SABINET (Marie-Geneviève, dame DE), née DE GOYER).	Femme d'émigré.................	800. 00.	
10,568.	SABRAN (Louis-Marie-Elzéar, DE).....	Il compte des princes souverains dans sa famille.	4,000 00.	N'a touché aucun des deux secours.
10,569.	SABRIET (Gabrielle-Marie-Guillelmine, dame DE), née OKELLI-FARELL.	Petite-fille du comte Okelly, ministre plénipotre de Louis XVI à Mayence.	1,200. 00.	
10,570.	SACRESTE (Jacques)...............	Émigré.........................	400. 00.	
10,571.	SAFFORÉ (Jean)..................	Services à l'armée du Midi..........	150. 00.	
10,572.	SAFFRAY (Pierre-Charles, abbé)......	Émigré.........................	1,219. 20.	
10,573.	SAGARRIGA (Marie-Louise-Josèphe, dame DE), née DE GOSSON.	Veuve d'un émigré officier général.....	1,200. 00.	
10,574.	SAGE (Philippine-Augustine-Julie, dame), née PIEDECHIEN.	Veuve d'un membre de l'académie des sciences, âgée de 76 ans.	300. 00.	*Idem.*
10,575.	SAGÉ dit FIRMIN..................	Ex-sociétaire de l'Opéra-Comique. (Pension par suite de transaction.)	1,000. 00.	
10,576.	SAGUET (Claude-François)..........	Emigré.........................	150. 00.	
10,577.	SAHUQUÉ (Eucher-Louis-Adolphe)....	Fils de Vendéen..................	300. 00.	N'a pas touché le premier secours.
10,578.	——— (Marie-Thérèse-Eudoxie), demoiselle).	Fille, *idem*.....................	300. 00.	*Idem.*
10,579.	SAILLANS (Françoise, veuve DE), née GUILMAIN.	Veuve d'émigré..................	200. 00.	
10,580.	SAILLARD (Jeanne-Antoinette, veuve), née COQUARD.	N'a aucun moyen d'existence........	150. 00.	
10,581.	SAILLET (Marie-Louise-Josèphe-Colette, ve), née DE CROIX DE DRUMETZ.	Veuve d'émigré..................	600. 00.	
10,582.	SAIN (Adélaïde-Françoise, dame), née CORNET.	Fille d'un maréchal des logis de MONSIEUR, comte de Provence.	500. 00.	
10,583.	SAINTARD (Jean-Baptiste)..........	Écuyer de bouche dans la Maison du Roi.	235. 00.	
10,584.	SAINTARD DE BEQUIGNY (Auguste-François-Joseph DE).	Fils d'émigré....................	400. 00.	N'a touché aucun des deux secours.
10,585.	——— (Joséphine-Aline-Élisabeth-Victoire, demoiselle DE).	Fille d'émigré...................	400. 00.	
10,586.	SAINTHILLIER (Pierre-François-Joseph DE).	Émigré, officier supérieur des gardes...	300. 00.	

Nos d'ordre.	NOMS ET PRÉNOMS des PENSIONNAIRES.	MOTIFS de LA CONCESSION DES PENSIONS.	MONTANT des PENSIONS.	OBSERVATIONS.
10,587.	SAINTOURS LABAUME (Jean)........	Perte de fortune..................	40f	N'a touché aucun des deux secours.
10,588.	——— (Jean)................	*Idem*..........................	40.	*Idem.*
10,589.	——— (Jean-Baptiste)...........	*Idem*..........................	40.	*Idem.*
10,590.	——— (Jean)..................	*Idem*..........................	40.	*Idem.*
10,591.	——— (Marthe)................	*Idem*..........................	40.	*Idem.*
10,592.	SAISSAC (Jean)..................	Émigré..........................	300.	
10,593.	SAISSEVAL (Charlotte-Hélène, née DE LASTIC, comtesse DE).	En remplacement de la pension de 4,000f. dont elle jouissait avant la révolution.	3,000.	
10,594.	SALAVILLE (DE).................	Sa famille servait dans la maison du Roi.	200.	
10,595.	SALÉ (Pierre-Jean)...............	Émigré..........................	250.	
10,596.	SALEL (Marguerite-Geneviève, née VAUSSY, dame).	Fille d'un concierge des écuries de Louis XVI.	100.	
10,597.	SALETA MAURELL (Jean)..........	Émigré..........................	400.	
10,598.	SALGUES(Marie-Marthe-Nicole-Louise-Julie-Eugénie, née DE ROQUEFEUIL, de DE).	Fille et sœur d'émigrés.............	500.	
10,599.	SALIGNAC FÉNÉLON (François, chevalier DE).	Émigré..........................	500.	
10,600.	——— (Adélaïde Marie-Alexandrine, demoiselle).	Fille d'un colonel mort en 1824.......	200.	
10,601.	——— (Marie-Madeleine-Augustine, demoiselle).	*Idem*..........................	200.	
10,602.	——— (Marie-Marthe-Christine, née DINCOURT, marquise DE).	Veuve d'émigré...................	500.	
10,603.	———(Françoise-Céleste, née GARNIER DE LA BOISSIÈRES, veuve DE).	*Idem*..........................	500.	N'a pas touché le deuxième secours.
10,604.	SALIMBENI (Marie-Agnès-Émélie, DE)..	N'a aucun moyen d'existence.........	400.	
10,605.	SALINS (chevalier DE).............	Pension accordée directement par le Roi. (Motifs inconnus.)	1,000.	
10,606.	——— SAILLAN (vicomtesse).......	*Idem*..........................	1,000.	
10,607.	SALIVET DE FOUCHÉCOUR (Hugues-François-Jean).	Fils d'émigré.....................	500.	
10,608.	SALIVET FOUCHECOURT (Louis-François-Xavier, comte DE).	Émigré..........................	400.	
10,609.	SALLANTIN (Louis-Jean-Baptiste).....	Attaché au service de la Reine et musicien de Louis XVI.	1,000.	
10,610.	SALLARD (Françoise-Mélanie, née LANS, veuve).	Veuve d'un valet de chambre de Louis XVI.	300.	
10,611.	SALLÉ (François)................	Vendéen..........................	60.	

Nos d'ordre.	NOMS ET PRÉNOMS des PENSIONNAIRES.	MOTIFS de LA CONCESSION DES PENSIONS.	MONTANT des PENSIONS.	OBSERVATIONS.
10,612.	SALLÉ (Perrine), née MARTIN	Vendéenne.......................	25f 00c	
10,613.	SALLIGNY (Jeanne-Julie, veuve DE), née D'HARMÉVILLE.	Fille d'un porte-manteau de la Reine...	300. 00.	
10,614.	SAILLON (Bernard-André-Jacques)....	Magistrat, émigré..................	1,500. 00.	N'a pas touché le deuxième secours.
10,615.	SALMON (André)................	Vendéen.........................	50. 00.	*Idem.*
10,616.	——— (René, abbé).............	Émigré..........................	1,060. 80.	
10,617.	——— (Marie-Jeanne-Françoise-Bénédicte, veuve), née de BARBEAU DE FLORIMONT.	Émigrée.........................	900. 00.	
10,618.	——— (Marie-Louise-Josèphe, veuve), née PAYSANT-MONTIGNY.	Veuve d'un garçon du petit commun de la Reine.	100. 00.	
10,619.	——— (Pierre-François, abbé)......	Ecclésiastique déporté..............	500. 00.	
10,620.	SALUCES (Louis-Charles, marquis DE).	Inspecteur des forêts de la couronne....	941. 00.	
10,621.	——— (Martin).................	Émigré..........................	200. 00.	N'a touché aucun des deux secours.
10,622.	SALUSTE-DUBASTA (Louis-François)...	*Idem*...........................	1,000. 00.	*Idem.*
10,623.	SALVERTE (Louise-Françoise-Jeanne-Charlotte, dame DE).	Chanoinesse ruinée par la révolution...	500. 00.	
10,624.	SALVERT (Louis-François-Achille, comte PERRIER DE).	Capitaine de frégate émigré.........	500. 00.	N'a pas touché le deuxième secours.
10,625.	SALVIAT DE VIELCASTEL (Marie-Anne-Thérèse-Valberges, veuve DE), née FRANCK.	Son mari a émigré, mère de 4 enfans...	200. 00.	N'a touché aucun des deux secours.
10,626.	——— (Caroline-Annette, baronne DE), née LACTERIE DU SAILLANT.	Veuve d'un commandant de la garde nationale de Versailles, mort sous-préfet de Sceaux.	300. 00.	
10,627.	SALVIAT (Léon).................	Services à la cause royale, en France, en 1815.	200. 00.	*Idem.*
10,628.	SALVIAT DE VIELCASTEL (Charles-François DE).	Capitaine émigré.................	1,000. 00.	
10,629.	——— (Gabrielle, dame), née D'ABZAC.	Veuve d'émigré..................	800. 00.	
10,630.	SAMBUCY (Antoine-Victor-Marie-Henri, baron DE MIERS DE).	Services à la cause royale, en France...	300. 00.	
10,631.	SAMIER (Amant-Joseph)...........	Émigré..........................	300. 00.	*Idem.*
10,632.	SAMPIGNY D'ISSONCOURT (Gabriel François, comte DE).	*Idem*...........................	600. 00.	
10,633.	SAMPSO (Éliza-Marie-Thérèse-Louise, demoiselle).	Services de son père à la cause royale, en France.	150. 00.	
10,634.	SAMSON (Mathurin)...............	Vendéen.........................	50. 00.	N'a pas touché le deuxième secours.
10,635.	SANCÉ (Adélaïde-Marie), RIDOUET DE..	Avait une pension sur la cassette de Louis XVI.	200. 00.	N'a touché aucun des deux secours.
10,636.	——— (Suzanne-Rose-Jeanne, comtesse DE), née LEGARDEUR DE TILLY.	A perdu sa fortune à Saint-Domingue..	400. 00.	

Nos d'ordre.	NOMS ET PRÉNOMS des PENSIONNAIRES.	MOTIFS de LA CONCESSION DES PENSIONS.	MONTANT des PENSIONS.	OBSERVATIONS.
10,637.	SANDEREL DE VALONNE (Charlotte, née GUENOT D'ANGE, dame).	Fille d'émigré	200f	
10,638.	SANDILLAUD DUBOUCHET (Marie-Françoise-Basilisse, demoiselle).	Émigrée	500.	
10,639.	——— (Marthe-Marie-Pierrette, demoiselle).	*Idem*	500.	
10,640.	SANDOZ (Henri)	Émigré	200.	N'a touché aucun des deux secours.
10,641.	SANGLIN (Marie-Louise, demoiselle DE.)	Émigrée	300.	
10,642.	SANS (Anne-Laurence-Reine)	Fille d'émigré	600.	
10,643.	——— (Marie-Françoise-Amélie, demoiselle DE).	*Idem*	600.	
10,644.	SANSON (Pierre-François)	Garçon de gobelet chez MADAME, comtesse de Provence.	100.	
10,645.	SANSOT (Jean-François)	Services dans les armées royales, en France.	150.	
10,646.	SANTO-DOMINGO (comtesse DE), née LAURENCY.	Vendéenne	600.	
10,647.	SANYES (Julite-Rose-Thérèse-Bonaventure, née PARÈS, veuve).	Veuve d'émigré	300.	
10,648.	SAPINAUD (Henri DE)	Reversion d'une portion de la pension de 3,000 fr. dont jouissait son père.	1,000.	*Idem.*
10,649.	——— DE BOISHUGUET (Jean-René-Prosper-Félicité, chevalier).	Vendéen	400.	
10,650.	——— DES NOUES (Louis-Casimir)	Émigré	600.	N'a pas touché le deuxième secours.
10,651.	SAPIO (Marie-Madeleine, née ALCIATOR, veuve).	Veuve d'un maître de chant de Marie-Antoinette.	1,000.	
10,652.	SAQUI (Marie-Alexandre-Ernest)	Fils d'émigré	200.	N'a touché aucun des deux secours.
10,653.	——— DESTOURÈS (Marie-Sophie-Victorine-Joséphine, demoiselle DE).	Fille d'un capitaine de vaisseau émigré.	400.	*Idem.*
10,654.	SARCÉ (Pierre-Jérôme, chevalier DE)	Émigré	800.	
10,655.	——— (Marie-Anne-Félicité, demoiselle).	Fille d'émigré	500.	
10,656.	SAREMEJANE (Pierre-Marie-Jean-Bruno).	Émigré	200.	
10,657.	SARIAC (Marie-Françoise-Olympe-Gabrielle-Hortense DE).	N'a aucun moyen d'existence	500.	
10,658.	SARON (Étienne)	Émigré	300.	
10,659.	SARRAU (Pierre-André, chevalier DE)	Persécuté pendant la révolution; perte de fortune.	200.	
10,660.	SARRAZIN (Françoise-Marie-Émilie, demoiselle).	Fille du général Sarrazin	600.	
10,661.	——— DE BONNAFONS (Anne-Pauline, demoiselle DE).	Fille d'un ancien officier	300.	

Nos d'ordre.	NOMS ET PRÉNOMS des PENSIONNAIRES.	MOTIFS de LA CONCESSION DES PENSIONS.	MONTANT des PENSIONS.	OBSERVATIONS.
10,662.	SARRET (Jean-Baptiste-Madeleine).....	Émigré............................	150f	
10,663.	SARRUT (Pierre-André)............	Services dans les armées royales de la Lozère.	200.	
10,664.	SARTELON (Alix-Sophie, née DE ROUX DE SAINTE-CROIX, veuve).	Fille d'émigré, veuve d'un sous-intendant militaire.	600.	
10,665.	SARTI (Claire, demoiselle)..........	Son père est mort sur l'échafaud après la prise de Lyon.	400.	
10,666.	SARTIGES (Madeleine, demoiselle DE)..	Fille d'émigré.....................	200.	N'a pas touché le deuxième secours.
10,667.	SARTORY (Philippe-Charles DE).......	Fils d'émigré......................	500.	N'a touché aucun des deux secours.
10,668.	SASSAY (Marthe-Armand-Ours DE)....	Émigré............................	500.	
10,669.	SASSEY (Élisabeth, née GABRIEL, veuve).	Victime d'un militaire en démence.....	150.	
10,670.	SAUCRÉ (Marie-Louise, née YSSOUX, veuve).	Veuve d'un palefrenier aux écuries....	120.	
10,671.	SAUDREAU (Jacques).............	Vendéen..........................	150.	N'a pas touché le deuxième secours.
10,672.	SAUGÉ (Marguerite-Geneviève-Claire), née DELORME.	Son mari, canonnier de la garde nationale de Chartres, a été tué par l'explosion de la pièce de canon qu'il servait.	100.	
10,673.	SAULGE (Adélaïde-Victoire, demoiselle).	Fille d'un suisse des appartemens de MESDAMES.	150.	
10,674.	SAULGEOT (Charles-Marie-Clotilde-Adélaïde, née PINON, veuve).	Filleule de Louis XVIII.............	200.	
10,675.	SAULNIER DUPLAISSAC (Catherine, demoiselle).	Sœur d'émigré....................	500.	
10,676.	SAURET (Jean-François-Nicolas).......	Fils d'un employé de la maison de Louis XVI.	100.	
10,677.	SAURINE (Antoine-Jean-Marie)........	Capitaine émigré...................	1,000.	
10,678.	——— (Marie-Anne-Louise, demoiselle).	Sœur d'émigré.....................	300.	
10,679.	SAUSSAI (Marie-Aimée-Élisabeth, demoiselle).	Son père a été massacré pendant la révolution.	500.	*Idem.*
10,680.	SAUTON (Julie-Louise, née LECLERC DE CHAMPMARTIN, veuve).	Nièce de Latouche-Tréville, grand-amiral de France.	200.	
10,681.	SAUTY (Françoise-Félicité, née RIQUIER, veuve).	Veuve d'un palefrenier à l'équipage du vautrai.	120.	
10,682.	SAUVAGE.........................	Ex-directeur de l'Odéon............	800.	
10,683.	——— (François-Désiré)..........	Victime d'un militaire en démence.....	200.	
10,684.	——— (Philippe)................	Émigré...........................	300.	
10,685.	SAUVAGEOT (Charles-Catherine)......	Inspecteur des travaux de la machine de Marly.	794.	
10,686.	SAUVAGNAC (Pétronille-Françoise-Armand, demoiselle).	Fille d'un quartier-maître trésorier des armées françaises.	300.	

Nos d'ordre.	NOMS ET PRÉNOMS des PENSIONNAIRES.	MOTIFS de LA CONCESSION DES PENSIONS.	MONTANT des PENSIONS.	OBSERVATIONS.
10,687.	SAUVAGNAC (Claudine-Anne-Cécile, dame DE), née DE DIENNE DE SAINT-EUSTACHE.	Fille d'émigré	400f	
10,688.	SAUVAIRE (Claire-Reine-Fortunée, ve), née PADIRAC.	*Idem*	150.	N'a pas touché le deuxième secours.
10,689.	SAUVAN (Balthazar)	Homme de lettres	800.	
10,690.	SAUVANET (Léonarde, dame), née CLÉMENT.	Veuve d'un officier des armées françaises.	150.	
10,691.	SAUVILLE (Joséphine-Eulzenie, veuve DE), née REY.	Veuve d'un officier	400.	
10,692.	SAUVO-DES-VERSANNES (Jean-Baptiste)	Capitaine émigré	1,000.	
10,693.	SAVALETTE-DELANGE (Henriette-Jenny, demoiselle).	Fille de l'ancien payeur général du trésor royal.	800.	
10,694.	SAVARY (Pierre-François)	Coiffeur des pages de la grande écurie de Louis XVI.	150.	
10,695.	——— (Marie-Joséphine, veuve), née DODIARDI.	Veuve d'un chef de bataillon des armées françaises.	200.	
10,696.	SAVEROT (André)	Émigré	300.	
10,697.	SAVERY (François-Clément)	N'a aucun moyen d'existence	150.	
10,698.	SAVI-LATOUR (dame)	A perdu sa fortune par suite de la révolution; âgée de 85 ans.	120.	*Idem.*
10,699.	SAVIGNE (Jeanne, ve), née COSTARD	Vendéenne	50.	N'a pas touché le premier secours.
10,700.	SAVIGNY (DE)	Pension accordée directement par le Roi. (Motifs inconnus.)	1,200.	
10,701.	SAVIN (Pierre-François)	Vendéen	80.	N'a touché aucun des deux secours.
10,702.	SAVOURNIN (Anne-Charles-Sigismond DE)	Son père était employé au garde-meuble.	300.	*Idem.*
10,703.	SAVY-LATOUR (veuve)	N'a aucun moyen d'existence	240.	*Idem.*
10,704.	SAXY (Marie-Catherine-Joséphine-Anaïs, demoiselle DE).	Fille d'un député de Saint-Domingue	400.	
10,705.	SAYDE dit ROQUEMONT (Marc-Jean-Baptiste).	Gentilhomme de Louis XVI	900.	
10,706.	SCAPRE (veuve)	N'a aucun moyen d'existence	240.	*Idem.*
10,707.	SCEAULX (Jeanne-Josèphe-Thérèse, ve DE), née LOAISEL.	Services de sa famille à la cause royale	250.	*Idem.*
10,708.	SCELL LA PIQUETERIE (Françoise-Cécile, veuve), née QUINQUET.	Son mari a été guillotiné à la révolution.	200.	
10,709.	SCELLES (Marc-Antoine)	Émigré	300.	
10,710.	SCEPEAUX (Marie-René-Pierre-Louis, comte DE).	Gentilhomme de MONSIEUR, comte de Provence.	3,000.	
10,711.	SCHŒFFER (Jean-François-Joseph)	Émigré	200.	

Nos d'ordre.	NOMS ET PRÉNOMS des PENSIONNAIRES.	MOTIFS de LA CONCESSION DES PENSIONS.	MONTANT des PENSIONS.	OBSERVATIONS.
10,712.	SCHAËR dit KAUFFMANN (François-Joseph).	Émigré	400f 00c	N'a touché aucun des deux secours.
10,713.	SCHANCK (Charlotte-Geneviève-Adélaïde, ve), née GODEFROY DE TROUSSEAUVILLE.	Sœur d'émigrés	150. 00.	
10,714.	SCHARFF (Jean-Georges)	Son père a été condamné à mort en 1794.	200. 00.	
10,715.	SCHAUER (Marie-Élisabeth, veuve), née DENTZ.	Veuve d'émigré	150. 00.	*Idem.*
10,716.	SCHEID (Antoine-Catherine, veuve), née GELLER.	*Idem*	300. 00.	
10,717.	SCHERRER (Anastasie, veuve), née STOLTZ.	*Idem*	150. 00.	
10,718.	SCHIELLÉ (François-Xavier-Martin DE).	Émigré	500. 00.	*Idem.*
10,719.	SCHIERMEYER (Antoine)	*Idem*	300. 00.	
10,720.	——— (Ignace)	*Idem.*	380. 00.	N'a pas touché le deuxième secours
10,721.	SCHIRMEYER (Catherine, dame), née SCHIRMEYER.	Veuve d'émigré	300. 00.	
10,722.	SCHINDLER (Georges-Christophe-Frédéric).	Émigré, infirme	300. 00.	
10,723.	SCHLAGBERG (Marie-Vincente-Nicolle, bnne DE), née ANDOUL DE St-JULIEN.	Émigrée	800. 00.	
10,724.	SCHLICHTING (Charles-Louis)	Émigré	500. 00.	
10,725.	SCHMITT (Henri)	*Idem*	600. 00.	
10,726.	——— (Jean)	Supplément à sa retraite militaire	200. 00.	
10,727.	——— (Laurent)	Émigré	50. 00.	N'a touché aucun des deux secours.
10,728.	——— (Sigismond)	*Idem*	150. 00.	N'a pas touché le deuxième secours.
10,729.	SCHNEIDER	Cor à l'Opéra-Comique. (Pension par suite de transaction.)	345. 83.	
10,730.	——— (Léonard)	Émigré	120. 00.	N'a touché aucun des deux secours.
10,731.	——— (Anne-Claude, ve), née JARRY.	Veuve d'un Suisse portier à Meudon	82. 00.	
10,732.	SCHNEPP (François-Antoine)	Émigré	400. 00.	
10,733.	SCHNEWLIN-BERNLAPP DE BOLLSCHWEIL (Anne-Josèphe-Walburge-Monique-Jeanne, baronne DE).	Chanoinesse émigrée	300. 00.	
10,734.	——— (Marie-Anne-Charlotte-Claudine, baronne DE).	*Idem*	300. 00.	
10,735.	SCHNIDER (Jacques-Clément)	Sommier attaché à la bouche dans la maison de MADAME, comtesse d'Artois.	200. 00.	
10,736.	SCHNITZLER (Jean-Michel)	Émigré	200. 00.	N'a pas touché le premier secours.

Nos d'ordre.	NOMS ET PRÉNOMS des PENSIONNAIRES.	MOTIFS de LA CONCESSION DES PENSIONS.	MONTANT des PENSIONS.	OBSERVATIONS.
10,737.	SCHŒFFER (Antoine).............	Émigré..........................	300f 00c	N'a pas touché le deuxième secours.
10,738.	——— (Jean-Pierre).............	*Idem*............................	600. 00.	
10,739.	SCHŒMBERG (Marie-Françoise-Rosalie-Madeleine, née DE CAUX DE MONTLEBERT, baronne DE).	Veuve d'émigré..................	400. 00.	N'a touché aucun des deux secours.
10,740.	SCHONENDALL-D'ARIMONT (Louise-Justine-Virginie, demoiselle).	Appartient aux familles de Lorraine et de Nassau.	400. 00.	
10,741.	——— (Catherine, née DE BILISTEIN, comtesse DE).	Émigrée........................	800. 00.	
10,742.	SCHRŒDER (Laurent).............	Émigré..........................	300. 00.	
10,743.	SCHRYEN (Léonard)...............	Ex-garde portier à Versailles.........	60. 00.	
10,744.	SCHULTÈS (Marie-Louise, demoiselle)...	Fille d'un tailleur de la Cour..........	200. 00.	
10,745.	SCHUMACHER (Fidèle-Sophie, née DURLER, dame).	Son père portait les armes au 10 août...	500. 00.	
10,746.	SCHURTTER (François-Joseph).......	Émigré..........................	800. 00.	
10,747.	——— (Marie-Françoise-Florine, née WEISS, dame).	Services à la cause royale............	250. 00.	
10,748.	SCHWAB (Jean)..................	Émigré..........................	300. 00.	
10,749.	SCHVALLER (Urs-Joseph-Patrice)......	Suisse à Brunoy..................	300. 00.	
10,750.	SCHWARTZ (Marie-Antoinette, née MAUREAUX, dame).	Son père est mort au 10 août..........	100. 00.	
10,751.	SCIPION (Anne-Adélaïde, née DE CHERMONT, dame).	Fille d'un gouverneur de Pondichéry...	600. 00.	N'a touché aucun des deux secours.
10,752.	SCOQUART (Claude-Charles).........	Arpenteur de la conservation de Versailles.	200. 00.	
10,753.	SCORAILLE (Christophe-Joseph, DE)..	Père de 11 enfans..................	800. 00.	
10,754.	——— (François, DE)............	Perte de fortune; persécuté pendant la révolution.	300. 00.	
10,755.	SCOTT DE MARTINVILLE (Léontine-Adélaïde-Aldegonde, née DESMANEST, veuve).	Veuve d'un officier supérieur des armées françaises.	200. 00.	
10,756.	SCOURSIQUE dit FRÈRE JOSEPH (François-Marie).	Émigré..........................	150. 00.	
10,757.	SÉBERT (Marie-Henriette, née PERRIN, veuve).	En remplacement de la pension de 1,200 f. dont elle jouissait avant la révolution.	200. 00.	
10,758.	SECILLON (Jean-Baptiste-Renée-Félicité, chevalier DE).	Émigré..........................	500. 00.	N'a pas touché le premier seco[illegible]
10,759.	SECOND dit FÉRÉOL................	Ex-sociétaire de l'Opéra-Comique (Pension par suite de transaction.)	2,035. 20.	N'a touché aucu[illegible]eux secours.
10,760.	*Néant.*			
10,761.	SECRETAN (née MAREUX)...........	N'a aucun moyen d'existence.........	24[illegible] [illegible]0.	*Idem.*

Nos d'ordre.	NOMS ET PRÉNOMS des PENSIONNAIRES.	MOTIFS de LA CONCESSION DES PENSIONS.	MONTANT des PENSIONS.	OBSERVATIONS.
10,762.	SÉDAINE (demoiselle)...............	Fille de SÉDAINE; avait, sur l'ancien Opéra-Comique, une pension que le directeur, M. Ducis, a refusé de reconnaître. (Pension par suite de transaction.)	300f	
10,763.	—— (demoiselle)...............	Sœur de SÉDAINE..................	300.	
10,764.	SÈDE (Anne-Jacquette-Flavie, demoiselle).	Services de son père à la cause royale, en France.	100.	N'a touché aucun des deux secours.
10,765.	—— (Anne-Marthe-Thérèse, demoiselle).	*Idem*..........................	100.	*Idem.*
10,766.	SEDILLE, dit DUFRESNE (Françoise-Jacqueline), veuve LA FREINEIS.	Émigrée........................	140.	N'a pas touché le deuxième secours.
10,767.	SEGAUX (Louise-Victoire, demoiselle), femme DEJEAN.	En remplacement de la pension de 1,200f dont elle jouissait avant la révolution.	600.	N'a touché aucun des deux secours.
10,768.	SEGOND (Michel-André)............	Émigré..........................	240.	
10,769.	—— (Antoinette-Renée, dame), née DUPUY.	Veuve d'émigré....................	600.	*Idem.*
10,770.	SEGOUIN (Jean-Pierre)...........	Vendéen.........................	50.	*Idem.*
10,771.	SEGUENOT, dit DE CHAMPLEVEY (Jean Baptiste, chevalier).	Émigré.........................	300.	
10,772.	SÉGUIER (Augustin)...............	Indemnité pour l'acquisition du terrain sur lequel a été bâti Saint-Cyr.	800.	
10,773.	SEGUIER DE SAINT-BRISSON (Noël-Augustin).	Page de Louis XV, avait 600f de pension sur la cassette de Louis XVI.	600.	N'a pas touché le deuxième secours.
10,774.	SEGUIN (Blaise)..................	Vendéen.........................	50.	
10,775.	—— (Joseph)..................	*Idem*..........................	80.	
10,776.	—— (Pierre, chevalier DE).......	Émigré..........................	600.	
10,777.	—— (Marguerite, demoiselle).....	Son père a servi dans les armées royales de la Lozère.	100.	
10,778.	SEGUIN DE PIEGON (Marie-Victoire, demoiselle).	Sœur d'émigré.....................	1,500.	
10,779.	SÉGUR (veuve DE)................	Veuve d'émigré et infirme...........	240.	
10,780.	SÉGUR DE BOIRAC (Anne-Marie-Rose, demoiselle DE).	Fille d'émigré.....................	500.	
10,781.	—— (Philippe-Henri-Victor-Marie-Anne-Thérèse, comtesse DE), née DEPUCH DE PAILHAS.	*Idem*..........................	800.	
10,782.	SÉGUR MONTAZEAU (François-Henri-Athanase, DE).	Services de sa famille dans la Maison du Roi.	500.	*Idem.*
10,783.	—— (Catherine-Marie-Madeleine, demoiselle DE).	*Idem*..........................	400.	*Idem.*
10,784.	—— (Marie-Anne-Jeanne, vicomtesse DE), née DE SPENS.	Fille et femme d'émigrés............	900.	
10,785.	SEGURET (D[illegible] [illegible])................	Nièce d'un aumônier du garde-meuble..	400.	
10,786.	SEGUY (Pierre-Louis, DE).......	Émigré âgé de 70 ans...............	150.	N'a touché aucun des deux secours.

Nos d'ordre.	NOMS ET PRÉNOMS des PENSIONNAIRES.	MOTIFS de LA CONCESSION DES PENSIONS.	MONTANT des PENSIONS.	OBSERVATIONS.
10,787.	SEGUY (Marie, veuve), née GOURG....	Veuve d'émigré....................	150f	
10,788.	SEIGNAN DE SERRE (Aglaé)..........	Fille d'un officier général............	300.	
10,789.	——— (Marie-Françoise-Aglaé, demoiselle).	Fille d'un colonel des armées françaises.	200.	
10,790.	SEIGNEUR (Bon-Hyacinthe)..........	Émigré..........................	800.	
10,791.	SEIGNORET DE VILLIERS (Antoine-Jean).	*Idem*............................	500.	
10,792.	——— (Joséphine-Christine-Dorothée, (dame), née KRAUSE.	Femme d'émigré.......	500.	
10,793.	SÉJAN (Marie-Charlotte, veuve), née MARLÉ.	Veuve d'un organiste du Roi..........	600.	
10,794.	——— (Élisabeth-Charlotte, demoiselle).	Nièce d'un créancier du Roi..........	300.	
10,795.	*Néant.*			
10,796.	SELLIER (Pierre-Louis).............	Palefrenier aux écuries de Louis XVI...	600.	
10,797.	——— (Charlotte-Thérèse, veuve), née CORNU.	Veuve d'un palefrenier au manége.....	300.	N'a pas touché le deuxième secours.
10,798.	SELVE DE SARRAN (Aimée-Gabrielle-Népomucène, comtsse DE), née DE BOURDON.	Son mari a rendu des services à la cause royale, en France.	300.	
10,799.	SEMPLE (demoiselle)..............	Fille d'émigré.....................	800.	
10,800.	SENAUX (Jacques-Joseph)...........	Officier réformé pour cause d'aliénation mentale.	500.	
10,801.	SENDT DE TAUBENHEIM (Marie-Madeleine-Justine).	N'a aucun moyen d'existence..........	400.	N'a touché aucun des deux secours.
10,802.	SÉNÉCHAL (Jean-Guillaume).........	Vendéen..........................	50.	
10,803.	——— (Louis).....	En remplacement de la pension de 800f dont il jouissait avant la révolution.	160.	
10,804.	SÉNÉGAS (Thérèse-Françoise-Geneviève, baronne DE), née DE CAPRIOL.	Veuve d'un ancien officier..........	300.	N'a pas touché le deuxième secours.
10,805.	SENEIDBRK (Armand-François).......	Émigré...........................	150.	
10,806.	SENEMAUD (Guillaume, abbé)........	Prêtre déporté.....................	600.	
10,807.	——— (Anne-Arragon, veuve), née SARGNAC.	Veuve d'émigré....................	400.	
10,808.	SENÉS (Jean-François).............	Émigré de Toulon..................	150.	
10,809.	——— (Pierre-André)..............	*Idem*............................	120.	
10,810.	——— (Françoise-Christine, demoiselle).	Émigrée..........................	400.	*Idem.*
10,811.	SENEUZE (Nicolas)................	Ancien fourrier des logis du Roi.....	300.	*Idem.*

Nos d'ordre.	NOMS ET PRÉNOMS des PENSIONNAIRES.	MOTIFS de LA CONCESSION DES PENSIONS.	MONTANT des PENSIONS.	OBSERVATIONS.
10,812.	SENEZ (ancien évêque, DE)	Vieux et infirme	8,000f 00c	N'a point été compris dans les états de secours.
10,813.	SENOVERT (Catherine-Dorothée, DE), née SALMART.	Alliée à la famille des Bourbons, ruinée par la révolution.	1,000. 00.	N'a touché aucun des deux secours.
10,814.	SENS (Jacques-Philippe)	Émigré	400. 00.	
10,815.	SEPTANS (Henriette-Albertine, demoiselle).	Fille d'émigré	200. 00.	
10,816.	—— (Marie-Jeanne, demoiselle)	*Idem*	200. 00.	
10,817.	—— (Virginie-Joséphine, demoiselle)	*Idem*	200. 00.	
10,818.	SERCIRON DE LA BESSE (Marie, dame), née GUYONIE D'HAUTEFAYE.	Services à la cause royale en France; perte de fortune.	400. 00.	
10,819.	SERLIN (Étienne-Mathurin)	Émigré	200. 00.	
10,820.	SEREINNES (dame DE), née PSALMON	Fille d'un officier général	960. 00.	
10,821.	SEREN (Claire, veuve), née GABRIEL	Veuve d'émigré de Toulon	200. 00.	
10,822.	SEREUL DUMANOIR (Mélanie, dame), née LÉGER.	Fille d'un médecin ordinaire de la Reine.	200. 00.	
10,823.	SERGENT (Catherine, veuve), née GAUTIER.	Veuve d'un palefrenier	300. 00.	
10,824.	—— dit DUPRÉ (Jean-Baptiste-Nicolas).	Émigré	900. 00.	
10,825.	SERIONNE (dame DE), née DU COETLOSQUET.	Fille d'émigré	400. 00.	
10,826.	SÉROKA (Marie-Vincente, veuve), née ADAM.	Veuve d'un officier des armées françaises.	400. 00.	N'a touché aucun des deux secours.
10,827.	SEROUGE (François)	Postillon à la petite écurie de Louis XVI.	160. 00.	
10,828.	SEROUX (Catherine-Charlotte-Lazarine, baronne DE DUFAY), née DOULCET DE TALMONT.	Veuve d'un lieutenant-général	1,200. 00.	
10,829.	SEROUX DE MONTBELLOY (Lse-Charlotte-Gabriel, ve), actuelmt Cse DE COMMINGES.	Veuve d'un colonel d'artillerie émigré	800. 00.	
10,830.	SERPES DE LA FAGE (Marie-Louise-Caroline, baronne DE).	Émigrée	600. 00.	
10,831.	SERRE (Louise-Marie-Thérèse, demoiselle DE).	Fille du garde des sceaux	600. 00.	*Idem.*
10,832.	—— (Marie-Thérèse-Élisabeth, demoiselle DE).	Sœur *idem*	1,200. 00.	
10,833.	—— (veuve)	N'a aucun moyen d'existence	240. 00.	
10,834.	SERRES DE COLOMBARS (Jeanne-Marie, veuve), née DARIBAU.	Veuve d'un conseiller à la cour royale de Toulouse.	400. 00.	*Idem.*
10,835.	SERROT (Marie-Madeleine, veuve), née ANCEL.	Son mari était employé dans la maison du Roi.	200. 00.	
10,836.	SERVAL (Victoire-Rose, veuve), née COULOMB.	Veuve d'un capitaine de vaisseau	400. 00.	

Nos d'ordre.	NOMS ET PRÉNOMS des PENSIONNAIRES.	MOTIFS de LA CONCESSION DES PENSIONS.	MONTANT des PENSIONS.	OBSERVATIONS.
10,837.	SERVANT (Jean-Antoine, abbé).......	Émigré, âgé de 84 ans..............	600f	
10,838.	SERVIÈRES (Eugénie-Marguerite), née CHAREN.	Peintre..........................	800.	
10,839.	SERVIEZ (Joséphine-Eugénie), née MARGUERITTES.	Son père est mort sur l'échafaud en 1793.	600.	
10,840.	SERVIODON (Joseph-Claude-Victor)....	Émigré..........................	300.	N'a touché aucun des deux secours.
10,841.	SEUJÉ (Louise, veuve), née CROSNIER.	Veuve d'un palefrenier aux écuries....	200.	
10,842.	SEURAT (Angélique-Claudine, veuve), née BARBEILLON.	Veuve d'un officier serdeau de MONSIEUR, comte de Provence.	100.	
10,843.	SÉVELINGES (Charles-Louis DE)......	Émigré..........................	900.	*Idem.*
10,844.	——— (Anne-Charlotte-Pierrette, demoiselle).	Persécutions, perte de fortune........	300.	
10,845.	SEVIN (François-Joseph-Sébastien, abbé).	Émigré..........................	900.	
10,846.	——— (Victoire-Louise, demoiselle)..	Femme de Madame Victoire..........	1,000.	
10,847.	——— (Anne-Françoise-Mélanie)....	Sa mère servait dans la Maison de Madame Victoire.	300.	
10,848.	——— (Albertine, veuve), née CHARET.	Veuve d'émigré....................	200.	
10,849.	——— (veuve), née SEVIN.........	Veuve d'un portier à la porte de Garches.	150.	
10,850.	SEYTURIER (Louis-Gaspar DE)........	Émigré..........................	300.	*Idem.*
10,851.	SIBLAS (veuve DOUMET DE).........	Veuve d'un colonel................	300.	*Idem.*
10,852.	SIBLOT (Jeanne-Modeste, veuve), née GUJART.	Persécutée pendant la révolution; a perdu sa fortune.	400.	
10,853.	SICARD (Gabriel).................	Émigré..........................	200.	*Idem.*
10,854.	——— (Léonard)..................	*Idem*..........................	80.	
10,855.	SICARD DE ROBERTI (François-Alexandre-Victor).	Fille d'un lieutenant-colonel du génie.	200.	
10,856.	SICAULT (Jeanne-Marguerite, dame), née VINOUZE.	Émigrée.........................	300	
10,857.	SICAUT dit PERRIN (François).......	Émigré..........................	400.	
10,858.	SICOLLE (Henriette-Philippine, veuve), née AUZEPY.	Veuve d'émigré..................	150.	
10,859.	SIEGWALD (Marguerite-Élisabeth, demoiselle).	A rendu de grands services à la cause royale.	300.	*Idem.*
10,860.	SIEURAC (Pierre-Bertrand-Pascal)....	Services dans les armées royales.......	150.	
10,861.	SIGAULT (Caroline-Cécile, demoiselle)..	Petite-fille d'un docteur régent de la Faculté de médecine de Paris.	500.	

Nos d'ordre.	NOMS ET PRÉNOMS des PENSIONNAIRES.	MOTIFS de LA CONCESSION DES PENSIONS.	MONTANT des PENSIONS.	OBSERVATIONS.
10,862.	SIGNOL dit LAFRANCE (François-Denis).	Palefrenier aux écuries de Louis XVI...	600f 00c	
10,863.	——— (Jean-François)............	Garçon d'attelage des écuries.........	60. 00.	
10,864.	SIGOUGNÉ DE FERTÉ (Pierre-Théodore), chevalier.	Émigré.........................	200. 00.	
10,865.	SIGWALT (Mathias)...............	Émigré, père de sept enfans..........	500. 00.	
10,866.	SILARDY (Charles-André).........	Vendéen.........................	300. 00.	
10,867.	SILBURN (Martha, demoiselle).......	Fille d'une Anglaise qui a donné des preuves de dévouement à la cause royale.	1,000. 00.	
10,868.	SILENCE (Pierre-Antoine)...........	Son fils s'est tué en tombant d'un échafaudage dressé pour les travaux du sacre.	200. 00.	
10,869.	SILLIAN (Laurent)................	Émigré de Toulon.................	300. 00.	
10,870.	SILLY (Marie-Reine, née HOLTZ, dame DE).	Femme d'émigré..................	500. 00.	
10,871.	———(Aimée-Thérèse, née LABBÉ DE COUSSEY, dame DE).	Veuve d'émigré..................	600. 00.	
10,872.	SILVESTRE (Augustin-François, baron DE).	Lecteur de Louis XVIII............	3,000. 00.	N'a pas touché le deuxième secours.
10,873.	——— (Geneviève-Joséphine, demoiselle).	Fille d'un garde à pied, à Versailles...	50. 00.	*Idem.*
10,874.	———(Louise-Élisabeth, demoiselle).	*Idem*.........................	50. 00.	*Idem.*
10,875.	——— (Sophie-Alexandrine, demoiselle).	*Idem*.........................	50. 00.	*Idem.*
10,876.	———(Victoire-Euphrasie, demoiselle).	*Idem*.........................	50. 00.	*Idem.*
10,877.	SIMON-GUIGNER.....................	Vendéen........................	20. 00.	*Idem.*
18,878.	SIMON (Jacques)..................	*Idem*.........................	20. 00.	*Idem.*
10,879.	———(François-Michel-Mathurin),...	Vendéen, officier.................	300. 00.	
10,880.	——— (Jean-Marie-Amable-Henri), graveur.	Pour cession faite à la couronne de pierres fines gravées. Pension à titre onéreux.	600. 00.	
10,881.	———(Louis-Pierre, abbé).........	Émigré.........................	1,219. 20.	
10,882.	——— (Nicolas-Jérôme)...........	Palefrenier à la petite écurie du Roi....	300. 00.	
10,883.	———(Pierre)..................	Vendéen........................	50. 00.	*Idem.*
18,884.	———(Thomas-François)..........	Garçon d'attelage aux écuries de Louis XVI.	530. 00.	*Idem.*
10,885.	——— (Victor-Toussaint)..........	Valet de pied chez MESDAMES.........	400. 00.	*Idem.*
10,886.	——— (Julie-Adélaïde, demoiselle)...	Fille d'un général commandant en Corse pendant les 100 jours.	200. 00.	

Nos d'ordre.	NOMS ET PRÉNOMS des PENSIONNAIRES.	MOTIFS de LA CONCESSION DES PENSIONS.	MONTANT des PENSIONS.	OBSERVATIONS.
10,887.	SIMON (Julie-Sophie, demoiselle).....	Fille d'un général commandant en Corse pendant les 100 jours.	200f 00c	
10,888.	——— (Marie, demoiselle).........	Vendéenne........................	20. 00.	N'a pas touché le deuxième secours.
10,889.	——— (Jeanne, veuve), née RICHARD.	Veuve d'un postillon chez Madame la comtesse d'Artois.	160. 00.	N'a touché aucun des deux secours.
10,890.	SIMONEAU (Louis-Antoine)..........	Fille d'un officier du garde-meuble.....	200. 00.	
10,891.	——— (Catherine, veuve), née GIRARDIN.	Veuve d'un palefrenier aux écuries du Roi.	240. 00.	
10,892.	SIMONET (Louise, veuve), née LAMELIN.	Veuve d'un cocher chez Madame la comtesse d'Artois.	160. 00	
10,893.	SIMONET (Madeleine, veuve), née GUIBET.	Mère de sept enfans; son mari a péri des blessures d'une louve.	200. 00.	
10,894.	SIMONET DE MAISONNEUVE (Ursule, ve), née FILIPPI.	Veuve d'un colonel chef de comptoir à Surate (Grandes-Indes).	800. 00.	
10,895.	SIMONIN (Barthélemy)..............	Émigré........................	400. 00.	
10,896.	——— (Marie-Louise-Josèphe, veuve), née ROBERT.	Veuve d'un pâtissier chez Madame la comtesse d'Artois.	200. 00.	
10,897.	SIMONNAIRE (Marie-Anne, demoiselle)	Fille d'émigré..................	300. 00.	
10,898.	SIMONOT (Edme-Charles-François-David)	Ancien officier..................	200. 00.	
10,899.	——— (Marie-Rose, veuve), née LEGRAND.	Veuve d'un palefrenier aux écuries de MONSIEUR, comte de Provence.	600. 00.	
10,900.	SIMONY (Amélie DE), dame GUYHON DE MONTLEVEAUX.	Fille d'un capitaine de vaisseau émigré de Toulon.	400. 00.	N'a touché aucun des deux secours.
10,901.	——— (Madeleine-Marie-Louise, demoiselle DE).	Émigrée........................	900. 00.	
10,902.	SIREAUX (Marie-Anne-Catherine, veuve), née DEPELAGOT.	Veuve d'un valet de chambre barbier de Louis XV et Louis XVI.	300. 00.	
10,903.	SIREDEY DE PRÉFORT (Marie-Aldegonde-Adrienne veuve DE), née ROBART.	Veuve d'un commandant de Granville; perte de fortune.	200. 00.	*Idem.*
10,904.	SIROUX (Marie-Pauline, veuve), née LEFEBVRE.	Son mari est mort victime de son dévouement en sauvant des personnes en péril.	80. 00.	
10,905.	SIRVINGES (Benoît-Claude, chevalier DE).	Émigré........................	300. 00.	N'a pas touché le deuxième secours.
10,906.	——— (demoiselle DE)............	Sœur d'émigré, âgée de 87 ans.......	480. 00.	N'a touché aucun des deux secours.
10,907.	SISSON (Catherine, dame abbesse).....	Émigrée........................	609. 60.	
10,908.	SITEL (Claude, dame), née GAUDET...	Veuve d'un artiste...............	200. 00.	
10,909.	SIVORI (Jean-Baptiste, abbé)........	Émigré, sans fortune, quatre neveux à sa charge.	1,000. 00.	
10,910.	SMIDTS (Agnès-Louise, veuve), née DUBUISSON.	Veuve d'un tailleur de la Reine.......	160. 00.	
10,911.	SMITH (demoiselle)................	Fille d'émigré, née en émigration.....	540. 00.	

Nos d'ordre.	NOMS ET PRÉNOMS des PENSIONNAIRES.	MOTIFS de LA CONCESSION DES PENSIONS.	MONTANT des PENSIONS.	OBSERVATIONS.
10,912.	SMITH (Jeanne-Sophie, née ARGUS, dame).	Émigrée	400f 00c	
10,913.	SOBIRATS (Gabriel-François-Marie, marquis DE).	Son père a été condamné pendant la révolution.	400. 00.	
10,914.	——— (Marie-Joséphine DE)	Fille d'un capitaine au régiment de Conti.	300. 00.	
10,915.	SOBRY (Thérèse, née de LÉGIER, veuve DE).	Sœur d'émigré	300. 00.	
10,916.	*Néant.*			
10,917.	SOIBINET (Thérèse-Antoinette, née DOUBLET DE PERSAN, veuve).	Émigrée	600. 00.	
10,918.	SOLAGES (Élisabeth, née THOMSON, comtesse DE).	*Idem*	1,200. 00.	
10,919.	SOLIÉ (Pierre-Guillaume-Xavier DE)	Lieutenant émigré	800. 00.	N'a touché aucun des deux secours.
10,920.	SOLMINIHAC (Marie-Aurore-Gillette, née FITZ-PATRICK D'OSSORY, dame veuve DE).	Émigrée	600. 00.	*Idem.*
10,921.	SOMBRIN (Isidore-Joseph)	Émigré	200. 00.	
10,922.	SOMMERARD (dame DU)	Agée de 85 ans, veuve d'un magistrat.	600. 00.	
10,923.	SOMMERY (Cécile-Agathe-Adélaïde, née DERIQUET DE CARAMAN, marquise).	Émigrée	3,000. 00.	
10,924.	SOMPSOU (Marie-Rose, née CARROUGE, veuve).	*Idem*	150. 00.	
10,925.	SONGY (Joseph)	Palefrenier aux gardes du corps	200. 00.	
10,926.	SONNET (Julie, née BOISDOFRÉ, dame).	Veuve d'un officier des armées françaises.	500. 00.	
10,927.	——— DE LAMILOUSIÈRE (Jean-Baptiste-Charles-François).	Émigré	600. 00.	
10,928.	SORBIERS (Esther, née SORBIERS, dame DE).	Son grand-père fut fusillé pendant la révolution.	300. 00.	
10,929.	SORET (Françoise-Julie, née CRETIN, veuve).	Veuve d'un employé à la bouche chez M. le comte de Provence.	200. 00.	N'a pas touché le deuxième secours.
10,930.	——— (Marie-Félicité, née CRETIN, veuve).	Veuve d'un portier au château de Brunoy.	150. 00.	
10,931.	SORGNIARD (Jean-Baptiste)	Prêtre émigré	1,200. 00.	N'a touché aucun des deux secours.
10,932.	SOS (Jacques)	Services à la cause royale; blessé et père de trois enfans.	100. 00.	N'a pas touché le deuxième secours.
10,933.	SOUCY (Renée-Susanne-Marie-Louise, née DE MACKAU, marquise DE).	Ex-gouvernante des enfans de France	6,000. 00.	
10,934.	SOUDÉ (Marie-Anne, née THOMANCHÈTE, veuve).	Veuve d'un garde-chasse, à Versailles.	120. 00.	
10,935.	SOUFFRAIN (Marie DE)	Avait une pension sur les cassettes de Louis XV et Louis XVI.	500. 00.	N'a pas touché le premier secours.
10,936.	SOULAGES (Jeanne-Marie-Françoise, née DELFAUX DE BOUILHAC, dame DE).	Persécutée pendant la révolution	400. 00.	N'a touché aucun des deux secours.

Nos d'ordre.	NOMS ET PRÉNOMS des PENSIONNAIRES.	MOTIFS de LA CONCESSION DES PENSIONS.	MONTANT des PENSIONS.	OBSERVATIONS.
10,937.	SOULARD (René)................	Vendéen..........................	80f	
10,938.	———(Louise, née BROUSSEAU, veuve).	Vendéenne........................	70.	N'a pas touché le deuxième secours.
10,939.	SOULÉ DE BEZINS (Jean-Ciriaque)....	Émigré...........................	800.	
10,940.	SOULET (Pierre-René).............	Vendéen..........................	50.	
10,941.	SOULIER (Rosalie, née BELLANGER, ve).	Émigrée..........................	300.	N'a touché aucun des deux secours.
10,942.	SOULIGNAC (Jean-Baptiste-Charles-Édouard).	Fils d'un magistrat..............	300.	
10,943.	——— (Catherine-Constance, demoiselle).	Fille d'un magistrat.............	300.	
10,944.	——— (Catherine-Marie-Palmyre, demoiselle).	*Idem*............................	300.	
10,945.	——— (Marie-Jeanne, née DELMAS, dame).	Services à la cause royale...........	50.	
10,946.	SOUILLIARD (Marie-Julie, née GUILLEBERT, veuve).	Veuve d'un chef de pâtisserie chez Mesdames.	300.	
10,947.	SOUMET (Louis-Alexandre-Antoine)....	Homme de lettres.................	1,500.	
10,948.	SOURD (Joseph)..................	Agé de 109 ans...................	180.	*Idem.*
10,949.	SOURDAT (Bernard-François).........	Fils d'émigré....................	300.	
10,950.	——— (Agnès-Élisabeth, demoiselle)..	Sœur d'émigré....................	550.	
10,951.	——— (Amélie-Claire, demoiselle)...	*Idem*............................	550.	
10,952.	———(Marie-Anne, demoiselle).....	*Idem*............................	250.	
10,953.	——— (Aimée-Éléonore, demoiselle)..	Fille d'émigré...................	300.	
10,954.	——— (Anne-Éléonore)...........	Ruinée par suite de la révolution......	550.	
10,955.	SOURICE (Jean)..................	Vendéen..........................	150.	
10,956.	——— (Pierre).................	*Idem*............................	70.	
10,957.	SOUTER (Jacques).................	Officier suisse au service de France....	300.	
10,958.	SPARRE (Albertine-Marie-Antoinette-Célestine, demoiselle DE).	Fille d'émigré...................	600.	
10,959.	SPEISSER (Thérèse, née CARLÉ, dame).	Veuve d'émigré...................	300.	
10,960.	SPENGLER (George-Louis).........	Émigré...........................	200.	
10,961.	SPENS DE LENCRE (Marie-Bonaventure-Françoise, demoiselle DE).	Fille d'émigré...................	300.	

Nos d'ordre.	NOMS ET PRÉNOMS des PENSIONNAIRES.	MOTIFS de LA CONCESSION DES PENSIONS.	MONTANT des PENSIONS.	OBSERVATIONS.
10,962.	SPILMANN (Marie-Anne, née PASQUIER DU PASQUIER, dame).	Femme d'émigré..................	300f 00c	N'a touché aucun des deux secour
10,963.	SPINDELER (Françoise-Marie-Anne, née PELTIER, veuve).	Fille et veuve de piqueurs des écuries..	150. 00.	
10,964.	SPITALIER DE SEILLANS (Antoine)....	Émigré........................	600. 00.	
10,965.	SPITZ (Antoine-Nicolas)...........	*Idem*..........................	300. 00.	
10,966.	——— (Pierre-Xavier)...........	*Idem*..........................	600. 00.	
10,967.	SPONTINI (Gaspard-Louis-Pacifique)..	Compositeur de la musique du Roi....	2,000. 00.	*Idem.*
10,968.	SPRAUER (Laurent)...............	Cocher de Louis XVI..............	900. 00.	
10,969.	SQUIRE (Marie, dame religieuse).....	Émigrée........................	457. 20.	
10,970.	STABLIER (Marie-Anne-Émilie, demoiselle).	Son père fut fusillé au siége de Toulon..	150. 00.	
10,971.	STADELMANN......................	Émigré........................	80. 00.	
10,972.	STAEDELÉ (François-Joseph-Conrad)...	*Idem*..........................	300. 00.	
10,973.	STAMMEYER (Dorothée-Hédrigue, née HAUCK, dame).	Veuve d'émigré..................	600. 00.	
10,974.	STAUB (Jean-Jacques).............	Émigré........................	100. 00.	
10,975.	STEIN (veuve)....................	N'a aucun moyen d'existence.........	300. 00.	
10,976.	STEINMETZ (Madeleine, née LINCK, ve).	Veuve d'un émigré condamné à mort...	100. 00.	N'a touché aucun des deux secours
10,977.	STEK (Marie-Élisabeth, demoiselle)...	Fille d'émigré....................	120. 00.	
10,978.	STEMBERG (Cuvigne-Joseph-Antoine)..	Émigré........................	300. 00.	
10,979.	STÉPHANO (Grégoire, abbé).........	*Idem*..........................	600. 00.	
10,980.	STERLIN (Jeanne-Josèphe-Louise, dame DE BELINGANT).	Plusieurs de ses parens sont morts sur l'échafaud sous le régime de la terreur.	400. 00.	
10,981.	STETTLER (Marie-Sophie-Philippine, née BRESLÉ).	Fille d'émigré....................	100. 00.	
10,982.	STEUBLI (Benoît).................	Émigré........................	80. 00.	*Idem.*
10,983.	STEVENOT (Marie-Thérèse-Pétronille, née COLIN), dame.	Femme d'un chef vendéen émigré.....	600. 00.	
10,984.	STEWART (Charlotte, dame), religieuse.	Émigrée........................	762. 00.	
10,985.	STILLFRIED (Caroline-Joséphine-Rosalie, née DE MAHY DE FAVRAS, baronne DE).	Fille du marquis de Favras victime de la révolution.	2,400. 00.	*Idem.*
10,986.	STOEBER (Joseph-Antoine)..........	Émigré........................	300. 00.	

Nos d'ordre.	NOMS ET PRÉNOMS des PENSIONNAIRES.	MOTIFS de LA CONCESSION DES PENSIONS.	MONTANT des PENSIONS.	OBSERVATIONS.
10,987.	STOEBER (Anne-Sainte, née VENUTO, veuve).	Veuve d'émigré	200f 00c	
10,988.	STOLZ (Marie-Françoise, demoiselle)	Petite-fille d'émigré	400. 00.	
10,989.	STORCK	Violon à l'Opéra-Comique; (pension par suite de transaction).	291. 87.	
10,990.	STRADA (Capellen-Frédérique-Robertine-Évérardine, née VANDER, marquise DE).	Son frère a servi la cause française en Hollande en 1787.	300. 00.	N'a touché aucun des deux secours.
10,991.	STREICHER (Élisabeth, née OBERLIN, dame DE).	Femme d'émigré	600. 00.	
10,992.	STREUBEL (Blaise)	Émigré	250. 00.	*Idem.*
10,993.	STRICKLER (Melchior)	*Idem* aveugle	400. 00.	
10,994.	——— (Marie-Louise, née OBRY, dame).	Émigrée	400. 00.	
10,995.	STUPFFEL (Marie-Louise-Adèle, née THICKY D'ARUNDEL, veuve).	Veuve d'un officier français	300. 00.	
10,996.	SUARD (Charles)	Vendéen	150. 00.	
10,997.	SUBILEAU (Joseph)	*Idem*	50. 00.	N'a pas touché le deuxième secours.
10,998.	SUBILLEAU (Gilles)	*Idem*	50. 00.	
10,999.	SUDRE (Marie-Madeleine-Éléonore-Justine-Françoise-Hyacinthe, née DE PERRIN, veuve).	Fille et sœur d'émigrés	500. 00.	
11,000.	SUDREAU (Dorothée-Rose, née TISSOT, veuve.	Femme de chambre de MADAME, comtesse de Provence.	400. 00.	
11,001.	——— DE LA ROCHE (Paul-Étienne)	Musicien de la chapelle de Louis XVI	200. 00.	
11,002.	——— (Élisabeth-Rose-Victoire, demoiselle).	Fille d'un musicien du Roi	600. 00.	
11,003.	SUE (Jean-Joseph, chevalier)	Médecin en chef de l'hôpital militaire de la maison du Roi.	1,800. 00.	
11,004.	SULPIS (Jacqueline-Marie, née MAJOTIN, veuve).	Veuve d'un valet de pied de Madame Élisabeth.	200. 00.	*Idem.*
11,005.	SUPICT (Joseph)	Vendéen	80. 00.	
11,006.	SUPLICY (Jean-Joseph-Louis-Toussaint, DE).	Émigré	1,000. 00.	
11,007.	——— (Louis-Bertrand-Bernard DE)	*Idem*	300. 00.	
11,008.	SUQUET (Jean)	Émigré de Toulon	150. 00.	
11,009.	SUREAU (MARIE-Élisabeth, née BONNEAU, veuve).	Fille d'un premier garçon du serdeau du Roi.	200. 00.	
11,010.	SURIN (Jacques)	Palefrenier aux écuries du Roi	240. 00.	
11,011.	SURREL DE MONTBEL (Marie-Marthe, née SAHUC, dame).	Mère d'émigrés	600. 00.	

Nos d'ordre.	NOMS ET PRÉNOMS des PENSIONNAIRES.	MOTIFS de LA CONCESSION DES PENSIONS.	MONTANT des PENSIONS.	OBSERVATIONS.
11,012.	SURVILLE (Armande-Renée, demoiselle DE).	Émigrée	400f 00.	
11,013.	SURY (Marie-Anne-Jeanne-Cécophe-Marguerite-Vincente-Thérèse, née SURY DE BUSSY, dame DE).	Son mari, bailli suisse, a rendu de grands services aux émigrés.	1,000. 00.	
11,014.	SURZUR (François)	Lieutenant vendéen	500. 00.	N'a pas touché le deuxième secours.
11,015.	SUSANNE (Louis-Joseph-Gustave)	Fils d'un employé au ministère de la maison de Louis XVIII.	200. 00.	N'a touché aucun des deux secours.
11,016.	—— (née MACHELARD, veuve)	En remplacement de la pension de 1,200 f. dont elle jouissait avant la révolution.	667. 00.	
11,017.	SUSINI (Antoine-Alexandre DE)	Ancien capitaine, perte de fortune	300. 00.	
11,018.	SUTTMEYER (Henri-George)	Émigré	150. 00.	
11,019.	SUTTON DE CLONARD (Charles-Richard).	Fils d'émigré	300. 00.	
11,020.	—— (Jacques-Jean)	*Idem*	300. 00.	
11,021.	—— (Jean-Henri-Louis)	*Idem*	300. 00.	
11,022.	——(Marie-Thomassine, demoiselle).	Fille d'émigré	300. 00.	
11,023.	——(Anastasie-Élisabeth, demoiselle).	*Idem*	300. 00.	
11,024.	SUZANNET (Louis-Constant-Alexandre, comte DE).	Fils d'un général vendéen	600. 00.	N'a touché aucun des deux secours.
11,025.	—— (Marie-Gabrielle-Félicie, demoiselle DE).	Fille *idem*	600. 00.	*Idem.*
11,026.	SWANTON (Anne-Louise), femme BELLOC.	Auteur	1,000. 00.	
11,027.	—— (Marguerite-Louise-Josèphe, née CHASSERIAU, dame veuve).	Veuve d'un lieutenant-colonel	400. 00.	*Idem.*
11,028.	SAINT-AMAND	Émigré	1,219. 20.	
11,029.	SAINT-AUBIN (Marie-Anne, née DE LA FONTAINE, dame DE).	Fille et femme d'émigré	500. 00.	
11,030.	—— DE SANDOUVILLE (Françoise-Geneviève, née HEUDELEINE, dame).	Émigrée	600. 00.	
11,031.	SAINT-AUBIN DE LIGNIÈRE (Françoise-Jémina-Turnpenni, dame DE).	*Idem*	1,500. 00.	
11,032.	SAINT-BELIN MALAIN (Bénigne-Joséphine-Aglaé, comtesse DE).	Son père est mort sur l'échafaud, en 1793.	600. 00.	*Idem.*
11,033.	—— (Anne-Claire-Augustine, dame DE).	Émigrée	400. 00.	
11,034.	SAINT BRICE (Marie, née DANNEVILLE, dame DE).	Femme de chambre du dauphin, fils de Louis XVI.	1,200. 00.	
11,035.	SAINTE-CROIX (Aaron DE)	Vendéen	300. 00.	
11,036.	—— William-John LEJEUNE DE).	Fils d'un officier supérieur des armées vendéennes.	150. 00.	

Nos d'ordre.	NOMS ET PRÉNOMS des PENSIONNAIRES.	MOTIFS de LA CONCESSION DES PENSIONS.	MONTANT des PENSIONS.	OBSERVATIONS.
11,037.	SAINTE-CROIX (Alexandrine-Marie-Caroline, dame REBOUARD, marquise DE), née EOS DE CÉLY.	Fille d'émigré	1,500f	N'a touché aucun des deux secours.
11,038.	—— (Marie-Victoire, marquise DE), née TALON.	Dame pour accompagner Madame la comtesse d'Artois.	1,200.	N'a pas touché le deuxième secours.
11,039.	SAINT-DENIS (Étienne)	Sous-piqueur à la grande-écurie	300.	
11,040.	SAINT-DENIS dit BANCE (François-Guillaume).	Garde à pied de la conservation de Versailles.	86.	
11,041.	SAINT-FÉLIX (Germain DE)	Services de son père à la cause royale, en France.	600.	
11,042.	SAINT-FERREOL (Marie-Pauline-Chantel, marquise DE, née GUIGNARD DE SAINT-PRIEST.	Son père a servi au 10 août; elle avait une pension de 1,500l avant la révolut.	700.	
11,043.	SAINT-FRÉMONT (Marie-Rose-Henriette), née TULLY.	N'a aucun moyen d'existence	400.	
11,044.	SAINT-GEORGE (François-Gédéon, chevalier DE).	Émigré	900.	
11,045.	SAINT-GÉRAN (Angélique-Marie-Marguerite, comtesse DE), née DU QUESNOY.	Capitaine émigré	300.	N'a touché aucun des deux secours.
11,046.	SAINT-GILLES (Marie-Anne-Antoine, ve DE), née GODAR.	A été persécutée pendant la révolution.	300.	
11,047.	SAINT-GRESSE (Bernarde-Marguerite, dame), née DE LACHAPELLE.	Veuve d'émigré	250.	*Idem.*
11,048.	*Néant.*			
11,049.	SAINTE-HERMINE (Louise-Joséphine-Adélaïde-Emée, demoiselle DE).	Fille d'émigré	600.	
11,050.	SAINTE-HIPPOLITE (Jeanne-Adélaïde, demoiselle DE.)	Émigrée	21,00.	
11,051.	SAINT-HUBERT (Marie-Anne-Céleste-Joséphine, dame DE), née DUHOUX DE VIOMÉNIL.	Veuve d'émigré	1,000.	
11,052.	—— (Étienne-George-Alexandre, chevalier DE).	Vendéen	1,200.	*Idem.*
11,053.	SAINT-JACQUES (Jeanne-Marie, demoiselle DE).	Émigrée, âgée de 84 ans	300.	
11,054.	SAINT-JEAN (Raimond)	Ancien maire de Saint-Jean-de-Luz; dévouement à la cause royale en 1815.	1,000.	
11,055.	SAINT-JEAN DE LINCOURT (Marguerite, dame DE), née HEUDE.	Fille et femme d'émigrés	800.	
11,056.	SAINT-JEAN DE POINTIS (Jacques, chevalier DE).	Officier émigré	400.	
11,057.	SAINT-JULIEN (Marie-Marthe, baronne DE), née DE RESSEGUIER.	Émigrée	800.	
11,058.	SAINT-LAURENS (Jean-Pierre-Bertrand-Joachim).	Services de son père dans les armées royales de France.	200.	
11,059.	SAINT-LÉGER (Jean-Edmond DE)	N'a aucun moyen d'existence	200.	*Idem.*
11,060.	—— (Charles-Henri, DE)	Émigré	500.	*Idem.*
11,061.	—— (Marie-Anne-Adélaïde, comtesse DE), née TURGOT.	Déportée pendant la terreur	300.	

Nos d'ordre.	NOMS ET PRÉNOMS des PENSIONNAIRES.	MOTIFS de LA CONCESSION DES PENSIONS.	MONTANT des PENSIONS.	OBSERVATIONS.
11,062.	SAINT-LIGIER (Benoiste, née MAZOYER, veuve).	Veuve d'un médecin, prisonnier d'état sous l'empire.	400f	
11,063.	SAINTE-MARIE (Jean-François-Valentin).	Mari de la nourrice de Louis XVI...	1,000.	
11,064.	——— (Marie-Anne-Clotilde, née BONNE-FOI DE BRETEAUVILLE, veuve DE).	Fille d'émigré....................	300.	
11,065.	SAINT-MAURISE (Gabriel-Bernard), comte DE).	Émigré........	600.	N'a touché aucun des deux secours.
11,066.	SAINT-MARSAULT (Éléonore, née DE VAYRE, vicomtesse DE).	Nièce de l'évêque de Pergame, aumônier de MESDAMES de France.	1,500.	*Idem.*
11,067.	SAINT-MARTIN (Armand-Louis-Auguste, comte).	Émigré........................	1,200.	
11,068.	——— (Maxime-Venito)..........	*Idem*.........................	1,200.	*Idem.*
11,069.	SAINT-MARTIN, DE TOUREMPRÉ (née JOUENNE D'ÉGRIGNY, veuve).	Avait 500 francs de pension sur la cassette de Louis XVI.	100.	
11,070.	SAINT-MATHIEU (Marie-Antoinette-Louise-Josèphe, née DEWALLERS, csse DE)	Femme d'émigré..................	1,200.	
11,071.	SAINT-MAUR (François-Antoine, DE)..	Émigré........................	500.	
11,072.	SAINT-ORENS (François-Cléophas, marquis DE).	Fils d'un émigré, tué à Quiberon.....	300.	
11,073.	SAINT-OUEN (Anne-Marie, née D'ALLONVILLE, comtesse DE).	Veuve d'émigré..................	1,200.	
11,074.	SAINT-OURS (Louise-Claudine, demoiselle DE).	Émigrée........................	200.	
11,075.	——— (Thérèse-Jeanne-Pauline, née DE VERDAL DE LESTAN, veuve DE)....	Veuve d'un officier...............	250.	
11,076.	SAINT-PAËR (Léopold-Grout, comte DE).	Chef d'escadron de la garde royale.....	400.	
11,077.	——— (Anne-Rosalie-Aimée, née DE LA VACHE DE RADEVAL, comtesse DE).	Services rendus à la cause royale, en France.	800.	
11,078.	SAINT-PARDOUX (vicomte DE).......	Écuyer ordinaire de Louis XVIII......	3,000.	
11,079.	SAINT-PAUL (Appoline, née MARETTE, dame DE).	Petite-fille de WARÉE, Suisse tué au 10 août.	200.	
11,080.	——— (Emma-Eugénie, née THOURETTE, dame DE).	Fille d'une femme-de-chambre du Dauphin.	400.	
11,081.	SAINT-PERN (Adolphe, vicomte DE)...	Lieutenant en deuxième de la vénerie...	1,296.	
11,082.	——— (Adélaïde-Marie-Joséphine, née MAGON DE LA BALUE, comtesse DE).	Créancière du Roi................	1,500.	
11,083.	SAINT-PERN COUELLAN (Charlotte-Félicité, née DUHAN, comtesse DE).	Veuve d'émigré..................	1,200.	
11,084.	SAINT-PIERRE (Louis-Vincent-Marie, abbé de).	Émigré, presque aveugle...........	250.	
11,085.	——— (Rosalie-Victoire, née CHALIÉ, dame).	Services de son mari dans les armées royales de la Lozère.	50.	
11,086.	SAINT-POL (comte DE).............	Ex-écuyer cavalcadour de Louis XVI...	8,000.	N'a touché aucun des deux secours.

Nos d'ordre.	NOMS ET PRÉNOMS des PENSIONNAIRES.	MOTIFS de LA CONCESSION DES PENSIONS.	MONTANT des PENSIONS.	OBSERVATIONS
11,087.	SAINTE-POL (Louise, née VERTAMY, comtessse DE).	Femme d'un officier émigré..........	300f	
11,088.	SAINT-PREUVE (Marie-Thérèse, née WINYFRED PIERSON, veuve DE).	Son mari avait une pension de 600 fr. sur la cassette de Louis XVI.	400.	
11,089.	SAINT-PRIEST (vicomte DE).........	Premier écuyer tranchant sous Louis XVIII.	6,000.	N'a touché aucun des deux secours.
11,090.	SAINT-ROMAIN (Louise-Hippolyte, chanoinesse DE).	Religieuse émigrée................	1,200.	
11,991.	SAINT-SIMON (Marie-Agathe-Victoire, dame ORBECCHY DE PIÉTRY, demlle DE).	Fille d'un maréchal de camp.........	500.	
11,092.	SAINT-SOUPLET (Angélique-Rosalie-Marie, née LESCALOPIER, comtesse DE).	Veuve d'un écuyer de main de Louis XVI.	1,200.	

Nos d'ordre.	NOMS ET PRÉNOMS des PENSIONNAIRES.	MOTIFS de LA CONCESSION DES PENSIONS.	MONTANT des PENSIONS.	OBSERVATIONS.
		T		
11,093.	TABARY (Augustine-Madeleine-Marie, née DUVAL, veuve).	Veuve d'un maître des requêtes émigré..	250f 00c	
11,094.	TABOUILLOT (Anne-Julie, demoiselle).	Émigrée........................	600. 00.	
11,095.	TACHET (Sophie-Cécile, née DUCREST DE VILLENEUVE, veuve).	Vendéenne........................	200. 00.	
11,096.	TAFFE (Françoise, dame religieuse)..	Émigrée........................	693. 42.	
11,097.	TAILLANDIER (François)...........	Vendéen........................	50. 00.	N'a pas touché le deuxième secours.
11,098.	TAILLARD (Marie-Jeanne-Henriette, demoiselle).	Fille d'un capitaine................	200. 00.	
11,099.	——— (Marie-Jeanne-Élisabeth, née DE KUERNE, dame DE).	Veuve d'un émigré................	1,200. 00.	
11,000.	TAILLÉ (François)................	Vendéen........................	80. 00.	
11,101.	TAILLEPIED DE BONDY (Aglaé-Marie-Anne).	A perdu sa fortune par suite de la révolution.	300. 00.	N'a touché aucun des deux secours.
11,102.	——— (Marie-Adélaïde, demoiselle)..	Fille d'un receveur général..........	400. 00.	
11,103.	TAILLEUR (Françoise-Thérèse, née AUBERT, veuve).	Veuve d'un coureur de Louis XVI; avait une pension avant la révolution.	600. 00.	
11,104.	TAILLEVIS DE JUPEAUX (Anne-Louis-Marie DE).	Fils d'émigré.....................	400. 00.	*Idem.*
11,105.	TALANSIER (Geneviève-Amélina, dame ARMAND DUPUY).	N'a aucun moyen d'existence........	200. 00.	
11,106.	TALBOT (Michel)..................	Vendéen........................	100. 00.	
11,107.	TALHANDIER (Marie-Gabriel, née DE BAYLLE, dame).	Fille d'émigré.....................	400. 00.	
11,108.	TALLE (Louis-François-Joseph)......	Émigré........................	100. 00.	
11,109.	TALLÉS (Joseph-Pierre-Jacques)......	Émigré aveugle..................	150. 00.	
11,110.	TALLEYRAND PÉRIGORD (Albert-Charles, comte DE).	Émigré........................	3,000. 00.	*Idem.*
11,111.	TALLIER (Jean)..................	Vendéen........................	80. 00.	N'a pas touché le deuxième secours.
11,112.	TALLON (Pierre-André)...........	*Idem*........................	80. 00.	
11,113.	TALLUÉ (Jacques)................	*Idem*........................	120. 00.	*Idem.*
11,114.	TALON (François-Philippe-Marie......	Services dans les armées royales, en France.	200. 00.	
11,115.	TAMEN (Jean)....................	Émigré........................	500. 00.	
11,116.	TAMISIER (Guillaume).............	Émigré........................	500. 00.	N'a touché aucun des deux secours.

Nos d'ordre.	NOMS ET PRÉNOMS des PENSIONNAIRES.	MOTIFS de LA CONCESSION DES PENSIONS.	MONTANT des PENSIONS.	OBSERVATIONS.
11,117.	TAMISIER (Françoise, née MARIN, ve).	Veuve d'un maréchal à la grande écurie.	240f 00c	
11,118.	TANCRÉ (Charles-Jean)...........	Officier émigré....................	400. 00.	
11,119.	TANDRON.......................	Vendéen..........................	80. 00.	
11,120.	TANGUY (Michel-François, abbé).....	Émigré..........................	200. 00.	
11,121.	TANNEGUY DUCHASTEL (Auguste-Jean-Louis).	Officier émigré....................	800. 00.	
11,122.	TENQUERAY (Jeanne-Françoise, née LE FOURNIER, veuve).	Vendéenne.........................	300. 00.	
11,123.	TARDIVY DE THORENC (Émilie-Julie, demoiselle).	Persécutée; son père est mort sur l'échafaud sous le régime de la terreur.	500. 00.	
11,124.	TARDY DE MONTRAVEL (Marie-Françoise-Louise-Émilie, demoiselle).	Fille d'émigré.....................	600. 00.	
11,125.	TARENDEAU (Gabriel).............	Émigré..........................	100. 00.	N'a pas touché le premier secours.
11,126.	TARTERON (Charles-Marie-Joseph, marquis DE MONTIERS).	Oncle d'un maître d'hôtel du Roi......	600. 00.	
11,127.	TASCHER (Marie, née BLANC, veuve DE).	Émigré..........................	300. 00.	
11,128.	TASKIR (Élisabeth-Nicole, née GAUTHEROT, veuve).	Veuve d'un facteur des instrumens de la chapelle.	250. 00.	N'a touché aucun des deux secours.
11,129.	TASTU (Catherine-Geneviève-Josèphe, née COSTA, dame).	Perte de fortune..................	200. 00.	
11,130.	TAULIGNAN (Thomas-François-Maurice, chevalier DE).	Émigré..........................	600. 00.	*Idem.*
11,131.	TAUREL (Catherine, demoiselle).....	Émigrée.........................	500. 00.	
11,132.	TAURIAC (Philippe-Louis-Gaspard, marquis DE).	Émigré..........................	400. 00.	*Idem.*
11,133.	——— (Marie-Antoinette-Louise, née LESAGE D'HAUTEROCHE D'HULOT, marqse DE)	Veuve d'émigré....................	800. 00.	*Idem.*
11,134.	TAVERNIER (Léonard-Guillaume).....	Émigré..........................	800. 00.	
11,135.	——— (Anne-Eulalie, née FRAPPIER DESTRACES, dame).	A été persécutée dans la révolution et a perdu sa fortune.	800. 00.	
11,136.	——— (Marie-Françoise, née FORTUNATI, veuve).	Veuve d'un valet de chambre coiffeur de madame Adélaïde.	120. 00.	
11,137.	TAYLOR (Isidore-Justin-Severin, baron).	Homme de lettres..................	1,000. 00.	
11,138.	——— (Marie-Jacquette-Antoinette, née WALSVEIN, veuve).	Son père a péri dans une émeute populaire; son frère fut massacré à l'Abbaye.	400. 00.	N'a pas touché le deuxième secours
11,139.	TECHTERMAN DE BIONNENS (Catherine, née ROCHEL, veuve).	Veuve d'un officier suisse des armées françaises.	300. 00.	
11,140.	TEINSELIN (Anne, née STOFFLET, veuve)	Sœur d'un général vendéen..........	800. 00.	*Idem.*
11,141.	TEMLINSON (Anne, dame religieuse)..	Émigrée.........................	455. 20.	

Nos d'ordre.	NOMS ET PRÉNOMS des PENSIONNAIRES.	MOTIFS de LA CONCESSION DES PENSIONS.	MONTANT des PENSIONS.	OBSERVATIONS.
11,142.	TEMPEST (Marie-Françoise-Charlotte, demoiselle).	Fille d'émigré.	240f 00c	
11,143.	——— (Marie-Madeleine-Anne-Alexandrine, demoiselle).	*Idem*.	240. 00.	
11,144.	TENAILLE - SALIGNY (Étienne - Pierre-Charles).	Avait une pension sur la cassette de Louis XVI.	300. 00.	N'a touché aucun des deux secours.
11,145.	TENAR (Thérèse, dame religieuse).	Émigrée	1,066. 80.	
11,146.	TERCY (Françoise-Cécile, dame), née MESSAGEOT.	Services à la cause royale	600. 00.	
11,147.	TERMONT (Louise-Gabrielle DE) et	N'ont aucun moyen d'existence	300. 00.	
11,148.	——— (Anne DE).			
11,149.	TERRASSE (Louise - Félicité - Parfaite, dame), née DESHAYES.	Ancienne femme de la Reine.	1,000. 00.	
11,150.	TERRASSON (François-Charles-Louis, chevalier DE VERNEUIL).	Lieutenant colonel émigré	1,000. 00.	
11,151.	TERRE (Marie-Louise, dame), née DIRAT.	Veuve d'émigré.	400. 00.	
11,152.	TERRIEN dit CŒUR DE LION (Jean).	Colonel vendéen	400. 00.	N'a touché aucun des deux secours.
11,153.	TERSOLS (Joseph-Ange-Jean-Thomas).	Émigré.	400. 00.	
11,154.	TERTRE (Laurence, comtesse DU), née ROUGET.	Émigrée.	1,000. 00.	*Idem*.
11,155.	TESSIER (Geneviève-Élisabeth, demlle).	Femme de garde-robe de la Reine.	300. 00.	
11,156.	TESSIER (veuve), née GENEVRET.	Vendéenne.	50. 00.	N'a pas touché le deuxième secours.
11,157.	TESSIER DE MAROUZE (Marie-Catherine-Prudence, dame), née SIBILLE.	A rendu des services à la cause royale.	600. 00.	
11,158.	TESSIÈRES DE MIREMONT (Françoise-Thérèse-Léonarde, veuve), née LAFAYE DE LA VENAUDIE.	Veuve d'émigré.	400. 00.	
11,159.	TESSON (Antoine).	Vendéen.	100. 00.	
11,160.	TESTANIÈRE (Louise-Clotilde, veuve), née CHARDON.	Veuve d'un ancien officier.	300. 00.	
11,161.	TESTARD DE LABRIANSAIS (George-François-Baptiste).	Vendéen.	100. 00.	
11,162.	TESTU (Marguerite, veuve), née THEBAUD.	Émigrée.	80. 00.	*Idem*.
11,163.	TESTUX dit LECLERC (Alexandre).	Huissier de la Chapelle, aux Tuileries.	100. 00.	
11,164.	TESTUX (Jeanne - Marie, veuve), née BOUQUET.	Veuve d'un huissier de la Chapelle.	50. 00.	
11,165.	TETAR (Augustin).	Pilote, père de 17 enfans, services dans les 100 jours.	300. 00.	
11,166.	TEULIÈRES (François).	Émigré.	200. 00.	

Nos d'ordre.	NOMS ET PRÉNOMS des PENSIONNAIRES.	MOTIFS de LA CONCESSION DES PENSIONS.	MONTANT des PENSIONS.	OBSERVATIONS.
11,167.	TEULIÈRES (Étiennette, veuve), née SENTON.	A été persécuté dans la révolution	300f.	
11,168.	TEXIER (Jacques)................	Vendéen..........................	800.	
11,169.	—— (Nicolas-Jean-René, abbé)....	Chapelain de la Reine..............	800.	N'a touché aucun des deux secours.
11,170.	—— (Marie-Jeanne, veuve), née POTIER.	Vendéenne........................	80.	N'a pas touché le deuxième secours.
11,171.	TEXIER DE LANCEY (Marie-Louis-Hubert-Jean-Pierre).	Fils d'un consul de France en Barbarie.	120.	
11,172.	TEXTOR (Anne-Marie, veuve), née GUÉNOT.	Veuve d'un officier des armées françaises, mort en Espagne, en 1823.	550.	
11,173.	THABUIS DE GUIDON (Marie-Josèphe, ve), née POILPOT.	Dévouement à la cause royale........	200.	
11,174.	THAMAING (Jean-Jérôme, chevalier DE)	Émigré...........................	400.	
11,175.	THANERON (Marie-Henriette, dame ISNARD.	Émigrée..........................	300.	
11,176.	THANINBERGER (Marie-Sophie-Joséphine-Catherine, demoiselle).	Perte de fortune..................	100.	N'a touché aucun des deux secours.
11,177.	THAREAU (Jeanne, dame), née PETERS.	Fille d'un Suisse tué au 10 août.......	300.	
11,178.	THÉAULON (Antoinette-Marie-Jeanne), née LAMBERT DE BON.	Fille d'émigré.....................	200.	
11,179.	THEBENI (Jeanne, veuve), née DARLES.	Mère de quatre enfans, dans l'indigence.	100.	
11,180.	THENOT (Léopold)................	Émigré...........................	200.	
11,181.	THÉON (Marie-Henriette-Charlotte-Césarine, ve DUBREUIL DE), née D'HAFFRENGUES.	Émigrée..........................	1,000.	
11,182.	THÉRION (Marie-Françoise, dame), née MOURAUX DE BONNEVAUX.	Femme d'émigré...................	150.	
11,183.	THERY (Jean-Louis-Joseph).........	Émigré...........................	200.	
11,184.	THÉSAN (Étienne-Charles, baron DE)...	*Idem*............................	300.	N'a touché aucun des deux secours.
11,185	THEUNISSEN (Jean-Nicolas)..........	Victime d'un militaire en démence.....	200.	
11,186.	THEVENARD (Jacques-Benoît)........	Émigré...........................	200.	
11,187.	—— (Jacques-Marie)............	Colon de Saint-Domingue............	300.	
11,188.	THEVENET (Étienne)..............	Émigré...........................	200.	
11,189.	—— (Marie-Madeleine, veuve), EHRHART.	Veuve d'un employé des armées françaises	300.	
11,190.	THEVET DE MARSAC (Marie-Louise-Jeanne-Thérèse, demoiselle).	Nièce de la comtesse de Villefort, gouvernante des Enfans de France.	1,200.	
11,191.	THIBAUD (Eugénie, née HUE).......	Parente de M. le baron Hue, premier valet de chambre de Louis XVIII.	500.	

Nos d'ordre.	NOMS ET PRÉNOMS des PENSIONNAIRES.	MOTIFS de LA CONCESSION DES PENSIONS.	MONTANT des PENSIONS.	OBSERVATIONS.
11,192.	THIAUX (Pierre-Mathurin)..........	Vendéen.........................	50f	
11,193.	THIBAULT (Madeleine-Élisabeth, née VARIN, veuve).	Fille d'un jardinier du Roi...........	200.	
11,194.	THIBAULT DE LA GUICHARDIÈRE (Marie-Françoise-Élisabeth-Angélique-Mathurine, demoiselle).	Fille d'un officier ayant 30 ans de service.	50.	N'a touché aucun des deux secours.
11,195.	——— (Élisabeth-Laurence-Léonore-Marie-Angélique, demoiselle).	*Idem*.........................	50.	*Idem.*
11,196.	——— (Françoise-Agathe-Marie-Anne-Joséphine-Jeanne-Angélique dlle).	*Idem*.........................	50.	*Idem.*
11,197.	——— (Rose-Henriette-Marie-Josèphe-Angélique, demoiselle).	*Idem*.........................	50.	*Idem.*
11,198.	——— (Angélique-Marie-Anne, demoiselle).	*Idem*.........................	50.	*Idem.*
11,199.	——— (Anne-Élie-Angélique-Madeleine).	*Idem*.........................	50.	*Idem.*
11,200.	THIBAULT DE LA PINIÈRE (Joseph)...	Émigré.........................	500.	N'a pas touché le deuxième secours.
11,201.	——— D'ATHY (François-Jean-Baptiste-Marie).	Capitaine émigré..................	1,000.	
11,202.	THIBOULT (Gabriel-Jacques-Adolphe DE).	Émigré.........................	500.	
11,203.	——— (Rebecca, née HILL, veuve)...	Émigrée.........................	300.	
11,204.	——— (Jacques-Louis DE), marquis DE DURCET.	Vendéen.........................	250.	
11,205.	THIÉBAUD (Jeanne-Charlotte, née GAUDION, veuve).	Veuve d'un subdélégué à Baume-les-Dames.	300.	
11,206.	THIÉBAULD DE LA CROUÉE (Claire-Émilie, née DELAHAUT, dame).	Émigrée.........................	800.	N'a touché aucun des deux secours.
11,207.	THIÉBAUT (Pierre-Joseph)..........	Émigré.........................	800.	
11,208.	THIERCELIN (Louis)..............	*Idem*.........................	300.	N'a pas touché le deuxième secours.
11,209.	THIERRY (Charles-François DE)......	Fils d'émigré.....................	250.	N'a touché aucun des deux secours.
11,210.	——— (Frédéric-George-Auguste DE)..	*Idem*.........................	250.	*Idem.*
11,211.	——— (Jacques DE)..............	*Idem*.........................	250.	
11,212.	——— (Louis DE)................	*Idem*.........................	250.	
11,213.	——— (Jacques-Nicolas-Augustin)....	Homme de lettres..................	1,500.	
11,214.	——— (Marie-Victor-Eugène).......	A perdu sa fortune par suite de la révolution.	600.	*Idem.*
11,215.	——— (Marie-Louise-Françoise-Catherine-Pierre-Antoinette, née DE LA VILLE, baronne DE).	Émigrée.........................	1,200.	*Idem.*
11,216.	——— DE MAUREGARD (Armand-Victor, baron).	Fils d'un premier valet de chambre de Louis XVIII.	600.	*Idem.*

Nos d'ordre.	NOMS ET PRÉNOMS des PENSIONNAIRES.	MOTIFS de LA CONCESSION DES PENSIONS.	MONTANT des PENSIONS.	OBSERVATIONS.
11,217.	THIERRY MAUREGARD (Amand), baron DE VILLE-D'AVRAY.	Ex-intendant du garde-meuble de la couronne : pour lui tenir lieu de son traitemt.	20,000f	N'a touché aucun des deux secours.
11,218.	——— (abbé)...................	Émigré........................	600.	*Idem.*
11,219.	THIEULIN (Jeanne-Gabrielle-Alexandrine DE).	Veuve d'émigré....................	400.	N'a pas touché le deuxième secours.
11,220.	THILORIER (Marie-Anne-Paule, née CHAUDEZ, dame).	Veuve d'un ancien officier; perte de fortune.	200.	
11,221.	THIRGARTNER dit DUPARC (Antoine-Hippolyte).	Services de sa mère dans la maison des enfans de France.	100.	N'a pas touché le premier secours.
11,222.	——— (Jean-François)............	Fils d'une gouvernante des nourrices..	100.	
11,223.	THIRIET (Pierre, abbé)............	Émigré........................	600.	
11,224.	THIRION (Nicolas)................	*Idem*............................	100.	
11,225.	THIROUX (Henriette, née DUBUC DE MARCUSSY, comtesse DE).	Son père est mort sur l'échafaud pendant la révolution.	200.	
11,226.	THIRY (Marie-Catherine, née VELIMIER, veuve).	Veuve d'un frotteur chez M. le comte de Provence.	200.	*Idem.*
11,227.	THIRYON (Marie-Anne, née THIRYON, veuve).	Émigrée........................	600.	
11,228.	THIVILLE (Joseph-Gaston-Jean-Baptiste, comte DE).	Émigré........................	400.	
11,229.	THOINNET (Dominique-Isaac)........	Vendéen........................	800.	
11,230.	THOLLEMER (Louise-Michelle-Rosalie), née LE TESSIER DE LA BERSIÈRE, veuve).	Veuve et fille de Vendéen..........	300.	N'a touché aucun des deux secours.
11,231.	——— DE LA FORTIÈRE (Françoise-Alexandrine).	Fille d'émigré....................	200.	
11,232.	THOLON (Clémentine-Caroline, demoiselle).	*Idem*............................	500.	
11,233.	——— (Françoise-Émilie, demoiselle).	*Idem*............................	500.	
11,234.	———(Louise-Agathe, demoiselle)....	*Idem*............................	500.	
11,235.	——— (Marcellina-Claire, demoiselle).	*Idem*............................	500.	
11,236.	——— (Marie-Émilie-Scholastique, demoiselle).	*Idem*............................	500.	
11,237.	THOLOZANY (Félicité, demoiselle DE)..	Orpheline sans fortune............	300.	*Idem.*
11,238.	THOMAS (Félix)..................	Postillon de première classe........	300.	
12,239.	——— (Gérard)..................	Capitaine émigré..................	1,000.	
11,240	——— (Jean)....................	Garçon d'attelage aux écuries de Louis XVI.	600.	
11,241.	——— (Jean-François)............	Servait au 10 août................	200.	

Nos d'ordre.	NOMS ET PRÉNOMS des PENSIONNAIRES.	MOTIFS de LA CONCESSION DES PENSIONS.	MONTANT des PENSIONS.	OBSERVATIONS.
11,242.	THOMAS (Joseph)................	Émigré........................	1,000f	
11,243.	—— (Pierre-Benoît)............	A rendu des services à la cause royale, en France.	300.	
11,244.	—— (Josèphe-Marguerite, demoiselle).	Vendéenne.....................	200.	
11,245.	—— (veuve)...................	N'a aucun moyen d'existence.........	200.	N'a touché aucun des deux secours.
11,246.	—— (Madeleine-Eulalie, née FERRIER, dame).	Fille et sœur d'émigré..............	200.	*Idem.*
11,247.	—— (Élisabeth, née GIERCZINSCA, veuve).	Fille d'un valet de pied chez le Roi....	400.	
11,248.	—— (Françoise-Olive, née JOUANIGO, veuve).	Vendéenne.....................	150.	
11,249.	—— (Esther, née LE BOUTILLIER, veuve).	Émigrée.......................	300.	
11,250.	—— LAVALETTE (François-Louis-Clair, marquis DE).	*Idem*..........................	800.	*Idem.*
11,251.	—— DE SAINT-MARS (demoiselle)...	A perdu sa fortune................	300.	
11,252.	—— (Eulalie, demoiselle)........	Émigrée.......................	600.	
11,353.	—— (Jeanne-Claire, demoiselle)....	*Idem*..........................	400.	
11,254.	—— (Louise, née DAVID, veuve)...	Veuve de Vendéen.................	800.	*Idem.*
11,255.	THOMASSIN (François)...........	Émigré........................	200.	
11,256.	THOMAZIC (Guillaume)...........	Fils d'émigré....................	200.	*Idem.*
11,257.	THOMÉ (Guillaume).............	Émigré........................	100.	
11,258.	—— (Aglaé-Françoise-Joséphine)...	Parente de M. Hue, premier valet de chambre de Louis XVI.	400.	
11,259.	—— (Henriette, née HUE)........	*Idem*..........................	500.	
11,260.	THOMIN (Marie-Élisabeth, née DESGUIOTZ, veuve).	Fille d'émigré....................	300.	
11,261.	THONIARD (Claude)..............	Garçon d'attelage.................	200.	
11,262.	THOREL (Jean-Baptiste, abbé)......	Émigré........................	800.	
11,263.	—— (Jeanne-Hélène, née GIRET, veuve).	Vendéenne.....................	200.	
11,264.	—— DE LA TROUPLINIÈRE (Josèphe-Marguerite, née Simon, veuve).	Veuve d'émigré...................	400.	
11,265.	THORELLE (Rose-Antoinette, née SOLDINI).	En remplacement de la pension dont elle jouissait avant la révolution.	100.	
11,266.	THORET (Denis-Roch).............	Officier du gobelet de la Reine.......	600.	

Nos d'ordre.	NOMS ET PRÉNOMS des PENSIONNAIRES.	MOTIFS de LA CONCESSION DES PENSIONS.	MONTANT des PENSIONS.	OBSERVATIONS.
11,268.	THORN (Jean-Claude-Hilaire-Eugène-Adam, baron DE).	Émigré	600f 00c	N'a touché aucun des deux secours.
11,269.	THOURON	Préposé à la location des loges à l'Opéra-Comique (Pon par suite de transaction).	392. 70.	
11,270.	THOURREAU (Anne-Marguerite, veuve DE), née BARTHÉLEMY.	Veuve d'un officier mort dans la campagne d'Espagne en 1823.	200. 00.	
11,271.	THOURY (Anne-Césarine-Adélaïde, veuve DE), née GALLERIS.	A perdu sa fortune par suite de la révolution.	150. 00.	N'a pas touché le premier secours.
11,272.	——— (Anne-Françoise, veuve), née CORNILLÈRE.	Fille d'un gendarme de la garde de Louis XVI.	500. 00.	N'a touché aucun des deux secours.
11,273.	THOUVENIN (André)	Émigré	200. 00.	
11,274.	——— (Marie-Marguerite-Victoire, ve), née QUINOT.	Femme d'émigré	200. 00.	
11,275.	THUMERY (Anne-Reine-Joséphine, demoiselle DE).	Sœur d'émigré	200. 00.	*Idem.*
11,276.	——— (Marie-Françoise-Thérèse, demoiselle DE).	*Idem*	200. 00.	*Idem.*
11,277.	THUON (Jacques)	Vendéen	80. 00.	
11,278.	TIERCELIN (Éléonore-Adélaïde, dame), née BRAZE.	Son père est mort sur l'échafaud pendant la révolution.	300. 00.	
11,279.	TIERCELIN DE LA COLLETRYE (Jeanne-Marie).	Religieuse	200. 00.	
11,280.	TIGER (Emmanuel)	Vendéen	200. 00.	N'a pas touché le deuxième secours.
11,281.	——— (Michelle, dame), née BERTRAND).	Vendéenne	400. 00.	*Idem.*
11,282.	——— (Françoise, veuve), née TIGÉ.	*Idem*	80. 00.	N'a touché aucun des deux secours.
11,283.	TIGER DE ROUFFIGNY (François-Ambroise-Augustin, abbé).	Émigré	1,066. 80.	
11,284.	TILLÉ (Julien)	Vendéen	70. 00.	N'a pas touché le deuxième secours.
11,285.	TILLY	Ex-sociétaire de l'Opéra-Comique. (Pension par suite de transaction.)	1,000. 00.	
11,286.	——— (comte DE)	Ex-chef de division au département des beaux-arts.	4,348. 00.	*Idem.*
11,287.	——— (Marie-Louise-Fortunée, vicomtesse DE), née DE TILLY.	Émigrée	1,500. 00.	
11,288.	TILT (Jean)	Ministre du culte anglican. (Perte de fortune.)	1,000. 00.	
11,289.	TINSEAU (Charles-Nicolas Renobert-Éléonore, abbé DE).	Émigré	1,500. 00.	N'a touché aucun des deux secours.
11,290.	——— (Antoinette-Victoire-Rosamonde, demoiselle).	Fille d'émigré	300. 00.	
11,291.	——— (Caroline-Éléonore-Félicité, demoiselle).	*Idem*	300. 00.	
11,292.	——— (Anne, ve DE), née O'LÉARY	N'a aucun moyen d'existence	1,200. 00.	

Nos d'ordre.	NOMS ET PRÉNOMS des PENSIONNAIRES.	MOTIFS de LA CONCESSION DES PENSIONS.	MONTANT des PENSIONS.	OBSERVATIONS.
11,292.	TIREL (Hervé-Marie)	Émigrée	800f 00c	
11,293.	TIROSQUY (Anne-Françoise-Louise-Élisabeth-Gabrielle, demoiselle).	A perdu sa fortune	400. 00.	
11,294.	TISSEAU (François)	Émigré	80. 00.	
11,295.	TISSERAND (Joseph)	Vendéen	80. 00.	
11,296.	——— (Louise-Mélanie, veuve), née SANSOUNIN.	Veuve d'un employé attaché au domaine du Roi à Versailles.	100. 00.	
11,297.	TISSEIRE (Jean-Jacques-Prosper)	Son père est mort sur l'échafaud en 1793.	150. 00.	
11,298.	TISSERANT (Jean-Sébastien)	Prêtre émigré	1,000. 00.	
11,299.	TISSERON (Charles-Michel)	Sous-piqueur aux écuries de Madame la comtesse de Provence.	800. 00.	
11,300.	TITEUX (Cécile-Antoinette, demoiselle).	Fille d'émigré	600. 00.	
11,301.	TOBIN (Marie, dame religieuse)	Émigrée	457. 20.	
11,302.	TOCQUINY (Anne-Madeleine-Françoise-Gabrielle-Joseph, dame), née DE BRÉGEOT.	En remplacement d'une pension dont elle jouissait avant la révolution.	400. 00.	
11,303.	TOLOZAN (Thérèse, dame religieuse)	Émigrée	762. 00.	
11,304.	TONDU dit NANGIS (Louis-Denis)	Aide de cuisine dans la maison du Roi.	200. 00.	
11,305.	TONDUTI DE LA BALMONDIÈRE (Jeanne-Théodule, dame), née GUILLERMIN.	Veuve d'émigré	800. 00.	N'a touché aucun des deux secours.
11,306.	TONNELLIER (Jacques)	Vendéen	50. 00.	
11,307.	TOOKE (dame)	Déshéritée par son père pour avoir abjuré le protestantisme.	400. 00.	
11,308.	TORELLI (Joseph, comte)	A été chargé d'une mission diplomatique en émigration.	1,500. 00.	
11,309.	TORNÉ (dame DE), née MADSEN Brigitte.	Émigrée	1,500. 00.	N'a pas touché le premier secours.
11,310.	TORTOCHOT (Louise-Émilie, veuve), née MARMET.	Fille d'anciens serviteurs de la maison du Roi.	150. 00.	
11,311.	TOSTIVIN (Charles, abbé)	Émigré	1,000. 00.	
11,312.	TOTT (Sophie-Ernestine, comtesse DE).	En remplacement de la pension dont elle jouissait avant la révolution.	2,400. 00.	
11,313.	TOUCHARD (Louise, veuve), née MASSON DE L'ÉPINAY.	Fille d'émigré	300. 00.	
11,314.	TOUCHARD GRANDMAISON (Marie-Madeleine-Marguerite-Jeanne, veuve), née LAUDEREAU.	Veuve d'un juge de paix	200. 00.	
11,315.	TOUCHEBŒUF BEAUMONT (Élisabeth, marquise DE), née LABEAUME-FORSAC.	Émigrée	500. 00.	N'a touché aucun des deux secours.
11,316.	TOULAN (Germaine-Françoise, veuve), née DUMASBON.	A été persécutée pendant la révolution.	800. 00.	*Idem.*

Nos d'ordre.	NOMS ET PRÉNOMS des PENSIONNAIRES.	MOTIFS de LA CONCESSION DES PENSIONS.	MONTANT des PENSIONS.	OBSERVATIONS.
11,317.	TOULLET (Agathe, née JOSSE, veuve).	Fille d'un concierge du Vautrai.......	400f	
11,318.	TOULON (dame)..................	Émigrée........................	1,000.	
11,319.	TOUREL (Marie-Madeleine, dame religieuse.	Supérieure d'une communauté........	300.	N'a touché aucun des deux secours.
11,320.	TOURET (Pierre-Jacques)...........	Vendéen........................	50.	N'a pas touché le deuxième secours.
11,321.	TOURETTE (Anne, née HENNION, veuve).	Femme de chambre de madame Victoire.	1,000.	
11,322.	TOURMONT (Marie-Antoinette, née JULIEN.)	Femme de chambre de madame la duchesse d'Angoulême.	1,000.	
11,323.	TOURNE (Marie, née DE SAINT-CLAIR, veuve DE).	Émigrée........................	1,200.	
11,324.	TOURNEFORT (Marie-Ursule, née FOURNIER, veuve).	Veuve d'émigré..................	600.	
11,325.	TOURNEHEM (baronne DE)..........	Pension accordée directement par le Roi. (Motifs inconnus.)	2,000.	
11,326.	TOURNEMINE (Antoine DE).........	Neveu d'émigré persécuté...........	150.	
11,327.	——— (Joseph DE)..............	*Idem*..........................	150.	
11,328.	——— (Marie-Jeanne, demoiselle DE).	Nièce *idem*.....................	150.	
11,329.	TOURNERIE (Jacques).............	Vendéen........................	120.	
11,330.	TOURNIER (Joseph)...............	Émigré.........................	600.	
11,331.	——— (Jeanne, demoiselle)........	Fille d'un garde constitutionnel de Louis XVI.	300.	
11,332.	TOURNYOL DUCLOS (Françoise, née LECLER, veuve).	Veuve d'émigré..................	300.	
11,333.	——— DU RATEAU (Agathe-Susanne, née DE PERNAY, dame, veuve).	*Idem*..........................	700.	
11,334.	TOURREIL (Marie-Thomas-Barthélemy François).	Émigré.........................	200.	
11,335.	TOURTOULON (Jeanne-Charlotte, née PEPIN, veuve).	Veuve d'émigré..................	200.	N'a pas touché le deuxième secours.
11,336.	TOURREAU (Gabrielle-Henrique, née DE VIGNES, veuve DE).	N'a aucun moyen d'existence.........	300.	N'a touché aucun des deux secours.
11,337.	TOURRETTE (César-Œgide).........	Émigré de Toulon.................	500.	
11,338.	TOURZEL (marquise DE)...........	Ex-gouvernante du Dauphin.........	25,000.	Cette somme de 25,000 fr. est accordée à titre de traitement et non de pension. N'a touché aucun des deux secours.
11,339.	TOUSSAINT (Julie-Anne-Joseph, née DE NEUBOURG, vicomtesse DE).	Veuve d'un officier général mort sans fortune.	1,200.	
11,340.	TOUSTAIN (demoiselle)............	Fille d'émigré...................	600.	
11,341	——— (Charlotte, demoiselle), dame LECLÈRE DE RUFFIGNY.	Petite-fille de M. de Chavannes, maréchal de camp, qui sauva la Reine le 6 octobre 1789.	300.	

Nos d'ordre.	NOMS ET PRÉNOMS des PENSIONNAIRES.	MOTIFS de LA CONCESSION DES PENSIONS.	MONTANT des PENSIONS.	OBSERVATIONS.
11,343.	TOUSTAIN (Louise-Amable).........	Fille de M. de Chavannes, maréchal de camp, qui sauva la Reine le 6 octobre 1789.	300f	
11,344.	——— (Louise-Huguette, demoiselle)	*Idem*.........................	300.	
11,345.	——— (dame)...................	Émigrée.........................	1,200.	N'a touché aucun des deux secours.
11,346.	——— (Sophie-Marie-Françoise, née DE CHERMONT, marquise DE).	Fille et femme d'émigrés...........	2,400.	
11,347.	——— DE FULTOT (Anne Marie-Jeanne-Victoire, née COULOMBE, veuve).	Veuve d'émigré..................	300.	
11,348.	TOUTAIN (Louis-François).........	Ancien receveur des aides..........	300.	
11,349.	——— (Anne-Françoise, née COUDRAY, veuve).	Veuve d'un postillon aux écuries de Madame la comtesse d'Artois.	100.	
11,350.	TOUVENEL (Marie-Jeanne-Françoise, née BAILLES.)	Avait une pension sur la cassette de Louis XVI.	150.	*Idem.*
11,351.	TOUTAIN (Marie-Marguerite-Françoise, née HAVARD, veuve.)	Veuve d'un cocher à la petite écurie....	200.	
11,352.	TOUVERON (François).............	Vendéen.........................	100.	
11,353.	TOUVITTE (Jean-Pierre)...........	Marin, a fait acte d'humanité et de courage en plusieurs circonstances.	200.	
11,354.	TOUZET (Marie-Louis-Dominique)....	Émigré, estropié, père de cinq enfans..	300.	
11,355.	TRANCHANT DE LAVERNE (Anne-Françoise-Gabrielle-Juste, née MARTIN DE CHOISEY DE BARJON, comtesse DE).	Émigré.........................	900.	
11,356.	TRAUBEL (Émélie-Louise-Augustine, demoiselle.)	Fille d'un adjudant commandant Suisse..	150.	
11,357.	TRÉDOS (Marie-Anne).............	Sa famille a été persécutée pendant la révolution.	300.	N'a pas touché le deuxième secours.
11,358.	TREFFA (Antoine-Joseph)..........	Émigré.........................	200.	N'a touché aucun des deux secours.
11,359.	TREGRET (Ambroise)..............	Émigré.........................	150.	N'a pas touché le deuxième secours.
11,360.	TRÉHAN (Jeanne-Olive, née BUREL, veuve.)	Son mari a servi la cause royale dans l'intérieur.	200.	
11,361.	TREHU (François-René-Michel-Valentin.)	Vendéen.........................	50.	
11,362.	TREMBLAI (Pierre)...............	*Idem*.........................	50.	N'a touché aucun des deux secours.
11,363.	TREMEAU (Jean)..................	*Idem*.........................	80.	*Idem.*
11,364.	TREMEREUC (Claire, demoiselle DE)...	Fille d'émigré...................	600.	*Idem.*
11,365.	TREMERREUC (Théodore-Marie, chevalier DE).	Émigré.........................	300.	
11,366.	——— (Victor-Édouard, DE).......	Fils d'émigré....................	200.	
11,367.	——— (Claire, demoiselle DE)......	Fille d'émigré...................	200.	

Nos d'ordre.	NOMS ET PRÉNOMS des PENSIONNAIRES.	MOTIFS de LA CONCESSION DES PENSIONS.	MONTANT des PENSIONS.	OBSERVATIONS.
11,368.	TREMERREUC (Marie-Hyacinthe-Auguste, DE).	Émigré	2,000f	
11,369.	——— (Marie-Rose, demoiselle DE).	Émigrée	300.	
11,370.	——— Marie-Rose-Angélique, demoiselle DE)	*Idem*	1,200.	
11,371.	TREMIC (Marie-Louise, née DE GESLIN, dame DE).	Fille d'un contre-amiral	600.	N'a touché aucun des deux secours.
11,372.	TREMISOT (Marie-Anne-Pierrette, dame).	Religieuse	150.	
11,373.	TREMOUILLES (Charlotte, demoiselle).	Fille d'un porte-manteau des princes.	300.	
11,374.	TRENTINIAN (Ursule, née PALATIN, veuve).	Veuve d'émigré	300.	
11,375.	TREOURRET DE KERSTRAT (Thomas-Paul-Charles, DE).	Vendéen	300.	*Idem.*
11,376.	——— (Céleste, demoiselle)	Sœur d'émigrés, aveugle; âgée de 80 ans.	300.	*Idem.*
11,377.	TRESTONDAM (Anne-Catherine-Aimée-Gasparde-Ferdinande-Gabrielle, dlle DE).	Son père est mort au 10 août	200.	
11,378.	——— (Anne-Eugénie, demoiselle DE).	*Idem*	200.	
11,379.	——— (Catherine-Joséphine-Euphrosine, demoiselle DE).	*Idem*	200.	
11,380.	TREUIL (Christophe-Louis, chevalier).	Emigré	300.	
11,381.	TREVAUX (Françoise-Louise, demoiselle).	Petite-fille d'une cantatrice de la musique du Roi.	150.	*Idem.*
11,382.	TREZE (Louis-Laurent)	Son père fut fusillé à Toulon	300.	
11,383.	TRIBAULT dite BEAUPRÉ (Marie-Élisabeth, née GODART, veuve).	Veuve d'un garde forestier assassiné dans l'exercice de ses fonctions.	150.	
11,384.	TRIBOUT (Augustine-Josèphe, née DELCROIX, veuve).	Veuve d'émigré	150.	
11,385.	——— (Marie-Anne-Élisabeth, née MARTIN, veuve).	Veuve d'un palefrenier de la grande écurie.	100.	
11,386.	TRICADO (Marie-Laurence, née PICOT, veuve).	Veuve d'un officier de la bouche, sous Louis XV et Louis XVI.	150.	
11,387.	TRICHET (Pierre-Désiré-Adrien)	Sourd-muet	200.	N'a pas touché le deuxième secours.
11,388.	TRICOTEL (Anne-Reine, demoiselle)	Fille d'un officier	100.	
11,389.	——— (Marie-Françoise, demoiselle).	*Idem*	100.	
11,390.	TRIDON DE REY (Marie-Catherine, née PLOUIN, veuve).	Veuve d'un maréchal de camp, otage de Louis XVI.	600.	
11,391.	TRIE (Pierre)	Émigré	300.	
11,392.	TRIGORIE (Françoise, née GEORGE, dame).	Vendéenne	400.	

Nos d'ordre.	NOMS ET PRÉNOMS des PENSIONNAIRES.	MOTIFS de LA CONCESSION DES PENSIONS.	MONTANT des PENSIONS.	OBSERVATIONS.
11,392.	TRIMOREAU (Joseph-Nicolas-François), abbé.	Vendéen	250f 00c	
11,393.	TRIVISANI (Louise, née DELL'ABACO, dame).	Filleule de Louis XVIII	1,500. 00.	
11,394.	TROADEC (Jean)	Vendéen	100. 00.	N'a pas touché le deuxième secours.
11,395.	TROBERT (abbé), pour une famille malheureuse.	Ce secours annuel était destiné à une famille dans l'indigence.	600. 00.	N'a touché aucun des deux secours.
11,396.	——— (Françoise-Marie-Charlotte, née POËNCES DE KILLY, veuve).	Vendéenne	200. 00.	
11,397.	TROBRIAND (Agathe-Geneviève-Françoise née DUPARC DE LOCMARIA, veuve DE).	Veuve d'un officier de marine émigré	1,500. 00.	
11,398.	TROGOFF (Sophie-Marie-Louise, demoiselle DE).	Petite-fille d'un huissier de la chambre	400. 00.	
11,399.	——— (Louise-Victoire-Angélique-Armande, demoiselle DE)	*Idem*	400. 00.	
11,400.	——— (Marie-Anne-Yvonette-Henriette, demoiselle DE).	Vendéenne	200. 00.	N'a pas touché le deuxième secours.
11,401.	——— (Marie-Marguerite-Gabrielle-Félicité, demoiselle DE).	*Idem*	200. 00.	*Idem.*
11,402.	——— (Marie-Sophie-Céleste-Séraphine, demoiselle DE).	*Idem*	200. 00.	*Idem.*
11,403.	——— (Victoire-Aimée, demoiselle DE).	*Idem*	200. 00.	
11,404.	——— (Victoire, née DE VERTEUIL, dame DE).	Fille de Vendéen	1,000. 00.	
11,405.	TROLONG-DURUMAIN (Charles-Guillaume-Jean-Marie).	Avait une pension de 301 fr. avant la révolution.	600. 00.	*Idem.*
11,406.	——— (Jeanne-Charlotte-Marie-Thérèse, veuve PRIGENT, dame DE).	En remplacement de la pension de 300f dont elle jouissait avant la révolution.	200. 00.	*Idem.*
11,407.	TRONCY (Antoine)	Ancien militaire, père de quinze enfans	200. 00.	
11,408.	TRONSON (Nicolas-Guillaume)	Neveu d'un défenseur de Marie-Antoinette.	500. 00.	*Idem.*
11,409.	TRONSON-DUCOUDRAY (Émile-Henri)	Fils d'un des défenseurs de Louis XVI	1,500. 00.	N'a touché aucun des deux secours.
11,410.	TROSS (Marie, dame), religieuse	Émigrée	457. 20.	
11,411.	TROTTEUR (Angélique, dame)	*Idem*	600. 00.	
11,412.	TROTTIN (Jean-Josselin)	Vendéen	50. 00.	*Idem.*
11,413.	TROUARD DE RIOLLE (Charles-Germain).	Créancier de MONSIEUR, comte de Provence.	1,400. 00.	
11,414.	——— (Pierre)	*Idem*	400. 00.	
11,415.	TROUCHART (Julien)	Vendéen	200. 00.	N'a pas touché le deuxième secours.
11,416.	TROUILLET DE LACHAUX DE MAINVILLE (Madeleine, née PAINI, veuve).	Veuve d'un garde constitutionnel de Louis XVI, mort en Russie.	400. 00.	

Nos d'ordre.	NOMS ET PRÉNOMS des PENSIONNAIRES.	MOTIFS de LA CONCESSION DES PENSIONS.	MONTANT des PENSIONS.	OBSERVATIONS.
11,417.	TROUSSEBOIS (veuve, comtesse DE), née BEYCARD MURINAIS DE SAINT-MAURICE.	En remplacement d'une pension de 2,750 francs dont elle jouissait sur le Trésor royal.	1,200f	
11,418.	TROUSSEL (Marguerite-Flore, veuve), née DOBIGNIE.	Veuve d'un payeur du Trésor.......	400.	
11,419.	TROUSSIER (Marie, demoiselle), LE PELLAY.	Vendéenne.......................	600.	
11,420.	TROUVÉ (Arthémise, demoiselle).....	Son père a rendu des services à la cause royale.	800.	
11,421.	——— (Rose, demoiselle)..........	En remplacement d'une pension dont elle jouissait avant la révolution.	500.	
11,422.	——— (Jeanne-Renée-Marie, veuve), née LAGARDE DUMONT.	Vendéenne.......................	200.	
11,423.	TROUVIN (Louis)..................	Garçon à l'office du petit commun de Louis XVI.	100.	N'a touché aucun des deux secours.
11,424.	TRUMET (Edme)...................	Blessé par l'explosion d'une boîte d'artifice.	70.	
11,425.	TRUMPF (Jean-Jacques)............	Émigré..........................	150.	*Idem.*
11,426.	TRUNET (Marie-Marguerite, demoiselle).	Fille d'émigré....................	150.	*Idem.*
11,427.	TRUSSON (Antoinette-Honorine, dame), née LENOIR.	Fille d'un contrôleur de la bouche de MESDAMES.	250.	
11,428.	TRUTIÉ DE VAUCRESSON (Jean-Baptiste-Joseph).	Émigré, colon de Saint-Domingue.....	300.	
11,429.	TRUY (Marie-Madeleine, veuve), née PEUDOUX.	A été persécutée pendant la révolution..	600.	
11,430.	TRYON DE MONTALEMBERT (Louis-Gaston DE).	Fils d'émigré.....................	400.	
11,431.	——— (Athénaïs-Marie-Laure-Hermine, demoiselle DE).	Fille d'émigré....................	400.	
11,432.	——— (Antoinette-Élisabeth-Octavie, demoiselle DE).	*Idem*..........................	300.	
11,433.	——— (Joséphine-Gabrielle-Aline, demoiselle DE).	*Idem*..........................	300.	
11,434.	——— (Mathilde-Marie-Antoinette, demoiselle DE).	Petite-fille d'émigré..............	500.	
11,435.	TSCHUDY (Marie, demoiselle DE), née en 1804.	Fille d'émigré....................	500.	
11,436.	——— (Marie, demoiselle DE), née en 1811.	*Idem*..........................	500.	
11,437.	TUAL (Jean, abbé).................	Vendéen.........................	300.	
11,438.	TUAUT (Pierre-Joachim)............	Garçon des cabinets du Roi.........	400.	
11,439.	TUFFET (François-Xavier-Honoré, abbé).	Émigré, aumônier de l'armée de Condé..	500.	N'a pas touché le premier secours.
11,440.	TUFFIN DE VILLIERS (Marie-Perrine, demoiselle).	Émigré..........................	400.	N'a touché aucun des deux secours.
11,441.	TUGGINER (Benoit-Augustin-Denis-François).	Lieutenant d'un régiment suisse, réformé pour cause d'aliénation mentale.	300.	

Nos d'ordre.	NOMS ET PRÉNOMS des PENSIONNAIRES.	MOTIFS de LA CONCESSION DES PENSIONS.	MONTANT des PENSIONS.	OBSERVATIONS.
11,443.	TULBERG (veuve)................	Créancière de Louis XVI............	1,000f	
11,444.	——— (Marguerite, veuve), née BERMOND, aujourd'hui femme DENNÉ.	Veuve d'un poêlier fumiste du Roi.....	600.	
11,445.	TULLEAU (Jacques)...............	Vendéen........................	100.	N'a pas touché le deuxième secours.
11,446.	TUOMELIN (Hyacinthe-Hippolyte-Ange DE).	Émigré........................	300.	N'a touché aucun des deux secours.
11,447.	TUPIGNY DE MOIJONEAU (Louise-Françoise, veuve), née TRUMEAU DE LA FOREST.	Veuve d'un valet de chambre ordinaire du Roi.	1,000.	
11,448.	TURC (Rosalie, veuve), née FOURNIER..	Veuve d'émigré....................	180.	
11,449.	TURGY (Jean-Baptiste-Louis-Charles DE).	Services de sa famille rendus à la cause royale, en France.	600.	
11,450.	TURLOT (Pierre)..................	Vendéen........................	200.	N'a pas touché le premier secours.
11,451.	TURPAULT (Charlotte-Sophie, veuve), née DOULIERON.	Veuve de Vendéen................	400.	
11,452.	TURPIN (Jean-Joseph, abbé, comte DE)..	Ancien vicaire général âgé de 80 ans. .	1 500.	
11,453.	——— (Louise-Jeanne-Aimée, demoiselle DE).	Émigrée........................	800.	
11,454.	TURPIN DE CRISSÉ (vicomtesse DE), née DE BONGARS.	N'a aucun moyen d'existence.........	400.	
11,455.	——— (Jeanne-Anne-Élisabeth, vicomtesse DE), née DE BONGARS DE ROQUIGNI.	Émigrée........................	1,500.	
11,456.	TURRELURE (Noël)................	Peintre de marine, âgé de 81 ans......	600.	
11,457.	TURTAZ (Samuel-Henri-Ferdinand-Emmanuel).	Brigadier général des armées de S. M. C..	150.	

Nos d'ordre.	NOMS ET PRÉNOMS des PENSIONNAIRES.	MOTIFS de LA CONCESSION DES PENSIONS.	MONTANT des PENSIONS.	OBSERVATIONS.
		U		
11,457.	UDIN (Marguerite, née HEURTAULT, veuve).	Vendéenne	100f	
11,458.	UHLMANN (Jean-François)	Émigré	150.	
11,459.	ULFRIN (Marie-Josèphe, dame)	Religieuse persécutée	100.	
11,460.	ULIN DE LA PONNERAYE (Geneviève, née DELOMAIS, veuve D').	Veuve d'émigré	400.	
11,461.	ULRY (Louise-Françoise-Adélaïde, née DE L'ESCALE).	Ancienne élève de S.-Cyr, sans fortune	300.	
11,462.	UNAL DE CAPTENAC (Jean-Antoine-Germain-Alexis).	A pris les armes pour la cause royale	100.	N'a touché aucun des deux secours.
11,463.	URBAIN (Antoine)	Blessé par l'explosion d'une boîte d'artifice.	50.	
11,464.	——— (Jean-Baptiste)	Émigré	250.	*Idem.*
11,465.	URLACHER (Christophe)	*Idem*	80.	*Idem.*
11,466.	URICH (Balthazard)	*Idem*	150.	
11,467.	URVOY DE CLOSMADEUC (Jeanne-Louise, née LE GALL DUTERTRE DE LALAUBARDAIS, dame).	Émigrée	800.	
11,468.	UVELAIN (Cyprien-Auguste)	Vendéen	50.	
11,469.	UZEL (Joseph)	*Idem*	60.	

Nos d'ordre.	NOMS ET PRÉNOMS des PENSIONNAIRES.	MOTIFS de LA CONCESSION DES PENSIONS.	MONTANT des PENSIONS.	OBSERVATIONS.
		V		
11,470.	VABLARENBERGHE (Alexandrine-Eugénie, demoiselle).	Fille d'un maître de dessin des enfans de France.	400f 00c	
11,471.	VABOIS (Jean)	Artiste vétérinaire aux écuries	400. 00.	
11,472.	VABRES (Pierre-Landry DE)	Capitaine émigré; avait une pension sur la cassette de Louis XVI.	1,000. 00.	N'a touché aucun des deux secours.
11,473.	VACCON (Jean-Hubert)	Services en émigration	100. 00.	
11,474.	——— (Dorothée-Madeleine, demoiselle).	Émigrée	400. 00.	
11,475.	VACHER (François-Marie DE)	Capitaine émigré	900. 00.	
11,476.	VACHÈRES (Victoire-Reyne DE)	Fille d'émigré	300. 00.	
11,477.	VACHERON (Théophile-Joseph)	Émigré	500. 00.	N'a pas touché le premier secours.
11,478.	VACON (Jean-Louis-Roch)	Émigré de Toulon	400. 00.	
11,479.	VAIDIS (François)	Vendéen	80. 00.	
11,480.	VAINEAU (Pierre-Mathurin)	*Idem*	50. 00.	
11,481.	VALADOU (Marie-Louise, née CHABANON, veuve), actuellement dame FORGET.	Veuve d'émigré	150. 00.	
11,482.	VALBLANC (Marie-Françoise-Justine-Madeleine, née CRAVESAU, veuve DE).	Émigrée	300. 00.	
11,483.	VALBONNE (Jeanne-Henriette-Maximilienne, née DE LORT DE MONTESQUIOU, marquise DE).	A perdu sa fortune; avait une pension sur la cassette de Louis XVI.	1,100. 00.	N'a pas touché le deuxième secours.
11,484.	VALDFOGEL (Louise-Françoise, née MICHEL, veuve).	Son mari a servi dans l'armée de l'Ouest.	80. 00.	
11,485.	VALENTIN (Reine-Justine, née LEBAILLIF, veuve).	Mère d'un ouvrier tué dans son service à l'Opéra.	300. 00.	
11,486.	VALÈRE FARIBAULT	Ex sociétaire de l'Opéra-Comique. (Pension par suite de transaction.)	1,115. 00.	
11,487.	VALESME (Jacques-François)	Ex-garde des forêts de la couronne	150. 00.	
11,488.	VALETTE (Camille)	Fils d'un employé des ponts et chaussées; sans fortune, et père de famille.	350. 00.	*Idem.*
11,489.	——— (Louis-Charles)	Service de sa famille dans les armées royales de la Lozère.	100. 00.	*Idem.*
11,490.	——— (Jean-François)	*Idem*	200. 00.	*Idem.*
11,491.	——— (Marie-Henriette, demoiselle).	Émigrée	300. 00.	
11,492.	VALGALIER (Alexis, abbé)	Émigré	1,219. 20.	

Nos d'ordre.	NOMS ET PRÉNOMS des PENSIONNAIRES.	MOTIFS de LA CONCESSION DES PENSIONS.	MONTANT des PENSIONS.	OBSERVATIONS.
11,493.	VALICOURT (Augustin-Marie-Joseph DE)	Émigré	1,000f	N'a touché aucun des deux secours.
11,494.	——— (Amélie-Narcisse-Josèphe, demoiselle DE).	Émigrée	500.	
11,495.	VALIN (Nicolas-Joseph)	Émigré	200.	
11,496.	VALLÉE (Martin-Philippe)	Ex-directeur des comptes du trésor de la liste civile.	800.	*Idem.*
11,497.	——— (Marie-Anne-Marguerite-Claire), née BINET.	Veuve d'un cuisinier du petit commun chez la Reine.	150.	
11,498.	VALLENTIN (Henri)	Veuve d'un homme employé aux théâtres de la cour.	300.	
11,499.	VALLIN (Thérèse-Marie-Victoire, veuve), née COUSIN.	Petite-fille de la nourrice de Louis XVI, septuagénaire et infirme.	160.	
11,500.	VALLOURS (Élisa, demoiselle)	Fille d'un garçon de château, aux Tuileries.	120.	N'a pas touché le deuxième secours.
11,501.	VALLUAUD (Pierre)	Brigadier de gendarmerie, services à la cause royale pendant la révolution.	200.	
11,502.	VALMALE (Flore-Adèle-Fortunée, veuve DE), née DELPUECH DE COMEIRAS.	Sœur d'émigré, veuve d'un officier du régiment de Royal Cravates.	500.	
11,503.	VALMALETE (comtesse DE MORSAN), née DE POSSON.	Femme d'un colonel vendéen	800.	
11,504.	VALMORE, née DESBORDES	Poëte	1,000.	
11,505.	VALOIS SAINT-REMY (Charles, DE)	Descendant des Valois	300.	
11,506.	——— (Nicolas-Jérôme, comte DE)	Émigré	600.	
11,507.	——— (Étiennette-Thérèse, demoiselle DE).	Émigrée	600.	
11,508.	——— (Marie-Madeleine, demoiselle DE).	*Idem*	600.	
11,509.	——— (Françoise-Thérèse, veuve DE), née THÉVENOT.	Belle-fille d'émigré	250.	*Idem.*
11,510.	VALORI (Eugène-Nicolas, comte DE)	Émigré	500.	N'a touché aucun des deux secours.
11,511.	——— (Marie - Louise - Lothaire, comtesse DE) née DE RAIGECOURT	Émigrée	600.	*Idem.*
11,512.	VALORY (Casimir, chevalier DE)	Avait une pension de 600f sur la cassette de Louis XVI.	300.	
11,513.	VALTER (Daniel)	Chef de bataillon vendéen	300.	*Idem.*
11,514.	VALZUZENAY (veuve DE)	Pension accordée directement par le Roi. (Motifs inconnus.)	1,000.	
11,515.	VAMMALLE (Pierre)	Services de son père dans les armées royales de la Lozère.	80.	
11,516.	——— (Marie-Anne, demoiselle)	*Idem.*	80.	
11,517.	——— (Anne, veuve), née CHARDON.	Son père est mort sur l'échafaud	200.	N'a pas touché le deuxième secours.

Nos d'ordre.	NOMS ET PRÉNOMS des PENSIONNAIRES.	MOTIFS de LA CONCESSION DES PENSIONS.	MONTANT des PENSIONS.	OBSERVATIONS.
11,518.	VANBLARENBERGHE (demoiselle).....	Fille d'un maître de dessin des Enfans de France.	400f 00c	
11,519.	——— (Charlotte-Rosalie, dame), née DAMESME.	Femme de chambre de Madame Élisabeth.	800. 00.	
11,520.	VANDEMAL (Catherine, veuve), née VETTER.	Émigrée..........................	200. 00.	
11,521.	VANDEN-BOREN (François-René).....	Contrôleur des voitures des écuries.....	781. 00.	
11,522.	VANDERCRUYCE (Jacques-Macaire)....	Émigré..........................	350. 00.	
11,523.	VANDEVEL (Élisabeth, veuve), née WILLIAMS.	Émigrée..........................	500. 00.	
11,524.	VANDOMOIS (Marie-Catherine-George, ve, comtesse DE), née DANTRAS.	Veuve d'émigré....................	300. 00.	
11,525.	VANEL (Marcel-Bonaventure)........	Émigré..........................	800. 00.	
11,526.	VANHEEMS (Martin)................	*Idem*............................	1,066. 80.	
11,527.	VANIQUETE (Rose)..................	*Idem*............................	457. 20.	N'a touché aucun des deux secours.
11,528.	VANKEMPEN (Marie-Madeleine, veuve), née PACIOLA.	Émigré de Toulon..................	200. 00.	
11,529.	VANNIER (Charles-Jacques).........	Vendéen...........................	400. 00.	N'a pas touché le deuxième secours.
11,530.	——— (Rose-Émilie, veuve), née PETIT.	Veuve d'un marin naufragé..........	150. 00.	
11,531.	VANNIER-COLOMBAN (Claude-Louis)...	Émigré..........................	400. 00.	
11,532.	VANSSAY (Achille-Pierre)...........	Ancien écuyer de main de la Reine....	1,500. 00.	N'a touché aucun des deux secours.
11,533.	VANSSAY DE CONFLANS (Marie, demoiselle DE).	Fille d'émigré....................	200. 00.	
11,534.	VAQUELIN (Marie-Catherine, veuve), née MEREAU.	Veuve d'un palefrenier aux écuries de Louis XVI.	125. 00.	
11,535.	VARENES (Gabriel-François-Jean-Étienne DE).	Émigré..........................	400. 00.	
11,536.	VARENNE (Jeanne-Marie-Angélique, ve), née DE VABRE.	Veuve d'un secrétaire de la cassette de Louis XVI.	300. 00.	
11,537.	VARENNES (demoiselle)......	A perdu sa fortune................	300. 00.	N'a touché aucun des deux secours.
11,538.	——— (Anne-Baptiste, comtesse DE).	Sœur d'émigré; son père est mort au siége de Lyon.	400. 00.	
11,539.	VARÈS (Françoise-Justine-Joséphine, veuve DE), née FURGOLE.	Veuve d'émigré....................	400. 00.	
11,540.	VARNOLD (Charles-Auguste).........	Son père a été tué à l'affaire de Nancy..	150. 00.	*Idem.*
11,541.	VAROQUIER (Jean-Louis, abbé DE)....	Prêtre déporté....................	300. 00.	
11,542.	VASCONCELLES (Louise-Françoise-Anasthasie, demoiselle DE).	Fille d'émigré....................	200. 00.	

Nos d'ordre.	NOMS ET PRÉNOMS des PENSIONNAIRES.	MOTIFS de LA CONCESSION DES PENSIONS.	MONTANT des PENSIONS.	OBSERVATIONS.
11,543.	VASCONCELLES (Marie-Louise-Suzanne-Charlotte, demoiselle DE).	Nièce d'émigré; a perdu sa fortune.....	300f 00c	
11,544.	——— (Marie-Léonore-Françoise, ve DE), née DE MEGRET DE BELLIGNY.	Fille d'émigré......................	200. 00.	
11,545.	VASSAL (Marie-Augustine, dame DE), née DE BOUSSIERS.	Fille d'un page de Louis XV..........	400. 00.	
11,546.	——— (Anne-Marie, veuve), née HEURTAULT.	Veuve d'un médecin des gardes du corps de Louis XVI.	1,000. 00.	
11,547.	VASSAL DE BELLEGARDE (Jean).......	Émigré........................	700. 00.	
11,548.	VASSAL DUMARAIS (Marie-Élisabeth, veuve), née JASPAR.	Veuve d'émigré; creancière du Roi....	300. 00.	
11,549.	VASSAN (comte DE)...............	Créancier de Monsieur le comte de Provence.	1,000. 00.	
11,550.	VASSAN (Marie-Françoise-Louise, marqse DE), née LEGENDRE DONSEMBRAY.	Émigrée, veuve d'un officier..........	2,400. 00.	
11,551.	VASSANT (Marie-Élisabeth, veuve), née DURUSSEL.	Son mari a été tué dans une carrière du château de Compiègne.	100. 00.	
11,552.	VASSART (Anne-Charlotte, demoiselle DE).	Sœur d'émigrés....................	200. 00.	
11,553.	——— (Marie-Angélique-Françoise, demoiselle DE).	*Idem*..........................	200. 00.	N'a touché aucun des deux secours.
11,554.	——— (Jeanne-Françoise-Charlotte, demoiselle DE).	*Idem*..........................	200. 00.	
11,555.	——— (Françoise, veuve DE), née LECLERC.	Fille d'émigré.....................	400. 00.	
11,556.	VASSAULT (Louise-Madeleine-Aimée, demoiselle DE).	*Idem*..........................	400. 00.	
11,557.	——— (Geneviève, veuve) née RABIER.	Veuve d'émigré....................	300. 00.	
11,558.	VASSAULT DE PARFONDRU (Marie-Rosalie, baronne DE).	Émigrée........................	600. 00.	
11,559.	——— (Philippine, demoiselle DE)...	*Idem*..........................	300. 00.	
11,560.	——— (Philippine-Josèphe-Françoise, demoiselle).	*Idem*..........................	500. 00.	
11,561.	VASSE (Louis, abbé)...............	Émigré.........................	1,066. 80.	N'a touché aucun des deux secours.
11,562.	VASSÉ (Jules-Gabriel-Alexis, marquis DE), dit GROIGNET.	Femme d'un émigré aliéné..........	2,400. 00.	*Idem.*
11,563.	VASSEROT DE VINCY (François-Auguste-Maurice), baron DE.	A servi la cause royale, en France.....	600. 00.	*Idem.*
11,564.	VASSIMON (Charlotte-Auguste-Frédérique, demoiselle DE).	Fille d'émigré.....................	400. 00.	*Idem.*
11,565.	VATEL (Amélie-Josèphe, veuve), née CLERFAYT.	Veuve d'un valet de garde-robe de Madame Élisabeth.	200. 00.	*Idem.*
11,566.	WATHENNEZ (Catherine, dame religieuse).	Émigrée........................	746. 76.	
11,567.	VATTERAULT (Jeanne-Josèphe-Sophie, demoiselle).	Fille d'un serviteur du Roi dont la pension n'a pas été remboursée.	150. 00.	N'a pas touché le deuxième secours.

Nos d'ordre.	NOMS ET PRÉNOMS des PENSIONNAIRES.	MOTIFS de LA CONCESSION DES PENSIONS.	MONTANT des PENSIONS.	OBSERVATIONS.
11,568.	VATTEBAULT (Marie-Anne-Émélie)....	Fille d'un garçon de la garde-robe de MONSIEUR, comte de Provence.	350f	
11,569.	——— (Marie-Louise-Joséphine).....	*Idem*..............................	550.	
11,570.	VAUCEUR (Pierre-Louis)...........	Garde à cheval à Saint-Germain.......	150.	
11,571.	VAUCHAUSSADE (Jean-Baptiste, DE)....	Émigré...........................	300.	N'a touché aucun des deux secours.
11,572.	——— (Marie-Françoise)..........	Leur frère avait une pension sur la cassette de Louis XVI.	300.	N'ont touché aucun des deux secours.
11,573.	——— (Élisabeth)................			
11,574.	——— (Marie-Françoise)..........			
11,575.	VAUCHAUSSADE DU COMPAS (Marguerite-Claudine-Hermande, demoiselle DE)..	Sœur d'émigré....................	270.	
11,576.	——— (Marie-Anne-Jacquette, demoiselle DE).	*Idem*..............................	270.	N'a pas touché le premier secours.
11,577.	——— (Marie-Françoise-Lucie, demoiselle DE).	*Idem*..............................	270.	
11,578.	———(Marie-Séraphine, demoiselle DE).	*Idem*..............................	270.	
11,579.	VAUCHEZ (Albertine-Françoise, veuve, baronne DE), née COULET.	Veuve d'émigré....................	250.	
11,580.	VAUCLEROY DE NEUFLIZE (Charlotte-Marguerite-Antoinette-Éléonore, Dlle DE).	Fille d'émigré....................	600.	
11,581.	——— (Marie-Françoise, veuve DE), née BIARNOIS.	Émigrée..........................	800.	N'a touché aucun des deux secours.
11,582.	VAUDET (Marie-Rose-Justine, dame), née DUPONCHEL.	Dévouement à la cause royale.........	50.	
11,583.	VAUDIN (Nicolas-Joseph)...........	Porteur de chaises de Louis XVI......	400.	
11,584.	——— (Charlotte-Ferdinande, veuve), née DOLLY.	Fille d'un postillon aux écuries du Roi..	100.	
11,585.	VAUDREUIL (Marie-Joséphine-Hyacinthe-Victoire, comtesse DE), née DE RIGAUD DE VAUDREUIL.	Veuve d'un gouverneur du Louvre.....	10,000.	N'a point été comprise dans les états de secours.
11,586.	VAUGRIGNEUSE (Arnauld-Alphonse-Joseph, chevalier DE).	Officier supérieur d'artillerie.........	100.	N'a touché aucun des deux secours.
11,587.	VAULDRY DE CHANTRANT (Hyacinthe-François DE).	Émigré, capitaine..................	800.	N'a pas touché le deuxième secours.
11,588.	VAULX (Élisabeth, vicomtesse DE), née DE BONTEMP.	Émigrée; femme d'un lieutenant-général.	3,000.	
11,589.	VAULX D'ACHY (Anne-Charlotte-Marguerite, dame DE), née DE BUSSELOT DANDILLY.	Veuve d'émigré....................	600.	
11,590.	VAUQUELIN (Henriette-Louise), demoiselle DE).	Émigrée..........................	500.	
11,591.	——— (Françoise-Angélique, dame DE), née PUNTECOTTE.	*Idem*..............................	500.	
11,592.	VAURE (Marie-Victorine-Adrienne, demoiselle DE).	Son père a rendu des services à la cause royale.	200.	N'a touché aucun des deux secours.

Nos d'ordre.	NOMS ET PRÉNOMS des PENSIONNAIRES.	MOTIFS de LA CONCESSION DES PENSIONS.	MONTANT des PENSIONS.	OBSERVATIONS.
11,593.	VAUSSIN (Simone-Marie)...........	Parente du général Moreau..........	300f 00c	N'a touché aucun des deux secours.
11,594.	VAUTHIER (Anne-Marguerite, née SWEVERS, veuve).	Veuve d'émigré....................	1,000. 00.	
11,595.	VAUTHREY (Claude)...............	Émigré........................	300. 00.	
11,596.	VAUTHRIN (Jean-Claude)...........	*Idem*.........................	200. 00.	
11,597.	VAUVELSAN (Claudine-Apolline, demoiselle).	Fille d'un capitaine des armées françaises qui a rendu des services au Roi en 1816.	150. 00.	
11,598.	VAUVILLIERS (Claudine-Jeanne).....	Aveugle et n'ayant aucun moyen d'existence.	300. 00.	
11,599.	——— (Madeleine-Catherine-Antoinette Jeanne, née FERRUSOLA, veuve).	Veuve d'un trésorier de la cour de Parme.	300. 00.	
11,600.	VAVASSEUR (Marie-Madeleine, née SAUCRÉ, veuve).	Veuve d'un garçon grainier de la grande écurie du Roi.	400. 00.	
11,601.	VAVERAY DE MENOUVILLE (Estelle-Catherine, née PERDICCHI, veuve).	N'a aucuns moyens d'existence.......	200. 00.	
11,602.	VAYRE (dame)......................	Fille d'un banquier qui a sacrifié sa fortune pour les Bourbons.	300. 00.	
11,603.	VAYSON (Marthe-Françoise, née ARNOUX, veuve).	Veuve d'émigré....................	200. 00.	
11,604.	VAYSSIÈRE DE PALOMIÈRE (Anne, née DE CORNELY, dame DE).	Son mari a perdu un bras sur le champ de bataille; il jouissait d'une pension de 3,600 fr. avant la révolution; âgée de 79 ans.	300. 00.	
11,605.	VEAUX BIDON (Louise-Claire, née CHABRY, veuve DE).	Veuve d'émigré....................	500. 00.	
11,606.	VECHY (Marie-Anne, née BERNARD, ve).	Son mari fut fusillé à Toulon en 1793..	200. 00.	
11,607.	VEDÈCHE (Xavier-Charles-Marie).....	Émigré de Toulon................	300. 00.	
11,608.	VEBYE (Pierre).....................	Vendéen........................	80. 00.	
11,609.	VEILHAN (Jean-François)...........	Ancien juge de paix...............	150. 00.	N'a pas touché le premier secours.
11,610.	VEILLECHÈZE (Marguerite-Louise-Renée, demoiselle DE).	Vendéenne......................	100. 00.	N'a pas touché le deuxième secours.
11,611.	——— (Rose-Renée-Jeanne, Dlle DE).	*Idem*.........................	100. 00.	*Idem.*
11,612.	VENLENTIN (Thérèse, demoiselle DE).	Sœur d'émigré..................	150. 00.	
11,613.	VENNEVELLES (Jacques-Charles Adrien DE).	Fils d'un maréchal de camp.........	600. 00.	N'a touché aucun des deux secours.
11,614.	——— D'ESPAIGNE (Arnoult-Julien-Édouard, comte DE).	Fils d'émigré..................	3,000. 00.	
11,615.	VENOIX DE GARENCELLES (Joseph DE).	Ancien officier.................	200. 00.	
11,616.	——— (Noël-Augustin-François, DE).	Officier avant la révolution..........	200. 00.	N'a pas touché le deuxième secours.
11,617.	VENON..........................	Trompette à l'Opéra-Comique. (Pension par suite de transaction.)	195. 55.	

Nos d'ordre.	NOMS ET PRÉNOMS des PENSIONNAIRES.	MOTIFS de LA CONCESSION DES PENSIONS.	MONTANT des PENSIONS.	OBSERVATIONS.
11,618.	VENTE DE FRANCMESNIL............	Huissier de l'antichambre de Louis XVIII.	3,000f	
11,619.	VENTEJOUL (Anne, née JOSSERAND, dame).	Femme d'un officier des armées françaises.	300.	N'a touché aucun des deux secours.
11,620.	VENTRE (Jean-Baptiste)............	Émigré de Toulon..................	250.	
11,621.	——— (Paul-André-Jean-Mathias-Eugène).	Émigré..........................	200.	*Idem.*
11,622.	VERAN (Raymond)..................	*Idem*............................	300.	
11,623.	VERBEKEN (Marie-Françoise-Adélaïde, née REY, veuve).	N'a aucun moyen d'existence..........	200.	
11,624.	VERCHÈRE (Anne-Alexandrine, demoiselle DE).	Petite-fille du comte de Précy, défenseur de Lyon.	300.	
11,625.	VERCOLME (Reine, née BERNARD, dame).	Émigrée..........................	360.	
11,626.	VERDAL (Rose-Victoire, née MÉRIC, veuve DE).	*Idem*...........................	600.	
11,627.	VERDET (Catherine-Mélanie, née MONNOT, dame).	A rendu des services à Louis XVIII, en France.	600.	
11,628.	VERDIER (Jean-Baptiste)............	Émigré..........................	300.	*Idem.*
11,629.	——— DE PORT DE GUY (Jean, abbé)..	*Idem*...........................	300.	N'a pas touché le deuxième secours.
11,630.	VERDIN (Marie-Thérèse-Victoire, née POULLARD, veuve).	Veuve d'un garçon servant de l'hôtel...	300.	
11,631.	——— DUMOU (Jean-Baptiste).......	Émigré..........................	400.	N'a pas touché le premier secours.
11,632.	VERDUN (Charles-Hubert)...........	*Idem*...........................	200.	
11,633.	VERET (Madeleine, née DUBUC, veuve).	Fille d'un palefrenier au manége.......	200.	
11,634.	VERGENNES (Constantin, comte DE)....	Ex-commandant des gardes de la porte..	4,000.	
11,635.	VERGER (Marie, née PITON, veuve)...	Vendéenne........................	50.	
11,636.	VERGÈS DE CAZEAUX (Catherine-Julie, demoiselle DE).	Fille d'émigré.....................	200.	
11,637.	——— (Marie-Catherine, demoiselle DE).	*Idem*...........................	200.	
11,638.	———(Marie-Julienne, demoiselle DE).	*Idem*...........................	200.	
11,639.	VERGNAULT (Marie-Françoise, dame)...	Vendéenne........................	100.	
11,640.	VERGNETTE D'ALBAN (François-Victor DE).	Fils d'un maréchal de camp..........	300.	
11,641.	——— (Louise-Françoise, demoiselle DE).	Fille *idem*.......................	300.	N'a touché aucun des deux secours.
11,642.	——— (Antoinette-Élisabeth-Scholastique née DE COUSSEY, veuve DE).	Veuve d'émigré..................	900.	

Nos d'ordre.	NOMS ET PRÉNOMS des PENSIONNAIRES.	MOTIFS de LA CONCESSION DES PENSIONS.	MONTANT des PENSIONS.	OBSERVATIONS.
11,643.	VÉRINS (René)	Capitaine vendéen	500f	
11,644.	——— (Marguerite, née CLÉMENT, dame).	Vendéenne	500.	
11,645.	VERLHAC (Antoinette-Félicité, née LOTTINGER, dame DE).	Veuve d'un ancien officier	600.	
11,646.	VERLINGUES (Jean-Louis)	Persécuté pendant la révolution	100.	N'a pas touché le deuxième secours.
11,647.	VERMEULIN (Marie-Catherine-Thérèse, née LOMMÉ, veuve).	Son mari fut tué en 1815, par suite de son dévouement à la cause royale.	250.	
11,648.	VERMOND (née MONSIGNY, veuve DE)	Fille du dernier commandant militaire de la Bastille.	400.	
11,649.	VERNÈGUES (Chevalier DE)	Ancien ministre plénipotentiaire	2,000.	N'a point été compris dans les états de secours.
11,650.	VERNERD (Marianne, née RIQUIER)	Veuve d'émigré	600.	N'a touché aucun des deux secours.
11,651.	VERNET (Marie-Françoise, née CAMELIN DU REVEST, dame).	Persécutée; perte de fortune	150.	
11,652.	VERNIER (Marie-Marguerite, née MONTET, veuve).	Veuve d'un grand valet de pied chez madame la Dauphine.	300.	
11,653.	VERNIER (Marie-Françoise, née BENTZ, veuve).	Veuve d'un garçon de bureau	200.	
11,654.	VERNINAC (Jean-Baptiste, DE) abbé	Auteur d'un éloge historique de Louis XVI.	400.	*Idem.*
11,655.	VERNON (Julie-Madeleine, née HANAULT, veuve).	Veuve d'un aide au gobelet de M. le Dauphin.	400.	N'a pas touché le premier secours.
11,656.	——— (Louise-Émilie, née PICOT DE DAMPIERRE, marquise).	Veuve d'un écuyer commandant les écuries du Roi.	6,000.	N'a touché aucun des deux secours.
11,657.	VERRÉ (Marie-Catherine, née GENDRON, veuve).	Vendéenne	30.	
11,658.	VERSE (Joseph-Antoine)	Injustement condamné à mort, reconnu ensuite innocent et gracié.	150.	
11,659.	——— (Pierre-Louis)	*Idem.*	150.	
11,660.	VERTEL (Aimable-Fidèle-Joseph)	Ém ré	200.	*Idem.*
11,661.	VERTEUIL (Jean-Henri, DE)	Vendéen	300.	
11,662.	——— (Pauline-Élisabeth-Stéphanie, demoiselle DE), actuellement vicomtesse DE BUTLER.	Fille d'émigré	400.	
11,663.	——— (Élisabeth-Sophie, née MONTAGNAC, baronne DE)	Veuve d'émigré	800.	
11,664.	VESUTY (Françoise-Louise-Augustine, née BAHUNO-DULISCOËT, dame).	Fille d'émigré	300.	
11,665.	VEYTARD (Joseph-Michel)	Sans fortune, et père d'une nombreuse famille.	600.	*Idem.*
11,666.	VIAL (Jean-Charles)	Auteur dramatique	200.	
11,667.	——— (née DE LUSSAN, dame)	Fille d'émigré, veuve d'un marin	300.	

Nos d'ordre.	NOMS ET PRÉNOMS des PENSIONNAIRES.	MOTIFS de LA CONCESSION DES PENSIONS.	MONTANT des PENSIONS.	OBSERVATIONS.
11,668.	VIAL (Marie-Louise-Laurence, dame), née MAILLART.	Fille d'un député au conseil des Cinq-Cents.	600f	
11,669.	VIAL DUVALON (Paul-Marie)........	Émigré........................	400.	
11,670.	VIALA (Jean)......................	Services de son grand-père dans les armées de la Lozère; est mort sur l'échafaud, pendant la révolution.	20.	
11,671.	——— (Sylvestre)...............	*Idem*..........................	20.	N'a touché aucun des deux secours.
11,672.	——— (Calixte)..................	*Idem*..........................	20.	
11,673.	VIALA DE LA COSTE (Joseph, chevalier).	Émigré de Toulon.................	300.	*Idem.*
11,674.	VIALARD DESFONDS (Marie-Thérèse), demoiselle.	Émigrée *idem*....................	120.	
11,675.	——— (Rose-Dominique, demoiselle).	Sœur d'émigrés..................	120.	
11,676.	VIART (Joseph)..................	Émigré..........................	150.	N'a pas touché le deuxième secours.
11,677.	VIAU (Mathurin)..................	Vendéen.........................	200.	*Idem.*
11,678.	——— (Pierre)..................	*Idem*..........................	80.	*Idem.*
11,679.	——— (Pierre-Marie)............	*Idem*..........................	100.	
11,680.	VIBERT (Anne-Marie-Henriette, veuve), née LEPAGE.	Veuve d'un frotteur au château de Meudon.	200.	
11,681.	VICART (Charles-Eugène-Jean-Baptiste).	Émigré..........................	450.	
11,682.	VIDAL (Augustin)................	*Idem*..........................	360.	
11,683.	——— (Jean)....................	Émigré de Toulon................	100.	
11,684.	——— (Jean-Baptiste)............	Officier émigré.................	800.	
11,685.	——— (Pierre-Étienne-François-Gabriel.)	Récompense de son dévouement lors du complot du 19 août 1820.	400.	
11,686.	——— (Vital-Joachim)............	Capitaine émigré................	600.	
11,687.	——— (Claire-Julie, demoiselle).....	Fille d'émigré..................	300.	
11,688.	——— (Marie-Anne-Victoire, demoiselle).	*Idem*..........................	300.	
11,689.	——— (Marie-Marguerite, demoiselle).	*Idem*..........................	300.	
11,690.	——— (Marie-Françoise, dame), née REY.	Dévouement à la cause royale........	200.	N'a touché aucun des deux secours.
11,691.	——— (Catherine, ve), née STROUB..	Veuve d'un porteur de chaises du Roi...	200.	
11,692.	VIDAL DE LAVERGNE (Louise, demoiselle).	Émigrée.........................	250.	

Nos d'ordre.	NOMS ET PRÉNOMS des PENSIONNAIRES.	MOTIFS de LA CONCESSION DES PENSIONS.	MONTANT des PENSIONS.	OBSERVATIONS
11,693.	VIDAUD DUDOGNON (Jean-Michel).....	Émigré...........................	1,000f	
11,694.	——— DUCARIER (Michel, comte DE).	Fils d'émigré.....................	300.	N'a pas touché le deuxième secours.
11,695.	VIÉ DE CÉSARINI (Jacques-Auguste, commandeur DE).	Député de l'ordre de Jérusalem au congrès de Vienne.	1,500.	
11,696.	VIEILLES CAZES (Antoine)..........	Infirme et sans fortune.............	200.	
11,697.	VIELET (Louise, née PILLÉ, veuve)...	En remplacement d'une pension accordée à son mari avant la révolution.	150.	
11,698.	VIELLARD (Louise-Rose)...........	Employé par M. Hyde de Neuville à l'évasion de MM. Brottier de la Villeurnois et Durand de Presle.	400.	N'a touché aucun des deux secours.
11,699.	VIELLE dit BENOÎT (Joseph-Augustin)..	Émigré...........................	300.	*Idem.*
11,700.	VIELLE (Marie-Michelle), née MANGOT.	Veuve du concierge de la prison où fut enfermé M. Hue.	600.	
11,701.	VIEILLEBANT (Anne-Louise, née DELAVILLE, veuve).	Veuve d'un employé au Trésor, sans fortune.	300.	
11,702.	VIENNE (Louis-Joseph).............	Émigré...........................	100.	
11,703.	——— (Paul-François DE).........	Capitaine émigré..................	500.	
11,704.	———(Françoise-Émilie, née DE LA ROCHE COURBON-BLÉNAC, dame).	Émigrée..........................	1,000.	*Idem.*
11,705.	———(Constance-Susanne, née DE LONGAUNAY, marquise DE).	Femme d'un maréchal de camp émigré..	1,300.	*Idem.*
11,706.	——— (Julie, née PUISSAN, comtesse DE).	Veuve d'un lieutenant commandant la vénerie.	5,000.	
11,707.	VIENNOT.........................	Ex-sous-inspecteur à l'intendance du garde-meuble.	1,200.	
11,708.	VIÉNOT (Jean-Baptiste)............	Émigré...........................	160.	
11,709.	VIET DE CHAMORIN (Jacques)........	Vendéen..........................	600.	
11,710.	VIEUSSEUX (Catherine-Julie, née SCHOLL, dame DE).	Émigrée..........................	800.	
11,711.	VIGAN (Charlotte-Sophie-Antoinette, née DE LAFARE, dame DE).	Fille d'un colonel au régiment de Piémont.	800.	
11,712.	VIGIER (Augustin)................	Persécuté pendant la révolution.......	400.	
11,713.	———(Eustache-Bertrand-François DE).	Émigré...........................	400.	N'a pas touché le deuxième secours.
11,714.	VIGNAL (Jean-Baptiste-Hyacinthe)....	Prêtre déporté....................	500.	
11,715.	VIGNAUX (Louis-Yves)..............	Émigré...........................	300.	
11,716.	VIGNOLET (Alexis)................	*Idem*............................	1,600.	
11,717.	———(Jeanne-Louise-Marie-Anne, née SALLANDRE, dame).	Émigrée..........................	800.	

Nos d'ordre.	NOMS ET PRÉNOMS des PENSIONNAIRES.	MOTIFS de LA CONCESSION DES PENSIONS.	MONTANT des PENSIONS.	OBSERVATIONS.
11,718.	VIGNY (Jeanne-Marie-Amélie, née BARAUDIN, dame DE).	Fille d'émigré....................	300f	
11,719.	VIGUIER (Marie-Thérèse-Sylvie, née LACHER RAVAISSON, veuve DE).	Veuve d'émigré....................	600.	
11,720.	VILHERME (Charles-François), baron DE FURSTEMBERG.	Son père était employé dans la maison du Roi.	300.	N'a touché aucun des deux secours.
11,721.	VILLAIN (Alexandre-Ange)........	Trésorier des aumônes..............	696.	
11,722.	VILLANOVA-PAGÈS (Antoine-François).	Émigré........................	300.	
11,723.	VILLARET (Jean-Constantin DE)......	Issu de la famille d'un grand-maître de Malte, perte de fortune.	300.	
11,724.	———(Antoinette-Félicité, née CONTE, veuve).	A perdu sa fortune par suite de la révolution.	300.	
11,725.	VILLARON (Madeleine, née REGARDIN, dame DE).	En remplacement d'une pension de 1,495f dont elle jouissait avant la révolution.	800.	
11,726.	VILLARS (Jean)..................	Émigré........................	200.	
11,727.	——— (Charlotte-Marie, née MACHELARD, veuve DE).	Veuve d'un maréchal de camp, filleul du Roi.	400.	
11,728.	VILLATON (Françoise-Claudine, née RIVIÈRE, veuve).	Vendéenne......................	100.	*Idem.*
11,729.	VILLATTE (Adèle-Marie-Catherine-Louise-Claire, née ENTIER, veuve).	Belle-sœur du général de ce nom.......	1,200.	
11,730.	VILLAUCOURT (Marie-Joséphine-Françoise, née STHOULEN, dame DE).	Veuve d'un ancien officier; ruinée à la révolution.	300.	
11,731.	VILLEAURAY (Renée-Françoise-Hémeric DE LA).	N'a aucun moyen d'existence; élevée aux frais du Roi dans la congrégation des dames de Versailles.	300.	
11,732.	VILLEDON (Marie-Éléonore-Cécile, demoiselle DE).	Fille d'officier des armées françaises....	200.	
11,733.	VILLEDON (Sarah, née CLINTON, veuve DE).	Émigrée........................	500.	
11,734.	VILLE-FAVARD (Laurence-Françoise, née PERNET DU RECOURT, baronne DE).	Veuve d'émigré; aveugle et sans moyen d'existence.	800.	N'a touché aucun des deux secours.
11,735.	VILLEFORT (demoiselle DE)..........	Émigrée........................	1,524.	*Idem.*
11,736.	VILLEGARDE (Anne-Marie-Joséphine, née DE VILLENEUVE BARGEMONT, cesse DE).	Fille du comte de Villeneuve, préfet des Bouches-du-Rhône.	300.	
11,737.	VILLÈLE (Jean-Joseph-Anne-Hilaire, chevalier DE).	Émigré, infirme..................	1,000.	
11,738.	VILLELUME-SOMBREUIL (Jules-Gaspar-Emmanuel DE).	Fils de madame de Villelume, née de Sombreuil, célèbre par son dévouement filial sous le régime de la terreur.	2,400.	*Idem.*
11,739.	VILLEMAIN......................	Pension accordée directement par le Roi. (Motifs inconnus.)	800.	N'a point été compris dans les états de secours.
11,740.	——— (née LAUMIER, veuve).......	Veuve d'un serviteur des Bourbons, mère d'un membre de l'Académie française.	2,000.	N'a touché aucun des deux secours.
11,741.	——— (demoiselle)..............	Parente d'un membre de l'Académie française.	1,000.	*Idem.*
11,742.	VILLEMANDY (François-Xavier DE)....	Services dans l'intérieur, perte de fortune.	200.	

Nos d'ordre.	NOMS ET PRÉNOMS des PENSIONNAIRES.	MOTIFS de LA CONCESSION DES PENSIONS.	MONTANT des PENSIONS.	OBSERVATIONS.
11,743.	VILLEMEJANE (Pierre-Jean).........	Émigré..........................	500f	
11,744.	VILLEMENOT DE CURNY (Marie-Anne-Louise-Félicie, demoiselle).	Fille d'émigré......................	500.	
11,745.	VILLEMONE (Marie-Françoise, née DE CORBIER, dame DE).	Émigrée.........................	1,000.	
11,746.	VILLENEUFVE-ARIFFAT (Louis-Florens-Marie, marquis DE).	Colonel émigré....................	1,200.	
11,747.	VILLENEUVE (DE).................	Ancien grand vicaire..............	2,000.	
11,748.	VILLENEUVE (Françoise-Louise, née DURAND, dame DE).	Lectrice de Madame la comtesse de Provence.	800.	
11,749	——— (Albertine-Augustine, née RADULPH DE GOURNAY, DE).	Avait une pension sur la cassette de Louis XVI.	800.	N'a pas touché le premier secours.
11,750.	——— D'ANSOUIS (Marie-Joséphine-Thérèse-Françoise, née DE RIBÈRE D'ENTREMONT, veuve DE).	Veuve d'émigré....................	300.	
11,751.	——— LA ROCHEBARNAUD (Louis-Gabriel).	Émigré, s'est trouvé à l'affaire de Quiberon.	600.	N'a pas touché le deuxième secours.
11,752.	——— DE LA ROCHEBARNAUD (Anne-Gabrielle-Constance).	Fille d'émigré....................	400.	
11,753.	——— (Françoise-Henriette).......	*Idem*...........................	400.	
11,754.	——— DE TOURETTE (Thérèse-Gabrielle, comtesse DE).	Ancienne abbesse ruinée à la révolution.	300.	
11,755.	VILLERCY (Marie-Félicité, demoiselle BEROIN DE).	Émigrée..........................	700.	
11,756.	VILLEREAU (Marie-Élisabeth-Adélaïde, née MASSÉ DE SAINT-MARTIN, Mse DE).	Veuve d'émigré....................	200.	*Idem.*
11,757.	VILLETTE (Marie-Clotilde, née GUISIER, veuve).	Veuve d'un valet de chambre du Roi....	1,000.	
11,758.	VILLERS (François-Eugène, DE).....	Ex-capitaine de gendarmerie..........	300.	
11,759.	——— (Anne-Marie-Albertine-Josèphe, demoiselle), femme DAREL.	Sa famille a rendu des services aux Bourbons.	500.	
11,760.	VILLIERS (Marie-Élisabeth, née BLAKEY, veuve DE).	Fille d'émigré.....................	1,200.	
11,761.	——— DE L'ILE ADAM (Alexandre-Marie-Claude, DE).	Avait une pension de 1,200 fr. sur les cassettes de la Reine et de Mesdames.	600.	
11,762.	——— (Jean-Jérôme-Charles, DE)....	Émigré vendéen..................	300.	*Idem.*
11,763.	——— (Éléonore-Marie, demoiselle DE).	Son père est mort sur l'échafaud pendant la révolution.	600.	
11,764.	VILLOT (François-Blaise)...........	Ancien garde à la résidence de la Celle.	120.	*Idem.*
11,765.	——— (Marie-Flora, née GILLER, comtesse DE).	Veuve d'un lieutenant-général gouverneur de la Corse.	800.	
11,766.	VINCENS (Bernard)...............	Émigré..........................	300.	
11,767.	VINCENT (Alexis)................	Postillon des écuries de la Reine......	200.	

Nos d'ordre.	NOMS ET PRÉNOMS des PENSIONNAIRES.	MOTIFS de LA CONCESSION DES PENSIONS.	MONTANT des PENSIONS.	OBSERVATIONS.
11,768.	VINCENT (Guillaume).............	Conducteur des fruits du potager de Versailles.	150f.	N'a touché aucun des deux secours.
11,769.	——— (René)..................	Vendéen........................	80.	*Idem.*
11,770.	——— *Idem*....................	*Idem*...........................	150.	
11,771.	——— (Toussaint)...............	*Idem*...........................	80.	N'a pas touché le deuxième secours.
11,772.	——— (Marie-Louise, demoiselle)....	A rendu des services à la cause royale en France.	400.	
11,773.	——— (Thérèse-Rose, demoiselle)...	Fille d'émigré.....................	150.	
11,774.	——— (Louise-Charlotte-Constance, née LANGEVIN, veuve).	Veuve d'un garde à pied.............	50.	
11,775.	——— (Marie-Anne-Rosalie, née PROVENCAL, dame).	Ses père et mère furent fusillés à Toulouse en 1793.	150.	
11,776.	——— (Marie-Rosalie, demoiselle), dame THÉROND.	Fille d'émigré.....................	200.	
11,777.	——— D'ECQUEVILLEY (Charlotte-Françoise, demoiselle).	*Idem*............................	500.	
11,778.	——— (Julienne-Joseph, demoiselle).	A rendu des services à la cause royale en France.	500.	
11,779.	——— (Gaspard-Marie, marquis DE PANETTE DE).	Capitaine émigré.................	1,200.	
11,780.	VINEZAC (Marie-Thérèse-Adélaïde-Leudegarde, née GORDON, dame DE)....	Veuve d'un émigré fusillé...........	600.	
11,781.	VIOLAINES (Jules-César-Bernard DE)..	Émigré...........................	900.	N'a touché aucun des deux secours.
11,782.	VIOLAIS (René-Jean)...............	Vendéen..........................	50.	N'a pas touché le premier secours.
11,783.	VIOLET (Marie-Marguerite, née BECRET, dame).	Émigrée..........................	1,000.	
11,784.	——— (Marguerite-Charlotte, née MATHIOT, veuve).	Veuve d'un émigrée...............	150.	N'a touché aucun des deux secours.
11,785.	——— DE LAFAYE (Marie-Pierre, née BRACHET, dame).	Ancienne chanoinesse ruinée par la révolution.	400.	
11,786.	VIOLLEAU (Philibert)..............	Vendéen..........................	50.	
11,787.	VIOLS (Jean-Baptiste)..............	Ex-employé au trésor de la couronne...	500.	
11,788.	VIOMÉNIL (baronne DE)............	Parente du maréchal de ce nom.......	1,200.	
11,789.	——— (Marguerite-Éléonore, née DELALANDE, dame).	Émigrée..........................	300.	
11,790.	VIOT (Marie-Charlotte-Fortunée, demoiselle).	Fille d'un receveur général des domaines de Louis XVI.	600.	
11,791.	——— (Jeanne-Philiberte-Virginie, née DEHERAIN, dame).	Fille d'un fournisseur de la cour.......	300.	
11,792.	VISCONTI (Thérèse, née DORIA, veuve).	Veuve d'un antiquaire des musées royaux.	500.	N'a pas touché le deuxième secours.

Nos d'ordre.	NOMS ET PRÉNOMS des PENSIONNAIRES.	MOTIFS de LA CONCESSION DES PENSIONS.	MONTANT des PENSIONS.	OBSERVATIONS.
11,793.	VISMES (Louise-Julienne, née CHEVREUIL, dame DE).	Femme d'émigré	400f 00c	N'a touché aucun des deux secours.
11,794.	VISNICH DE GEOFFROY	Émigré	900. 00.	N'a pas touché le deuxième secours.
11,795.	——— (Jeanne-Reine, née MISSONNIER, veuve DE).	Veuve d'un juge de paix de Paris	500. 00.	
11,796.	VISSAC (DE)	Fils d'émigré	600. 00.	N'a touché aucun des deux secours.
11,798.	VISSIÈRE (Marie-Geneviève, née KEMER, veuve).	Veuve d'un valet de la vénerie	160. 00.	
11,897.	VITRAC (François-Hyacinthe)	Ex-médecin de l'hôpital militaire de la maison du Roi.	600. 00.	
11,799.	VITTINGHOGFF (Amélie-Dorothée, demoiselle DE).	Fille d'un officier supérieur qui jouissait d'une pension de 6,000f avant la révolon.	600. 00.	
11,800.	——— (Louise-Félicité-Sabine, demoiselle DE), veuve FRANCK.	*Idem*	600. 00.	*Idem.*
11,801.	VIVENS DE MÉRIC (Mathieu-Joseph-Daniel, chevalier DE).	Émigré	800. 00.	
11,802.	VIVEFAY (Marie-Catherine-Alexandrine, née PLATEL DE BLIMONT, csse DE).	Émigrée	1,200. 00.	
11,803.	VIVIEN (Charles)	Émigré	200. 00.	
11,804.	——— (Guillaume, chevalier)	*Idem*	300. 00.	
11,805.	——— (Jean-Baptiste, abbé)	*Idem*	1,219. 20.	N'a pas touché le deuxième secours.
11,806.	VIVIER (Laurent-Gilles)	*Idem*	800. 00.	
11,807.	VIZENTINI	Ex-sociétaire de l'Opéra-Comique. (Pension par suite de transaction).	2,400. 00.	
11,808.	VOGELSANG (Marie-Anne-Aloyse, née baronne DIEFFENTHALLER).	Fille d'émigré	500. 00.	
11,809.	VOGTLIN (Rose, née RAGON DU BOIS-MORIN, veuve).	Sœur de Vendéen	200. 00.	
11,810.	VOIART (Élise, demoiselle)	D'une famille de gens de lettres	500. 00.	N'a touché aucun des deux secours.
11,811.	VOIER AYOULT (Marie-Françoise, née DUHAUT-GELÉ, veuve).	Veuve d'un surveillant de l'intérieur des Tuileries.	200. 00.	
11,812.	VOISIN dit LAFORGE (François)	Émigré	200. 00.	N'a pas touché le deuxième secours.
11,813.	VOISINS (Jeanne-Claire, demoiselle DE).	Son oncle fut massacré à Valence, en 1790.	200. 00.	N'a touché aucun des deux secours.
11,814.	VOITIER (Marie-Thérèse, née BRESSON, veuve).	Persécutée; perte de fortune	200. 00.	
11,815.	——— (Marie-Anne-Françoise, née HAPPÉ, veuve).	Veuve d'un garçon du garde-meuble	400. 00.	
11,816.	VOLARD (Pierre)	Vendéen	100. 00.	N'a pas touché le deuxième secours.
11,817.	——— (Pierre)	*Idem*	50. 00.	

Nos d'ordre.	NOMS ET PRÉNOMS des PENSIONNAIRES.	MOTIFS de LA CONCESSION DES PENSIONS.	MONTANT des PENSIONS.	OBSERVATIONS.
11,818.	VOLANT (Marie-Élisabeth, née ROBERJOT, veuve)	Parente de M. le duc Decazes.........	1,200f	N'a pas touché le deuxième secours.
11,819.	VOLLANT DE BERVILLE (Joséphine-Elvire, demoiselle DE).	Fille d'émigré......................	600.	
11,820.	VOLLARD (Jean)..................	Vendéen........................	150.	N'a touché aucun des deux secours.
11,821.	VOLLERY (Marie-Madeleine, née SENSONNENS, veuve).	Son mari a servi au 10 août...........	150.	
11,822.	VOLOZAN (Marie-Victorine, née REYNAUD DE SAINT-FÉLIX, dame).	Fille d'émigré.....................	500.	
11,823.	VOMECOURT (Anne-Françoise, née COLIN, baronne DE).	Veuve d'un colonel émigré qui a rendu des services à la cause royale. Elle est sans fortune et octogénaire.	600.	
11,824.	VONNER (Guillaume)...............	Vendéen..........................	50.	*Idem.*
11,825.	VOSSEY (Céleste-Françoise-Félicité, demoiselle DE).	Fille d'officier général émigré.........	300.	*Idem.*
11,826.	——— (Félicité-Caroline, dame DE)...	Fille d'émigré......................	300.	*Idem.*
11,827.	——— (Pauline-Sainte, demoiselle DE).	Fille d'officier général émigré.........	300.	*Idem.*
11,828.	VOUGNY (Susanne-Marie-Brigitte-Victoire, née TOUPET-DESVIGNES, dame DE).	Fille et veuve d'émigré..............	600.	
11,829.	VOUMAGNEROUX (Félicité-Catherine-Ursule, née RUMPFF, AMYOT DE).	Sans moyen d'existence.............	300.	
11,830.	VOYAUX (Jean-Nicolas DE FRANOUS, abbé).	Émigré....	1,524.	N'a pas touché le premier secours.
11,831.	——— DE FRANOUS (Jean-Nicolas, abbé).	*Idem*...........................	1,200.	N'a pas touché le deuxième secours.
11,832.	VOYNE (Julien-François DE).........	Vendéen..........................	120.	
11,833.	VOYNEAU (Rose, demoiselle).........	Vendéenne........................	200.	*Idem.*
11,834.	VRANKEN dite VELTHAUS (Françoise, demoiselle).	A abjuré le protestantisme...........	150.	N'a touché aucun des deux secours.
11,835.	VREVINS (Philippe-Auguste, comte DE).	Émigré...........................	400.	
11,836.	VRIGNAUD (Jean)..................	Vendéen..........................	120.	
11,837.	VUARIN (Antoinette-Louise, née GRENOT, veuve).	Veuve d'un employé du cabinet de minéralogie, âgée de 86 ans.	300.	
11,838.	VUATEAU DUGARD (Louis-Isidore-Clovis).	Émigré...........................	600.	*Idem.*
11,839.	VUILLEMIN (Jean-Louis)...........	*Idem*...........................	150.	
11,840.	——— (Jean-Nicolas)..............	Octogénaire et sans fortune..........	200.	N'a pas touché le premier secours
11,841.	VUILLIER (Claude-Joseph)...........	Émigré...........................	300.	
11,842.	VUITEL (Édouard).................	Son frère a été victime de son dévouement à la cause royale.	1,200.	N'a touché aucun des deux secours.
11,843.	VUILLIOT (Henri-René).............	Émigré...........................	120.	*Idem.*

Nos d'ordre.	NOMS ET PRÉNOMS des PENSIONNAIRES.	MOTIFS de LA CONCESSION DES PENSIONS.	MONTANT des PENSIONS.	OBSERVATIONS.
11,844.	WACHTER (Madeleine), née COLLINOT.	Veuve d'un suisse d'appartement	100f	
11,845.	WAGATHA (Marie-Catherine-Françoise, demoiselle).	Fille d'émigré....................	150.	N'a touché aucun des deux secours.
11,846.	——— (Sophie-Madeleine, demoiselle)	*Idem*.........................	150.	*Idem.*
11,847.	WAHLSTER (George-Henri)..........	N'a aucun moyen d'existence..........	300.	
11,848.	WAHU DE SPONVILLE (Adélaïde-Marie-Constance, demoiselle).	Fille d'émigré....................	200.	
11,849.	WAEDEJO (Mathias)...............	Émigré.........................	300.	
11,850.	WALDERT,.....................	Ancien garde suisse; a servi au 10 août..	80.	
11,851.	WALL (Marie-Michel-Charles, cte DE)..	Émigré.........................	300.	*Idem.*
11,852.	——— (Marie-Joséphine-Françoise DE).	Parente d'un maréchal de camp.......	600.	
11,853.	——— (Marie-Élisabeth-Françoise DE).	*Idem*.........................	600.	
11,854.	——— (Marie-Thérèse-Antoinette DE)..	*Idem*.........................	600.	
11,855.	WALLARD DE CHAUDRY (Élisabeth-Armande, veuve), née OLLIVIER.	Avait une pension avant la révolution...	800.	
11,856.	WALLUT (Marie-Françoise, veuve), née HERVIEU.	Veuve d'émigré..................	600.	
11,857.	WALTER (veuve), née KLEIN........	*Idem*.........................	250.	
11,858.	WALTER-BROWNE (Félicité-Marie, demoiselle).	Fille d'émigré....................	150.	
11,859.	——— (Marie-Louise-Patrice, demoiselle).	*Idem*.........................	150.	
11,860.	——— (Victoire-Félicité, demoiselle).	*Idem*.........................	150.	
11,861.	——— (Marie-Félicité, veuve), née GLACOE.	Veuve d'émigré..................	150.	
11,862.	WALTZER (François-Antoine-Henri)...	Émigré.........................	200.	
11,863.	WAMBOLD (Jean).................	*Idem*.........................	150.	
11,864.	WARIN (Marie-Irène, demoiselle), actuellement dame DUPUY.	Fille d'un huissier de la chambre du Roi.	300.	
11,865.	WARIN (Anne, dame), née ELUCES...	Émigrée.......................	700.	
11,866.	WARIN (Dorothée-Frédérique-Guillaumine, dame), née HALLENSLEBEN.	Femme d'un huissier de la chambre de MONSIEUR, comte de Provence.	600.	
11,867.	WARMÉ DE JANVILLE (Antoinette-Marie, demoiselle).	Son père a été condamné sous le régime de la terreur.	300.	
11,868.	WARNER (Catherine-Jeanne Madeleine, dame), née SHIPLEY.	Sa famille a servi la cause royale, en France.	1,200	

Nos d'ordre.	NOMS ET PRÉNOMS des PENSIONNAIRES.	MOTIFS de LA CONCESSION DES PENSIONS.	MONTANT des PENSIONS.	OBSERVATIONS.
11,869.	WARNET (Aimée-Julie, dame DE), née VEYRET-LEGCERNERYE.	Perte de fortune	500f 00.	
11,870.	WAROQUIER (Françoise-Gabrielle-Joséphine, veuve DE), née DE PUEL DE PARLAN.	Veuve d'émigré	250. 00.	N'a touché aucun des deux secours.
11,871.	WARTEL (Marie-Anne-Marguerite, ve), née CONFAIS.	Veuve d'un grand valet de pied	300. 00.	
11,872.	——— (Jean-Nicolas)	Émigré, amputé	150. 00.	
11,873.	WATHAIRE (dame DE)	Pension accordée directement par le Roi. (Motifs inconnus.)	2,000. 00.	
11,874.	WATTEVILLE (Suzanne, veuve DE), née RICHARDET.	Veuve d'un colonel suisse émigré	600. 00.	
11,875.	WAUBERT (Marie-Anne-Henriette, femme), née MERCIER.	Avait une pension avant la révolution	240. 00.	
11,876.	WAVRECHIN (Ferdinand-Henri DE)	Fils d'émigré, né en émigration	600. 00.	*Idem.*
11,877.	WEBER (Balthazard)	Fils d'émigré	200. 00.	*Idem.*
11,878.	——— (Jean-George)	Émigré	200. 00.	*Idem.*
11,879.	———(Joseph-François-Xavier-Georges)	Frère de lait de la Reine	1,800. 00.	*Idem.*
11,880.	——— (Jean-Jacques)	Émigré	300. 00.	
11,881.	WECHT (Marie-Geneviève), née RENAUX.	Veuve d'un suisse de la porte du Buc à Versailles.	150. 00.	
11,882.	WEISS (Anne-Floriane, dame, veuve), née SEIFFERT.	Veuve d'émigré	400. 00.	
11,883.	WELCKER (Marie-Madeleine, demoiselle)	Fille d'émigré	150. 00.	N'a touché aucun des deux secours.
11,884.	WERLY (Hélène, veuve), née SCHNEITER	Veuve d'un maître de poste de Strasbourg, ruiné par les deux blocus de cette ville.	200. 00.	
11,885.	WERY (Anténor-François DE)	Fils d'émigré	300. 00.	*Idem.*
11,886.	WEXSTEEN (Pierre-Jacques)	Émigré	100. 00.	
11,887.	WEYLER DE NAVAS (Antoine-Louis-Eugène, baron).	Sous-intendant militaire, à titre d'ancienneté de service, et en remplacement d'une pension acquise sur la caisse de vétérance. Cette pension n'a jamais été payée.	3,500. 00.	*Idem.*
11,888.	WHITEHERTH (Lætitia, dame religieuse)	Émigrée	457. 20.	
11,889.	WIBRATTE (Louis)	Émigré	400. 00.	
11,890.	WIDERSPACH-THOR (Marie-Claire-Élisabeth-Monique, demoiselle DE).	Fille d'émigré	240. 00.	
11,891.	WIELAND (George-Edme-Mélanie)	Émigrée	300. 00.	*Idem.*
11,892.	WIGET (Joseph-Maurus)	En remplacement d'une pension de 150f dont il jouissait avant la révolution.	150. 00.	*Idem.*
11,893.	WILBERT (Marie-Victoire, veuve), née DAVID.	Veuve d'un valet de pied	200. 00.	
11,894.	VULPIAN (Marie-Angélique-Philiberte, dame), née ROUSSELOT.	Veuve d'un inspecteur-général des domaines de la couronne.	400. 00.	
11,895.	VUSHRER (Marie-Émélie)	A rendu des services à la cause royale en France.	800. 00.	

Nos d'ordre.	NOMS ET PRÉNOMS des PENSIONNAIRES.	MOTIFS de LA CONCESSION DES PENSIONS.	MONTANT des PENSIONS.	OBSERVATIONS.
11,896.	WILDERMETH (Hortense-Madeleine-Henriette).	Pension accordée directement par le Roi. (Motifs inconnus.)	2,000f 00c	N'a pas touché le deuxième secours.
11,897.	WILLAIN (Léon).................	Fils d'un employé à l'intendance générale de la maison du Roi.	300. 00.	N'a pas touché le premier secours.
11,898.	WILLE........................	Fils d'un peintre des enfans de France; âgé de 83 ans.	600. 00.	
11,899.	WILLIAMS (Marie-Anne, née LÉONARD dit VALLON, dame).	Services rendus à la cause royale, en France.	300. 00.	
11,900.	WILLIAMSON (Sarah, née PLUMMER, dame veuve).	*Idem*........................	600. 00.	
11,901.	WILLMANN (Marie-Jeanne, née KREUCHEL, veuve).	Fille d'émigré.....................	200. 00.	
11,902.	WILT (Georges).................	Émigré infirme.....................	100. 00.	N'a touché aucun des deux secours.
11,903.	——— (Marie-Dorothée-Françoise-Thérèse, née DEVAULX DACHY, dame DE).	Fille d'émigré.....................	800. 00.	
11,904.	WIMBÉ (Renée, née MAHÉ, veuve)...	Émigrée........................	600. 00.	
11,905.	WIMPFFEN (Amélie-Willelmine-Albertine DE).	Fille d'émigré.....................	300. 00.	
11,906.	——— (Louise-Françoise-Charlotte-Barbe, chanoinesse, dame DE).	Agée de 71 ans, sans fortune.........	400. 00.	*Idem.*
11,907.	——— (Marie-Madeleine-Thérèse, née MENDOCHE, baronne DE).	Veuve d'émigré.....................	300. 00.	*Idem.*
11,908.	WINDSOR (Marie, dame religieuse)...	Émigrée........................	693. 42.	
11,909.	WINKELY (Marguerite, dame religieuse).	*Idem*........................	457. 20.	
11,910.	WINTELHALDER (Renée-Perrine, née LOUVET, veuve).	Vendéenne......................	50. 00.	
11,911.	WITTE (Sophie-Josèphe, dame BAYART, demoiselle DE).	A rendu des services à la cause royale, en France.	1,000. 00.	
11,912.	WOLF (Madeleine-Colombe, demoiselle).	Fille d'émigré.....................	200. 00.	
11,913.	WOLFF Marie-Anne-Antoinette, dlle).	Fille d'un cordonnier de la reine.......	80. 00.	
11,914.	WOLF (Rose-Sophie-Adèle, demoiselle).	Fille d'émigré.....................	200. 00.	
11,915.	——— (Jeanne-Marguerite, née HERBILLON, dame).	Émigrée........................	500. 00.	
11,916.	WORMESELLE (Marie-Catherine, demoiselle ROCHON DE).	*Idem*........................	1,000. 00.	N'a touché aucun des deux secours.
11,917.	WOUVES (Françoise-Marie-Rézard)....	Avait une pension sur la cassette de Louis XVI.	200. 00.	
11,918.	——— (Louise-Jeanne de Dieu Rezard DE).	*Idem*........................	200. 00.	
11,919.	WILDERMOUTH (Marie-Jeanne, née HUGEL, baronne DE), veuve.	Veuve d'un colonel émigré...........	300. 00.	
11,920.	WILHELM (Pierre-Melchior-Louis)....	Émigré........................	600. 00.	
11,921.	WILL (Barbara, née LORCH, veuve)..	Veuve d'émigré.....................	400. 00.	

Nos d'ordre.	NOMS ET PRÉNOMS des PENSIONNAIRES.	MOTIFS de LA CONCESSION DES PENSIONS.	MONTANT des PENSIONS.	OBSERVATIONS.
	X			
11,922.	XAMBO (Thomas-Barthélemy-André). .	Émigré	100f 00c	N'a touché aucun des deux secours.
11,923.	XOUSSE DE SOUCHES..............	Officier; colon de Saint-Domingue, âgé de 85 ans.	300. 00.	
	Y			
11,924.	YECHI (Félicité-Françoise, née FERRÉ, veuve).	Veuve d'un fumiste des bâtimens du Roi.	200. 00.	
11,925.	YEUCRE (Félicité, demoiselle).......	Fille d'un suisse chez le Roi..........	100. 00.	
11,926.	YNÈS (Michel-Jacques-Jean).........	Services à la cause royale, en France. .	150. 00.	
11,927.	YON..............................	Machiniste à l'Opéra-Comique. (Pension par suite de transaction.)	237. 50.	
11,928.	YOSE (Jeanne-Françoise-Josèphe, demoiselle).	Fille d'une ouvrière en dentelle de Mesdames.	200. 00.	
11,929.	YSARN DE VILLEFORT (Antoine-Félix D').	Émigré	500. 00.	N'a touché aucun des deux secours.
11,930.	YVER (Jacques-Gabriel, abbé)........	*Idem*............................	914. 40.	
11,931.	YVERT (Louis-Mathieu)............	Palefrenier aux écuries de Louis XVI...	267. 00.	N'a pas touché le deuxième secours.
11,932.	YVOLEY (Henri-Louis-Philibert)......	Émigré..........................	400. 00.	
	Z			
11,933.	ZAEPFFEL (Marie-Marguerite-Henriette, demoiselle).	Fille d'un président de première instance; ses deux frères ont été tués dans les armées françaises.	300. 00.	
11,934.	——— (Marie-Antoinette-Augustine, demoiselle).	*Idem*............................	300. 00.	
11,935.	ZAIGUELIUS (Joseph - Ulrich - Georges DE).	Émigré, âgé de 82 ans	1,200. 00.	
11,936.	——— (Anne-Thérèse-Louise, née DE BRUGES, dame DE).	Veuve d'émigré....................	600. 00.	N'a pas touché le deuxième secours.
11,937.	ZETTWOCH (Louise-Christine-Adélaïde, née DE NOBILI, dame).	Émigrée	200. 00.	
11,938.	ZIMMER (Jean)....................	Émigré	150. 00.	
11,939.	ZIPFFEL (Jean)...................	*Idem*............................	60. 00.	N'a touché aucun des deux secours.
11,940.	ZWEIFFEL (Charlotte-Bonaventure, née DE LARDENOY DEVILLE, baronne DE).	Émigrée.........................	900. 00.	

SUPPLÉMENT.

Nos d'ordre.	NOMS ET PRÉNOMS des PENSIONNAIRES.	MOTIFS de LA CONCESSION DES PENSIONS.	MONTANT des PENSIONS.	OBSERVATIONS
11,941.	DELNEIL (François-Joseph).........	Services au siége de Toulon..........	200f	N'a pas touché le deuxième secours.
11,942.	DESBORDES (Louis-Michel-Julien).....	Ancien adjudant de place ; presque aveugle.	200.	N'a pas touché le premier secours.
11,943.	DONDELBERC (demoiselle)...........	N'a aucun moyen d'existence.........	480.	N'a touché aucun des deux secours.
11,944.	GONTAUT-BIRON (Charlotte-Sabine-Louise-Gabrielle, demoiselle), comtesse DE BOURBON-BUSSET.	Pension accordée directement par le Roi.	2,000.	*Idem.*
11,945.	HAYER (Marin)...................	Vendéen.........................	80.	N'a pas touché le deuxième secours.
11,946.	HERRAULT (Pierre)................	*Idem*..........................	50.	N'a touché aucun des deux secours.
11,947.	LAFITTE (veuve)..................	N'a aucun moyen d'existence.........	300.	*Idem.*
11,948.	LAFORGE (Marie-Louise-Adèle-Philippine).	Fille d'émigré......................	400.	*Idem.*
11,949.	NICOLAS (Claudine-Françoise).......	Émigrée.........................	500.	N'a pas touché le premier secours.
11,950.	SALMON DU CHASTELLIER (Marie-Henriette, née DE BONTAUBT, dame DE).	*Idem*..........................	1,000.	N'a pas touché le deuxième secours.
11,951.	SORTANT (Louis-Stanislas)...........	Capitaine vendéen	160.	N'a touché aucun des deux secours.
11,952.	SAURET DE LASFOND (Jacques-Calmène-François).	Émigré	300.	N'a pas touché le deuxième secours.
11,953.	THOMAZIE (Louis-Charles)...........	Fils d'émigré......................	200.	N'a touché aucun des deux secours.

ERRATA.

Nos d'ordre.	NOMS ET PRÉNOMS des PENSIONNAIRES.	MOTIFS de LA CONCESSION DES PENSIONS.	MONTANT des PENSIONS.	OBSERVATIONS.
205.	ANTHOUARD (Louise-Ernestine, dlle.)	Fille d'émigré, petite-fille d'un aide-de-camp de Charles XII; *lisez :* de Charles X.		
798.	BELLEFONDS (Hortense-Louise-Marie, née DE KERMEL), dame.	Vendéenne........................	300f	*Ajoutez :* N'a touché aucun des deux secours.
1,468.	BOURBON-L'ARCHAMBAULT (les sœurs de charité de la ville de).	Rétablissement d'une pension accordée par Louis XVI.	500.	*Ajoutez :* N'ont pas touché le premier secours.
1,601.	BOVET (DE)....................	Ancien archevêque de Toulouse......	2,700.	*Ajoutez :* N'a pas été compris dans les états de secours.
2,196.	CAYLA (comtesse DE)..............	Pension accordée directement par le Roi. (Motifs inconnus.)	40,000.	*Ajoutez :* N'a pas été comprise dans les états de secours.
2,197.	CAYRAC (Françoise-Marguerite), demoiselle DE.	A perdu sa fortune par suite de la révolution.	200.	*Ajoutez :* N'a touché aucun des deux secours.
2,255.	CHABRILLANT (DE)................	Pension accordée directement par le Roi. (Motifs inconnus.)	6,000.	*Ajoutez :* N'a pas été compris dans les états de secours.
2,355.	CHARETTE (vicomte DE)............	Pension accordée directement par le Roi.	2,000.	*Ajoutez :* N'a pas été compris dans les états de secours.
2,576.	CLARAC (Louis-Antoine), baron......	Intendant militaire; à titre d'ancienneté de services et en remplacement d'une pension acquise sur la caisse de vétérance.	5,000.	N'a pas touché le deuxième secours; *lisez :* N'a touché aucun des deux secours.
2,578.	CLARISSES DE GRAVELINES (les dames).	Rétablissement d'une pension dont leur communauté jouissait, depuis plus d'un siècle, sur la cassette du Roi.	280.	*Ajoutez :* N'ont touché aucun des deux secours.
2,989.	COUVRET DE BEAUREGARD..........	Pension accordée directement par le Roi. (Motifs inconnus.)	1,500.	*Ajoutez :* N'a pas été compris dans les états de secours.
3,005.	CRAON (princesse de).............	*Idem*..........................	3,000.	*Ajoutez :* N'a pas été comprise dans les états de secours.
3,141.	DAMAS (Alexandre), comte DE.......	*Idem*..........................	3,000.	*Ajoutez :* N'a pas été compris dans les états de secours.
3,195.	DARAYNES-VAUDRICOURT (Charles-Armand).	Sous-inspecteur aux revues, émigré....	2,400.	*Ajoutez :* N'a pas touché le deuxième secours.
3,221.	DAUBER (Jean-Baptiste), marquis DE PEYRELONGUE.	Écuyer de main de Louis XVIII......	3,000.	*Ajoutez :* N'a touché aucun des deux secours.
3,280.	DAUDIN DE BRESSE (Angélique-Geneviève-Marguerite-Anne, née CHOSON DE LA COMBE), baronne DE.)	Femme d'émigré..................	300.	*Ajoutez :* N'a touché aucun des deux secours.
3,263.	DAVOUS (Anne-Dominique, née DUBOIS), veuve.	Veuve d'un gentilhomme-servant du Roi.	600.	*Ajoutez :* N'a touché aucun des deux secours.
3,297.	DE COSSON (Alexandre-Antoine)......	Émigré.........................	508.	*Ajoutez :* N'a touché aucun des deux secours.
3,309.	DE FRANCE (Bertine-Françoise-Josèphe, née DE HARCHIES), comtesse D'HESECQUE, dame.	Mère d'émigré....................	600.	*Ajoutez :* N'a pas touché le deuxième secours.
3,319.	DE GUIRODET (veuve)..............	A perdu sa fortune................	320.	*Ajoutez :* N'a pas touché le deuxième secours.
3,320.	DEHAMEL-BELLENGLISE (Antoine-Constant), marquis DE.	Émigré.........................	500.	*Ajoutez :* N'a pas touché le deuxième secours.
3,332.	DE LA AGE DE LA BRETOLLIÈRE (Jeanne-Marguerite-Sophie, née DECHESEAU), dame.	Émigrée........................	600.	*Ajoutez :* N'a touché aucun des deux secours.

Nos d'ordre.	NOMS ET PRÉNOMS des PENSIONNAIRES.	MOTIFS de LA CONCESSION DES PENSIONS.	MONTANT des PENSIONS.	OBSERVATIONS.
3,340.	DELAGE DE VOLUDE, née de FUCHAMBERG), veuve.	Services dans la maison de Louis XVI..	4,000f	*Ajoutez :* N'a touché aucun des deux secours.
3,361.	DE LANDINE DE SAINT-ESPRIT........	Ex-secrétaire du Gouvernement de Rambouillet.	2,400.	*Ajoutez :* N'a touché aucun des deux secours.
3,406.	DELECHARD (Marie-Anne, née D'AUDOUARD).	Avait une pension de 500 fr. sur la cassette de Louis XVI.	333.	*Ajoutez :* N'a pas touché le deuxième secours.
3,421.	DE L'ISLE (Marie-Marguerite-Rose, née DE CONDÉ), dame.	Émigré; *lisez :* Émigrée............	300.	*Ajoutez :* N'a touché aucun des deux secours.
3,437.	DE LOYAUTÉ (demoiselle)...........	A perdu sa fortune..................	400.	*Ajoutez :* N'a touché aucun des deux secours.
3,470.	DE MONTBLANC (Antoine-Paulin), chevalier.	Émigré..........................	500.	*Ajoutez :* N'a touché aucun des deux secours.
3,472.	——— (Ursule-Julie), veuve BOETY..	Émigrée.........................	500.	*Ajoutez :* N'a pas touché le premier secours.
3,505.	DE PÉRAIS (Virginie-Antoinette-Louise, née MAC SHEEHY), dame.	Fille d'un médecin du roi Louis XVI...	250.	*Ajoutez :* N'a touché aucun des deux secours.
3,589.	DESJARDINS (abbé)................	Ancien grand-vicaire..............	6,000.	*Ajoutez :* N'a pas été compris dans les états de secours.
3,609.	DESOL DE GRISOLLES (général)......	Pension payée primitivement sur les fonds du ministère de l'intérieur.	6,000.	*Ajoutez :* N'a pas été compris dans les états de secours.
3,688.	DE WARLET (veuve)................	N'a aucun moyen d'existence.........	360.	*Ajoutez :* N'a touché aucun des deux secours.
3,691.	D'HARGOUS (dame)................	*Idem*............................	480.	*Ajoutez :* N'a touché aucun des deux secours.
3,868.	DRUMMOND (Charles-Édouard), duc DE MELFORT.	Grand-vicaire, émigré.............	1,500.	*Ajoutez :* N'a pas touché le deuxième secours.
3,890.	DU BLAISEL (Antoinette-Charlotte Henriette, dame DONJON), demoiselle.	Fille d'émigré....................	800.	*Ajoutez :* N'a touché aucun des deux secours.
3,995.	DUCHAHOISELLE (veuve); *lisez* DUCHOISELLE, veuve.			
4,066.	DUFRENOY (Jeanne-Anne, née JOURNE DESGRIGNY), marqse de MASANCOURT.	Émigrée.........................	2,400.	*Ajoutez :* N'a pas touché le deuxième secours.
4,148.	DUMONTET (Marie-Henriette-Radegonde-Alexandrine, née PREVOST DE LA BOUTELIÈRE), baronne DE.	*Idem*............................	1,000.	*Ajoutez :* N'a touché aucun des deux secours.
4,242.	DUPUY DES ISLETS (Louise-Pauline-Alexandrine, dame RISSE), demlle.	Fille d'émigré....................	200.	*Ajoutez :* N'a touché aucun des deux secours.
4,283.	DURAS (duc de)..................	Pension accordée directement par le Roi. (Motifs inconnus).	3,000.	*Ajoutez :* N'a pas été compris dans les états de secours.
4,284.	DURAS (demoiselle DE)............	Secours à distribuer aux pauvres dans les hôpitaux.	1,200.	*Ajoutez :* N'a pas été comprise dans les états de secours.
4,372.	ÉCOLE GRATUITE DE DESSIN..........	Pour subvenir aux dépenses de l'école..	180.	*Ajoutez :* N'a pas été compris dans les états de secours.
4,510.	FAIVRE (Anne-Jean-Gabriel), chevalier.	Émigré..........................	300.	*Ajoutez :* N'a pas touché le deuxième secours.
4,572.	FAVRAUD (abbé)..................	Chapelain du Roi, âgé de 78 ans.....	3,000.	*Ajoutez :* N'a pas été compris dans les états de secours.
4,659.	FINANCE (Madeleine-Françoise-Émilie, dame DE BIGAULT DE MAISONNEUVE), DE.	Fille d'émigré....................	300.	*Ajoutez :* N'a touché aucun des deux secours.
4,748.	FONTANES (demoiselle DE)...........	Reversion de la pension de 10,000 francs dont jouissait sa mère sur les fonds du ministère de l'intérieur.	6,000.	*Ajoutez :* N'a pas été comprise dans les états de secours.

Nos d'ordre.	NOMS ET PRÉNOMS des PENSIONNAIRES.	MOTIFS de LA CONCESSION DES PENSIONS.	MONTANT des PENSIONS.	OBSERVATIONS.
4,819.	FOUQUET (Marie-Josèphe)	Fille d'émigré; avait avant la révolution une pension sur la loterie.	100f 00c	*Ajoutez :* N'a touché aucun des deux secours.
4,822.	FOUDRAS	Ex-inspecteur général de police; pension payée primitivement sur les fonds de l'intérieur.	2,000. 00.	*Ajoutez :* N'a pas été compris dans les états de secours.
4,945.	FRONHOFFER (Marie-Adélaïde, dame)	Fille d'émigré	150. 00.	*Ajoutez :* N'a pas touché le deuxième secours.
4,977.	GAGNY (Louis-Alexandre)	Fils d'un porte-manteau de M. le comte d'Artois.	500. 00.	*Ajoutez :* N'a touché aucun des deux secours.
5,024.	GALLEZAT (Anne-Mélanie, née D'ESTACH, veuve).	Veuve d'un officier tué au 10 août en défendant le Roi.	400. 00.	*Ajoutez :* N'a pas touché le deuxième secours.
5,053.	GAP (ancien évêque DE)		6,000. 00.	*Ajoutez :* N'a pas été compris dans les états de secours.
5,215.	GENTIL (Edmée-Victoire, demoiselle DE), dame MECQUENEM.	Fille et femme d'émigrés	200. 00.	*Ajoutez :* N'a touché aucun des deux secours.
5,417.	GŒFFIEU (Jacqueline-Jeanne, née GONDREL, dame).	Mère d'un garde du corps, assassiné par suite de son dévouement à Ferdinand VII.	1,000. 00.	*Ajoutez :* N'a touché aucun des deux secours.
5,527.	GOUYON (Joseph-Emmanuel DE)	A servi la cause des Bourbons, en France.	300. 00.	*Ajoutez :* N'a pas touché le premier secours.
5,679.	GROUCHY (comte DE)	Pension accordée par le Roi. (Motifs inconnus.)	2,000. 00.	*Ajoutez :* N'a pas été compris dans les états de secours.
5,763.	GUIGNARD (Armande-Antoinette, née MILLARD, dame).	Son père est mort sur l'échafaud à Toulon.	250. 00.	*Ajoutez :* N'a pas été comprise dans les états de secours.
5,910.	HANDICQUER-DUQUESNOY, (Léonore-Marie-Henriette, née DUFOUC DE CHANTELOUP, dame).	Fille et femme d'émigrés	400. 00.	*Ajoutez :* N'a pas touché le deuxième secours.
6,228.	JALABERT (abbé)	Ancien grand-vicaire	3,000. 00.	*Ajoutez :* N'a pas été compris dans les états de secours.
6,274.	JAUREL	Pension payée précédemment par le département des beaux-arts.	600. 00.	*Ajoutez :* N'a pas touché le premier secours.
6,295.	JEANTY (Jean-Louis)	Cavalier d'équipages des gardes du corps.	120. 00.	*Ajoutez :* N'a touché aucun des deux secours.
6,364.	JOUAN (Marc-François, abbé)	Émigré	1,219. 20.	*Ajoutez :* N'a touché aucun des deux secours.
6,077.	LA GERVESAIS, née DE LA CHATRE, (comtesse DE).	Nièce du duc de La Châtre, premier gentilhomme de la chambre de Louis XVIII.	600. 00.	*Ajoutez :* N'a touché aucun des deux secours.
6,691.	LAGUEPIERRE (Antoine-François)	Fils d'un officier de la maison de M. le Dauphin.	160. 00.	*Ajoutez :* N'a touché aucun des deux secours.
6,742.	LA MAISONFORT (marquise DE)	Reversion de la pension de 12,000 francs dont jouissait son mari, ancien ambassadeur à Florence.	8,000. 00.	*Ajoutez :* N'a pas été comprise dans les états de secours.
6,869.	LAPIERRE (Clémentine-Gabrielle, VIBERT DE, demoiselle).	Fille d'émigré	800. 00.	*Ajoutez :* N'a touché aucun des deux secours.
6,870.	——— (Marie-Adélaïde-Jeanne-Baptiste-Joséphine, VIBERT DE, demoiselle).	*Idem*	800. 00.	*Ajoutez :* N'a touché aucun des deux secours.
6,871.	——— (Marie-Polixène-Joséphine, VIBERT DE, demoiselle), comtesse GRIMALDY DU POGET.	*Idem*	800. 00.	*Ajoutez :* N'a touché aucun des deux secours.
6,960.	LA ROZERIE (DE)	Pension accordée directement par le Roi. (Motifs inconnus.)	1,500. 00.	*Ajoutez :* N'a pas été compris dans les états de secours.
7,318.	LEFÈVRE (Victoire, née MARTIN)	Veuve d'un musicien de la chapelle	44. 00.	*Ajoutez :* N'a touché aucun des deux secours.
7,320.	LEFILLEUL-LACHAPELLE (comtesse DE).	Pension accordée directement par le Roi. (Motifs inconnus.)	2.400. 00.	*Ajoutez :* N'a pas été comprise dans les états de secours.

Nos d'ordre.	NOMS ET PRÉNOMS des PENSIONNAIRES.	MOTIFS de LA CONCESSION DES PENSIONS.	MONTANT des PENSIONS.	OBSERVATIONS.
7,324.	LEFLAN M... (Geneviève, née MELLAIN, veuv), *lisez* (Marie-Geneviève, née MELLAIN, veuve).			
7,423.	LEJEUNE DE MALHERBE (Roland-Jean, chevalier DE).	Émigré........................	600f	*Ajoutez :* N'a touché aucun des deux secours.
7,622.	LEROY-CHAVIGNY-MONTLUC (Caroline-Pascale, demoiselle DE).	Fille d'émigré....................	300.	*Ajoutez :* N'a touché aucun des deux secours.
8,333.	MATHEU DE BOU (Marie-Antoinette-Bonaventure-Josèphe-Audale, dlle DE).	*Idem*..........................	400.	*Ajoutez :* N'a touché aucun des deux secours.
8,982.	NEYRAT (Marie, née SERVANT, veuve).	Perte de fortune..................	500.	*Ajoutez :* N'a touché aucun des deux secours.
9,431.	PERREUX (veuve)..................	Ouvreuse de loges à l'Opéra-Comique. (Pension par suite de transaction.)	50.	*Ajoutez :* N'a touché aucun des deux secours.
9,795.	POUMAROUX DE LA PALU (Raimond)..	Émigré........................	500.	*Ajoutez :* N'a pas touché le premier secours.
10,080.	Religieuses de la visitation à Soleure (les).	Pour soutenir leur maison...........	600.	*Ajoutez :* N'ont pas été comprises dans les états de secours.
10,209.	RIMBAULT (Claude)................	Vendéen........................	50.	*Ajoutez :* N'a touché aucun des deux secours.
10,447.	ROULIN DE COMARQUE (Marie-Louise-Françoise, dlle, dame PEYCHERS).	Fille d'émigré....................	150.	*Ajoutez :* N'a touché aucun des deux secours.
11,276.	THUON (Jacques)..................	Vendéen........................	80.	*Ajoutez :* N'a touché aucun des deux secours.
11,711.	VIGAN (Charlotte-Sophie-Antoinette, née DE LA FARE, dame DE).	Fille d'un colonel au régiment de Piémont.	800.	*Ajoutez :* N'a pas touché le deuxième secours.

www.ingramcontent.com/pod-product-compliance
Lightning Source LLC
Chambersburg PA
CBHW050549270326
41926CB00012B/1979